大学入試シリーズ

359

東洋大学

文学部・経済学部・経営学部・法学部
社会学部・国際学部・国際観光学部

教学社

はしがき

長引くコロナ禍による社会の停滞や，突如勃発した悲惨な戦争の報道を目の当たりにして，人類は疫病と戦争の脅威をいまだ克服できていなかったことを思い知らされ，無力感を覚える人も多いのではないかと思います。こうした混沌とした時代にあって，自分自身がこの先どのように生きていくか，将来何を成し遂げたいかを，自分の内面を見つめ直しながら，じっくりと考えてほしいと思います。

自分がよりよく生きるため，目標を達成するために努力をするのはもちろんのことですが，社会の中で自分の力をいかに役立てられるか，貢献できるかを考えることもまた大切なことです。幕末の思想家・教育家である吉田松陰は，「初一念《しょいちねん》，名利のために初めたる学問は，進めば進むほど，その弊《へい》著《あら》われ，博学宏《こう》詞《し》をもってこれを粉飾すといえども，ついにこれを掩《おお》うこと能《あた》わず」と説いています。名声や利益のための学問は，やがて弊害が出てきて，どんなに広い知識や多い言葉で飾っても誤魔化すことはできないということです。このような先行き不透明な時代だからこそ，自己の利益だけを追求するのではなく，まわりの人の幸福や社会の発展のために，学んだことを生かせるように心がけたいものです。

また，晴れて志望する大学に合格できたとしても，その成功に慢心してしまってはいけません。大学受験はあくまでも通過点であって，自己の研鑽と学問や真理の探究は一生続いていくものです。将来何を成し遂げるかは，一日一日をいかに取り組むかにかかっています。たとえすぐに実を結ばなかったとしても，新しいことに挑戦した経験が，その後の人生で支えになることもあります。幾多の試練や難題を乗り越えて，栄冠を勝ち取られることを心より願っています。

＊　＊　＊

本書刊行に際しまして，入試問題や資料をご提供いただいた大学関係者各位，掲載許可をいただいた著作権者の皆様，各科目の解答や対策の執筆にあたられた先生方に，心より御礼を申し上げます。

編者しるす

赤本の使い方

そもそも

赤本とは…

受験生のための大学入試の過去問題集！

60年以上の歴史を誇る赤本は，600点を超える刊行点数で全都道府県の370大学以上を網羅しており，過去問の代名詞として受験生の必須アイテムとなっています。

Q. なぜ受験に過去問が必要なの？

A. 大学入試は大学によって問題形式や頻出分野が大きく異なるからです。

マーク式か記述式か，試験時間に対する問題量はどうか，基本問題中心か応用問題中心か，論述問題や計算問題は出るのか――これらの出題形式や頻出分野などの傾向は大学によって違うので，とるべき対策も大学によって違ってきます。
出題傾向をつかみ，その大学にあわせた対策をとるために過去問が必要なのです。

赤本で志望校を研究しよう！

赤本の掲載内容

傾向と対策

これまでの出題内容から，問題の**「傾向」**を分析し，
来年度の入試にむけて具体的な**「対策」**の方法を紹介しています。

問題編・解答編

年度ごとに問題とその解答を掲載しています。
「問題編」ではその年度の試験概要を確認したうえで，実際に出題された過去問に取り組むことができます。
「解答編」には高校・予備校の先生方による解答が載っています。

ギュ
ホンを…
大事に…

ページの見方

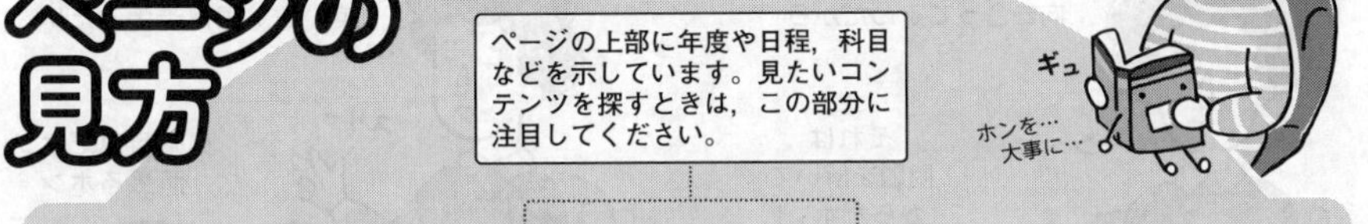

ページの上部に年度や日程，科目などを示しています。見たいコンテンツを探すときは，この部分に注目してください。
●●大-前期　2022年度　問題　3
■前期日程
問題編
前期日程
日程・方式などの試験区分
各学部・学科で課された試験科目や配点が確認できます。
問題編冒頭
●●大-前期　2022年度　英語　7
英語
◀文学部▶
(70分)
試験時間は各科目の冒頭に示しています。
各科目の問題

他にも赤本によって，大学の基本情報や，先輩受験生の合格体験記，在学生からのメッセージなどが載っています。

● 掲載内容について ●

著作権上の理由やその他編集上の都合により問題や解答の一部を割愛している場合があります。なお，指定校推薦入試，社会人入試，編入学試験，帰国生入試などの特別入試，英語以外の外国語科目，商業・工業科目は，原則として掲載しておりません。また試験科目は変更される場合がありますので，あらかじめご了承ください。

受験勉強は過去問に始まり，過去問に終わる。

STEP 1 まずは解いてみる

なにはともあれ

しずかに…
今，自分の心と
向き合ってるんだから
ムーン
それは
問題を解いて
からだホン!

過去問をいつから解いたらいいか悩むかもしれませんが，まずは一度，**できるだけ早いうちに**解いてみましょう。**実際に解くことで，出題の傾向，問題のレベル，今の自分の実力がつかめます。**
赤本の「傾向と対策」にも，詳しい傾向分析が載っています。必ず目を通しましょう。

STEP 2 弱点を分析する

じっくり具体的に

分析の結果だけど
英・数・国が苦手みたい
スリー
必須科目だホン
頑張るホン

解いた後は，ノートなどを使って自己分析をしましょう。**間違いは自分の弱点を教えてくれる貴重な情報源です。**
弱点を分析することで，今の自分に足りない力や苦手な分野などが見えてくるはずです。合格点を取るためには，こうした弱点をなくしていくのが近道です。

合格者があかす赤本の使い方

傾向と対策を熟読

(Fさん／国立大合格)

大学の出題傾向を調べることが大事だと思ったので，赤本に載っている「傾向と対策」を熟読しました。解答・解説もすべて目を通し，自分と違う解き方を学びました。

目標点を決める

(Yさん／私立大合格)

赤本によっては合格者最低点が載っているものもあるので，まずその点数を超えられるように目標を決めるのもいいかもしれません。

時間配分を確認

(Kさん／公立大合格)

過去問を本番の試験と同様の時間内に解くことで，どのような時間配分にするか，どの設問から解くかを決めました。

過去問を解いてみて，まずは自分のレベルとのギャップを知りましょう。
それを克服できるように学習計画を立て，苦手分野の対策をします。
そして，また過去問を解いてみる，というサイクルを繰り返すことで効果的に学習ができます。

STEP 3 重点対策をする

志望校にあわせて

分析した結果をもとに，参考書や問題集を活用して**苦手な分野の重点対策**をしていきます。赤本を指針にして，何をどんな方法で強化すればよいかを考え，**具体的な学習計画を立てましょう**。
「傾向と対策」のアドバイスも参考にしてください。

STEP 1▸2▸3… 実践を繰り返す

サイクルが大事！

ステップ1～3を繰り返し，足りない知識の補強や，よりよい解き方を研究して，実力アップにつなげましょう。
繰り返し解いて**出題形式に慣れること**や，試験時間に合わせて**実戦演習を行うこと**も大切です。

添削してもらう

（Sさん／国立大合格）

記述式の問題は自分で採点しにくいので，先生に添削してもらうとよいです。人に見てもらうことで自分の弱点に気づきやすくなると思います。

繰り返し解く

（Tさん／国立大合格）

１周目は問題のレベル確認程度に使い，２周目は復習兼頻出事項の見極めとして，３周目はしっかり得点できる状態を目指して使いました。

他学部の過去問も活用

（Kさん／私立大合格）

自分の志望学部の問題はもちろん，同じ大学の他の学部の過去問も解くようにしました。同じ大学であれば，傾向が似ていることが多いので，これはオススメです。

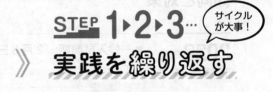

目次

掲載内容についてのお断り

- 一般入試前期のうち，代表的な2日程分を掲載しています。
- 総合型選抜，学校推薦型選抜，一般入試の中期・後期は掲載していません。

University Guide

大学情報

大学の基本情報

学部・学科の構成

大　学

（備考）＊印のついている学科にはイブニングコース（第２部）が設置されている。

文学部　白山キャンパス
- 哲学科
- 東洋思想文化学科＊
- 日本文学文化学科＊
- 英米文学科
- 史学科
- 教育学科＊（人間発達専攻，初等教育専攻）
- 国際文化コミュニケーション学科

経済学部　白山キャンパス
- 経済学科＊
- 国際経済学科
- 総合政策学科

経営学部　白山キャンパス
- 経営学科＊
- マーケティング学科
- 会計ファイナンス学科

法学部　白山キャンパス
- 法律学科＊
- 企業法学科

社会学部　白山キャンパス
- 社会学科＊
- 国際社会学科
- メディアコミュニケーション学科

社会心理学科

国際学部　白山キャンパス

グローバル・イノベーション学科

国際地域学科（国際地域専攻，地域総合専攻〈イブニングコース〉）

国際観光学部　白山キャンパス

国際観光学科

情報連携学部　赤羽台キャンパス

情報連携学科

福祉社会デザイン学部※1　赤羽台キャンパス

社会福祉学科

子ども支援学科

人間環境デザイン学科

※1　2023年4月開設に向けて設置届出済，収容定員に係る学則変更の認可申請中。計画内容は変更となる場合がある。

健康スポーツ科学部※2　赤羽台キャンパス

健康スポーツ科学科

栄養科学科

※2　2023年4月開設に向けて設置届出済，収容定員に係る学則変更の認可申請中。計画内容は変更となる場合がある。

理工学部　川越キャンパス※3

機械工学科

生体医工学科

電気電子情報工学科

応用化学科

都市環境デザイン学科

建築学科

※3　2024年4月より生体医工学科は朝霞キャンパスに移転予定。

総合情報学部　川越キャンパス

総合情報学科

生命科学部　板倉キャンパス※4

生命科学科

応用生物科学科

※4　2024年4月より朝霞キャンパスに移転予定。

食環境科学部　板倉キャンパス※5

食環境科学科（フードサイエンス専攻）

健康栄養学科

※5　2024年4月より食環境科学科（フードサイエンス専攻）・健康栄養学科は朝霞キャンパスに移転予定。

（注）2024年度に学部・学科およびキャンパスの再編を予定。詳しくは東洋大学入試情報サイトで確認してください。

大学院

文学研究科 / 社会学研究科 / 法学研究科 / 経営学研究科 / 経済学研究科 / 国際学研究科 / 国際観光学研究科 / 理工学研究科 / 総合情報学研究科 / 生命科学研究科 / 食環境科学研究科 / 情報連携学研究科 / ライフデザイン学研究科 / 社会福祉学研究科 / 健康スポーツ科学研究科※6

※6　2023年4月開設に向けて設置届出済，収容定員に係る学則変更の認可申請中。計画内容は変更となる場合がある。

大学所在地

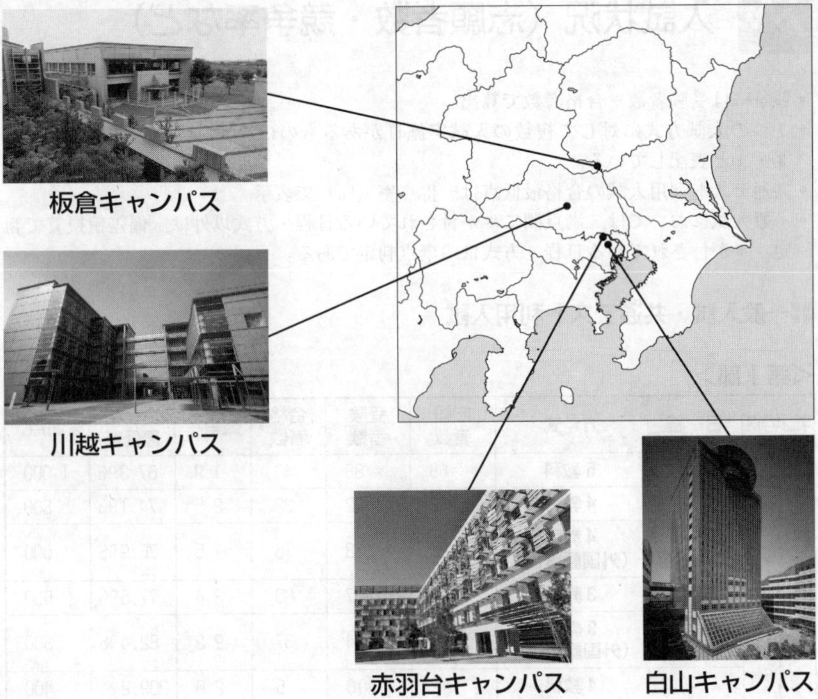

白山キャンパス　〒 112-8606　東京都文京区白山 5-28-20

赤羽台キャンパス　〒 115-8650　東京都北区赤羽台 1-7-11

川越キャンパス　〒 350-8585　埼玉県川越市鯨井 2100

板倉キャンパス　〒 374-0193　群馬県邑楽郡板倉町泉野 1-1-1

2022 年度入試データ

入試状況（志願者数・競争率など）

- 競争率は受験者数÷合格者数で算出。
- １つの入試方式に対して複数の入試実施日があるものは，入試実施日順に①・②・③・④と表記している。
- 共通テスト利用入試の合格最低点は，得点率（％）で表示。
- 一般入試においては，満点欄に＊が付されている日程・方式以外は，偏差値換算で判定。＊が付されている日程・方式は，素点判定である。

一般入試・共通テスト利用入試

＜第１部＞

学部・学科等		日　程		方　式	志願者数	受験者数	合格者数	競争率	合　格最低点	満点
文	哲	共通テスト	前期	5 教科	88	88	46	1.9	67.3%	1,000
				4 教科	82	82	32	2.5	74.1%	800
				4 教科（外国語重視）	23	23	15	1.5	76.9%	1,000
				3 教科	208	207	60	3.4	77.5%	600
				3 教科（外国語重視）	84	84	37	2.2	82.4%	800
		一　般	前期	4 教科	12	10	5	2.0	209.9	400
				3 教科①	270	259	64	4.0	170.7	300
				3 教科②	168	155	37	4.1	174.4	300
				3 教科（英語重視）	46	45	13	3.4	236.0	400
			中期	3 教科	75	67	14	4.7	177.4	300
				3 教科（英語重視）	17	15	5	3.0	243.6	400
			後期	2 教科（英・国）	88	76	12	6.3	122.6	200
				2 教科（英・筆記）	9	8	3	2.6	132.0	＊200

（表つづく）

学部・学科等		日程		方式	志願者数	受験者数	合格者数	競争率	合格最低点	満点
文	東洋思想文化	共通テスト	前期	5教科	28	28	16	1.7	65.1%	1,000
				4教科	24	24	11	2.1	68.5%	800
				3教科	126	124	57	2.1	72.8%	600
				3教科(英語重視)	63	63	35	1.8	80.0%	800
				3教科(漢文重視)	21	21	9	2.3	73.5%	600
			中期	3教科	26	26	11	2.3	73.2%	600
			後期	3教科ベスト2	49	48	18	2.6	76.8%	400
		一般	前期	4教科	5	5	3	1.6	212.4	400
				3教科①	140	133	42	3.1	162.3	300
				3教科②	103	98	29	3.3	161.0	300
				3教科③	99	92	32	2.8	163.0	300
				3教科(英語重視)	53	50	15	3.3	227.1	400
			中期	3教科	86	75	29	2.5	163.3	300
			後期	2教科(英・国)	64	55	14	3.9	116.9	200
				2教科(英・筆記)	7	6	3	2.0	111.0	＊200
	日本文学文化	共通テスト	前期	5教科	100	100	51	1.9	65.3%	1,000
				4教科	101	101	62	1.6	70.4%	800
				3教科	363	360	109	3.3	76.2%	600
				3教科(国語重視)	216	214	54	3.9	75.0%	800
			中期	3教科(国語重視)	69	69	18	3.8	73.4%	800
		一般	前期	4教科	22	22	11	2.0	205.0	400
				3教科①	200	192	45	4.2	172.0	300
				3教科②	207	194	40	4.8	169.3	300
				3教科③	223	210	50	4.2	170.2	300
				3教科(国語重視)①	243	235	35	6.7	236.8	400
				3教科(国語重視)②	169	161	25	6.4	224.6	400
			中期	3教科	123	104	15	6.9	173.5	300
			後期	2教科(国語重視)	132	118	21	5.6	145.9	250

(表つづく)

学部・学科等		日程		方式	志願者数	受験者数	合格者数	競争率	合格最低点	満点
文	英米文	共通テスト	前期	4教科	63	62	37	1.6	70.0%	800
				3教科	404	403	148	2.7	74.0%	600
				3教科（英語重視）	252	251	124	2.0	82.2%	800
			中期	3教科	60	60	26	2.3	73.0%	600
		一般	前期	3教科①	265	252	97	2.5	164.2	300
				3教科②	224	216	82	2.6	161.1	300
				3教科（英語重視）①	174	165	67	2.4	225.7	400
				3教科（英語重視）②	118	111	38	2.9	227.5	400
			中期	3教科	158	143	43	3.3	167.6	300
				3教科（英語重視）	52	46	14	3.2	237.0	400
			後期	2教科	110	100	23	4.3	115.3	200
	史	共通テスト	前期	5教科	108	108	54	2.0	67.2%	1,000
				4教科	77	69	45	1.5	74.0%	800
				4教科（歴史重視）	94	92	58	1.5	75.3%	600
				3教科	405	399	138	2.8	77.5%	600
				3教科（歴史重視）	326	323	97	3.3	80.9%	800
			中期	3教科（歴史重視）	70	69	18	3.8	80.5%	800
		一般	前期	4教科①	16	14	8	1.7	211.9	400
				4教科②	21	19	12	1.5	209.7	400
				3教科①	311	292	84	3.4	169.9	300
				3教科②	337	320	82	3.9	170.6	300
				3教科③	322	309	90	3.4	168.1	300
			中期	3教科	179	162	40	4.0	167.8	300
			後期	2教科＋共通テスト1教科	63	58	31	1.8	206.0	＊300
	教育（人間発達）	共通テスト	前期	5教科	85	85	54	1.5	62.3%	1,000
				4教科	36	36	25	1.4	66.9%	800
				3教科	214	212	97	2.1	70.8%	600
				3教科（英語重視）	56	56	41	1.3	76.7%	800
			中期	3教科	27	27	14	1.9	69.5%	600

（表つづく）

学部・学科等		日程		方式	志願者数	受験者数	合格者数	競争率	合格最低点	満点
文	教育（人間発達）	一般	前期	4教科	27	22	12	1.8	196.9	400
				3教科①	158	145	50	2.9	161.7	300
				3教科②	154	143	50	2.8	160.0	300
				3教科（英語重視）	31	30	15	2.0	221.3	400
			中期	3教科	94	88	32	2.7	163.7	300
				3教科（国語重視）	58	56	9	6.2	233.8	400
			後期	2教科	92	80	25	3.2	108.7	200
	教育（初等教育）	共通テスト	前期	5教科	176	176	79	2.2	65.0%	1,000
				4教科	118	117	54	2.1	70.0%	800
				3教科	153	152	50	3.0	73.3%	600
				3教科（英語重視）	74	74	40	1.8	78.2%	800
			中期	3教科	40	40	11	3.6	73.3%	600
		一般	前期	4教科	44	44	23	1.9	210.3	400
				3教科①	217	213	50	4.2	170.4	300
				3教科②	157	149	31	4.8	170.1	300
			中期	3教科	122	95	23	4.1	168.0	300
			後期	2教科（英・国）	49	45	15	3.0	113.9	200
				2教科（英・筆記）	12	12	3	4.0	150.0	＊200
	国際文化コミュニケーション	共通テスト	前期	5教科	37	37	20	1.8	66.7%	1,000
				4教科	28	28	17	1.6	72.3%	800
				4教科（外国語重視）	44	44	27	1.6	76.9%	1,000
				3教科	219	219	64	3.4	76.0%	600
				3教科（外国語重視）	172	172	84	2.0	83.8%	800
			中期	3教科（外国語重視）	22	22	6	3.6	81.2%	800
		一般	前期	4教科	10	10	6	1.6	201.4	400
				3教科①	159	152	39	3.8	169.8	300
				3教科②	116	112	33	3.3	170.4	300
				3教科③	202	197	57	3.4	172.2	300
				3教科（英語重視）①	89	88	26	3.3	230.6	400
				3教科（英語重視）②	106	96	23	4.1	244.7	400
			中期	3教科	107	96	20	4.8	177.9	300
			後期	2教科（英語重視）	85	77	14	5.5	182.5	300

（表つづく）

学部・学科等		日程		方式	志願者数	受験者数	合格者数	競争率	合格最低点	満点
経済	経済	共通テスト	前期	5科目	641	640	377	1.6	65.6%	1,000
				4科目	389	388	173	2.2	66.0%	800
				3教科	1,277	1,270	373	3.4	77.0%	600
				3教科（数学重視）	573	570	190	3.0	66.0%	700
		一般	前期	4教科①	94	89	43	2.0	205.0	400
				4教科②	40	39	13	3.0	215.6	400
				4教科③	29	29	9	3.2	207.7	400
				3教科（英・国・数）①	463	449	94	4.7	171.2	300
				3教科（英・国・数）②	161	153	29	5.2	172.8	300
				3教科（英・国・数）③	183	174	32	5.4	172.8	300
				3教科（英・国・地公）①	597	569	48	11.8	181.2	300
				3教科（英・国・地公）②	290	279	24	11.6	178.5	300
				3教科（英・国・地公）③	288	269	20	13.4	178.3	300
				3教科（最高得点重視）①	133	127	17	7.4	242.5	400
				3教科（最高得点重視）②	83	81	11	7.3	238.1	400
				3教科（最高得点重視）③	86	79	9	8.7	239.6	400
			中期	3教科（数学重視）	184	168	53	3.1	189.3	350
			後期	2教科（英・国）	183	158	28	5.6	113.2	200
				2教科（英・数）	154	128	34	3.7	116.0	200
	国際経済	共通テスト	前期	5教科	85	85	50	1.7	65.3%	1,000
				4教科	52	51	31	1.6	68.3%	800
				4教科（英語重視）	38	34	24	1.4	77.2%	1,000
				3教科	1,527	1,525	315	4.8	79.0%	600
				3教科（英語重視）	538	538	166	3.2	83.8%	800
			中期	3教科	110	110	21	5.2	78.0%	600

（表つづく）

学部・学科等		日　程		方　式	志願者数	受験者数	合格者数	競争率	合　格最低点	満点
経済	国際経済	一般	前期	4 教科	17	16	9	1.7	207.2	400
				3 教科①	304	293	62	4.7	168.8	300
				3 教科②	178	172	39	4.4	169.9	300
				3 教科③	289	270	63	4.2	169.2	300
				3 教科（英語重視）①	104	98	29	3.3	200.5	350
				3 教科（英語重視）②	101	87	25	3.4	197.1	350
			中期	3 教科	235	206	63	3.2	168.0	300
				3 教科（英語重視）	64	56	25	2.2	188.0	350
			後期	2 教科	182	159	22	7.2	117.1	200
		共通テスト	前期	5 科目	84	84	60	1.4	65.6%	1,000
				4 科目	136	136	77	1.7	69.8%	800
				3 教科（英・国・地公数）	1,113	1,111	302	3.6	76.8%	600
				3 教科（英・数・理）	60	58	30	1.9	60.0%	600
			中期	2 教科	152	152	24	6.3	85.8%	400
	総合政策	一般	前期	4 教科	30	30	16	1.8	199.4	400
				3 教科①	366	355	102	3.4	161.9	300
				3 教科②	268	260	84	3.0	164.3	300
				3 教科③	317	306	96	3.1	163.0	300
				3 教科（英語重視）	59	56	18	3.1	195.4	350
				3 教科（数学重視）	46	42	13	3.2	183.8	350
			中期	3 教科	234	215	19	11.3	179.7	300
			後期	2 教科	121	110	23	4.7	113.8	200
経営	経営	共通テスト	前期	5 教科	292	291	166	1.7	66.6%	1,000
				4 教科	109	108	44	2.4	68.8%	800
				3 教科	1,533	1,530	431	3.5	77.3%	600
				3 教科（最高得点重視）	538	536	139	3.8	79.4%	800
				3 教科（英語重視）	556	555	251	2.2	81.5%	800

（表つづく）

学部・学科等		日　程		方　式	志願者数	受験者数	合格者数	競争率	合　格最低点	満点
経営	経営	一般	前期	4教科	23	23	10	2.3	202.0	400
経営	経営	一般	前期	3教科①	1,088	1,051	276	3.8	168.5	300
経営	経営	一般	前期	3教科②	426	405	99	4.0	170.4	300
経営	経営	一般	前期	3教科③	567	540	117	4.6	169.9	300
経営	経営	一般	前期	3教科④	701	668	136	4.9	169.6	300
経営	経営	一般	前期	3教科（国語重視）	186	181	37	4.8	182.2	350
経営	経営	一般	前期	3教科（数学重視）	101	97	36	2.6	182.0	350
経営	経営	一般	中期	3教科	207	196	23	8.5	178.7	300
経営	経営	一般	中期	3教科（最高得点重視）	163	147	18	8.1	246.3	400
経営	経営	一般	後期	2教科	219	190	5	38.0	129.1	200
経営	経営	共通テスト	前期	5教科	101	101	60	1.6	68.4%	1,000
経営	経営	共通テスト	前期	4教科	123	121	68	1.7	69.5%	800
経営	経営	共通テスト	前期	3教科	763	761	181	4.2	78.3%	600
経営	経営	共通テスト	前期	3教科（最高得点重視）	404	403	86	4.6	80.0%	800
経営	経営	共通テスト	前期	3教科（英語重視）	292	292	108	2.7	81.5%	800
経営	マーケティング	一般	前期	3教科①	464	448	93	4.8	172.0	300
経営	マーケティング	一般	前期	3教科②	282	271	54	5.0	175.0	300
経営	マーケティング	一般	前期	3教科③	324	313	55	5.6	174.5	300
経営	マーケティング	一般	前期	3教科④	340	326	51	6.3	173.0	300
経営	マーケティング	一般	前期	3教科（英語重視）	95	86	27	3.1	195.5	350
経営	マーケティング	一般	前期	3教科（最高得点重視）①	149	139	34	4.0	225.7	400
経営	マーケティング	一般	前期	3教科（最高得点重視）②	187	179	45	3.9	228.8	400
経営	マーケティング	一般	中期	3教科	207	184	15	12.2	185.5	300
経営	マーケティング	一般	中期	3教科ベスト2	326	303	24	12.6	129.0	200
経営	マーケティング	一般	後期	2教科（英・国）	152	135	17	7.9	121.4	200
経営	マーケティング	一般	後期	2教科（英・数）	41	34	5	6.8	120.5	200
経営	会計ファイナンス	共通テスト	前期	5教科	54	54	38	1.4	65.6%	1,000
経営	会計ファイナンス	共通テスト	前期	4教科	98	94	58	1.6	67.5%	800
経営	会計ファイナンス	共通テスト	前期	3教科	469	469	170	2.7	74.5%	600
経営	会計ファイナンス	共通テスト	前期	3教科（英語重視）	151	151	75	2.0	77.5%	800
経営	会計ファイナンス	共通テスト	前期	3教科（数学重視）	132	131	52	2.5	61.9%	800

（表つづく）

学部・学科等		日　程		方　式	志願者数	受験者数	合格者数	競争率	合　格最低点	満点
経営	会計ファイナンス	一般	前期	3教科①	352	337	86	3.9	164.8	300
				3教科②	238	228	54	4.2	167.4	300
				3教科③	260	245	54	4.5	164.4	300
				3教科（英語重視）①	94	89	39	2.2	188.3	350
				3教科（英語重視）②	75	72	35	2.0	190.3	350
				3教科（数学重視）①	68	66	22	3.0	181.2	350
				3教科（数学重視）②	64	61	19	3.2	180.4	350
			中期	3教科（最高得点重視）	244	223	37	6.0	239.0	400
			後期	2教科（英・国）	174	155	9	17.2	123.4	200
				2教科（英・数）	87	74	10	7.4	127.9	200
法	法律	共通テスト	前期	5教科	334	334	203	1.6	66.0%	1,000
				4教科	151	151	97	1.5	69.6%	800
				4教科（英語重視）	62	62	41	1.5	74.6%	1,000
				4教科（国語重視）	44	43	27	1.5	71.0%	1,000
				3教科	873	871	265	3.2	78.7%	600
				3教科（英語重視）	345	345	103	3.3	85.3%	800
				3教科（国語重視）	349	349	100	3.4	77.0%	800
			中期	3教科	109	109	10	10.9	83.0%	600
		一般	前期	4教科	39	38	17	2.2	214.4	400
				3教科①	737	701	187	3.7	171.1	300
				3教科②	444	411	112	3.6	169.1	300
				3教科③	508	477	128	3.7	167.2	300
				3教科（英語重視）	131	116	33	3.5	231.0	400
				3教科（国語重視）	308	287	59	4.8	225.2	400
			中期	3教科	208	182	10	18.2	186.3	300
				3教科（最高得点重視）	185	154	7	22.0	248.2	400
			後期	2教科	167	145	10	14.5	158.0	＊200

（表つづく）

学部・学科等	学科	日程	期	方式	志願者数	受験者数	合格者数	競争率	合格最低点	満点
法	企業法	共通テスト	前期	5教科	89	88	60	1.4	65.2%	1,000
				4教科	43	43	29	1.4	67.5%	800
				4教科（国語重視）	57	55	30	1.8	67.8%	1,000
				4教科（英語重視）	31	30	22	1.3	74.4%	1,000
				3教科	629	628	192	3.2	77.0%	600
				3教科（英語重視）	280	280	97	2.8	83.0%	800
				3教科（国語重視）	440	439	112	3.9	75.1%	800
			中期	3教科	71	71	11	6.4	81.0%	600
		一般	前期	4教科	11	10	6	1.6	181.9	400
				3教科①	332	322	102	3.1	165.3	300
				3教科②	280	269	93	2.8	164.0	300
				3教科③	300	285	98	2.9	162.3	300
				3教科（英語重視）	50	47	15	3.1	229.4	400
				3教科（国語重視）	140	133	32	4.1	220.6	400
			中期	3教科	119	112	25	4.4	172.1	300
				3教科（最高得点重視）	56	48	10	4.8	232.7	400
			後期	2教科	164	143	39	3.6	142.0	＊200
社会	社会	共通テスト	前期	5教科	169	169	104	1.6	66.4%	1,000
				4教科	110	109	69	1.5	72.5%	800
				3教科	999	999	326	3.0	79.2%	600
			中期	3教科（国語重視）	120	120	31	3.8	79.3%	800
		一般	前期	4教科①	28	28	18	1.5	183.8	400
				4教科②	28	27	18	1.5	188.7	400
				3教科①	616	587	112	5.2	175.0	300
				3教科②	639	604	116	5.2	174.9	300
				3教科③	460	435	84	5.1	175.6	300
			中期	3教科	204	183	24	7.6	181.0	300
				3教科（国語重視）	143	130	16	8.1	237.6	400
			後期	2教科	141	130	20	6.5	155.0	＊200

（表つづく）

学部・学科等		日程		方式	志願者数	受験者数	合格者数	競争率	合格最低点	満点
社会	国際社会	共通テスト	前期	5教科	69	68	51	1.3	65.0%	1,000
				4教科	77	76	58	1.3	70.1%	800
				3教科	450	449	220	2.0	75.2%	600
				3教科(英語重視)	362	362	162	2.2	84.0%	800
			中期	3教科	49	49	20	2.4	74.7%	600
		一般	前期	4教科	11	11	9	1.2	179.4	400
				3教科①	239	230	56	4.1	171.0	300
				3教科②	182	175	43	4.0	173.1	300
				3教科③	322	307	70	4.3	174.4	300
				3教科(英語重視)①	65	63	21	3.0	229.3	400
				3教科(英語重視)②	55	51	19	2.6	233.3	400
				3教科(英語重視)③	106	101	38	2.6	233.6	400
			中期	3教科	109	99	20	4.9	176.4	300
				3教科(英語重視)	31	25	10	2.5	225.0	＊400
			後期	2教科	82	76	18	4.2	152.0	200
	社会福祉	共通テスト	前期	5教科	97	96	50	1.9	64.2%	1,000
				4教科	75	73	38	1.9	67.3%	800
				3教科	451	451	174	2.5	75.0%	600
				3教科(国語重視)	195	193	64	3.0	73.8%	800
			中期	3教科	33	33	17	1.9	70.0%	600
		一般	前期	4教科	15	14	11	1.2	175.6	400
				3教科①	176	173	48	3.6	164.5	300
				3教科②	120	113	32	3.5	162.6	300
				3教科③	249	233	64	3.6	168.0	300
				3教科(英語重視)	46	43	18	2.3	219.3	400
				3教科(国語重視)	58	55	14	3.9	211.6	400
			中期	3教科	63	58	28	2.0	158.7	300
				3教科(国語重視)	27	24	12	2.0	199.9	400
			後期	2教科	59	52	8	6.5	151.0	＊200

（表つづく）

学部・学科等		日　程		方　式	志願者数	受験者数	合格者数	競争率	合　格最低点	満点
社会	メディアコミュニケーション	共通テスト	前期	5 教科	81	81	51	1.5	65.8%	1,000
				4 教科	81	79	47	1.6	68.3%	800
				3 教科	839	839	274	3.0	77.7%	600
			中期	3 教科	77	77	25	3.0	72.5%	600
		一般	前期	4 教科①	13	13	9	1.4	181.9	400
				4 教科②	25	24	17	1.4	200.5	400
				3 教科①	339	332	60	5.5	173.4	300
				3 教科②	252	239	43	5.5	173.0	300
				3 教科③	581	557	101	5.5	174.8	300
			中期	3 教科	181	169	29	5.8	179.9	300
				3 教科（国語重視）	90	85	18	4.7	227.0	400
			後期	2 教科	131	118	23	5.1	153.0	＊200
	社会心理	共通テスト	前期	5 教科	162	162	84	1.9	68.4%	1,000
				4 教科	113	112	50	2.2	75.0%	800
				3 教科	728	728	212	3.4	78.3%	600
			中期	3 教科	95	95	25	3.8	77.5%	600
		一般	前期	4 教科①	32	32	12	2.6	207.9	400
				4 教科②	38	37	14	2.6	220.7	400
				3 教科①	457	433	60	7.2	175.0	300
				3 教科②	602	572	81	7.0	177.8	300
			中期	3 教科	158	136	17	8.0	181.0	300
				3 教科（数学重視）	30	26	9	2.8	224.8	400
			後期	2 教科	111	99	17	5.8	156.0	＊200
国際	グローバル・イノベーション	共通テスト	前期	4 教科	78	76	55	1.3	70.0%	800
				3 教科	328	327	158	2.0	78.3%	600
		一般	前期	3 教科①	205	199	62	3.2	169.0	300
				3 教科②	205	193	66	2.9	173.0	300
			中期	3 教科（英語重視）	58	54	12	4.5	241.5	400
			後期	2 教科	62	52	4	13.0	158.0	＊200

（表つづく）

学部・学科等		日　程		方　式	志願者数	受験者数	合格者数	競争率	合　格最低点	満点
国際	国際地域(国際地域)	共通テスト	前期	4教科	103	102	83	1.2	67.0%	800
				3教科	462	461	242	1.9	74.7%	600
				3教科(最高得点重視)	134	132	69	1.9	77.0%	800
				3教科(英語重視)	413	413	271	1.5	80.0%	800
			中期	3教科	72	72	22	3.2	77.7%	600
			後期	3教科	39	39	6	6.5	77.8%	600
		一般	前期	3教科①	142	136	55	2.4	163.0	300
				3教科②	127	124	53	2.3	163.5	300
				3教科③	229	222	92	2.4	167.4	300
				3教科④	194	187	78	2.3	166.6	300
				3教科(英語重視)	96	91	44	2.0	226.1	400
			中期	3教科	77	72	13	5.5	183.3	300
			後期	2教科(英語重視)	92	79	11	7.1	236.0	*300
国際観光	国際観光	共通テスト	前期	5科目	83	83	66	1.2	65.0%	1,000
				4科目	75	75	54	1.3	66.0%	800
				3教科	565	565	295	1.9	73.7%	600
				3教科(最高得点重視)	185	185	69	2.6	80.0%	800
				3教科(英語重視)	121	121	64	1.8	81.3%	800
			中期	3教科	35	35	19	1.8	70.0%	600
			後期	3教科	24	24	15	1.6	70.7%	600
		一般	前期	4教科①	13	13	10	1.3	185.7	400
				4教科②	12	12	10	1.2	187.6	400
				3教科①	301	295	102	2.8	165.0	300
				3教科②	214	212	74	2.8	168.1	300
				3教科③	496	482	168	2.8	166.7	300
				3教科④	405	398	135	2.9	165.3	300
				3教科(英語重視)	88	84	34	2.4	225.1	400
				3教科(最高得点重視)	52	51	16	3.1	229.5	400
			中期	3教科	128	122	42	2.9	165.7	300
				3教科(最高得点重視)	38	36	12	3.0	227.1	400
			後期	2教科	92	82	25	3.2	116.4	200

(表つづく)

学部・学科等		日　程		方　式	志願者数	受験者数	合格者数	競争率	合　格最低点	満点
情報連携	情報連携	共通テスト	前期	5科目	239	239	114	2.0	66.7%	1,000
				4科目	216	216	92	2.3	67.3%	800
				4科目（数学重視）	172	169	60	2.8	63.0%	1,000
				3教科（文系）	225	225	60	3.7	76.3%	600
				3教科（理系）	585	585	122	4.7	65.0%	600
				3教科（英・国・数）	294	293	109	2.6	65.0%	600
				3教科（数学重視）	317	316	73	4.3	62.5%	800
			中期	3教科（文系）	35	35	6	5.8	75.3%	600
				3教科（理系）	92	92	13	7.0	65.2%	600
			後期	3教科（文系）	29	29	5	5.8	77.3%	600
				3教科（理系）	29	29	5	5.8	63.5%	600
				3教科（英・国・数）	30	30	6	5.0	65.2%	600
		一般	前期	4教科①	53	51	26	1.9	181.1	400
				4教科②	23	22	10	2.2	184.6	400
				4教科③	20	19	10	1.9	182.3	400
				4教科④	26	26	13	2.0	181.3	400
				3教科（文系）①	126	123	13	9.4	165.9	300
				3教科（文系）②	91	89	12	7.4	168.2	300
				3教科（理系）①	580	552	87	6.3	168.2	300
				3教科（理系）②	358	340	51	6.6	167.1	300
				3教科（英・国・数）①	101	101	26	3.8	156.1	300
				3教科（英・国・数）②	70	68	22	3.0	159.7	300
				3教科（英・国・数）③	59	56	12	4.6	158.5	300
				3教科（英・国・数）④	62	57	13	4.3	156.2	300
				3教科（最高得点重視）（理系）①	267	254	82	3.0	220.7	400
				3教科（最高得点重視）（理系）②	192	180	44	4.0	220.1	400

（表つづく）

学部・学科等		日程		方式	志願者数	受験者数	合格者数	競争率	合格最低点	満点
情報連携	情報連携	一般	前期	3教科(最高得点重視)(文系)	49	47	5	9.4	228.6	400
				3教科(数学重視)	70	64	24	2.6	201.5	400
			中期	3教科(文系)	52	47	7	6.7	170.0	300
				3教科(理系)	270	239	44	5.4	168.3	300
				3教科(英・国・数)	73	68	11	6.1	162.8	300
			後期	3教科	14	13	7	1.8	140.4	300
				2教科(文系)	45	38	6	6.3	114.4	200
				2教科(理系)	210	186	64	2.9	103.9	200
				2教科(英・情報)＋面接	5	3	3	1.0	147.0	300
				2教科(英・数)＋面接	46	42	10	4.2	156.5	300
ライフデザイン	生活支援(生活支援学)	共通テスト	前期	4教科	31	30	17	1.7	65.3%	800
				3教科	161	160	60	2.6	74.0%	600
				3教科ベスト2	211	209	40	5.2	84.8%	400
			後期	2教科	24	24	9	2.6	72.8%	400
		一般	前期	3教科①	106	103	42	2.4	153.3	300
				3教科②	86	84	34	2.4	152.5	300
				3教科③	120	114	42	2.7	155.9	300
				3教科④	97	92	34	2.7	159.0	300
				3教科(国語重視)	54	54	21	2.5	192.4	400
				3教科ベスト2	100	96	21	4.5	112.5	200
			中期	3教科	59	53	19	2.7	151.0	300
			後期	2教科	65	57	18	3.1	128.0	*200
	生活支援(子ども支援学)	共通テスト	前期	4教科	63	61	36	1.6	65.3%	800
				3教科	243	243	80	3.0	73.8%	600
			後期	3教科	21	21	5	4.2	74.5%	600
		一般	前期	3教科①	127	121	36	3.3	158.5	300
				3教科②	93	91	36	2.5	155.2	300
				3教科③	105	100	34	2.9	156.5	300
				3教科ベスト2①	106	103	35	2.9	109.1	200
				3教科ベスト2②	113	106	38	2.7	109.4	200
			中期	3教科	79	69	11	6.2	169.3	300
			後期	2教科	52	46	6	7.6	151.0	*200

(表つづく)

学部・学科等		日 程		方 式	志願者数	受験者数	合格者数	競争率	合 格最低点	満点
ライフデザイン	健康スポーツ	共通テスト	前期	5教科	80	80	34	2.3	63.0%	1,000
ライフデザイン	健康スポーツ	共通テスト	前期	4教科	143	143	66	2.1	67.8%	800
ライフデザイン	健康スポーツ	共通テスト	前期	3教科	520	518	127	4.0	75.0%	600
ライフデザイン	健康スポーツ	共通テスト	後期	3教科	58	57	6	9.5	76.7%	600
ライフデザイン	健康スポーツ	一般	前期	4教科	28	28	14	2.0	197.9	400
ライフデザイン	健康スポーツ	一般	前期	3教科①	300	295	71	4.1	162.8	300
ライフデザイン	健康スポーツ	一般	前期	3教科②	205	201	54	3.7	160.8	300
ライフデザイン	健康スポーツ	一般	前期	3教科③	260	251	63	3.9	165.1	300
ライフデザイン	健康スポーツ	一般	前期	3教科④	229	223	53	4.2	158.3	300
ライフデザイン	健康スポーツ	一般	前期	3教科（英語重視）①	57	54	17	3.1	222.4	400
ライフデザイン	健康スポーツ	一般	前期	3教科（英語重視）②	55	53	16	3.3	223.9	400
ライフデザイン	健康スポーツ	一般	中期	3教科	148	131	23	5.6	166.2	300
ライフデザイン	健康スポーツ	一般	後期	2教科	95	88	16	5.5	143.0	＊200
ライフデザイン	人間環境デザイン	共通テスト	前期	4教科	83	83	30	2.7	69.9%	800
ライフデザイン	人間環境デザイン	共通テスト	前期	3教科（英・数・理）	124	123	41	3.0	61.3%	600
ライフデザイン	人間環境デザイン	共通テスト	前期	3教科（英・国・地公数）	189	189	51	3.7	75.0%	600
ライフデザイン	人間環境デザイン	一般	前期	実技2科目	14	14	10	1.4	115.0	＊200
ライフデザイン	人間環境デザイン	一般	前期	3教科（英・数・理）	105	101	27	3.7	167.1	300
ライフデザイン	人間環境デザイン	一般	前期	3教科（英・国・地公数）①	204	197	60	3.2	157.8	300
ライフデザイン	人間環境デザイン	一般	前期	3教科（英・国・地公数）②	120	112	35	3.2	162.1	300
ライフデザイン	人間環境デザイン	一般	前期	3教科ベスト2	174	154	30	5.1	115.6	200
ライフデザイン	人間環境デザイン	一般	中期	3教科	70	66	23	2.8	161.9	300
ライフデザイン	人間環境デザイン	一般	後期	2教科	137	132	21	6.2	114.6	200
理工	機械工	共通テスト	前期	4科目	280	278	132	2.1	60.5%	800
理工	機械工	共通テスト	前期	3教科	662	657	259	2.5	58.2%	600
理工	機械工	共通テスト	前期	3教科（理科重視）	205	205	78	2.6	60.8%	800
理工	機械工	共通テスト	中期	3教科	60	58	21	2.7	57.8%	600
理工	機械工	一般	前期	3教科①	235	231	107	2.1	150.7	300
理工	機械工	一般	前期	3教科②	395	371	145	2.5	151.1	300
理工	機械工	一般	前期	3教科③	231	209	72	2.9	153.4	300

（表つづく）

学部・学科等		日程		方式	志願者数	受験者数	合格者数	競争率	合格最低点	満点
理工	機械工	一般	前期	3教科(理科重視)①	109	101	47	2.1	199.3	400
				3教科(理科重視)②	66	60	31	1.9	203.3	400
				3教科(数学重視)	45	44	26	1.6	194.3	400
			中期	3教科	184	152	63	2.4	147.5	300
			後期	2教科	134	106	35	3.0	99.0	＊200
	生体医工	共通テスト	前期	5教科	82	73	42	1.7	58.3%	1,000
				4科目	108	107	54	1.9	56.8%	800
				3教科	236	236	114	2.0	61.7%	600
				3教科(理科重視)	63	62	35	1.7	55.8%	800
			中期	3教科	46	45	26	1.7	60.0%	600
		一般	前期	3教科①	58	57	31	1.8	147.5	300
				3教科②	131	126	72	1.7	144.0	300
				3教科③	79	67	37	1.8	142.1	300
				3教科(理科重視)①	23	22	14	1.5	193.2	400
				3教科(理科重視)②	30	27	18	1.5	188.3	400
			中期	3教科	65	59	32	1.8	142.8	300
			後期	2教科	42	33	8	4.1	100.0	＊200
	電気電子情報工	共通テスト	前期	4科目	320	316	110	2.8	64.8%	800
				3教科	703	701	227	3.0	61.5%	600
			中期	3教科	69	69	21	3.2	60.2%	600
		一般	前期	3教科①	186	182	53	3.4	166.8	300
				3教科②	377	353	90	3.9	162.6	300
				3教科③	227	206	45	4.5	162.0	300
				3教科(数学重視)	60	60	17	3.5	213.6	400
			中期	3教科	148	128	54	2.3	155.9	300
			後期	2教科	141	115	40	2.8	105.0	＊200
	応用化	共通テスト	前期	4科目	254	243	127	1.9	61.1%	800
				3教科	473	473	245	1.9	62.2%	600
			中期	3教科	88	74	17	4.3	56.7%	600
		一般	前期	3教科①	285	278	134	2.0	157.6	300
				3教科②	310	285	153	1.8	149.7	300
				3教科③	140	129	73	1.7	148.3	300
				3教科(理科重視)	109	100	64	1.5	199.6	400

(表つづく)

学部・学科等		日程		方式	志願者数	受験者数	合格者数	競争率	合格最低点	満点
理工	応用化	一般	中期	3教科	104	88	50	1.7	144.8	300
			後期	2教科	102	78	46	1.6	92.0	*200
	都市環境デザイン	共通テスト	前期	4教科	192	192	104	1.8	60.4%	800
				3教科	370	369	127	2.9	59.0%	600
				3教科(数学重視)	174	174	52	3.3	56.0%	800
			中期	3教科	36	36	12	3.0	58.7%	600
		一般	前期	3教科①	133	131	48	2.7	154.4	300
				3教科②	254	244	114	2.1	149.6	300
				3教科③	120	109	43	2.5	150.2	300
				3教科(数学重視)	59	56	23	2.4	205.6	400
			中期	3教科	118	101	56	1.8	147.1	300
			後期	2教科	73	57	21	2.7	103.0	*200
	建築	共通テスト	前期	5教科	157	146	71	2.0	62.4%	1,000
				4教科	334	333	132	2.5	63.9%	800
				3教科	596	593	153	3.8	62.3%	600
			中期	3教科	66	66	18	3.6	61.0%	600
		一般	前期	3教科①	180	177	46	3.8	165.9	300
				3教科②	367	344	82	4.1	165.4	300
				3教科③	199	183	44	4.1	164.9	300
				3教科(英語重視)①	37	35	14	2.5	219.4	400
				3教科(英語重視)②	64	59	20	2.9	219.3	400
				3教科(英語重視)③	57	53	15	3.5	218.8	400
			中期	3教科	133	114	34	3.3	160.5	300
			後期	2教科	108	86	18	4.7	128.0	*200
総合情報	総合情報	共通テスト	前期	5科目	108	108	46	2.3	67.4%	1,000
				4科目	119	119	43	2.7	69.3%	800
				3教科(文系)	319	319	67	4.7	75.8%	600
				3教科(理系)	316	315	70	4.5	65.7%	600
				3教科(英語重視)(文系)	99	99	25	3.9	81.5%	800
				3教科(数学重視)(理系)	103	102	27	3.7	61.4%	800
			中期	3教科	53	53	18	2.9	71.2%	600

(表つづく)

学部・学科等		日　程		方　式	志願者数	受験者数	合格者数	競争率	合　格最低点	満点
総合情報	総合情報	一般	前期	4 教科(文系)	15	15	6	2.5	201.4	400
				3 教科(文系)①	154	152	26	5.8	166.0	300
				3 教科(文系)②	118	115	20	5.7	168.8	300
				3 教科(文系)③	146	136	24	5.6	167.5	300
				3 教科(理系)①	181	174	25	6.9	176.1	300
				3 教科(理系)②	272	254	37	6.8	173.4	300
				3 教科(理系)③	135	132	19	6.9	165.2	300
				3 教科(英語重視)(文系)	42	39	7	5.5	233.1	400
				3 教科(数学重視)(理系)	71	69	12	5.7	227.2	400
			中期	3 教科(文系)	92	83	21	3.9	167.4	300
				3 教科(理系)	102	89	19	4.6	170.9	300
				3 教科(英語重視)(文系)	12	12	5	2.4	217.1	400
				3 教科(数学重視)(理系)	66	60	11	5.4	228.8	400
			後期	2 教科	187	170	44	3.8	110.5	200
生命科	生命科	共通テスト	前期	4 科目	133	130	75	1.7	60.9%	800
				3 教科	323	316	148	2.1	63.3%	600
				3 教科(理科重視)	142	141	64	2.2	62.3%	800
			中期	3 教科(最高得点重視)	105	105	31	3.3	67.6%	800
		一般	前期	3 教科①	69	63	34	1.8	157.2	300
				3 教科②	112	109	46	2.3	150.0	300
				3 教科③	74	68	29	2.3	148.4	300
				3 教科④	69	60	32	1.8	148.8	300
				3 教科(理科重視)①	31	29	19	1.5	185.7	400
				3 教科(理科重視)②	55	52	35	1.4	184.5	400
				3 教科(理科重視)③	38	33	18	1.8	192.1	400
				3 教科(理科重視)④	27	20	12	1.6	187.5	400
			中期	3 教科ベスト 2 ＋共通テスト 1 教科	21	18	14	1.2	137.0	＊300
			後期	2 教科	56	50	26	1.9	98.0	200
				2 教科＋共通テスト 1 教科	6	4	2	2.0	155.0	＊300

（表つづく）

学部・学科等		日　程		方　式	志願者数	受験者数	合格者数	競争率	合　格最低点	満点
生命科	応用生物科	共通テスト	前期	4科目	117	114	79	1.4	58.0%	800
				3教科	182	182	105	1.7	59.5%	600
				3教科（理科重視）	95	95	61	1.5	55.9%	800
			中期	2教科	96	96	39	2.4	67.5%	400
		一般	前期	3教科①	53	52	28	1.8	156.3	300
				3教科②	87	85	48	1.7	144.3	300
				3教科③	76	69	45	1.5	144.7	300
				3教科④	56	46	20	2.3	142.6	300
				3教科（理科重視）①	21	21	15	1.4	182.0	400
				3教科（理科重視）②	30	27	17	1.5	180.3	400
				3教科（理科重視）③	40	35	27	1.2	177.7	400
				3教科（理科重視）④	20	14	9	1.5	168.9	400
			中期	3教科ベスト2	40	34	22	1.5	87.7	200
			後期	2教科	56	46	23	2.0	88.4	200
食環境科	食環境科（フードサイエンス）	共通テスト	前期	4科目	62	62	33	1.8	61.1%	800
				3教科	191	191	73	2.6	67.7%	600
				3教科（最高得点重視）	98	98	56	1.7	67.6%	800
			後期	3教科	33	33	16	2.0	63.7%	600
		一般	前期	3教科①	48	44	16	2.7	152.3	300
				3教科②	112	107	28	3.8	153.8	300
				3教科③	74	68	26	2.6	152.9	300
				3教科④	89	79	25	3.1	145.9	300
			中期	3教科	36	33	19	1.7	135.3	300
			後期	2教科	72	57	24	2.3	95.8	200
	食環境科（スポーツ・食品機能）	共通テスト	前期	4科目	36	35	20	1.7	62.8%	800
				3教科	127	127	41	3.0	70.3%	600
			後期	3教科	30	30	3	10.0	72.3%	600
		一般	前期	3教科①	12	11	5	2.2	152.3	300
				3教科②	52	51	14	3.6	153.0	300
				3教科③	35	34	13	2.6	146.7	300
				3教科④	49	46	15	3.0	152.9	300
			中期	3教科	45	42	3	14.0	170.0	300
			後期	2教科	40	34	6	5.6	110.5	200

（表つづく）

学部・学科等		日　程		方　式	志願者数	受験者数	合格者数	競争率	合　格最低点	満点
食環境科	健康栄養	共通テスト	前期	4科目	64	64	23	2.7	66.5%	800
				3教科	158	158	43	3.6	73.0%	600
				3教科（理科重視）	51	51	20	2.5	65.8%	800
				3教科ベスト2	72	72	15	4.8	80.0%	400
			中期	2教科	36	36	5	7.2	80.0%	400
			後期	3教科	31	31	3	10.3	74.0%	600
		一般	前期	3教科①	111	106	17	6.2	160.7	300
				3教科②	67	61	14	4.3	166.6	300
				3教科③	69	63	12	5.2	154.3	300
				3教科（理科重視）	12	12	6	2.0	184.8	400
				3教科ベスト2	38	35	7	5.0	116.0	200
			中期	3教科	45	39	5	7.8	165.6	300
			後期	2教科	38	34	6	5.6	120.1	200

＜第2部＞

学部・学科等		日　程		方　式	志願者数	受験者数	合格者数	競争率	合　格最低点	満点
文	東洋思想文化	共通テスト	前期	3教科	20	20	11	1.8	65.3%	600
文	東洋思想文化	共通テスト	前期	3教科ベスト2	42	42	22	1.9	70.0%	400
文	東洋思想文化	共通テスト	後期	3教科ベスト2	24	24	9	2.6	69.5%	400
文	東洋思想文化	一般	前期	3教科ベスト2①	37	34	10	3.4	102.8	200
文	東洋思想文化	一般	前期	3教科ベスト2②	39	34	15	2.2	102.3	200
文	東洋思想文化	一般	中期	3教科ベスト2	30	28	11	2.5	99.1	200
文	東洋思想文化	一般	後期	2教科(英・国)	18	17	5	3.4	89.6	200
文	東洋思想文化	一般	後期	2教科(英・筆記)	4	4	3	1.3	101.0	＊200
文	日本文学文化	共通テスト	前期	3教科	15	15	7	2.1	64.5%	600
文	日本文学文化	共通テスト	前期	3教科ベスト2	44	44	7	6.2	76.8%	400
文	日本文学文化	共通テスト	後期	3教科ベスト2	32	32	6	5.3	75.5%	400
文	日本文学文化	一般	前期	3教科ベスト2①	40	38	10	3.8	105.1	200
文	日本文学文化	一般	前期	3教科ベスト2②	32	30	7	4.2	103.8	200
文	日本文学文化	一般	前期	3教科ベスト2③	37	32	6	5.3	107.2	200
文	日本文学文化	一般	中期	3教科ベスト2	64	60	13	4.6	112.1	200
文	日本文学文化	一般	後期	2教科(国語重視)	30	27	6	4.5	129.9	250
文	教育	共通テスト	前期	3教科	6	6	4	1.5	58.0%	600
文	教育	共通テスト	前期	3教科ベスト2	26	24	15	1.6	61.0%	400
文	教育	共通テスト	後期	3教科ベスト2	28	27	15	1.8	65.0%	400
文	教育	一般	前期	3教科ベスト2①	31	30	18	1.6	95.8	200
文	教育	一般	前期	3教科ベスト2②	24	22	10	2.2	93.7	200
文	教育	一般	中期	3教科ベスト2	19	13	8	1.6	92.8	200
文	教育	一般	後期	2教科	18	16	5	3.2	88.0	200
経済	経済	共通テスト	前期	3教科(英・国・地公数)	52	52	29	1.7	58.3%	600
経済	経済	共通テスト	前期	3教科ベスト2	163	160	58	2.7	72.0%	400
経済	経済	共通テスト	後期	3教科ベスト2	59	59	7	8.4	81.5%	400
経済	経済	一般	前期	3教科	73	65	31	2.0	128.3	300
経済	経済	一般	前期	3教科ベスト2①	120	107	55	1.9	89.9	200
経済	経済	一般	前期	3教科ベスト2②	120	111	53	2.0	88.1	200
経済	経済	一般	中期	3教科ベスト2	123	110	43	2.5	98.9	200
経済	経済	一般	後期	2教科	67	61	20	3.0	90.4	200

（表つづく）

学部・学科等		日　程		方　式	志願者数	受験者数	合格者数	競争率	合　格最低点	満点
経営	経営	共通テスト	前期	3教科ベスト2	211	208	55	3.7	76.5%	400
			後期	3教科ベスト2	56	55	13	4.2	77.5%	400
		一般	前期	3教科	65	62	22	2.8	135.0	300
				3教科ベスト2①	174	169	50	3.3	103.9	200
				3教科ベスト2②	154	143	48	2.9	100.0	200
			中期	3教科ベスト2	113	96	40	2.4	98.2	200
			後期	2教科	70	61	17	3.5	96.8	200
法	法律	共通テスト	前期	3教科	206	206	131	1.5	58.3%	600
			後期	3教科	30	30	11	2.7	67.2%	600
		一般	前期	3教科①	99	91	54	1.6	130.1	300
				3教科②	77	71	43	1.6	125.6	300
			中期	3教科ベスト2	112	105	32	3.2	111.4	200
			後期	2教科	71	62	21	2.9	131.0	＊200
社会	社会	共通テスト	前期	3教科	94	94	65	1.4	58.5%	600
				3教科ベスト2	98	96	40	2.4	73.3%	400
			後期	3教科ベスト2	43	43	11	3.9	74.0%	400
		一般	前期	3教科①	58	58	26	2.2	132.5	300
				3教科②	32	32	20	1.6	137.2	300
				3教科③	49	46	24	1.9	128.8	300
				3教科ベスト2①	71	66	30	2.2	98.8	200
				3教科ベスト2②	45	39	18	2.1	97.7	200
				3教科ベスト2③	65	63	29	2.1	97.6	200
			中期	3教科	51	49	17	2.8	149.4	300
				3教科ベスト2	65	58	10	5.8	114.5	200
			後期	2教科	53	45	11	4.0	131.0	＊200
国際	国際地域(地域総合)	共通テスト	前期	3教科ベスト2	168	165	76	2.1	71.8%	400
			中期	3教科ベスト2	58	56	12	4.6	72.0%	400
			後期	3教科ベスト2	49	49	10	4.9	71.8%	400
		一般	前期	3教科ベスト2①	56	55	30	1.8	95.6	200
				3教科ベスト2②	48	46	28	1.6	92.0	200
			中期	3教科ベスト2	60	56	15	3.7	102.2	200
			後期	2教科	36	32	13	2.4	114.0	＊200

募集要項（出願書類）について

2023 年度のすべての入試において，紙の願書は作成されません。入学試験要項およびインターネット出願に関する詳細は，「入試情報サイト」に掲載されますので，出願前に必ずご確認ください。

問い合わせ先

〒112-8606　東京都文京区白山 5-28-20

東洋大学　入試部

TEL　03-3945-7272（入試部直通）

入試情報サイト　https://www.toyo.ac.jp/nyushi/

Trend & Steps

傾向と対策

傾向と対策を読む前に

科目ごとに問題の「傾向」を分析し，具体的にどのような「対策」をすればよいか紹介しています。まずは出題内容をまとめた分析表を見て，試験の概要を把握しましょう。

■注意

「傾向と対策」で示している，出題科目・出題範囲・試験時間等については，2022 年度までに実施された入試の内容に基づいています。2023 年度入試の選抜方法については，各大学が発表する学生募集要項を必ずご確認ください。

また，新型コロナウイルスの感染拡大の状況によっては，募集期間や選抜方法が変更される可能性もあります。各大学のホームページで最新の情報をご確認ください。

■掲載日程・方式・学部について

一般入試前期のうち，以下について掲載しています。

【2020～2022 年度】

2 月 8 日：文（哲・東洋思想文化・日本文学文化・英米文・教育〈初等教育〉・国際文化コミュニケーション）・経済・経営・法・社会・国際・国際観光学部

2 月10日：文（東洋思想文化・日本文学文化・英米文・史・教育〈人間発達〉・国際文化コミュニケーション）・経済（経済・総合政策）・経営・法・社会・国際・国際観光学部

分析表の記号について

☆印：全問マークシート方式採用であることを表す。

■来年度の入試変更点

• 2023 年 4 月，以下のように学部・学科の再編が行われる予定。

募集停止		新設
社会学部 社会福祉学科（第 1 部） ライフデザイン学部 生活支援学科　生活支援学専攻 生活支援学科　子ども支援学専攻 人間環境デザイン学科	⇒	福祉社会デザイン学部 社会福祉学科　文 子ども支援学科　文 人間環境デザイン学科　文 理
ライフデザイン学部 健康スポーツ学科 食環境科学部 食環境科学科　スポーツ・食品機能専攻	⇒	健康スポーツ科学部 健康スポーツ科学科　文※ 栄養科学科　文 理

文 理：一般入試前期における受験科目を表す。

文　文系科目（英語・国語・社会・数学）から 3 教科または 4 教科で判定。

※健康スポーツ科学科は生物が選択可能な日程もあり。

理　理系科目（英語・数学・理科）から 3 教科で判定。

東洋大学の一般入試には，複数の試験日程と多様な入試方式が用意されています。それぞれの詳細については，大学公式の情報をご確認ください。

東洋大学 入試情報サイト
https://www.toyo.ac.jp/nyushi/admission/admission-data/

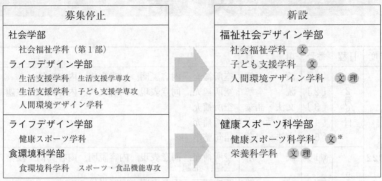

英　語

年度	日程	番号	項　目	内　容
☆ *2022*	2月8日	〔1〕	読　解	空所補充，内容説明，同意表現，内容真偽
		〔2〕	読　解	空所補充，同意表現，内容説明，内容真偽，主題
		〔3〕	文法・語彙	空所補充
		〔4〕	会話文	空所補充
		〔5〕	文法・語彙	語句整序
	2月10日	〔1〕	読　解	空所補充，同意表現，内容説明，内容真偽，段落の主題，主題
		〔2〕	読　解	空所補充，内容説明，内容真偽
		〔3〕	文法・語彙	空所補充
		〔4〕	会話文	空所補充
		〔5〕	文法・語彙	語句整序
☆ *2021*	2月8日	〔1〕	読　解	空所補充，内容説明，同意表現，内容真偽
		〔2〕	読　解	空所補充，内容説明，同意表現，内容真偽，主題
		〔3〕	文法・語彙	空所補充
		〔4〕	会話文	空所補充
		〔5〕	文法・語彙	語句整序
	2月10日	〔1〕	読　解	空所補充，内容説明，内容真偽
		〔2〕	読　解	空所補充，同意表現，内容真偽
		〔3〕	文法・語彙	空所補充
		〔4〕	会話文	空所補充
		〔5〕	文法・語彙	語句整序
☆ *2020*	2月8日	〔1〕	読　解	空所補充，内容説明，内容真偽
		〔2〕	読　解	空所補充，同意表現，内容真偽
		〔3〕	文法・語彙	空所補充
		〔4〕	会話文	空所補充
		〔5〕	文法・語彙	語句整序
	2月10日	〔1〕	読　解	空所補充，同意表現，内容説明
		〔2〕	読　解	空所補充，内容説明，同意表現
		〔3〕	文法・語彙	空所補充
		〔4〕	会話文	空所補充
		〔5〕	文法・語彙	語句整序

▶読解英文の主題

年度	日程	番号	主　　題
2022	2/8	〔1〕	第二次世界大戦前，朝日新聞社によるアジア-ヨーロッパ横断大飛行
		〔2〕	フェラーリのロゴの変遷
	2/10	〔1〕	子どもたちの文字の認識
		〔2〕	エジプト人の天文に関する知識
2021	2/8	〔1〕	異文化コミュニケーション
		〔2〕	モナ=リザの謎
	2/10	〔1〕	オオガラスの認知能力
		〔2〕	プリンの歴史
2020	2/8	〔1〕	十分な睡眠による成績の向上
		〔2〕	本に込めた物理学者の思い
	2/10	〔1〕	限られた真水資源とその利用
		〔2〕	国や歴史によって異なる，billion が表す数字

傾　向　標準的・総合的な英語の運用能力を問う

1　出題形式は？

大問数は5題で，試験時間は60分。全問マークシート方式で，解答個数は45個程度である。

2　出題内容はどうか？

読解問題2題に加え，会話文が1題，文法・語彙問題が2題という構成になっている。

読解問題：論説文から小説・エッセーのようなものまで幅広く出題されている。分量・内容ともに標準的である。設問は，空所補充，同意表現，内容説明，内容真偽などがあり，語彙力・読解力が問われる。

会話文：会話文中の空所補充が例年出題されており，ほかに応答文もみられる。日常的な場面での会話が多く，会話独特の表現に習熟していることに加え，前後の会話内容から状況を的確に判断する力が問われる。

文法・語彙：空所補充，語句整序が出題されている。頻出構文やイディオムなどをきちんと押さえておきたい。

3　難易度は？

おおむね標準的である。さまざまな問題形式を通じて，読解力・語彙力・文法力・会話力など幅広い英語の運用能力が問われる。読解問題の設問は難しいと思っても，前後の流れや消去法で解くことができる場合が多いのであきらめないこと。試験時間内にすべての問題にあたれるよう，時間配分も工夫しながら取り組むことが大切である。

対　策

1　読解力をつける

読解問題が出題の中心なので，まずは読解力の養成が重要である。教科書や問題集で長文読解の練習を積み重ねておきたい。頻出の内容真偽問題に確実に対応できる力をつけることも大切。共通テスト対策用の問題集で繰り返し演習して，本文と選択肢の一致・不一致の判断を的確かつすばやく行えるようにしておこう。さまざまなテーマの長文が出題されるので，普段から英字新聞などのニュース記事を読み，どんなテーマにも対応できるようにしておこう。また，会話文においても読解的要素が強いものもあるので，会話文を読んで状況や流れをつかむ練習をしておこう。

2　確実な文法力を

文法力が求められる問題もよく出題されている。標準レベルの頻出文法・語彙問題を集めた問題集で繰り返し演習を重ねておこう。基本的な問題が多いので，ケアレスミスや基本的な文法項目の見落としをするとダメージが大きい。苦手な項目については，参考書などで丁寧に内容を確認し，例文ごと覚えてしまうとよい。たとえば，受験生が間違いやすいポイントを網羅した，『大学入試 すぐわかる英文法』（教学社）などを手元に置いて調べながら学習すると，効果アップにつながるだろう。頻出の語句整序は，過去問や問題集で同じような形式の問題を実際に数多く解くと実戦力がつく。

3　語彙力の増強

過去問を解いてみて，どの程度の語彙力が求められているかを一度確認してみるとよい。基本レベルの頻出語句はしっかり押さえておくこと。一度読んだ英文や練習で解いた読解問題中の未習の単語は，復習時に徹底的に覚えることを心がけよう。できるだけ文中における語句の意味，語と語の結びつきを通して語彙力をつけておくことが大切である。同意表現が問われることも多いので，辞書を引く際には類義語にも注意すること。

4　過去問の演習で実戦力を

例年，標準的で良質の問題が出題されているので，過去問での演習が効果的である。日程が違っても傾向として大きな違いはないので，他学部・学科も含めて練習しておくとよい。仕上げの段階では時間配分なども意識しながら解く練習もしよう。

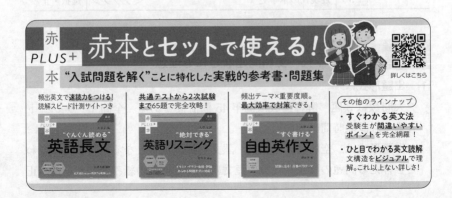

日本史

年度	日程	番号	内　容	形　式
☆2022	2月8日	〔1〕	原始・古代～中世の政治・文化　＜史料＞	選択・配列・正誤
		〔2〕	近世の政治と元禄時代の文芸・学問	選択・正誤
		〔3〕	近現代の政治・外交・経済	選択・正誤
	2月10日	〔1〕	原始・古代～中世の政治・文化　＜史料＞	選　択
		〔2〕	近世の政治・外交・経済	選択・正誤・配列
		〔3〕	近代の外交・政治・経済	選択・正誤
☆2021	2月8日	〔1〕	原始～中世の政治・文化・経済	選択・正誤
		〔2〕	近世の政治・文学	選　択
		〔3〕	近現代の外交・教育	選択・配列・正誤
	2月10日	〔1〕	古代・中世の政治・文化	選択・配列
		〔2〕	安土桃山時代の政治・文化，江戸時代の諸産業	選択・配列
		〔3〕	近代の宗教・思想統制	選択・正誤
☆2020	2月8日	〔1〕	古代・中世の政治・文化・経済	選択・正誤・配列
		〔2〕	大御所時代，天保の改革，元禄文化	選択・正誤
		〔3〕	近代国家の形成	選択・正誤・配列
	2月10日	〔1〕	「老松堂日本行録」「新編追加」「紀伊国阿氏河荘民の訴状」―原始～中世の政治・外交・産業・文化　＜史料・地図＞	選択・正誤・配列
		〔2〕	近世の対外交渉	選択・正誤
		〔3〕	近現代の軍事史　＜グラフ＞	選択・正誤

傾向　正文・誤文判定問題が中心　年代・史料問題などにも注意

1 出題形式は？

大問数は3題，解答個数は例年45個前後である。全問マークシート方式で，試験時間は60分。

出題形式は，空所補充や正文・誤文選択，正解となる語句の組み合わせを答える問題のほか，複数の短文について正誤の組み合わせを選ぶ正誤法や，出来事を年代順に並べる配列法も出されている。

2 出題内容はどうか？

時代別：古代～近現代まで満遍なく出題されているが，近年は原始～中世，近世，近現代に大問が各１題ずつ振り分けられている。

分野別：政治分野の出題率が高いが，年度により，外交・文化分野の出題率が高くなることもある。2022年度２月10日実施分〔３〕では近代の対外交渉史，2021年度２月10日実施分〔３〕では近代の宗教・思想統制史から出題されている。

史料問題など：2021年度にはなかったが，2022年度２月８日実施分〔１〕では鎌倉・室町時代の政治史に関する史料が配列法で，２月10日実施分〔１〕では古代の土地制度に関する史料が選択法で出題されている。史料の空所補充が要求されることもあるので，史料集を活用し，学習を怠らないようにしよう。

3 難易度は？

出題の多くは標準問題である。ただし，正文・誤文判定問題には紛らわしい内容や文章が長いものがあるので，注意が必要である。特に，複数の短文について正誤の組み合わせを選ぶ形式の設問は慎重に各文を検討することが求められる。また，史料問題もみられるので，史料集などを使用した学習も心がけておこう。入試本番では標準的な問題を取りこぼすことのないよう，時間配分を意識して取り組みたい。

対　策

1 教科書・ノート・用語集・年表を活用する

標準程度の問題が中心なので，授業の進行に従って内容をノートに整理し，教科書を繰り返し勉強することが，合格への最短の勉強法である。ノートについては，『詳説日本史ノート』（山川出版社）などを利用するとよい。さらに，『日本史用語集』（山川出版社）を併用して，歴史用語の背景や周辺知識を理解しておくと効果的である。人物に関する出題も多いので，人物・業績・作品などについて用語集で補っておくとよい。特に用語集には，教科書に記載されていない歴史のおもしろさもあり，丹念に読むことをすすめたい。また，年代関連問題もよく出題されているので，重要年代は図説や参考書に載っている年表をチェックして，前後関係を正確に押さえることを心がけよう。

2 正文・誤文判定問題対策も

毎年，正文・誤文判定問題がみられるため，対策が必要である。共通テスト対策用などの正文・誤文判定問題の多い問題集を１冊仕上げておくと自信がつく。日本史では，正確な知識の定着が合否を分けるので，正文選択の設問でも誤文の間違っている箇所をチェックしておくとよい。

3 頻出史料問題にふれておく

教科書に記載されている史料は，必ずよく読み，重要語句補充ができるようにしておくこと。空所になる箇所はほぼ決まっているので，問題演習を反復して行っておくと効果的である。史料の内容はもちろん，史料の作成者・背景などについてもきちんと把握しておくこと。

4 近世・近現代史に注意

近世では改革と文化史の関係が，近現代では政治・経済ともに国際動向と連動した問題が出題されやすい。全時代について学習するのは当然であるが，近世以降は重点的に学習しておきたい。

5 過去問の研究

過去問は受験対策を練る上で欠かせない資料であり，受験生に最もヒントを与えてくれるものである。積極的に本書を活用して出題形式に十分慣れておきたい。

世界史

年度	日程	番号	内容	形式
☆ 2022	2月8日	〔1〕	ギリシア史から見た古代～近代の地中海周辺史	選択・配列
		〔2〕	人とモノの交流から見た世界通史	選　択
		〔3〕	気候変動がもたらす諸問題から考える世界通史	配列・選択
	2月10日	〔1〕	隋～清初までの中国と周辺諸国＜地図・視覚資料＞	選択・正誤・配列
		〔2〕	カエサル関連文から考える古代～現代の世界	選　択
		〔3〕	清朝と18世紀後半～20世紀初頭の中国と朝鮮	選択・配列
☆ 2021	2月8日	〔1〕	航海による諸活動から見えてくる古代～近代の世界	選　択
		〔2〕	内陸アジアの遊牧民と漢～元の中国＜地図・視覚資料・史料＞	選択・配列・正誤
		〔3〕	中世～現代初頭のヨーロッパの政治・社会・文化	選択・配列・正誤
	2月10日	〔1〕	古代オリエント諸国とローマが後世に与えた影響	選択・配列
		〔2〕	アフガーニーから見たアジアの民族運動	選択・配列・正誤
		〔3〕	17～18世紀のイギリスとオランダ＜史料＞	選択・配列
☆ 2020	2月8日	〔1〕	秦～漢の中国史	選択・配列
		〔2〕	疾病の流行からみた古代～近世初頭の世界＜地図＞	配列・選択・正誤
		〔3〕	近現代における反ユダヤ主義とパレスチナ問題＜地図＞	選択・配列・正誤
	2月10日	〔1〕	アレクサンドロス大王の東方遠征とその関連史	選　択
		〔2〕	殷～清の中国と周辺諸国	選　択
		〔3〕	資本主義社会の矛盾から見た近現代史	選択・配列

傾向　正文・誤文選択問題に注意　正誤法や配列法も出題

1　出題形式は？

大問3題で，解答個数は48～50個程度となっている。全問マークシート方式で，試験時間は60分。

設問形式は，空所補充，語句選択，正文・誤文選択などで，空所補充問題では，正解となる語句の組み合わせを問う形式もみられる。年度によって，2つないし3つの文章や，語句そのものの正・誤の正しい組み合わせを選ぶ正誤法や，出来事を年代順に並べる配列法も出題されている。また，地図や視覚資料，史料が使われることもある。

2　出題内容はどうか？

地域別では，アジア地域・欧米地域半々か，一方の地域が少し多くなる程度のバランスで出題されている。2022年度2月8日実施分〔2〕〔3〕では，テーマ史の形で両地域をまたぐ設問がみられ，2月10日実施分ではアジア地域からの出題が多いものの，小問レベルで欧米地域からも出題されている。

＜アジア地域＞　中国史だけでなく，日本・朝鮮や東南アジア・西アジアなど広い地域から出題されている。南・内陸アジアなど，受験生が苦手としがちな地域からの出題もあるので，注意して学習しておきたい。

＜欧米地域＞　ヨーロッパの主要国が中心で，イギリス・フランス・ロシア・ドイツからの出題が目立つ。2021年度はアメリカ大陸から，2020年度は北欧や東欧からの出題もみられた。なお，2021・2022年度はアフリカからも出題されている。

時代別では，時代幅が広い大問が目立つ。2020～2022年度は2月8日・2月10日実施分とも古代から現代まで満遍なく出題された。現代史については，2021年度は1920年代，2022年度は2010年代の設問が最新の事項であった。かつては第二次世界大戦以降が大問として出題されたこともあるので，注意したい。

分野別では，政治・外交史が中心。特に植民地や領土についての出題が頻出で，絶対王政期のイギリス・フランス植民地戦争や，帝国主義列強による植民地争奪などについての問題が繰り返し出題されている。また，宗教関連・文化史も例年出題されている。2022年度は2月8日実施分〔2〕のテーマが「人とモノの交流」，〔3〕が「気候変動」であったため，社会史や経済史からの出題も目立った。また，2021年度は両実施分において19世紀の大都市文化が出題されている。

3　難易度は？

教科書レベルで作成されているが，やや凝った形式の問題が多く，問われる内容も細かい。空所補充問題では空所に入る語句の組み合わせを問う形式が出題されたこともあり，確かな知識と同時に，ミスをせず着実に対応することも求められている。焦らずに落ち着いて取り組み，ケアレスミスをしないよう見直しの時間を確保したい。

対　策

1　教科書の徹底理解

空所補充問題や語句選択問題はほぼ標準レベルだが，正文・誤文選択問題にやや難度の高い問題がみられるため，ここで得点差が開くことになると思われる。まずは，空所補充問題や語句選択問題を確実に得点できるように教科書を精読し，歴史の流れや事件・人物名，年代などの徹底理解に努めよう。また，教科書本文だけではなく地図や年表を利用し，それぞれの地域・時代の全体像をイメージし，事件と事件の因果関係，国家と国家の関係などをしっかりと理解しておこう。さらに，2021 年度は両実施分とも史料の細かな内容が問われているため，教科書に掲載されている史料には目を通しておきたい。

2　用語集・図説を利用

得点差の開きやすい正文・誤文選択問題については，細かな知識を身につけたほうが有利である。教科書学習とあわせて，『世界史用語集』（山川出版社）や『新装版 世界史のための人名辞典』（山川出版社）などを利用し，知識を補強したい。教科書に載っていない事項も確認でき，知識を増やすことができる。また，2020～2022 年度では地図問題，2021 年度 2 月 8 日実施分，2022 年度 2 月 10 日実施分では視覚資料を用いた問題がみられた。図説なども活用して国家の領域や主要都市・建造物などの位置や文化に関する写真などについても確認しておこう。

3　年代問題対策

年代に関する問題では，やや細かい年代が問われることもある。**1** **2**のような学習でも，ある程度は年代関連問題の対応力も身につくだろうが，やや難しめの問題に対処するにはそれだけでは無理がある。重要な年代はできる限り暗記しておくこと。

4　過去問の研究を早めに行う

さまざまな出題形式が含まれているので，本シリーズを活用して過去問にあたって，形式に慣れておく必要がある。まったく同じ問題ではないが，過去に出題された国や人物，テーマは繰り返し出題される傾向がある。早めに過去問を解いておくことが合格への近道となるだろう。

地　理

年度	日程	番号	内容	形式
☆ 2022	2月8日	〔1〕	日本地誌 ＜表・統計表・視覚資料＞	選択
		〔2〕	コーヒー生産国 ＜地図・統計表＞	選択
		〔3〕	アメリカ合衆国地誌 ＜地図・視覚資料＞	選択
		〔4〕	集落立地と自然環境 ＜視覚資料＞	選択
	2月10日	〔1〕	井上円了が訪問した国の地理 ＜地図・統計表・グラフ＞	選択
		〔2〕	石灰岩とサンゴ礁に関する地理 ＜視覚資料＞	選択
		〔3〕	主要都道府県に関する地理的事項 ＜統計表＞	選択・配列
		〔4〕	エチオピアと近隣地域の地誌 ＜地図・統計表＞	選択
☆ 2021	2月8日	〔1〕	日本地誌 ＜分布図・雨温図・グラフ＞	選択
		〔2〕	国際連合と世界の保健医療問題 ＜図・統計表＞	選択
		〔3〕	東北地方太平洋沖地震に関連する諸問題 ＜統計表・グラフ＞	選択
		〔4〕	水資源とその利用 ＜地図＞	選択
	2月10日	〔1〕	日本の水産業と都市 ＜分布図＞	選択
		〔2〕	エネルギー資源	配列・選択・正誤
		〔3〕	インド半島付近の地誌 ＜視覚資料・雨温図＞	選択
		〔4〕	世界の国家と民族	選択
☆ 2020	2月8日	〔1〕	東海～南海地域の災害・地形と農水産業 ＜地図・視覚資料＞	選択
		〔2〕	日本の製造業 ＜分布図＞	選択
		〔3〕	日本の人口問題 ＜グラフ・統計表＞	選択
		〔4〕	アフリカ・南アメリカ地誌 ＜地図・雨温図・グラフ＞	選択
	2月10日	〔1〕	日本の小売・卸売販売 ＜分布図・統計表＞	選択
		〔2〕	インド地誌 ＜統計表・グラフ＞	選択
		〔3〕	地図の特徴と活用	選択
		〔4〕	環境問題 ＜統計表＞	選択・正誤

傾向　地誌の学習を徹底しよう　統計書や地図帳の活用がカギになる

1　出題形式は？

例年，大問数は４題，解答個数は年度によってばらつきがあるが35個程度である。全問マークシート方式による選択法であるが，リード文の空所補充のほか，正文・誤文や統計表の判定，白地図上の位置判定，気候区分の配列など，さまざまな形式がみられる。試験時間は60分。

2　出題内容はどうか？

地理の全分野から偏りなく出題されているが，４題中１題は地誌，１題は日本を題材とした問題である。系統地理からの出題では過去にユニークなテーマ設定のものがみられ，地誌ではやや特殊な地域からの出題もみられる。また，時事的な出題もあり，近年は災害に関する出題が多い傾向にある。系統地理，地誌を問わず，統計表や地図を利用した設問も多く，読み取りが難しく時間がかかるものも珍しくない。また，2022年度２月８日実施分〔１〕日本地誌，〔３〕アメリカ合衆国地誌，〔４〕集落立地と自然環境，２月10日実施分〔２〕石灰岩とサンゴ礁に関する地理，2021年度２月10日実施分〔３〕インド半島付近の地誌，2020年度２月８日実施分〔１〕東海～南海地域の災害・地形と農水産業のように，写真などの視覚資料が用いられることもある。

3　難易度は？

全体的には，標準～やや難である。教科書記載の基本事項をもとに地理的な見方・考え方をみる問題だけでなく，詳細な知識が必要な問題が含まれている。しかし，解答個数はそれほど多くないので，難しい問題には十分に時間をかけることができるだろう。

対策

1　高校地理に関する幅広い知識を

教科書を隅々まで読んで内容を完全に理解しよう。重要な用語は『地理用語集』（山川出版社）などを利用して，その定義をきちんと確認しておくことも大切である。さらに，副教材として使用する資料集などにも丁寧に目を通し，地理に関する知識の幅を広げておきたい。

2 統計データに強くなる

統計数値や順位に関する知識が問われることもあるので，『データブック オブ・ザ・ワールド』（二宮書店）などの統計書で具体的データを確認し，統計から地域性を読み取る力をつけておこう。統計を見る際には，ただ順位を覚えるのではなく，なぜそのような順位になるのか，どのような特色をもつ国が上位にあるのか，などの問題意識をもとう。

3 地図帳を活用した学習を

白地図上の位置を問う問題が含まれているので，学習の際に出てきた地名は，必ず地図帳で確認する習慣を身につけたい。都市名が最も重要だが，州名・省名などにも強くなっておきたい。また地図帳を開いたときには，位置だけでなく，関連情報の読み取りにも注意を払いたい。たとえば，都市の場合はその位置を確かめるだけでなく，立地（河口か河川の分岐点か，臨海部か内陸部かなど）や規模（百万都市かそうでないかなどは，地図記号から判断できる）などを読み取ろう。

4 時事的話題に関心をもつ

2022 年度 2 月 10 日実施分〔３〕問 10 の日本の地震発生年順や，2020 年度 2 月 8 日実施分〔１〕問 1 の南海トラフ地震のように，しばしば時事的知識を要する問題が出題されるので，普段からニュースや新聞記事に関心を寄せ，少子高齢化問題・経済のグローバル化・情報化社会・環境問題・差別問題・民族紛争など，現代社会の最新情勢を把握するように努めたい。

5 世界地誌のまとめを

世界各地域の自然環境や都市，民族，産業などを整理しておこう。表の形でまとめたり，白地図に重要事項を記入して，視覚的に地域の特徴を把握したりしよう。地域ごとにまとめる際には，教科書のほか，資料集や参考書を併用したほうがよい。また，どの地域も一通りは理解しておくようにし，アメリカ合衆国，中国などの大国だけでなく，ヨーロッパ，東南アジアなどではそれぞれ主要国ごとに整理しておきたい。

政治・経済

年度	日程	番号	内　容	形　式
☆ 2022	2月8日	〔1〕	基本的人権	選　択
		〔2〕	主要国首脳会議	選　択
		〔3〕	財政のしくみ	選択・計算
		〔4〕	少子化と社会保障　＜グラフ＞	選択・正誤
	2月10日	〔1〕	民主政治	選択・配列・正誤
		〔2〕	国際連合と日本	選　択
		〔3〕	第二次世界大戦後の日本経済　＜統計表・グラフ＞	選　択
		〔4〕	公害問題と地球環境問題	正誤・選択
☆ 2021	2月8日	〔1〕	国際連合	選　択
		〔2〕	政党と民主政治における世論	選　択
		〔3〕	フローとストック　＜統計表＞	選択・計算
		〔4〕	国際収支表と国際分業　＜統計表＞	選択・計算
	2月10日	〔1〕	戦後の政党政治	選択・正誤
		〔2〕	基本的人権の保障と平和主義	選　択
		〔3〕	自由貿易と地域経済統合	選　択
		〔4〕	日本の農業の現状と課題	選　択
☆ 2020	2月8日	〔1〕	日本の参議院議員選挙と衆議院議員選挙の比較	選　択
		〔2〕	オリンピックと国際政治	選　択
		〔3〕	金融政策　＜グラフ＞	選択・計算
		〔4〕	消費者の権利　＜グラフ＞	選　択
	2月10日	〔1〕	日本国憲法における基本的人権の保障	選　択
		〔2〕	国際連盟から国際連合へ	選　択
		〔3〕	国際経済　＜図＞	選択・配列
		〔4〕	日本の財政　＜表＞	選　択

傾向　基礎知識を背景に，詳細な時事問題への対応力が問われる

1　出題形式は？

例年，大問数は4題で，解答個数は40～45個程度である。全問マークシート方式で，試験時間は60分。空所補充や正文・誤文選択問題が中心だが，簡単な計算問題が出題されることもある。

2　出題内容はどうか？

ここ数年，政治分野２題，経済分野２題の出題となっている。どの分野でも広い範囲にわたって基本的な知識を答えさせる傾向がみられる。基本的人権の保障や日本の政党政治，平和主義，日本経済史，経済理論，企業，環境問題，社会保障制度などはよく出題されている。また，国際政治分野・国際経済分野や時事問題も頻繁に出題されている。さらに，2022年度２月10日実施分では，国際連盟の英語表記を問う設問や日米安全保障条約の条文（英文）抜粋の空所補充がみられた。

3　難易度は？

基礎的知識を網羅的に問うことが多いが，なかには高校教科書の範囲を超えるような出題もある。正文・誤文選択問題で紛らわしい選択肢や，世界史的な知識を問うもの，細部の正誤を問うものもみられるが，基礎的知識をもとに論理的に考えていけば解答可能である。試験時間を有効に使うため，初めに全体を確認し，ペース配分を考えたい。

対　策

1　まずは基本事項の習得を

難問と思われる問題もいくつか出題されているが，まずは教科書レベルの基本事項を徹底的にマスターし，確実に得点できるようにしておくことが大切である。そのためには，『政治・経済用語集』（山川出版社）などの用語集を活用しながら教科書を繰り返し読み，文章全体からその趣旨を理解するように心がけたい。

2　時事問題に関心を

時事問題対策として，日頃から新聞やテレビのニュース番組などを視聴し，興味・関心をもつことが肝要である。新聞の特集記事やテレビのニュース解説などによって理解を深めておけば，たとえ専門的知識が求められても，その解答を推察する力を身につけることができるだろう。

3　過去問演習の徹底を

大問４題，解答個数が40～45個程度というのは，分量としては決して少なくない。試験問題の形式・内容・難易度・解答方式に慣れておくためにも，過去問を徹底的に学習しておくことが重要である。

数学

▶数学Ⅰ・Ⅱ・A

年度	日程	番号	項目	内容
☆ **2022**	２月８日	〔１〕	小問３問	(1)無理数の小数部分の計算　(2)データの分析と命題　(3)３人のうち２人以上が合格する確率
		〔２〕	高次方程式	４次方程式から２次方程式への置き換え，４次方程式の解
		〔３〕	微・積分法	接線の方程式，放物線と接線で囲まれた図形の面積
		〔４〕	空間図形	直円錐の側面上の最短距離，直円錐を平面で切断した立体の体積と線分の長さ
	２月10日	〔１〕	小問５問	(1)因数分解　(2)さいころを３回投げて和が７の倍数になる確率　(3)３つの角の加法定理　(4)対称式の値　(5)データの分析（平均値と分散）
		〔２〕	指数・対数関数，微分法	指数と対数，対数不等式，対数の置き換えによる３次関数の最大・最小値
		〔３〕	図形と計量	円に内接する四角形の対角線の長さ，四角形および円の面積
		〔４〕	微・積分法	２つの放物線の交点，接線の方程式，放物線と直線で囲まれた図形の面積
☆ **2021**	２月８日	〔１〕	小問３問	(1)命題と条件　(2)絶対値のついた不等式　(3)指数・対数方程式
		〔２〕	２次不等式	２つの２次不等式を同時に満たす整数の個数
		〔３〕	図形と計量，確率	サイコロを振って出た目でできる三角形の面積の最大値，面積が０になる確率，４より大きくなる確率
		〔４〕	微分法	放物線上の点における接線の方程式，ある点を通る接線の方程式，２つの放物線に接する接線の方程式
	２月10日	〔１〕	小問５問	(1)集合（要素の個数）　(2)対数方程式　(3)複素数の計算　(4)分数式の最小値（相加平均・相乗平均）　(5)円に内接する正六・正十二・正二十四角形の面積
		〔２〕	確率	９個の椅子から２個と３個を選ぶ場合の数，16個の椅子から２個と３個をくじで選ぶ確率
		〔３〕	２次関数	４次式を置き換えて表した２次式，２次関数において取り得るtの値，yの値の範囲
		〔４〕	微・積分法	２次関数の決定，接線の方程式，接線に直交する直線と放物線の交点，放物線と直線で囲まれた図形の面積

☆ 2020	2月8日	〔1〕	小問3問	(1)無理数の分母の有理化　(2)平均変化率と微分係数　(3)10枚のカードを並べる場合の数
		〔2〕	2次方程式	2次方程式の解と係数の関係，対称式の計算，2数を解とする2次方程式
		〔3〕	微・積分法	接線の方程式，2直線の垂直条件，放物線と2本の接線で囲まれた図形の面積
		〔4〕	2次関数，三角関数	放物線の軸，2次方程式の重解と負の解の条件，三角関数の方程式・不等式
	2月10日	〔1〕	小問5問	(1)必要条件となる条件　(2)数の性質　(3)整式の因数分解　(4)対数方程式　(5)関数の最小値
		〔2〕	確率	場合の数，リーグ戦の試合の回数と優勝する確率
		〔3〕	図形と計量	中心角と円周角，正弦定理，加法定理
		〔4〕	微・積分法	2次方程式の実数解条件，3次関数の増減，極値，最大・最小値

傾向　教科書の例題，節末・章末問題レベル 微・積分法を中心に幅広く出題

1　出題形式は？

2022年度は2020・2021年度と同様，大問数4題，試験時間60分，全問マークシート方式による空所補充の完成問題であった。マークの仕方が少し特殊なので，〔解答欄記入上の注意〕をよく読み，マークミスなどをすることのないようにしたい。

2　出題内容はどうか？

出題範囲は「数学Ⅰ・Ⅱ・A」である。

微・積分法，場合の数と確率，方程式・不等式，図形と計量，2次関数がほぼ毎年出題されている。その他，集合，命題，複素数や無理数の計算，因数分解，データの分析なども小問集合で出題されている。2021年度同様に2022年度も，接線の方程式および曲線と直線で囲まれた図形の面積の問題が出題されているので，注意しておきたい。

3　難易度は？

難問はなく，教科書の例題，節末問題や章末問題レベルの標準的な問題が中心である。図形問題では図が問題として与えられることもあるので取り組みやすい。ただし，計算力だけでなく，思考力が問われることもあるので，公式を丸暗記するだけの学習では不十分であろう。試験時間は問題の量・質からして適当であるが，計算などが面倒な場合は後まわしにして，解きやすい問題から確実に解答していくのがよいだろう。

対　策

1　教科書の徹底理解

教科書の例題，節末問題や章末問題レベルの標準的な問題が中心であり，特別な公式を使うような受験テクニックは必要ない。教科書の例題や練習問題を繰り返し解き，完全に理解することが第一である。

2　頻出単元の徹底学習

微・積分法，場合の数と確率，方程式・不等式，図形と計量，2次関数の分野はほぼ毎年出題されているので，念入りに学習しておきたい。また，微・積分で接線を求めたり図形の面積を計算したりする問題も頻出である。過去問で傾向を確かめておくことが大切である。

3　正確で迅速な計算力を

空所補充の完成問題では，計算ミスをしてしまうと得点にならない。また，小問による誘導形式になっているため，最初のほうで計算ミスをすると，そのあとの問題にも影響するので，大きな失点になり致命的である。日頃から正確で迅速な計算を意識して，計算力を身につけておきたい。また，問題を解き終わったあとで必ず見直しをする習慣をつけておこう。

4　解答形式に慣れる

マークシート方式であるから，この形式への対策をたてておく必要がある。解答の形式から正答の形を予想したり，途中の式変形や論理展開を省いて正答を導き出す直観力などを身につけておくと簡単に解ける場合もある。マークシート方式の問題集を用いて，多くの問題にあたり，上記の方法を身につけておきたい。

国語

年度	日程	番号	種類	類別	内容	出典
☆ 2022	2月8日	〔1〕	現代文	評論	空所補充，欠文挿入箇所，書き取り，語意，内容説明，内容真偽	「野生の科学」中沢新一
		〔2〕	古　文	物語	文法，人物指摘，和歌解釈，指示内容，敬語，内容説明，口語訳，内容真偽	「大和物語」
	2月10日	〔1〕	現代文	評論	空所補充，欠文挿入箇所，書き取り，内容説明，内容真偽	「類似と思考」鈴木宏昭
		〔2〕	古　文	日記	文法，語意，敬語，口語訳，内容説明，人物指摘，内容真偽	「讃岐典侍日記」
☆ 2021	2月8日	〔1〕	現代文	評論	空所補充，読み，書き取り，欠文挿入箇所，内容説明，内容真偽	「言葉の魂の哲学」古田徹也
		〔2〕	古　文	仮名草子	文法，口語訳，敬語，空所補充，表現効果，内容説明，内容真偽	「浮世物語」浅井了意
	2月10日	〔1〕	現代文	評論	空所補充，書き取り，欠文挿入箇所，内容説明，内容真偽	「記録・フィクション・文学性」佐藤泉
		〔2〕	古　文	日記	文法，口語訳，内容説明，敬語，人物指摘，指示内容，内容真偽	「蜻蛉日記」藤原道綱母
☆ 2020	2月8日	〔1〕	現代文	評論	空所補充，語意，書き取り，欠文挿入箇所，内容説明，内容真偽	「世界史の実験」柄谷行人
		〔2〕	古　文	説話	空所補充，文法，口語訳，和歌解釈，敬語，内容説明，内容真偽	「古今著聞集」橘成季
	2月10日	〔1〕	現代文	評論	空所補充，欠文挿入箇所，書き取り，語意，内容説明，内容真偽	「疾走する精神」茂木健一郎
		〔2〕	古　文	日記	空所補充，文法，和歌修辞，和歌解釈，内容説明，敬語，人物指摘，口語訳	「紫式部日記」

傾向

現代文・古文とも標準レベルの問題
漢字・文法・基本古語などの基礎知識を固めよう

1 出題形式は？

現代文１題・古文１題の大問２題が出題されている。解答は全問マークシート方式による選択式である。試験時間は60分。

2 出題内容はどうか？

現代文は，評論から出題されている。設問内容は，空所補充，欠文挿入箇所，書き取り，内容説明，内容真偽などが中心である。書き取りは同じ漢字を含むものを選ぶ形式なので，同音異義語に注意が必要である。また，過去には段落区分や表現意図を問う設問なども出題されている。

古文は，中古・中世を中心に近世までの作品が出題されている。内容としては，文法，敬語，語意といった基本的知識が問われるほか，口語訳，内容説明，内容真偽など内容読解の問題が出されている。また，和歌もよく出題されており，解釈，修辞にも注意しておきたい。

3 難易度は？

現代文，古文とも標準的なレベルである。ただし，現代文においては空所補充の問題に慣れていないと戸惑うかもしれない。古文は基本的な問題が中心だが，確実な文法力，語彙力が要求される。また，和歌について問われる場合は，修辞に注意しつつ心情を読み取る必要がある。設問の数が多く，60 分の試験時間は決して余裕があるわけではない。時間配分をきちんと考え，知識を問われる設問は効率的に解いていく必要がある。古文を 20 分程度で解き終え，残りの時間を現代文と見直しに当てたい。

対　策

1 現代文

評論を中心に積極的に読解演習を行うことが大切である。全体を通読し，接続詞や副詞に注意して文脈をたどりつつ，各段落の要点をつかむ，といった丁寧な取り組みが必要である。その積み重ねによって空所補充や内容真偽の問題に対応できるようになる。問題集に取り組む際には解説を丁寧に読み，解答への道筋をしっかり見直すことを心がけよう。また，書き取りは必出であるので，標準レベルの問題集を必ず 1 冊やり遂げて，確認しておくこと。特に同音異義語の使い分けに注意して取り組み，確実に得点したい。本書に収載された過去問を研究し，文章の分量や問題の難度をつかんでおきたい。

2　古　文

古文単語と古典文法をマスターする必要がある。敬語についての学習も必須である。文法事項の充実した基礎的な問題集から始め，見直しや確認作業などを丁寧に行うこと。教科書レベルの作品が出題されるため，教科書の見直しも効果的である。文法や基本古語の知識を使い，意味内容は正確に解釈できているか，人物の動きや関係を押さえられているか，正確な口語訳ができるか，などを確認すること。和歌が出題された場合は得点の差がつきやすいので，「百人一首」の和歌を復習するなどして代表的な修辞をマスターしておきたい。それと並行して，選択式問題中心の問題集への取り組みを進めよう。国語便覧を使用して時代背景などの知識の充実も怠らないようにしたい。

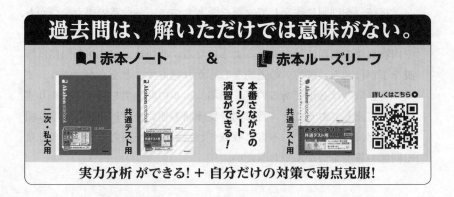

2022年度

問題と解答

■一般入試前期：2月8日実施分

文（哲・東洋思想文化・日本文学文化・英米文・教育〈初等教育〉・国際文化コミュニケーション）・経済・経営・法・社会・国際・国際観光学部

問題編

▶試験科目・配点（4教科型）

学部等		教科	科目	配点
文（東洋思想文化・教育〈初等教育〉）・経済（経済・総合政策）・経営（経営）・法（企業法）・社会（社会・メディアコミュニケーション・社会心理）	均等配点	外国語	コミュニケーション英語Ⅰ・Ⅱ・Ⅲ，英語表現Ⅰ・Ⅱ（リスニングを除く）	100点
		地歴・公民	日本史B，世界史B，地理B，政治・経済から1科目選択	100点
		数学	数学Ⅰ・Ⅱ・A	100点
		国語	国語総合（漢文を除く）	100点

▶試験科目・配点（3教科型）

学部等		教科	科目	配点
文（哲・東洋思想文化・教育〈初等教育〉・国際文化コミュニケーション）・経済（国際経済・総合政策）・経営（☽を除く）・法（企業法・法律☽）・社会（☽を含む）・国際（☽を除く）・国際観光	★〈均等配点〉	外国語	コミュニケーション英語Ⅰ・Ⅱ・Ⅲ，英語表現Ⅰ・Ⅱ（リスニングを除く）	100点
		地歴・公民・数学	日本史B，世界史B，地理B，政治・経済，「数学Ⅰ・Ⅱ・A」から1科目選択	100点
		国語	国語総合（漢文を除く）	100点
文（哲・英米文・国際文化コミュニケーション）・経済（国際経済）・経営（会計ファイナンス）・社会（国際社会・社会福祉）・国際（国際地域）	★〈英語重視〉	外国語	コミュニケーション英語Ⅰ・Ⅱ・Ⅲ，英語表現Ⅰ・Ⅱ（リスニングを除く）	＊1
		地歴・公民・数学	日本史B，世界史B，地理B，政治・経済，「数学Ⅰ・Ⅱ・A」から1科目選択	100点
		国語	国語総合（漢文を除く）	100点

文(日本文学文化)・経営(経営)・法(法律)・社会(社会福祉)	★〈国語重視〉	外国語	コミュニケーション英語Ⅰ・Ⅱ・Ⅲ，英語表現Ⅰ・Ⅱ（リスニングを除く）	100 点
		地歴・公民・数学	日本史B，世界史B，地理B，政治・経済，「数学Ⅰ・Ⅱ・A」から１科目選択	100 点
		国語	国語総合（漢文を除く）	＊2
経済(経済)	〈均等配点(英・国・数)〉	外国語	コミュニケーション英語Ⅰ・Ⅱ・Ⅲ，英語表現Ⅰ・Ⅱ（リスニングを除く）	100 点
		数学	数学Ⅰ・Ⅱ・A	100 点
		国語	国語総合（漢文を除く）	100 点
	〈均等配点(英・国・地公)〉	外国語	コミュニケーション英語Ⅰ・Ⅱ・Ⅲ，英語表現Ⅰ・Ⅱ（リスニングを除く）	100 点
		地歴・公民	日本史B，世界史B，地理B，政治・経済から１科目選択	100 点
		国語	国語総合（漢文を除く）	100 点
経済(経済)・経営(マーケティング)・国際観光	★〈最高得点重視〉	外国語	コミュニケーション英語Ⅰ・Ⅱ・Ⅲ，英語表現Ⅰ・Ⅱ（リスニングを除く）	100 点
		地歴・公民・数学	日本史B，世界史B，地理B，政治・経済，「数学Ⅰ・Ⅱ・A」から１科目選択	100 点
		国語	国語総合（漢文を除く）	100 点
経営(経営)	〈数学重視〉	外国語	コミュニケーション英語Ⅰ・Ⅱ・Ⅲ，英語表現Ⅰ・Ⅱ（リスニングを除く）	100 点
		数学	数学Ⅰ・Ⅱ・A	150 点
		国語	国語総合（漢文を除く）	100 点

＊1　経済（国際経済）・経営（会計ファイナンス）：150 点
　　その他：200 点

＊2　経営（経営）：150 点
　　その他：200 点

▶試験科目・配点（3教科ベスト2型）

学部等		教科	科目	配点
文(東洋思想文化☽・日本文学文化☽)・経営(経営☽)・社会(社会☽)・国際(国際地域☽)	★均等配点	外国語	コミュニケーション英語Ⅰ・Ⅱ・Ⅲ，英語表現Ⅰ・Ⅱ（リスニングを除く）	100 点
		地歴・公民・数学	日本史Ｂ，世界史Ｂ，地理Ｂ，政治・経済，「数学Ⅰ・Ⅱ・Ａ」から１科目選択	100 点
		国語	国語総合（漢文を除く）	100 点

▶備　考

- ☽印は第二部・イブニングコース（夜）を表す。
- ３教科型の最高得点重視方式では，受験科目のうち，偏差値換算点の最も高い科目を２倍にする。
- ３教科型の★印の方式は４科目受験を選択することができる。４科目を受験する場合は，選択科目から「数学Ⅰ・Ⅱ・Ａ」とその他１科目を受験し，そのうち高得点の１科目を判定に使用する。
- ３教科ベスト２型では，受験科目のうち，偏差値換算点の高い２科目で判定する。
- 外国語については，英語外部試験のスコアを英語の得点として利用することができる。なお，利用を申請した場合でも英語科目を受験することができる。その場合は，どちらか高得点のものを判定に採用する。

  利用可能な英語外部試験は以下の通り。

対象学部		全学部			
入試日程・方式		一般入試 前期日程の全入試方式			
試験名		実用英語技能検定(英検) ※従来型を含む全方式	GTEC(４技能版) CBT タイプ	TEAP(４技能)	IELTS™
本学の英語科目みなし得点(素点)	100 点換算	2,304	1,190	309	6.0
	90 点換算	2,150	1,063	253	5.5
	80 点換算	1,980	999	225	5.0

  ただしスコアは受験年の２年前の４月以降に取得したもののみとする。

英語

(60 分)

〔I〕 次の英文を読み，問いに答えよ。

It may come as a big surprise to learn that two of Japan's major newspapers, *Asahi Shimbun* and *Mainichi Shimbun*, in the late 1930s, (a)maintained aviation* departments. Initially, both newspapers relied on their internal air services to speed up the delivery of news reports and photographs. After all, competing newspapers were in the business of trying (b)to scoop each other with the news of the day. Eventually, air skill and long flights sponsored* by these newspapers became headlines* creating interest and newspaper sales.

Distance and endurance* flights became a matter of national pride in Japan due to (c)a completely Japanese effort. Japanese instructors trained Japanese crews to fly and maintain planes designed and built in Japan. This was at a time when many Europeans and North Americans considered the Far East a technological backwater*. (d)The world was in for a big surprise.

In 1937, for the coronation* of Britain's King George VI and his wife Elizabeth, Emperor Hirohito sent as official representatives by sea, a crown prince and princess. More surprising was that *Asahi Shimbun* sent two Japanese in a Mitsubishi Ki-15 aircraft to fly the 9,600-mile journey. This (e)state-of-the-art airplane was powered by a reliable Nakajima engine capable of reaching 300 miles per hour. The airplane could fly 1,300 nautical miles* at each stage before needing fuel.

Handsome, like a movie star, Masaaki Iinuma, at twenty-four years of age, flew the plane to England arriving a month before the coronation ceremony. Iinuma's flight engineer, radio operator, navigator, and companion was thirty-eight-year-old Kenji Tsukagoshi. This two-man team flew to London's Croydon Airport between April 6 and 9. Their flight time of fifty-one hours and nineteen minutes for the 9,600-mile route established a new record. Their route took them on a course that required stopping for fuel in Taipei, Hanoi, Vientiane, Karachi, Basra, Baghdad, Rome, and Paris before landing near London. This was a remarkable achievement of courage and endurance. This trip was actually amazing when one considers the communication challenges they (　A　) along each leg of their journey. A mistake could have cost them their lives. It was in the same year that the American female pilot record holder, Amelia Earhart and her navigator attempted the dangerous challenge to fly around the world, but were lost in the mid-Pacific Ocean. Early maps were not accurate and made navigation difficult.

As radio operator, communication challenges fell on Tsukagoshi who learned English at home at a young age. Tsukagoshi was biracial* because he was the son of an English mother and a

Japanese father. Today, in Japan, there is an increasing number of mixed parentage* children with one parent being Japanese. Many biracial entertainers, models, or athletes have become famous celebrities. These unique individuals are positioned as insiders and outsiders at the same time. Such social positioning can give both advantages and disadvantages with regard to employment opportunities. Certainly, this was the case with Tsukagoshi who employed his English language skills to navigate* the plane to England and back. In doing so, he became one of the most respected Japanese aviation technicians.

As part of their trip, Iinuma and Tsukagoshi visited Belgium, Germany, France and Italy where they attended VIP dinners and parties. Two days after the coronation ceremony on May 14, Iinuma and Tsukagoshi left (B) home, carrying news articles and photographs for their newspaper sponsor.

To challenge the *Asahi Shimbun* triumph, *Mainichi Shimbun* started making plans to fly a twin-engine plane around the world. With a seven-man crew, their plane left Japan in 1939, but that adventure, (f) not without fright, is a different story.

［注］ aviation：航空　　sponsor：資金を提供する　　headline：見出し
endurance：耐久　　backwater：へき地　　coronation：戴冠
nautical mile：海里　　biracial：二つの人種の　　parentage：家系
navigate：操縦する，誘導する

問1　本文中の空欄（ A ）・（ B ）に入る語句として最も適切なものを，次の中から一つずつ選べ。

(A) ① face　② are facing　③ would have faced　④ will face　［1］

(B) ① to　② for　③ of　④ at　［2］

問2　下線部(a)が示す意味として最も適切なものを，次の中から一つ選べ。［3］

① kept an aviation department very clean
② supported the idea of an aviation department
③ paid for the maintenance of airplanes and employed pilots
④ studied airplane design and engineering

問3　下線部(b)が示す意味として最も適切なものを，次の中から一つ選べ。［4］

① to push your way to the front of the line
② to be the first to report an important news story
③ to give other news reporters false information
④ to give each other big scoops of ice cream

問 4　下線部(c)が示す意味として最も適切なものを，次の中から一つ選べ。 5

① Flying airplanes made Japanese proud.
② Japanese were studying hard to become pilots.
③ Long distance flights excited Japanese pilots.
④ Japanese pilots flew airplanes designed and manufactured in Japan.

問 5　下線部(d)が示唆することとして最も適切なものを，次の中から一つ選べ。 6

① Japan had pilot training programs.
② Japanese pilots took pride in flying long distances.
③ Japanese companies were designing and manufacturing quality aircraft.
④ All the above choices could contribute to the big surprise.

問 6　下線部(e)が示唆することとして最も適切なものを，次の中から一つ選べ。 7

① like in a painting
② modern technology
③ artistic talent
④ modern art

問 7　下線部(f)が示す意味として最も適切なものを，次の中から一つ選べ。 8

① no flights were available
② a calm adventure
③ free from fear
④ quite scary

問 8　本文の内容に合うように，(1)〜(4)に対する答えとして最も適切なものを，次の中から一つずつ選べ。

(1)　Why did two of Japan's major newspapers create internal air services? 9

① Flying had become very exciting news.
② They wanted to speed up the delivery time for news reports and photographs.
③ Endurance and distance flights became interesting to people reading newspapers.
④ Pilots could be good news reporters.

(2)　Which of the following statements is **NOT** true according to the reading? 10

① The Mitsubishi Ki-15 aircraft needed fuel every 1,300 nautical miles.

② Amelia Earhart and her navigator disappeared in the mid-Pacific Ocean on their way to the coronation.
③ Using his English skill to navigate to England and back, Tsukagoshi became a respected Japanese aviation technician.
④ Iinuma and Tsukagoshi set a record flying 9,600 miles in fifty-one hours and nineteen minutes.

(3) Although not directly stated, Tsukagoshi probably developed English proficiency because [11]
① he grew up using English in his household.
② he was a respected aviation technician.
③ he worked for Asahi Shimbun.
④ he needed English to be a navigator.

(4) The reading states that a mixed-parentage child, like Tsukagoshi, [12]
① had a difficult time growing up in Japan.
② would have a difficult time becoming an aviation technician in Japan.
③ could receive advantages or disadvantages in employment in Japan.
④ should become an entertainer, model, or athlete.

〔II〕 次の英文を読み，問いに答えよ。

Low Italian car designs are remarkable. (A) walking the streets of Tokyo, it is not uncommon to hear the unique sound of a Ferrari automobile*. The engine sound is unusual and attracts pedestrian attention. Sharp observers then notice what has become one of the most well-known automobile logos. In 1947, Enzo Ferrari began making the cars that carry his name and the stylish logo. Even today, Ferrari cars still display the famous logo *Cavallino Rampante* which in English translates as "prancing stallion*."

Enzo Ferrari's interest in commercial automobile design and car sales originated from the need to finance his true love, sports car racing. In 1929, Enzo Ferrari opened a mechanical racing car shop under Alfa Romeo in Modena, Italy called *Scuderia Ferrari* or "Ferrari Stable" in English. The horse logo first appeared on all of the Scuderia's letter-headed paper for official documents and publications, but not on the cars which had the original Alfa Romeo company logo. For a twenty-four-hour race in Belgium in 1932, Scuderia Ferrari entered two cars showing the little black stallion balancing on one back leg with its tail up. Since the early days of Scuderia under Enzo Ferrari, the trade-mark logo has undergone (a)continuous limited but gradual change.

Ferrari's unique stallion logo changed over time, but its use in Italy started before the life of Enzo Ferrari. In fact, Italian crests* displaying a rearing* stallion can (B) 1692 when the Royal Piedmont Regiment*, the glorious cavalry* of Piedmont and Italy, was founded by Vittorio Amadeo II, Duke* of Savoy.

Much later, when Italy's first air force was formed during World War I, a former cavalry officer, named Francesco Baracca joined the air group and became a famous World War I pilot and a national hero. On the side of his airplane, a prancing stallion was painted and this symbol was acknowledged as his own personal family crest. There are different accounts as to why he decorated his airplane with a prancing stallion. The first version is he was honoring his earlier days in the cavalry; (C) an alternative account states it was in honor of a German enemy from Stuttgart whom Baracca shot out of the sky. The city symbol of Stuttgart is also a black prancing stallion. Baracca, in turn, was later killed in an air battle. After Enzo won an important automobile race in 1923, Francesco's aristocratic* mother and father, Paolina and Enrico Baracca, suggested that Enzo use the black stallion logo too as a symbol of speed and bravery in memory of their son, Francesco.

In 1943, Enzo's automobile business moved to a family property at Maranello, Italy. Independent from Alfa Romeo, Enzo produced his first road-use Ferrari model in 1947. It was the Ferrari 125 S, with a 1.5-litre V-12 engine, sporting the famous Ferrari logo. However, some logo design changes had been introduced and the shield-shaped logo used on Ferrari racing cars (D) to the square version still found on road-use Ferrari automobiles today.

Ferrari observers suggest that changes in the appearance of the prancing stallion over time reveal changes in the stallion's mood. The current Ferrari stallion is said to be friendlier, rearing up out of joy and not fear. Today, driving a Ferrari brings great joy to many automobile lovers.

［注］ automobile：自動車　prancing stallion：跳ね馬　crest：紋章
rear：後脚で立つ　Royal Piedmont Regiment：王立ピエモンテ連隊
cavalry：騎兵隊　Duke：公爵　aristocratic：貴族の

問1　本文中の空欄（ A ）～（ D ）に入る語句として最も適切なものを，次の中から一つずつ選べ。

(A) ① Where　② While　③ Over　④ As　13

(B) ① be seen at　② be found at　③ begin to　④ be traced back to　14

(C) ① therefore　② since　③ whereas　④ because　15

(D) ① gave way　② became　③ adjusted　④ made over　16

問2　下線部(a)と同じ意味を持つ語句として最も適切なものを，次の中から一つ選べ。 17

① non-noticeable changes
② continuous serious changes
③ ongoing small changes
④ too many changes

問3　本文の内容に合うように，(1)～(4)に対する答えとして最も適切なものを，次の中から一つずつ選べ。

(1) Which of the following statements best explains why Enzo Ferrari decided to use the prancing stallion logo on his Ferrari cars? 18

① The design was an old Italian favorite.
② The parents of Francesco Baracca encouraged Enzo to use the black stallion logo.
③ The prancing stallion brings joy to automobile lovers.
④ Baracca used the prancing stallion as his family crest.

(2) Which of the following statements is true according to the reading? 19

① When Enzo produced his first road-use Ferrari, he was still working under Alfa Romeo.
② The prancing stallion logo was not used until Enzo left the Alpha Romeo company.
③ The Ferrari stallion today appears less friendly than in earlier years.
④ It is not known exactly why Baracca displayed the prancing stallion on his airplane.

(3) Which of the following statements is **NOT** true according to the reading? 20

① Ferrari automobile engines have a unique sound.

② A famous Italian World War I pilot used the prancing stallion as a crest on his airplane.

③ The Ferrari prancing stallion logo has never undergone any changes.

④ Enzo Ferrari began designing and selling automobiles because he needed money to race cars.

(4) In what year did Enzo Ferrari open his first racing car shop? [21]

① 1929

② 1932

③ 1943

④ 1947

問4　本文のタイトルとして最も適切なものを，次の中から一つ選べ。[22]

① Ferrari Car Design

② Ferrari Legends

③ The Prancing Stallion Logo

④ Enzo Ferrari's Life Story

〔Ⅲ〕 次の英文中の空欄 [23] ～ [32] に入る語句として最も適切なものを，次の中から一つずつ選べ。

(1) He made the disastrous mistake [23] underestimating his Olympic opponent.

① to　② for　③ on　④ of

(2) I look after my old father [24] the best of my abilities.

① to　② in　③ of　④ for

(3) The parents finally threw their adult son [25] the house with all his baggage.

① in　② beyond　③ in front of　④ out of

(4) Each of these matters [26] detailed consideration of the facts.

① require　② requires　③ are required　④ is required

(5) She [27] a relatively peaceful life on the south coast of Italy.

① committed　② endured　③ enjoyed　④ frightened

(6) "You are unbelievably lucky!" "What do you mean [28] that?"

① by　② for　③ in　④ on

(7) You [29] me my car would be ready on Friday!

① promised　② have promised　③ promise　④ will promise

(8) I insisted that my brother [30] better care of his children.

① may take　② take　③ takes　④ would be taking

(9) Unpopular at school, Robert has never looked forward to [31] any of his old schoolmates.

① have met　② meet　③ meeting　④ be meeting

(10) She is based in Sapporo, [32] is the largest city in Hokkaido.

① which　② where　③ what　④ that

〔Ⅳ〕 次の対話文を完成させるため，空欄 [33] ～ [39] に入るものとして最も適切なものを，選択肢の中から一つずつ選べ。ただし，一つの選択肢は一度しか選べない。

(A volunteer guide A is taking a Canadian tourist B on a walking tour of Kamakura.)

A：Have you ever visited Kamakura before now?

B：No, this is my first time. [33]

A：What part of Japanese history and culture are you interested in? [34]

B：Well, I am a collector of Japanese swords, so I am really interested in the Kamakura period and the shogunate established by Minamoto no Yoritomo in the late 12th century.

A：That is very interesting. [35]

B：Great! Where will we go? Is it a museum?

A：No, it is a temple with an interesting connection to a sword maker. [36]

B：Yes, all serious collectors of Japanese swords will know something about Masamune. [37]

A：Let's walk to Hongakuji. It is a Buddhist temple near the station. It is the resting place of Masamune.

(Short walk)

B：That was fast! Hongakuji is very near the station! That only took three minutes.

A：Yes, Kamakura is great for walking tours! This large stone monument was donated by a Mori family samurai in 1835. [38]

B：Does the memorial explain where Masamune's grave is located?

A：Not exactly, but we can find Masamune's grave among these stone tomb markers. Look here, this tomb has information about Masamune and an old calendar date of his death.

B：[39]

選択肢

> ① Do you like visiting old temples and shrines?
> ② I am very excited to visit this historical city.
> ③ It explains the connection of this temple to Masamune.
> ④ Museums are closed on Monday.
> ⑤ I think I know just the spot for you!
> ⑥ I never thought I would have a chance to pay my respects at Masamune's grave.
> ⑦ Have you ever heard of the famous sword maker, Masamune?
> ⑧ He is the most well-known sword maker in the history of Japan.

〔V〕 次の日本文の意味を表すように［　　］内の語句を空欄に補ったとき，空欄 [40] ～ [46] に入るものを一つずつ選べ。

(1) ひとりで家でテレビを見るよりは何だってマシさ！

Anything [　　] [　　] [　　] [40] [　　] [　　] alone at home!

［① better　② television　③ would　④ be　⑤ watching　⑥ than］

(2) 私たちは彼をただの客ではなく，我々の親友だと思っているのです。

We don't consider him a [　　] [　　] [41] [　　] [　　] [　　].

［① friend　② but　③ close　④ mere　⑤ our　⑥ customer］

(3) すみませんが，あれがどんな車か教えていただけませんか？

Excuse me sir, but [　　] [　　] [　　] [42] [　　] [　　] sort of car that is?

［① telling　② you　③ would　④ me　⑤ mind　⑥ what］

(4) デイヴィッドが初めてエリザベスに会ったのはオーストラリアでした。

It [　　] [　　] [　　] [43] [　　] [　　] met Elizabeth.

［① Australia　② David　③ that　④ in　⑤ first　⑥ was］

(5) 彼らはそのオファーを受けないと思いますよ。

I [　　] [　　] [44] [　　] [　　] [　　] offer.

［① think　② they　③ don't　④ will　⑤ that　⑥ accept］

(6) 外国に物を売るのは，国内で売るのと同じくらい容易だ。

Selling products [　　] [　　] [45] [　　] [　　] [　　] selling to the home market.

［① more　② is　③ no　④ difficult　⑤ than　⑥ abroad］

(7) その男は数名の警察官に追いかけられた。

The man [　　] [　　] [46] [　　] [　　] [　　].

[① chased　② was　③ by　④ policemen　⑤ after　⑥ several]

日本史

（60 分）

〔Ⅰ〕 次の文章を読み，下記の問いに答えよ。

(1) 四周を海に囲まれた極東の列島上では，当初長らく(a)採集経済の時期が続き，社会の原理・原則や新しいしくみなどは海外からもたらされる場合が多かった。現在でも食生活の基層である(b)稲作は中国大陸や朝鮮半島から体系的な技術として移入され，この頃を起点として渡来人が到来する波がいくつか現出し，(c)文化の発展や文明化の進展に寄与している。

古代国家の確立に際しては，中国隋・唐代に完成した律令法の継受も重要な要素で，(d)中央集権的国家体制を構築することができた。ただし，飛鳥・奈良時代には(e)男帝・女帝の治世が半々くらいで，皇位継承や天皇の権威，また官僚機構も完成途上にあり，平安時代初期の(f)桓武天皇に至って古代天皇制が確立すると考えられている。

一方では，幼帝でも天皇の存在が安定したので，外戚である藤原氏が政治を補佐する摂関政治，退位した天皇がその居所である院で天皇を後見しながら政治の実権を握る院政などの政治形態が出現し，(g)わが国独自の政治体制が定着していくことになる。

問１　下線部(a)に関連して，旧石器・縄文時代の遺跡名・化石人骨名とその時代および出土地（現在の都道府県名）の組み合わせとして最も適切なものを，次の中から一つ選べ。[1]

① 岩宿　　 ― 旧石器 ― 栃木県
② 港川人　 ― 旧石器 ― 沖縄県
③ 三内丸山 ― 縄文　 ― 岩手県
④ 吉野ヶ里 ― 縄文　 ― 佐賀県
⑤ 浜北人　 ― 縄文　 ― 静岡県

問２　下線部(b)に関連して，稲作やそれに関連する事柄について述べた文として最も適切なものを，次の中から一つ選べ。[2]

① 水稲耕作はある程度温暖な気候が必要で，弥生時代には北海道を除く日本列島の大部分の地域，東北地方から南西諸島までが食料生産の段階に入った。

② 律令制下では，６歳以上のすべての良民男女に口分田２段が班給され，収穫の約３％にあたる租という税が賦課された。

③ 蒙古襲来（元寇）の前後から，多収穫米である大唐米が輸入され，刈敷や草木灰などの肥料を用いた農業の発展が広くみられた。

④ 室町時代には，特定の商品を扱う座や市場が登場し，米については大坂の堂島米市場が全国の米

相場を左右した。

⑤　戦国時代になると，すべての地域の戦国大名は国人や地侍の収入額を玄米の収穫量で示した石高という基準で統一的に把握し，軍役などを負担させた。

問３　下線部(c)に関連して，５～７世紀の国際関係や渡来の文化について述べた文として最も適切なものを，次の中から一つ選べ。[3]

①　５世紀になると，朝鮮半島から硬質で灰色の須恵器の製作技術が伝えられ，弥生土器の系譜を引く赤焼きの土師器は用いられなくなった。

②　倭王武の上表文や埼玉県江田船山古墳出土大刀銘のような漢文で綴られた残存する史料から，５世紀には史部などと呼ばれる渡来人の活動があったと考えられる。

③　６世紀には，朝鮮半島南部の加耶地域をめぐって百済と新羅が対立し，新羅から渡来した五経博士が儒教を伝え，百済からは仏教が伝来した。

④　７世紀の飛鳥文化の時代には，百済から渡来した曇徴が暦法を，高句麗の僧観勒が紙・墨の製法を伝えたという。

⑤　７世紀後半に白村江の戦いで唐・新羅連合軍に大敗すると，百済からの亡命貴族の指導のもとで，朝鮮式山城が築かれ，倭国の防衛網が整備された。

問４　下線部(d)に関連して，７世紀の政治・制度について述べた文として最も適切なものを，次の中から一つ選べ。[4]

①　推古朝では，徳・仁・義・礼・智・信の６種を大小に分けて，この序列で色別の冠を授ける冠位制度が制定され，豪族を官僚に転換する試みがはじまった。

②　乙巳の変後の孝徳朝で「改新の詔」通りの改革が実施されたか慎重な検討が求められるが，地方行政組織としては「評」が各地に設置されている。

③　白村江の戦いの後，天智天皇は最初の全国的戸籍である庚寅年籍を作成し，定期的な戸籍作成のしくみを確立した。

④　壬申の乱後，天武天皇は飛鳥浄御原令の編纂を開始し，これを施行して律令体制を確立した。

⑤　持統朝では氏姓を正す根本台帳として庚午年籍が作成され，これは永久保存とされた。

問５　下線部(e)に関連して，女帝の治世下の出来事として最も適切なものを，次の中から一つ選べ。

[5]

①　大宝律令の制定　　②　平城京遷都　　③　国分寺建立の詔

④　長屋王の変　　⑤　恭仁京遷都

問６　下線部(f)の業績として最も適切なものを，次の中から一つ選べ。[6]

①　平安京の治安維持のために検非違使を設けた。

②　一般民衆から徴発する兵士の質が低下したため，すべての地域の軍団兵士を廃止し，健児を採用した。

③　班田収授を励行するため，班田の期間を12年から６年に改めた。

④ 地方官である国司の交替に際する事務引き継ぎを監督するために勘解由使を設けた。

⑤ 平安京造営に必要な費用を得るため，出挙の利率を３割から５割に引き上げた。

問７ 下線部(g)に関連して，摂関政治・院政期について述べた文として最も適切なものを，次の中から一つ選べ。 7

① 藤原道長は娘である中宮彰子の女房として紫式部をつきそわせ，かな文学の隆盛にも寄与している。

② 藤原道長は娘三人を三人の天皇の皇后にし，「此の世をば我が世とぞ思ふ」という和歌を自分の日記である『御堂関白記』に記した。

③ 後三条天皇が即位するまで，摂政・関白になったのは天皇の外祖父（母方の祖父）のみであった。

④ 後三条天皇は延久の荘園整理令を出したが，摂関家の荘園は整理の対象外とした。

⑤ 院政期には皇位継承をめぐる対立で武力による決着も図られ，保元の乱では平清盛と源義朝が両派に分かれて激闘した。

(2) 平安末期の全国的兵乱により(h)鎌倉に武家政権が誕生すると，(i)朝廷と幕府の二元的支配の様相が出現する。文化面でも公家の伝統文化に加えて，武士や庶民に支持された(j)新しい文化が生み出され，継承されていった。海外からもたらされた禅宗は，その厳しい修行が武士の気風にあっていたこともあり，鎌倉幕府が滅亡した後も(k)室町幕府の保護のもとでおおいに栄えた。

室町幕府では将軍とともに(l)守護大名や地方機関の力が大きく，また惣村や地侍の成長も著しかった。(m)15世紀，とくに中期以降は幕府権力が弱体化，社会情勢も流動化し，それぞれの地域に根をおろした実力のある支配者である戦国大名が割拠する時代を迎える。戦国大名は(n)家臣団統制や産業・文化の振興による領国支配に努めたので，各地で城下町が繁栄した。

問８ 下線部(h)に関連して，史料に描かれた，幕府の制度や支配領域の拡大に関係する出来事を年代の早いものから順に正しく並べたとき，**前から３番目**にくるものとして最も適切なものを，次の中から一つ選べ。 8

① …二品，家人等を簾下に招き，…而るに今逆臣の讒に依て，非義の綸旨を下さる。…三代将軍の遺跡を全うすべし。但し院中に参ぜんと欲する者は，只今申し切るべし者，…

② 蒙古人，対馬・壱岐に襲来し，合戦を致すの間，…九国住人等，其の身は縦ひ御家人にあらずと雖も，軍功を致すの輩有らば，抽賞せらるべきの由，…

③ …諸国平均に守護・地頭を補任し，権門勢家庄公を論ぜず，兵粮米〈段別五升〉を宛て課すべきの由…

④ …右，所領を以て或いは質券に入れ流し，或いは売買せしむるの条，御家人等侘傺の基なり。向後に於いては，停止に従ふべし。…

⑤ さてこの式目をつくられ候事は，…武家の人へのはからひのためばかりに候。これによりて京都の御沙汰，律令のおきて聊もあらたまるべきにあらず候也。…

問９ 下線部(i)に関連して，鎌倉時代の朝廷と幕府の間に起きた出来事を述べた文Ｘ～Ｚについて，その

正誤の組み合わせとして最も適切なものを，次の中から一つ選べ。 [9]

X　後鳥羽上皇は幕府と対決して朝廷の権力を挽回しようとしたが，北条泰時・時房が幕府軍を率いて京都に攻め上り，上皇は隠岐に流された。

Y　蒙古襲来（元寇）後，朝廷では後深草上皇の流れをくむ大覚寺統と亀山天皇の流れをくむ持明院統が対立しており，幕府は両統迭立の方式で融和に努めた。

Z　大覚寺統から即位した後醍醐天皇は，両統迭立を指示する幕府に不満を抱き，討幕計画を進めるが，２度にわたる挙兵計画が失敗し，元弘の変では佐渡に流された。

① X 正　Y 正　Z 正　　② X 正　Y 正　Z 誤
③ X 正　Y 誤　Z 正　　④ X 正　Y 誤　Z 誤
⑤ X 誤　Y 正　Z 正　　⑥ X 誤　Y 正　Z 誤
⑦ X 誤　Y 誤　Z 正　　⑧ X 誤　Y 誤　Z 誤

問10　下線部(j)に関連して，鎌倉時代の文化にかかわる語句の組み合わせとして最も適切なものを，次の中から一つ選べ。 [10]

① 法然　　　　　―　『選択本願念仏集』
② 度会家行　　　―　本地垂迹説
③ 北条貞時　　　―　金沢文庫
④ 円覚寺舎利殿　―　折衷様
⑤ 栄西　　　　　―　『立正安国論』

問11　下線部(k)に関連して，京都五山として最も適切なものを，次の中から一つ選べ。 [11]

① 建長寺　② 寿福寺　③ 万福寺　④ 東福寺　⑤ 龍安寺

問12　下線部(l)に関連して，室町幕府と守護大名や地方機関との関係について述べた文として最も適切なものを，次の中から一つ選べ。 [12]

① 今川貞世（了俊）は九州探題に就任し，南朝勢力を制圧したが，強大化を嫌った足利尊氏によって九州探題を解任された。

② 山名氏清は中国・近畿に一族合わせて11カ国を領していたが，一族の内紛に介入した足利義満によって明徳の乱で滅ぼされた。

③ 大内義弘は周防・長門などを領国としていたが，朝鮮との外交・貿易による富強を恐れた足利義満に警戒され，応永の外寇で敗死した。

④ 鎌倉公方足利持氏と対立して関東管領を辞職した上杉氏憲（禅秀）が反乱を起こしたため，足利義教は追討軍を送ってこれを平定した。

⑤ 関東管領上杉憲実は幕府に反抗的な姿勢を示したため，鎌倉公方足利持氏との関係が悪化し，足利義教が追討軍を派遣して，永享の乱で憲実は自害した。

問13　下線部(m)に関連して，次の史料に描かれた出来事を年代の早いものから順に正しく並べたとき，**前から３番目**にくるものとして最も適切なものを，次の中から一つ選べ。 [13]

① …今日山城国人集会す。…自今以後に於いては両畠山方は国中に入るべからず。…新関等一切これを立つべからずと云々。

② …赤松落ち行き，追懸けて討つ人無し。…諸大名同心か，其の意を得ざる事なり。…将軍此の如き犬死，古来其の例を聞かざる事なり。

③ …一天下の土民蜂起す。徳政と号し，酒屋，土倉，寺院等を破却せしめ，…日本開白以来，土民蜂起是れ初めなり。

④ …一揆衆二十万人，富樫城を取り回く。…同九日城を攻め落さる。皆生害して，富樫一家の者一人これを取り立つ。

⑤ …播磨国の土民，旧冬の京辺の如く蜂起す。…凡そ土民侍をして国中に在らしむべからざる所と云々。乱世の至なり。…

問14 下線部(n)に関連して述べた文X～Zについて，その正誤の組み合わせとして最も適切なものを，次の中から一つ選べ。 14

X 桂庵玄樹は薩摩の島津氏にまねかれ『大学章句』を刊行するなど活躍し，のちの南学（海南学派）のもとを開いた。

Y 戦国大名は鉱山開発による金・銀の増産にも努め，甲斐・駿河・伊豆の金山，石見・但馬の銀山は有名である。

Z 戦国大名が定めた分国法のなかには，喧嘩両成敗，つまり家臣相互の紛争を私闘（喧嘩）で解決することを禁止し，すべての紛争を大名の裁判にゆだねるとして，領国統治を安定化しようとするものもあった。

① X 正 Y 正 Z 正　② X 正 Y 正 Z 誤
③ X 正 Y 誤 Z 正　④ X 正 Y 誤 Z 誤
⑤ X 誤 Y 正 Z 正　⑥ X 誤 Y 正 Z 誤
⑦ X 誤 Y 誤 Z 正　⑧ X 誤 Y 誤 Z 誤

〔Ⅱ〕 次の文章を読み，下記の問いに答えよ。

(1) 豊臣秀吉が亡くなると，関東におよそ［　A　］万石の所領をもつ五大老のひとりである徳川家康の地位がいっそう高まった。しかし，［　B　］，長束正家，前田玄以，増田長盛とともに五奉行の一人である石田三成は豊臣政権の行く末に危機感を抱き，五大老のひとりである［　C　］を盟主として挙兵した。

家康は三成らの西軍に関ヶ原の戦いで勝利し，(a)<u>西軍に属した諸大名に対して領地の没収・削減・移動などの処分をおこない，その後江戸に幕府を開いた</u>。これにより260余年間にわたる江戸時代がはじまった。しかし，関ヶ原の戦いで負けたとはいえ，いぜんとして大坂城を居城とする豊臣家が存続していたため，家康は二度にわたる戦いをしかけ，これをほろぼした。

1615年，幕府は大名に対して居城を原則として一国一城に制限するとともに，(b)<u>大名に対する根本法典である武家諸法度の［　D　］令を制定した</u>。大名には徳川氏一族の親藩，関ヶ原の戦い以前からの家臣の譜代，関ヶ原以後にしたがった外様があり，親藩や譜代の大名は関東や東海などの要地，外様は東北や西国などの遠隔地に配置された。大名の領地ならびにその支配機構は藩とよばれるが，大名はその領内に居を構え，城下町に家臣団を集住させた。こうして将軍と諸大名との主従関係が確立し，(c)<u>幕府と大名（藩）が全国の土地と人民を支配する幕藩体制ができあがった</u>。

問1　空欄［　A　］～［　D　］に入るものとして最も適切なものを，次の中から一つずつ選べ。

［　A　］＝［15］　① 150　② 200　③ 250　④ 300　⑤ 350

［　B　］＝［16］　① 浅野長政　② 上杉景勝　③ 宇喜多秀家　④ 小早川隆景　⑤ 前田利家

［　C　］＝［17］　① 加藤清正　② 黒田長政　③ 福島正則　④ 細川忠興　⑤ 毛利輝元

［　D　］＝［18］　① 寛永　② 享保　③ 元和　④ 天和　⑤ 宝永

問2　下線部(a)に関連して述べた文X～Zについて，その正誤の組み合わせとして最も適切なものを，次の中から一つ選べ。［19］

X　西軍の石田三成と小西行長らは捕えられ江戸で処刑された。

Y　豊臣秀頼は大坂城を居城とする，摂津・河内・和泉60万石の一大名になった。

Z　幕府の支配地は，直轄地と旗本領を合わせると全国総石高の約4分の1にのぼった。

① X 正　Y 正　Z 正　② X 正　Y 正　Z 誤
③ X 正　Y 誤　Z 正　④ X 正　Y 誤　Z 誤
⑤ X 誤　Y 正　Z 正　⑥ X 誤　Y 正　Z 誤
⑦ X 誤　Y 誤　Z 正　⑧ X 誤　Y 誤　Z 誤

問3　下線部(b)に関連して，1615年の武家諸法度について述べた文として**最も不適切なものを**，次の中

から一つ選べ。 20

① 諸大名の統制のための全13条の法令を発布した。

② 大名に対し国元と江戸の参勤交代を定めた。

③ 大名による城の新築や無断修理を禁じた。

④ 大名間の婚姻には幕府の許可を必要とした。

⑤ 建武式目や分国法などをもとに作成された。

問4　下線部(c)に関連して，幕藩体制の確立について述べた文として最も適切なものを，次の中から一つ選べ。 21

① 秀忠は，大名・公家・寺社に対して領知の確認文書を発給し，全国の土地領有者としての地位を示した。

② 武家諸法度に違反した場合，長く功績のあった外様に対しても厳しい処分を行ったが，親藩・譜代は対象から外れていた。

③ 大名は戦時の軍役として石高に応じて一定数の兵馬を常備することが求められたが，徳川一門は対象から外れていた。

④ 幕府は城郭の修築や河川の土木工事などの普請役を外様大名に課したが，親藩・譜代大名などは対象から外れていた。

⑤ 家光は，安芸広島の福島氏と肥後熊本の加藤氏の両家が無断で居城の修復をおこなったとして改易処分にした。

(2)　5代将軍となった徳川綱吉は，儀礼の尊重や法制の整備，人心の教化などにより秩序の安定を図ろうとする文治政治をよりいっそうおしすすめた。その一方で， E 年に綱吉の代がわりの武家諸法度が出されるなど，(d)幕府は法と秩序により権威を高めようとした。綱吉は学問を好むとともに仏教にも帰依し，極端な動物愛護令である生類憐みの令を F 年から数次にわたり出した。その後，生類憐みの令は，6代将軍 G の時代になるとただちに廃止された。

綱吉の治世である17世紀後半から，京都や大坂などの上方の豪商らだけでなく，一般の町人や地方の商人，有力な百姓を担い手とする文化が生まれた。(e)この時代の文化を元禄文化とよぶ。こうした文化の形成・発展の背景には経済の発展があった。また，(f)幕藩体制の安定にともない，儒学が封建社会を維持するための教学として重んじられていった。

問5　空欄 E ～ G に入るものとして最も適切なものを，次の中から一つずつ選べ。

E	= 22	① 1680	② 1683	③ 1684	④ 1685	⑤ 1687
F	= 23	① 1684	② 1685	③ 1687	④ 1695	⑤ 1702
G	= 24	① 家重	② 家継	③ 家綱	④ 家宣	⑤ 吉宗

問6　下線部(d)に関連して，綱吉と元禄時代の政治について述べた文として**最も不適切なもの**を，次の中から一つ選べ。 25

① 綱吉は側用人の柳沢吉保を重用して将軍の権力の強化を図った。

② 幕府は大嘗会などの朝廷儀式を取り止め，朝廷に厳しく対応するようになった。

③ 幕府は荻原重秀の上申を受け入れ，品質の悪い元禄小判を大量に発行した。

④ 服忌令が出され，生類憐みの令とともに死や血を忌み嫌う風潮がみられるようになった。

⑤ 幕府は武力より身分格式や儀礼知識，役人としての事務能力を重視した。

問7　下線部(e)に関連して，元禄時代の文芸について述べた文として最も適切なものを，次の中から一つ選べ。 26

① 鶴屋南北は，現実の世界を題材に，恋愛や金銭に執着しながら生活する人間の姿を描くことで，新しい文学の世界を開いた。

② 井原西鶴の作品は人形遣いによって人形浄瑠璃として演じられ，その語りは義太夫節という音曲に成長していった。

③ 松尾芭蕉は，和歌や連歌の伝統を生かした新しい俳諧をうみだし，弟子とともに全国を旅して俳諧を広めた。

④ 武士出身の近松門左衛門は，歴史に題材を求めた時代物や，武士社会の出来事や人物を主題とした世話物を得意とした。

⑤ 歌舞伎は，物語性中心の芸能から歌と踊りを重視する民衆の演劇へと発展し，江戸や上方の常設の芝居小屋で演じられた。

問8　下線部(f)に関連して，元禄時代の儒学の興隆と諸学問の発達について述べた文として**最も不適切なものを**，次の中から一つ選べ。 27

① 儒学のもつ合理的で現実的な性格は，他の学問にも多大な影響を与えた。

② 陽明学は，明の王陽明がはじめた儒学の一派で，朱子学を批判して知行合一を説いた。

③ 陽明学は，現実を批判しその矛盾を改めようとすることから，幕府に警戒された。

④ 古学派は，朱子学や陽明学の総称で実践的な儒学の形成をめざした。

⑤ 古学派は，孔子・孟子などの古典に立ち返り研究し，その真意を解明しようとした。

〔Ⅲ〕 次の文章を読み，下記の問いに答えよ。

(1) 1844年，[A]は徳川幕府に開国を勧告したが，(a)1850年代になると，列国は日本の開国・開港を求めて各地に来航するようになった。

アメリカとの通商条約が結ばれた1858年には，そのほかの列国とも類似の条約が締結され，翌年から諸外国との貿易が始まった。幕末の開国・開港は，幕藩体制の動揺をもたらし，政争が深刻化したが，戊辰戦争とよばれる内戦をへて新政府は国内を統一した。さらに，(b)1871年に廃藩置県が断行され，藩は廃されて府県となり，新政府の政治的な支配権が確立することになった。

しかし，発足後間もない新政府内部には対立があり，(c)1873年には政変があった。この政変ののち，[B]が内務卿となって政府を主導していくが，1878年に暗殺され，中心的な指導者を欠くことになった。

問1 空欄[A]に入る語句として最も適切なものを，次の中から一つ選べ。[28]

① イギリス ② アメリカ ③ オランダ ④ フランス ⑤ ロシア

問2 空欄[B]に入る語句として最も適切なものを，次の中から一つ選べ。[29]

① 大久保利通 ② 西郷隆盛 ③ 伊藤博文 ④ 大隈重信 ⑤ 木戸孝允

問3 下線部(a)に関連して述べた文として最も適切なものを，次の中から一つ選べ。[30]

① アメリカ東インド艦隊司令長官ペリーは，琉球王国の那覇に寄港したのち，初めて来航して横浜に上陸した。

② 初めて来航したアメリカ東インド艦隊司令長官ペリーは，アメリカ大統領の国書を朝廷に提出した。

③ 二度目に来航したアメリカ東インド艦隊司令長官ペリーは，条約の締結を強硬に要求し，横浜において幕府と日米和親条約を結んだ。

④ ロシアの使節プチャーチンは，日米和親条約が締結されたのち長崎において，幕府と日露和親条約を結んだ。

⑤ ロシアの使節プチャーチンは，日露和親条約を結んで，千島と樺太に両国の国境を定めた。

問4 下線部(b)の出来事より前に実施された新政府による政策として最も適切なものを，次の中から一つ選べ。[31]

① 学制の公布 ② 工部省の設置 ③ 富岡製糸場の開業

④ 地租改正条例の公布 ⑤ 国立銀行条例の制定

問5 下線部(c)に関連して述べた文として最も適切なものを，次の中から一つ選べ。[32]

① 政府内の征韓派参議である西郷隆盛，板垣退助，後藤象二郎，江藤新平，大隈重信らが辞職した。

② 政変がおきた1873年には，国民皆兵を原則として同年に公布された徴兵告諭に反対する農民の一揆が多発した。

③　政変により辞職した江藤新平は，福岡県でおきた秋月の乱に呼応して，郷里である佐賀の不平士族とともに佐賀の乱とよばれる反乱を起こした。

④　政変ののち，板垣退助，後藤象二郎，江藤新平らは愛国公党を設立して，民撰議院設立の建白書を左院に提出した。

⑤　政変で下野した西郷隆盛は，岩倉使節団派遣中の留守政府の中心となって，学制の公布，地租改正条例の公布，金禄公債証書の交付などの内政改革を進めた。

(2)　1914年に始まった第一次世界大戦は4年余り続いた総力戦であった。大戦勃発当時，第2次大隈重信内閣の外務大臣であった［　C　］は，日英同盟に基づいて参戦を主導した。日本は，中国にあったドイツの拠点である［　D　］，および［　E　］の権益を接収するとともに，ドイツ領南洋諸島の一部を占領した。さらに同外務大臣は1915年，［　F　］の袁世凱政権に対し，(d)二十一カ条の要求をつきつけた。

こうした日本の対中進出を欧米列国は警戒した。アメリカは，太平洋方面の安定をはかる必要があり，(e)石井・ランシング協定が締結された。

問6　空欄［　C　］に入る語句として最も適切なものを，次の中から一つ選べ。［33］

①　幣原喜重郎　②　松岡洋右　③　加藤高明
④　加藤友三郎　⑤　後藤新平

問7　空欄［　D　］・［　E　］に入る語句の組み合わせとして最も適切なものを，次の中から一つ選べ。［34］

①　D：済南　E：福建省　②　D：天津　E：福建省　③　D：青島　E：山東省
④　D：済南　E：山東省　⑤　D：天津　E：山東省　⑥　D：青島　E：福建省

問8　空欄［　F　］に入る語句として最も適切なものを，次の中から一つ選べ。［35］

①　北京　②　南京　③　広東
④　奉天　⑤　上海　⑥　重慶

問9　下線部(d)に関連して述べた文X～Zについて，その正誤の組み合わせとして最も適切なものを，次の中から一つ選べ。［36］

X　最後通牒をつきつけて，要求をすべて認めさせた。
Y　その後の反日運動を活発化させる要因となった。
Z　旅順・大連の租借期限，および南満州鉄道の経営権の99年間延長が認められた。

①　X 正　Y 正　Z 正　②　X 正　Y 正　Z 誤
③　X 正　Y 誤　Z 正　④　X 正　Y 誤　Z 誤
⑤　X 誤　Y 正　Z 正　⑥　X 誤　Y 正　Z 誤
⑦　X 誤　Y 誤　Z 正　⑧　X 誤　Y 誤　Z 誤

問10　下線部(e)に関連して述べた文として最も適切なものを，次の中から一つ選べ。 37

①　この協定は，第一次世界大戦後，ヴェルサイユ条約の締結により廃棄された。

②　アメリカが第一次世界大戦に参戦する前年にこの協定が締結された。

③　アメリカは，日本の対中進出を警戒し，中国に対する日本の特殊利益を認めなかった。

④　この協定は，寺内正毅内閣期に石井菊次郎外務大臣のもとで成立した。

⑤　日本とアメリカは，中国の領土保全・門戸開放を確認した。

(3)　下記の史料は，1956年に発行された『経済白書』の一部である。経済の現状と政策などについての年次報告書であり，作成したのは　G　であった。戦後十年間を振り返り，敗戦による落ち込みからの回復の速さを指摘している。

1949年から，インフレは収束したが深刻な不況となり，中小企業の倒産や行政整理・人員整理による失業者が増加し，労働運動が激化した。ところが，朝鮮戦争の(f)<u>特需景気</u>により日本経済は活気を取り戻し，主要な経済指標は戦前の水準をこえることになった。1955年ころから(g)<u>高度経済成長</u>が始まるが，1956年に刊行されたこの白書は，それを「もはや『戦後』ではない」と表現したのである。

「戦後日本経済の回復の速やかさには誠に万人の意表外にでるものがあった。それは日本国民の勤勉な努力によって培われ，世界情勢の好都合な発展によって育まれた。

しかし敗戦によって落ち込んだ谷が深かったという事実そのものが，その谷からはい上がるスピードを速やからしめたという事情も忘れることはできない。経済の浮揚力には事欠かなかった。経済政策としては，ただ浮き揚がる過程で国際収支の悪化やインフレの壁に突き当たるのを避けることに努めれば良かった。〔中略〕いまや経済の回復による浮揚力はほぼ使い尽くされた。なるほど，貧乏な日本のこと故，世界の他の国々に比べれば，消費や投資の潜在需要はまだ高いかもしれないが，戦後の一時期に比べれば，その欲望の熾烈さは明らかに減少した。もはや「戦後」ではない。我々はいまや異なった事態に当面しようとしている。回復を通じての成長は終わった。〔後略〕」

（1956年度『経済白書』，（内閣府）https://www5.cao.go.jp/keizai3/keizaiwp-je56/wp-je56-01051.html をもとに作成）

問11　空欄　G　に入る語句として最も適切なものを，次の中から一つ選べ。 38

①　大蔵省　　②　通商産業省　　③　経済企画庁

④　日本銀行　　⑤　経済安定本部

問12　この「経済白書」が刊行された当時，政権にあった政党として最も適切なものを，次の中から一つ選べ。 39

①　自由党　　②　民主党　　③　日本社会党

④　自由民主党　　⑤　日本民主党

問13　下線部(f)に関連して，特需景気，および朝鮮戦争の時期（開戦から，板門店における休戦協定調印まで）の経済政策や日本経済について述べた文として最も適切なものを，次の中から一つ選べ。 40

① 総予算の均衡，賃金の安定，物価の統制などを含む諸政策を実施するため，アメリカの特別公使ドッジが派遣され一連の施策を政府に指示した。

② 「特需景気」は，「いざなぎ景気」ともよばれ，長期にわたる空前の好景気が持続した。

③ 為替レートを固定させ，国際決済の円滑化をはかるため，IMF（国際通貨基金）に加盟した。

④ 農業基本法が制定され，生産性の向上と所得の拡大を目的とする農業構造改善事業が始まり補助金が交付された。

⑤ 傾斜生産方式が閣議決定され，資材と資金を石炭・鉄鋼などの重要産業部門に集中する政策が実施された。

問14　下線部(g)に関連して述べた文X～Zについて，その正誤の組み合わせとして最も適切なものを，次の中から一つ選べ。 41

X 「投資が投資を呼ぶ」といわれたように，重化学工業への大規模な設備投資が急速な経済成長を主導した。

Y 農業人口が減少し，1970年ころには就業人口全体の約5割となり，かつ農外収入を主とする第2種兼業農家が農家戸数の過半をしめるようになった。

Z 公害問題が深刻化して，1960年代後半に公害対策基本法が制定され，1971年には環境庁が発足した。

① X 正　Y 正　Z 正　　② X 正　Y 正　Z 誤
③ X 正　Y 誤　Z 正　　④ X 正　Y 誤　Z 誤
⑤ X 誤　Y 正　Z 正　　⑥ X 誤　Y 正　Z 誤
⑦ X 誤　Y 誤　Z 正　　⑧ X 誤　Y 誤　Z 誤

世界史

（60分）

〔Ⅰ〕 次の文章を読み，後の問いに答えよ。

2021年はギリシアが(a)オスマン帝国から独立するために戦争を起こしてから200周年にあたる。オスマン帝国はエジプトの援軍を得て有利に戦争をすすめるが，ギリシア独立派が(b)イギリス，(c)ロシア，(d)フランスの援助を得ると戦局は逆転し，最終的に(e)1830年のロンドン会議でこの三国の保護下でギリシアの独立は承認された。1834年には(f)バイエルン王国出身で，ギリシア文化を愛した王オトンが首都をアテネとした。

アテネは古代には(g)民主政という政治体制のもと，(h)多くの文化を生み出したポリスであり，また前5世紀の初めには(i)アケメネス朝ペルシアの侵攻の撃退において中心的な役割を演じた。その後，ペルシアの再来に備えてデロス同盟を結成して強大な権力を得た。しかし前5世紀の後半，(j)スパルタを盟主とするペロポネソス同盟との戦争に敗れ，さらに前4世紀後半にマケドニアに敗れると，その後は政治的な舞台でほとんど活躍することはなかった。ギリシア全体も(k)前2世紀にはローマの軍門に降り，その後は文化的な面での活動が中心となった。ローマは4世紀末には(l)東西に分裂し，ゲルマン人の大移動のなか西側のローマ帝国が滅亡するが，ギリシアを含む東側がもちこたえ，ビザンツ帝国として1453年まで存続した。

(m)ビザンツ帝国はギリシア語を公用語としていながら，その住民の多くは自分たちのことを(n)「ローマ人」とよび，この地上からギリシア人を自認する人は消滅してしまった。一方でイスラーム世界では(o)アッバース朝のもと，ギリシア文化への関心が強く，多くの著作をシリア語，さらに(p)アラビア語に翻訳して後世に伝えた。しかし彼らはこの文化を生み出した人々がビザンツ帝国の人々の祖先とは思わず，すでに滅んだ人たちだと理解していた。再び「ギリシア人」と称する人の出現は，ギリシア独立運動を待たねばならなかったのである。

問1　下線部(a)について述べた文として**最も不適切なもの**を，次の中から一つ選べ。［ 1 ］

① アブデュルハミト2世はロシアとの戦争がはじまると憲法を停止した。

② 14世紀半ばに，バルカン半島に進出して，アドリアノープルを都とした。

③ クリミア戦争では帝国内のギリシア正教徒の保護を求めたフランス・ロシアと戦った。

④ エジプト総督ムハンマド＝アリーがシリアの領有を求め，戦争となった。

問2　下線部(b)で1800年代に起きた次の出来事(あ)～(お)を，年代の早いものから順に正しく並べたとき，**前から2番目と4番目**にくるものの組み合わせとして最も適切なものを，次の中から一つ選べ。

［ 2 ］

(あ)　第１回選挙法改正

(い)　カトリック教徒解放法成立

(う)　東インド会社の中国貿易独占権の廃止を実施

(え)　航海法廃止

(お)　穀物法廃止

	２番目	４番目
①	(う)	(い)
②	(お)	(う)
③	(う)	(お)
④	(え)	(あ)
⑤	(あ)	(え)
⑥	(あ)	(お)
⑦	(え)	(い)

問３　下線部(c)について述べた文として最も適切なものを，次の中から一つ選べ。 3

①　首相となったウィッテがミールを解体して独立自営農を育成しようとした。

②　ピョートル１世は清とネルチンスク条約を結び，両国の境界を定めた。

③　ニコライ１世は神聖同盟を提唱して，ヨーロッパの多くの君主を参加させた。

④　キエフ公国のイヴァン３世が初めてツァーリ（皇帝）の称号を用いた。

問４　下線部(d)について述べた文として**最も不適切なもの**を，次の中から一つ選べ。 4

①　百年戦争中，シャルル７世が反攻に転じてカレーを除くフランス全領土を奪還した。

②　ルイ９世はイギリスのジョン王と戦い，大陸のイギリス領の大半を獲得した。

③　フィリップ４世は教皇庁を南フランスのアヴィニョンに移した。

④　サン＝バルテルミの虐殺はユグノー戦争の際の惨事であった。

問５　下線部(e)の年以前にアジアで起きた出来事として**最も不適切なもの**を，次の中から一つ選べ。

5

①　イギリスのシンガポール領有

②　イランでのバーブ教徒の反乱

③　ジャワ戦争勃発

④　ベトナムで阮朝成立

問６　下線部(f)はドイツ統一に際して最後に加わった国の一つであるが，ドイツの統一に向けての動きについて述べた文として**最も不適切なもの**を，次の中から一つ選べ。 6

①　プロイセン＝オーストリア戦争（普墺戦争）後，北ドイツ連邦が結成された。

②　統一の方針をめぐり，オーストリアなどを含むか否かの対立があった。

③　経済的な発展のため，プロイセンを中心にドイツ関税同盟を結成した。

④　プロイセン王は，フランクフルト国民議会で皇帝即位を申し出たが拒否された。

問7　下線部(g)がアテネで成立する際に指導的な役割を果たした人物(あ)～(え)を，活躍した年代の早いものから順に並べたものとして最も適切なものを，次の中から一つ選べ。 7

(あ)　クレイステネス　　(い)　ソロン　　(う)　ペイシストラトス　　(え)　ペリクレス

①　(あ)　→　(い)　→　(え)　→　(う)

②　(う)　→　(え)　→　(い)　→　(あ)

③　(え)　→　(あ)　→　(う)　→　(い)

④　(い)　→　(う)　→　(あ)　→　(え)

問8　下線部(h)に関連して，前5世紀のアテネでは後世に名を残す「三大悲劇詩人」が現れたが，その人物として**最も不適切なもの**を，次の中から一つ選べ。 8

①　アイスキュロス

②　アリストファネス

③　エウリピデス

④　ソフォクレス

問9　下線部(i)での戦いの名称として**最も不適切なもの**を，次の中から一つ選べ。 9

①　カイロネイアの戦い

②　サラミスの海戦

③　プラタイアの戦い

④　マラトンの戦い

問10　下線部(j)について述べた文として最も適切なものを，次の中から一つ選べ。 10

①　イオニア系の人々がたてたポリスである。

②　市民の多くが軍船の漕ぎ手として戦争に参加した。

③　持分地を公平に分配することで市民間の平等が実現した。

④　征服した人々をペリオイコイとよんで農業に従事させた。

問11　下線部(k)に中国で起きた出来事として最も適切なものを，次の中から一つ選べ。 11

①　呉楚七国の乱を平定後，中央集権体制が成立した。

②　ローマ皇帝（大秦王安敦）の使節が日南郡に至った。

③　漢を倒して成立した新で赤眉の乱が勃発した。

④　項羽との激しい戦いに勝利した劉邦が漢をたてた。

問12　下線部(l)に先立ちキリスト教が国教化されたが，ローマ帝国下のキリスト教について述べた文として**最も不適切なもの**を，次の中から一つ選べ。 12

① ディオクレティアヌス帝による大迫害があった。

② ニケーア公会議でアリウス派を正統教義とした。

③ 新約聖書はギリシア語のコイネーで書かれた。

④ ペテロやパウロなどがイエスの死後に伝道した。

問13　下線部(m)について述べた文として**最も不適切なもの**を，次の中から一つ選べ。 13

① 現在に伝えられた美術として聖母子像などを描いたイコン（聖像画）がある。

② 7世紀から軍管区（テマ）制で統治したが，11世紀頃にプロノイア制へと移行した。

③ 皇帝ユスティニアヌスはかつてのローマ帝国の地中海領土の大半を一時的に回復した。

④ ギリシア正教会の首長はハギア＝ソフィア聖堂の主教が兼ねて皇帝に対抗した。

問14　下線部(n)は古代ローマ帝国時代に全土の自由人にローマ市民権を付与したことが大きな影響を与えているが，これを実施した皇帝名として最も適切なものを，次の中から一つ選べ。 14

① カラカラ

② コンスタンティヌス

③ ディオクレティアヌス

④ トラヤヌス

問15　下線部(o)について述べた文として最も適切なものを，次の中から一つ選べ。 15

① マムルークとよばれるエジプト人奴隷をカリフの近衛兵として使った。

② アラブ人が他の民族に対して優遇され，地租も課されなかった。

③ 9世紀に入ると各地に独立王朝がたつようになり，勢力が減退した。

④ ハールーン＝アッラシードは首都としてバグダードを造営した。

問16　下線部(p)にはプトレマイオスの著作も含まれるが，その著作名として最も適切なものを，次の中から一つ選べ。 16

① 『地理誌』

② 『天文学大全』

③ 『博物誌』

④ 『物体の本性』

〔II〕 次の文章を読み，後の問いに答えよ。

古来より世界各地域の間では人の交流とともに，さまざまなモノが行き交い，はるか遠方の地へと伝えられていった。

まず挙げられるのは工芸品である。よく知られているように，(a)中国の絹は，ながらく他の地域では製造することが不可能であり，希少価値を有する交易品として，紀元前よりユーラシア各地へと伝えられていった。(b)磁器も，同様に中国でしか製造することのできない工芸品として，西アジアやヨーロッパへと輸出された。逆に(c)ガラス製の器は，西アジアからの特産品として中国さらに日本などへと伝えられた。こうした交易のルートとして，(d)ユーラシアの東西を結ぶ交通路が陸海双方で形成されていった。

次に食材や各種の素材として利用される植物種も，古くより世界各地域を行き交ったモノである。たとえば中国へは，(e)前漢時代にブドウなどが西域より，(f)宋代には(g)占城稲が(h)東南アジアより伝えられたが，最も代表的なのは，「[A]の交換」として知られる，(i)大航海時代にアメリカ大陸から他の地域へともたらされた植物種であろう。ジャガイモ，サツマイモ，トウモロコシ，トマト，トウガラシ，そして(j)タバコと，現在では全世界で栽培され利用されている作物が，15世紀まではヨーロッパや(k)アフリカ，アジアでは存在しなかったという事実に驚く人は多いのではなかろうか。

最後に人の交流とともに伝えられるのは，疾病を引き起こす微生物やウイルスである。中世ヨーロッパにおける(l)黒死病（ペスト）や大航海時代のアメリカ大陸における天然痘，そして(m)1910年代末における世界的なスペイン風邪の流行は，それぞれ広域的な人の交流がもたらした副産物であり，とりわけ免疫の乏しい地域では深刻な被害をもたらしていった。

問1　空欄[A]に入るものとして最も適切なものを，次の中から一つ選べ。[17]

①　イブン＝バットゥータ　②　ヴァスコ＝ダ＝ガマ　③　玄奘　④　コロンブス

⑤　マルコ＝ポーロ

問2　下線部(a)に関連して，中国における工芸の歴史を述べた文として**最も不適切なもの**を，次の中から一つ選べ。[18]

①　殷の時代には，祭祀用の酒器などの用途に青銅器がつくられた。

②　唐の時代には，租・調・庸の税制のもと，穀物などとともに絹布も納税の対象とされた。

③　宋の時代には，商品流通の発展とともに，行という手工業者の同業組合も生まれた。

④　明の時代には，長江下流域で綿織物や製糸業などの家内制手工業が盛んとなった。

問3　下線部(b)に関連して，中国における陶磁器の歴史について述べた文として最も適切なものを，次の中から一つ選べ。[19]

①　新石器時代の仰韶文化では黒陶，竜山文化では彩陶とよばれる土器がつくられた。

②　唐の時代には，景徳鎮を中心に陶磁器生産が発展した。

③　宋の時代には，染付や赤絵などの磁器が各地で盛んにつくられた。

④　明の時代には，マカオを拠点としたポルトガル商人などにより，大量の陶磁器がヨーロッパに輸出された。

⑤　清の時代にも陶磁器は盛んに輸出され，代価として金が中国に流入した。

問4　下線部(c)に関連して，正倉院の白瑠璃碗など奈良時代の日本に伝えられた西アジア方面からの工芸品は，どの王朝の美術様式を示しているか。最も適切なものを，次の中から一つ選べ。[20]

①　アケメネス朝　②　カージャール朝　③　ササン朝　④　サーマーン朝

⑤　パフレヴィー朝

問5　下線部(d)の歴史について述べた文として**最も不適切なものを**，次の中から一つ選べ。[21]

①　南インドのチョーラ朝は，「海の道」を通じた東西交易で栄え，10～11世紀に中国に使節を派遣した。

②　イラン系のソグド人が「オアシスの道」を通じて各地に進出し，東西交流に足跡を残した。

③　13世紀にはモンゴル帝国のもとで交通路が整備され，東西の文化交流が盛んになった。

④　15世紀に明朝は鄭和の率いる艦隊を派遣し，アフリカ西海岸まで到達した。

問6　下線部(e)に関連して，前漢の武帝について述べた文として最も適切なものを，次の中から一つ選べ。[22]

①　大月氏と同盟して匈奴を攻撃するために，班超を西域に派遣した。

②　衛氏朝鮮を滅ぼして朝鮮南部に4郡を設置した。

③　南越を滅ぼしてベトナム北部まで支配下に入れた。

④　財政難の克服のために，塩などの専売や均田制などの経済統制策を実施した。

⑤　孔穎達の提案を受けて儒学を官学とした。

問7　下線部(f)について述べた文として**最も不適切なものを**，次の中から一つ選べ。[23]

①　科挙による官吏登用が推進され，没落した貴族に代わり政治を担う体制が確立した。

②　新興地主層が勢力をのばし，里長戸と称された。

③　11世紀後半に王安石の主導で新法とよばれる改革が推進された。

④　靖康の変を境に開封から臨安へと遷都し，北宋時代から南宋時代へと移行した。

⑤　新たな儒学の傾向として宋学がおこり，南宋の朱熹によって集大成された。

問8　下線部(g)が導入されたことも関係して生まれた「[　B　]熟すれば天下足る」ということわざについて，空欄[　B　]に入るものとして最も適切なものを，次の中から一つ選べ。[24]

①　燕雲　②　広東　③　湖広　④　四川　⑤　蘇湖　⑥　福建

問9　下線部(h)に関連して，ベトナム戦争について述べた文として最も適切なものを，次の中から一つ選べ。[25]

①　ベトナム共和国（北ベトナム）と，ベトナム民主共和国（南ベトナム）との対立に，東西両陣営が介入したことから発生した。

②　共和党のニクソン大統領は，アメリカ軍の犠牲軽減を目指す方針を表明した。

③　ディエンビエンフーでの大敗により，アメリカは北ベトナムへの空爆を停止した。

④　1973年のジュネーヴ休戦協定でアメリカは南ベトナムからの軍撤退を決定した。

⑤　1975年に北ベトナム軍はハノイに進攻して占領し，ベトナムを統一した。

問10　下線部(i)について述べた文として最も適切なものを，次の中から一つ選べ。 26

①　スペインは，大西洋を南下して喜望峰に到達し，さらにインド洋を経てインドに到達するルートでアジア貿易に進出した。

②　ポルトガルは，大西洋を横断して西回りでのアジア貿易への進出を試みたが，結果として北アメリカに到達した。

③　1494年のトルデシリャス条約にもとづいて，ブラジルはポルトガル領とされた。

④　ポルトガルが派遣したマゼラン（マガリャンイス）率いる艦隊は，史上初の世界周航をなしとげた。

⑤　スペイン人ピサロが，テノチティトランを占領してアステカ王国を滅ぼし，メキシコをスペインの支配下に組み入れた。

問11　下線部(j)に関連して，19世紀末のイランで発生したタバコ＝ボイコット運動をよびかけた人物として最も適切なものを，次の中から一つ選べ。 27

①　アフガーニー　②　ティラク　③　ファン＝ボイ＝チャウ　④　ホセ＝リサール

⑤　マフディー

問12　下線部(k)に関連して，第二次世界大戦後のアフリカについて述べた文として最も適切なものを，次の中から一つ選べ。 28

①　1963年には一挙に17の国が独立し，「アフリカの年」とよばれた。

②　1960年にアフリカ諸国の連帯組織として，アフリカ民族会議が結成された。

③　ロンドンで開かれたパン＝アフリカ会議で人種差別撤廃が叫ばれた。

④　南アフリカは1990年代に至ってアパルトヘイト政策を全廃し，白人による支配に終わりを告げた。

⑤　チュニジア・リビア・エジプトでは，民主化運動がおこり，1990年代に独裁政権が崩壊した。

問13　下線部(l)が大流行した14世紀にヨーロッパで起きた出来事として**最も不適切なものを**，次の中から一つ選べ。 29

①　ヴァロワ朝の開始　②　教皇のバビロン捕囚　③　金印勅書の発布

④　コンスタンツ公会議　⑤　ワット＝タイラーの乱

問14　下線部(m)に関連して，その背景となった第一次世界大戦にそれぞれ同盟国および協商国（連合国）として参戦した国として最も適切なものを，次の中から一つずつ選べ。ただし，一つの選択肢は一度しか選べない。

同盟国：＝ 30

協商国（連合国）：＝ [31]

①　イタリア　②　オランダ　③　スペイン　④　デンマーク　⑤　ブルガリア

〔Ⅲ〕 次の文章を読み，後の問いに答えよ。

(a)20世紀後半から地球温暖化が叫ばれはじめた。気温上昇に伴って海面が上昇し，豪雨・水害・干ばつなどの大規模な自然災害も多発し，それによる(b)貧困・飢餓・資源不足が起き，(c)移住を余儀なくされる人々もいる。(d)アフリカ大陸ではバッタの大量発生による深刻な被害もある。しかし，大きく見れば10万年ごとに地球の気温は上下しており，人類が(e)文字によって記録を残すようになってからは，おおむね地球全体で気温の低い状態が続いてきた。

その中でも数世紀単位で比較的温暖な時期と寒冷な時期が繰り返されてきたが，気温の低さは(f)農作物の収穫量に影響し，(g)飢饉や，栄養不良にも起因する(h)伝染病の蔓延などが人命を害してきた。火山の噴火が地球規模の気候変動を起こしたこともある。(i)1815年，1883年と19世紀には二度にわたって(j)インドネシアの火山が爆発した。火山灰や火山ガスの拡散による日射量減少はヨーロッパに「夏のない年」をもたらし，(k)アメリカ合衆国でも6月に雪が降り，貧しい人々をさらに困窮させた。

このような寒さとの戦いは有史以来の多くの時期に大きな課題となってきた。人類は森林を伐採し，(l)地下資源を掘り，それを加工したり燃やしたりして，寒く厳しい生活に対応するためにも利用した。しかしこうした営みは，二酸化炭素排出という形で今度は温暖化を引き起こした。気温上昇の抑制のため，さまざまな(m)国際的な枠組みにより現在も規制や議論が重ねられている。

問1　下線部(a)の東西関係に関する出来事(あ)～(お)を，年代の早いものから順に並べたものとして最も適切なものを，次の中から一つ選べ。[32]

(あ)　フルシチョフによるスターリン批判

(い)　キューバ危機

(う)　朝鮮戦争休戦

(え)　キューバ革命

(お)　東西ベルリンの境界となる壁の建設

①　(う) → (あ) → (え) → (お) → (い)

②　(う) → (え) → (あ) → (お) → (い)

③　(え) → (う) → (お) → (い) → (あ)

④　(え) → (お) → (う) → (い) → (あ)

問2　下線部(b)について述べた文として最も適切なものを，次の中から一つ選べ。[33]

①　労働者の貧困や社会問題を解決しようと考え，フランスではプルードンが生産の国家統制を目指

した。

② ヨーロッパ各国で貧民層が増大する中で，1848年にロンドンで革命が起きた。

③「貧困との闘い」を推進したジョンソン政権下で，ベトナム戦争は泥沼化し，人種暴動も多発した。

④ ローマ帝国は3世紀に危機を迎え，貧困により都市から逃げ出した下層市民がラティフンディアに組み込まれた。

問3　下線部(c)に関する次の文を読み，空欄 A ～ D に入るものとして最も適切なものを，次の中から一つずつ選べ。

歴史における人々の移住には政治的理由によるものも多く，ユダヤ人の移住はその最たる例である。前10世紀頃に栄えたヘブライ人の統一王国は，南北に分裂したのち，南は A に滅ぼされ，多くの住民がその都に連行された。彼らは約50年後に帰国してユダヤ教を確立したが，その後も移住を繰り返してヨーロッパ各地に広がった。

19世紀末以降，各地でユダヤ人への迫害が強まると，彼らの「故郷」にユダヤ人国家を建設しようとする B が生まれた。イギリスは1917年に C によりこれを支援したが，この介入は新たな火種となった。1948年には国際連合の調停のもとでイスラエル建国が宣言されたが，これをきっかけに D が引き起こされた。

A ＝ 34　① アッシリア　② 新王国　③ 新バビロニア（カルデア）　④ バビロン第1王朝

B ＝ 35　① 国土回復運動　② シオニズム運動　③ 西漸運動　④ パン＝スラヴ主義運動

C ＝ 36　① カイロ宣言　② サイクス＝ピコ協定　③ バルフォア宣言　④ フセイン＝マクマホン協定

D ＝ 37　① スエズ戦争　② 第1次中東戦争　③ 第3次中東戦争　④ 湾岸戦争

問4　下線部(d)の都市について述べた文として**最も不適切なもの**を，次の中から一つ選べ。 38

① シーア派のサファヴィー朝は，北アフリカにおこり，エジプトを征服してカイロを造営した。

② 西アフリカのソンガイ王国では，ニジェール川中流の交易都市トンブクトゥが栄えた。

③ ヘレニズム時代に栄えたアレクサンドリアは，のちにはインド洋世界と地中海世界をつなぐ交易地ともなった。

④ イギリスはケープタウンとカイロをつなぎ，インドのカルカッタと結びつける3C政策をすすめた。

問5　下線部(e)について述べた文として最も適切なものを，次の中から一つ選べ。 39

① シュメール人がつくった線状の文字はアルファベットの起源となった。

② 朝鮮では，15 世紀前半，世宗の時代に訓民正音が制定された。

③ レザー＝ハーンはトルコ共和国の大統領となり，トルコ語の表記にローマ字を採用した。

④ ツングース系の女真は，ホンタイジの時代に金を建国し，満州文字をつくった。

問 6 下線部(f)に関連して述べた文として最も適切なものを，次の中から一つ選べ。 40

① アメリカ大陸や西インドでは，プランテーションでの労働力としてアフリカから黒人奴隷が輸入された。

② シリア・パレスチナ地方の「肥沃な三日月地帯」では，ドラヴィダ語族の人々が地中海の交易に活躍した。

③ イギリスでは 15 世紀末以来，領主らが農地から農民を閉め出す「囲い込み」がすすんで綿花生産が増大した。

④ イギリス支配下のフィリピンでは商品作物栽培がすすみ，世界市場に組み込まれた。

問 7 下線部(g)に関連して述べた文として最も適切なものを，次の中から一つ選べ。 41

① インド大反乱をきっかけに成立したインド帝国では，イギリス支配下で深刻な飢饉が幾度も起きた。

② 15 世紀のヨーロッパでは，飢饉により農奴解放の動きが起こり，イギリスでは独立自営農民（ヨーマン）が増えた。

③ 19 世紀のアイルランドでは，トウモロコシの凶作から大飢饉が起き，アメリカ合衆国への大規模な移民が起きた。

④ 元では放漫財政や内紛に加え，飢饉が発生して苦しんだ民衆が黄巾の乱を起こし，元はモンゴル高原に退いた。

問 8 下線部(h)に関連して述べた文として最も適切なものを，次の中から一つ選べ。 42

① 百年戦争中，イギリスは黒死病の流行やジャックリーの乱などで荒廃し，崩壊寸前にまで陥った。

② パストゥールは結核菌を発見し，ツベルクリンを開発した。

③ ドイツのジェンナーは種痘法を開発した。

④ アメリカ大陸にあった帝国はスペインにより滅ぼされ，ヨーロッパから伝わった伝染病で先住民人口も激減した。

問 9 下線部(i)の年に失脚した人物に関連する出来事(あ)～(お)を，年代の早いものから順に並べたものとして最も適切なものを，次の中から一つ選べ。 43

(あ) ワーテルローの戦い

(い) 民法典の公布

(う) 大陸封鎖令

(え) アミアンの和約

(お) ブリュメール 18 日のクーデタ

① (え) → (い) → (お) → (あ) → (う)

② (え) → (お) → (い) → (う) → (あ)

③ (お) → (い) → (う) → (あ) → (え)

④ (お) → (え) → (い) → (う) → (あ)

問10　下線部(j)に関連する次の文を読み，空欄 E ～ H に入るものとして最も適切なものを，次の中から一つずつ選べ。

17世紀に入るとオランダは東インド会社を設立してアジアに進出し，現在のインドネシアのジャワ島に所在する E を拠点とし，さらに F を転機にこの地からイギリス勢力を締め出した。以後，20世紀に至るまで支配を続けたが，現地の人々の間には次第に民族的自覚が生まれた。1912年には G が組織されたが，植民地政府の弾圧でこの組織は崩壊した。しかし1927年には H を党首とする政党が結成され，1945年に共和国成立を宣言し，1949年にインドネシア共和国として独立が達成された。

E = 44　① バタヴィア　② ボンベイ　③ マドラス　④ マラッカ

F = 45　① アンボイナ事件　② カーナティック戦争
③ シパーヒーの大反乱　④ プラッシーの戦い

G = 46　① イスラーム同盟（サレカット＝イスラーム）　② ウラービー運動
③ スワデーシ　④ ドンズー（東遊）運動

H = 47　① シハヌーク　② ジンナー　③ スカルノ　④ スハルト

問11　下線部(k)の成立前のアメリカ大陸に関連して述べた文として最も適切なものを，次の中から一つ選べ。 48

① イギリスは，茶法に続けて印紙法を制定し，北アメリカ植民地への課税を強めた。

② ヨーロッパ人の大規模侵入がはじまる前の南北アメリカでは，金・銀・青銅器・馬などを用いた文明が築かれた。

③ イタリア出身のアメリゴ＝ヴェスプッチの南アメリカ大陸探検にちなんで，南北アメリカ大陸はアメリカとよばれるようになった。

④ ヨーロッパでのオーストリア継承戦争と並行して，北アメリカではフレンチ＝インディアン戦争が起きた。

問12　下線部(l)に関連して述べた文として最も適切なものを，次の中から一つ選べ。 49

① 1979年の革命をきっかけに，アメリカ合衆国とイラクとの対立が激化し，第2次石油危機が起きた。

② 17世紀にフランス，18世紀にオランダとの争いに勝って広大な海外市場を獲得したイギリスは，石炭や鉄の資源にも恵まれ，工業化をいち早くすすめた。

③ ポトシ銀山など，ラテンアメリカの銀山から大量の銀が流入し，ヨーロッパでは価格革命が起き

た。

④ 1848年に金鉱が発見され，ゴールドラッシュが起きたカリフォルニアは，その前年まではイギリス領だった。

問13 下線部(m)に関連して，歴史上の国際的な枠組について述べた文として**最も不適切なものを**，次の中から一つ選べ。 50

① アメリカ合衆国のモンロー大統領は，1823年にヨーロッパとアメリカ合衆国の相互協力を表明する教書を発表した。

② オランダのグロティウスは『海洋自由論』などを著し，国際法の祖とよばれる。

③ 周辺諸国から中国に朝貢がおこなわれ，中国は諸国の支配者に称号などを授けるという関係が，東アジアの国際秩序の特徴として19世紀まで続いた。

④ アメリカ合衆国のウィルソン大統領の提案にもとづき，1919年に国際連盟の結成が決められた。

地理

（60分）

〔Ⅰ〕 河童は、きゅうりと相撲が好きな水辺の妖怪として知られている。次の表1は、各地に伝わる河童に関する伝説をまとめたものである。これを読み、以下の問いに答えよ。

表1

地域	河童にまつわる伝説
A	淵に沈んだ槍先を除いたお礼に、河童が銅印を持ってきた。
B	川で悪戯をはたらく河童が取り押さえられたが、妙薬を伝えて許された。
C	河童が悪戯をし過ぎたため、和尚に懲らしめられた。
D	講話によって悟りを開いた河童が、池を掘ると火事にならないと伝えた。
E	川で泳いだ人が河童の皿の毒で陸に上がれず、河童に肛門を取られた。
岩手県遠野市	(a)馬を水中に引きずり込もうとして失敗した河童は、村の裁判にかけられ、詫び証文を書いて川に帰してもらった。
東京都台東区	河童が治水工事を手伝ったという言い伝えが残っている。(b)現在も合羽橋の名が残る場所がある。
山口県	ひどい干ばつに襲われたために、(c)鍾乳洞の中で雨ごいをする僧侶を河童が世話をして助けた。

出典：志村有弘『妖怪の日本地図』から作成

問1　表1のAは、2016年に廃炉が決定した高速増殖炉「もんじゅ」が存在する自治体である。Aに該当する自治体名として最も適切なものを、次の中から一つ選べ。［1］

① 北海道泊村　② 佐賀県玄海町　③ 静岡県御前崎市
④ 福井県敦賀市　⑤ 宮城県女川町

問2　次の表2は、表1のBとCに該当する県で生産量が多い農産物や畜産物および飼養頭数の多い家畜を示している。BとCに該当する県名として最も適切なものを、次の中から一つずつ選べ。ただし、一つの選択肢は一度しか選べない。

B＝［2］　C＝［3］

表2

	1位	2位
きゅうり（2019年）	C	群馬県
メロン（2019年）	B	熊本県
ピーマン（2019年）	B	C
鶏卵（2019年）	B	鹿児島県
豚の飼養頭数（2019年）	鹿児島県	C

出典：『日本国勢図会 2021/22』、『データブック オブ・ザ・ワールド 2021』から作成

① 青森県　② 茨城県　③ 高知県　④ 埼玉県　⑤ 宮崎県　⑥ 山形県

問3　表1のDは海に面していない県であるが、河川流域における発電用水として利用可能な水量は日本で第1位である（2020年）。Dに該当する県名として最も適切なものを、次の中から一つ選べ。 4

① 岐阜県　② 滋賀県　③ 栃木県　④ 奈良県　⑤ 山梨県

問4　表1のEは、温泉の源泉総数と再生可能エネルギー自給率がともに全国で上位2位以内に入っている県である。温泉の源泉総数と再生可能エネルギー自給率が全国で上位3位以内の県（秋田県・大分県・鹿児島県・静岡県）の順位を示した次の表3をよく見て、Eに該当する県名として最も適切なものを、次の中から一つ選べ。 5

表3

	源泉総数（2019年度）	再生可能エネルギー自給率（2019年度）
E	1位（5,088）	2位（43.3％）
F	2位（2,749）	3位（41.5％）
G	3位（2,244）	26位（20.5％）
H	11位（625）	1位（45.1％）

注：再生可能エネルギー自給率とは、地域内の再生可能エネルギー供給量の年間推計値を地域内の家庭用、業務用、農林水産業用のエネルギー需要の合計で割った値である。

出典：環境省「温泉利用状況」、千葉大学倉阪研究室認定NPO法人環境エネルギー政策研究所「永続地帯2020年度版報告書―都道府県分析」から作成

① 秋田県　② 大分県　③ 鹿児島県　④ 静岡県

問5　表1中の下線部(a)の舞台となっている地域を流れる河川名として最も適切なものを、次の中から一つ選べ。 6

① 阿武隈川　② 岩木川　③ 雄物川　④ 猿ヶ石川　⑤ 最上川

問6　岩手県内で行われる伝統的行事を撮影した写真として最も適切なものを、次の中から一つ選べ。

7

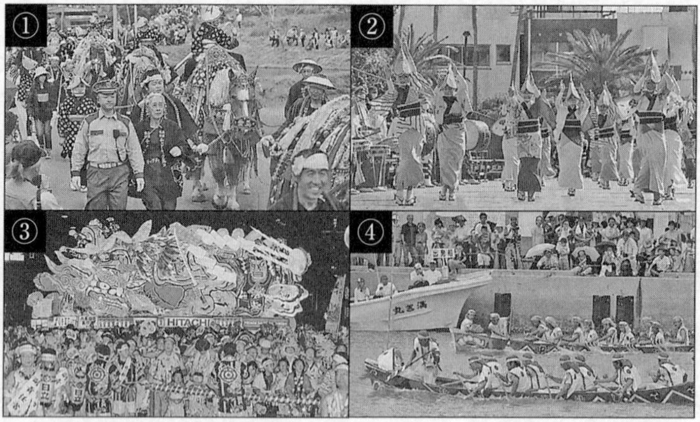

出典：「KYODO NEWS IMAGELINK」

問7　表1中の下線部(b)に関する説明として最も適切なものを、次の中から一つ選べ。 8

①　江戸時代から続く歓楽街である。

②　近代的なショッピングモールである。

③　渋谷川に架かる木製橋の名称である。

④　食器や調理器具などを扱う問屋街である。

⑤　山の手台地にある陸橋の名称である。

問8　表1中の下線部(c)の名称として最も適切なものを、次の中から一つ選べ。 9

①　秋芳洞　　②　安家洞　　③　日原鍾乳洞　　④　白雲洞　　⑤　龍河洞

〔Ⅱ〕 コーヒー生豆生産国に関する次の文章を読み、以下の問いに答えよ。

コーヒー生豆は、図1に示したコーヒーベルトと呼ばれる地域で主に栽培されているが、(a)成長期には雨が多く、収穫期に乾燥する環境が栽培に適していると言われている。2019年のコーヒー生豆生産量は、第1位ブラジル、第2位 ア 、第3位コロンビア、第4位インドネシア、第5位エチオピア、第6位ホンジュラスであった。 ア の2020年の人口は約9,700万人であり、日本に在留している外国人の数（2020年）は、この国が第2位である。また、 ア の輸出額（2019年）で多いのは機械類と衣類である。

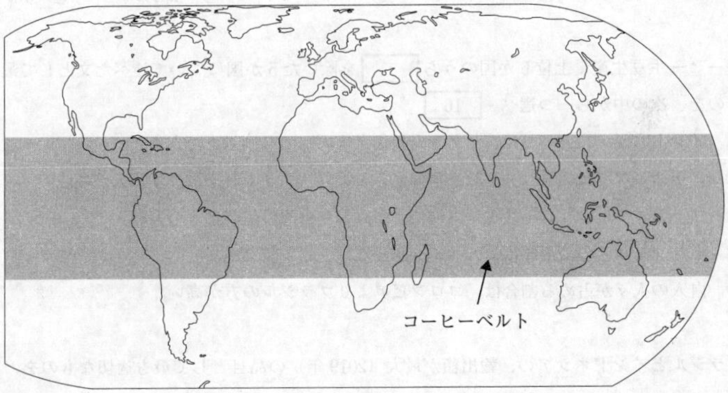

図1

問1 空欄 ア に該当する国名として最も適切なものを、次の中から一つ選べ。 10

① グアテマラ　② フィリピン　③ ベトナム　④ ペルー　⑤ メキシコ

問2 コーヒー生豆生産量上位6か国のうち ア を除いた5か国で、首都の標高が一番低い位置にある国として最も適切なものを、次の中から一つ選べ。 11

① インドネシア　② エチオピア　③ コロンビア　④ ブラジル　⑤ ホンジュラス

問3 下線部(a)と図1を参考に、ブラジル高原においてコーヒー生豆が収穫される時期として最も適切なものを、次の中から一つ選べ。 12

① 11〜3月　② 2〜6月　③ 5〜9月　④ 8〜12月

問4 次の表4は、コーヒー生豆生産量上位6か国のうち ア を除いた5か国から3か国（A〜C）を選び、それぞれの人口（2020年）・乳児死亡率（2018年）・識字率（AとCは2018年、Bは2017年）および産業別人口構成（2018年）を示したものである。A〜Cに該当する国名として最も適切なものを、次の中から一つずつ選べ。ただし、一つの選択肢は一度しか選べない。

A＝ 13 　B＝ 14 　C＝ 15

表4

国名	人口	乳児死亡率 (‰)	識字率 (%)	第1次産業就業者 (%)	第2次産業就業者 (%)	第3次産業就業者 (%)
A	約2.1億人	13	93.2	9.3	20.1	70.6
B	約1.1億人	39	51.8	66.7	10.0	23.3
C	約5,100万人	12	95.1	16.7	20.0	63.3

出典：『データブック オブ・ザ・ワールド 2021』から作成

① インドネシア ② エチオピア ③ コロンビア ④ ブラジル ⑤ ホンジュラス

問5 コーヒー生豆生産量上位6か国のうち ア を除いた5か国について述べた文として最も適切なものを、次の中から一つ選べ。 16

① インドネシアにおいては、イスラム教信者は人口の6割以下である。

② エチオピアでは、キリスト教を信仰する人よりイスラム教を信仰する人が多い。

③ ブラジルでは、プロテスタントの信者がカトリックの信者よりも多い。

④ ホンジュラスの公用語は、スペイン語とポルトガル語である。

⑤ 白人の人々が占める割合は、コロンビアよりブラジルの方が高い。

問6 ブラジルとインドネシアの、輸出額が最大（2019年）の品目として最も適切なものを、次の中から一つずつ選べ。ただし、一つの選択肢は一度しか選べない。

ブラジル＝ 17 インドネシア＝ 18

① 液化天然ガス ② 自動車 ③ 石炭 ④ 大豆 ⑤ 肉類 ⑥ パーム油

〔Ⅲ〕 アメリカ合衆国（アラスカ州とハワイ州を除く）の地形や州の境界（白線）などを示した図2とその説明文を参考にして、以下の問いに答えよ。

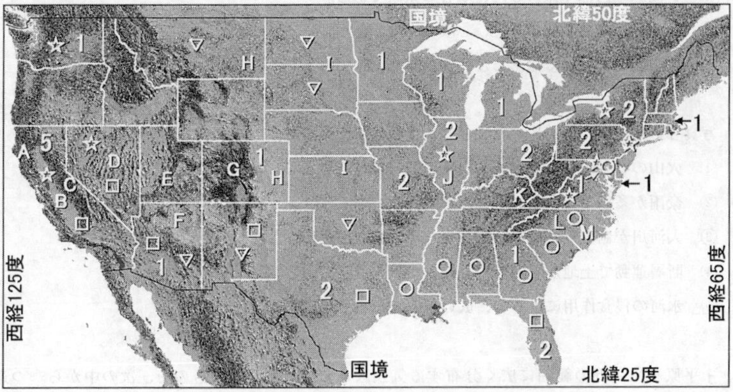

図2

A～Mは、アメリカ合衆国に見られる主な地形区分に対応している。写真1はA～Kのいずれかで、写真2はCで撮影したものである。4つの記号（○▽□☆）は、図2の中で、アジア系が多い（州の人口の5％以上）州、アフリカ系が多い（州の人口の20％以上）州、ネイティブアメリカンが多い（州の人口の5％以上）州、ヒスパニックが多い（州の人口の20％以上）州のいずれかであることを示している（『Statistical Abstract of the United States, 2015』による）。また、数字は、州内のメジャーリーグベースボール（MLB）の球団本拠地数（2021年）を示す。

写真1

写真2

問1　写真1を説明した文として最も適切なものを、次の中から一つ選べ。 19

① A山脈の海岸部で撮影した、海成段丘である。

② D盆地の東部で撮影した、干上がった塩湖である。

③ E山脈の中央部で撮影した、火山地形である。

④ F高原の西部で撮影した、峡谷の景観である。

⑤ G山脈の南部で撮影した、急峻な山地である。

⑥ K山脈の中央部で撮影した、丘陵性の山地である。

問2　写真2の景観について述べた文として最も適切なものを、次の中から一つ選べ。 20

① 火山の噴火が繰り返され、樹高の低い森林となっている。

② 豪雨が多いため、広い森林が形成されている。

③ 大河川が側方侵食を繰り返したため、深い谷が形成されている。

④ 断層運動で土地が陥没し、急な崖が形成されている。

⑤ 氷河の侵食作用によって、広い谷底が形成されている。

問3　J平原～M平野の範囲に広く分布する気候区として最も適切なものを、次の中から一つ選べ。
21

① Aw　② BS　③ Cfa　④ Cw　⑤ Df

問4　B盆地（ヴァレー）における自然環境や産業について述べた文として最も適切なものを、次の中から一つ選べ。 22

① 柑橘類やブドウなどの栽培が盛んであるが、米は栽培されていない。

② 航空機産業が発達しており、この国最大の国際空港がある。

③ 降水量は年間を通じて少ないが、その半分程度は夏に集中する。

④ 国際的な観光都市が多く、製粉などの食品工業が発達している。

⑤ 地溝盆地であり、地中海式農業が行われている。

問5　G山脈の東方にある平原（HとI）の自然環境や農牧業について述べた文として最も適切なものを、次の中から一つ選べ。 23

① Hには褐色の、Iには赤色の土壌が多い。

② Hは自然堤防地帯であるが、I周辺は扇状地が広がっている。

③ Hは、世界有数の大豆の生産地域である。

④ Iでは、小麦やトウモロコシの生産が多い。

⑤ 牛の放牧は、HよりIの方で盛んである。

問6　L台地やM平野付近の自然環境や農業について述べた文として最も適切なものを、次の中から一つ選べ。 24

① L台地とM平野の境界部には多数の滝や急流が分布している。

② 埋立地が多く、その大部分の標高はゼロメートル前後である。

③ 海岸には大規模な自動車工業地帯が成立している。

④ 小麦の栽培が行われているが、非農業地帯が多い。

⑤　フィヨルドが形成されている河口部がある。

問7　アメリカ合衆国には、多様な人種・民族が混在している。そのうち、ネイティブアメリカンの祖先について述べた文として最も適切なものを、次の中から一つ選べ。 25

①　現在のアメリカ合衆国西部において発生した人種である。
②　数千年前に、オーストラリア大陸から漂着したアボリジニである。
③　パナマ地峡を通って、南米大陸から陸伝いに移動してきたネグロイドである。
④　氷河時代に、ヨーロッパから大西洋を渡ってきたコーカソイドである。
⑤　ベーリング海峡を通って、ユーラシア大陸から渡ってきたモンゴロイドである。

問8　ネイティブアメリカンが多い州について述べた文として最も適切なものを、次の中から一つ選べ。 26

①　18 世紀から成立している州が多い。
②　HやIの平原が卓越する州が多い。
③　アメリカ同時多発テロ事件（2001 年）が発生した州がある。
④　大油田地帯を有する州であることが多い。
⑤　綿花地帯を有する州であることが多い。

問9　アメリカ合衆国の人種・民族の構成（州別）とMLBの球団本拠地数との関係を述べた文として最も適切なものを、次の中から一つ選べ。 27

①　アジア系が多い州とアフリカ系が多い州では、本拠地数が少ない。
②　アジア系が多い州とネイティブアメリカンが多い州では、本拠地数が少ない。
③　アジア系が多い州とヒスパニックが多い州では、本拠地数が少ない。
④　アフリカ系が多い州とネイティブアメリカンが多い州では、本拠地数が少ない。
⑤　アフリカ系が多い州とヒスパニックが多い州では、本拠地数が少ない。
⑥　ネイティブアメリカンが多い州とヒスパニックが多い州では、本拠地数が少ない。

〔Ⅳ〕 集落に関する次の文章を読み、以下の問いに答えよ。

集落（村落や都市）の立地と自然条件とのかかわりを見ると、水との関係が重視されてきたことがわかる。たとえば、日本では古くから［ア］に集落が立地してきたし、水害を避けるためには(a)平野の中の微高地が活用されてきた。乾燥地域では、(b)外来河川の近くや地下水が豊富な(c)オアシスなどに集落が発達した。このほか、集落の立地は、(d)生産活動や交通の利便性といった社会条件とも深い関係がある。

家屋の分布形態によって、村落は集村と散村に分けられる。集村には防御的な機能もあり、日本では奈良盆地などに多くみられた［イ］がその典型例である。路村も集村に含まれる。［ウ］散村は、(e)アメリカ合衆国やカナダ、オーストラリア、北海道の開拓地など、計画的に区画された農地が広がる地域に多くみられる。

問1 空欄［ア］に該当する地域として**最も不適切なもの**を、次の中から一つ選べ。［28］

① 河川沿い ② 湖岸 ③ 山麓部 ④ 扇端 ⑤ 台地上

問2 空欄［イ］に該当する村落の分類名として最も適切なものを、次の中から一つ選べ。［29］

① 円村 ② 環濠集落 ③ 新田集落 ④ 広場村 ⑤ 林地村

問3 空欄［ウ］に当てはまる文として最も適切なものを、次の中から一つ選べ。［30］

① 各農家の周囲に耕地を集めやすいという利点がある
② 居住地・耕作地・雑木林が規則的に配置される
③ 古代に条里制が取り入れられた地域に多い
④ 水田地帯では規則的に家屋が点在することが多い
⑤ 日頃の耕作や収穫には不便なことが多い

問4 下線部(a)の地形として最も適切なものを、次の中から一つ選べ。［31］

① 砂丘 ② 三角州 ③ 自然堤防 ④ 扇頂 ⑤ 天井川

問5 下線部(b)の例として**最も不適切なもの**を、次の中から一つ選べ。［32］

① アマゾン川 ② インダス川 ③ ティグリス川
④ ユーフラテス川 ⑤ ナイル川

問6 タクラマカン砂漠には、下線部(c)に立地した集落が多数ある。これらの集落周辺で栽培されている作物として最も適切なものを、次の中から一つ選べ。［33］

問７　下線部(d)と関連して発達した谷口集落として最も適切なものを、次の中から一つ選べ。 34

①　帯広　　②　新潟　　③　名古屋　　④　浜松　　⑤　寄居

問８　下線部(e)の開拓期に実施された土地の測量・区画・表示方法の名称として最も適切なものを、次の中から一つ選べ。 35

①　インフォーマルセクター　　②　ジェントリフィケーション　　③　タウンシップ制

④　都市再開発　　⑤　ロードプライシング制度

政治・経済

(60分)

〔Ⅰ〕 次の文章を読み，後の問いに答えよ。

1945年8月，日本はポツダム宣言を受諾し，9月2日に連合国に降伏した。当初，日本政府は，(a)大日本帝国憲法の改正に消極的であったものの，連合国軍総司令部最高司令官マッカーサーから憲法改正の示唆を受けて，[A]を会の長とする[B]を設置して，憲法改正作業を始めた。[B]が作成した憲法草案は，大日本帝国憲法の原則に変更を加えておらず，これに対して，(b)マッカーサーは総司令部民政局に憲法改正草案の作成を命じ，民政局作成のマッカーサー草案が日本政府に提示されることになる。日本政府は，この草案に基づいて総司令部との交渉を経て，日本政府案を発表し，第90帝国議会において審議を経て，いくつかの修正を加えて可決した。

こうして誕生した日本国憲法の基本原理として，基本的人権の尊重が挙げられる。基本的人権の保障の基礎にあるのは，個人の尊重原理と，法の下の平等である。しかし，現実には，(c)女性差別や部落差別等が存在し，このような差別を解消するために国は様々な施策をしてきた。

日本国憲法が保障する人権は，大きく，平等権，自由権，社会権，(d)参政権，人権確保のための権利（請求権）に区別される。日本国憲法は，人権を「侵すことのできない永久の権利」として保障すべきとしているが，人権は一切の制限を受けないということを意味するわけではない。個人に人権が保障されるということは，他者にも人権・権利が保障されることを意味し，他者の権利との調整が図られなければならない。また，憲法は，(e)国民の義務についても規定を置いている。

自由権はさらに，(f)精神的自由権，経済的自由権，(g)人身の自由に区別することができる。精神的自由権には，思想・良心の自由，信教の自由，表現の自由，学問の自由が含まれる。信教の自由と関連して，日本国憲法は(h)政教分離原則についても規定している。また，日本国憲法は，(i)社会権として，生存権，教育を受ける権利，労働基本権を保障している。

日本国憲法はこのように広く人権規定を置いているが，社会の発展に伴って生じる新たな問題に対応するために，憲法では明文で規定されていない(j)新しい人権が主張されるようになっている。また，グローバリゼーションが進展する今日，国際的な人権保障の必要性もますます高まっている。

問1　下線部(a)について述べた文として最も適切なものを，次の中から一つ選べ。[1]

① 大日本帝国憲法において保障される国民の権利は，臣民の権利であり，法律の範囲内で保障されるものにすぎなかった。

② 大日本帝国憲法の下で，1925年，普通選挙法が制定され，満20歳以上の男女の普通選挙制が導入された。

③ 大日本帝国憲法も日本国憲法も，国民主権を採用していることについては共通しているが，それ

ぞれの憲法が定める天皇の権限の広さに違いがあった。

④　大日本帝国憲法は，地方公共団体の組織や運営に関する事項について，地方自治の本旨に基づいて法律で定めると規定していた。

問2　空欄 [A] ・ [B] に入る語句として最も適切なものを，次の中から一つずつ選べ。

[A] ＝ [2]　①　幣原喜重郎　②　高野岩三郎
　③　松本烝治　④　植木枝盛

[B] ＝ [3]　①　憲法調査会　②　憲法問題調査委員会
　③　憲法審査会　④　憲法研究会

問3　下線部(b)に関連して，民政局に対して出されたマッカーサー三原則として**最も不適切なものを**，次の中から一つ選べ。 [4]

①　天皇制の存続

②　戦争の放棄・非武装

③　封建制の廃止

④　基本的人権の尊重

問4　下線部(c)について述べた文として**最も不適切なものを**，次の中から一つ選べ。 [5]

①　日本国憲法は，第14条で性別による差別を禁止すると共に，第24条で家族生活における両性の平等を定めている。

②　日本は，女子差別撤廃条約の批准に先立って，1985年に，雇用における女性差別を解消するための男女共同参画社会基本法を成立させた。

③　最高裁判所は，女性についてのみ離婚後6ヵ月の再婚禁止期間を設けていた民法の規定について，その期間のうち100日を超える部分は憲法第14条に違反すると判断した。

④　最高裁判所は，男女で定年年齢を区別する企業の就業規則について，法の下の平等の趣旨を踏まえて，性別による不合理な差別であるとして無効であると判断した。

問5　下線部(d)に関連して，日本国憲法が保障する権利として，参政権又は人権確保のための権利（請求権）のいずれかに含まれるものとして**最も不適切なものを**，次の中から一つ選べ。 [6]

①　請願権

②　損害賠償請求権

③　裁判を受ける権利

④　黙秘権

⑤　公務員の選定・罷免権

⑥　最高裁判所裁判官の国民審査権

問6　下線部(e)に関連して，国民の三大義務に含まれるものとして**最も不適切なものを**，次の中から一つ選べ。 [7]

① 憲法尊重擁護義務

② 保護する子女に普通教育を受けさせる義務

③ 勤労の義務

④ 納税の義務

問 7　下線部(f)について述べた文として**最も不適切なものを**，次の中から一つ選べ。 8

① 大日本帝国憲法は学問の自由を明文で保障しておらず，天皇機関説事件や滝川事件など学問の自由が弾圧される事件が生じた。

② 大日本帝国憲法下，国体や私有財産制度の変革を目指す運動を取り締まる法律として治安維持法があった。

③ 表現の自由とプライバシーの衝突が問題となった事件として，「宴のあと」事件やチャタレイ事件がある。

④ 学問の自由には，大学の自主的な人事や施設管理などに関する「大学の自治」が含まれている。

問 8　下線部(g)について述べた文として最も適切なものを，次の中から一つ選べ。 9

① 警察等の捜査機関から犯罪の疑いをかけられ捜査の対象とされた者で，まだ起訴されていない者を被告人という。

② 犯罪の疑いによって身体の拘束を受けたのちに，裁判で無罪となった場合，国に対して刑事補償請求権が認められている。

③ 一事不再理とは，ある行為をしたときには適法であったにもかかわらず，その行為の事後に制定された法律でその行為を罰してはならないとする原則である。

④ 冤罪の防止として，取り調べの可視化が必要であるという指摘もあるが，日本においてはいまだ取り調べの可視化は一切導入されていない。

問 9　下線部(h)に関連して，政教分離原則について述べた文として最も適切なものを，次の中から一つ選べ。 10

① 大日本帝国憲法にも政教分離規定は置かれたが，「神道は宗教にあらず」として，神道が事実上国教として扱われ，一部の宗教が弾圧された。

② 津地鎮祭訴訟では，市が体育館建設の際におこなわれた地鎮祭に公費を支出したことが政教分離原則に違反しないかが争われ，最高裁判所は，地鎮祭は宗教的意義をもつものであるから違憲であると判断した。

③ 愛媛玉串料訴訟では，県が靖国神社等に公費で玉串料等を奉納したことが政教分離原則に違反しないかが争われ，最高裁判所は，玉串料の奉納は宗教的意義をもたないから合憲と判断した。

④ 砂川政教分離訴訟（空知太神社訴訟）では，市有地を神社に無償で提供していたことが政教分離原則に違反しないかが争われ，最高裁判所は特定の宗教団体に対して援助していると評価できるとして違憲と判断した。

問10　下線部(i)について述べた文として最も適切なものを，次の中から一つ選べ。 11

① 社会権は，経済的・社会的弱者に対して，人間らしい生活を保障するため，積極的な施策を国に対して要求する権利であり，1919年に成立したプロイセン憲法において最初に規定された。

② 朝日訴訟において，最高裁判所は，憲法第25条は国民に対して具体的な権利を定めたものではなく，何が健康で文化的な最低限度の生活にあたるかの判断は立法府の裁量に委ねられるとした上で，当時の生活保護基準は憲法に違反すると判断した。

③ 障害福祉年金と児童扶養手当の併給を禁止した法律が憲法第25条などに違反するとして争われた堀木訴訟において，最高裁判所は，併給を認めるか否かは立法府の裁量に委ねられており，この法律は合憲であると判断した。

④ 日本国憲法は，労働者が使用者との間で労働条件等について実質的に対等に交渉できるように団結権・団体交渉権・団体行動権の労働三権を保障しているが，すべての公務員は「全体の奉仕者」であるため，この労働三権は一切保障されていない。

問11　下線部(j)に関連する法律について述べた文として**最も不適切なもの**を，次の中から一つ選べ。

12

① 1997年に，開発事業等の実施が環境に及ぼす影響を事前に予測・評価し，環境汚染のない開発計画を検討するための環境影響評価法（環境アセスメント法）が制定された。

② 2003年に，個人情報の利用目的の制限や適切な取得や管理について定めた個人情報保護法を含む個人情報保護関連5法が制定された。

③ 1999年に，情報公開法が制定され，これによって国民から請求があったときは国の行政機関が保有するあらゆる文書が例外なく公開されることとなった。

④ 2013年に成立した特定秘密保護法は，政府による恣意的な運用によって国民の知る権利が侵害されかねないと指摘されている。

〔Ⅱ〕次の文章を読み，後の問いに答えよ。

サミット（主要国首脳会議）は，［　A　］とそれにともなう深刻な不況に対処するため，フランスの提唱で1975年から始まった。初回の参加国は6か国であったが，翌年の(a)1976年から7か国になった。1997年から2013年までは(b)ロシアも正式に参加していたが，軍事力を用いて［　B　］領のクリミアを併合したことを主な理由として2014年以降は参加を認められていない。主権国家以外では，(c)欧州共同体（ＥＣ）とその後身の欧州連合（ＥＵ）の代表もサミットを構成している。

2020年のサミットは(d)アメリカ合衆国で開かれる予定であったが，感染症の世界的大流行（パンデミック）のため通常開催ができなかった。2021年は6月にイギリスのコーンウォールで対面開催が実現し，日本の［　C　］首相も出席した。このサミットには，(e)インド，韓国，(f)オーストラリア，南アフリカ共和国の首脳も招待された。主催国イギリスのボリス・ジョンソン首相がこれら4か国を招いた狙いは，(g)中華人民共和国（中国）への対抗と封じ込めがあると言われている。中国から地理的に遠い南アフリカも含まれているのは，(h)アフリカ大陸において中国が影響力を強めているからである。

問1　空欄［　A　］～［　C　］に入る語句として最も適切なものを，次の中から一つずつ選べ。

［　A　］＝［ 13 ］
①　サブプライム・ローン問題　②　プラザ合意
③　バブル経済崩壊　④　ニクソン・ショック
⑤　世界恐慌（大恐慌）　⑥　第一次石油危機
⑦　グローバリゼーション　⑧　ルーブル合意

［　B　］＝［ 14 ］
①　ポーランド　②　チェチェン　③　ウクライナ
④　ラトビア　⑤　アゼルバイジャン　⑥　トルコ
⑦　ベラルーシ　⑧　ジョージア（グルジア）

［　C　］＝［ 15 ］
①　安倍晋三　②　菅直人　③　枝野幸男　④　山口那津男
⑤　菅義偉　⑥　志位和夫　⑦　森喜朗　⑧　麻生太郎

問2　下線部(a)に関連して，サミットを構成する主要7か国（Ｇ７）に該当する国として最も適切なものを，次の中から一つ選べ。［ 16 ］

①　カナダ　②　ブラジル　③　スイス　④　スウェーデン
⑤　メキシコ　⑥　スペイン　⑦　インドネシア　⑧　アルゼンチン

問3　下線部(b)に関連して，ロシアについての記述として最も適切なものを，次の中から一つ選べ。
［ 17 ］

①　第二次世界大戦の平和条約の締結ならびに択捉島と国後島，色丹島，歯舞群島の返還についての合意が，2018年に日本とロシアの間で成立した。
②　アメリカとの関係を強化するため，2003年のイラク戦争においてロシア軍はアメリカ軍とともにイラク軍を攻撃し，サダム・フセイン政権を崩壊させた。
③　1997年にロシアの主要輸出品である石油と天然ガスの価格が大幅に下落したことで発生したロシア通貨危機が波及して，翌年の1998年にタイやインドネシア，韓国などのアジア諸国が通貨

危機に陥った。

④　大統領の任期について連続3選を禁止している憲法のもとで，ウラジーミル・プーチンは2000年から2008年まで大統領を務めた後，2012年と2018年にも大統領に選出された。

⑤　ロシアとアメリカが2010年に調印し翌年に発効した新戦略兵器削減条約（新ＳＴＡＲＴ）は，2018年にアメリカのトランプ政権が離脱を表明した結果，2019年に失効した。

問4　下線部(c)に関連して，欧州共同体（ＥＣ）および欧州連合（ＥＵ）についての記述として最も適切なものを，次の中から一つ選べ。 18

①　ＥＵの共通通貨であるユーロは，決済通貨としての使用が1999年に始まり，2002年からはすべてのＥＵ加盟国で紙幣と硬貨の流通と使用が開始された。

②　北欧諸国のうちデンマークが1973年に，スウェーデンとフィンランドは1995年に加盟しているが，ノルウェーは加盟していない。

③　加盟国間の平等を確保するため，法案の審議権をもつ欧州議会の議席は各国に一律で25議席ずつ割り当てられている。

④　2009年の政権交代を機にポルトガルの財政危機が発覚すると，デフォルト（債務不履行）の懸念が高まった南欧諸国の国債が暴落し，ユーロ危機（欧州財政危機）が発生した。

⑤　東欧のＥＵ加盟国から移民が大量に流入したイギリスとアイルランドは，国民投票における離脱派勝利の結果，2020年にＥＵから離脱した。

問5　下線部(d)に関連して，アメリカ合衆国における黒人差別への抗議運動の略称として最も適切なものを，次の中から一つ選べ。 19

①　ＳＬＢＭ　②　ＳＤＧｓ　③　ＢＬＭ　④　ＢＯＰ
⑤　ＣＳＲ　⑥　ＭＤＧｓ　⑦　ＬＧＢＴ　⑧　Ｍ＆Ａ

問6　下線部(e)に関連して，インドについての記述として最も適切なものを，次の中から一つ選べ。 20

①　2021年8月時点で，日本とインドの間で自由貿易協定（ＦＴＡ）は締結されているが，経済連携協定（ＥＰＡ）は交渉中で署名には至っていない。

②　インドは1974年と1998年に核実験を実行したが，2015年にアメリカ，イギリス，フランス，ドイツ，ロシア，中国の6か国との間で核開発制限の合意を締結した。

③　国民の8割を占めるイスラーム教徒の支持を得るためイスラーム原理主義を掲げるインド人民党が，モーディー首相の高い人気を背景に，2019年の総選挙で過半数を超える議席を獲得して圧勝した。

④　2013年および2014年のインドの二酸化炭素排出総量は，中国とアメリカに続く世界第3位となっており，日本やロシア，ドイツよりも多い。

⑤　1955年のバンドン会議においてインドのネルー首相と中国の周恩来国務院総理が，領土保全と主権尊重，相互不可侵，内政不干渉，平等互恵，平和共存からなる平和五原則を確認した。

問7　下線部(f)に関連して，オーストラリアが加盟していた1954年発足の軍事同盟機構として最も適切なものを，次の中から一つ選べ。 21

① 中東条約機構（METO）　② 米州機構（OAS）
③ パレスチナ解放機構（PLO）　④ 北大西洋条約機構（NATO）
⑤ 石油輸出国機構（OPEC）　⑥ 中央条約機構（CENTO）
⑦ 経済協力開発機構（OECD）　⑧ 東南アジア条約機構（SEATO）

問8　下線部(g)に関連して，中華人民共和国（中国）についての記述として最も適切なものを，次の中から一つ選べ。 22

① 中国，ロシア，朝鮮民主主義人民共和国（北朝鮮），モンゴル，ミャンマー（ビルマ），カザフスタンの6か国が2001年に上海協力機構を創設した。
② 従来は国家主席の任期に制限がなかったが，2018年の憲法改正により1期5年の2期10年まで（3選禁止）と限定されたため，習近平は2023年に国家主席を退任することになっている。
③ 鄧小平が主導して始めた改革開放政策の結果，経済体制が計画経済から市場経済に移行したほか，政治面では一党独裁制が廃止されて複数政党制の導入による民主化や言論の自由化，情報公開が進められた。
④ 1964年に初めて原子爆弾の実験に成功した中国が包括的核実験禁止条約（CTBT）を締結したのは，冷戦終結後の1992年のことである。
⑤ フィリピンやベトナム，マレーシア，中華民国（台湾），ブルネイも領有権を主張している南沙（スプラトリー）諸島において，中国は岩礁を埋め立てて滑走路を建設するなど軍事拠点化を進めている。

問9　下線部(h)に関連して，アフリカ大陸についての記述として最も適切なものを，次の中から一つ選べ。 23

① 「アラブの春」でカダフィ政権が2011年に崩壊したエジプトでは，2014年に2つの政治勢力の間で国土が分断され，一方をイタリア，トルコ，カタールが，他方をフランス，ロシア，リビア，サウジアラビア，アラブ首長国連邦（UAE）が支援している。
② エチオピアのアビー・アハメド首相は，1998年に始まったエリトリアとの国境紛争を対話によって和平へ導いた功績により，2019年のノーベル平和賞を受賞した。
③ 1963年設立のアフリカ連合（AU）が発展的に解消して創設されたアフリカ統一機構（OAU）は，政治と経済の統合を目指すとともに，戦争や虐殺，非人道的犯罪，紛争を解決すべく平和維持軍を編成して派遣している。
④ 近年の日本外交がアフリカを重視していることを反映して，日本の政府開発援助（ODA）のうち無償資金協力の地域別実績構成比（2019年度）でアフリカはアジアを上回っている。
⑤ 1991年に核兵器保有を宣言した南アフリカ共和国に対抗して，その他のアフリカ諸国は1996年にアフリカ非核兵器地帯条約（ペリンダバ条約）を締結した。

〔Ⅲ〕次の文章を読み，後の問いに答えよ。

政府の経済活動の財源調達と政策支出の仕組みが財政（Public Finance）である。財政を用いた公的財サービスの供給や再分配のための支出及び，租税の徴収や公債の発行に関わる政策を財政政策とよぶ。政府の財政政策には大別すると3つの機能が存在する。1つ目は「(a)資源配分機能」であり，公共財・サービスの供給や市場の失敗の是正を行うという役割を持つ。2つ目は「(b)所得再分配機能」であり，所得税による累進課税や社会保障制度（年金，医療保険，雇用保険，生活保護等）による再分配が該当する。3つ目は「　A　」であり，(c)税率の調整や財政支出の増減により，景気循環の変動幅の抑制を図る機能である。

財政はその運営主体によって，中央政府による「　B　」と地方自治体による「地方財政」に分けられる。　B　の収入と支出を管理する会計には，一般行政を行うための主要な経費を扱う会計である「一般会計」と特定の事業や資金運用の状況を一般会計から切り離して設定された「特別会計」が存在する。現在，(d)日本の中央政府には13の特別会計がある。地方財政の会計も同様の目的で，「普通会計」と「事業会計」に分けて管理されている。

中央政府は毎年，一般会計予算，特別会計予算，政府関係機関予算を作成して国会に提出し，審議と議決を経て実行に移す。また，中央政府は政府関係機関を通じて(e)財政投融資（政策目的に適した投資や融資活動）も行っており，予算と共に財政投融資計画として国会の議決を受けている。前年度の国会審議と議決を経て新年度に実施される予算を「当初予算」，年度途中に予算の追加・変更を行って国会審議・議決を経て実施する予算を「補正予算」と呼ぶ。令和2年度（2020年度）には主に新型コロナウイルス感染拡大に対処するために3次にわたる補正予算が組まれ，中央政府の一般会計の歳出額は当初予算における102兆6580億円から，3次補正予算後には175兆6,878億円に拡大した。これに伴い，国債の発行額（公債金収入）は当初予算における32兆5,562億円から，3次補正予算後には112兆5,539億円にまで拡大し，歳入に占める公債金収入の比率（　C　）は著しく高まった。この公債金収入は(f)その2割を建設国債，8割を赤字国債の発行により賄うこととなった。この年度の債務償還費は14兆5,394億円であったため，国債の発行残高は著しく増加した。

このような国債発行の累積により，日本の国債の残高は令和3年度（2021年度）の当初予算ベースで990兆3,000億円に達している。同時に中央政府と地方政府を合わせた長期債務の残高は1,212兆円となり，日本の(g)ＧＤＰに対する政府債務残高の比率は217%に達すると見込まれている。

問1　下線部(a)について述べた文として最も適切なものを，次の中から一つ選べ。　24

① 警察，消防といったサービスは政府が行わなくとも，地域社会や民間企業の取り組みで十分な量が供給される。

② 自衛隊による国防というサービスは対価を支払わなくては恩恵を享受することはできないため，公共サービスとは言えない。

③ 上水道，下水道は政府が行わずに民間の競争に任せても独占や寡占といった市場の失敗が起こる可能性はない。

④ 公共的な財・サービスは市場を通じての供給では国民の必要とする量が供給されないため，政府が財政を用いて供給する必要がある。

⑤　公共的な財・サービスとは，誰かが消費すると他の誰かが消費できないという競合性を持つが，対価を支払わない人がその消費を行うことができないという排除性を持たない財・サービスである。

問2　下線部(b)について述べた文として**最も不適切なもの**を，次の中から一つ選べ。［25］

①　所得税の累進課税制度とは所得の増加に伴って税率が高くなるという課税方法である。

②　医療保険制度とは国民から広く保険料を徴収し，病気，怪我，異常分娩時の出産などで必要となる医療費の一部を給付する仕組みである。

③　雇用保険制度とは事業主および被雇用者から広く雇用保険料を徴収し，失業時あるいは育児休業時に給付金を受け取ることができるという仕組みである。

④　年金制度とは年金保険料を支払うことで，老齢，障害，働き手の死亡等による所得の喪失時に，年金給付を行うことで現役時の生活水準を保障する仕組みである。

⑤　生活保護制度とは，生活困窮者に対して一定水準の生活を保障するという財政の仕組みである。

問3　空欄［　A　］に入る語句として最も適切なものを，次の中から一つ選べ。［26］

①　マクロ・プルーデンス機能　②　マクロ経済の安定化機能

③　ビルトイン・スタビライザー機能　④　治安の安定化機能　⑤　物価の安定化機能

問4　下線部(c)について述べた文として最も適切なものを，次の中から**二つ**選べ。ただし，三つ以上マークした場合はすべて無効とする（解答欄［27］に二つマークせよ）。

①　景気拡張期に税率の引き上げや財政支出の規模縮小を行うことで総需要を減らし，経済活動の過熱を防ぐ。

②　景気後退期に税率の引き上げや財政支出の規模縮小を行うことで総需要を増やし，経済活動の過剰な落ち込みを防ぐ。

③　景気拡張期に生産拡大に伴って家計の所得が増加すると，累進課税制度により低い税率を適用される家計が増え，自動的な増税となって経済活動の過熱を防ぐ。

④　景気後退期に生産縮小に伴って家計の所得が減少すると，累進課税制度により高い税率を適用される家計が増え，自動的な減税となって経済活動の過剰な落ち込みを防ぐ。

⑤　景気拡張期に生産の拡大に伴って失業者が減少すると，雇用保険給付を受ける家計が減少し，雇用保険制度からの支出は減少，家計の雇用保険料の支払いは増加するため経済活動の過熱を防ぐ。

⑥　景気後退期に生産の縮小に伴って失業者が増加すると，雇用保険給付を受ける家計が増加し，雇用保険制度からの支出は増加，雇用保険料の支払いは減少するため経済活動の過熱を防ぐ。

問5　空欄［　B　］に入る語句として最も適切なものを，次の中から一つ選べ。［28］

①　国家財政　②　経済財政　③　放漫財政　④　一般財政　⑤　国政財政

問6　下線部(d)に**該当しないもの**を，次の中から**二つ**選べ。ただし，三つ以上マークした場合はすべて無効とする（解答欄［29］に二つマークせよ）。

① 年金特別会計　② 国債整理基金特別会計
③ 臨海都市整備事業特別会計　④ 外国為替資金特別会計
⑤ 特別区財政調整特別会計　⑥ エネルギー対策特別会計

問7　下線部(e)について述べた文として**最も不適切なものを**，次の中から一つ選べ。 30

① 財政投融資とは，租税負担に拠ることなく独立採算で債券の発行などにより調達した資金を財源として，政策目的に即した長期・固定金利・低利の投融資活動である。
② 政府関係機関の内，財政投融資を活用する機関を財投機関とよぶ。
③ 主な財投機関には住宅金融支援機構，日本政策投資銀行，日本政策金融公庫，日本学生支援機構などがある。
④ 財投機関への融資のために銀行預金や簡易保険，年金などを大蔵省資金運用部に預託する制度は2001年度に廃止された。
⑤ 現在では，財政投融資に必要な資金は財政投融資特別会計が発行する財投債（国債の一種）や財投機関が発行する政府保証債や財投機関債の発行によって調達される。

問8　空欄 C に入る語句として最も適切なものを，次の中から一つ選べ。 31

① 政府債務ＧＤＰ比率　② 借金依存度　③ 公債依存度　④ 財政赤字率
⑤ 基礎的財政赤字率

問9　下線部(f)の建設国債，赤字国債について述べた文として**最も不適切なものを**，次の中から一つ選べ。
32

① 財政法の第4条はインフラ建設などの公共事業の経費をまかなう建設国債や出資金及び貸付金の原資となる国債を除き，原則として国債の発行を禁じている。
② 中央政府の一般経費をまかなうための国債を赤字国債とよぶ。赤字国債の発行には特例法を制定する必要があるため，「特例国債」ともよばれる。
③ 1964年の東京オリンピック終了後の不況で税収が大幅に減ったことを受けて，1965年に戦後初めて赤字国債が発行された。
④ 1990年度から1993年度は景気拡大により税収が増え，建設国債の発行がゼロとなった。
⑤ 建設国債や赤字国債を日本銀行が引き受けることは，財政法で原則として禁じられている。

問10　問題文で言及した一般会計の歳出は次のように構成される。

歳出＝基礎的財政収支対象経費＋債務償還費＋利払費

基礎的財政収支対象経費とは一般会計における政策経費である。

一方，歳出をまかなうための歳入は以下の様に構成される。

歳入＝税収等＋公債金収入

一般会計では歳出と歳入は等しくなる。このとき，財政収支は次の様に定義される。

財政収支＝税収等－基礎的財政収支対象経費－利払費

問題文の内容から，2020 年度の当初予算，第 3 次補正予算後の財政収支の金額の組み合わせとして最も適切なものを，次の中から一つ選べ。 33

① 当初予算：18 兆 168 億円の赤字　　第 3 次補正予算後：98 兆 145 億円の赤字

② 当初予算：32 兆 5,562 億円の赤字　　第 3 次補正予算後：112 兆 5,539 億円の赤字

③ 当初予算：32 兆 5,562 億円の黒字　　第 3 次補正予算後：112 兆 5,539 億円の赤字

④ 当初予算：18 兆 168 億円の赤字　　第 3 次補正予算後：112 兆 5,539 億円の赤字

⑤ 当初予算：18 兆 168 億円の黒字　　第 3 次補正予算後：98 兆 145 億円の赤字

問11　2020 年度の基礎的財政収支対象経費は当初予算において 79 兆 7,282 億円であったが，新型コロナウイルス感染症対策や経済活性化策の追加により，第 3 次補正予算後には 153 兆 5,284 億円に膨れ上がった。このとき，基礎的財政収支の赤字額の当初予算から第 3 次補正予算後の増加額として最も適切なものを，次の中から一つ選べ。なお，基礎的財政収支は次のように定義される。 34

基礎的財政収支＝税収等－基礎的財政収支対象経費

① 73 兆 8,002 億円　② 79 兆 9,977 億円　③ 73 兆 298 億円　④ 7,704 億円

⑤ 80 兆 7,681 億円

問12　下線部(g)について述べた文として**最も不適切なもの**を，次の中から一つ選べ。 35

① ＧＤＰに対する政府債務残高の比率が高まれば財政危機の可能性は高まる。

② ＧＤＰに対する政府債務残高の比率はどれだけ上昇しても問題にはならない。

③ ＧＤＰに対する政府債務残高の比率は分母の名目ＧＤＰが増加すれば低下するため，他の条件を一定とすれば物価上昇によっても低下させることができる。

④ ＧＤＰに対する政府債務残高の比率は分母の名目ＧＤＰが増加すれば低下するため，他の条件を一定とすれば実質経済成長率を高めることでも低下させることができる。

⑤ ＧＤＰに対する政府債務残高の比率は，増税または基礎的財政収支対象経費の削減によって，財政黒字を達成するとき，他の条件を一定とすれば低下させることができる。

〔Ⅳ〕 次の文章を読み，後の問いに答えよ。

少子高齢化の進展は(a)社会保障に対して大きな影響を与える。国立社会保障・人口問題研究所「社会保障費用統計」によると，1950年度に1,261億円であった社会保障給付費は，2018年度には121兆円を超えて過去最高を更新した。社会保障給付費に占める割合を部門別にみると，2018年度では「年金」が約［ A ］割，「医療」が約［ B ］割，「福祉その他」が約［ C ］割となっている。日本の(b)社会保障財源は，国，被保険者，事業主の三者が費用を負担する混合型である。社会保障制度の持続可能性を確保するためには，人口の高齢化や(c)少子化による支え手の減少に対応した仕組みへと見直しをすることが求められている。

年金は，(d)国民年金法の制定をへて国民皆年金が実現した。(e)年金の制度改正についてみると，1986年に制度間格差の縮小を目的として基礎年金制度が実施された。1994年の改正により，厚生年金・共済年金の受給年齢が60歳から65歳へと段階的に引き上げられた。

医療については，1938年に国民健康保険法が制定され，その全面改正が1958年になされたことで(f)国民皆保険が実現した。高齢者の医療費の増大に対処するために老人保健制度が導入されたが，この制度は廃止され，新たに(g)後期高齢者医療制度が開始された。

介護の分野では，(h)介護保険法の制定をへて(i)介護保険制度が導入された。厚生労働省「介護保険事業状況報告」によると，介護保険制度が導入された年の介護給付費は約3兆円であったが，2018年度には9兆円を超える規模にまで膨らんでいる。2005年には介護の重点が被介護者のケアから予防へとシフトする改正が行われた。

問1　下線部(a)に関連して，イギリスの「ベバリッジ報告」に関する説明として最も適切なものを，次の中から二つ選べ。ただし，三つ以上マークした場合はすべて無効とする（解答欄［ 36 ］に二つマークせよ）。

① 救貧税によって労働能力のない貧民を救済するいっぽうで，労働能力のある者に対しては強制労働を課すなど，治安維持の目的が中心であった。

② 社会保険と公的扶助を柱に，全国民に最低限度の生活水準を保障することを社会保障の目的にした。

③ 社会主義者鎮圧法という鞭に対する飴の政策として，疾病・災害などに関する社会保険を導入することを目的とした。

④ 国際労働機関（ＩＬＯ）総会で採択されたもので，保護を必要とするすべての人に対して必要最低限の所得と広範な医療を与え，社会保障を充実させるよう各国に勧告した。

⑤ 連邦社会保障法を成立させ，高齢者，失業者，働き手をなくした遺族などを対象に公的保険制度を打ち立てることを目的にした。

⑥ 報告書はチャーチル内閣時に提出され，その後のアトリー内閣のもとで具体的な政策として実施された。

問2　空欄［ A ］～［ C ］に入る数値の組み合わせとして最も適切なものを，次の中から一つ選べ。［ 37 ］

① A：7　B：2　C：1

② A：6　B：3　C：1

③ A：5　B：3　C：2

④ A：4　B：5　C：1

⑤ A：4　B：4　C：2

問３　下線部(b)に関連して，次のグラフは各国の社会保障財源の対ＧＤＰ比の国際比較を示したものである。グラフの（ア）～（ウ）に入る国名の組み合わせとして最も適切なものを，次の中から一つ選べ。 38

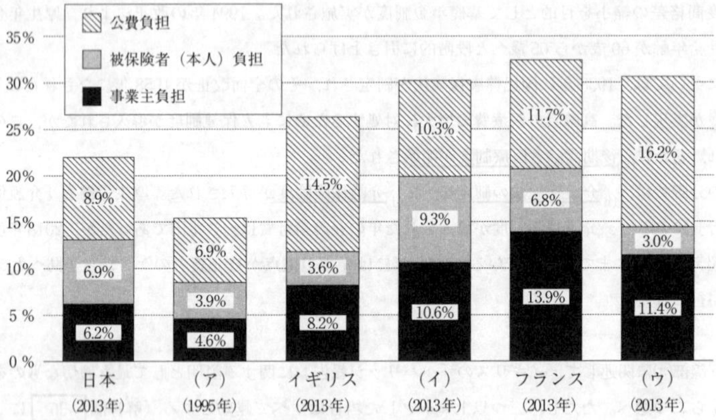

（出典：厚生労働省「社会保障制度等の国際比較について」をもとに作成）

① （ア）：ドイツ　（イ）：スウェーデン　（ウ）：アメリカ合衆国

② （ア）：アメリカ合衆国　（イ）：ドイツ　（ウ）：スウェーデン

③ （ア）：スウェーデン　（イ）：アメリカ合衆国　（ウ）：ドイツ

④ （ア）：ドイツ　（イ）：アメリカ合衆国　（ウ）：スウェーデン

⑤ （ア）：スウェーデン　（イ）：ドイツ　（ウ）：アメリカ合衆国

⑥ （ア）：アメリカ合衆国　（イ）：スウェーデン　（ウ）：ドイツ

問４　下線部(c)に関連して，日本の少子化対策や子育て支援に関する説明として最も適切なものを，次の中から二つ選べ。ただし，三つ以上マークした場合はすべて無効とする（解答欄 39 に二つマークせよ）。

① 2019年10月より幼稚園や保育所などの利用料が無償化された。ただし，原則として０～２歳児が対象である。

② 出産休暇を取得する女性に，雇用保険から賃金の全額が支給されている。

③ 所得制限のない児童手当が支給されている。

④ 原則として，子が１歳になるまで，１年間の育児休業が取得できる。

⑤　高等学校等就学支援金制度の導入により，高等学校等に通うすべての生徒の授業料の全額を国が負担することになった。

⑥　３歳までの子を養育する労働者には短時間勤務制度（１日６時間）を設けている。

問５　下線部(e)に関連して，2004年以降の日本の年金制度改正について述べた文Ｘ～Ｚについて，その正誤の組み合わせとして最も適切なものを，次の中から一つ選べ。［40］

Ｘ：マクロ経済スライドの導入が決められた。

Ｙ：基礎年金の国庫負担割合を３分の１から２分の１に引き上げた。

Ｚ：国民年金，厚生年金および共済年金が一元化された。

①　Ｘ：正　Ｙ：正　Ｚ：正　　②　Ｘ：正　Ｙ：正　Ｚ：誤

③　Ｘ：正　Ｙ：誤　Ｚ：正　　④　Ｘ：正　Ｙ：誤　Ｚ：誤

⑤　Ｘ：誤　Ｙ：正　Ｚ：正　　⑥　Ｘ：誤　Ｙ：正　Ｚ：誤

⑦　Ｘ：誤　Ｙ：誤　Ｚ：正　　⑧　Ｘ：誤　Ｙ：誤　Ｚ：誤

問６　下線部(f)に関連して，日本の医療保険制度に関する説明として最も適切なものを，次の中から**二つ**選べ。ただし，三つ以上マークした場合はすべて無効とする（解答欄［41］に二つマークせよ）。

①　被用者保険の退職者は年齢にかかわらず後期高齢者医療制度に加入する。

②　70歳以上75歳未満の医療費の患者負担分は原則３割となっている。

③　職域による国民健康保険・共済組合や地域による健康保険にわかれている。

④　医療保険の対象者は満20歳以上の国民である。

⑤　後期高齢者医療制度の財源は公費が５割，現役世代の保険料が４割，75歳以上の高齢者の保険料が１割となっている。

⑥　医療費に対して，患者本人の窓口負担以外は保険者から支払われる。

問７　下線部(d)・(g)・(h)に関連して，これらが実施された際の首相名の組み合わせとして最も適切なものを，次の中から一つ選べ。［42］

①　(d)：吉田茂　　(g)：橋本龍太郎　　(h)：中曽根康弘

②　(d)：福田康夫　　(g)：中曽根康弘　　(h)：小泉純一郎

③　(d)：吉田茂　　(g)：小泉純一郎　　(h)：岸信介

④　(d)：中曽根康弘　　(g)：橋本龍太郎　　(h)：小泉純一郎

⑤　(d)：岸信介　　(g)：福田康夫　　(h)：橋本龍太郎

問８　下線部(i)に関連して，日本の介護保険制度に関する説明として最も適切なものを，次の中から**二つ**選べ。ただし，三つ以上マークした場合はすべて無効とする（解答欄［43］に二つマークせよ）。

①　介護保険制度の財源は保険料４割と公費６割である。

②　介護保険制度では満40歳以上の全国民に加入を義務づけ保険料を徴収する。

③　介護保険制度における介護サービスの利用者負担は原則１割となっている。

④ 介護保険制度は社会福祉の一つである。

⑤ 介護保険制度における要介護度は軽度・中度・重度の3段階となっている。

⑥ 介護保険の第1号被保険者に対する保険料は全国一律で同じ金額である。

数学

(60 分)

〔解答欄記入上の注意〕

解答欄記入にあたっては以下のことに注意して解答してください。

(1)　解答欄に，$\boxed{\text{アイ}}$ という指定があって，解答が 1 桁の場合には，ア の欄を空白にすること。

例えば，$\boxed{\text{アイ}}$ に 5 と答えたいときは，下記のようにマークする。

ア	⓪	①	②	③	④	⑤	⑥	⑦	⑧	⑨
イ	⓪	①	②	③	④	●	⑥	⑦	⑧	⑨

(2)　分数形で解答が求められているときは，既約分数（それ以上約分できない分数）で答えること。

(3)　根号を含む形で解答が求められているときは，根号の中に現れる自然数が最小となる形で答えること。

例えば，$\boxed{\text{キ}}\sqrt{\boxed{\text{ク}}}$ に $4\sqrt{2}$ と答えるところを，$2\sqrt{8}$ のように答えてはならない。

〔Ｉ〕　以下の問いに答えよ。

(1)　$\sqrt{3}$ の小数部分を x，$\sqrt{5}$ の小数部分を y とするとき，

$$x^2+y^2=\boxed{\text{アイ}}-\boxed{\text{ウ}}\sqrt{3}-\boxed{\text{エ}}\sqrt{5}$$

である。

(2)　次の文章の $\boxed{\text{オ}}$ に入るもっとも適切なものをマークせよ。

3 人の高校生が 100 点満点のテストを受けた。このとき，3 人の点数の平均値が 80 点以上になることは，3 人の点数の中央値が 70 点以上になることの $\boxed{\text{オ}}$ 。ただし，点数は 0 から 100 までの整数で，

同点はなかったものとする。

⓪　必要条件でも十分条件でもない

①　必要条件であるが十分条件ではない

②　十分条件であるが必要条件ではない

③　必要十分条件である

(3)　3人がある試験を受験する。この試験に合格する3人の確率が，それぞれ $\frac{3}{4}$，$\frac{2}{3}$，$\frac{1}{2}$ であるとき，

3人のうち2人以上が合格する確率は $\dfrac{\boxed{\text{カキ}}}{\boxed{\text{クケ}}}$ である。

〔Ⅱ〕　4次方程式

$$x^4 - 10x^3 + 30x^2 - 30x + 9 = 0 \quad \cdots ①$$

について，以下の問いに答えよ。

(1)　方程式①の両辺を x^2 で割り，その上で $x + \dfrac{\boxed{\text{ア}}}{x} = t$ とおくと，t に関する2次方程式

$$t^2 - 10t + \boxed{\text{イウ}} = 0$$

を得る。その2つの解のうち，値の小さい方は $t = \boxed{\text{エ}}$ であり，もう一方は $t = \boxed{\text{オ}}$ である。

(2)　方程式①の解を，値の小さい順に並べると

$$x = \boxed{\text{カ}} - \sqrt{\boxed{\text{キ}}},\ \boxed{\text{ク}},\ \boxed{\text{ケ}},\ \boxed{\text{コ}} + \sqrt{\boxed{\text{サ}}}$$

である。

〔Ⅲ〕 座標平面上の2つの放物線 $C_1 : y = x^2 + 4x$，$C_2 : y = -3x^2 + 8x - 28$ について，以下の問いに答えよ。

(1) x 座標が a である点における C_1 の接線の方程式は，

$y = \left(\boxed{\text{ア}}\, a + \boxed{\text{イ}} \right) x - a^2$ である。

(2) C_1，C_2 の両方に接する2つの直線の方程式は，

$$y = \boxed{\text{ウエ}}\, x - \boxed{\text{オカ}}, \quad y = -\boxed{\text{キ}}\, x - \boxed{\text{クケ}}$$

である。

(3) (2)で求めた2つの直線と C_2 で囲まれた部分の面積は $\dfrac{\boxed{\text{コサ}}}{\boxed{\text{シ}}}$ である。

〔Ⅳ〕 図のように，中心Hの円を底面とし，頂点Oの直円錐がある。底面の円周上に，$\angle \mathrm{AHB} = 135^\circ$ となる2点A，Bをとる。母線OAの長さは3，$\angle \mathrm{AOH}$ を θ とするとき $\sin\theta = \dfrac{1}{3}$ である。また，母線OB上に，$\mathrm{OP} = \sqrt{2}$ となる点Pをとる。

(1) 点Pから底面に下ろした垂線と底面との交点をKとするとき，線分PKの長さは

$\dfrac{\boxed{\text{ア}}\sqrt{\boxed{\text{イ}}} - \boxed{\text{ウ}}}{\boxed{\text{エ}}}$ である。

(2) 点Aから直円錐の側面上で点Pに至る最短距離は $\sqrt{\boxed{\text{オ}}}$ である。

(3) この直円錐を，点Pを通り底面に平行な面で切断したとき，頂点Oを含むほうの立体の体積は

$\dfrac{\boxed{\text{カ}}}{\boxed{\text{キク}}}\pi$ である。

(4) この直円錐を，3点O，A，Pを通る平面で切断したとき，その断面内での線分APの長さを s で表すと，$s^2 = \dfrac{\boxed{\text{ケコ}} - \boxed{\text{サシ}}\sqrt{2}}{3}$ である。

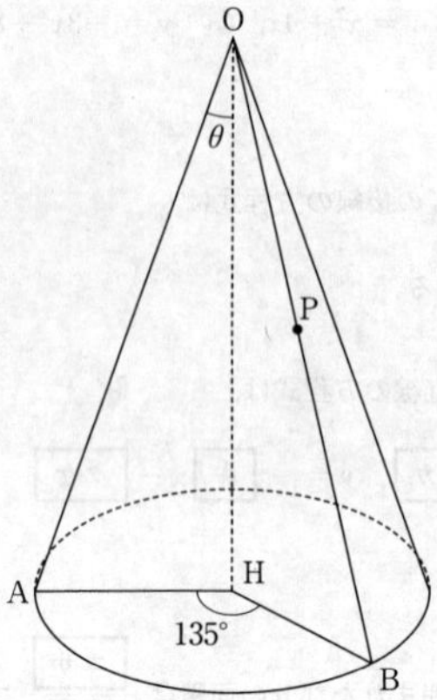
O
θ
P
H
A
135°
B

④　大和は少将が避けていると知って落胆したが諦めずに待つことにした。
⑤　少将は大和が訪ねてきたときに帝の御前で管弦の遊びなどをしていた。
⑥　少将は誰が訪ねてきたのかわからなかったので取り合わないで帰した。

B いとせちに聞えさすべきことありて [39]

① ほんとうに節目にあたってお聞かせしたいことがあって
② ほんとうに急いでお聞きしなければならないことがあって
③ 大急ぎで少将から邸宅の方に連絡させたいことがありまして
④ ほんとうにどうしても申し上げなければならないことがあって
⑤ なんとか帝に申し上げるのをやめさせなければならないことがあって

C これもいひつがでやいでぬらむ [40]

① この人も同僚に言づてをして帰ってしまったようだ
② この人も取りつがないで帰ってしまったのだろうか
③ この人はきっといまも何も言わないままなのだろう
④ 少将はこの人にも返事をしないで出てしまったらしい
⑤ 少将は私への言づてもせず部屋を出てしまったのだろう

D たがものしたまふならむ [41]

① 誰が邪魔をなさるのだろう
② 誰が返事をなさるのだろう
③ 誰がいらっしゃったのだろう
④ 誰の許しを得てなさっているのだろう
⑤ 今頃はもう誰かがお帰しになっただろう

問十 本文の内容と合致するものを、次の中から**二つ**選べ（解答欄 [42] に二つマークせよ）。

① 式部卿の宮の所には少将を訪ねて大和という女性がいつも通っていた。
② 少将は大和が自分を避けていることを知って二度と会うまいと思った。
③ 大和は御所をおとずれたとき少将の御殿から来た者だとうそを言った。

④ 大和が少将をさがして清涼殿の殿上の間にそのまま行こうとしたこと

⑤ 大和が少将に聞こえるように左衛門の陣で少将の名前を呼び立てたこと

問六 波線部Q「聞え」・R「聞え」・S「たまへ」の敬意は誰に対するものか。最も適切なものを、次の中から一つずつ選べ。同じ選択肢を繰り返し選んでもよい。

Q [33] R [34] S [35]

① 少将 ② 式部卿の宮 ③ 大和 ④ うへのきぬ着たる者 ⑤ 帝

問七 傍線部Ⅲ「聞えつぎたらむ人」とは、誰をさすか。最も適切なものを、次の中から一つ選べ。[36]

① 少将 ② 式部卿の宮 ③ 大和 ④ うへのきぬ着たる者 ⑤ 帝

問八 傍線部Ⅳ「いとあはれに、夜ふけて、人ずくなにてものしたまふかな」は、どのような気持ちを述べたものか。最も適切なものを、次の中から一つ選べ。[37]

① 夜遅くに周囲を気にすることなく話せるのは風情があってよいという気持ち

② けなげにひとりで務めを果たそうとしていてとてもいとおしいという気持ち

③ 夜ふけの宮中では人が少なく十分なことができず申しわけないという気持ち

④ 夜がふけているのにお供の者もおらずほんとうにかわいそうだという気持ち

⑤ 夜に少しの側近とくつろがれる帝のご様子はとてもすばらしいという気持ち

問九 傍線部A・B・C・Dの解釈として最も適切なものを、次の中から一つずつ選べ。

A いかでか聞えむ [38]

① どうしてお会いしたいのですか

② なんとかして申し上げましょう

③ どんなことを聞けばよいのでしょう

④ なんとしてもお声を聞きたいのですか

⑤ どうして申し上げることができるでしょう。むずかしいと思います

問一　空欄X・Y・Zには、それぞれ助動詞が入り、Xには「す」、Y・Zには「つ」を活用させた語が入る。文脈上、最も適切なものを、次の中から一つずつ選べ。

X [21]　Y [22]　Z [23]

X　す　①　さ　②　し　③　す　④　せ　⑤　すれ

Y　つ　①　て　②　つ　③　つる　④　つれ　⑤　てよ

Z　つ　①　て　②　つ　③　つる　④　つれ　⑤　てよ

問二　二重傍線部a「む」・b「おはします」・c「たまふ」・d「る」・e「来」・f「む」はいずれも活用語である。それぞれの活用形として最も適切なものを、次の中から一つずつ選べ。同じ選択肢を繰り返し選んでもよい。

a [24]　b [25]　c [26]　d [27]　e [28]　f [29]

①　未然形　②　連用形　③　終止形　④　連体形　⑤　已然形　⑥　命令形

問三　傍線部Ⅰ「いとわりなく色好む人」とは、誰をさすか。最も適切なものを、次の中から一つ選べ。[30]

①　少将　②　式部卿の宮　③　大和　④　うへのきぬ着たる者　⑤　帝

問四　O・Pの歌の説明として最も適切なものを、次の中から一つ選べ。[31]

①　Oの歌では、人知れず恋い焦がれることは苦しいから、いっそ二人の関係を公にしたいと詠んでいる。

②　Oの歌では、自身の恋心は人知れず心の中でくすぶり続け、いまは後悔していることが詠まれている。

③　Pの歌では、思う心は変わらないものの、我が身の崩れ果ててしまいそうなのが辛いと詠まれている。

④　Pの歌では、末永く一緒にとは思うものの、人にはやがて死が訪れることを思うと辛いと詠んでいる。

⑤　O・Pの歌は、高貴な身分にある男女の、かなわぬ恋への深い嘆きが込められた贈答歌となっている。

問五　傍線部Ⅱ「かかること」とは、どのようなことをさすのか。最も適切なものを、次の中から一つ選べ。[32]

①　大和が許可もなくこっそりと左衛門の陣に車をとめてしまったこと

②　大和が身分・素性がわからないように変装して通行人に接したこと

③　大和が左衛門の陣のそばを通る人を呼び止めて少将への取り次ぎを頼んだこと

問題二　次の文章を読んで、あとの問いに答えよ。

(注1)いまの左の大臣《おとど》、少将にものしたまうける時、(注2)式部卿《しきぶきやう》の宮につねにまゐりたまひけり。かの宮に大和《やまと》といふ人さぶらひけるを、ものなどのたまひければ、Ⅰいとわりなく色好む人にて、女、いとをかしうめでたしと思ひけり。されどつねにあふことかたかりけり。大和、

Ｏ　人知れぬ心のうちにもゆる火は煙《けぶり》もたたでくゆりこそすれ

といひやりければ、返し、

Ｐ　富士の嶺《ね》の絶えぬ思ひもあるものをくゆるはつらき心なりけり

とありけり。かくて久しうまゐりたまはざりけるころ、女いといたう待ちわびにけり。いかなる心地しければか、さるわざしけむ、人にも知ら［X］で車に乗りて内《うち》にまゐりにけり。(注3)左衛門《さゑもん》の陣に車を立てて、わたる人を呼びよせて、「いかで少将の君にもの聞《きこ》えaむ」といひければ、「あやしきことかな。たれと聞ゆる人の、Ⅱかかることはしたまふぞ」などいひすさびて入りぬ。またわたればおなじことといへば、「いま殿上などにやおはしますらむ。Aいかで聞えむ」などいひて入りぬる人あり。(注4)うへのきぬ着たる者の入りけるを、しひて呼びければ、あやしと思ひて来たりけり。「少将の君やbおはします」と問ひけり。「おはします」といひければ、「Bいとせちに聞えさすべきことありて、殿《との》より人なむまゐりたると、Q聞えたまへ」とありければ、「いとやすきことなり。そもそもかくⅢ聞えつぎたらむ人をば忘れcたまふまじや。Ⅳいとあはれに、夜ふけて、人ずくなにてものしたまふかな」といひて入りて、いと久しかりければ、無期《むご》に待ち立てりける。からうじて、Cこれもいひつがでやいでぬらむ、いかさまにせむと思ふほどになむいで来たりける。さていふやう、「御前に御遊びなどしたまへdるを、からうじてなむ聞え［Y］ば、『Dたがものしたまふならむ。いとあやしきこと。たしかに問ひたてまつりてe来』となむのたまひ［Z］」といへば、「しんじちには、下《しも》つ方《かた》よりなり。みづから聞えfむとをR聞えSたまへ」といひければ、「さなむ申す」と聞えければ、さにやあらむと思ふに、いとあやしうもをかしうもおぼえたまひけり。

（『大和物語』）

（注）
1　いまの左の大臣……藤原実頼。本文中の「少将」。
2　式部卿の宮……宇多天皇の皇子、敦慶親王。
3　左衛門の陣……左衛門府の役人の詰め所。
4　うへのきぬ……貴人の男子が衣冠・束帯のときに着用する上着。

問十　波線部Ⅴ「東日本大震災の体験」がなぜこのフォーラムの主催者の心に、「アニミズム」というような概念を召喚したのか」とあるが、筆者が考えている理由の説明として最も適切なものを、次の中から一つ選べ。 19

①　東日本大震災とそれに続いて起こった原発事故により人間による自然破壊の実態を見せつけられ、自然環境の保護のためには生態系の理法としてのアニミズムを取り戻すことが必要だと感じられたから

②　東日本大震災を通じて人間がこれまで自然との間の関係づくりにおいて道を誤ったことを思い知らされ、その原因として東北に今も根強く残るアニミズムがあることがわかったから

③　東日本大震災により人間が自然との間に築いてきた関係の総体がむき出しになったときに、東北に根付いていた自然と人間の間の関係が持つアニミズム的性格を感じ取り、その重要性を察知したから

④　東日本大震災を通じて人智を超えたものの存在と恐ろしい力を思い知らされ、理性でとらえられないものの正体を解明するためにはアニミズム的な直感を持つことが必要だと理解したから

⑤　東日本大震災の経験をきっかけとして東北の人々がこれまでおろそかにしてきた縄文的な生き方を取り戻し、それと同時に人々のあいだでアニミズム信仰が深まったと感じられたから

問十一　本文の内容と合致するものを、次の中から**二つ**選べ（解答欄 20 に二つマークせよ）。

①　東北特有のキアスム構造は農業世界に変貌した場所では失われたが、漁師や猟師のような生業に従事する人々の間では今なお強く生きている。

②　春になると山菜を採りに山に入らずにいられない東北の農民にわき起こるのは、狩猟採集時代から心の中に生き続ける自然への征服欲である。

③　アニミズムに含まれる多種多様な自然感覚の表現、呪術的な思考は現代社会においても存在するが、持続的な生命は持ちえない。

④　東北沿岸部の漁民と内陸部の農民は互いに異なる祖先を持ち性格も異なって見えるが、共通点もある。

⑤　東北の人々と自然の間のキアスム関係には、自然を対象化してその循環サイクルを尊重しようという考え方があらわれている。

⑥　人間と自然の間に形成されたキアスム構造が消えると同時に、人智を超えたものに対するアニミズム的直感も消えてしまう。

問七　波線部Ⅱ「西日本と東日本の間に言語だけでなく、文化や習慣やさらには遺伝子の構造にまでおよぶ違いが存在している」とあるが、その違いの説明として本文の内容と**合致しないもの**を、次の中から一つ選べ。［16］

①　東日本は、奈良時代の頃には当時の先進地帯である西日本とは別の世界と見なされ、ある意味で発展から取り残された世界であったと言える。

②　西日本では書かれた言葉である「法＝律令」をもとにした王朝権力が築かれたのに対し、東日本からは武力をもとにした封建権力が発達した。

③　権力の正統性や根源を象徴するのに、西日本では農業にまつわる儀礼が執り行われていたのに対し、東日本では狩猟儀礼が執り行われていた。

④　東日本においては、西日本に展開していた農業的な文化の世界よりも、より自然のサイクルに密着した生業が営まれてきたと言える。

⑤　西日本の権力が米を基準にする農業を社会的富の基礎としたのに対し、東日本の権力は一貫して狩猟採集を社会的富の基礎としてきた。

問八　波線部Ⅲ「その東日本の中でも、東北はさらに特別な地域でした」とあるが、どのように特別なのか。その説明として本文の内容と**合致しないもの**を、次の中から一つ選べ。［17］

①　狩猟、採集、農業、漁業といった多彩な生業が営まれ、豊かな地方色を見ることができる土地柄だった。

②　日本の中において、人類学者サーリンズの言う「豊かな新石器時代」の世界が形成された地域だった。

③　稲作には不向きの寒冷地だが、近年焼き畑農業と陸稲や根菜類の栽培技術の発達により食生活が向上した。

④　マタギの狩猟、三陸沿岸の漁師の漁などに見られるような野生にみちた生業が強く見られる地域だった。

⑤　自然に自分を合わせて暮らしを立てるという縄文型の自然との関係性が根強く残る地域だった。

問九　波線部Ⅳ「海民＝漁民の「思想」」とあるが、それはどのような考えか。その説明として本文の内容と**合致しないもの**を、次の中から一つ選べ。

［18］

①　海は人間が手なずけることのできない存在だという考え

②　海は人間に襲いかかり大きな被害や死をもたらすこともあるという考え

③　海は恐ろしくもある一方、母のような大事な存在だという考え

④　海に漁に出かけていくときは危険と隣り合わせだという考え

⑤　危険を冒して海に出れば、豊かな獲物が確実に手に入るという考え

e　ハイゴ　[12]

①　ハイスイの陣　②　ハイキン主義がはびこる　③　優秀な人材をハイシュツする
④　暑さで食べ物がサンパイする　⑤　雑誌のハイカンを決める

問五　二重傍線部P「恍惚として」・Q「多くの日本人が感じてきたことの最大公約数」の本文中の意味として最も適切なものを、次の中から一つずつ選べ。

P　恍惚として　[13]

①　すべてを忘れぼんやりとして
②　心を奪われうっとりして
③　気晴らしにふけって
④　思いがけず感動して
⑤　すべてを鮮明におぼえて

Q　多くの日本人が感じてきたことの最大公約数　[14]

①　多くの日本人が感じてきたことのすべて
②　多くの日本人が感じてきたことの間にみられる共通点
③　多くの日本人が感じてきたことの拡大解釈
④　多くの日本人が感じてきたことの中でいちばん重要なもの
⑤　多くの日本人が感じてきたことの実現を約束するもの

問六　波線部Ⅰ「阪神・淡路大震災の後にそこで起きた人間的現象と、三陸を襲った大津波と福島で起きた原発の事故の後に起きた一連の人間的現象の間には、無視のできない大きな異質性が感じ取られました」とあるが、その異質性の説明として最も適切なものを、次の中から一つ選べ。　[15]

①　阪神・淡路大震災では人間同士のつながりや互助が浮かび上がったが、東日本大震災では自然の猛威の前に人間同士の関係は無力だった。
②　阪神・淡路大震災後の人間関係は社会の文化や習慣の構造を反映していたが、東日本大震災後の人間関係はアニミズム思想を反映したものだった。
③　阪神・淡路大震災後の人間関係は人間同士の交流から生まれたものだったが、東日本大震災後の人間関係は自然発生的に生じたものだった。
④　阪神・淡路大震災では人間同士の関係が浮かび上がったが、東日本大震災後には人間と自然との間に形成された関係が浮かび上がった。
⑤　阪神・淡路大震災では大災害をきっかけに人間のきずなが強まったが、東日本大震災では自然破壊をきっかけに人間のきずなが強まった。

E [5]

① 人智を超えた何ものかが天災を引き起こす　② 自然に同調することで富を引き出そう　③ 海や山に入るときにはけっして油断しない

④ 自然を科学技術によって制御し征服する　⑤ 自然の万物は生態系の理法に従っている

問二　空欄X（四ケ所ある）には同じことばが入る。そのことばとして最も適切なものを、次の中から一つ選べ。[6]

① 理性的　② 支配的　③ 無欲　④ 受け身　⑤ 勇敢

問三　本文中のある段落の末尾から、次の文が脱落している。この文の入るべき最も適切な段落を、次の中から一つ選べ。[7]

そこで山にいる間の猟師は、平地にいるときとはまったくちがう語彙を用いて、動物たちにわからないようにするために、特別な「山言葉」で話しあうことにしていました。

① 第⑷段落　② 第⑹段落　③ 第⑻段落　④ 第⑿段落　⑤ 第⒁段落

問四　傍線部a・b・c・d・eを漢字に改めた場合、これと同じ漢字を用いるものを、次の中から一つずつ選べ。

a　ホウセツ [8]

① 新年のホウフ　② 不当な攻撃にホウフクする　③ 災害時のカセツ住宅

④ セツドをもった行動　⑤ 王のセッショウとして権力をふるう

b　ソクイ [9]

① 無病ソクサイを願う　② セッソクにすぎる仕事ぶり　③ ソクブツ的な考えかた

④ ピアノ演奏のキョウソク本　⑤ 返事をサイソクする

c　フトコロ [10]

① カイモク見当がつかない　② 宗教のカイリツ　③ カイギ的な態度

④ キンカイを掘り当てる　⑤ 病気がカイホウに向かう

d　フ [11]

① スイミン不足になる　② 軍をトウスイする　③ 任務を確実にスイコウする

④ 栄枯セイスイ　⑤ 士気をコスイする

3　大嘗祭……天皇となった者がはじめて行う新嘗《にいなめ》祭。新嘗祭では天皇が、その年の新穀を祖神天照大神《あまてらすおおみかみ》など天地のよろずの神々に供え、みずからも食す。

4　巻狩り……狩場を四方から囲み、その中に獣を追い込んで捕らえる狩りの方法。

5　サーリンズの言う「豊かな新石器時代」……マーシャル・サーリンズ（一九三〇～二〇二一）はアメリカの文化人類学者。著書『石器時代の経済学』で、従来飢えと過重労働の時代とのみ見なされてきた石器時代に「豊かな始原」があるとした。

6　金華山沖……金華山は宮城県牡鹿《おしか》半島の東側沖合にある島。金華山沖とはその東方沖合の太平洋の海域で、日本の代表的な漁場の一つ。

7　マタギ……東北地方の山間に住む猟師のこと。

8　エートス……ある民族や社会集団にゆきわたっている道徳的・宗教的な社会意識。また、それに基づく慣習・行動の規範。

9　キアスム（交差）……さまざまな人格やものが交差した状態。そこでは互いを分離するのではなく結びつける作用が働き、「縁（つながり）」が生まれる（中沢新一『日本の大転換』より）。

10　フォーラム……一つの問題に対して出席者全員が参加して行う公開討論。本文は筆者があるフォーラムで行った講演の採録版の一部である。

問一　空欄A・B・C・D・Eに入ることばとして最も適切なものを、次の中から一つずつ選べ。

A　[1]

①　独自の　②　単色の　③　無尽蔵の　④　対等の　⑤　未知の

B　[2]

①　人間同士の互助的精神　②　海民としての起源の記憶　③　野生的自然との接触

④　マタギの伝統　⑤　内陸部の農民文化への憧れ

C　[3]

①　分断意識　②　相互理解　③　ライバル意識　④　対立関係　⑤　一体感

D　[4]

①　ところが　②　では　③　やがて　④　つまり　⑤　なぜなら

師も、自然に自分を合わせていく、ある種の「X」な態度をもって、自然の中で作業します。自然を人間のコントロール下に置くのではなく、自然に自分を同調させることによって、そこから富を引き出してくるのが、猟師の生き方と言えるでしょう。(13)

こういう「縄文型」の自然との関係性が生きているのが、東北世界なのです。それはたとえば稲づくりに精を出す農民の中にも生き残っているエートス(注8)です。つまり、東北の世界では、自然を自分から分離して引き離すのではなく、自然との間に一種の(注9)「キアスム(交差)」関係をつくりながら、なかば「X」の状態を保ちながら生活していく精神性が、ほかの地域よりも強く残ったという印象を受けるのです。(14)

アニミズムはこのキアスムの関係構造の中で発達したものにほかなりません。自然を対象化したり、恐怖感から自然を自分から分離しようとする精神が発生したりした瞬間に、その構造はあとかたもなく消え去ってしまいますが、猟師や漁師のように自然にたいして「X」でなければできないような生業に従事している人々の心には、ごくあたりまえのように、この構造が生きています。東北の文化には、このキアスムの構造が、いまだに強く生きて働いています。そこはもう長いこと基本的には農業の世界に変貌をとげているにもかかわらず、暮らしの中にさまざまな形でキアスムの構造が活動しつづけています。(15)

自然の中になにかの霊力のようなものが宿り、それが人間に働きかけをおこなっているなどという、アニミズムに特有の直感なども、キアスム構造の中から副産物のようにして生まれてきます。霊力は人間の認識能力では理解しつくすことのできない領域の出来事に接触したときに発生する直感です。つまり理性では制御しつくすことのできない事象に触れたとき、人はこういう言葉を使わなければ表現できないような体験を持ちます。「E」などと言ったとたんに、人間と自然の間に形成されてきたキアスム構造は、跡形もなく消え失《う》せます。それと同時に、自然の中に感じ取られてきた人智《じんち》を超えた大きなものへの直感も、消え去ってしまいます。(16)

V「東日本大震災の体験」がなぜこのフォーラム(注10)の主催者の心に、「アニミズム」というような概念を召喚したのか、その理由がここにあります。大津波が襲いかかってきたのが、主として三陸海岸の漁村であったこと、その e ハイゴにひかえる広大な東北世界の姿が垣間《かいま》見えたこと、さらには大震災と連動して起こった福島での原発事故、こうした一連のつながりの中に、アニミズムを召喚することによってはじめて見えてくるような現実が隠されていることを、その人は直感したのでしょう。そしてその直感は、Q 多くの日本人が感じてきたことの最大公約数でもあります。(17)

(中沢新一『野生の科学』、ただし表現の一部を改変した。)

(注)
1 アニミズム……自然界のあらゆる事物に霊魂(アニマ)が宿ると信じる考え方、世界観。
2 熱田神宮……名古屋市熱田区にある神社。

る。それはすごい。ことばには表せないほどにすごい。竿《さお》を下ろせば魚がおもしろいように釣れる。網を上げればどっさりと魚が入っている。俺たちはそれを日本全国のみんなに分けてやるんだ。そう思うと、早く海に出たいと心から思う」。(8)

こう語るときの漁師さんの表情は、P恍惚《こうこつ》としているようでした。海は人間が手なずけることのできない存在です。それに時化《しけ》れば船を転覆もさせるし、大津波で沿岸にとてつもない被害を出すことだってある。しかし、海は母なのだ。その優しくもあり恐ろしくもあるお母さんのcフトコロに、船団を連ね、あるいは単独で、飛び込んで行くのが漁師だ。船板一枚下は地獄。そういう危険を冒してでも出かけていけば、自然は豊かな富をあたえてくれる。そういうⅣ海民＝漁民の「思想」が、今回ほどはっきりとマスコミの前で語られたことはなかったのではないでしょうか。(9)

じつはこれが「アニミズムの思想」にほかならないのです。アニミズムは古代人や「未開人」だけのものではありません。アニミズムは人間と自然との間につくられる「関係の構造」です。そこから多種多様な自然感覚の表現や呪術的な思考や世界観の構造などが、生み出されてきます。そういうものの総体がアニミズムですので、アニミズムは現代世界のまっただなかにさえ出現することができますし、持続的な生命を持つことすらあります。(10)

［D］、その「アニミズム的」と呼ばれることになる「関係の構造」の特徴を取り出してみましょう。さきほどの、三陸の漁師さんの話が参考になります。漁師は陸地で農業をやっている農民と違って、海の中に直接乗り出していく人たちです。漁場へ着いた彼らは、海の中に竿を下ろしたり、網を投げ入れたりして、魚との接触を待ちます。陸地と違って、海は人間によってコントロールすることは難しく、人間はむしろ海の変化や運動に合わせて、自分のほうを変えていかなければなりません。魚群に出会えるかどうかも、魚たちが竿の餌《えさ》に食いついてくれるかどうかも不安定です。漁師は自然にたいして「［X］」にならなければ、漁を成功させることはできません。農民の場合よりもはるかに制御の困難な自然に、直接身をさらしておこなう作業に、漁師たちは従事しています。(11)

こういう漁業は「海の狩猟」と呼ぶことができるでしょう。それほどに野生にみちた生業《なりわい》なのです。この点は「マタギ」たちのおこなっている、陸上の狩猟とよく似ています。山の中の狩猟の場合も、相手にしているのはコントロールの難しい自然です。森の中で人間は生態系の理法に従わなければなりません。いったん村を出て森に入れば、彼らは平地にいるときとはまったく違った行動や態度を要求されるようになります。動物の行動の足跡を、彼らは注意深く調べながら、山の中を歩いて行きます。動物は人間のたてる物音に敏感です。それどころか、ネズミのような「中間動物」を使って、獲物となる動物たちが人間の考えを探ろうとしていると考えるほどに、神経質になるのです。(12)

海の漁師の場合と大変よく似て、山の猟師たちは、風がdフき渡り、森のざわめきの中に動物の動きがかすかに感知される、そういう繊細な世界に我が身を投入して、動物の行動様式に自分のほうを合わせながら、森の中を移動し、運がよければ動物を射止めることができるという暮らしをしています。山の猟いましたが、天皇家のｂソクイ式が穀物霊を祀《まつ》る（注3）大嘗祭《だいじょうさい》によっていたのにたいして、武家の封建権力は（注4）「巻狩り」のような狩猟儀礼によって権力の根源を象徴していたという違いもあります。これを見ましても、東日本の文化がより自然の循環のサイクルに密着したものだったということが、ご理解いただけると思います。(3)

Ⅲその東日本の中でも、東北はさらに特別な地域でした。東北のような寒冷地は、もともと稲作には不向きでした。それに縄文型の文化は、数千年にわたる歴史をつうじて、焼き畑農業の体系を確立し、陸稲や根菜類の栽培技術を発達させました。栗《くり》などの実を採取するための農園もつくられ、動物の狩猟とあわせて豊かな食料に恵まれた、北方系の文化をつくりあげていました。（注5）人類学者サーリンズの言う「豊かな新石器時代」の世界が、日本列島においてはここ東北の地に形成されていたと言えます。(4)

もっともその東北もけっして A 世界ではありません。これほど地方色の豊かな地域は、日本の中でもめずらしいかも知れません。とりわけ内陸部と沿岸部とでは、人間の性格までも違って見えます。三陸海岸には漁民たちが暮らしてきました。この人たちは主に南方から列島の沿岸伝いにこの地に渡ってきた「海民」の子孫です。紀伊《きい》半島、伊勢《いせ》湾、伊豆《いず》半島、銚子《ちょうし》岬と渡って、いよいよ東北の地に入り、そこで豊かな漁場を発見した彼らは、（注6）金華山沖を中心とした沿岸漁業による一つの世界をつくってきました。(5)

内陸部の農民化した縄文人の子孫と、海民の子孫である彼ら漁民との間には、多くの共通点もありました。東北の農民文化には、狩猟採集時代の伝統の面影が色濃く残っています。米もつくりましたが（つくらされた、と言ったほうがいいかも知れませんが）、春先になれば体内からふつふつと先祖の記憶がよみがえってきて、突き動かされるように山に山菜採りに入っていくというのが、東北の人々の習い性になっていましたし、（注7）マタギの伝統だって途絶えることはありませんでした。これは、海を漁場とする海民の子孫たちとよく似た習性で、ようするに東北に暮らしてきた農民も漁民も、B がとても強い人たちなのです。(6)

＊　＊

こんどの震災で印象的だったのは、そういう東北人のいままであまり表にあらわれてこなかった精神性の側面に、意図せざる光が当てられたということでした。私は大津波の後に生き残った漁民が、テレビのインタヴューに応じている姿を何度も見て、大きな感動をおぼえましたが、それは彼らの話の合間々に、海民に特有な海の世界との C が、あざやかに表現されていたからです。(7)

「海は怖いけれど、海はおふくろみたいに大事な存在だ。大津波のときは巨大な化け物のようになって人間に襲いかかってきたけれど、今はこんなに静かだ。海は恐ろしい、海はたくさんの命を奪って行った。でも俺は海が好きだ。船を出して沖に出て、運が良ければ魚群の中に船がつっこんでいくことができ

国語

（六〇分）

問題一　次の文章を読んで、あとの問いに答えよ（段落末尾の数字は段落番号を示す）。

東日本大震災のあと、アニミズム（注1）という言葉が浮かんできた理由は推測ができます。Ⅰ阪神・淡路大震災の後にそこで起きた人間的現象と、三陸を襲った大津波と福島で起きた原発の事故の後に起きた一連の人間的現象の間には、無視のできない大きな異質性が感じ取られました。神戸の大震災の後は、人間のつながりがとても印象的でした。人間同士の助けあいや互助の精神が大きく浮かび上がっていたのが印象的でした。ところが、東日本大震災では、人間的側面だけではない、なんというか「自然の中に a ホウセツされた人間」という側面が、あらわに感じ取られたのです。人間が長い歴史をつうじて、海や森や山を介して、自然との間につくりあげてきた関係の総体が、目に見える形にむき出しにされていたのです。つまり大震災は、ここが東日本であり東北であるということの「意味」を、私たちにつきつけてきたとも言えます。(1)

歴史学者や人類学者は、Ⅱ西日本と東日本の間に言語だけでなく、文化や習慣やさらには遺伝子の構造にまでおよぶ違いが存在していることを、科学的な方法を使ってあきらかにしてきました。じっさいその違いは時代を遡るにつれて大きくかつ明白になり、奈良時代の頃には、はっきりと東日本は当時の先進地帯である西日本からは区別される「東の世界」として、エゾという特別な呼び名で呼ばれました。東日本はいまの名古屋の熱田神宮（注2）あたりから北および東にかけての世界を言いました。そこには、けっして単一でない縄文系の人々の暮らす世界が、広大な北方に向けて広がり、水田による稲作技術を取り入れながらも、そこは長い縄文的伝統に根ざす狩猟採集を土台にした、西日本とは違う独自の文化世界をつくっていました。(2)

そこはある意味では、発展から取り残されていた世界とも言えますが、自然の循環サイクルに忠実な生き方という点では、西日本に展開していた農業的な文化の世界よりも、より自然への密着度が高かったということができます。西日本では書かれた言葉である「法＝律令《りつりょう》」をもとにした王朝権力が築かれることになりましたが、東日本からは武力をもとにした封建権力が発達することになりました。どちらの権力も米を基準にする農業を社会的な富の基礎にして

解答編

■英語■

I　**解答**　問1．(A)—③　(B)—②　問2．③　問3．②　問4．④　問5．④　問6．②　問7．④
問8．(1)—②　(2)—②　(3)—①　(4)—③

◆全　訳◆

≪第二次世界大戦前，朝日新聞社によるアジア-ヨーロッパ横断大飛行≫

1930 年代後半，朝日新聞と毎日新聞という日本の２大新聞が航空部を持っていたことは，大きな驚きかもしれない。当初，新聞記事と写真の配達を迅速に行うために両紙とも自社の航空便に頼っていたのだ。なんといっても，競合する新聞各社は，その日のニュースをめぐってお互いに出し抜こうとしていたのである。やがて，これらの新聞が出資する航空技術や長距離飛行が，関心をそそり新聞の売上を生み出すような見出しとなった。

長距離飛行と耐久飛行は，完全に日本人の努力によって日本の国の誇りの事柄となった。日本人の教官が，日本で設計・製造された航空機の操縦と整備を日本人の乗務員に教えたのだ。当時，ヨーロッパや北米の人々は，極東を技術的なへき地とみなしていた。世界は大きな驚きに包まれた。

1937 年，英国国王ジョージ６世とエリザベス夫人の戴冠式に，裕仁天皇は皇太子夫妻を公式代表として船で派遣した。さらに驚きなのは，朝日新聞社が２人の日本人を三菱航空機（キ 15）に乗せ，9600 マイルの旅に送り出したことである。この最新鋭の飛行機は，時速 300 マイルに達することのできる信頼性の高い中島のエンジンを搭載していた。この飛行機は，燃料が必要となるまでの各行程で 1300 海里を飛行することが可能だった。

映画スターのようにハンサムな飯沼正明（24 歳）は，飛行機を飛ばして戴冠式の１カ月前にイギリスへ到着した。飯沼の同行者で，航空機関士・通信士・航空士だったのは 38 歳の塚越賢爾である。この２人組は，４月６日から９日にかけてロンドン・クロイドン空港に飛んだ。飛行距離

9600 マイルを 51 時間 19 分で飛んだ彼らの飛行時間は新記録を樹立した。台北，ハノイ，ビエンチャン，カラチ，バスラ，バグダッド，ローマ，パリで給油し，ロンドン近郊に着陸するコースであった。これは驚くべき勇気と忍耐の成果であった。彼らが旅の各行程で直面したであろう意思疎通の問題を考えればこの旅は実にすごいものであった。一歩間違えれば，命を落とすところだった。同じ年に，アメリカの女性パイロットの記録保持者であるアメリア=イアハートとその航空士が世界一周飛行という危険な挑戦を試みたが，太平洋の真ん中で遭難した。初期の地図は正確でなく，飛行を困難なものにしていたのだ。

通信士として，意思疎通の問題は幼い頃から家庭で英語を学んでいた塚越にのしかかった。塚越は，イギリス人の母親と日本人の父親の間に生まれたハーフだった。現在，日本では，片親が日本人のハーフの子供が増えてきている。多くのハーフの芸能人やモデル，スポーツ選手などが有名人になっている。こうしたユニークな人たちは，内部の者であると同時に外部の者として位置づけられる。このような社会的な位置づけは，雇用機会に関して有利にも不利にもなりうる。確かに，塚越についてはそうだった。彼は英語力を武器に，イギリスへの往復の飛行機を誘導した。その結果，塚越は日本の航空技術者の中で最も尊敬される存在の一人となった。

旅の一環で，飯沼と塚越は，ベルギー，ドイツ，フランス，イタリアを訪問し，要人の晩餐会やパーティーに出席した。戴冠式から 2 日後の 5 月 14 日，飯沼と塚越は出資者である新聞社への記事や写真を携えて帰国の途に就いた。

朝日新聞の勝利に対抗するため，毎日新聞社は双発機で世界一周をする計画を立て始めた。1939 年，7 人の乗組員で毎日新聞社の飛行機は日本を出発した。その冒険は決して怖くなかったとは言えないものであったが，それはまた別の話である。

◀解　説▶

問 1．(A)　空所を含む部分の訳は「彼らが旅の各行程で（　A　）意思疎通の問題を考えればこの旅は実にすごいものであった」となる。「彼ら」が実際に飛行を行った者たちであり，過去のことであることから，③「直面したであろう」が適切。

(B)　leave for ～で「～へ向けて出発する」の意なので，正解は②。

問２．department「部門」の意味がわからない場合，直後の「両紙とも自社の航空便に頼っていた」が下線部に関連する内容であることに気づけば下線部は「飛行機が飛ぶよう維持していた」という内容であると推測がつく。したがって，③「航空機の維持にお金を払い，パイロットを雇った」が正解。他の選択肢の意味は，①「航空部門をとても清潔に保った」，②「航空部門という考えを支持した」，④「飛行機の設計と航空工学を学んだ」。

問３．下線部は新聞社がしようとしていたことであり，そのために飛行機を利用することが必要だったのだろうと推測できれば，②「重要なニュース記事を最初に報道すること」が正解だとわかる。他の選択肢の意味は，①「押しのけて列の先頭に進むこと」，③「他の新聞記者に間違った情報を与えること」，④「お互いに大きなアイスクリームを与え合うこと」。

問４．下線部「完全に日本人の努力」が段落冒頭の漠然とした表現なので，そのあとに具体的に説明がされるはず，と予測し読み進める。直後の「日本人の教官が，日本で設計・製造された航空機の操縦と整備を日本人の乗務員に教えた」がその内容だと気づけば，④「日本人のパイロットが日本で設計され製造された飛行機を飛ばした」が正解だとわかる。他の選択肢の意味は，①「飛行機を飛ばすことが日本人に誇りをもたせた」，②「日本人はパイロットになるために熱心に学んでいた」，③「長距離飛行が日本人のパイロットを興奮させた」。

問５．下線部を含む段落の内容から，世界が驚いたのは「日本人の教官が，日本で設計・製造された航空機の操縦と整備を日本人の乗務員に教えた（その結果，日本人が長距離耐久飛行に成功した)」ことだとわかる。したがって，①「日本はパイロットを訓練するプログラムをもっていた」，②「日本人のパイロットは長距離を飛ぶことに誇りをもっていた」，③「日本の会社が質の高い飛行機を設計し製造していた」のいずれも答えになりうることになり，④「上記の選択肢のすべてが大きな驚きに貢献した可能性がある」が正解。

問６．下線部を含む文，およびその前後の文の内容から，この飛行機は世界が驚く性能を持っていたことがわかるので，下線部は「驚くような性能の，性能の高い」などの意味の飛行機の性能に関する表現であろうと推測できれば，②「最新の科学技術の」が正解だとわかる。state-of-the-art で

「最新技術の」という意味の形容詞。

問 7．fright という名詞は知らなくても，frighten「怖がらせる」，frightening「ぎょっとするような」といった必修単語から意味は推測できるだろう。not without fright で「恐怖なしではない」という二重否定で，要は「恐ろしい」という意味。④「非常に恐ろしい」が正解。

問 8．⑴「日本の主要新聞社のうちの 2 社が自社の航空便を作ったのはなぜか」

第 1 段第 2 文（Initially, both newspapers …）に「新聞記事と写真の配達を迅速に行うために両紙とも自社の航空便に頼っていた」とあるので，②「彼らは新聞記事と写真の配達時間を短くしたかった」が正解。他の選択肢の意味は，①「飛行機で飛ぶことは非常に読者の興奮を誘うニュースとなっていた」，③「耐久飛行と長距離飛行は新聞を読む人々にとって興味深いものになっていた」，④「パイロットはよい新聞記者になりえた」。

⑵「本文によれば次の記述のどれが正しくないか」

②「アメリア=イアハートと彼女の航空士は戴冠式へ向かう途中に太平洋の真ん中で消息を絶った」第 4 段第 9 文（It was in the …）にアメリア=イアハートに関する記述があるが，「戴冠式へ向かう途中」とは書かれていない。したがって，この②が正解。

①「三菱キ 15 航空機は 1300 海里ごとに燃料補給が必要だった」第 3 段最終文（The airplane could …）の内容に一致。

③「塚越は，イギリスへの往復飛行に英語の能力を使って，尊敬を受ける日本人航空技術者となった」第 5 段最終 2 文（Certainly, this was … Japanese aviation technicians.）の内容に一致。

④「飯沼と塚越は 51 時間 19 分で 9600 マイルを飛行する記録を打ち立てた」第 4 段第 4 文（Their flight time …）の内容に一致。

⑶「直接述べられてはいないが，塚越は堪能な英語をおそらく…のおかげで身につけた」

第 5 段第 1・2 文（As radio operator, … a Japanese father.）の内容から，塚越は母親がイギリス人だったので家庭内で英語を使って育ったために，家で英語を身につけたと考えられる。よって，①「彼は家庭で英語を使いながら育った」が正解。他の選択肢の意味は，②「彼は尊敬される航空技術者だった」，③「彼は朝日新聞社に勤めていた」，④「彼は航空士になるために英語が必要だった」。

⑷「本文は，塚越のようにハーフの子供は…だと述べている」

③「日本では雇用において利益を受ける可能性も不利益を受ける可能性もある」が第5段第6文（Such social positioning…）の内容に一致するのでこれが正解。他の選択肢の意味は，①「日本で育つのに苦労した」，②「日本で航空技術者になるのに苦労するだろう」，④「芸能人やモデルや運動選手になるべきだ」。

II 解答

問1．(A)—②　(B)—④　(C)—③　(D)—①　問2．③
問3．(1)—②　(2)—④　(3)—③　(4)—①　問4．③

◆全　訳◆

≪フェラーリのロゴの変遷≫

イタリア車の車高の低いデザインには目を見張るものがある。東京の街を歩いている間に，フェラーリ車の独特なエンジン音を耳にすることがよくある。そのエンジン音は異彩を放ち，歩行者の注意を引く。そして，観察眼の鋭い人は最も有名な自動車ロゴの一つになっているものに気づく。1947年，エンツォ=フェラーリは，自分の名前とスタイリッシュなロゴを入れたクルマの製造を開始した。現在でも，フェラーリのクルマには「Cavallino Rampante」，つまり英語で言うと「跳ね馬」の有名なロゴが飾られている。

エンツォ=フェラーリが商用車の設計や自動車販売に興味をもったのは，彼が心から愛するスポーツカー・レースの資金を調達するためだった。1929年，エンツォ=フェラーリは，イタリアのモデナでスクーデリア・フェラーリ，英語では「フェラーリ厩舎」という名のアルファロメオ傘下のレーシングカーショップを開業した。フェラーリの馬のロゴは，まずスクーデリアの公式文書や出版物のすべてのレターヘッドに使用されたが，車にはオリジナルのアルファロメオのカンパニーロゴがつけられていたため使用されなかった。1932年にベルギーで開催された24時間レースで，スクーデリア・フェラーリは，小さな黒い牡馬が尻尾を立てて片足でバランスを取って立っている姿を描いた2台のマシンをエントリーさせた。エンツォ=フェラーリ率いるスクーデリアの初期から，トレードマークのロゴは限定的だが徐々に変化し続けている。

フェラーリの独特なスタリオン（牡馬）ロゴは時代とともに変化したが，そのロゴのイタリアでの使用はエンツォ=フェラーリ誕生以前から始まっていた。実際，後脚で立っている牡馬の描かれたイタリアの紋章は，ピエモンテとイタリアの栄光の騎兵隊，王立ピエモンテ連隊がサヴォワ公ヴィットーリオ=アメデーオ2世によって創設された1692年までさかのぼることができるのだ。

そのずっと後，第一次世界大戦でイタリア初の空軍が編成されると，元騎兵隊将校のフランチェスコ=バラッカが航空隊に加わり，第一次世界大戦における名パイロットとなり，国民的英雄となったのである。彼の操縦する飛行機の側面には跳ね馬が描かれており，このシンボルは彼個人の家紋として認められていた。なぜ，飛行機を跳ね馬で飾ったのかについては，さまざまな説がある。最初の説は，騎兵隊にいた自分の若かりし頃を称えたというものだ。また，バラッカが空から撃ち落としたシュトゥットガルト出身のドイツ軍の敵に敬意を表して，という説もある。シュトゥットガルトの市の紋章も黒い跳ね馬なのだ。バラッカもまた，後に空戦で戦死してしまう。1923年，エンツォが重要な自動車レースで優勝した後，フランチェスコの父母である貴族のパオリーナとエンリコ=バラッカは，息子フランチェスコをしのんで，エンツォにもスピードと勇気の象徴として黒い牡馬のロゴを使うようにと提案した。

1943年，エンツォの自動車ビジネスは，イタリアのマラネロにある家族の所有地に移された。アルファロメオから独立したエンツォは，1947年に初の公道走行仕様のフェラーリを生産する。1.5リッターのV型12気筒エンジンを搭載し，有名なフェラーリのロゴマークを飾った「フェラーリ125 S」であった。しかし，ロゴのデザインにはいくつかの変更が加えられていた。そして，フェラーリのレーシングカーで使われていた盾型のロゴは，現在公道走行仕様のフェラーリ車でいまだに使われている四角いロゴにデザイン変更されている。

フェラーリの研究家は，跳ね馬の外見が徐々に変化するのは馬の気分の変化を表しているという。今のフェラーリの牡馬は，より友好的で，恐れではなく喜びから立ち上がっているのだと言われている。今日，フェラーリを運転することは，多くの自動車愛好家に素晴らしい喜びをもたらしている。

◀解　説▶

問１．(A)　正解は②。While *doing* で「～している間に」の意。While の後に一般の人を表す you と be 動詞が省略されている。

(B)　正解は④。can be traced back to *A* で「*A* までさかのぼることができる」の意。

(C)　空所の前で最初の説について述べ，空所の後で別の説について述べているので，whereas「それに対し」が適切。正解は③。

(D)　ロゴの変遷について述べられており，盾形のロゴから四角いロゴに変わっていったのだとわかれば，gave way to *A*「*A* に取って代わられる」が正解になる。

問２．下線部の直訳は「継続的な，限定的ではあるが徐々の変化」で，③「現在進行している小さな変化」が正解。ongoing「進行している」を知らなくても limited but gradual「限定的だが徐々の」と同意になる表現を探す，という視点でも③に絞れる。

問３．(1)「エンツォ=フェラーリが自分のフェラーリ車に跳ね馬のロゴを使うことを決めた理由の説明として最適なのは次の記述のどれか」

第４段最終文（After Enzo won …）の内容から，②「フランチェスコ=バラッカの両親がエンツォに黒い牡馬のロゴを使うよう勧めた」が正解。他の選択肢の意味は，①「そのデザインは昔からイタリアで愛されているものだった」，③「跳ね馬は自動車愛好家に喜びをもたらす」，④「バラッカは跳ね馬を自分の家族の紋章として用いた」。

(2)「本文によれば次の記述のどれが正しいか」

第４段第３文（There are different …）の内容から，④「バラッカが自分の飛行機に跳ね馬（のロゴ）を飾った理由ははっきりとはわからない」が正解。①「エンツォが最初の公道仕様のフェラーリを作った時，彼はまだアルファロメオ傘下で働いていた」は第５段第２文（Independent from Alfa Romeo, …）から不適。②「跳ね馬のロゴはエンツォがアルファロメオを離れるまで使われなかった」は第２段第４文（For a twenty-four-hour …）から不適。③「今日のフェラーリの馬のロゴは初期のものほど親しみやすくない」は最終段第２文（The current Ferrari …）から不適。

(3)「本文によれば次の記述のどれが正しくないか」

第２段最終文（Since the early …）などの内容からフェラーリのロゴは少しずつ変化していることがわかるので，③「フェラーリの跳ね馬のロゴはこれまで一切変化していない」が正しくない。①「フェラーリの自動車エンジンは独特な音がする」は第１段第２・３文（(　A　) walking the … attracts pedestrian attention.）の内容に一致。②「イタリアのある有名な第一次世界大戦の従軍パイロットが自分の飛行機につける紋章として跳ね馬を用いた」は第４段第２文（On the side of …）の内容に一致。④「エンツォ=フェラーリはレースカーにお金が必要だったので自動車の設計と販売を始めた」は第２段第１文（Enzo Ferrari's interest …）の内容に一致。

⑷「エンツォ=フェラーリは何年に最初の自分のレーシングカーショップを開店したか」

第２段第２文（In 1929, Enzo …）から①の 1929 年が正解。

問４．本文は一貫してフェラーリの車のロゴについて述べられているので，③「跳ね馬のロゴ」が適切。

Ⅲ 解答

⑴―④ ⑵―① ⑶―④ ⑷―② ⑸―③
⑹―① ⑺―① ⑻―② ⑼―③ ⑽―①

◀解　説▶

⑴「彼は自分のオリンピックの対戦相手を過小評価するというひどい間違いを犯した」

the mistake of *doing* で「～するという間違い」という意味になり，④が正解。

⑵「私は年老いた父の面倒を精一杯見ている」

to the best of my ability で「私の力の及ぶ限り，精一杯」の意味になり，①が正解。

⑶「その両親は，自分たちの成人した息子をついに持ち物一式と一緒に家から追い出した」

throw *A* out of the house で「*A* を家から追い出す」の意味になり，④が正解。

⑷「これらの問題のそれぞれについて事実の詳細な検討が必要だ」

require consideration で「検討を要求する＝検討が必要」という意味に

なり，主語のEachは単数扱いなので，②が正解。

(5)「彼女はイタリアの南海岸で比較的穏やかな生活を送った」

enjoy a peaceful lifeで「穏やかな生活を送る，享受する」の意味になり，③が正解。

(6)「君は信じられないほど幸運だね！」「どういう意味ですか？」

What do you mean by that? で「それはどういう意味ですか？」という驚き・怒りを表すことが多い表現。①が正解。

(7)「金曜日には私の車は準備できると約束しましたよね！」

① promised以外（現在完了形，現在形，未来）は時制の一致が生じないので不適。正解は①。

(8)「私は兄が彼の子供たちをもっとよく世話するよう要求した」

提案・要求・命令内容を表すthat節の中の動詞は原形またはshould *do*の形になるので，②が正解。

(9)「学校では人気がなかったので，ロバートは昔の級友のだれとも会うのを楽しみにしたことはない」

look forward to *doing*で「～するのを楽しみにする」の意味になり，③が正解。

(10)「彼女は札幌を活動拠点にしているが，その札幌は北海道で最大の都市だ」

カンマの後で，直前の名詞を受けながらその後の部分の主語の働きをする非制限的用法の関係代名詞whichが適切。①が正解。

Ⅳ　**解答**

33―②　34―①　35―⑤　36―⑦　37―⑧　38―③
39―⑥

◆全　訳◆

≪ガイドと旅行者の会話≫

(ボランティアガイドのAさんが鎌倉を歩いてまわるツアーにカナダ人の旅行者のBさんを連れて行くところである。)

A：今までに鎌倉を訪れたことはありますか？

B：いえ，今回が初めてです。この歴史的な都市を訪れてとてもわくわくしています。

A：日本の歴史と文化のどんな部分に関心がありますか？　古いお寺や神

社を訪れるのは好きですか？

B：そうですね，私は日本の刀剣のコレクターなんです。なので，鎌倉時代と，12 世紀後期に源頼朝によって確立された幕府に本当に関心があります。

A：それはとても興味深いですね。あなたにぴったりの場所を知っていると思いますよ！

B：すばらしい！　どこへ行くのですか？　博物館ですか？

A：いいえ，ある刀匠と興味深いつながりのあるお寺ですよ。有名な刀匠の正宗について聞いたことはありますか？

B：ええ。本格的に日本の刀剣を集めているものなら皆，正宗についてなにがしかを知っているものですよ。彼は日本の歴史でもっとも有名な刀匠です。

A：本覚寺まで歩いていきましょう。それは駅の近くの仏教寺院です。それは正宗が眠っている場所（墓所）です。

(少し歩いたのち)

B：すぐでしたね！　本覚寺は駅にとても近いですね！　3分しかかかりませんでしたよ。

A：そうですね，鎌倉は歩いてまわるのにぴったりなんです！　この大きな石碑は 1835 年に森家の侍によって寄贈されたんですよ。それはこの寺と正宗との結びつきを説明しています。

B：その記念碑は正宗のお墓がどこにあるか説明していますか？

A：いいえ，でも，これらの墓標の中に正宗のお墓を見つけることができますよ。ここを見てください，この墓には正宗と彼の旧暦での没年月日に関する情報があります。

B：正宗のお墓にお参りする機会があるなんて思いもしませんでした。

◀解　説▶

まず空所の数と選択肢の数を確認して，使わない選択肢があるかを確認（本問では１つ使わない選択肢がある)。次に，立場が異なり，発言を区別しやすい２人の会話の場合，先に発言者で分けてから考えるとわかりやすくなる。本問では，①・③・④・⑤・⑦がガイドのセリフ（ただし，ガイドのセリフの空所は４つなので，このうち１つは使わない)，②・⑥が客のセリフ。⑧はどちらのセリフにもなりうるが，客のセリフの空所が３

つなので，⑧は客のセリフと予想できる。具体的に問題を解き始める段階では，ざっと会話の全体を速読して展開をつかんだうえで，代名詞や Yes, No を含むやりとりのある部分など，わかりやすいところから先に埋めていくとよい。

ガイドのセリフ：34 の直後で客が自分の関心のあることについて話していることから，34 には関心分野に関する質問の続きとなる①が入る。35 の直後の客のセリフの中に Is it a museum? とあることから，35 には it の指す「場所を表す単数の名詞」があるとわかり，the spot を含む⑤が入る。36 の直後の客のセリフは Yes で始まり，そのあとで正宗について語っていることから，36 は正宗についてたずねている⑦が入る。ガイドのセリフとして分類しておいたものの残りは③と④で，石碑について語った後である空所 38 には③が適切であるとわかる。

客のセリフ：33 は鎌倉について話している段階なので②が入る。⑥は正宗の墓について触れているので本覚寺を訪れたあとである 39 に入る。残った⑧を 37 に入れて文脈が通るか確認すれば完了。

V　解答

(1)—⑥　(2)—②　(3)—①　(4)—③　(5)—②　(6)—③
(7)—⑤

◀解　説▶

(1)　(Anything) would be better than watching television (alone at home!)

助動詞の後には動詞の原形がつくはず，than より前に比較級がくるはず，television の直前には watching がつく，などのように先に作ることができるかたまりを作ってから考えるといい。

(2)　(We don't consider him a) mere customer but our close friend(.)

not *A* but *B*「*A* ではなく *B*」の構文。a mere ～「単なる～」

(3)　(Excuse me sir, but) would you mind telling me what (sort of car that is?)

would you mind *doing*「～してくれませんか」

(4)　(It) was in Australia that David first (met Elizabeth.)

It is〔was〕～ that ….の強調構文。

(5)　(I) don't think they will accept that (offer.)

「〜しないと思う」は英語では I don't think 〜「〜するとは思わない」と表現するのが普通。

(6)　(Selling products) abroad is no more difficult than (selling to the home market.)

no＋比較級＋than の構文。「より〜であることが全然ない＝同じくらい〜である」と考える。

(7)　(The man) was chased after by several policemen(.)

chase after *A*「*A* を追いかける」の受動態。*A* is chased after by 〜のように動詞と by の間に前置詞が残ることに注意しよう。

日本史

I

解答　問１．②　問２．③　問３．⑤　問４．②　問５．②
問６．④　問７．①　問８．⑤　問９．④　問10．①
問11．④　問12．②　問13．②　問14．⑤

◀解　説▶

≪原始・古代～中世の政治・文化≫

問２．①誤文。南西諸島は貝塚文化という食料採取文化が続いており，食料生産の段階には入っていない。

②誤文。良民女子の口分田班給は良民男子の３分の２（１段120歩）であり，２段ではない。

④誤文。大坂の堂島米市場が全国の米相場を左右するようになるのは江戸時代であり，室町時代に堂島米市場はない。

⑤誤文。石高が収入額の基準となるのは太閤検地からであり，戦国時代のことではない。

問３．①誤文。土師器は須恵器とともに用いられており，須恵器の伝来で用いられなくなったとするのは誤り。

②誤文。江田船山古墳は熊本県にあり埼玉県は誤り。埼玉県には鉄剣が出土した稲荷山古墳がある。

③誤文。五経博士は百済から渡来した。新羅は誤り。

④誤文。曇徴が紙・墨の製法を，観勒が暦法を伝えた。曇徴と観勒の説明が逆になっている。

問４．①誤文。徳・仁・礼・信・義・智が正しい序列であり，礼以降の序列が誤っている。

③・⑤誤文。天智天皇による最初の全国的戸籍は庚午年籍であり，持統天皇のときに作成された戸籍は庚寅年籍である。

④誤文。飛鳥浄御原令の施行は持統天皇のときで，天武天皇は誤り。

問５．平城京遷都は，女帝の元明天皇のときである。

問６．①誤文。検非違使の設置は嵯峨天皇のときで桓武天皇のときではない。

②誤文。健児採用の際の軍団兵士の廃止は，すべての地域で実施されたのではない。東北や九州地方などでは廃止されていない。

③誤文。桓武天皇は班田の期間を 6 年から 12 年に改めた。12 年から 6 年ではない。

⑤誤文。出挙の利率は 5 割から 3 割へ引き下げられた。3 割から 5 割へ引き上げたのではない。

問 7．②誤文。「此の世をば我が世とぞ思ふ」という和歌は，藤原実資の日記『小右記』に記載されており，『御堂関白記』ではない。

③誤文。藤原頼通は，後一条・後朱雀・後冷泉天皇の摂政・関白になったが三天皇の外祖父ではない。外祖父は道長である。後三条天皇の即位までに，摂政・関白になったのは天皇の外祖父のみであったとするのは誤り。

④誤文。延久の荘園整理令では，摂関家の荘園も対象となった。対象外ではない。

⑤誤文。平清盛と源義朝が戦ったのは平治の乱であり，保元の乱ではない。

問 8．史料①～⑤の出来事は以下の通り。①承久の乱（1221 年）に際しての北条政子の活躍。②文永の役（1274 年）での非御家人の動員。③守護・地頭の設置（1185 年）。④永仁の徳政令（1297 年）。⑤御成敗式目の制定（1232 年）。以上から，年代順に並べると，③→①→⑤→②→④となる。

問 9．Y．誤文。後深草上皇の流れをくむのが持明院統，亀山天皇の流れをくむのが大覚寺統。持明院統と大覚寺統の説明が逆になっている。

Z．誤文。元弘の変で後醍醐天皇が流されたのは，佐渡ではなく隠岐である。

問 12．①誤文。今川貞世は，足利義満により解任された。足利尊氏ではない。

③誤文。大内義弘は応永の乱（1399 年）で敗死しており，応永の外寇（1419 年）のときではない。

④誤文。上杉氏憲の反乱（上杉禅秀の乱）で追討軍を送り平定したのは，足利義持であり足利義教ではない。

⑤誤文。永享の乱で幕府に敗れ自害したのは鎌倉公方足利持氏であり，関東管領上杉憲実ではない。足利持氏と上杉憲実の説明が逆になっている。

問 13．史料①～⑤の出来事は以下の通り。①山城の国一揆（1485～93 年）。

②嘉吉の乱（1441年）。③正長の徳政一揆（1428年）。④加賀の一向一揆（1488～1580年）。⑤播磨の土一揆（1429年）。以上から，年代順に並べると，③→⑤→②→①→④となる。

問14．X．誤文。桂庵玄樹は薩南学派のもとを開いた。南学（海南学派）のもとを開いたのは南村梅軒である。

II 解答

問1．A─③　B─①　C─⑤　D─③　問2．⑤
問3．②　問4．①　問5．E─②　F─②　G─④
問6．②　問7．③　問8．④

◀解　説▶

≪近世の政治と元禄時代の文芸・学問≫

問1．D．最初の武家諸法度が制定された1615年は元和元年にあたる。

問2．X．誤文。石田三成・小西行長らは京都で処刑された。江戸ではない。

問3．②誤文。参勤交代を定めた武家諸法度は寛永令（1635年）であり，1615年の武家諸法度（元和令）ではない。

問6．②誤文。徳川綱吉の治世下，幕府は大嘗会を再興し朝幕関係の協調を図った。大嘗会を取りやめたとするのは誤りである。

問7．③正文。俳諧は連歌の発句が独立して成立したので，「和歌や連歌の伝統を生かした」とするのは正しい。

①誤文。現実の世界を題材に，恋愛や金銭に執着しながら生活する人間の姿を描いたのは井原西鶴であり，鶴屋南北ではない。また，鶴屋南北は化政文化の時代の人物であり元禄文化に該当しない。

②誤文。人形浄瑠璃として演じられる作品を描いたのは近松門左衛門である。井原西鶴ではない。

④誤文。世話物は，当時の町人社会の世相を描いたものであり，武士社会の出来事や人物を主題としたものではない。

⑤誤文。歌舞伎は，歌と踊りの重視から物語性を重視した演劇へと変化したのであり，その逆ではない。

問8．④誤文。古学派は，朱子学・陽明学を批判し，孔子・孟子の古典に立ち返ることを主張した。朱子学や陽明学の総称ではない。

III **解答**　問 1．③　問 2．①　問 3．③　問 4．②　問 5．④
問 6．③　問 7．③　問 8．①　問 9．⑤　問 10．⑤
問 11．③　問 12．④　問 13．③　問 14．③

◀解　説▶

≪近現代の政治・外交・経済≫

問 3．①誤文。ペリーは浦賀に来航し，久里浜で国書を提出した。横浜ではない。横浜上陸は，ペリーの再来航のときである。

②誤文。アメリカ大統領の国書は幕府に提出されており，朝廷ではない。

④誤文。プチャーチンは下田で日露和親条約を結んだ。長崎ではない。

⑤誤文。日露和親条約では，樺太についてはこれまで通りとして国境は定められていない。

問 4．工部省の設置は 1870 年で，廃藩置県（1871 年）の前である。

問 5．①誤文。1873 年の政変は，征韓派参議が辞職した明治六年の政変であるが，大隈重信は征韓論を支持しておらず，辞職していない。

②誤文。徴兵告諭の公布は 1872 年であり，1873 年は誤り。1873 年には徴兵令が公布されている。

③誤文。江藤新平が中心となった佐賀の乱は 1874 年で，1876 年の秋月の乱に呼応したとすることはできない。

⑤誤文。金禄公債証書の交付は 1876 年で，岩倉使節団派遣中（1871～73 年）のことではない。

問 9．X．誤文。二十一カ条の要求の大部分を認めさせたが，すべてを認めさせたのではない。

問 10．⑤正文。③誤文。アメリカは，中国に対する日本の特殊権益を認めた。認めなかったとするのは誤り。同時に，日本はアメリカの中国における領土保全・門戸開放の原則を認めた。

①誤文。石井・ランシング協定は，ヴェルサイユ条約ではなくワシントン会議における九カ国条約の締結により廃棄された。

②誤文。石井・ランシング協定の締結は，アメリカの第一次世界大戦参戦と同じ 1917 年であり，アメリカが参戦する前年ではない。

④誤文。石井菊次郎は特派大使として派遣されており，外務大臣ではない。

問 12．1955 年に日本民主党と自由党が合同して保守合同が実現し，自由民主党が結成された。その結果，自由民主党が 3 分の 2 近い議席を占め，政権を担当した。

問 13. ③正文。為替レートは 1949 年以来固定され，1952 年には IMF（国際通貨基金）に加盟している。朝鮮戦争の時期（1950〜53 年）に該当する。

①誤文。ドッジによる一連の施策であるドッジ=ラインが政府に指示されたのは 1949 年で，1950 年の朝鮮戦争勃発前である。

②誤文。特需景気は 1950〜53 年の好況のことであり，1966〜70 年のいざなぎ景気とは別のものである。

④誤文。農業基本法の制定は 1961 年であり，朝鮮戦争の時期ではない。

⑤誤文。傾斜生産方式の閣議決定は 1946 年であり，朝鮮戦争勃発前である。

問 14. Y．誤文。1955 年の農業人口は，就業人口全体の 4 割以上あったが，1970 年ころには 2 割を割り込んでいた。約 5 割は誤りである。

世界史

I　解答

問 1．③　問 2．⑥　問 3．②　問 4．②　問 5．②
問 6．④　問 7．④　問 8．②　問 9．①　問 10．③
問 11．①　問 12．②　問 13．④　問 14．①　問 15．③　問 16．②

◀解　説▶

≪ギリシア史から見た古代～近代の地中海周辺史≫

問 1．③誤文。フランスはクリミア戦争（1853～56 年）ではオスマン帝国側を支援している。

問 2．5つの出来事の中では，(い)カトリック教徒解放法成立（1829 年）が最も早い。1830 年代には(あ)第 1 回選挙法改正（1832 年），(う)東インド会社の中国貿易独占権の廃止を実施（1834 年）が続き，1840 年代に(お)穀物法廃止（1846 年），(え)航海法廃止（1849 年）が実施されている。よって，2 番目は(あ)，4 番目は(お)なので，正答は⑥。

問 3．①誤文。ミールを解体したのはウィッテの後に首相となったストルイピン。

③誤文。神聖同盟を提唱したのはアレクサンドル 1 世。

④誤文。ツァーリの称号を初めて用いたイヴァン 3 世はモスクワ大公国の大公。

問 4．②誤文。イギリスのジョン王と戦って大陸のイギリス領の大半を獲得したのはフィリップ 2 世。

問 5．②不適。カージャール朝（1796～1925 年）下のイランでバーブ教徒の反乱が起こったのは 1848 年。

問 6．④誤文。皇帝即位に関しては，フランクフルト国民議会がプロイセン王に申し出たが，国王が拒否した。

問 7．アテネの民主政は，(い)ソロンの改革（前 6 世紀初め），(う)ペイシストラトスの僭主政治（前 6 世紀中頃），(あ)クレイステネスの改革（前 6 世紀末）を経て，(え)ペリクレスによって前 5 世紀中頃に完成しているので，正答は④。

問 10．①誤文。スパルタ市民はドーリア系。

②誤文。市民の多くが軍船の漕ぎ手として戦争に参加したのはアテネ。
④誤文。被征服民はヘイロータイ（ヘロット）と呼ばれた。ペリオイコイは商工業に従事した周辺民。
問11．①適切。呉楚七国の乱は前154年の出来事なので前2世紀。②大秦王安敦の使節が日南郡に至ったのは2世紀中頃，③赤眉の乱は18～27年，④劉邦が前漢を建てたのは前202年なので，②～④はいずれも前2世紀の出来事ではない。
問12．②誤文。ニケーア公会議（325年）で正統教義とされたのはアタナシウス派。
問13．④誤文。ビザンツ帝国では皇帝がギリシア正教会を支配する立場にあったので，対立関係はない。
問15．①誤文。マムルークはトルコ人奴隷。
②誤文。アラブ人でも征服地に土地を所有していれば地租が課された。
④誤文。バグダードを造営したのはマンスール。

II 解答

問1．④　問2．③　問3．④　問4．③　問5．④
問6．③　問7．②　問8．⑤　問9．②　問10．③
問11．①　問12．④　問13．④
問14．同盟国：⑤　協商国（連合国）：①

◀解　説▶

≪人とモノの交流から見た世界通史≫
問2．③誤文。手工業者の同業組合は作。行は商人の同業組合。
問3．①誤文。仰韶文化では彩陶が，竜山文化では黒陶がつくられた。
②誤文。景徳鎮で陶磁器生産が発展したのは宋代以降。
③誤文。染付は元代後期に，赤絵は明代に確立された陶磁器の装飾技法。
⑤誤文。清代に代価として流入したのは銀。
問5．④誤文。鄭和の艦隊が達した西端はアフリカ東海岸。
問6．①誤文。西域に派遣されたのは張騫。
②誤文。衛氏朝鮮を滅ぼして楽浪など4郡が設置されたのは朝鮮北部。
④誤文。武帝が実施した経済統制策は均輸・平準。
⑤誤文。儒学の官学化を提案したのは董仲舒。
問7．②誤文。宋代の新興地主層は形勢戸。

問9．①誤文。北ベトナムがベトナム民主共和国であり，南ベトナムがベトナム共和国である。

③・④誤文。ディエンビエンフーの大敗とジュネーブ休戦協定はともにインドシナ戦争（1946～54年）に関する出来事。また，ディエンビエンフーで大敗して協定によりインドシナから撤退したのはフランス。

⑤誤文。1975年に北ベトナム軍が占領したのはサイゴン（現在のホーチミン）。

問10．①・②誤文。喜望峰を経由する東回りでのインドへのルートを開拓したのはポルトガルであり，西回りの結果，北アメリカ大陸に到達したのはスペイン。

④誤文。マゼランはポルトガル人だが，彼を派遣したのはスペイン。

⑤誤文。テノチティトランを占領してアステカ王国を滅ぼした（1521年）のはコルテス。

問12．やや難問。①誤文。「アフリカの年」と呼ばれたのは1960年。

②誤文。アフリカ諸国の連帯組織として結成されたのはアフリカ統一機構（OAU）であり，その結成は1963年。

③誤文。人種差別撤廃が叫ばれたのは1912年のアフリカ民族会議。パン＝アフリカ会議（1900年）で叫ばれたのは西欧植民地主義と人種差別への反対。

⑤誤文。北アフリカ諸国で民主化運動がおこり独裁政権が崩壊（アラブの春）したのは2011年。

Ⅲ 解答

問1．① 問2．③

問3．A―③ B―② C―③ D―②

問4．① 問5．② 問6．① 問7．② 問8．④ 問9．④

問10．E―① F―① G―① H―③ 問11．③ 問12．③

問13．①

◀解 説▶

≪気候変動がもたらす諸問題から考える世界通史≫

問1．(う)朝鮮戦争（1950～53年）における休戦協定の成立（1953年），(あ)フルシチョフによるスターリン批判（1956年），(え)キューバ革命（1959年）はいずれも1950年代の出来事。キューバ革命によりキューバが社会主義国となったことでアメリカとの間に(い)キューバ危機（1962 年）が起こるが，(お)ベルリンの壁が構築されたのはその前年の 1961 年。よって，正答は(う)→(あ)→(え)→(お)→(い)の①。

問２．①誤文。生産の国家統制を目指したのはルイ=ブラン。プルードンは無政府主義者。

②誤文。1848 年革命はフランスの二月革命の影響によりヨーロッパ各地で起こった革命。

④誤文。下層市民が組み込まれたのはコロナトゥス。

問４．①誤文。カイロを造営したシーア派王朝はファーティマ朝。

問５．①誤文。アルファベットの起源となったのはフェニキア人がつくったフェニキア文字。

③誤文。トルコ共和国初代大統領となったのはムスタファ=ケマル（ケマル=アタテュルク）。

④誤文。後金（アイシン）を建国し満州文字を定めたのは初代ヌルハチ。

問６．②誤文。地中海交易に活躍したのはフェニキア人。ドラヴィダ語族は南インドの民族。

③誤文。15 世紀末の囲い込み（第１次）によって増大したのは羊毛生産。

④誤文。フィリピンを支配したのはスペイン。

問７．①誤文。インド大反乱であるシパーヒーの反乱が起こったのは 1857～59 年だが，インド帝国の成立は 1877 年なので大反乱がきっかけとは言えない。

③誤文。19 世紀のアイルランドで起きたのはジャガイモ飢饉。

④誤文。元末に起きたのは紅巾の乱（1351～66 年）。

問８．①誤文。ジャックリーの乱（1358 年）はフランスの農民反乱。

②誤文。結核菌を発見しツベルクリンを開発したのはドイツのコッホ。

③誤文。ジェンナーはイギリス人。

問９．(お)ブリュメール 18 日のクーデタ（1799 年）により第一統領となったナポレオンは，(え)アミアンの和約（1802 年）でイギリスと講和し，1804 年には(い)民法典（ナポレオン法典）を公布している。その後，イギリスに打撃を与えるため(う)大陸封鎖令（1806 年）を出したが，最終的には(あ)ワーテルローの戦い（1815 年）で大敗しセントヘレナ島に流された。よって，正答は(お)→(え)→(い)→(う)→(あ)の④。

問 11. ①誤文。印紙法（1765 年）の後に茶法（1773 年）が制定された。

②誤文。馬はヨーロッパ人がアメリカ大陸に持ち込んだので，ヨーロッパ人侵入以前には存在していない。

④誤文。フレンチ=インディアン戦争（1754～63 年）と並行して起こったのは七年戦争（1756～63 年）。

問 12. ①誤文。1979 年の革命によりアメリカとの対立が激化したのはイラン。

②誤文。イギリスは 17 世紀後半にオランダと，18 世紀にはフランスとの争いに勝利した。

④誤文。アメリカはアメリカ=メキシコ戦争（1846～48 年）に勝利してカリフォルニアなどを獲得したので，その前年までカリフォルニアはメキシコ領。

問 13. ①誤文。モンロー教書はヨーロッパとの相互不干渉を表明したもの。

地理

I　解答

問1．④　問2．B―②　C―⑤　問3．①　問4．②
問5．④　問6．①　問7．④　問8．①

◀解　説▶

≪日本地誌≫

問1．「もんじゅ」は福井県敦賀市にある，日本原子力研究開発機構の研究用原子炉である高速増殖炉として設置された。しかし，1995 年，2010 年の相次ぐ事故により廃炉となった。他の自治体には，商業用の原子力発電所が立地している。

問2．豚の飼養頭数を手がかりに，Cを宮崎県，Bはメロン・ピーマン・鶏卵から首都圏に位置する茨城県と判断する。

問3．岐阜県には伊勢湾に流入する木曽川と支流の飛驒川，長良川，揖斐川の他に，富山湾に流れる庄川と神通川の上流である宮川が流域をなす。

問4．温泉地数1位は北海道であるが，源泉総数が1位であるのは大分県となる。温泉と関係の深い再生可能エネルギーは地熱発電と考えることもヒントとなる。大分県には火山の集中するくじゅう連山付近に，国内最大の八丁原地熱発電所の他，大岳，滝上などにも立地している。鹿児島県には指宿，山川，大霧に，秋田県には大沼，澄川，上の岱などに立地しており，再生可能エネルギーの中心となっている。なおFは鹿児島県，Gは静岡県，Hは秋田県である。

問5．民俗学者柳田国男の『遠野物語』で知られる岩手県遠野市は，北上高地の谷あいに位置し，北上川の支流・猿ヶ石川の源流となっている。阿武隈川は福島県，岩木川は青森県，雄物川は秋田県，最上川は山形県を流れている。

問6．岩手県は，古くから馬産地として知られており，農事暦の伝統行事として滝沢市から盛岡市の神社へ行進する「チャグチャグ馬コ行進」が行われている。②は高知県のよさこい祭り，③は青森県のねぶた（ねぷた）祭り，④は沖縄県糸満市糸満の「糸満ハーレー」である。

問7．④適切。合羽橋は浅草と上野の中間に位置する，食器具・調理器具・食材などを扱う道具専門の問屋街である。

①不適切。「江戸時代からの歓楽街」は，浅草寺の門前町のことである。

②不適切。スカイツリーの完成とともにできたのが東京スカイツリータウンで，墨田区押上地区に立地する。

③不適切。渋谷川は渋谷区である。

⑤不適切。山の手台地での治水工事は考えにくい。

問８．安家洞は岩手県，日原鍾乳洞は東京都，白雲洞は広島県，龍河洞は高知県にある。

Ⅱ　解答

問１．③　問２．①　問３．③

問４．A―④　B―②　C―③

問５．⑤　問６．ブラジル：④　インドネシア：③

◀解　説▶

≪コーヒー生産国≫

問１．ベトナムはドイモイ政策の影響もあって，近年コーヒー栽培が盛んになり，世界第２位の生産国になっている。

問２．インドネシアの首都ジャカルタは海岸付近にある港湾都市でもある。エチオピアの首都アディスアベバは 2354 m，コロンビアの首都ボゴタは 2547 m，ブラジルの首都ブラジリアは 1159 m，ホンジュラスの首都テグシガルパは 990 m の高地に立地している。

問３．コーヒーの収穫は乾季に行う。南半球のブラジル高原はサバナ気候（Aw）・温帯冬季少雨気候（Cw）が卓越しているので，低日季の５～９月が収穫期となる。

問４．Aは２億以上の人口を有するのでインドネシアかブラジルとなる。第１次産業就業者が 9.3％と比較的低いことからブラジルと判断する。インドネシアの人口は 2.7 億人，第１次産業就業者は 29.6％である（2018 年）。Bは第１次産業就業者が 66.7％，乳児死亡率が 39‰と高く識字率が低いことから発展途上国であり，人口が約 1.1 億人と多いことからエチオピアとなる。CはAと似た状況であるが，人口が約 5100 万人であるからホンジュラス（人口約 1000 万人）ではなくコロンビアと判断する。

問５．①不適切。インドネシアは世界最大のイスラム教国で，国教ではないもののイスラム教徒は 87.2％に達している（2010 年）。

②不適切。エチオピアは独自のキリスト教であるエチオピア正教の信者が43.8％，プロテスタントが 22.8％，イスラム教徒が 31.3％で，キリスト教が多数派である（2016 年）。

③不適切。ブラジルは旧宗主国ポルトガルの影響でカトリックが 65％を占めている（2010 年）。

④不適切。ホンジュラスは当初スペインの植民地であったため，スペイン語を公用語としている。

⑤適切。コロンビアは先住民と白人の混血であるメスチソが大半（58％）で白人は 20％に過ぎない（2006 年）。ブラジルは白人が 47.7％を占めている（2010 年）。

問６．ブラジルは近年の需要増から大豆栽培が急増し，総輸出額の１位（11.6％）となっている。インドネシアはかつて輸出の中心であった原油は輸入国となっており，近年は石炭が総輸出額の 13％を占めるようになった（2019 年）。

Ⅲ　解答

問１．④　問２．⑤　問３．③　問４．⑤　問５．④
問６．①　問７．⑤　問８．②　問９．④

◀解　説▶

≪アメリカ合衆国地誌≫

問１．写真１はグランドキャニオン国立公園の景観で，コロラド高原をコロラド川が侵食して形成された峡谷が見られる。

問２．写真２はヨセミテ国立公園の景観で，谷の形状からＵ字谷であることがわかるので，氷食地形であると判断する。

問３．Ｊの中央平原からＭの大西洋岸平野にかけての地域は，大陸東岸に特有の温暖湿潤気候（Cfa）である。

問４．①不適切。Ｂのセントラルヴァレーでは，北部のサクラメント川流域で稲作が盛んである。

②不適切。航空機産業はワシントン州のシアトルやカリフォルニア州ロサンゼルスなどで盛んであるが，Ｂ盆地には立地していない。

③不適切。地中海性気候の地域なので，降雨は冬季に集中し，夏は乾燥する。

④不適切。国際的な観光地であるサンフランシスコやロサンゼルスはセン

トラルヴァレーではなく太平洋岸に立地している。セントラルヴァレーでは地中海式農業が営まれているが，小麦栽培は盛んではなく製粉業は発達していない。

⑤適切。シエラネヴァダ山脈と海岸山脈に挟まれた地溝であり，シエラネヴァダ山脈の融雪水等を灌漑に利用する地中海式農業が営まれている。

問5．①不適切。Ｉには黒色のプレーリー土が多い。

②不適切。Ｈは海抜高度がやや高いグレートプレーンズで自然堤防地帯ではなく，Ｉはプレーリーで山地はないため扇状地は発達しない。

③不適切。Ｈのグレートプレーンズは半乾燥地域で，世界有数の牧牛地域である。地下水を利用したセンターピボットによる灌漑により小麦・綿花の栽培が盛んとなったが，大豆は中央平原のプレーリーが中心である。

④適切。Ｉの地域は西経 100 度より東側であるので小麦とともにトウモロコシの栽培が盛んである。

⑤不適切。牛の放牧は半乾燥地であるＨ地域が中心で，近年はフィードロッドによる飼育が中心となっている。

問6．①適切。Ｌのピードモント台地とＭの大西洋岸平野の境界には，水車動力による工場の立地や水陸交通の結節点として滝線都市が発達した。

②不適切。大西洋岸平野は隆起海岸平野であるので，海抜高度はやや高くゼロメートル地域ではない。

③不適切。大規模な自動車工業地帯は，五大湖周辺のミシガン州やオハイオ州などに立地している。Ｌ台地とＭ平野の境には，ダラムを中心とするリサーチトライアングルパークがあり，先端技術産業が立地している。

④不適切。降水量が多いため小麦栽培はあまり盛んではなく，綿花やたばこ栽培が行われている。

⑤不適切。隆起している地域であり，氷食も受けていないのでフィヨルドは形成されていない。

問7．ネイティブアメリカンはかつてアメリカンインディアンと呼ばれたこともあるが，北極圏に居住するイヌイット（エスキモー）と同様にアジア系のモンゴロイドである。アボリジニはオーストラリア先住民でオーストラリア以外にはほとんど居住しておらず，ネグロイドはアフリカから強制移動させられた民族の子孫が中心である。

問8．ネイティブアメリカンは，白人の移民増加により中西部の不毛の乾燥地域の居留地に追いやられた。したがって，中西部のグレートプレーンズやロッキー山脈付近の州に見られる▽が該当する。

①不適切。18 世紀から成立した州は東部 13 州である。

②適切。半乾燥の不毛の地が多い。

③不適切。同時多発テロ事件はニューヨーク・ワシントンなどで発生したが，中西部では発生していない。

④不適切。石油の産出はあるが，大油田地帯にはあたらない。

⑤不適切。南部には綿花地帯もあるが，北部の諸州では綿花栽培は行われていない。

問９．アジア系は太平洋岸に多いことから☆，アフリカ系は南部諸州に多いことから○，ヒスパニックはメキシコ国境に近い諸州に多いことから□と判断する。

①・②・③不適切。アジア系の多いカリフォルニア州には５球団の本拠地がある。

④適切。アフリカ系の多い７州のうち本拠地があるのはワシントン D.C. とジョージア州，ネイティブアメリカンの多い６州のうち本拠地があるのは１州（アリゾナ州）のみで，少ないといえる。

⑤・⑥不適切。ヒスパニックの多い６州のうち４州に本拠地がある。

Ⅳ　解答

問１．⑤　問２．②　問３．①　問４．③　問５．①
問６．①　問７．⑤　問８．③

◀解　説▶

≪集落立地と自然環境≫

問１．台地上は水が入手しにくいため，開発が遅れた。

問２．「防御的な機能」を有する日本の集落であるので，集落全体を濠で囲んだ環濠集落と考える。中央に広場を有する円村や広場村も家畜を夜間に管理するために広場に集めたことで防御機能を有するが，ヨーロッパの集落であって日本での立地は見られない。新田集落は近世に開拓された地域，林地村はドイツ等の森林開拓村落名である。

問３．①適切。耕作のための移動が少なくてすむ利点がある。

②不適切。新田集落について説明した文である。

③不適切。条里制のもとで立地した集落は，集村である塊村とされる。

④不適切。稲作は水利慣行などから共同体での営みが不可欠のため，集村となるのが一般的である。

⑤不適切。家屋からの移動距離が少なく，農作業には便利であることが多い。

問4．微高地は海岸沿いに見られる砂丘もあるが，「平野の中」の条件から自然堤防となる。

問5．外来河川は，源流が湿潤地域にあり乾燥地域を貫流して海へ流れ込む河川である。アマゾン川は熱帯雨林地域を流れているので該当しない。

問6．①はスイカで，南アフリカのカラハリ砂漠付近を原産地とする。したがってオアシスでの栽培に適する。②はバナナ，③はパイナップルで高温多湿の地域に適する。④は柑橘類で地中海性気候など温暖湿潤の地域が栽培適地である。

問7．寄居は，荒川が秩父盆地から関東平野に流れ出る地点に位置している。

問8．③適切。タウンシップ制はアメリカ合衆国の中西部開拓の際，自作農を育成するために制定されたホームステッド法に基づく土地分割制度である。①インフォーマルセクターとは露天商など正式な雇用契約や社会保障がない労働環境での経済活動のこと。②ジェントリフィケーションとは都市再開発で地価が上がり比較的豊かな人々が居住するようになる現象。⑤ロードプライシング制度は渋滞緩和のため都心部に乗り入れる自動車に課金する制度のことである。

政治・経済

I　解答

問1．①　問2．A―③　B―②　問3．④　問4．②
問5．④　問6．①　問7．③　問8．②　問9．④
問10．③　問11．③

◀解　説▶

≪基本的人権≫

問3．④不適切。基本的人権の尊重は，日本国憲法の三大原理の一つであるが，マッカーサー三原則ではない。

問5．④不適切。黙秘権は，人身の自由に含まれるものである。

問8．①不適切。捜査の対象である者は，被疑者と呼ばれる。

③不適切。事後に制定された法律で罰してはならない原則は遡及的処罰の禁止である。

④不適切。2019 年に一部の事件に限っての取り調べの可視化が導入された。

問10．①不適切。社会権を最初に規定したのは，ワイマール憲法である。

②不適切。朝日訴訟において，最高裁判所は生活保護の基準を違法とまではいえないと判断した。

④不適切。公務員の労働三権のうち団体行動権が厳しく制限されている。なお，治安を司る公務員は三権全てを制限されている。

II　解答

問1．A―⑥　B―③　C―⑤　問2．①　問3．④
問4．②　問5．③　問6．④　問7．⑧　問8．⑤
問9．②

◀解　説▶

≪主要国首脳会議≫

問1．B．ロシアは2014 年にウクライナからクリミア半島を併合した。

問4．①不適切。ユーロの導入は，すべてのEU（ヨーロッパ連合）加盟国で行われてはいない。

③不適切。欧州議会の議席は，人口比で割り当てられている。

④不適切。ユーロ危機の発端は，ギリシャの財政危機であった。

⑤不適切。アイルランドは，EU を離脱していない。

問 6．①不適切。日本は 2011 年にインドとの間で経済連携協定（EPA）に署名し，発効している。

②不適切。2015 年に 6 カ国と核開発制限の合意を締結したのは，イランである。2018 年にこの枠組みからアメリカが離脱した。

③不適切。インド人民党は，ヒンドゥー至上主義を掲げる政党である。

⑤不適切。バンドン会議で採択されたのは，平和十原則である。

問 9．①不適切。カダフィ政権が崩壊したのはリビアである。

③不適切。アフリカ統一機構（OAU）を発展的に解消してアフリカ連合（AU）が創設された。

④不適切。日本の政府開発援助（ODA）は，アジアがアフリカを上回る。

⑤不適切。南アフリカは核開発放棄国であり，ペリンダバ条約を結んでいる。

III 解答

問 1．④　問 2．④　問 3．②　問 4．①・⑤
問 5．①　問 6．③・⑤　問 7．④　問 8．③
問 9．④　問 10．①　問 11．⑤　問 12．②

◀解　説▶

≪財政のしくみ≫

問 2．④不適切。現行制度では現役時の生活水準は保障されない。

問 3．②適切。マクロ経済とは国民経済全体を指す。経済全体の安定化が政府の役割であり，税率や財政支出の裁量的な操作で景気変動の抑制を図る。

③不適切。ビルトイン・スタビライザー機能は，所得税の累進性による好況時の個人消費過熱の抑制や社会保障による不況時の個人消費の下支えなどのように，経済・財政制度に内在する景気安定化の働きである。

問 7．④不適切。財政投融資改革で廃止されたのは，郵便貯金や年金積立金を預託する制度である。

問 8．歳入に占める公債金収入の比率を公債依存度という。公債依存度が高まれば，財政は自由度を失っていき硬直化する。

問 9．④不適切。1990 年度から 1993 年度まで発行されなかったのは，特例国債（赤字国債）である。

問 10．①適切。一般会計では歳出と歳入は等しくなるので，各々の構成から，基礎的財政収支対象経費＋債務償還費＋利払費＝税収等＋公債金収入となる。この式は，税収等－基礎的財政収支対象経費－利払費＝債務償還費－公債金収入と変換できる。左辺は財政収支の定義と等しいので，財政収支＝債務償還費－公債金収入となる。この式にしたがって，当初予算では 14 兆 5394 億円－32 兆 5562 億円，第３次補正予算後は 14 兆 5394 億円－112 兆 5539 億円を計算すればよい。

問 11．予算はあくまで事前の見積もりなので，事後の実際の数値とは異なる可能性がある。当初予算では，歳出＝102 兆 6580 億円，公債金収入＝32 兆 5562 億円なので，歳出＝歳入，歳入＝税収等＋公債金収入から，税収等＝70 兆 1018 億円となる。同様に，第３次補正予算後は，歳出＝175 兆 6878 億円，公債金収入＝112 兆 5539 億円なので，税収等＝63 兆 1339 億円となる。よって，税収等は 63 兆 1339 億円－70 兆 1018 億円で，6 兆 9679 億円減少した。一方，基礎的財政収支対象経費は当初予算が 79 兆 7282 億円，第３次補正予算後が 153 兆 5284 億円なので，153 兆 5284 億円－79 兆 7282 億円で，73 兆 8002 億円増加した。以上を基礎的財政収支＝税収等－基礎的財政収支対象経費に代入すると，－ 6 兆 9679 億円－73 兆 8002 億円＝－ 80 兆 7681 億円となる。よって基礎的財政収支の赤字額の増加額は⑤である。

Ⅳ　解答

問１．②・⑥　問２．③　問３．②　問４．④・⑥
問５．②　問６．⑤・⑥　問７．⑤　問８　②・③

◀解　説▶

≪少子化と社会保障≫

問１．①不適切。救貧税など公的扶助の考えの源がつくられたのは，エリザベス１世の統治下においてである。

③不適切。疾病保険法というはじめての社会保険が作られたのは，19 世紀のドイツである。

④不適切。国際労働機関（ILO）総会で採択され，社会保障の充実を勧告したのは，フィラデルフィア宣言である。

⑤不適切。連邦社会保障法が成立したのは，20 世紀のアメリカである。

問４．①不適切。幼保無償化の対象となっているのは，原則として３～５歳児である。０～２歳児は住民税非課税世帯のみ。

②不適切。育児休暇を取得する女性に，雇用保険から賃金の一部が支給される。

③不適切。０歳児から中学生までの児童を養育する児童手当には所得制限がある。

⑤不適切。高等学校の授業料全額無償化は，すべての生徒ではなく，世帯の所得要件がある。

問５．Z．誤文。2015年共済年金が厚生年金に統一され，一元化された。

問８．①不適切。介護保険制度の財源は保険料・公費とも５割である。

④不適切。介護保険制度は社会保険の一つである。

⑤不適切。介護保険制度の要介護度は原則１から５である。

⑥不適切。介護保険の第１号被保険者に対する保険料は，地方公共団体ごとに異なる。

数学

I　解答

(1)アイ．13　ウ．2　エ．4　(2)オ―②
(3)カキ．17　クケ．24

◀解　説▶

≪小問3問≫

(1)　$1<\sqrt{3}<2$ より，$\sqrt{3}$ の整数部分は1だから

$$\sqrt{3}=1+x \qquad x=\sqrt{3}-1$$

$2<\sqrt{5}<3$ より，$\sqrt{5}$ の整数部分は2だから

$$\sqrt{5}=2+y \qquad y=\sqrt{5}-2$$

よって

$$\begin{aligned}x^2+y^2&=(\sqrt{3}-1)^2+(\sqrt{5}-2)^2\\&=4-2\sqrt{3}+9-4\sqrt{5}\\&=13-2\sqrt{3}-4\sqrt{5}\quad \to ア〜エ\end{aligned}$$

(2)　3人の点数を a，b，c として，$a<b<c$（中央値 b）とする。

$\dfrac{a+b+c}{3}\geqq 80$ より

$$a+b+c\geqq 240$$

$a<b$，$c\leqq 100$ より

$$a+b+c<2b+100$$

よって　$2b+100>240$

$$b>70$$

すなわち，中央値 b は70点以上になっている。

逆に，中央値が70点以上の場合，$a=70$，$b=80$，$c=85$ のとき，平均値が80点以上にならない。

したがって，3人の点数の平均値が80点以上になることは，3人の点数の中央値が70点以上になることの「十分条件であるが必要条件ではない」（②）　→オ

(3)　3人をA，B，Cとして，2人以上が合格する場合は

(A，B，C)

$=(○,\ ○,\ ○),\ (○,\ ○,\ ×),\ (○,\ ×,\ ○),\ (×,\ ○,\ ○)$

であるから，求める確率は

$$\frac{3}{4}\times\frac{2}{3}\times\frac{1}{2}+\frac{3}{4}\times\frac{2}{3}\times\left(1-\frac{1}{2}\right)+\frac{3}{4}\times\left(1-\frac{2}{3}\right)\times\frac{1}{2}+\left(1-\frac{3}{4}\right)\times\frac{2}{3}\times\frac{1}{2}$$

$$=\frac{3\times2\times1+3\times2\times1+3\times1\times1+1\times2\times1}{4\times3\times2}$$

$$=\frac{6+6+3+2}{24}=\frac{17}{24}$$ →カ～ケ

II　解答

(1)ア．3　イウ．24　エ．4　オ．6

(2)カ．3　キ．6　ク．1　ケ．3　コ．3　サ．6

◀解　説▶

≪4次方程式から2次方程式への置き換え，4次方程式の解≫

$$x^4-10x^3+30x^2-30x+9=0 \quad \cdots\cdots①$$

(1)　①を x^2 で割ると

$$x^2-10x+30-\frac{30}{x}+\frac{9}{x^2}=0$$

$$x^2+\frac{9}{x^2}-10\left(x+\frac{3}{x}\right)+30=0$$

$$\left(x+\frac{3}{x}\right)^2-6-10\left(x+\frac{3}{x}\right)+30=0$$

$x+\dfrac{3}{x}=t$ とおくと　→ア

$t^2-10t+24=0$　→イウ

$(t-4)(t-6)=0$

$t=4,\ 6$　→エ，オ

(2)　$t=4$ のとき

$x+\dfrac{3}{x}=4$ より

$x^2-4x+3=0$　　$\therefore\ x=1,\ 3$

$t=6$ のとき

$x+\dfrac{3}{x}=6$ より

$x^2-6x+3=0$　　∴　$x=3\pm\sqrt{6}$

解を小さい順に並べると

$3-\sqrt{6}$, 1, 3, $3+\sqrt{6}$　→カ～サ

III 解答

(1)ア. 2　イ. 4

(2)ウエ. 14　オカ. 25　キ. 4　クケ. 16

(3)コサ. 27　シ. 4

◀解　説▶

≪接線の方程式，放物線と接線で囲まれた図形の面積≫

放物線 $C_1: y=x^2+4x$

$C_2: y=-3x^2+8x-28$

(1)　$C_1: y=x^2+4x$ より $y'=2x+4$ であるから，点 $(a,\ a^2+4a)$ における接線の傾きは　$2a+4$

よって，接線の方程式は

$$y-(a^2+4a)=(2a+4)(x-a)$$

$$y=(2a+4)x-a^2$$　→ア，イ

(2)　放物線 $C_2: y=-3x^2+8x-28$ と(1)の接線 $y=(2a+4)x-a^2$ は接している。

よって，$-3x^2+8x-28=(2a+4)x-a^2$，すなわち $3x^2+2(a-2)x-a^2+28=0$　……① の判別式を D とおくと

$$\frac{D}{4}=(a-2)^2-3(-a^2+28)=0$$

$$a^2-a-20=0$$

$$(a-5)(a+4)=0 \qquad a=5,\ -4$$

ゆえに，2つの接線の方程式は

$a=5$ のとき　$y=14x-25$

$a=-4$ のとき　$y=-4x-16$　→ウ～ケ

(3)　2つの接線の交点の座標を求めると

$$\begin{cases} y=14x-25 \\ y=-4x-16 \end{cases} \text{より} \qquad (x,\ y)=\left(\frac{1}{2},\ -18\right)$$

また，2つの接線と放物線 C_2 との接点の座標を求めると，(2)の2次方程式①より

$a=5$ のとき

$$3x^2+6x+3=0 \qquad x=-1$$

となり

$$(x,\ y)=(-1,\ -39)$$

$a=-4$ のとき

$$3x^2-12x+12=0 \qquad x=2$$

となり

$$(x,\ y)=(2,\ -24)$$

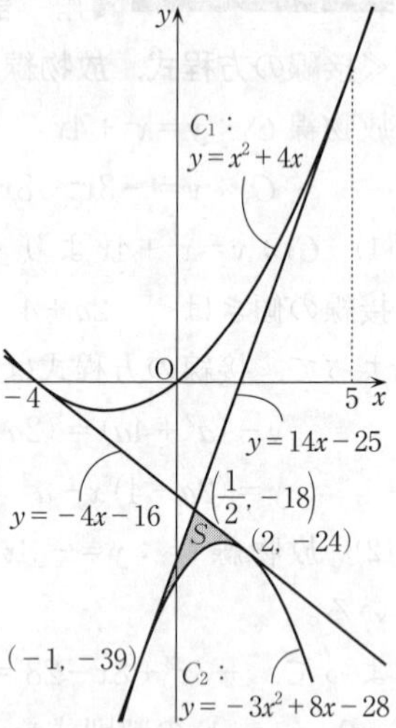

よって，右図のようになるから，求める面積 S は

$$S=\int_{-1}^{\frac{1}{2}}\{14x-25-(-3x^2+8x-28)\}\,dx$$

$$+\int_{\frac{1}{2}}^{2}\{-4x-16-(-3x^2+8x-28)\}\,dx$$

$$=\int_{-1}^{\frac{1}{2}}3(x+1)^2dx+\int_{\frac{1}{2}}^{2}3(x-2)^2dx$$

$$=\Big[(x+1)^3\Big]_{-1}^{\frac{1}{2}}+\Big[(x-2)^3\Big]_{\frac{1}{2}}^{2}$$

$$=\left(\frac{3}{2}\right)^3+\left(\frac{3}{2}\right)^3=\frac{27}{4} \quad \to コ〜シ$$

参考　$\displaystyle\int(ax+b)^n dx=\frac{1}{(n+1)a}(ax+b)^{n+1}+C$ を用いる。

Ⅳ　解答

(1)ア．6　イ．2　ウ．4　エ．3　(2)オ．5
(3)カ．8　キク．81　(4)ケコ．35　サシ．16

◀解　説▶

≪直円錐の側面上の最短距離，直円錐を平面で切断した立体の体積と線分の長さ≫

(1)　△OAH において

$$AH=OA\sin\theta=3\times\frac{1}{3}=1$$

$$OH=\sqrt{3^2-1^2}=2\sqrt{2}$$

△OAH≡△OBH であり，次図において，△PKB∽△OHB より

$$\mathrm{PK} : \mathrm{OH} = \mathrm{PB} : \mathrm{OB}$$

$$\mathrm{PK} : 2\sqrt{2} = (3-\sqrt{2}) : 3$$

$$3\mathrm{PK} = 2\sqrt{2}\,(3-\sqrt{2})$$

$$\mathrm{PK} = \frac{6\sqrt{2}-4}{3}$$ →ア～エ

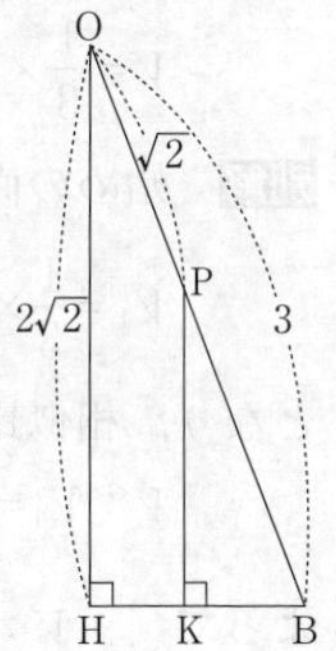

(2)　求める最短距離は，円錐の側面を展開した扇形における線分 AP の長さである。

底面における中心角 135° の扇形 AHB の弧の長さは

$$1\cdot\frac{3}{4}\pi = \frac{3}{4}\pi$$

一方，側面の展開図における扇形 AOB の中心角を α とすると，弧の長さは

$$3\alpha$$

これら 2 つが等しいことから

$$3\alpha = \frac{3}{4}\pi$$

$$\alpha = \frac{\pi}{4}$$　すなわち　$\angle\mathrm{AOB} = 45°$

となる。

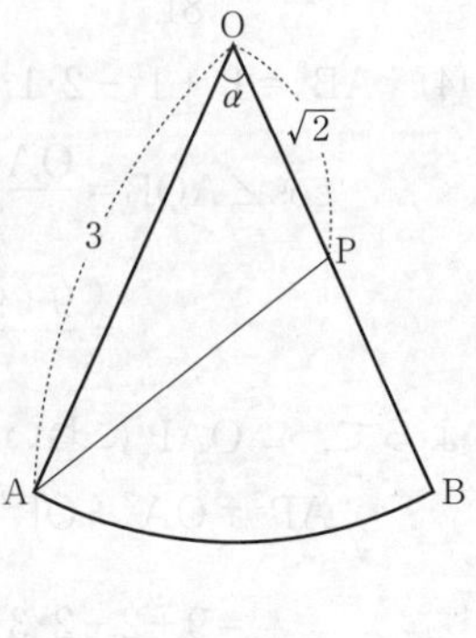

よって，△AOP において

$$\mathrm{AP}^2 = 3^2 + (\sqrt{2})^2 - 2\cdot3\cdot\sqrt{2}\cdot\cos45° = 5$$

ゆえに　　$\mathrm{AP} = \sqrt{5}$　→オ

参考　半径 r，中心角 θ の扇形の弧の長さは $l = r\theta$（θ はラジアン）を用いる。

なお，面積は $S = \frac{1}{2}lr = \frac{1}{2}r^2\theta$ である。

(3)　頂点 O を含むほうの立体は切断面を底面とする円錐となり，切断面の半径を r とすれば

$$r = \mathrm{OP}\sin\theta = \sqrt{2}\times\frac{1}{3} = \frac{\sqrt{2}}{3}$$

高さは　$\sqrt{(\sqrt{2})^2 - \left(\frac{\sqrt{2}}{3}\right)^2} = \frac{4}{3}$

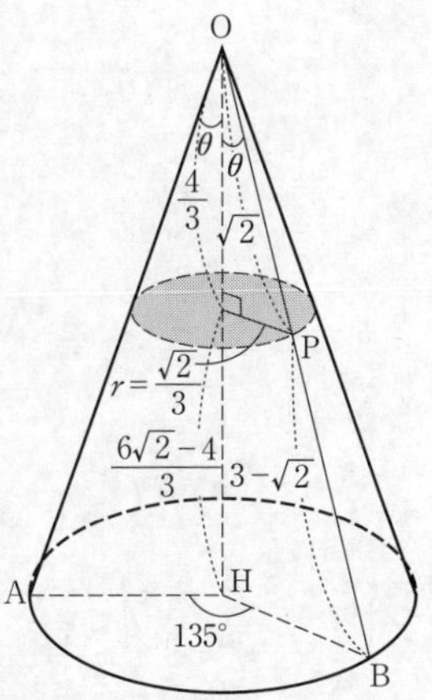

よって，立体の体積 V は

$$V=\frac{1}{3}\times\pi\left(\frac{\sqrt{2}}{3}\right)^2\times\frac{4}{3}=\frac{8}{81}\pi \quad \to カ〜ク$$

別解　始めの直円錐の体積を V_1 とすれば

$$V_1=\frac{1}{3}\times\pi\times1^2\times2\sqrt{2}=\frac{2\sqrt{2}}{3}\pi$$

となり，相似比を用いて

$$V:V_1=\mathrm{OP}^3:\mathrm{OB}^3$$

よって　$V:\dfrac{2\sqrt{2}}{3}\pi=(\sqrt{2})^3:3^3$

より　$V=\dfrac{8}{81}\pi$

(4)　$\mathrm{AB}^2=1^2+1^2-2\cdot1\cdot1\cdot\cos135^\circ=2+\sqrt{2}$ であるから，△OAB において

$$\cos\angle\mathrm{AOB}=\frac{\mathrm{OA}^2+\mathrm{OB}^2-\mathrm{AB}^2}{2\cdot\mathrm{OA}\cdot\mathrm{OB}}$$

$$=\frac{9+9-(2+\sqrt{2})}{2\cdot3\cdot3}=\frac{16-\sqrt{2}}{18}$$

よって，△OAP において

$$\mathrm{AP}^2=\mathrm{OA}^2+\mathrm{OP}^2-2\cdot\mathrm{OA}\cdot\mathrm{OP}\cdot\cos\angle\mathrm{AOP}$$

$$=9+2-2\cdot3\cdot\sqrt{2}\cdot\frac{16-\sqrt{2}}{18}=\frac{35-16\sqrt{2}}{3}$$

ゆえに　$s^2=\dfrac{35-16\sqrt{2}}{3}$　→ケ〜シ

Bの「聞えさす」は〝申し上げる〟であり、④か⑤、あるいは近いものとして①しかない。⑤の「帝に」は不適。大和が話したいのは「少将」である。また「せちに」は〝切実に〟であり、①「節目」ではなく④「どうしても」が適切。

Cの「いひつがで」は、「言ひ継ぐ」+打消の接続助詞「で」。〝取りつがないで〟とした②が適切。疑問の「や」を文末で「か」と訳している点でも適切。

Dは「たが」が〝誰が〟という疑問を表しているので①・②・③のどれか。「ものす」は動作や状態の婉曲表現で、自動詞の場合〝ある・いる〟〝行く・来る〟〝生きる・死ぬ〟などの代わりに使われるが、①・②は不適。「うへのきぬ着たる者」が取り次いだのは誰かを、少将は問題にしている。

問十　①は一文目「式部卿の宮につねにまゐりたまひけり」によるのだろうが、来ていたのは少将である。大和は式部卿の宮に仕えている女性なので、その大和が通うのはおかしい。②は少将の気持ちは〝富士山のように絶えず燃え続けているのに（あなたは）後悔しているとは薄情な心ですね〟というPの歌の趣旨の通りで、「久しうまゐりたまはざりける」とはあるものの、「二度と会うまい」などと思っているとは書かれていない。③は傍線Bの直後「殿（＝邸）より人なむまゐりたると」に着目。大和は少将の御殿から来た者ではなく、式部卿の宮に仕えている者であり、その場所から来たはずであるから「うそを言った」は適切。「しんじちには、下つ方よりなり」と白状もしている。④は「無期に待ち立てりける」によるのだろうが、「少将が避けていると知って落胆した」などとは記されていない。⑤は二重線dを含む箇所「御前に御遊びなどしたまへるを」に着目。「帝の御前で管弦の遊びなどをしていた」は適切。⑥は最後の「さにやあらむと思ふに、いとあやしうもをかしうもおぼえたまひけり」に着目。少将は、〝そうだろう（＝大和が会いに来たのだろう）〟と思って、まことに奇妙ではあるが大和のことを面白いとも思った、というのである。このような状況から「取り合わないで帰した」とは考えにくいし、記されてもいないので不適。なお、本文に続く箇所で少将は大和に会っている。

c は直後の打消推量の助動詞「まじ」が終止形に接続する。

d は格助詞「を」の直前は連体形。

e は文末の「来」は終止形「来《く》」か命令形「来《こ》」だが、ここは少将が〝尋ねて来い〟と命じている箇所。

f は直後が引用の格助詞「と」なので文末扱いで終止形。

問三　直前の接続助詞「ば」で少将から主語が転換している。傍線直後の「にて」は理由の接続助詞であり〝たいそうむやみに色を好む人なので〟という意味。「女」＝「大和」が主語。

問四　Oの「くゆ」の箇所は〈燻《くゆ》る〉と〈悔ゆ〉との掛詞になっており、〝密かに私の心の中であなたを恋い慕い燃える火は煙が立たないでくすぶり続け、いまはこの恋を後悔しています〟という趣旨であり②が適切。

問五　直前の「わたる人を呼びよせて、『いかで少将の君にもの聞えむ』」に着目。表面的には自分の気持ちを述べているようであり、相手も頼みごとを請け負っていないが、大和としては「少将への取り次ぎを頼んだ」のである。

問六　Qは謙譲語「聞こゆ」の連用形。「うへのきぬ着たる者」の口から、誰に申し上げるのかを考えると「少将」にとなる。

RもQと同じ謙譲語で「少将」にとなる。

Sは尊敬語「たまふ」の命令形。〝申し上げなさる〟主体は、大和が依頼している相手「うへのきぬ着たる者」となる。

問七　大和のことを〝このように取り次ぎするだろう人を忘れないでしょうね〟と言っているのであり、取り次ぎを頼まれた「うへのきぬ着たる者」をさす。

問八　「あはれに」は大和に対する、「うへのきぬ着たる者」の気持ちを表す。文脈と「あはれ」の意味によって、②「いとおしい」か④「かわいそう」かだが、②は「夜ふけて」が無視されているので不適切。

問九　Aの「聞えむ」は〝申し上げよう〟であり、②か⑤しかない。最初が「いかでか」なので反語。反語で訳しているのは⑤。

二

出典 『大和物語』〈百七十一　くゆる思ひ〉

解答

問一　X—④　Y—④　Z—③

問二　a—④　b—④　c—③　d—④　e—⑥　f—③

問三　③

問四　②

問五　③

問六　Q—①　R—①　S—④

問七　④

問八　④

問九　A—⑤　B—④　C—②　D—③

問十　③・⑤

◀解　説▶

問一　Xは打消の接続助詞「で」が下接しているので、使役の助動詞「す」の未然形が入る。

Yは接続助詞「ば」が下接しているので未然形か已然形が入るが、直後にその動作の結果があるのでYは順接の意味であり、已然形が入る。

Zは前に係助詞「なむ」があるので連体形が入る。

問二　aは前に願望の副詞「いかで」があるので文末は連体形。発言全体は〝どうにかして少将の君にお話ししたい〟という意味。

bは前に係助詞「や」があるので文末は連体形。

「人間が……自然との間につくりあげてきた関係の総体が、目に見える形にむき出しにされていた」を言い換えており、これが適切。

問七　第三段落の三文目に「どちらの権力も米を基準にする農業を社会的な富の基礎にしていました」とあり、⑤は合致しない。

問八　第四段落の三文目に東北の「焼き畑農業」「陸稲」「根菜類の栽培技術」のことは記されているが、それは「数千年にわたる歴史をつうじて」とあって「近年」とはされていないので、③は合致しない。

問九　第十一段落五・六文目に「海は人間によってコントロールすることは難しく、人間は……自分のほうを変えていかなければなりません。魚群に出会えるかどうかも、魚たちが竿の餌に食いついてくれるかどうかも不安定」とあるのに着目。⑤の「海に出れば……手に入る」は期待されることだが、「確実に」が不適切。

問十　主催者の心に「アニミズム」を召喚した理由の説明として、最終段落の末尾から二文目に「アニミズムを召喚することによってはじめて見えてくるような現実が隠されていることを、その人は直感したのでしょう」とある。「東日本大震災」の結果として、第一段落の末尾から二文目のように「自然との間につくりあげてきた関係の総体が、目に見える形にむき出しにされ」たが、それは第十段落三文目にあるように「人間と自然との間につくられる『関係の構造』」であり「アニミズム的」なものであった。主催者の心はそのことを直感したから「召喚」したのだと考えられる。④が紛らわしいが、「直感を持つこと」を「必要だと理解した」とした点が不適。「感じ取り、……察知した」とした③が適切。

問十一　④は第五段落に「内陸部と沿岸部とでは、人間の性格までも違って見えます……『海民』の子孫です」、第十三段落に「海の漁師の場合と大変よく似て、山の猟師たちは……暮らしをしています」とあって合致する。⑥は最後から二つ目の段落の末尾二文に「人間と自然の間に形成されてきたキアスム構造は……（アニミズムに特有の）直感も、消え去ってしまいます」とあって合致する。

接触」が適切。

Cは次段落一文目の「海はおふくろみたいに大事な存在」に着目。選択肢では「一体感」以外に適切なものがない。

Dは、前段落で指摘した「関係の構造」について、その特徴を述べる段落の冒頭箇所。〈それでは〉の略で、前述の事柄を受けてそれを踏まえて次の事柄を導くときに用いる「では」が適切。

Eは直後の「人間と自然の間に形成されてきたキアスム構造は、跡形もなく消え失せます」に着目。人間が自然をどう扱うとそうなるのかというと、前段落二文目「自然を対象化したり……自分から分離しようとする」とあり、これと同じ趣旨の④が適切である。

問二　第十一段落のXの二文前「人間はむしろ海の変化や運動に合わせて、自分のほうを変えていかなければなりません」、第十三段落のXの直前の「自然に自分を合わせていく」に着目。人間が自然に働きかけるのではなく、自然からの働きかけを受けるということである。〝自ら動いて他に働きかけるのではなく、他からの働きかけを受ける存在であること〟を表す「受け身」が適切。

問三　なぜ「まったくちがう語彙を用いて、動物たちにわからないようにする」のかを説明した段落を探す。第十二段落後半に「動物は人間のたてる物音に敏感」「動物たちが人間の考えを探ろうとしていると考えるほどに、神経質になる」とあり、これが理由になる。その直後に入れるのが適切。

問五　P、「恍惚」は〝物事に心を奪われてうっとりするさま〟なので②が適切。①の「ぼんやり」の意味もあるが、その場合は特に老化により意識がもうろうとしてはっきりしない状態を意味する。直前の漁師の発言から老化しているような様子は読み取れないので不適。

Q、「最大公約数」は比喩的に〝複数の意見から共通に取り出せる最大の類似点〟という意味で用いられているので②が適切。

問六　④は、前半が第一段落の三文目「人間のつながりがとても印象的でした」を、後半が第一段落の終わりから二文目

国語

一

出典 中沢新一『野生の科学』〈Ⅱ 知のフォーヴ 第8章 闘うアニミズム〉（講談社）

解答

問一 A―② B―③ C―⑤ D―② E―④

問二 ④

問三 ④

問四 a―⑤ b―③ c―③ d―⑤ e―①

問五 P―② Q―②

問六 ④

問七 ⑤

問八 ③

問九 ⑤

問十 ③

問十一 ④・⑥

▲解 説▼

問一 Aは直後の文中の「地域色の豊かな」に着目。Aは否定されているのでその反対の「単色の」が適切。

Bは同段落の「狩猟採集時代の伝統」に着目。直前に「海民の子孫たちとよく似た」ともあるので「野性的自然との

■一般入試前期：2月10日実施分

文（東洋思想文化・日本文学文化・英米文・史・教育〈人間発達〉・国際文化コミュニケーション）・経済（経済・総合政策）・経営・法・社会・国際・国際観光学部

問題編

▶試験科目・配点（4教科型）

学部等		教科	科目	配点
文(史)・経済(経済)・社会・国際観光	均等配点	外国語	コミュニケーション英語Ⅰ・Ⅱ・Ⅲ，英語表現Ⅰ・Ⅱ（リスニングを除く）	100 点
		地歴・公民	日本史B，世界史B，地理B，政治・経済から1科目選択	100 点
		数学	数学Ⅰ・Ⅱ・A	100 点
		国語	国語総合（漢文を除く）	100 点

▶試験科目・配点（3教科型）

学部等		教科	科目	配点
文(東洋思想文化・日本文学文化・英米文・教育〈人間発達〉・国際文化コミュニケーション)・経済(総合政策)・経営(☽を含む)・法(法律・法律☽)・社会(☽を含む)・国際(☽を除く)・国際観光	★〈均等配点〉	外国語	コミュニケーション英語Ⅰ・Ⅱ・Ⅲ，英語表現Ⅰ・Ⅱ（リスニングを除く）	100 点
		地歴・公民・数学	日本史B，世界史B，地理B，政治・経済，「数学Ⅰ・Ⅱ・A」から1科目選択	100 点
		国語	国語総合（漢文を除く）	100 点
文(史)	〈均等配点〉	外国語	コミュニケーション英語Ⅰ・Ⅱ・Ⅲ，英語表現Ⅰ・Ⅱ（リスニングを除く）	100 点
		地歴・公民	日本史B，世界史B，地理B，政治・経済から1科目選択	100 点
		国語	国語総合（漢文を除く）	100 点

文(教育〈人間発達〉・国際文化コミュニケーション)・経済(総合政策)・社会(国際社会)	★〈英語重視〉	外国語	コミュニケーション英語Ⅰ・Ⅱ・Ⅲ，英語表現Ⅰ・Ⅱ（リスニングを除く）	＊
		地歴・公民・数学	日本史B，世界史B，地理B，政治・経済，「数学Ⅰ・Ⅱ・A」から１科目選択	100 点
		国語	国語総合（漢文を除く）	100 点
経済(経済)	〈均等配点(英・国・数)〉	外国語	コミュニケーション英語Ⅰ・Ⅱ・Ⅲ，英語表現Ⅰ・Ⅱ（リスニングを除く）	100 点
		数学	数学Ⅰ・Ⅱ・A	100 点
		国語	国語総合（漢文を除く）	100 点
	〈均等配点(英・国・地公)〉	外国語	コミュニケーション英語Ⅰ・Ⅱ・Ⅲ，英語表現Ⅰ・Ⅱ（リスニングを除く）	100 点
		地歴・公民	日本史B，世界史B，地理B，政治・経済から１科目選択	100 点
		国語	国語総合（漢文を除く）	100 点
経済(経済)・経営(マーケティング)	★〈最高得点重視〉	外国語	コミュニケーション英語Ⅰ・Ⅱ・Ⅲ，英語表現Ⅰ・Ⅱ（リスニングを除く）	100 点
		地歴・公民・数学	日本史B，世界史B，地理B，政治・経済，「数学Ⅰ・Ⅱ・A」から１科目選択	100 点
		国語	国語総合（漢文を除く）	100 点
経済(総合政策)・経営(会計ファイナンス)	〈数学重視〉	外国語	コミュニケーション英語Ⅰ・Ⅱ・Ⅲ，英語表現Ⅰ・Ⅱ（リスニングを除く）	100 点
		数学	数学Ⅰ・Ⅱ・A	150 点
		国語	国語総合（漢文を除く）	100 点
法(企業法)	★〈国語重視〉	外国語	コミュニケーション英語Ⅰ・Ⅱ・Ⅲ，英語表現Ⅰ・Ⅱ（リスニングを除く）	100 点
		地歴・公民・数学	日本史B，世界史B，地理B，政治・経済，「数学Ⅰ・Ⅱ・A」から１科目選択	100 点
		国語	国語総合（漢文を除く）	200 点

＊　経済（総合政策）：150 点

その他：200 点

▶試験科目・配点（３教科ベスト２型）

学部等		教科	科目	配点
文(日本文学文化☽・教育☽)・経済(経済☽)・社会（社会☽）・国際(国際地域☽)	★均等配点	外国語	コミュニケーション英語Ⅰ・Ⅱ・Ⅲ，英語表現Ⅰ・Ⅱ（リスニングを除く）	100 点
		地歴・公民・数学	日本史Ｂ，世界史Ｂ，地理Ｂ，政治・経済，「数学Ⅰ・Ⅱ・Ａ」から１科目選択	100 点
		国語	国語総合（漢文を除く）	100 点

▶備　考

- ☽印は第二部・イブニングコース（夜）を表す。
- ３教科型の最高得点重視方式では，受験科目のうち，偏差値換算点の最も高い科目を２倍にする。
- ３教科型の★印の方式は４科目受験を選択することができる。４科目を受験する場合は，選択科目から「数学Ⅰ・Ⅱ・Ａ」とその他１科目を受験し，そのうち高得点の１科目を判定に使用する。
- ３教科ベスト２型では，受験科目のうち，偏差値換算点の高い２科目で判定する。
- 外国語については，英語外部試験のスコアを英語の得点として利用することができる。なお，利用を申請した場合でも英語科目を受験することができる。その場合は，どちらか高得点のものを判定に採用する。利用可能な英語外部試験は以下の通り。

対象学部		全学部			
入試日程・方式		一般入試 前期日程の全入試方式			
試験名		実用英語技能検定（英検）※従来型を含む方式	GTEC（４技能版）CBT タイプ	TEAP（４技能）	IELTS™
本学の英語科目みなし得点（素点）	100 点換算	2,304	1,190	309	6.0
	90 点換算	2,150	1,063	253	5.5
	80 点換算	1,980	999	225	5.0

ただしスコアは受験年の２年前の４月以降に取得したもののみとする。

英語

（60分）

〔Ｉ〕 次の英文を読み，問いに答えよ。

Children learn about reading very early on — if they're fortunate enough to be growing up in a part of the world where books and screens surround them. Many parents read stories to their children before they are even two years old. Some have their child on their knee (A) they surf* the internet. I know a two-year-old who had learned to identify some of the letters on the computer keyboard and could press them upon request. I wouldn't be surprised to find a two-year-old texter* out there somewhere!

If children are exposed to books, they soon learn the basic facts of life about reading. They work it out that books have pages, and (B) pages have to be turned in a certain order. In some languages, such as English, people turn the pages from right to left. In (a)others, such as Arabic*, they turn them from left to right. They learn that books have to be held in a certain way — that pages (and especially pictures) look odd if they're upside-down. And they quickly find pictures fascinating, especially of things they know about from their own world, such as people and animals and cars.

They also notice (b)the little black squiggles that fill a lot of the page. And as they get older, they realize that these are the important bits. If a story is really exciting, it dawns on them that this is because the reader is somehow managing to extract* the excitement out of these black marks. Here too there are rules to be learned. The squiggles are organized in lines, and these have to be read (in English) from top to bottom, and from left to right. Children exposed to books written in Arabic or Chinese have to learn that reading goes (C) other directions.

It doesn't take them long, either, to realize that a book stays the same, (D) it's read. As a result, after repeated reading, they come to know a favourite story off by heart. Woe betide* the parent who decides to leave out a page or two before bedtime! Once, after a tiring day, I was telling a bedtime story and tried to shorten the story of 'The Three Little Pigs' by going straight from the house of straw to the house of bricks. I thought it wouldn't be noticed if I made it 'The Two Little Pigs'. (E) a chance. I got a severe telling-off*, and had to start the story all over again, paying special attention to the house of twigs*.

We sometimes don't realize just how much (c)exposure children get to the written language around them. They see it everywhere — on shop signs and billboards*, in supermarkets, on the front and sides of buses, on newspapers and envelopes, on the tins and bottles in kitchen cupboards, in television commercials and film credits, and, of course, on computer screens and mobile phones. Not surprisingly, then, many three- or four-year-old children have worked out what's going on, and it's possible to carry out some simple (ア) to show this.

Collect a few pictures of objects, some of which have writing on and some which don't. An example of the first would be a bus with a number on the front and the name of the company along the side, or a shop with a name above the window. An example of the second would be a countryside scene or a group of people (F) around. Then ask the child to look at each picture and 'show me something that you can read'. Many young children can do this, even before they can actually read anything themselves.

(Adapted from David Crystal, *A Little Book of Language*, 2011)

［注］　surf：ネットサーフィンをする　　texter：メールを送る人
Arabic：アラビア語　　extract：～を得る　　Woe betide ～：～に災いあれ
telling-off：叱責　　twig：小枝　　billboard：広告板・掲示板

問１　本文中の空欄（ A ）～（ F ）に入る語句として最も適切なものを，次の中から一つずつ選べ。

	①	②	③	④	
(A)	on	as	during	as if	1
(B)	on	as	that	in	2
(C)	on	as	for	in	3
(D)	each time	the first time	for a long time	at times	4
(E)	For	With	Leave	Not	5
(F)	stand	stands	standing	stood	6

問２　本文中の空欄（ ア ）に入るものとして最も適切なものを，次の中から一つ選べ。 7

① exams
② expeditions
③ experiences
④ experiments

問３　下線部(a)を置き換えた場合，最も適切なものを，次の中から一つ選べ。 8

① other books
② other languages
③ other orders
④ other pages

問4 下線部(b)が示すものとして最も適切なものを，次の中から一つ選べ。 9

① e-mails
② messages
③ mails
④ letters

問5 下線部(c)が示す意味として最も適切なものを，次の中から一つ選べ。 10

① the fact of being discussed in newspapers
② the chance to experience something new
③ the state of being in a dangerous situation without protection
④ the action of showing the truth about something bad

問6 本文の内容に合うように，(1)・(2)に対する答えとして最も適切なものを，次の中から一つずつ選べ。

(1) Which of the following statements about Arabic is **NOT** true? 11

① Arabic has to be read from left to right.
② There are rules to be learned in Arabic.
③ Arabic characters are organized in lines.
④ Arabic is written from right to left.

(2) Which of the following statements best describes the main idea of the last paragraph? 12

① Many young children can draw a picture before they can read.
② Many young children can read alphabets.
③ Many young children can identify writing.
④ Many young children can spell words correctly.

問7 本文の内容と一致するものを次の中から二つ選べ。ただし，三つ以上マークした場合はすべて無効とする（解答欄 13 に二つマークせよ）。

① 大好きな話を全部暗記して，親の前で暗唱してみせる子供も多い。
② 日常生活の中で子供が文字というものを目にする機会は非常に多い。
③ 子供は，本の中にある絵の中でも特に人や動物を描いたものに興味を示して面白がる。
④ 2歳のころまでには，多くの子供はコンピューターを使いこなすことができるようになる。
⑤ 3歳か4歳のころには，多くの子供は流暢に文章を読むことができるようになる。

問８　本文のタイトルとして最も適切なものを，次の中から一つ選べ。 14

① From Cries to Words
② Pronouncing Sounds
③ Learning to Read
④ Spelling Rules and Variations

〔Ⅱ〕 次の英文を読み，問いに答えよ。

Egypt was the first civilization, as far as we know, to look to the Sun for its calendar. How did they manage to think (A) from other civilizations?

Perhaps they noticed that the brightest star in the sky, Sirius (also known as the Dog Star), seasonally disappears into the heavens. Then, when it is seen again at dawn in the Egyptian sky, it is in a direct line with the rising Sun. (B) made Sirius's reappearance seem magical was that each year it came at the start of the annual flooding of Egypt's great river Nile. It became Egypt's New Year's Day, the first day of the month of Thoth*, in late August. By recording Sirius's arrival year after year, Egyptian astronomers* (C) to realize that the Sun's year is 365.25 days. So they made a calendar that divided the year into 12 months of 30 days each, with 5 extra days that became the birthdays of the major gods. Every few years they added (a)another special day to take care of that extra quarter day. Our modern calendar, with its leap year*, is a grandchild of Egypt's innovation*.

The Egyptians, and a few others, understood that the cycle of seasons and the length of days are determined in a ballet* danced by Sun and Earth. They didn't understand that it was Earth, spinning on its axis*, that was doing the pirouettes*. (D) who lived in the Northern Hemisphere* (Europe, North America, Asia) just knew that on June 21 (June 20 on certain leap years) the Sun appears at its apex (highest point) in the sky, and the day lasts the longest. That day became known as (b)the summer solstice, the first day of summer. In the Southern Hemisphere (Africa, South America, Australia), June 21 is the first day of winter.

After June 21, things begin to change. In the Northern Hemisphere, the Sun peaks at a slightly lower point in the sky each day, reaching its lowest point above the horizon on about December 21. That's (c)the winter solstice, the shortest day of the year. (But not in Southern Hemisphere cities like Buenos Aires, Argentina, where December days are long and hot.) On two days, called (d)equinoxes — March 20 or 21 and September 22 or 23 — day and night are about the same length.

(Adapted from Joy Hakim, *The Story of Science: Aristotle Leads the Way*, 2004)

［注］　Thoth：トト（エジプト神話において知識・学芸を司る守護神）　　astronomer：天文学者

leap year：うるう年　innovation：発明　ballet：バレエ　axis：軸
pirouette：回転　hemisphere：半球

問1　本文中の空欄（　A　）～（　D　）に入る語として最も適切なものを，次の中から一つずつ選べ。

(A)	① badly	② differently	③ quietly	④ similarly	15
(B)	① It	② That	③ What	④ Why	16
(C)	① became	② came	③ went	④ told	17
(D)	① Once	② That	③ Them	④ Those	18

問2　下線部(a)の説明として最も適切なものを，次の中から一つ選べ。 19

① エジプトの神々の中で最も高位の神を敬うための祝日
② 1ヶ月を 30 日間として 12ヶ月で 1 年とした時に余る 5 日間の中の最も重要な日
③ 1年を 365 日としてカレンダーを作成する際に 1 年ごとに出る 0.25 日分の余剰を調整するための日
④ エジプト文明がもたらした天文学における飛躍的な進化を祝福するための祝日

問3　下線部(b)～(d)の説明として最も適切なものを，次の中から一つずつ選べ。ただし，一つの選択肢は一度しか選べない。

(b) the summer solstice 20
(c) the winter solstice 21
(d) equinoxes 22

① Two separate days of the year when the length of daytime and nighttime is almost equal
② Two successive days of a month when the length of daytime and nighttime is almost equal
③ A day of the year when the Sun rises the highest and stays the longest above the horizon in the Northern Hemisphere
④ A day of the year when the Sun rises the highest and makes the day the hottest of the year in the Southern Hemisphere
⑤ A day of the year when the Sun rises the lowest and sets the fastest in the Northern Hemisphere
⑥ A day of the year when the Sun rises the lowest and never disappears in the Southern Hemisphere

問4　本文の内容に合うように，(1)・(2)に対する答えとして最も適切なものを，次の中から一つずつ選べ。

(1)　Why did the Egyptian astronomers pay attention to Sirius? [23]

① They thought that Sirius had the magical power to prevent the flooding of the Nile River.

② They noticed that the appearance of Sirius would help them calculate the length of a year.

③ They observed that Sirius appears in the night sky all the year.

④ Sirius was the brightest star so that it helped them work at night.

(2)　Which of the following statements is **NOT** true about the Egyptians' knowledge about stars? [24]

① They knew that the Earth, along with the Sun, has something to do with a change of seasons.

② They could not completely understand the mechanism of the movement of the Earth.

③ They understood that the Sun and the Earth are responsible for the length of days.

④ Egyptians followed other civilizations in observing the Sun to make a calendar.

〔Ⅲ〕 次の英文中の空欄 [25] ～ [34] に入る語句として最も適切なものを，次の中から一つずつ選べ。

(1)　We'll wait in the office [25] you finish your work.

① by　② during　③ on　④ until

(2)　The only way to know if you have high blood pressure is to have it [26].

① check　② to check　③ checking　④ checked

(3)　Where on earth did you get the idea [27] everybody should get a college education?

① by　② that　③ which　④ what

(4)　[28] I'm looking for is a good job that will allow me to support my son and myself.

① All　② Every　③ Each　④ Any

(5)　She should not [29] her real name on the Internet, but she did.

① disclose　② be disclosed　③ be disclosing　④ have disclosed

(6)　My son and I [30] playing ball in the yard for about half an hour while my wife was doing some housework.

① are ② have been ③ had been ④ might be

(7) What can I do? What [31] you do if it were you? Tell me, please.

① do ② did ③ will ④ would

(8) It's so pleasant here. Do you [32] if I stay for another day or two?

① avoid ② heart ③ mind ④ soul

(9) Hey, John, where's Mary? I've got [33] news. Kamala and I are getting married!

① excite ② to excite ③ exciting ④ excited

(10) An only child is more likely than other children to depend on his or her parents [34] decision-making.

① by ② for ③ to ④ on

〔Ⅳ〕 次の対話文を完成させるため，空欄 [35] ～ [39] に入るものとして最も適切なものを，選択肢の中から一つずつ選べ。ただし，一つの選択肢は一度しか選べない。

A：How was the first week of university?

B：So far, so good. Usually, [35], but the teachers are kind, and my new classmates are really nice and wonderful. I think my university life is starting off well, [36].

A：Yeah, I know. What did you buy?

B：I bought a new PC and a new suit. Besides, I had to buy my textbooks.

A：I know. When I was a first-year student last year, I felt the same way. But don't worry about it. If you take good care of them, [37] for the next four years.

B：Really? I will keep my PC and the suit for the next four years, but I'm not sure about the textbooks. Do you still have the textbooks you used last year?

A：Well, [38]. Just the ones that I'm interested in. And [39]. It is a good way to recycle. I didn't want to waste them. I sold them to people who needed them.

選択肢

① I sold the rest on the Internet
② except it's expensive
③ unless I am very smart
④ you can always buy new items
⑤ meeting new people makes me nervous
⑥ you can use them
⑦ not all of them
⑧ I keep all of them

〔V〕 次の日本文の意味を表すように［　］内の語句を空欄に補ったとき，空欄 [40] ～ [45] に入るものを一つずつ選べ。

(1) 最初からやり直すことは予想していたよりも困難なことだった。

Starting [　] [40] [　] [　] [　] [　] [　] expected.

［① more ② I ③ had ④ than ⑤ difficult ⑥ over ⑦ proved］

(2) 自分が正しいと思っていることを守らないといけません。

You need to [　] [　] [　] [　] [41] [　] [　].

［① think ② you ③ what ④ is ⑤ stand up ⑥ for ⑦ right］

(3) 問題は，家具があまりにも多すぎるということです。

The [　] [　] [　] [　] [42] [　] [　] furniture.

［① have ② you ③ much ④ too ⑤ is ⑥ problem ⑦ that］

(4) 彼女の歌があまりにも美しかったので，私は言葉が出ませんでした。

Her song was [　] [　] [　] [43] [　] [　] [　].

［① was ② speechless ③ so ④ left ⑤ beautiful ⑥ I ⑦ that］

(5) お互いが知り合いになって，どれくらいになるのですか？

How [　] [　] [　] [44] [　] [　]?

［① have ② you ③ each ④ long ⑤ known ⑥ other］

(6) 必要がない限り，私はパーティーに行くのは好みません。

I [　] [　] [　] [45] [　] [　] [　] to.

［① am ② I have ③ not ④ parties ⑤ go to ⑥ unless ⑦ willing to］

日本史

（60 分）

〔Ⅰ〕 次の文章を読み，下記の問いに答えよ（史料に関して表記は一部変更してある）。

(1) 旧石器時代から縄文時代初めのころまで，人々は小集団での移動生活を営んでいたが，次第に定住生活を営むようになった。(a)縄文時代には土器の生産が始まっている。(b)弥生時代には，水稲耕作が営まれるようになり，金属器が使用されるとともに，周囲に濠や土塁を巡らせる(c)環濠集落が現れた。(d)古墳時代になると，大規模な古墳や灌漑用水路の築造など，多くの人を動員する土木工事が盛んになる。

問 1　下線部(a)に関連して，縄文時代から弥生時代の土器について述べた文として最も適切なものを，次の中から一つ選べ。［ 1 ］

① 縄文時代は，縄文土器の変化から早期，前期，中期，晩期に分けられる。

② 縄文時代の晩期になると，従来の土器のほかに，弥生土器の源流となる須恵器も作られた。

③ 縄文土器のうち，深鉢型土器は早期から前期のみにみられる土器である。

④ 沖縄では，紀元前後から7世紀ごろまで縄文土器系の続縄文土器が使用されていた。

⑤ 弥生時代には，貯蔵用の壺や食物を盛る高坏（高杯）などさまざまな形の土器が作られた。

問 2　下線部(b)に関連して述べた文 a ～ d について，正しい文の組み合わせとして最も適切なものを，次の中から一つ選べ。［ 2 ］

a．高床式住居・倉庫があらわれ，集落は低湿地帯に移動し，大規模化していくとともに，縄文時代の竪穴式住居は姿を消した。

b．弥生時代中期ごろの日本について，『漢書』地理志には，倭国が百余国に分かれ，楽浪郡に定期的に使者を送っていたと記されている。

c．青銅製の刃先を持つ農具が全国的に普及し，乗馬の習慣や硬質の土器が朝鮮半島から伝わった。

d．青銅器が海外からもたらされるとともに，日本列島内でも作られるようになった。

① a・b　② a・c　③ a・d　④ b・c　⑤ b・d　⑥ c・d

問 3　下線部(c)に関連して，弥生時代の環濠集落の遺跡として最も適切なものを，次の中から一つ選べ。［ 3 ］

① 三内丸山遺跡　② 大森貝塚　③ 白滝遺跡　④ 吉野ヶ里遺跡　⑤ 岩宿遺跡

問 4　下線部(d)について述べた文として**最も不適切なもの**を，次の中から一つ選べ。［ 4 ］

① 3世紀後半から4世紀にかけて築かれた古墳では，鏡や玉などの祭祀用具や鉄製農工具が副葬さ

れることが多い。

② 平形銅剣や銅矛（鉾）・銅鐸などの青銅製祭器を用いる祭祀が行われていた。

③ 前方後円墳が畿内を中心に全国に発展したのに対し，東日本では前方後方墳が多くみられる。

④ 6世紀末から7世紀には，前方後円墳は姿を消し，小規模な八角墳・方墳・円墳が築かれるようになった。

⑤ 古墳時代後期には，大陸の墓制の影響を受けた横穴式石室が多く築造されるようになった。

(2) 701年に大宝律令が制定され，天皇を頂点とする中央集権的な(e)古代国家の枠組みが成立した。この後，しばらく中断されていた(f)遣唐使の派遣が再開され，唐の文化を導入することで新しい首都の建設や文化の育成が図られた。

しかし，8世紀末～9世紀初めの(g)桓武天皇のころには，重い租税負担を忌避して，浮浪・逃亡や偽籍などが増加していた。そのため，政府は様々な負担軽減策をとるとともに，地方政治をになう(h)国司に対する監督を強化し，律令体制の維持に努めた。他方，地方では台頭してきた地方豪族や有力農民が国司の徴税を逃れるために，所有地などを荘園として中央の特権的貴族にゆだねて結合を強める動きがあった。

(i)902年に発布された荘園整理令は，違法な荘園を停止し，中央集権的な地方政治を維持することが目的であった。しかし，間もなく(j)国司に一定額の税の納入を請け負わせて，一国内の統治を委任する方策に変更となったため，国司の権限が強化されることになった。

10世紀末～11世紀初めになると，摂関政治が全盛期となり，(k)藤原道長のもとに権力が集まった。摂政・関白は役人の人事権を握っているため，国司も摂関家に物品や土地を寄進することがあった。11世紀末～12世紀初めに本格化する(l)白河上皇の院政において，上皇は国司たちを支持勢力に取り込み，院の御所には(m)北面の武士を置いて武士団を組織するなど，院の権力強化を図った。

源平の争乱ののち，武家政権である鎌倉幕府が成立する。源頼朝の死後は合議にもとづく(n)北条執権体制に移るが，元寇を経て，北条氏の嫡流の当主が専制的政治を行う得宗専制の時代が続く。その後，後醍醐天皇による建武の新政と南北朝動乱を経て室町幕府が成立するが，応仁の乱がおこり，戦国時代に突入していくことになる。

問5 下線部(e)に関連して，当時の租税制度について述べた文として最も適切なものを，次の中から一つ選べ。 5

① 6年に一度作成される計帳に基づいて，租税額が決められた。

② 16歳以上の男子には全員に兵役の義務があり，都での衛士もしくは北九州での防人としての勤務を負担しなければならなかった。

③ 調は絹・糸や各地の特産物を貢納するもので，運脚の人夫が選ばれて都まで運ばれた。

④ 租は田地に賦課されるもので，収穫の3％程度であったが，農民自ら都まで運送する負担をしなければならなかった。

⑤ 公出挙は，稲などが2％程度の利率で農民に貸し付けられる制度で，農業の維持に役立った。

問6 下線部(f)に関連して，再開された遣唐使として派遣された人物として最も適切なものを，次の中から一つ選べ。 6

① 小野妹子　② 円珍　③ 裴世清　④ 南淵請安　⑤ 吉備真備

問7　下線部(g)に関連して，この天皇の施策について述べた文として最も適切なものを，次の中から一つ選べ。 7

① 公営田を全国に設けて農民に耕作させる直営方式を採用し，収穫物を収公して調・庸などの確保を図った。

② 雑徭を年間80日から40日に半減し，班田収授を1期10年としたので，班田収授が円滑に行われるようになった。

③ 765年に軍団を廃止し，郡司の子弟などを健児として全国から徴用し，蝦夷討伐を行った。

④ 長岡京・平安京への遷都の際に南都奈良の大寺院は新京に移転しなかったため，空海の新しい仏教を支持し，新京には東寺・西寺のみの建立を許した。

⑤ 菅野真道の意見を取り入れて東北地方制圧と平安京造営を継続した。

問8　下線部(h)に関連して，新たに設置された令外官として最も適切なものを，次の中から一つ選べ。 8

① 押領使　② 勘解由使　③ 蔵人頭　④ 検非違使　⑤ 征夷大将軍

問9　下線部(i)について記した史料として最も適切なものを，次の中から一つ選べ。 9

① ……百姓漸く多くして，田池窄狭なり。望み請ふらくは，天下に勧め課せて，田疇を開闢かしめん。

② ……応に勅旨開田幷びに諸院諸宮及び五位以上の，百姓の田地舎宅を買ひ取り，閑地荒田を占請するを停止すべきの事

③ コノ後三条位ノ御時，……諸国七道ノ所領ノ宣旨・官符モナクテ公田ヲカスムル事，……。

④ ……当時の相承は，開発領主沙弥，寿妙嫡々相伝の次第なり。寿妙の末流高方の時，権威を借らむがために，実政卿を以て領家と号し，年貢四百石を以て割き分ち，……。

⑤ ……今より以後は，任に私財と為し，三世一身を論ずること無く，咸悉くに永年取る莫れ。

問10　下線部(j)に関連して，このような権限と責任を負うものとして最も適切なものを，次の中から一つ選べ。 10

① 知行国主　② 田堵　③ 守護　④ 受領　⑤ 国造

問11　下線部(k)について述べた文として最も適切なものを，次の中から一つ選べ。 11

① 地方政治にも指導力を発揮し，刀伊の入寇の際には九州の武士団を率いて撃退した。

②「この世をば我が世とぞ思う・・・」の歌は，この人物の長女が一条天皇のもとへ入内するときに詠まれた。

③ 当時流行していた浄土教を信仰し，極楽往生を求めて平等院鳳凰堂を建立した。

④ 兄道隆と道兼が相次いで死去し，甥の実資との争いを経て，自分の一家を摂関家として確立した。

⑤ 晩年には出家して，阿弥陀堂を中心とした法成寺を造営した。

問12　下線部(l)に関連して述べた文として最も適切なものを，次の中から一つ選べ。 12

① この人物の死去を契機に保元の乱がおこり，藤原頼長らが処罰された。

② この人物が造立した法勝寺は六勝寺の一つに数えられる。

③ 当時の流行歌である今様を集めて『梁塵秘抄』をつくった。

④ 宣旨枡を定め，度量衡の統一を図った。

⑤ 応天門の変が起こり，伴善男を伊豆に，紀豊城・紀夏井らを土佐に流罪とした。

問13　下線部(m)に関連して，平氏について述べた文として最も適切なものを，次の中から一つ選べ。

13

① 桓武平氏のうち，平将門の乱を平定した平重衡の子平忠常を始祖とする流派を伊勢平氏という。

② 平忠盛は海賊を平定し，大輪田泊を修復して日宋貿易に力を注いだ。

③ 平正盛は源義朝の討伐や海賊の追捕により武名を高めた。

④ 南都・北嶺の僧兵の強訴に対する警護や鎮圧も担当した。

⑤ 保元の乱において，平清盛は崇徳上皇側について活躍した。

問14　下線部(n)に関連して，北条時頼が行ったことについて述べた文として最も適切なものを，次の中から一つ選べ。 14

① 後嵯峨上皇の皇子宗尊親王を鎌倉幕府の将軍に迎えた。

② 北条氏討伐の陰謀に加担したとして九条（藤原）道家を将軍職から追放した。

③ 1256年に執権の地位を義理の弟である北条高時に譲った。

④ 裁判の迅速化を図るため，引付衆を廃止して評定衆を設置した。

⑤ 将軍頼家を廃し，弟の実朝を立てたため後鳥羽上皇と対立した。

〔Ⅱ〕 次の文章を読み，下記の問いに答えよ。

(1) 金地院崇伝（以心崇伝）は，(a)織田信長が足利義昭を奉じて入京した翌年の1569年に，足利氏の家臣の一色秀勝の子として生まれた。信長が義昭を京都から追放し，室町幕府が事実上滅びると，崇伝は南禅寺で出家した。のち南禅寺の住持となり，1608年には徳川家康の招きを受けて駿府に移り，(b)江戸幕府の外交の事務を担当するようになって，1612年からは寺社行政も担当した。さらに，1615年に出された［　A　］の起草に携わるなど，江戸幕府の立法に関与した。翌年徳川家康が死ぬと，その祀り方をめぐる天海との争いに敗れた。しかし，なおも(c)紫衣事件の処理など，1633年に没するまで政治への参画を続けた。

問1 空欄［　A　］に入る語句として最も適切なものを，次の中から一つ選べ。［15］

① 諸宗寺院法度　② 諸社禰宜神主法度　③ 武家諸法度
④ 海賊取締令　⑤ バテレン追放令

問2 下線部(a)が行ったことについて述べた文X～Zについて，その正誤の組み合わせとして最も適切なものを，次の中から一つ選べ。［16］

X 指出検地を行い，全ての土地を石高によって把握した。
Y 城下町の堺や安土に楽市令（楽市・楽座令）を発し，自治を発展させた。
Z 強大な宗教勢力である比叡山延暦寺を焼き討ちし，また石山本願寺を屈服させた。

① X 正　Y 正　Z 正　② X 正　Y 正　Z 誤
③ X 正　Y 誤　Z 正　④ X 正　Y 誤　Z 誤
⑤ X 誤　Y 正　Z 正　⑥ X 誤　Y 正　Z 誤
⑦ X 誤　Y 誤　Z 正　⑧ X 誤　Y 誤　Z 誤

問3 下線部(b)に関連して，江戸時代初期の対外関係について述べた文X～Zについて，その正誤の組み合わせとして最も適切なものを，次の中から一つ選べ。［17］

X 徳川家康は，アンナンやカンボジアなどに外交文書を送り，親善関係を求めた。
Y 徳川家康は，オランダ人ヤン・ヨーステン，イギリス人ウィリアム・アダムズを外交顧問とし，長崎に両国の商館を開かせた。
Z 江戸幕府と朝鮮との間で己酉約条が結ばれ，文禄・慶長の役以降とだえていた貿易が再開された。

① X 正　Y 正　Z 正　② X 正　Y 正　Z 誤
③ X 正　Y 誤　Z 正　④ X 正　Y 誤　Z 誤
⑤ X 誤　Y 正　Z 正　⑥ X 誤　Y 正　Z 誤
⑦ X 誤　Y 誤　Z 正　⑧ X 誤　Y 誤　Z 誤

問4 下線部(c)に関係した人物の組み合わせとして最も適切なものを，次の中から一つ選べ。［18］

① 後陽成天皇 — 隠元　② 後陽成天皇 — 契沖　③ 後陽成天皇 — 沢庵
④ 後水尾天皇 — 隠元　⑤ 後水尾天皇 — 契沖　⑥ 後水尾天皇 — 沢庵

(2)　[　B　]は，将軍徳川家綱の治世で，明暦の大火があった1657年に，江戸で生まれた。父親と共に上総国の大名土屋利直に仕えたが，1677年に土屋家を追われ牢人となった。(d)河村瑞賢などから養子に迎えようという話もあったが，1682年には大老堀田正俊のもとに仕官することができ，仕官後に朱子学者の木下順庵の弟子となった。堀田家を去った後，1693年には甲府藩主徳川綱豊に仕えた。綱豊が家宣と名を改め，徳川綱吉の世子になると，[　B　]も幕臣となった。家宣が将軍になると，[　B　]は家宣の信任を受けて，(e)家宣と，その子家継の代の政治を担った。家継が死去し(f)紀伊藩主が将軍に就くと[　B　]は政治上の地位を失ったが，1725年に没するまで著述活動を続けた。

問5　空欄[　B　]に入る語句として最も適切なものを，次の中から一つ選べ。[19]

①　間部詮房　②　柳沢吉保　③　荻原重秀　④　山崎闇斎　⑤　新井白石

問6　下線部(d)に関連して述べた文ａ～ｅについて，正しい文の組み合わせとして最も適切なものを，次の中から一つ選べ。[20]

ａ．江戸の商人であった。
ｂ．京都の商人であった。
ｃ．東北地方と江戸・大坂とを結ぶ航路を整備した。
ｄ．書・蒔絵・陶芸などに優れた作品を残した。
ｅ．高瀬川や富士川の河川舟運を整備した。

①　ａ・ｃ　②　ａ・ｄ　③　ａ・ｅ
④　ｂ・ｃ　⑤　ｂ・ｄ　⑥　ｂ・ｅ

問7　下線部(e)に関連して述べた文として最も適切なものを，次の中から一つ選べ。[21]

①　はじめて服忌令を公布し，忌引きの日数などを定めた。
②　長崎での貿易を制限し，海外への金銀の流出を防ごうとした。
③　大名の末期養子の禁を緩め，牢人の増加を防ごうとした。
④　金貨の金の含有率を減らす改鋳により，貨幣流通量を確保しようとした。
⑤　大嘗会（大嘗祭）などの朝廷の儀式を復興させ，朝廷との関係の融和を進めた。

問8　下線部(f)に関連して，この将軍が行ったことについて述べた文として最も適切なものを，次の中から一つ選べ。[22]

①　大槻玄沢や稲村三伯らにオランダ語を学ばせ，蘭学興隆の基礎を築いた。
②　年貢の増徴を図るべく，定免法に代えて広く検見法を採用した。
③　相対済し令を発し，頻発する金公事を当事者間で解決させるようにした。
④　米価の維持と調整のため，大坂の堂島米市場を廃止した。
⑤　大名から石高に応じて米を上納させる足高の制を実施した。

(3)　[　C　]は，将軍徳川家重の治世の1755年に，出羽国楯岡村（現在の山形県村山市）で生まれた。1781年に江戸に出て，1784年には(g)本多利明が開いていた音羽塾に入り，天文学・地理学・航海術などを学んだ。1785年，利明の推薦を受け，(h)田沼意次のもとで行われた蝦夷地の調査事業に加わった。しかし1786年には田沼の失脚に伴い，調査事業も中止された。その後［　C　］は一時投獄されたこともあったが，(i)ロシアの進出への対応のためたびたび北方に派遣され，1798年には択捉島に標柱を立てた。1826年には江戸でシーボルトと会い，北方の地図を貸与している。1836年，［　C　］は江戸で病没した。

問9　空欄［　C　］に入る語句として最も適切なものを，次の中から一つ選べ。［23］

①　最上徳内　②　間宮林蔵　③　高野長英　④　高橋景保　⑤　近藤重蔵

問10　下線部(g)が著した著作の組み合わせとして最も適切なものを，次の中から一つ選べ。［24］

①『経済要録』—『西説内科撰要』　②『経済要録』—『西域物語』
③『経済要録』—『華夷通商考』　④『経世秘策』—『西説内科撰要』
⑤『経世秘策』—『西域物語』　⑥『経世秘策』—『華夷通商考』

問11　下線部(h)が主導した政策について述べた文として最も適切なものを，次の中から一つ選べ。
［25］

①　林子平の意見を採用して，蝦夷地の調査事業を進めた。
②　商工業者の株仲間を積極的に公認し，運上や冥加の増収を図った。
③　秤量貨幣の銀貨を鋳造させることにより金銀通貨を一本化しようとした。
④　新田開発を進め，印旛沼・手賀沼の干拓工事を完成させた。
⑤　長崎貿易において俵物の輸出を奨励し，銅の輸入を図った。

問12　下線部(i)について述べた文X～Zを年代の早いものから順に並べたものとして最も適切なものを，次の中から一つ選べ。［26］

X　国後島でロシアの艦長が幕府の役人に捕らえられ，抑留された。
Y　入港許可状（信牌）を持ったロシア使節が長崎に来航し，通商を求めた。
Z　ロシア使節が根室に来航し，漂流民を送還するとともに通商を求めた。

①　X→Y→Z　②　X→Z→Y　③　Y→X→Z
④　Y→Z→X　⑤　Z→X→Y　⑥　Z→Y→X

〔Ⅲ〕 次の文章を読み，下記の問いに答えよ。

(1) 江戸幕府末期に初代のアメリカ総領事として着任したハリスの強い要求を受けて，大老の[A]は1858年に(a)日米修好通商条約を調印した。これを受けて横浜，長崎，箱館の開港場で，外国商人と日本商人のあいだで(b)貿易が行われた。

日米修好通商条約の批准書交換に際しては，[B]らが咸臨丸で太平洋を横断した。また薩摩や長州など諸藩が海外に留学生を派遣するなどした。また，開港場の横浜には宣教師らが来日し，一部は欧米文化を積極的に伝えた。やがて，(c)攘夷の考えは次第に弱まり，近代化が必要という認識が広がっていった。

明治にはいると政府は(d)富国強兵をめざし殖産興業に力を入れた。1870年に工部省を設置し，鉄道の敷設や官営軍事工業の拡充をはかった。前島密の建議で官営の郵便制度が発足した。また海運では[C]の経営する会社を手厚く保護した。

問1 空欄[A]～[C]に入る語句として最も適切なものを，次の中から一つずつ選べ。

[A] = [27]　① 松平容保　② 阿部正弘　③ 堀田正睦　④ 井伊直弼　⑤ 安藤信正

[B] = [28]　① 勝海舟　② 岩倉具視　③ 大村益次郎　④ 榎本武揚　⑤ 後藤象二郎

[C] = [29]　① 黒田清隆　② 豊田佐吉　③ 岩崎弥太郎　④ 渋沢栄一　⑤ 五代友厚

問2 下線部(a)に関連して述べた文として最も適切なものを，次の中から一つ選べ。[30]

① 外国人は自由に国内旅行ができるようになった。

② 日本にも関税の税率の決定権が認められた。

③ 日本に滞在するアメリカ人への領事裁判権を認めた。

④ 幕府は同じ1858年，安政の五カ国条約といわれる類似の条約をオランダ，ドイツ，イタリア，スペインとも結んだ。

⑤ 公家の間では開国の空気が強く，朝廷は条約調印への勅許を与えた。

問3 下線部(b)について，この時期の貿易に関連して述べた文として最も適切なものを，次の中から一つ選べ。[31]

① 幕府が鉄砲や艦船など軍需品を購入したため，大幅な輸入超過となった。

② アメリカで南北戦争がおきたこともあり，イギリスとの取引が最も多かった。

③ 安価で良質な綿織物や綿糸が大量に輸出されたため，国内の綿織物産地が急速に発展した。

④ 金銀の交換比率の違いから一時的に多量の金貨が流出したため，幕府は金貨の品質を大幅に引き上げる貨幣改鋳でしのいだ。

⑤ 日本の最大の輸出品はお茶，次が海産物だった。

問 4　下線部(c)に関連して述べた文として最も適切なものを，次の中から一つ選べ。[32]

① 長州藩の山県有朋と薩摩藩の大久保利通がイギリスに留学した。

② 薩摩藩は，生麦事件の報復で鹿児島湾に侵入したフランス軍艦の砲撃を浴びた。

③ 貿易の妨げになる攘夷派への一撃を狙っていたロシアは，長州藩の下関の砲台を攻撃して占拠した。

④ 開国後，幕府は蕃書調所を設け，外交文書の翻訳などにあたらせた。蕃書調所はのちに洋書調所，開成学校などを経て東京大学となった。

⑤ 長崎ではオランダ人による陸軍伝習所が設けられた。

問 5　下線部(d)に関連して述べた文X～Zについて，その正誤の組み合わせとして最も適切なものを，次の中から一つ選べ。[33]

X　1869 年に東京と横浜の間に架設された電信線は，5 年後に長崎と北海道にまでのばされ，さらに長崎と上海の海底電線を通じて，欧米ともつながった。

Y　政府は統一的な貨幣制度を確立するための地租改正条例を定め，近代的な金融制度の基礎を整えるための日本銀行を設立した。

Z　官営模範工場として設けられた群馬県の富岡製糸場の機械類はイギリスから輸入し，イギリス人技師が指導した。

① X 正　Y 正　Z 正　　② X 正　Y 正　Z 誤
③ X 正　Y 誤　Z 正　　④ X 正　Y 誤　Z 誤
⑤ X 誤　Y 正　Z 正　　⑥ X 誤　Y 正　Z 誤
⑦ X 誤　Y 誤　Z 正　　⑧ X 誤　Y 誤　Z 誤

(2)　満蒙の権益確保にこだわる関東軍は 1931 年 9 月，奉天郊外の柳条湖で南満州鉄道の線路を爆破し，これを中国軍のしわざであると主張して軍事行動を開始し(e)満州事変が始まった。

さらに 1937 年 7 月には北京郊外の盧溝橋で日中両国軍が衝突する盧溝橋事件が起きた。[D]首相が当初の不拡大方針を変更して兵力を増派して戦線を拡大したため，全面的な(f)日中戦争に発展した。

1940 年 9 月には，日本軍は北部仏印に進駐するとともに[E]を締結した。1941 年になると，6 月にドイツがソ連に侵攻し独ソ戦争が始まった。日本は 7 月に南部仏印に進駐し，これに対しアメリカは対日石油輸出禁止などを決めた。日米間の交渉は続いていたが，日本は 12 月 1 日の御前会議で交渉不成功と判断し，米英に対する開戦を決定した。その結果，ついに(g)太平洋戦争に突入した。

太平洋戦争開戦後，(h)政府は軍需生産を最優先し，国民生活を極度に切りつめさせた。1944 年後半以降は，米軍機による本土空襲が激化し，全国の被害は死者 26 万人，負傷者 42 万人にも及んだ。

アメリカ，イギリス，ソ連の首脳は戦争処理問題などを協議するため 1945 年 7 月に[F]で会議を開き，日本軍への無条件降伏勧告を発表した。しかし，日本政府がこれを黙殺する態度をとったため，アメリカは広島と長崎に原爆を投下した。これを受けて，昭和天皇のいわゆる「聖断」により無条件降伏が決定された。8 月 15 日，ラジオ放送で天皇が(i)戦争終結を国民に伝えた。

問 6　空欄 D ～ F に入る語句として最も適切なものを，次の中から一つずつ選べ。

D = 34　① 東条英機　② 平沼騏一郎　③ 広田弘毅　④ 米内光政　⑤ 近衛文麿

E = 35　① 日ソ中立条約　② 日独伊三国同盟　③ 日独防共協定　④ 大東亜共同宣言　⑤ ロンドン海軍軍縮条約

F = 36　① カイロ　② ポツダム　③ ヤルタ　④ ポーツマス　⑤ ワシントン

問 7　下線部(e)に関連して述べた文として最も適切なものを，次の中から一つ選べ。 37

① 第 2 次若槻礼次郎内閣は満州事変を積極的に支持し，マスコミや世論も軍の行動を支持した。

② 関東軍は満州の主要地域を占領し，明朝最後の皇帝であった溥儀を執政とする満州国を 1932 年に建国させた。

③ 中国との交渉による問題解決を重視した犬養毅内閣は満州国の承認に反対した。

④ アメリカは満州事変以後の日本の一連の行動を消極的ながら承認した。

⑤ 満州国は日本の傀儡国家であるなどとするリットン調査団の報告を国際連盟が採択したため，幣原喜重郎ら日本全権団は総会の場から退場した。

問 8　下線部(f)に関連して述べた文Ｘ～Ｚについて，その正誤の組み合わせとして最も適切なものを，次の中から一つ選べ。 38

Ｘ　日中両国はともに正式な宣戦布告をしなかった。そのため日本政府は「支那事変」などと名付けた。

Ｙ　中国では国民党と共産党の間で軍事衝突が続いていたが，日中戦争がはじまっても対立は収まらず，内戦が継続した。

Ｚ　中国の国民政府は奥地の重慶に移って徹底抗戦を続けた。日本は国民党副総裁の汪兆銘を重慶から脱出させて，南京に新国民政府を樹立させた。

① Ｘ 正　Ｙ 正　Ｚ 正　　② Ｘ 正　Ｙ 正　Ｚ 誤
③ Ｘ 正　Ｙ 誤　Ｚ 正　　④ Ｘ 正　Ｙ 誤　Ｚ 誤
⑤ Ｘ 誤　Ｙ 正　Ｚ 正　　⑥ Ｘ 誤　Ｙ 正　Ｚ 誤
⑦ Ｘ 誤　Ｙ 誤　Ｚ 正　　⑧ Ｘ 誤　Ｙ 誤　Ｚ 誤

問 9　下線部(g)に関連して述べた文Ｘ～Ｚについて，その正誤の組み合わせとして最も適切なものを，次の中から一つ選べ。 39

Ｘ　大東亜共栄圏を建設し，アジアを欧米の植民地支配から解放することを戦争目的として掲げたため，日本軍は終戦までアジアの人々から歓迎された。

Ｙ　日本海軍は真珠湾攻撃に続き 1942 年 6 月のミッドウェー海戦でも米海軍に大きな被害を与えたため，緒戦では戦争を優位に進めた。

Ｚ　戦争中の 1942 年に総選挙が実施されたが，政府の援助を受けた推薦候補が圧倒的多数を獲得した。選挙後には彼らが中心の翼賛政治会が結成されたため，議会の機能は大幅に低下した。

①　X 正　Y 正　Z 正　②　X 正　Y 正　Z 誤
③　X 正　Y 誤　Z 正　④　X 正　Y 誤　Z 誤
⑤　X 誤　Y 正　Z 正　⑥　X 誤　Y 正　Z 誤
⑦　X 誤　Y 誤　Z 正　⑧　X 誤　Y 誤　Z 誤

問10　下線部(h)に関連して述べた文として最も適切なものを，次の中から一つ選べ。 40

①　国民の主食である米は配給となったが，いもや小麦粉という代用食によって国民は十分なカロリーを摂取できた。

②　兵力不足を補うため徴兵が行われたが，朝鮮や台湾では施行されなかった。

③　学徒動員の対象は大学や高等学校などに在学中の徴兵適齢の理科系学生だった。

④　米軍が上陸した沖縄戦では，多くの住民が日本軍と行動を共にしたため，日本軍の死者より非戦闘員の死者の方が多かった。

⑤　台湾では，皇民化政策がすすめられ，日本語教育の徹底のほか，姓名を日本風に改める創氏改名が強制された。

問11　下線部(i)に関連して述べた文として最も適切なものを，次の中から一つ選べ。 41

①　終戦時の日本の首相は，長く侍従長を務め天皇の信任が厚かった小磯国昭だった。

②　陸軍は，アメリカに対して勝ち目がないと判断し，最終的に本土決戦の主張を取り下げた。

③　ソ連は，日ソ中立条約を破って対日宣戦を布告し，満州や朝鮮，樺太，千島列島に侵攻した。

④　ヨーロッパでは，1943年にドイツが降伏したが，イタリアは1945年5月まで戦争を続けた。

⑤　敗戦後，日本はマッカーサー元帥を最高司令官とする連合国軍最高司令官総司令部（GHQ）によって直接統治されることとなった。

世界史

（60 分）

〔Ⅰ〕 次の文章を読み，後の問いに答えよ。

隋末の反乱の中で挙兵した李淵は，618 年に隋を倒して(a)唐を建国し，(b)長安を都とした。2 代目の［ A ］は全国を統一するとともに(c)トルコ系の東突厥を服属させ，続く(d)3 代目の皇帝の時にも勢力圏を広げた。唐は周辺地域の多様な要素を取り入れて国際性ある文化をつくりあげ，(e)近隣諸国に強い影響を及ぼしたが，(f)8 世紀に入ると唐の支配体制は次第に変化し，中央政府の統制力は弱まった。また，この時代には海路で中国に至るムスリム商人も増え，(g)揚州・広州などの港町が栄えた。

10 世紀には東アジアの政権が一斉に交替し，朝鮮半島では(h)高麗などの国家がたてられ，中国では趙匡胤が(i)宋（北宋）をたてた。11 世紀後半の［ B ］は，(j)王安石を登用して政治の根本的な改革をはかったが，急激な改革に対して反発する官僚も多く，対立が続いてさらに宋の国力を弱めた。そして 12 世紀の初めには，靖康の変に際して(k)上皇と皇帝の［ C ］が金にとらえられた。そこで，(l)皇帝の弟が江南に逃れて帝位について南宋をたて，元に滅ぼされるまで命脈を保った。

問 1　空欄［ A ］〜［ C ］に入るものとして最も適切なものを，次の中から一つずつ選べ。ただし，一つの選択肢は一度しか選べない。

［ A ］＝［ 1 ］　［ B ］＝［ 2 ］　［ C ］＝［ 3 ］

① 高祖　② 高宗　③ 徽宗　④ 欽宗　⑤ 神宗　⑥ 世宗　⑦ 太祖
⑧ 太宗

問 2　下線部(a)に関連して，この時代に施行された制度について述べた次の文を読み，下線部(X)〜(Z)の正誤の組み合わせとして最も適切なものを，次の中から一つ選べ。［ 4 ］

唐は，隋の制度を受け継ぎ，律・令・格・式の法制にもとづく整然とした体系をつくりあげた。中央には三省六部がおかれ，(X)門下省が詔勅の創案を作成し，尚書省が執行し，(Y)御史台が執行を補助した。地方では州県制がしかれた。その(Z)統治体制の根本は，成年男性に土地を均等に支給する均田制と，課税する租調庸の制度であった。

① X：正　Y：正　Z：正
② X：正　Y：誤　Z：誤
③ X：正　Y：正　Z：誤
④ X：誤　Y：正　Z：正

⑤　X：誤　　Y：誤　　Z：正

⑥　X：誤　　Y：誤　　Z：誤

問 3　下線部(b)に関連して，長安を模倣してたてられた都として最も適切なものを，次の中から一つ選べ。
5

①　南宋の臨安

②　新羅の金城（慶州）

③　北宋の開封

④　渤海の上京竜泉府

⑤　高麗の開城

問 4　下線部(c)に関連して，トルコ系民族について述べたものとして**最も不適切なもの**を，次の中から一つ選べ。 6

①　トルコ系の遊牧ウズベクが，ティムール朝を滅ぼした。

②　ウイグルは，同じトルコ系キルギスの攻撃を受けて滅んだ。

③　10 世紀末には，トルコ系のゴール朝がインドに侵攻を繰り返した。

④　10 世紀末には，トルコ系イスラーム王朝であるカラ＝ハン朝が，サーマーン朝を滅ぼした。

⑤　パミール高原西部では，トルコ系集団が波状的に移動・定着したことでトルコ化がすすんだ。

問 5　下線部(d)に関連して，唐の第 3 代皇帝と隋の煬帝がおこなった施策のうち，共通するものとして最も適切なものを，次の中から一つ選べ。 7

①　南朝の陳に遠征した。

②　九品中正を廃止した。

③　大運河を建設した。

④　高句麗に遠征した。

問 6　下線部(e)に関連して，7 世紀から 10 世紀のアジアの動向について述べたものとして**最も不適切なもの**を，次の中から一つ選べ。 8

①　新羅は，唐と連合して百済を滅ぼした。

②　耶律大石が西遼を建国した。

③　吐蕃では，ソンツェン＝ガンポが統一国家を建設した。

④　雲南では，南詔が勢力を広げ，栄えた。

⑤　耶律阿保機が契丹を建国した。

⑥　大祚栄が渤海を建国した。

問 7　下線部(f)に関連して，8 世紀以降に起きた出来事を，年代の早いものから順に正しく並べたとき，**前から 5 番目**にくるものを，次の中から一つ選べ。 9

①　玄宗が即位した。

②　黄巣の乱が起きた。

③　武則天が亡くなった。

④　朱全忠に滅ぼされた。

⑤　安史の乱が起きた。

⑥　両税法が採用された。

問８　下線部(g)の場所として最も適切なものを，地図上の①～⑤の中から一つずつ選べ。ただし，一つの選択肢は一度しか選べない。

揚州＝ 10 　広州＝ 11

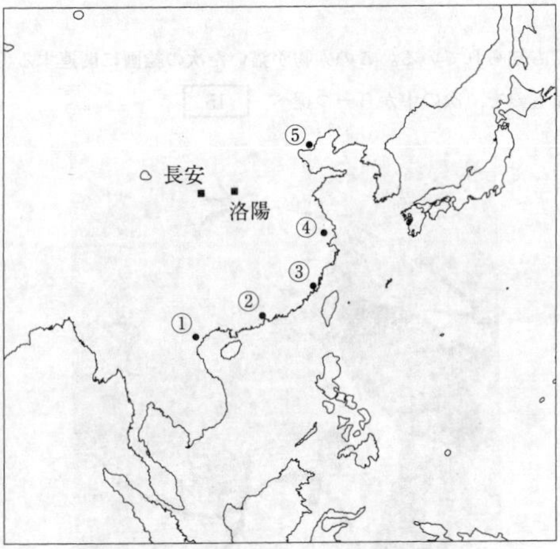

問９　下線部(h)について述べた文として最も適切なものを，次の中から一つ選べ。 12

①　代表的な磁器として，独特の風合いをもつ三彩がつくられた。

②　仏教が盛んになり，『大蔵経』がつくられた。

③　10世紀以降，モンゴル高原南部を本拠とした。

④　12世紀末には，文臣（文人）が政権を握った。

⑤　チンギス＝ハンの時にモンゴルの属国となった。

問10　下線部(i)について述べた文として最も適切なものを，次の中から二つ選べ。ただし，三つ以上マークした場合はすべて無効とする（解答欄 13 に二つマークせよ）。

①　『三国志演義』『水滸伝』などの小説が多くの読者を獲得した。

②　殿試がおこなわれるようになり，科挙出身の官僚が皇帝の手足として政治を担った。

③　同郷出身者や同業者の互助や親睦をはかる会館や公所がつくられた。

④　顧炎武などの学者が，事実にもとづく実証的な研究が必要だと主張した。

⑤　経済力のある新興地主層が勢力をのばし，郷紳とよばれた。

⑥　周敦頤が，経典全体を哲学的に読み込んで理にいたろうとする学問をおこした。

⑦　白進が，「皇輿全覧図」の作製に協力した。

問11　下線部(j)に関連して，この時期に改革をおこなう必要が生じた原因について述べたものとして最も適切なものを，次の中から一つ選べ。 14

①　藩鎮勢力の乱立をおさえるため。

②　分権的な軍制を集権的につくりかえるため。

③　防衛費の増大による国家財政の窮乏が問題となったため。

④　各地の地方政権を平定するため。

⑤　契丹・西夏など北方民族を制圧したため。

問12　下線部(k)は絵画でも知られている。この人物が描いた次の絵画に関連する美術の展開を説明するものとして最も適切なものを，次の中から一つ選べ。 15

①　自然に精神的意義を付加する中国的自然観を反映した山水画が盛んになった。

②　作者は，伝説的な「画聖」と称えられ，以後肖像画や故事人物画が盛んになった。

③　宮廷画家を中心とする写実的な院体画が盛んになった。

④　水墨あるいは淡彩で自由な筆さばきを重んじる文人画が盛んになった。

問13　下線部(l)に関連して，彼が在位した時代の主要な問題について述べたものとして最も適切なものを，次の中から一つ選べ。 16

①　オイラトのエセン＝ハンに，都を包囲された。

②　遼に毎年多数の銀や絹を送ることを定めた澶淵の盟を結んだ。

③　金に対する政策をめぐって，和平派の秦檜と主戦派の岳飛が対立した。

④　海禁政策をとって民間人の海上交易を禁止した。

〔Ⅱ〕 次の文章を読み，後の問いに答えよ。

(a)シェークスピアに『ジュリアス＝シーザー』で取り上げられるなど，後世の西洋世界においても有名である，ローマ共和政末に活動したユリウス＝カエサルは，伝えによれば(b)紀元前100年7月12日に誕生した。その頃，ローマは閥族派と平民派が激しく対立していた。彼の叔母は(c)平民派の主要人物の妻であったため，当初はこのグループに属した。前61年には(d)スペインを管轄区域として赴任したが，そこで(e)プルタルコスの伝えるところによれば，(f)アレクサンドロス大王は自分と同じ歳の頃にはすでに大偉業を成し遂げていたのに，それにひきかえ自分は何一つ華々しいことをやり遂げていないと悲しんだという。しかし彼は翌年からローマ史に名を残す活躍をするのである。

前60年には(g)クラッスス，(h)ポンペイウスと結び元老院に対抗した。前58年にはガリアでの軍の指揮権を得て遠征をはじめた。その発端は(i)スイスに住むヘルウェティイ人が西に向かってローマの領土に侵入したことであった。彼らを追い返すと，その後，ガリア全域で抵抗する部族への攻撃をおこなった。前57年には(j)ベルガエ人を平定して，いったんはこの遠征も成功したかのように見えた。しかし翌年から各地で反乱が起こり，その支援をしていると考えた(k)ブリテン島のガリア人を討伐すべく，前55年にローマ軍は初めてドーヴァー海峡をわたった。その翌年もブリテン遠征をしてこの地のガリア人に勝利した。しかしこの後も各地で反乱は続き，前52年にはウェルキンゲトリクスを指導者に抵抗は大規模となるが，アレシアの攻防でカエサルは(l)ゲルマン人の騎兵の助けなどにより，最終的な勝利をおさめた。

しかしカエサルがこの遠征の成功により勢力を増大させると，それを警戒したポンペイウスが元老院と組み対抗した。ローマへの召喚命令を受けると，彼は「賽は投げられた」と言って軍を率いて(m)ルビコン川をわたりローマに進軍した。ポンペイウスをギリシア北部のファルサロスの戦いで破り，逃げたポンペイウスを追って(n)エジプトに行き，追放されていた(o)当地の王家のクレオパトラと知りあい，彼女を復位させ，彼女との間に子をもうけた。その後も政敵との戦いを制して，独裁的な権力を得るが，前44年にブルートゥスなどにより暗殺された。

問1　下線部(a)に関連して，彼が活動したルネサンス期に生み出された作品と作者の組み合わせとして**最も不適切なもの**を，次の中から一つ選べ。 17

① 「ヴィーナスの誕生」―― ボッカチオ

② 『愚神礼賛』―― エラスムス

③ 「聖母子像」―― ラファエロ

④ 『ドン＝キホーテ』―― セルバンテス

⑤ 『ユートピア』―― トマス＝モア

問2　下線部(b)の年以後にインドで起きた出来事として最も適切なものを，次の中から一つ選べ。 18

① アショーカ王はその王朝の最盛期を築いた。

② クシャーン人がクシャーナ朝をたてた。

③ ヴァルダマーナがジャイナ教を開いた。

④ チャンドラグプタがマウリヤ朝をたてた。

問3　下線部(c)として最も適切なものを，次の中から一つ選べ。 19

① スキピオ

② スラ

③ ホルテンシウス

④ マリウス

問4　下線部(d)について述べた文として最も不適切なものを，次の中から一つ選べ。 20

① ウマイヤ朝の一派が756年にグラナダを首都に後ウマイヤ朝をたてた。

② フランコは内戦を指導して，1939年にマドリードを陥落させた。

③ ルイ14世はスペイン継承戦争でオーストリアなどと戦い，ユトレヒト条約を締結した。

④ 女王イサベルが後援したコロンブスの船団がアメリカ大陸に到達した。

問5　下線部(e)はローマ期のギリシア人の文人であるが，彼が活動したローマ期に生み出された作品とその作者の組み合わせとして最も適切なものを，次の中から一つ選べ。 21

① ウェルギリウス ――『労働と日々』

② キケロ ――『年代記』

③ ストラボン ――『天文学大全』

④ タキトゥス ――『ゲルマニア』

⑤ リウィウス ――『アエネイス』

問6　下線部(f)が滅ぼしたアケメネス朝ペルシアについて述べた文として最も不適切なものを，次の中から一つ選べ。 22

① ペルシア人が信仰したのはゾロアスター教である。

② 全土の要地を結ぶ「王の道」という国道をつくった。

③ サトラップ（知事）に各地の統治を委ねる地方分権であった。

④ 前6世紀半ばにキュロス2世がおこした。

問7　下線部(g)は奴隷の剣闘士（剣奴）のスパルタクスを指導者とする反乱を鎮圧したことでも有名である。これに関連して，ギリシア・ローマ時代の奴隷について述べた文として最も適切なものを，次の中から一つ選べ。 23

① ローマでは貧困化して奴隷となった農民を大量使役する大土地所有制（ラティフンディア）が発展した。

② 前6世紀のアテネで平民が奴隷に転落するのを防止する方策を実施したのはペイシストラトスである。

③ ローマの共和政期には奴隷が小作人（コロヌス）となって，小規模の土地を耕作するコロナートゥス制が盛んであった。

④ スパルタでは市民よりはるかに多数の被征服先住民であった者たちをヘイロータイとよんで奴隷身分の農民とした。

問8　下線部(h)はローマの支配に抵抗を続けていたポントス王ミトリダテス6世を自死に追い込み，その反乱に終止符を打った。ポントスは現在のトルコが存在する地域が中心の王国であるが，この地域について述べた文として**最も不適切なもの**を，次の中から一つ選べ。 24

① アッシリア王国崩壊後，この地におこったのはリディアである。
② オスマン帝国のイェニチェリ軍団はイスラーム教徒の若者から徴発された。
③ ギリシアによるイズミル占領の際，ケマルはトルコ大国民議会を組織した。
④ セルジューク朝がこの地やシリアに進出したことが十字軍の原因となった。

問9　下線部(i)は1499年に神聖ローマ帝国から事実上独立して，1648年にウェストファリア条約で国際的にも承認された。この間に東アジアで起きた出来事として**最も不適切なもの**を，次の中から一つ選べ。 25

① 鄭成功が台湾を征服した。
② 万暦帝期に張居正が中央集権的な政策を実施した。
③ マテオ＝リッチが中国で布教をおこなった。
④ ヌルハチが後金（アイシン）を建国した。

問10　下線部(j)は後のベルギーにあたる地域に居住していた人々である。ベルギーがオランダから独立したのはフランスの出来事に影響を受けてのものであったが，その動きとして最も適切なものを，次の中から一つ選べ。 26

① 七月革命
② ナポレオンのロシア遠征
③ 二月革命
④ フランス革命

問11　下線部(k)の歴史を説明した文として最も適切なものを，次の中から一つ選べ。 27

① 1215年に貴族に大憲章（マグナ＝カルタ）を認めさせられたのはヘンリ2世である。
② 1016年にノルマンディー公ウィリアムがデーン人を破り，ノルマン朝をたてた。
③ 1485年にランカスター派のヘンリが即位してテューダー朝を開いた。
④ 1265年にシモン＝ド＝モンフォールはエドワード3世に模範議会を招集させた。

問12　下線部(l)は後に西への大移動をおこない，その混乱のなかで西ローマ帝国は滅亡したが，その移動について述べた文として**最も不適切なもの**を，次の中から一つ選べ。 28

① その発端は4世紀後半，フン族が西進してゲルマン人を圧迫したことである。
② 東ゴート人はビザンツ皇帝の命を受け，アッティラのたてた帝国を滅ぼした。
③ アングロ＝サクソン人はブリテン島にわたり，アングロ＝サクソン七王国をたてた。
④ ヴァンダル人は北アフリカに，フランク人はガリア北部にそれぞれ建国した。

問13　下線部(m)に関連して，後にこれはファシスト党を率いたムッソリーニのローマ進軍にたとえられることがあった。このムッソリーニのローマ進軍の頃のヨーロッパの情勢について述べた文として最も

適切なものを，次の中から一つ選べ。 29

① フランスはブリアン内閣の際に賠償金不履行を理由にルール占領を強行した。

② イギリスでは労働党党首マクドナルドが自由党と連立政権を組閣した。

③ ドイツではヒンデンブルクの後継としてエーベルトが大統領となった。

④ アイルランドは全域で自治が認められアイルランド自由国となった。

問14　下線部(n)について述べた文として最も適切なものを，次の中から一つ選べ。 30

① 10世紀初めにスンナ派のファーティマ朝がおこり，カイロを造営した。

② 1979年，サダト大統領はイスラエルとの第4次中東戦争を指導した。

③ 12世紀半ばにサラディン（サラーフ＝アッディーン）がマムルーク朝をたてた。

④ 19世紀初め，オスマン帝国に総督として承認されたのはムハンマド＝アリーである。

問15　下線部(o)の王朝名として最も適切なものを，次の中から一つ選べ。 31

① アンティゴノス朝

② グプタ朝

③ セレウコス朝

④ プトレマイオス朝

〔Ⅲ〕 次の文章を読み，後の問いに答えよ。

東アジア地域における近代国家建設の試みは，明治維新後の諸改革ののち本格化した。これらは欧米諸国の体制に範をとり，ナショナリズムの共有による国民国家体制の確立を目標としたが，その実現には幾多の曲折があった。

まず中国では A 族の清朝皇帝のもと，(a)現在の中華人民共和国にほぼ重なる領域が段階的に統合され，(b)漢民族をはじめとする諸民族が個別に統治される多民族国家体制が維持されていた。19世紀後半には(c)軍事や工業の分野で近代化も推進されたが，日清戦争に敗北するとその限界が強く認識された。そこでナショナリズムを媒介とした国民国家的な統合の確立が目指され，(d)1898年における変法の試みの失敗を経て，1901年よりあらためて開始された B 新政のもとで(e)立憲君主政化を柱とした一連の改革が推進された。だが，異民族の皇帝が君臨する清朝下での改革には，漢民族側から批判も生じ，(f)その打倒による異民族支配の一掃こそナショナリズムの実現であると主張する革命運動も展開された。

一方，朝鮮では清朝への服属関係からの離脱を目指す改革運動からナショナリズムの形成が始まり，日本の支援のもとに(g)守旧派打倒のクーデタが試みられた。だが，日清戦争後はナショナリズム運動は干渉を強める日本への抵抗へと転化した。こうした状況に，(h)ロシアが朝鮮政府に接近して影響力の拡大をはかったが，(i)日露戦争の敗北によって手を引き，日本は朝鮮あらため大韓帝国を保護国化した。(j)これに対する抵抗もさまざまな立場から生じ，各地で C による闘争が展開され，1909年には初代韓国統監の伊藤博文が D により暗殺された。

最終的に，朝鮮は1910年に日本に併合された。また中国でも翌年に勃発した(k)辛亥革命によって清朝が滅亡し，共和制の中華民国となった。このように，各国でのナショナリズムは，既存の政権の延命にはつながらなかったが，(1)その後も独立運動や革命運動の原動力として歴史展開に影響していくこととなった。

問1　空欄 A ～ D に入るものとして最も適切なものを，次の中から一つずつ選べ。

A ＝ 32　①　契丹　②　匈奴　③　鮮卑　④　突厥　⑤　満州

B ＝ 33　①　乾隆　②　康熙　③　光緒　④　宣統　⑤　同治

C ＝ 34　①　義兵　②　義和団　③　黒旗軍　④　東学　⑤　白蓮教徒

D ＝ 35　①　安重根　②　金玉均　③　金日成　④　全琫準　⑤　李承晩

問2　下線部(a)に関連して，(あ)～(え)の地域が清朝の政治的勢力下に入った順に並べたものとして最も適切なものを，次の中から一つ選べ。 36

(あ)　盛京　(い)　台湾　(う)　北京　(え)　ラサ

①　(あ) → (え) → (い) → (う)
②　(あ) → (う) → (い) → (え)
③　(い) → (う) → (え) → (あ)
④　(い) → (う) → (あ) → (え)
⑤　(う) → (い) → (あ) → (え)
⑥　(う) → (あ) → (え) → (い)
⑦　(え) → (あ) → (い) → (う)
⑧　(え) → (い) → (う) → (あ)

問3　下線部(b)に関連して，清朝がモンゴル・チベットなどの民族地域を管轄するために設置した機関として最も適切なものを，次の中から一つ選べ。 37

①　軍機処　②　中書省　③　都護府　④　北面官　⑤　理藩院

問4　下線部(c)について述べた文として**最も不適切なもの**を，次の中から一つ選べ。 38

①　西洋の実務的な学問技術を採り入れるという意味で，「洋務」と称された。
②　三藩の乱など反乱鎮圧のための軍事分野の近代化より開始された。
③　工業分野の近代化とともに，汽船・電信事業，鉱山開発などもすすめられた。
④　「中体西用」の立場にたち，国家や社会体制の変革まではふみこまなかった。

問5　下線部(d)に関連して，その背景となった列強諸国による利権獲得の内容として最も適切なものを，次の中から一つずつ選べ。ただし，一つの選択肢は一度しか選べない。

イギリス＝ 39　ドイツ＝ 40　フランス＝ 41　ロシア＝ 42

①　威海衛租借地　②　広州湾租借地　③　膠州湾租借地　④　東清鉄道敷設権

問 6　下線部(e)に関連して，各地の立憲君主政について述べた文として最も適切なものを，次の中から一つ選べ。 43

① フランスでは，立憲王政を目指すジロンド派が立法議会で劣勢となった。

② オスマン帝国では大宰相ミドハト＝パシャが中心となり，1876 年にアジア初の憲法が制定された。

③ ドイツでは，1919 年にヴィルヘルム 1 世を初代国王に定め，ヴァイマル憲法が制定された。

④ ベトナムでは，ゴ＝ディン＝ジェムが中心となり，フランスからの独立と立憲君主政の樹立を目指す運動が組織された。

⑤ タイではタキン党が台頭し，1932 年の革命によって立憲君主政が成立した。

問 7　下線部(f)について述べた文として**最も不適切なもの**を，次の中から一つ選べ。 44

① 海外在住の華僑や留学生を中心に展開された。

② 孫文は 1894 年にハワイで興中会を結成した。

③ 1905 年に東京で中華革命党が結成された。

④ 民族・民権・民生の三民主義が主張された。

問 8　下線部(g)に関連して，1884 年に発生したクーデタ事件として最も適切なものを，次の中から一つ選べ。 45

① 甲申政変　② 壬午軍乱　③ 靖難の役　④ 土木の変　⑤ 戊戌の政変

問 9　下線部(h)に関連して，日露戦争前のロシアについて述べた文として最も適切なものを，次の中から一つ選べ。 46

① 血の日曜日事件が起きた。

② イギリスのアフリカ縦断政策に挑戦するファショダ事件を起こした。

③ ドイツとブレスト＝リトフスク条約を結んだ。

④ 日本と樺太・千島交換条約を結んだ。

⑤ バグダード鉄道建設を推進し，イギリスに対抗した。

問10　下線部(i)に関連して，この時に日露の講和を調停した人物として最も適切なものを，次の中から一つ選べ。 47

① 袁世凱　② ジョゼフ＝チェンバレン　③ セオドア＝ローズヴェルト

④ ビスマルク　⑤ フランクリン＝ローズヴェルト

問11　下線部(j)に関連して，1907 年に大韓帝国皇帝の高宗が密使を派遣して日本の不当性を訴えようとした国際会議として最も適切なものを，次の中から一つ選べ。 48

① ウィーン会議　② ハーグ万国平和会議　③ パリ講和会議　④ ベルリン会議

⑤ ロンドン会議

問12　下線部(k)について述べた文として**最も不適切なもの**を，次の中から一つ選べ。 49

① 湖北省武昌での軍隊の蜂起から革命がはじまった。

② 1ヶ月ほどの間に大半の省へと蜂起が波及し，清朝からの独立を宣言した。

③ 1912 年 1 月に上海で中華民国の建国が宣言された。

④ 国家元首の臨時大総統には，孫文が就任した。

⑤ 清朝は袁世凱に革命側と交渉させたが，最終的に共和制の樹立を受け入れた。

問13　下線部⑴に関連して，朝鮮の独立運動について述べた文として最も適切なものを，次の中から一つ選べ。 50

① テヘラン会談で独立が議論されていたものの，南北が分立する結果となった。

② 八・一宣言を発して民族統一戦線の結成をよびかけた。

③ 独立運動の隆盛を受けて，日本は「文化政治」とよばれる同化政策に転換した。

④ 大韓民国臨時政府が香港で結成された。

⑤ ロシア革命などに呼応して，排日を求める五・四運動が広まった。

地理

（60分）

〔Ｉ〕 東洋大学の創立者である井上円了は、３回にわたって海外視察旅行を行った。図１～３を見て、以下の問いに答えよ。

問１ 次の図１は、井上円了が行った、１回目の海外視察旅行の訪問先を示したものである。訪問先の国々の宗教に関連して述べた文として**最も不適切なもの**を、次の中から一つ選べ。 1

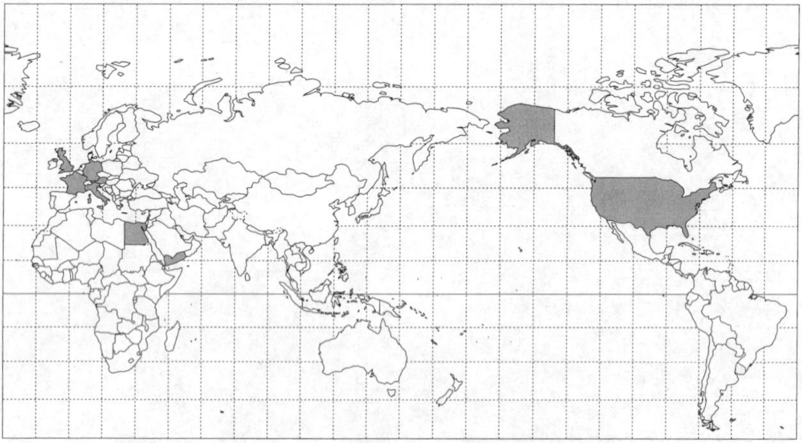

図１ 井上円了が１回目の海外視察旅行で訪問した国々

注：着色をした国々が１回目の訪問先である。

出典：東洋大学 井上円了記念学術センター、2014、『井上円了の教育理念』学校法人東洋大学

① キリスト教は、おもにヨーロッパと、南北アメリカ大陸に広がり、カトリック・プロテスタント・正教に大きく分かれている。

② アメリカ合衆国のキリスト教徒の中で最も多いのは、プロテスタントである。

③ イギリスのキリスト教徒の中で最も多いのは、英国国教会派である。

④ フランスおよびイタリアのキリスト教徒の中で最も多いのは、カトリックである。

⑤ エジプトおよびイエメンでは、イスラム教（イスラーム）の信者の中でもシーア派が多数派である。

問２　図１で示した訪問先の国々で、現在、政治の形態として立憲君主制を取っている国として最も適切なものを、次の中から一つ選べ。[2]

① エジプト　② フランス　③ イギリス　④ アメリカ合衆国　⑤ イエメン

問３　次の表１は、図１で示した１回目の訪問先の８か国から日本が輸入している上位４品目（金額、2019年）を示したものである。A～Cはイエメン・エジプト・フランスのいずれかである。A～Cと国名の組み合わせとして最も適切なものを、次の中から一つ選べ。[3]

表１　日本が各国から輸入している主な品目

	1位	2位	3位	4位
アメリカ合衆国	一般機械	電気機器	航空機類	医薬品
A	コーヒー豆	魚の肝油	えび	いか
イギリス	一般機械	医薬品	乗用車	電気機器
イタリア	喫煙用たばこ	一般機械	バッグ類	医薬品
B	揮発油	液化天然ガス	野菜と果実	電気機器
オーストリア	乗用車	一般機械	電気機器	医薬品
ドイツ	乗用車	医薬品	一般機械	電気機器
C	医薬品	ワイン	一般機械	精油と香料と化粧品類

出典：『データブック　オブ・ザ・ワールド2021』

	A	B	C
①	イエメン	エジプト	フランス
②	エジプト	フランス	イエメン
③	フランス	イエメン	エジプト
④	フランス	エジプト	イエメン
⑤	イエメン	フランス	エジプト
⑥	エジプト	イエメン	フランス

問４　次の図２は、井上円了が行った、２回目の海外視察旅行の訪問先を示したものである。図２で示した訪問先のうち、１回目には訪問していなかった６か国（D国・E国・アイルランド・オランダ・スイス・ベルギー）について述べた文として**最も不適切なもの**を、次の中から一つ選べ。[4]

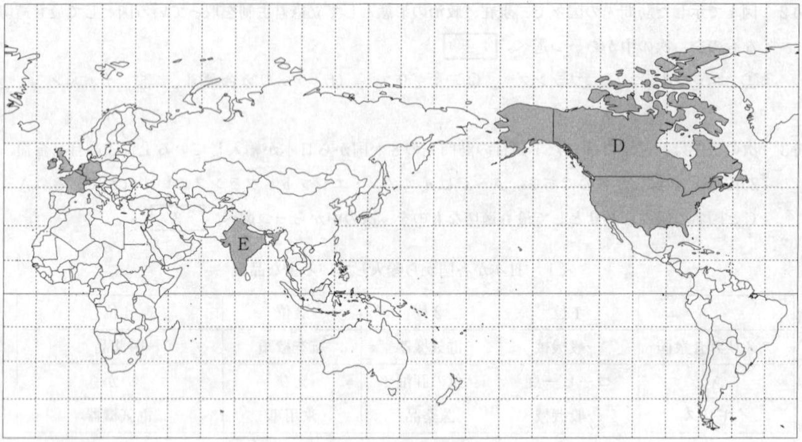

図２　井上円了が２回目の海外視察旅行で訪問した国々

注：着色をした国々が２回目の訪問先である。

出典：東洋大学　井上円了記念学術センター、2014、『井上円了の教育理念』学校法人東洋大学

① D国・E国・アイルランドは、イギリスの支配を受けていた時代がある。

② スイスは、1815 年に永世中立が国際的に承認された。スイスは、EU には加盟していないが、EFTA には加盟している。

③ オランダは、園芸農業と酪農が盛んであり、造船・石油化学・電機・食品などの工業も発達している。

④ ベルギー北部のフランドル地方は、伝統的に毛織物工業地帯であったが、のちに石油化学・自動車・ハイテクなどの工業が発達した。

⑤ D国には広大な森林が広がり、木材・紙・パルプの生産が多い。また、石炭・石油・天然ガスのほか、レアメタルなどの鉱産資源が豊かである。

⑥ E国とバングラデシュの間には、カシミール地方をめぐる領土問題が未解決のまま残され、その領有をめぐってこれまでに３度の戦争が勃発し、現在も対立が続いている。

問５　図２で示した２回目の訪問先のうち、１回目には訪問しなかった６か国の中で、フランス語を公用語にしている国の組み合わせとして最も適切なものを、次の中から一つ選べ。 5

①	D国	E国	アイルランド
②	D国	スイス	ベルギー
③	アイルランド	オランダ	スイス
④	E国	スイス	ベルギー
⑤	E国	アイルランド	オランダ

問６　次の表２は、図２で示した２回目の訪問先のうち、D国、E国、オランダ、ベルギーの高等教育の

就学率と対 GDP 公的教育支出の割合を示したものである。Ⅰ～ⅣのうちＥ国に該当するものとして最も適切なものを、次の中から一つ選べ。 6

表２　各国の高等教育の就学率と対 GDP 公的教育支出の割合（％）

	高等教育の就学率	対 GDP 公的教育支出割合
Ⅰ	85	5.5
Ⅱ	28	3.8
Ⅲ	69	2.2
Ⅳ	80	6.5

注：高等教育は、大学・専門学校以上に相当する。高等教育の就学率はⅠ・Ⅲ・Ⅳが 2017 年、Ⅱが 2018 年のデータである。
対 GDP 公的教育支出割合はⅡが 2013 年、Ⅰ・Ⅳが 2016 年、Ⅲが 2018 年のデータである。

出典：『世界国勢図会 2020/21』

①　Ⅰ　　②　Ⅱ　　③　Ⅲ　　④　Ⅳ

問７　次の図３は、井上円了が行った、３回目の海外視察旅行の訪問先を示したものである。図３の訪問先のうち、１回目、２回目に訪問していなかった 12 か国（Ｆ～Ｊ国・ノルウェー・スウェーデン・デンマーク・スペイン・ポルトガル・ウルグアイ・チリ）について述べた文として最も適切なものを、次の中から一つ選べ。 7

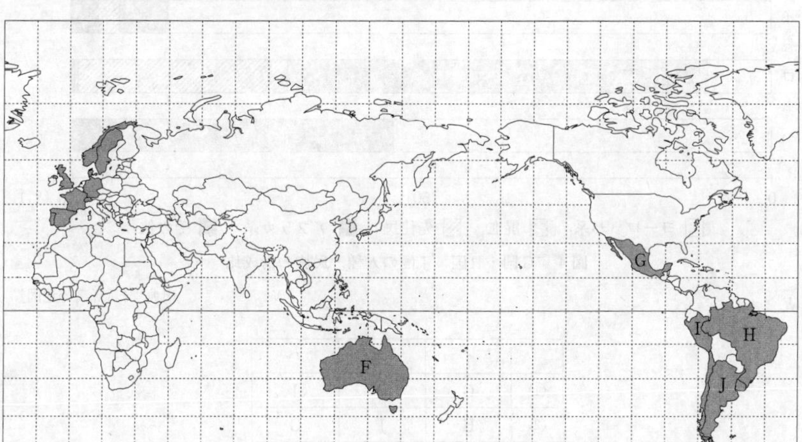

図３　井上円了が３回目の海外視察旅行で訪問した国々

注：着色をした国々が３回目の訪問先である。

出典：東洋大学　井上円了記念学術センター、2014、『井上円了の教育理念』学校法人東洋大学

①　ＢＷの気候区を含む国はない。

②　熱帯雨林が存在する地帯にあるのは、Ｈ国・Ｉ国・Ｊ国である。

③ 国土の東側にラブラドル海流が流れる国がある。

④ スカンディナビア半島に属する国や、イベリア半島に属する国が含まれる。

⑤ パナマ運河に接する国がある。

⑥ 新期造山帯に位置する国はない。

問8 図3で示したF～J国について述べた文として最も適切なものを、次の中から一つ選べ。 8

① F国では、1850年代にゴールドラッシュで人口が増加し、白人の権利を優遇するアパルトヘイトを次第に強化したが、1970年代にこの制度を廃止した。

② 2017年には、約490万人の不法移民がアメリカ合衆国からG国に入国したが、2007年に比べると約200万人減少した。

③ H国の農産物では、コーヒーが一時、総輸出額の約7割を占めていたが、現在は大豆・サトウキビ・トウモロコシなどの生産も増えている。

④ 1960年にI国の内陸で起きた地震による津波は、日本の三陸海岸に大きな被害をもたらした。2010年にもM8.8の大地震が発生した。

⑤ J国の主な宗教はカトリックであり、公用語はポルトガル語である。

問9 次の図4は、3回目に初めて訪問した国のうち、G国・H国・J国の人種・民族の構成比を示したものである。図4のイ～ハとG国・H国・J国の組み合わせとして最も適切なものを、次の中から一つ選べ。 9

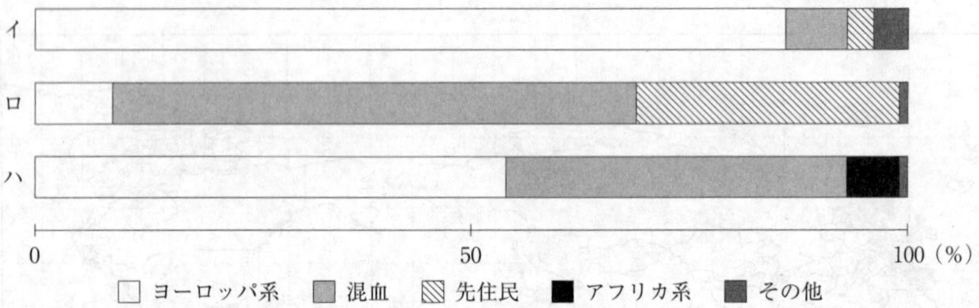

図4 G国・H国・J国の人種・民族の構成比

出典：『新詳高等地図』

	イ	ロ	ハ
①	G	H	J
②	H	J	G
③	J	G	H
④	J	H	G
⑤	G	J	H
⑥	H	G	J

〔Ⅱ〕石灰岩やサンゴなどに関する次の文章を読み、以下の問いに答えよ。

石灰岩には、石灰分を多く含む温泉水などから化学的に沈殿したものと、炭酸カルシウムを主成分とする生物の殻が堆積してできたものがある。後者には有孔虫や(a)サンゴなどの化石が含まれる。［ア］に見られる白亜（チョーク）の地層も、生物起源の石灰岩である。サンゴの遺骸や分泌物が集積すると(b)サンゴ礁が形成される。

石灰岩は比較的風化しにくいので、山地の高いピークとなっている場合も多い。ただし、石灰岩は雨水による溶食が進みやすいので、(c)石灰岩地帯には特徴的な地形が形成される。石灰岩は、(d)セメントの材料となるほか、変成作用を受けて形成された［イ］は、建築や彫刻の石材として活用されている。

問1　空欄［ア］に該当し、1990年代に海底トンネルができた海峡名として最も適切なものを、次の中から一つ選べ。［10］

① ジブラルタル海峡　② ドーヴァー海峡　③ ハドソン海峡

④ ボスポラス海峡　⑤ マゼラン海峡

問2　空欄［イ］に該当する岩石名として最も適切なものを、次の中から一つ選べ。［11］

① 凝灰岩　② 玄武岩　③ 大理石　④ 御影石　⑤ ラテライト

問3　下線部(a)について述べた文として最も適切なものを、次の中から一つ選べ。［12］

① 海水温が20℃を下回る期間が続くと、死滅して白化してしまう。

② 褐虫藻と共生している造礁サンゴは、深海に生育している。

③ クラゲやイソギンチャクの仲間であり、硬い骨格を作る。

④ 樹脂状の群体をつくる宝石サンゴが生育するのは、水深5m以浅の海域である。

⑤ プランクトンを摂取するため、大きな河川の河口部に生育していることが多い。

問 4 写真 1 は、ある島で下線部(b)を撮影したものである。このサンゴ礁地形と写真撮影場所の組み合わせとして最も適切なものを、次の中から一つ選べ。 13

写真 1 サンゴ礁

	サンゴ礁地形	写真撮影場所
①	環礁	沖縄本島
②	環礁	サイパン島
③	環礁	西之島
④	裾礁	沖縄本島
⑤	裾礁	サイパン島
⑥	裾礁	西之島
⑦	堡礁	沖縄本島
⑧	堡礁	サイパン島
⑨	堡礁	西之島

問 5 下線部(b)における石灰岩の生成について述べた文として最も適切なものを、次の中から一つ選べ。

14

① 裾礁ではサンゴ虫が死滅しているので、現在では石灰岩は生成されていない。

② 現在でも石灰岩が生成されているのは、隆起環礁だけである。

③ 生物活動は継続しており、石灰岩が生成されている。

④ 生物の化石が石灰岩となるので、サンゴ礁では石灰岩は生成されない。

⑤ 人が住み始めた島のサンゴ礁では、石灰岩の生成は止まっている。

問6　下線部(c)のうち、ドリーネを撮影した写真として最も適切なものを、次の中から一つ選べ。
15

問7　下線部(c)が見られる場所として最も不適切なものを、次の中から一つ選べ。 16

①　秋吉台　　②　カルスト地方　　③　コイリン　　④　ハロン湾　　⑤　プサン

問8　下線部(d)の生産量が世界第1位（2018年）の国として最も適切なものを、次の中から一つ選べ。
17

①　エジプト　　②　中国　　③　トルコ　　④　ブラジル　　⑤　ロシア

〔Ⅲ〕 ラグビーワールドカップ2019は、(a)日本各地の12の都市で開催された。会場となったのは、(b)札幌市、(c)岩手県・釜石市、埼玉県・熊谷市、東京都、神奈川県・横浜市、(d)静岡県、愛知県・豊田市、大阪府・東大阪市、神戸市、福岡県・福岡市、(e)熊本県・熊本市、大分県である（府県と市が連名で開催した場合は両方の自治体名を記載している）。これらの開催都市が所在する都道府県について、以下の問いに答えよ。

問1 下線部(a)に関連して、以下に挙げた6つの都県のうち、2015年から2020年にかけて人口が減少した都県（国勢調査）として最も適切なものを、次の中から一つ選べ。 18

① 埼玉県 ② 東京都 ③ 神奈川県 ④ 愛知県 ⑤ 兵庫県 ⑥ 福岡県

問2 下線部(a)に関連して、次の表3は開催都市の所在都道府県のうち、岩手県・東京都・福岡県の年齢別人口構成（2019年10月1日）を示している。A～Cと都県名の組み合わせとして最も適切なものを、次の中から一つ選べ。 19

表3 岩手県・東京都・福岡県の年齢別人口構成（%）

都県	0-14歳	15-64歳	65歳以上
A	11.1	55.8	33.1
B	11.2	65.8	23.1
C	13.1	58.9	27.9

注：四捨五入の関係で、内訳の合計が100%にならない場合がある。

出典：『日本国勢図会 2021/22』

	A	B	C
①	岩手県	東京都	福岡県
②	岩手県	福岡県	東京都
③	東京都	岩手県	福岡県
④	東京都	福岡県	岩手県
⑤	福岡県	岩手県	東京都
⑥	福岡県	東京都	岩手県

問3 下線部(a)に関連して、次の表4は開催都市の所在都道府県のうち、愛知県・熊本県・福岡県の産業別就業人口の割合（2015年）を示したものである。D～Fと県名の組み合わせとして最も適切なものを、次の中から一つ選べ。 20

表4　愛知県・熊本県・福岡県の産業別就業人口の割合（%）

県	第1次産業就業者	第2次産業就業者	第3次産業就業者
D	9.8	21.1	69.1
E	2.2	33.6	64.3
F	2.9	21.2	75.9

注：四捨五入の関係で、内訳の合計が100%にならない場合がある。

出典：『日本国勢図会 2021/22』

	D	E	F
①	愛知県	福岡県	熊本県
②	愛知県	熊本県	福岡県
③	福岡県	愛知県	熊本県
④	福岡県	熊本県	愛知県
⑤	熊本県	愛知県	福岡県
⑥	熊本県	福岡県	愛知県

問4　下線部(a)に関連して、開催都市の所在都道府県の中には大きな港のある都道府県が複数ある。次の表5は、主な港湾の入港船舶トン数（2019年）を示したものである。Gに当てはまる港湾として最も適切なものを、次の中から一つ選べ。 21

表5　主な港湾の入港船舶トン数（単位　千総トン）

順位	港湾	入港船舶トン数
1位	G	298,974
2位	H	233,714
3位	I	188,008
4位	東京	179,912
5位	千葉	136,110

出典：『日本国勢図会 2021/22』

①　神戸　　②　名古屋　　③　横浜　　④　川崎　　⑤　大阪　　⑥　博多

問5　下線部(a)に関連して、次の表6は開催都市の所在都道府県のうち、愛知県・大阪府・埼玉県における工業の事業所数と従業者数（2019年）を示したものである。J～Lと府県名の組み合わせとして最も適切なものを、次の中から一つ選べ。 22

表6　愛知県・大阪府・埼玉県における工業の事業所数と従業者数

府県	工業事業所数	工業従業者数
J	30,971	482千人
K	27,560	888千人
L	20,659	418千人

出典：『日本国勢図会2021/22』

	J	K	L
①	埼玉県	愛知県	大阪府
②	埼玉県	大阪府	愛知県
③	愛知県	埼玉県	大阪府
④	愛知県	大阪府	埼玉県
⑤	大阪府	埼玉県	愛知県
⑥	大阪府	愛知県	埼玉県

問6　下線部(a)に関連して、以下に挙げた7つの都道県のうち、世界遺産が**存在しない**都道県として最も適切なものを、次の中から一つ選べ。 23

①　北海道　②　岩手県　③　東京都　④　静岡県　⑤　兵庫県
⑥　福岡県　⑦　大分県

問7　下線部(b)は北海道に位置するが、北海道が2019年の収穫量**第1位ではなかった**作物として最も適切なものを、次の中から一つ選べ。 24

①　にんじん　②　たまねぎ　③　ほうれんそう　④　かぼちゃ
⑤　ばれいしょ　⑥　スイートコーン

問8　下線部(c)の岩手県釜石市で開催されるはずだった2019年10月13日の試合は、台風の接近によって中止となった。台風について述べた文として最も適切なものを、次の中から一つ選べ。 25

①　発達した熱帯低気圧は、北西太平洋では台風、インド洋ではハリケーン、大西洋ではサイクロンと呼ばれる。
②　台風が接近した影響によって海面が上昇する現象を親潮という。
③　シベリア高気圧から東南アジアに向かって吹くモンスーンは台風をもたらす。
④　夏から秋にかけては、非常に高温で多湿な赤道気団が台風とともに日本に到達する。
⑤　台風の通過後は、太平洋側にラニーニャ現象が起きやすくなる。

問9　下線部(d)の静岡県が、2019年の出荷額において第1位であった製造品として最も適切なものを、次の中から一つ選べ。 26

①　パルプ・紙・紙加工品　②　石油・石炭製品　③　窯業・土石製品
④　鉄鋼　⑤　金属製品

問10　下線部(e)の熊本県熊本市での開催会場だった熊本県民総合運動公園陸上競技場は、熊本地震の際に救援物資の集積拠点等として使用された。以下の地震を発生年が早いものから順に並べたとき、3番目にくる地震として最も適切なものを、次の中から一つ選べ。 27

①　北海道南西沖地震　②　東北地方太平洋沖地震（東日本大震災）

③　中越地震　④　兵庫県南部地震（阪神・淡路大震災）　⑤　熊本地震

〔Ⅳ〕 次の図5と文章を読み、以下の問いに答えよ。

山本紀夫は、その著書『高地文明』の中で、大河のほとりに発展したいわゆる「四大文明」以外にも、熱帯・亜熱帯の高地に独自の文明が生まれ発展してきたと述べ、具体的にアンデス（インカ）、(a)メキシコ（アステカ）、チベット、そしてエチオピアの古代文明を紹介している。

エチオピアには、国土の南西から北東にかけて(b)アフリカ大地溝帯がある。ナイル川水系を経てエジプトと、 ア を横断して対岸のアラビア半島南部などと、外部との往来が古くから見られる。エチオピアでは、標高の違いによる多彩な暮らしや、複数の(c)民族・言語・宗教など、国内に多様性が見られる。

図5は、エチオピアの高地文明と、大河流域に発展した(d)エジプト文明・メソポタミア文明に関連する地域を含む(e)アフリカ大陸北東部とその周辺を示したもので、図中のA～Fは国を、Ⅰ～Ⅴは緯線を、それぞれ示している。

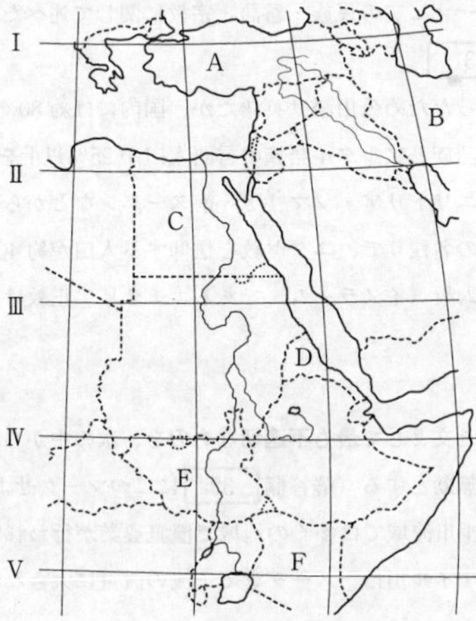

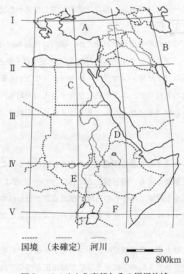

図5　アフリカ北東部とその周辺地域

問1　下線部(a)に関連して、同国の首都メキシコシティについて述べた文として最も適切なものを、次の中から一つ選べ。 28

① アメリカ合衆国との国境に隣接しており、マキラドーラの制度を活用した工場の立地は国内最大規模である。

② 古代アステカ王国の首都にスペイン人が作った計画的な政治都市で、製造業は立地していない。

③ 図5のⅠ～Ⅴのうち、メキシコシティと緯度が最も近い緯線はⅠである。

④ 大気汚染など都市問題が深刻で1980年代から人口が急減し、人口は国内第3位である。

⑤ 標高が2,300mほどで、気温の月別平年値は14～20℃ほどで年較差が小さい。

問2 下線部(b)に関連して述べた文として最も適切なものを、次の中から二つ選べ。ただし、三つ以上マークした場合はすべて無効とする（解答欄 29 に二つマークせよ）。

① アフリカプレートとアラビアプレートが衝突し沈み込んで形成された。

② 安定陸塊にあり、地溝帯付近で地震が発生することはない。

③ 安定陸塊にあり、付近に火山は見られない。

④ エチオピア国内の大地溝帯最北部は、ほぼ北回帰線上の緯度にある。

⑤ タンガニーカ湖やマラウイ湖など断層湖が形成されている。

⑥ 古い地殻が引き裂かれつつある広がる境界である。

問3 空欄 ア にあてはまる語句として最も適切なものを、次の中から一つ選べ。 30

① オマーン湾 ② 紅海 ③ 黒海 ④ 地中海 ⑤ ペルシャ湾

問4 下線部(c)に関連して、エチオピアの民族・言語・宗教に関して述べた文として最も適切なものを、次の中から一つ選べ。 31

① イギリスの植民地だったため公用語は英語だが、国内には約80の言語がみられる。

② インド＝ヨーロッパ語族とアルタイ語族の言語人口が95％以上を占める。

③ 過去には、隣接するエリトリア・ソマリア・南スーダンなどから難民が流入していた。

④ 地中海世界との交流の名残りで、ユダヤ教を信仰する人口が約40％住んでいる。

⑤ 独自性が高いイスラム教（イスラーム）であるエチオピア正教は、現在はほとんど信仰されていない。

問5 下線部(d)に関連して述べた文として**最も不適切なもの**を、次の中から二つ選べ。ただし、三つ以上マークした場合はすべて無効とする（解答欄 32 に二つマークせよ）。

① BW気候区でもナイル川流域では多くの地域で灌漑農業が行われている。

② エチオピアからの白ナイル川は、スーダンで下流の流量に大きな影響を及ぼす本流・青ナイル川に合流する。

③ スーダンやエジプトのナイル川流域では、ナツメヤシや綿花の栽培がみられる。

④ ティグリス川・ユーフラテス川の下流・上流域では油田が開発され、原油はバグダッドを首都とする国の重要な輸出品目である。

⑤ ティグリス川上流部などイラン・イラク・シリア・トルコにまたがる地域に居住するクルド人は、独自の国家建設を望み、各国で紛争が続いている。

⑥　メソポタミアとはティグリス川とユーフラテス川にはさまれた高原地域のことを言い、ほぼCw気候区だが、外来河川の利点を生かして農業が行われている。

問6　下線部(e)に関連して述べた文として最も適切なものを、次の中から一つ選べ。 33

①　A～F国の中で最も遅く独立したのはD国、次に遅いのがE国である。

②　C国の西部・南部のように経線や緯線に沿って引かれた自然的国境も少なくない。

③　アフリカ東海岸はアラブ世界の影響が強く、F国では宗教はイスラム教（イスラーム）、言語はアラビア語人口が最多である。

④　植民地時代に引かれた国境は、ほとんどの場合、民族の境界に沿って引かれている。

⑤　図5の緯線・経線は、ともに10°ごとである。

問7　次の表7は、図5中のA～D国およびF国の主要な輸出品目を示している。C国の輸出品目として最も適切なものを次の中から一つ選べ。 34

表7　A～D国およびF国の主要な輸出品目

	統計年次（年）	輸出品目（輸出額に占める構成比・%）		
		第1位	第2位	第3位
イ	2003	魚介類（23.3）	革（10.2）	さんご（8.7）
ロ	2017	原油（45.6）	石油製品（18.9）	プラスチック（4.3）
ハ	2018	茶（22.7）	野菜と果実（9.8）	切り花（9.5）
ニ	2019	機械類（15.2）	自動車（14.3）	衣類（9.1）
ホ	2019	石油製品（15.0）	野菜と果実（9.6）	金（非貨幣用）（6.7）

出典：『データブック　オブ・ザ・ワールド2021』

①　イ　②　ロ　③　ハ　④　ニ　⑤　ホ

政治・経済

（60分）

〔I〕 次の文章を読み，後の問いに答えよ。

(a)民主政治の基本原理として，基本的人権の尊重があげられる。歴史的に発展してきた人権は，社会の変化とともに，その内容を多様化してきている。

中世においては，領主が家臣に土地を与え，そのかわりに軍役の義務を課すという主従関係を中核とする封建制がとられていたが，やがて，封建領主の権力が1人の王の下に集中される［ A ］が生まれた。しかし，農業にかわって商工業が発展し，その担い手である市民階級が力をつけると，彼らは身分的な支配や差別に抵抗して自由や平等，政治への参加を求め，(b)市民革命をなしとげた。その理論的な支えとなったのは(c)社会契約説であり，中世以来のイギリス法の原理である(d)法の支配である。(e)市民革命期に宣言された基本的人権は，［ B ］が中心であり，市民社会の秩序を維持するために，最小限度必要な治安の維持などを任務とする［ C ］が国家のあり方とされた。しかし，資本主義が発達し，貧困や失業などの社会問題が深刻になると，国家が積極的に市民生活に介入し，社会的弱者の生存や福祉を確保し，社会的平等をはかることが求められるようになった。今日，人権は国境を越えて守られ，保護されるべきものとなり，(f)人権の国際化が進展している。

基本的人権の保障を実現するしくみとして，(g)権力分立があり，これも民主政治の基本原理のひとつである。権力分立により，政治権力を複数の機関に分散し，それぞれの間に抑制と均衡の関係を保たせ，権力の濫用を防止することができる。

問1　空欄［ A ］～［ C ］に入る語句の組み合わせとして最も適切なものを，次の中から一つ選べ。［ 1 ］

① A：立憲君主制　B：自由権　C：福祉国家

② A：絶対君主制　B：自由権　C：福祉国家

③ A：立憲君主制　B：社会権　C：夜警国家

④ A：絶対君主制　B：社会権　C：夜警国家

⑤ A：立憲君主制　B：自由権　C：夜警国家

⑥ A：絶対君主制　B：自由権　C：夜警国家

⑦ A：立憲君主制　B：社会権　C：福祉国家

⑧ A：絶対君主制　B：社会権　C：福祉国家

問2　下線部(a)に関連して述べた文として，**最も不適切なもの**を，次の中から一つ選べ。［ 2 ］

① 直接民主制（直接民主主義）は，国民投票や住民投票などを通じて，より直接的に民意を政府に

示すことができるしくみであり，間接民主制を補うものである。

② 間接民主制（代表民主制）は，国民が自ら選んだ代表者を通じて，議会において間接的に国民の意思を国家意思の決定と執行に反映させる民主制のしくみであり，古代ギリシャのポリスでの民会，アメリカの一部の州で採用されている州民集会などはその代表例である。

③ 議会制民主主義（代表民主主義）は，間接民主制を具体化した原理であり，議会を通じて民主政治を実現するという理念，原理をあらわす。

④ 「人民の，人民による，人民のための政治」は，アメリカ大統領リンカーンが行ったゲティスバーグの演説の中で，国民主権に基づく民主政治の原理を示した言葉として知られている。

⑤ 多数決の原理は，数的多数によりその論議に決着をつける決定方式で，民主主義の基本原理の一つであるが，少数意見の無視や少数者の権利の侵害につながることもある。

問3 下線部(b)に関連して，次のA～Dの出来事を年代の早いものから順に並べたものとして最も適切なものを，次の中から一つ選べ。 3

A アメリカ独立戦争（アメリカ独立革命）

B フランス革命

C 名誉革命

D ピューリタン革命（清教徒革命）

① A → B → C → D ② B → D → A → C

③ D → C → B → A ④ C → A → D → B

⑤ D → C → A → B ⑥ C → B → D → A

⑦ B → A → C → D ⑧ A → D → B → C

問4 下線部(c)に関する説明として最も適切なものを，次の中から一つ選べ。 4

① 社会契約説とは，国王の支配権は神から授けられたものであり，その権力は法に拘束されないとする説である。

② ルソーは，人間が自然権（自己保存の権利）を無制限に行使すれば，「万人の万人に対する闘争状態」になるので，平和と秩序維持のために，契約によって自然権を国家に譲渡するしかないと説く。

③ ロックは，生まれながらにして自由である人間が，自らのつくった文化，社会のために，自由を失っていると考え，それを克服するために，社会契約により，人民主権に基づく国家を形成することを説いた。

④ ホッブズは，自然状態では，人間は自然法のもとに自由，平等で，生命，自由，財産を守る自然権をもっており，この自然権をより確実なものにするために，契約によって国家をつくったとし，政府は国民の信託によるという理論を説いた。

⑤ ロックは，その著書『統治二論』（『市民政府二論』）によって，名誉革命を理論的に擁護した。

問5 下線部(d)に関連して述べた文として**最も不適切なもの**を，次の中から一つ選べ。 5

① 法の支配とは，法が権力行使の方向と限界を示し，すべての国家活動が憲法と法律を基準に営ま

れるという原則をいう。

② 法の支配と対立する考え方である人の支配とは，支配者が法に拘束されることなく，法を超越して行う政治のことである。

③ 法の格言として知られる「国王といえども神と法のもとにある」は，エドワード＝コーク（エドワード・クック）の言葉である。

④ コモン＝ローは，イギリスにおける中世以来の慣習法であり，人権保障を基礎とし，法の支配の思想の源流となった。

⑤ 法治主義は，19世紀のドイツで確立した考え方で，権力者の恣意を排する点で法の支配と共通するが，「法律による行政」という形式や手続きの適法性が重視される。

問6 下線部(e)に関連して述べた文X～Zについて，その正誤の組み合わせとして最も適切なものを，次の中から一つ選べ。［6］

X 権利請願は，名誉革命後に制定された法律であり，国王が議会の同意なしに法律を停止したり課税を行うことや残虐な刑罰を科すことを禁じた。

Y フランス人権宣言とは，フランス革命の中で出された「人および市民の権利の宣言」をいう。

Z アメリカ独立宣言は，植民地13州が一致してイギリスから独立することを宣言した文書である。

① X：正 Y：正 Z：正　② X：正 Y：正 Z：誤
③ X：正 Y：誤 Z：正　④ X：正 Y：誤 Z：誤
⑤ X：誤 Y：正 Z：正　⑥ X：誤 Y：正 Z：誤
⑦ X：誤 Y：誤 Z：正　⑧ X：誤 Y：誤 Z：誤

問7 下線部(f)に関連して述べた文として最も適切なものを，次の中から一つ選べ。［7］

① 世界人権宣言は，人権保障が世界平和の基礎であるとの認識のもとに作成され，国連総会で採択されたもので，法的拘束力がある。

② 国際人権規約は，市民的及び政治的権利に関する国際規約（A規約）と経済的・社会的及び文化的権利に関する国際規約（B規約）から成っている。

③ 子どもの権利条約（児童の権利条約）は，20歳未満の子ども（児童）の基本的人権を保護するとともに，子どもを市民的自由の権利を行使する主体として認め，意見表明権などが保障されている。

④ 人種差別撤廃条約が禁止する人種差別とは，人種，皮膚の色，門地または民族的，種族的出身に基づくあらゆる区別や除外，制約を指す。

⑤ アムネスティ＝インターナショナルは，死刑の廃止などを国際世論に訴え，人権擁護を行おうとする国連の専門機関である。

問8 下線部(g)に関連して述べた文X～Zについて，その正誤の組み合わせとして最も適切なものを，次の中から一つ選べ。［8］

X モンテスキューは，立法権と執行権を分離し，立法権優位の制度をとることを提案した。

Y ロックは立法・行政・司法をわけ，異なる機関に担当させる三権分立制を唱えた。

Z　モンテスキューはその著書『法の精神』において，各国の様々な政治体制を比較しながら，自由と権力の均衡の重要性を説き，権力分立制を提唱した。

① X：正　Y：正　Z：正　② X：正　Y：正　Z：誤
③ X：正　Y：誤　Z：正　④ X：正　Y：誤　Z：誤
⑤ X：誤　Y：正　Z：正　⑥ X：誤　Y：正　Z：誤
⑦ X：誤　Y：誤　Z：正　⑧ X：誤　Y：誤　Z：誤

〔Ⅱ〕 次の文章を読み，後の問いに答えよ。

ヨーロッパの伝統的な外交政策である勢力均衡は，突出して強大な国家が出現することを抑止して自国の安全保障を確保するため，二国間ないし多国間の(a)軍事同盟を重視する。それに対して，第一次世界大戦への反省から生み出された集団安全保障は，参加国が侵略や武力行使を受けた場合，すべての参加国が全体として制裁を発動する仕組みである。世界規模での集団安全保障は(b)国際連盟で初めて制度化された。第二次世界大戦後に創設された国際連合は，集団安全保障を担う重大な権限を憲章第 7 章で［　A　］に与えている。

国際連合は集団安全保障を原則としつつも，憲章第 51 条で個別的自衛権と(c)集団的自衛権を認めている。実際，軍事同盟を締結している国連加盟国は多い。(d)日本も国連に加盟する一方で，(e)日米安全保障条約によりアメリカと同盟関係にある。アメリカはこの条約に基づき日本国内に軍隊を駐留させている。在日米軍基地のおよそ 7 割（面積比）が集中している沖縄県では長年にわたって反基地運動が展開されている。同様に米軍が大規模に駐留している国には，(f)ドイツやイタリア，(g)韓国がある。

第二次世界大戦末期にアメリカに占領された沖縄が日本本土に復帰したのは，2022 年から遡ること半世紀の 1972 年である。大戦末期に本土防衛の防波堤と位置づけられた沖縄では，1945 年 3 月から約 3 か月にわたる沖縄戦において 10 万人弱の民間人を含む 18 万人余りが犠牲になったと推定されている。沖縄に上陸した米軍は土地を強制接収して基地を建設していったため，沖縄県民はさらなる損害を被ることとなった。

1951 年に日本が連合国陣営の 48 か国と調印し，翌 52 年に発効した［　B　］の第 3 条は，「日本国は，北緯 29 度以南の南西諸島（琉球諸島及び大東諸島を含む。）…〈中略〉…を，合衆国を唯一の施政権者とする［　C　］の下におくこととする国際連合に対する合衆国のいかなる提案にも同意する。このような提案が行われかつ可決されるまで，合衆国は，領水を含むこれらの諸島の領域および住民に対して，行政，立法および司法上の権力の全部および一部を行使する権利を有するものとする」と規定していた。1952 年に日本本土が(h)主権を回復した一方で，アメリカの施政権下に置かれた沖縄は本土と別の「戦後」を歩むこととなる。

沖縄戦から 26 年を経た 1971 年に［　D　］首相のもとで沖縄返還協定が調印され，翌 72 年に遂に沖縄返還が実現した。しかし本土復帰は沖縄の米軍基地問題を解決しなかった。米軍専用施設の面積でみると，2019 年における沖縄県の全国比が 1972 年の復帰当時よりも上昇していることは重要である。基地負担を沖縄に偏在させることを通じて，日本政府は本土における反基地感情を緩和しつつ日米同盟を堅持しているのである。

問１　空欄［　A　］～［　D　］に入る語句として最も適切なものを，次の中から一つずつ選べ。

［　A　］＝［ 9 ］　① 経済社会理事会　② 人権理事会　③ 平和構築委員会
④ 事務総長　⑤ 総会　⑥ 多国籍軍
⑦ 安全保障理事会　⑧ 軍縮委員会

［　B　］＝［ 10 ］　① パリ協定　② サンフランシスコ講和条約
③ 大西洋憲章　④ 京都議定書
⑤ ワシントン条約　⑥ ポツダム宣言
⑦ ヴェルサイユ条約

［　C　］＝［ 11 ］　① 平和維持活動　② 地方自治　③ 軍事監視団
④ 信託統治制度　⑤ 陪審制度　⑥ 権力集中制
⑦ 国政調査権　⑧ 裁判外紛争解決手続

［　D　］＝［ 12 ］　① 池田勇人　② 小渕恵三　③ 福田赳夫
④ 大平正芳　⑤ 小泉純一郎　⑥ 佐藤栄作
⑦ 三木武夫　⑧ 田中角栄

問２　下線部(a)に関連して，軍事同盟に該当するものとして最も適切なものを，次の中から一つ選べ。
［ 13 ］

① ワルシャワ条約機構（ＷＴＯ）　② アラブ石油輸出国機構（ＯＡＰＥＣ）
③ コミンフォルム　④ 欧州原子力共同体（ＥＵＲＡＴＯＭ）
⑤ 第１インターナショナル　⑥ 欧州共同体（ＥＣ）
⑦ 欧州安全保障協力機構（ＯＳＣＥ）　⑧ 東南アジア諸国連合（ＡＳＥＡＮ）

問３　下線部(b)に関連して，国際連盟の英語表記として最も適切なものを，次の中から一つ選べ。
［ 14 ］

① the International Court of Justice　② theWorld Health Organization
③ the United Nations　④ the International Monetary Fund
⑤ the International Organization for Standardization　⑥ the United States
⑦ the Commonwealth of Independent States　⑧ the League of Nations

問４　下線部(c)に関連して，日本国憲法第９条の解釈を変更（解釈改憲）し，集団的自衛権の行使を可能とする閣議決定を行った内閣の総理大臣を，次の中から一人選べ。［ 15 ］

① 岸信介　② 細川護熙　③ 安倍晋三　④ 吉田茂
⑤ 鳩山由紀夫　⑥ 中曽根康弘　⑦ 海部俊樹　⑧ 鳩山一郎

問５　下線部(d)に関連して，日本が1956年に調印したことで国連加盟を可能にしたものとして最も適切なものを，次の中から一つ選べ。［ 16 ］

① 日中共同声明　② 日朝平壌宣言　③ 日米安全保障共同宣言

④　日ソ共同宣言　　⑤　日米地位協定　　⑥　日中平和友好条約

⑦　核拡散防止条約（ＮＰＴ）　　⑧　日韓基本条約

問6　下線部(e)に関連して，以下に示した現行の日米安全保障条約第10条の条文（抜粋）の空欄 X と Y に入る語句の組み合わせとして最も適切なものを，次の中から一つ選べ。 17

However, after the Treaty has been in force for X years, either Party may give notice to the other Party of its intention to terminate the Treaty, in which case the Treaty shall terminate Y year after such notice has been given.

＊語句注　Treaty：条約（ここでは日米安全保障条約を指す）　　in force：効力がある

Party：当事者，当事国（ここでは日本およびアメリカを指す）　　notice：通告

terminate：終了させる，終了する

①　X = five　Y = one　　②　X = five　Y = two

③　X = seven　Y = one　　④　X = seven　Y = two

⑤　X = ten　Y = one　　⑥　X = ten　Y = two

⑦　X = fifteen　Y = one　　⑧　X = fifteen　Y = two

問7　下線部(f)に関連して，ドイツについての記述として最も適切なものを，次の中から一つ選べ。 18

①　建設的不信任制度があるため，議会下院（連邦議会）が内閣不信任案を議決するには，次の連邦首相を過半数で選出しておくことが必要である。

②　2015年に流入したシリア難民の多くは，極右政党「ドイツのための選択肢」に譲歩したメルケル首相が受け入れを拒否したため，シリア本国に強制送還された。

③　温室効果ガス（二酸化炭素）の排出量を削減するため原子力発電を推進しているドイツでは，2020年時点で50基以上の原子炉が稼働し，総電力に占める原発依存度は2017年時点で7割を超えている。

④　ドイツにおいて国政での女性参政権が初めて認められたのは，独裁的な国民社会主義ドイツ労働者党（ナチス）政権が崩壊した後の1945年である。

⑤　西ドイツ（ドイツ連邦共和国）領内の飛び地となっていた東ベルリン（東ドイツ領）にソ連がミサイル基地を建設していることが判明したことから，1962年にアメリカと西ドイツが東ベルリンを封鎖した。

問8　下線部(g)に関連して，韓国（大韓民国）についての記述として最も適切なものを，次の中から一つ選べ。 19

①　日本が実効支配している竹島（韓国名は独島）に対して，韓国は自国領であると主張し，国際司法裁判所で解決することを提案している。

② 行政府の長である大統領の任期は1期5年のみで再選が禁止されているため，2017年大統領選挙で当選した文在寅は2022年の大統領選挙に立候補できない。

③ 2018年に韓国最高裁判所が元慰安婦への損害賠償金支払いを日本企業に命じたが，日本政府は1965年の日韓請求権協定により既に解決済みであるという立場をとっている。

④ 弾劾裁判権をもつ国会は3分の2以上の賛成で大統領を罷免する権限をもっており，2017年に朴槿恵大統領はこの弾劾制度により失職した。

⑤ 1950年に韓国軍が北朝鮮（朝鮮民主主義人民共和国）に侵攻して始まった朝鮮戦争は，ソ連（ソビエト社会主義共和国連邦）軍が介入したことで膠着状態となり，1953年に休戦協定が成立した。

問9　下線部(h)に関連して，近代的な主権概念を初めて定式化した人物として最も適切なものを，次の中から一つ選べ。［20］

① ロバート・フィルマー　② マックス・ウェーバー　③ トマス・ホッブズ
④ ジョン・ロック　⑤ ゲオルク・イェリネク　⑥ カール・マルクス
⑦ ジャン・ボダン　⑧ ジャン＝ジャック・ルソー

〔Ⅲ〕 次の文章を読み，後の問いに答えよ。

第二次世界大戦によって，日本は，300万人を超える人命と船舶や都市住宅などの国富の4分の1を失った。この(a)壊滅的な状況からの経済復興に向けて，三つの課題を克服しなければならなかった。第一は，生産能力の回復である。生産基盤の立て直しを優先して，限られた資材や労働力を石炭や鉄鋼などの基幹産業に重点的に投入する［A］をとり，これを資金面で支援する復興金融金庫（復金）が設立された。第二は，戦前の軍需中心型の産業構造の民需中心型への転換である。日本を占領した連合国軍総司令部（GHQ）は，憲法改正や教育の民主化とともに(b)経済の民主化を示唆した。第三は，生活物資に対する需要の急増で生じたインフレーション（インフレ）への対応である。政府は総需要抑制策を講じたが，結果として，朝鮮戦争による特需によって，物価の安定と景気の回復がもたらされた。

その後の日本経済は，(c)高度成長期を迎えた。1955年からの10数年間，(d)景気循環の山と谷を繰り返しながら，平均10％前後の経済成長を続けた日本は，大衆消費社会となり，経済大国になった。この間，卸売物価に比べて消費者物価の伸びが大きかったものの，賃金の伸びがそれらを上回ったため，国民の生活水準が着実に上昇した。しかし，1973年の第一次石油危機（オイル・ショック）では，原油価格の高騰をきっかけに，物価上昇と不況が同時に起こる［B］に陥った。これに対しては，人員整理や一般経費の削減などの減量経営と省エネの推進，製造業からサービス業に移行する産業構造の高度化で乗り切った。

1980年代前半にはドル高・円安を背景として，日本とアメリカ合衆国の間で(e)貿易摩擦が激化した。財政と貿易の「双子の赤字」を抱えていたアメリカ合衆国は1985年の［C］に基づく為替協調介入によって，ドル高の是正を図るとともに，1988年の通商法301条改正と1989年の日米構造協議によって，日本側の取引慣行や制度の変革と内需拡大を迫った。これに対して，日本は，国内市場の一部を開放するとともに，低金利政策をとった。しかし，低金利の下で調達された資金は，株式や土地の購入にも充てられて，実態とはかけ離れた資産価格の上昇（バブル）を招いた。

過熱した景気を抑制するため，日本銀行による公定歩合の引き上げや，地価税の導入，不動産向け融資への総量規制が行われると，株価や地価が低落し始め，(f)バブル崩壊に至った。1992，93 年にはゼロ成長となり，その後の日本経済は長期停滞に陥った。2001 年に発足した小泉内閣は(g)構造改革によって新自由主義的な政策で日本経済を再生しようとしたが，所得格差の拡大や地方の衰退を招いた。この時期には，(h)消費者物価指数が前年の水準を下回るデフレーション（デフレ）に陥り，賃金の伸びが物価の伸びをたびたび下回るようになった。このため，(i)デフレ脱却に向けて，日本銀行は様々な政策を実行に移した。

問１　空欄 [A] ～ [C] に入るものの組み合わせとして最も適切なものを，次の中から一つ選べ。[21]

①　A：殖産興業政策　B：スタグフレーション　C：ルーブル合意

②　A：殖産興業政策　B：デフレーション　C：プラザ合意

③　A：傾斜生産方式　B：デフレーション　C：ルーブル合意

④　A：傾斜生産方式　B：スタグフレーション　C：プラザ合意

⑤　A：傾斜生産方式　B：スタグフレーション　C：ルーブル合意

問２　下線部(a)に関連して，戦後の経済復興について述べた文として**最も不適切なもの**を，次の中から一つ選べ。[22]

①　基幹産業に対しては，財政から価格差補給金が支給された。

②　財政顧問のドッジによって直接税中心の税制となった。

③　復興金融金庫の貸出資金は復金債発行によって賄われた。

④　復金債の約７割を日本銀行が買い入れたため，通貨量が急増した。

⑤　超均衡予算によって，日本経済は深刻な不況に陥った。

問３　下線部(b)に関連して，経済の民主化について述べた文として**最も不適切なもの**を，次の中から一つ選べ。[23]

①　借地料を支払って農業を行う自作農を創出するために，農地改革が進められた。

②　戦前の財閥を解体し，企業間の自由競争を取り戻そうとした。

③　独占禁止法を制定して，銀行の株式保有を制限し，持ち株会社を全面的に禁止した。

④　過度経済力集中排除法を制定して，日本製鐵，大建産業，三菱重工業などを分割した。

⑤　労働組合法が制定されて，労働組合の結成や労働者の権利確保のための活動が促された。

問４　下線部(c)に関連して，次の表は，成長会計という手法を用いて，日本とアメリカ合衆国の経済成長（産出の伸び）の要因を分解したものである。（ⅰ）経済成長（産出の伸び）は，（ⅱ）労働や資本という総要素投入と（ⅲ）経済全体の生産効率を引き上げる要素（全要素生産性）からなり，（ⅲ）全要素生産性は，（ⅳ）資源配分の改善，（ⅴ）規模の経済，（ⅵ）知識の進歩に分けられる。

表　日本とアメリカ合衆国の経済成長の要因

（単位：%）

項　　目		日　本（1953-71 年平均）	アメリカ合衆国（1948-69 年平均）
（ｉ）	経済成長（産出の伸び）	8.81	4.00
（ii）	総要素投入	3.95	2.09
	労　働	1.85	1.30
	資　本	2.10	0.79
（iii）	全要素生産性	4.86	1.91
（iv）	資源配分の改善	0.95	0.30
（ｖ）	規模の経済	1.94	0.42
（vi）	知識の進歩	1.97	1.19

（出典）Denison and Chung（1976）*How Japan's Economy Grew So Fast, The Sources of Postwar Expansion* Table 4-8 より作成，一部改変
（ｉ）=（ii）+（iii），（ii）= 労働 + 資本，（iii）=（iv）+（ｖ）+（vi）

A　この表の説明として**最も不適切なもの**を，次の中から一つ選べ。 24

① 日本の経済成長率は，アメリカ合衆国の経済成長率の２倍を超えている。

② 日本の総要素投入では，資本の寄与が労働の寄与よりも大きい。

③ 総要素投入に占める労働の割合は，日本よりもアメリカ合衆国の方が大きい。

④ 日本もアメリカ合衆国も，産出の伸びに対して，全要素生産性の寄与が最も大きい。

⑤ 日本もアメリカ合衆国も，全要素生産性に占める知識の進歩の割合が最も大きい。

B　この表の時期における日本の経済成長の要因（労働，資本，全要素生産性）の説明として最も適切なものを，次の中から一つ選べ。 25

① 設備の大型化と工程の一貫化による集積の利益が追求された。

② 勤勉で優秀な都市の多くの若者が農村に出て，農業に従事した。

③ 海外からの技術移転をはじめとして，設備投資が旺盛だった。

④ 3Ｃ（カラーテレビ，自動車，クーラー）などの耐久消費財の消費が増えて，家計貯蓄率（可処分所得に占める貯蓄の割合，国民経済計算ベース）が 10% を下回った。

⑤ 変動相場制に移行して，製品の国際競争力を高めることができた。

問５　下線部(d)に関連して，次の図は日本経済の景気循環を示したものである。この図中にある X ・ Y の名称とその間の経済事象の組み合わせとして最も適切なものを，次の中からそれぞれ一つずつ選べ。

図　日本の経済成長率（%）

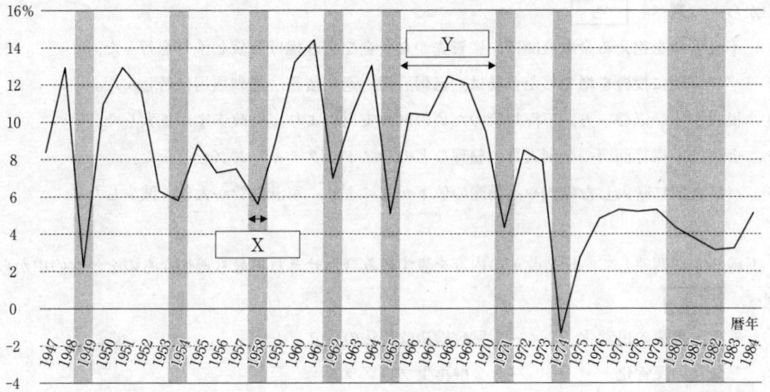

――　実質成長率(%)

出典：日本統計協会（1988）『日本長期統計総覧』第 3 巻 p.409 参考 13-4 戦前戦後の経済成長率（明治 19 年～昭和 59 年）より作成

X ＝ 26

① 安定恐慌 ― 朝鮮特需の収束

② なべ底不況 ― 国際収支の天井

③ 昭和 29 年不況 ― インフレの収束

④ 証券不況 ― 原油価格高騰

⑤ オイルショック ― オリンピック特需後の金融引き締め

Y ＝ 27

① 神武景気 ― 国民所得倍増計画

② いざなぎ景気 ― ＧＮＰ（国民総生産）総額が世界第 2 位に

③ オリンピック景気 ― 戦前の所得水準を回復

④ 岩戸景気 ― 超低金利，資産インフレ

⑤ バブル景気 ― ＯＥＣＤ（経済協力開発機構）に加盟

問 6　下線部(e)に関連して，日米貿易摩擦に関連する出来事について述べた文として**最も不適切なものを**，次の中から一つ選べ。 28

① 1955 年に安価な日本製ドレスがアメリカ合衆国の繊維業者を圧迫した 1 ドルブラウス事件が起きた。

② 1986 年に日米半導体協定が締結されて，日本製半導体製品のダンピング輸出が防止された。

③ 1988 年に日米牛肉・オレンジ自由化協定により，日本の牛肉とアメリカ合衆国のオレンジの輸入数量制限が撤廃された。

④ 1990 年の日米構造協議の最終報告には，日本の公共投資の拡大や大規模小売店舗法の規制緩和が盛り込まれた。

⑤ 2001 年から，日米規制改革および競争政策イニシアティブに基づく年次改革要望書の交換が開始された。

問 7　下線部(f)に関連して，バブル崩壊後の経済状況について述べた文として**最も不適切なものを**，次の中から一つ選べ。 29

① 不良債権を抱える金融機関は，融資先から資金を引き揚げる貸し渋りを行った。

② バブル期に投資を増やした企業は，過剰設備，過剰債務，過剰雇用に苦しんだ。

③ 税収が伸び悩む一方，不況対策のための財政支出により，財政赤字が拡大した。

④ 企業は不採算部門や余剰人員の整理などのリストラクチャリングを行った。

⑤ バブル期に購入した株式や不動産の値下がりにより，家計消費が大きく減少した。

問 8　下線部(g)に関連して，構造改革の内容を表す組み合わせとして最も適切なものを，次の中から一つ選べ。 30

① 郵政三事業の民営化　　　—　財政構造改革法の成立

② 三公社の民営化　　　　　—　金融再生プログラム

③ 特殊法人の統廃合　　　　—　国立大学の法人化

④ 道路関係四公団の民営化　—　経済財政諮問会議の設置

⑤ 構造改革特区の認定　　　—　金融再生法の制定

問 9　下線部(h)に関連して，次の図は，賃金（名目値）や物価指数の対前年増減率を示したものである。この図中にある X ～ Z の名称の組み合わせとして最も適切なものを，次の中から一つ選べ。 31

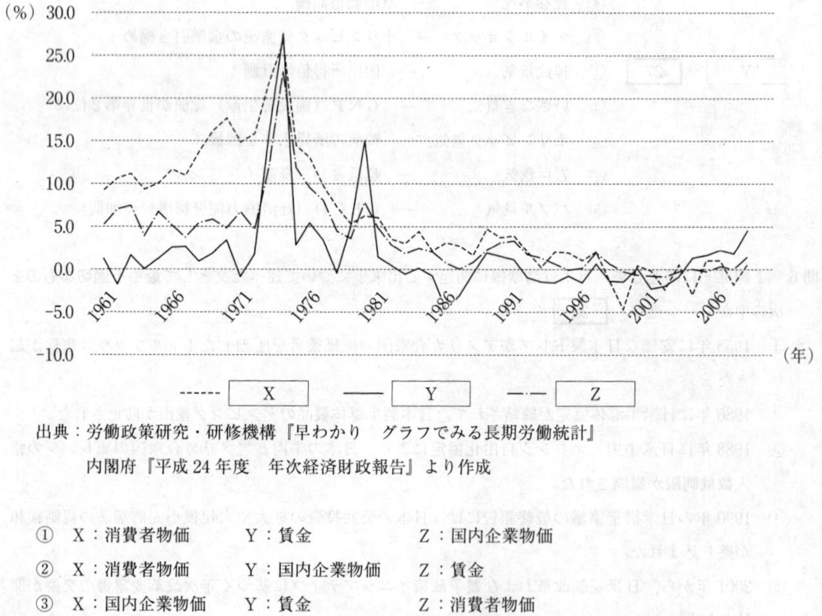

出典：労働政策研究・研修機構『早わかり　グラフでみる長期労働統計』
　　　内閣府『平成 24 年度　年次経済財政報告』より作成

① X：消費者物価　　　Y：賃金　　　　　　Z：国内企業物価

② X：消費者物価　　　Y：国内企業物価　　Z：賃金

③ X：国内企業物価　　Y：賃金　　　　　　Z：消費者物価

④　X：賃金　　Y：国内企業物価　　Z：消費者物価

⑤　X：賃金　　Y：消費者物価　　Z：国内企業物価

問10　下線部(i)に関連して，日本銀行の金融政策について述べた文として**最も不適切なもの**を，次の中から一つ選べ。［32］

①　ゼロ金利政策によって，政策金利であるコールレートを０％近くに誘導した。

②　量的緩和政策によって，マネーストックを目標値まで増加させた。

③　インフレ目標によって，日本銀行は，通貨量を増やしてインフレに誘導しようとした。

④　マイナス金利政策によって，市中銀行が日本銀行に新たに預ける当座預金の金利を -0.1％にして，企業への貸し出しを促した。

⑤　量的・質的金融緩和によって，資金供給量を増加させるとともに，長期国債や上場投資信託（ＥＴＦ）の買い入れ額を拡大した。

〔Ⅳ〕　次の文章を読み，後の問いに答えよ。

20世紀は環境問題の時代と言われた。第二次世界大戦後，多くの国で経済発展が進むなかで，公害問題が大きな社会問題となった。日本においては，(a)新潟水俣病，(b)四日市ぜんそく，(c)イタイイタイ病，(d)水俣病が四大公害病とされた。これら(e)公害問題の特徴は(f)原因者が特定され，被害者が地理的に限定されることである。それゆえ四大公害病では1967年から1969年にかけて，患者らなどから次々と提訴が行われ，1971年から73年にかけて企業側の責任を認める判決が出されるに至った。

このような背景から日本では1967年に公害対策基本法が制定され，1970年のいわゆる(g)公害国会を経て，翌1971年には環境庁が設置された。1972年にはスウェーデンのストックホルムで国連人間環境会議が開催された。スウェーデンがこの会議の開催を国連に提案した背景には，当時のヨーロッパで進んでいた(h)越境環境問題の存在がある。越境環境問題の特徴は，一国の経済活動にともなって生じた汚染が他国に影響を与えることである。当時ヨーロッパでは，自国に起因しない大気汚染を理由とする酸性雨により森林の枯死や湖沼の極度の酸性化による生態系の破壊などの問題が生じた。また，バルト海や国際河川においては，他国の排出した水質汚濁物質が自国の環境汚染の原因となるケースが散見された。こうして，環境問題の中心は公害から越境環境問題へと移っていった。

そして東西冷戦が終焉すると，各国は越境環境問題から地球環境問題の存在に目を向けるようになる。地球環境問題の特徴は，誰もが原因者であり誰もが被害者である，ということにある。1992年の(i)国連環境開発会議は地球環境問題へ国際社会が取り組む大きな契機となった。ここで署名された条約に基づいて，こんにちグローバルに議論や取り組みがおこなわれている。

日本でも1993年に［　A　］を制定し，1994年には最初の［　B　］が策定された。さらには2000年に(j)循環型社会形成推進基本法が制定され，2001年には環境庁が環境省に昇格するなど，地球環境問題への取り組みを進めている。地球環境問題への取り組みは21世紀の人類に課された優先政策課題の一つである。

問1　下線部(a)～(d)に関連して述べた文X～Zについて，その正誤の組み合わせとして最も適切なものを，次の中から一つ選べ。［33］

X　新潟水俣病は昭和電工を原因企業として阿賀野川流域で，水俣病はチッソを原因企業として八代海沿岸で発生した。

Y　四日市ぜんそくは三菱油化，三菱化成，三菱モンサント化成などを原因企業として三重県四日市市で発生した。

Z　イタイイタイ病は石原産業を原因企業として富山県神通川流域で発生した。

① X：正　Y：正　Z：正　② X：正　Y：正　Z：誤
③ X：正　Y：誤　Z：正　④ X：正　Y：誤　Z：誤
⑤ X：誤　Y：正　Z：正　⑥ X：誤　Y：正　Z：誤
⑦ X：誤　Y：誤　Z：正　⑧ X：誤　Y：誤　Z：誤

問2　下線部(e)について，環境基本法第2条では典型七公害が定められている。典型七公害として最も適切なものを，次の中から二つ選べ。ただし三つ以上マークした場合はすべて無効とする（解答欄［34］に二つマークせよ）。

① 廃棄物投棄　② 地盤沈下　③ 夜間照明　④ 騒音　⑤ 通風妨害

問3　下線部(f)について，このように公害の原因者を特定しうる場合，公害を発生させた者が公害防止や被害者救済のための費用を負担すべきであるとの考え方として「汚染者負担の原則」がある。このように公害対策・環境保全に関する原則とその内容の組み合わせとして最も適切なものを，次の中から一つ選べ。［35］

① 拡大生産者責任：公害を発生させた企業に対して，過失の有無に関わらず，被害者に対して賠償する義務を負わせる制度

② 総量規制：各企業が排出する汚染物質の濃度を一定の基準値以下に抑える方法

③ 社会的費用：外部不経済によって発生した不利益を取り除いたり，被害者を救済したりすることに支出される，発生者が負担しない社会全体の費用

④ 無過失責任制：企業が，その製品が使用された後の廃棄物処理やリサイクルにまで責任を持つべきだとする考え方

問4　下線部(g)について，公害国会とは1970年に開催された第64回臨時国会を指すが，そこで成立した公害関係の法律の数として最も適切なものを，次の中から一つ選べ。［36］

① 10　② 12　③ 14　④ 16　⑤ 18

問5　下線部(h)について，現在世界的に大きな越境環境問題として注目されているものに海洋プラスチック問題がある。企業によるプラスチック製品削減の取り組みに関して述べた文X～Zについて，その正誤の組み合わせとして最も適切なものを，次の中から一つ選べ。［37］

X　マクドナルド社（アメリカ合衆国）は世界で展開する全店舗で，2020年までに紙製ストローへの切り替えをおこなった。

Y　スターバックス社（アメリカ合衆国）は2025年までに，アメリカとイギリスで展開する全店舗で，プラスチック製使い捨てストローの使用の中止を決定した。

Z　すかいらーくグループ（日本）は，日本の外食大手で初めて，プラスチック製ストローの廃止を決定した。

① X：正　Y：正　Z：正　② X：正　Y：正　Z：誤
③ X：正　Y：誤　Z：正　④ X：正　Y：誤　Z：誤
⑤ X：誤　Y：正　Z：正　⑥ X：誤　Y：正　Z：誤
⑦ X：誤　Y：誤　Z：正　⑧ X：誤　Y：誤　Z：誤

問6　空欄［ A ］・［ B ］に入る語句の組み合わせとして最も適切なものを，次の中から一つ選べ。［38］

① A：グリーン購入法　B：大気汚染防止法
② A：環境基本計画　B：家電リサイクル法
③ A：大気汚染防止法　B：騒音規制法
④ A：環境基本法　B：環境基本計画
⑤ A：公害健康被害補償法　B：環境基本法
⑥ A：公害健康被害補償法　B：グリーン購入法

問7　下線部(i)に関連して，東西冷戦後の国際連合が主導する地球環境問題に関する国際会議について述べた文X～Zについて，その正誤の組み合わせとして最も適切なものを，次の中から一つ選べ。［39］

X　国連環境開発会議は1992年にブラジルのリオデジャネイロで開催された。「持続可能な発展」の理念に基づきリオ宣言を採択。行動計画であるアジェンダ21のほか，気候変動枠組み条約や国連海洋法条約も採択された。

Y　環境・開発サミットは2002年に南アフリカのヨハネスブルクで開催された。国連ミレニアム開発目標（ＭＤＧｓ）に沿った貧困解消に向けての取り組みを確認した。

Z　国連持続可能な開発会議は2012年にアメリカ合衆国のニューヨークで開催された。持続可能な発展のために，環境保護と経済成長の両立をめざす「グリーン経済」の推進の重要性が確認された。

① X：正　Y：正　Z：正　② X：正　Y：正　Z：誤
③ X：正　Y：誤　Z：正　④ X：正　Y：誤　Z：誤
⑤ X：誤　Y：正　Z：正　⑥ X：誤　Y：正　Z：誤
⑦ X：誤　Y：誤　Z：正　⑧ X：誤　Y：誤　Z：誤

問8　下線部(j)について，循環型社会に基づき廃棄物を出さない社会システムを表す語句として最も適切なものを，次の中から一つ選べ。［40］

① ゼロ・エミッション　② リデュース　③ 環境アセスメント
④ 環境会計　⑤ トレーサビリティ

数学

（60 分）

〔解答欄記入上の注意〕

解答欄記入にあたっては以下のことに注意して解答してください。

(1)　解答欄に，$\boxed{\text{アイ}}$ という指定があって，解答が 1 桁の場合には，ア の欄を空白にすること。

例えば，$\boxed{\text{アイ}}$ に 5 と答えたいときは，下記のようにマークする。

ア	⓪	①	②	③	④	⑤	⑥	⑦	⑧	⑨
イ	⓪	①	②	③	④	●	⑥	⑦	⑧	⑨

(2)　分数形で解答が求められているときは，既約分数（それ以上約分できない分数）で答えること。

(3)　根号を含む形で解答が求められているときは，根号の中に現れる自然数が最小となる形で答えること。

例えば，$\boxed{\text{キ}}\sqrt{\boxed{\text{ク}}}$ に $4\sqrt{2}$ と答えるところを，$2\sqrt{8}$ のように答えてはならない。

〔Ｉ〕　以下の問いに答えよ。

(1)　$(5x+4)(x+3)+(7x-16)(x+2)-20$ を因数分解すると，$\left(\boxed{\text{ア}}\,x+\boxed{\text{イ}}\right)\left(\boxed{\text{ウ}}\,x-\boxed{\text{エ}}\right)$ である。

(2)　1 個のさいころを 3 回続けて投げるとき，出る目の和が 7 の倍数になる確率は $\dfrac{\boxed{\text{オ}}}{\boxed{\text{カキ}}}$ である。

(3)　$\tan\alpha=\dfrac{1}{2}$，$\tan\beta=1$，$\tan\gamma=4$ のとき，$\tan(\alpha+\beta+\gamma)=-\dfrac{\boxed{\text{ク}}}{\boxed{\text{ケコ}}}$ である。

(4)　$x^{\frac{1}{3}}+x^{-\frac{1}{3}}=3$ のとき，$x+x^{-1}=\boxed{\text{サシ}}$ である。

(5)　A 組 10 人と B 組 5 人の生徒に 20 点満点のテストを行った結果，15 人全員の得点の平均値が 12 で分散が 16 であった。また，A 組 10 人の得点の平均値は 11 で分散が 14 であった。このとき，B 組 5 人の得点の平均値は $\boxed{\text{スセ}}$ で分散は $\boxed{\text{ソタ}}$ である。

〔Ⅱ〕　実数 x，y が，$y^2=8x$，$x \leqq 2$，$y \geqq 1$ を満たすとき，以下の問いに答えよ。

(1)　$\log_2 y=\dfrac{\boxed{\text{ア}}}{\boxed{\text{イ}}}\left(\log_2 x+\boxed{\text{ウ}}\right)$ である。

(2)　$-\boxed{\text{エ}} \leqq \log_2 x \leqq \boxed{\text{オ}}$ である。

(3)　$2(\log_2 x)^2\cdot\log_2 y-6\log_2 x-6\log_2 y+9$ の最大値は $\boxed{\text{カキ}}$，最小値は $-\boxed{\text{ク}}$ である。

〔Ⅲ〕　図のように，円 O に内接する四角形 ABCD の 4 辺の長さが AB $=2$，BC $=5$，CD $=3$，DA $=6$ であるとき，以下の問いに答えよ。

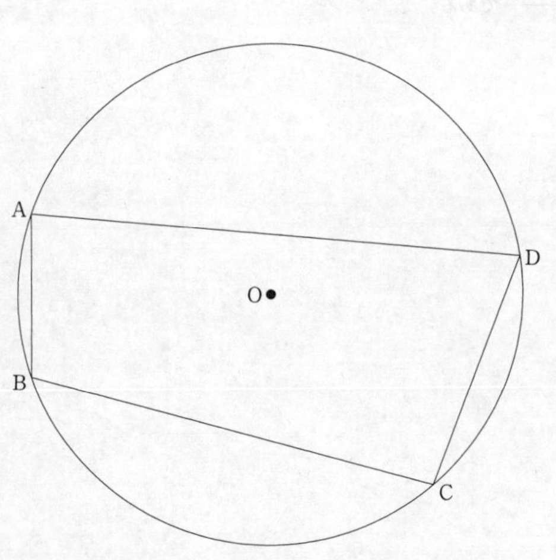

(1)　対角線 AC の長さは $\dfrac{\boxed{\text{ア}}\sqrt{\boxed{\text{イウ}}}}{\boxed{\text{エ}}}$ である。

(2)　四角形 ABCD の面積は $\boxed{\text{オ}}\sqrt{\boxed{\text{カ}}}$ である。

(3)　円 O の面積は $\dfrac{\boxed{\text{キクケ}}}{\boxed{\text{コサ}}}\pi$ である。

〔Ⅳ〕　座標平面上で，放物線 $y=4x^2$ を C_1 とし，放物線 $y=3(x^2+1)$ を C_2 とする。
C_1 と C_2 の第 1 象限における共有点を P とし，P の x 座標を p，y 座標を q とする。
また，C_1 と C_2 の両方に第 1 象限で接する直線を l とし，l と 2 つの放物線 C_1，C_2 との接点の x 座標をそれぞれ a，b とするとき，以下の問いに答えよ。

(1)　$p=\sqrt{\boxed{\text{ア}}}$，$q=\boxed{\text{イウ}}$ である。

(2)　$a=\dfrac{\boxed{\text{エ}}}{\boxed{\text{オ}}}$，$b=\boxed{\text{カ}}$ である。

(3)　放物線 C_1 の $a\leqq x\leqq p$ の部分，放物線 C_2 の $p\leqq x\leqq b$ の部分，x 軸，および 2 直線 $x=a$，$x=b$ で囲まれた図形の面積は，

$\dfrac{\boxed{\text{キク}}-\boxed{\text{ケ}}\sqrt{\boxed{\text{コ}}}}{\boxed{\text{サ}}}$ である。

③ 山の座主ほどの高徳の僧の祈祷であっても堀河天皇の病の前には無力だったのだ、と仏を恨む気持ち

④ 山の座主ほどの高位の僧であっても今さら何の役にも立たない、と今ごろやってきた座主を責める気持ち

⑤ 山の座主を呼んでもどうにもならなかったはずだ、と多くの僧侶に祈祷をさせた大殿をなだめたい気持ち

問九　本文の内容と合致するものを、次の中から一つ選べ。 40

① 堀河天皇は、山の座主の祈祷のかいもなく亡くなってしまい、大弐の三位は泣き叫んだ。

② 山の座主は堀河天皇の死を悟り、死後やすらかなようにと祈るため、静かに部屋を出て行った。

③ 堀河天皇の死に際して人々はみな慟哭《どうこく》し、障子をがたがたとならしたが、それは地震のようだった。

④ 作者は堀河天皇と数日会えないだけでもつらかったのに、これからどうしたらよいかと途方に暮れた。

⑤ 堀河天皇に最後に一目でもお目にかかりたいと、上達部たちも全員集まったので作者は驚きあきれた。

R　そこらののしりつる　36

① もともと知り合っていた
② 大勢で声をはり上げていた
③ そこで懸命に勤行していた
④ その辺でいがみあっていた
⑤ あちこちで泣きわめいていた

問六　傍線部Ⅰ「ものしのびやかに、いかにおほせらるるにか、おほせらるれば、立たれぬ」の説明として最も適切なものを、次の中から一つ選べ。　37

① みなが静まりかえり、殿が何をおっしゃるのかと思って、殿の仰せを聞こうとしたので、作者はそっと立ち上がった、ということ
② 民部卿はそっと控えていたが、何をお考えになったものか、殿に何かをおっしゃってから、静かにお立ちになった、ということ
③ しめやかな雰囲気の中、何事かはわからないが、殿に院からご伝言があったので、殿はお立ちになることができた、ということ
④ 殿がひそやかに、どうおっしゃったのかわからないが、何事かを民部卿にお命じになったので、民部卿はお立ちになった、ということ
⑤ 堀河天皇がそっと、殿だけに何かをおっしゃっていたようで、その内容を殿がお示しになったので、みなが立ち上がった、ということ

問七　傍線部Ⅱ「いかにしなし出でさせたまひぬるぞ」は、誰に対するどのような言葉か。最も適切なものを、次の中から一つ選べ。　38

① 女房たちに対して、なんということをしでかしたのだと叱っている言葉
② 僧正に対して、堀河天皇を救えないまま退出したことをなじっている言葉
③ 伺候する貴族たちに対して、大それたことをするなとたしなめている言葉
④ 作者に対して、堀河天皇亡き今は宮中を出て行くべきだとさとしている言葉
⑤ 堀河天皇に対して、どうして亡くなってしまったのかと問いかけている言葉

問八　傍線部Ⅲ「山の座主をも今は何にせんずるぞ」からは、どのような気持ちがうかがえるか。最も適切なものを、次の中から一つ選べ。　39

① 山の座主を今際《いまわ》の際に呼んでも堀河天皇を病から救うことは難しかったのだ、と絶望する気持ち
② 山の座主よりも自分の方が堀河天皇のことを深く思いやり、必死に看病したのだ、と人々に誇る気持ち

問四　二重傍線部x・y・zの「の」の文法的意味の説明として最も適切なものを、次の中から一つずつ選べ。同じ選択肢を繰り返し選んでもよい。

x [30]　y [31]　z [32]

① 主格　② 連体修飾格　③ 同格　④ 準体格　⑤ 連用修飾格

問五　傍線部O・P・Q・Rの解釈として最も適切なものを、次の中から一つずつ選べ。

O　ものおぢせん人は聞くべくもなし [33]

① 堂々とした人でも聞いていられない
② 恐れを知らない人は聞くはずもない
③ 物に動じない人は聞いても気にしない
④ 怖がりな人は聞いていることができない
⑤ 度胸のない人は聞かない方がいいだろう

P　うときは呼びも入れず [34]

① 身分のひくい者には声もかけない
② 急いでは人々を呼び入れたりしない
③ 事情に明るくない者は呼びかけもしない
④ よく知らないために呼ぶことができない
⑤ 親しくない者はおそばに招き入れもしない

Q　おどろかせたまひて見えさせたまへ [35]

① 目をお開けになって、私にお顔をお見せください
② 起き上がりなさって、私の姿をご覧になってください
③ 驚いたようなご様子を、周りの者にお見せになってください
④ みなを茫然《ぼうぜん》自失にさせなさって、それをご覧になってください
⑤ 人々をあきれかえらせても、もう一度元気なお姿を拝見させてください

4　大臣殿……源雅実。
5　僧正……増誉僧正。堀河天皇の病気平癒のための祈祷《きとう》を行っていた。
6　大弐の三位……藤原家子。堀河天皇の女房。
7　左衛門の督、源中納言、大臣殿の権中納言、中将の御乳母子の君たち……堀河天皇の側近たち。
8　あやしの衣……産着を指す。
9　久住者ども……比叡山延暦寺で長く修行した僧たち。祈祷のために宮中に参っていた。
10　山の座主……仁源大僧正。延暦寺の長である僧。

問一　波線部ア「助け」・イ「捨て」・ウ「する」の動詞の活用の種類として最も適切なものを、次の中から一つずつ選べ。

ア［20］　イ［21］　ウ［22］

ア　助け　①　カ行四段活用　②　カ行上二段活用　③　カ行下二段活用　④　ラ行上二段活用　⑤　ラ行下二段活用
イ　捨て　①　タ行四段活用　②　タ行上二段活用　③　タ行下二段活用　④　ラ行上二段活用　⑤　ラ行下二段活用
ウ　する　①　サ行四段活用　②　サ行変格活用　③　ラ行四段活用　④　ラ行上二段活用　⑤　ラ行下二段活用

問二　傍線部A「やをら」・B「さながら」・C「ひしと」の語の意味として最も適切なものを、次の中から一つずつ選べ。

A［23］　B［24］　C［25］

A　やをら　①　そっと　②　あらあらしく　③　急に　④　やたら　⑤　ようやく
B　さながら　①　二人とも　②　そのように　③　まるで　④　ばらばらに　⑤　すべて
C　ひしと　①　ひしひしと　②　ぴたりと　③　びくっと　④　当然　⑤　必死で

問三　波線部a「たてまつり」・b「まゐらせ」・c「おはしまし」・d「たまへ」の敬意の対象として最も適切なものを、次の中から一つずつ選べ。同じ選択肢を繰り返し選んでもよい。

a［26］　b［27］　c［28］　d［29］

①　堀河天皇　②　殿　③　民部卿　④　僧正　⑤　大弐の三位　⑥　山の座主

問題二　次の文章は『讃岐典侍日記』の一節で、作者の仕える堀河天皇が亡くなった直後の場面である。全体を読んで、あとの問いに答えよ。

(注1)殿、御覧じ知りて、「今は、さは、(注2)院に案内《あない》申さん」と申させたまへば、(注3)民部卿《みんぶきやう》こなたに召して、殿、御簾《みす》押し上げ、Ⅰものしのびやかに、いかにおほせらるるにか、おほせらるれば、立たれぬ。(注4)大臣殿《おほいどの》寄りて、「今は何のかひなし」とて、御枕なほして、抱《いだ》き臥《ふ》させまゐらせつ。殿たち、みな立たせたまひぬ。

(注5)僧正、なほ御かたはらに添ひゐたまひて、何のことにか、しのびやかにつぶつぶと申し聞かせたまふ。かかるほどに、日はなばなと射《さ》し出でたり。日xのたくるままに、御色の日ごろよりも白くはれさせたまへる御顔の清らかにて、御鬢《びん》yのあたりなど、御けづりぐししたらんやうに見えて、ただ、大殿《おほとの》ごもりたるやうにたがふことなし。

僧正、今はと見はてaたてまつりて、Aやをら立ちて、御かたはらの御障子《みさうじ》をしのびやかに引き開けて出《い》でたまふに、(注6)大弐《だいに》の三位《さんみ》、「あな、かなしや。Ⅱいかにしなし出でさせたまひぬるぞ。ア助けさせたまへ」と、声も惜しまず泣きたまふを聞きて、Bさながら泣きとよみあひたり。(注7)左《さ》衛門《ゑもん》の督《かみ》、源中《げんちゆう》納言《なごん》、大臣殿の権中納言、中将の御乳母子《めのとご》の君たち、十余人、女房zのさぶらふかぎり、声をととのへて、せめておぼゆるままに、御障子をなゐなどのやうにかはかはと引き鳴らして、泣きあひたるおびたたしさ、Oものおぢせん人は聞くべくもなし。「いまひとたび見bまゐらせん」とて、親しき上達部《かんだちめ》、殿上《てんじやう》人《びと》も、われもわれもと参れど、Pうときは呼びも入れず。

大弐の三位、大殿ごもりたるやうなる人を、「わが君や、いかにしてかたがたをばイ捨ておはしましぬるぞ。生まれさせたまひしより、片時離れまゐらせず、(注8)あやしの衣《きぬ》のなかよりおほしまゐらせて、いづれの行幸にも離れず、後《しり》に立ち先に立ち、病の心ならぬ里居十日ばかりウするにも、恋しくゆかしく思ひまゐらせつるに、片時見まゐらせで、いかでかさぶらはん。ただ具してcおはしましね。いまひとたび、Qおどろかせたまひて見えさせたまへ。あな、かなしや。恋しさを、いかにしてかさぶらはん。ただ召してぞ」と、御手をとらへてをめきさけびたまふ聞くぞ、堪へがたき。この声を聞きて、Rそこらののしりつる(注9)久住者《くちゆうさ》ども、Cひしとやみぬ。(注10)山の座主《ざす》、今ぞ参りて、僧正の出でたまひぬる障子引き開けdたまへば、三位、Ⅲ「山の座主をも今は何にせんずるぞ」といひつづけて、泣きたまふ。

（『讃岐典侍日記』）

（注）1　殿、御覧じ知りて……「殿」は関白、藤原忠実。ご臨終のご様子をご覧になって。
2　院……白河院。堀河天皇の父。
3　民部卿……源俊明。

④ 勝ち抜き戦の十種競技の場合のように、自然環境の性質や現れる順番が異なれば、私たちが生き残っていなかったかもしれないから
⑤ 勝ち抜き戦の十種競技のように、進化も優れた生物というより、自然環境の性質や現れる順番を予測し適応できる生物であることが大切となるから

問八 本文において比喩・類推を通すことによってよく理解できるとされているものの例として**適切でないもの**を、次の中から**三つ**選べ。（解答欄 18 に三つマークせよ）。

① 社会 ② 自由 ③ 理論 ④ 数量化可能な物体 ⑤ 建築物
⑥ ソクラテスの問答法 ⑦ 実在 ⑧ 進化 ⑨ 十種競技

問九 本文の内容と**合致しないもの**を、次の中から**三つ**選べ（解答欄 19 に三つマークせよ）。

① 哲学は一種の文学的表現であるため、比喩、類推の宝庫である。
② 比喩が使われることは抽象概念が内容的に豊かな意味を持つことにつながる。
③ 抽象概念を用いて思考する人間は、比喩という文学的表現を常に用いている。
④ 我々の言語表現の中には、意識をしていなくても数多くの比喩が用いられている。
⑤ 比喩は、抽象概念を用いて思考する人間のような存在にとって必要欠くべからざるものである。
⑥ 「存在のメタファー」とは、本来「物」ではないものに対して、それらを存在物とする比喩である。
⑦ 抽象概念を具体的なものにたとえれば、その具体物に適用できる述語のかなりの部分を借用できる。
⑧ 「自由が乏しい」という表現には、「自由」は数量化可能な物体であるという見解が提示されている。
⑨ 「社会が非常に冷たくできている」という表現においては、「社会」が建物のようなものと見なされている。

g　ホウガン　[14]

① 絵馬をホウノウする　② ネンポウ制契約社員　③ 暴力のツイホウ
④ 全員がイチガンとなる　⑤ 必勝をキガンする

問五　波線部Ⅰ「こうした比喩の構造があるおかげで、「社会基盤」、「社会が崩壊した」なども理解可能となる」とはどういうことか。その説明として最も適切なものを、次の中から一つ選べ。[15]

① 「社会基盤」、「社会が崩壊した」には比喩の構造があるために、建物が「社会」のようにできているのを理解すること
② 「社会基盤」、「社会が崩壊した」などの表現には、「社会」を物体のように見なす比喩の構造があることを理解すること
③ 「社会」という抽象概念を具体的な物体として比喩的に見なすことにより、通常結びつかない語を用いた表現も理解できるようになること
④ 「社会」を建物の比喩によって理解することにより、その基盤の頑丈さ、崩壊の危険性の度合いについてあらかじめ理解が可能になること
⑤ 具体的な物体、特に建物が「社会」などの抽象概念に結び付くことにより、建物の構造が社会的な広がりをもって理解されるようになること

問六　波線部Ⅱ「これらの抽象概念には専用の述語が必要となるはずだ」とあるが、それはなぜか。その理由として最も適切なものを、次の中から一つ選べ。[16]

① 抽象概念に豊かな意味を持たせるためには厳密な専門性が要求されるため
② 抽象的な概念を具体物などによってたとえることによる、異なるクラス間の混乱を避けるため
③ 抽象概念についての頻繁に用いられる比喩を厳密に統一しなければ、「理論」として成立しないため
④ 抽象概念の数、多様性からくる困難の解決には、あらかじめ専用の述語を決定しておく必要があるため
⑤ 抽象的な概念は具体物とは異なるクラスに属しており、本来は共通して用いることができる述語が存在しないため

問七　波線部Ⅲ「私たちは何かが優れていたので生き残ったわけではなく、単に偶然生き残っただけなのだ」とあるが、ダニエル・デネットによればそれはなぜか。その理由として最も適切なものを、次の中から一つ選べ。[17]

① 進化というものが十種競技の比喩で言えば、現行のものではなく勝ち抜き戦となっているのは偶然にすぎないから
② どの生物が優れているかは予測できないが、結果的に私たちが生き残れたのは、優れた生物が生き残ることができるから
③ 十種競技の合計得点が最高でなかったとしても、上位数パーセントに入るためには偶然性も必要であり、進化も同様であるから

問三　本文中のある段落の末尾から、次の文が脱落している。この文の入るべき最も適切な段落を、次の中から一つ選べ。7

先の文章の「不満を抱く」も、この例となる。

①　第⑵段落　②　第⑹段落　③　第⑻段落　④　第⑽段落　⑤　第⑿段落　⑥　第⒀段落

問四　傍線部a・b・c・d・e・f・gを漢字に改めた場合、これと同じ漢字を用いるものを、次の中から一つずつ選べ。

a　テンケイ　8

①　将来へのテンボウが開ける　②　本社の部長にエイテンする　③　割引きのトクテン
④　福引きのケイヒン　⑤　ケイショウを鳴らす

b　テッテイ　9

①　大臣をコウテツする　②　障害物のテッキョ　③　テッペキの守り
④　テイクウ飛行　⑤　社会のテイヘン

c　チミツ　10

①　チセツな手口　②　工事がチエンする　③　シュウチの念にかられる
④　セイチな描写　⑤　適切なソチを取る

d　クウソ　11

①　ソショウを起こす　②　ソセイ濫造　③　カソ化が進む農村
④　ソゼイを徴収する　⑤　ソセン崇拝

e　トクシュ　12

①　シュに交われば赤くなる　②　シュヨウを切除する　③　シュショウな心掛け
④　シュコウしがたい意見　⑤　シュギョクの短編

f　キョウミ　13

①　古い建物のホキョウ　②　キョウラク的な生き方　③　ソッキョウで演奏する
④　ジッキョウ中継　⑤　ダキョウの産物

2　レイコフ……（一九四一～）アメリカの言語学者。認知言語学の創設者の一人。

3　ジョンソン……（一九四九～）アメリカの哲学者。

4　プラトン……（前四二七ころ～前三四七）古代ギリシャの哲学者。

5　ソクラテス……（前四七〇ころ～前三九九）古代ギリシャの哲学者。

6　ダニエル・デネット……（一九四二～）アメリカの哲学者、認知科学者。

7　ベース……認知科学における類推研究では、知りたいこと、あるいは未だ知らないことをターゲットと呼び、既によく知っていることをベース（あるいはソース）と呼ぶ。

問一　空欄ア・イ・ウ・エに入ることばとして最も適切なものを、次の中から一つずつ選べ。

ア [1]
① そのため　② しかしながら　③ たしかに　④ したがって　⑤ もしくは

イ [2]
① もしくは　② および　③ したがって　④ さて　⑤ そのため

ウ [3]
① つまり　② さらに　③ けれども　④ そのかわり　⑤ それとも

エ [4]
① まるで　② もし　③ まさか　④ ますます　⑤ いまだ

問二　空欄X・Yに入ることばとして最も適切なものを、次の中から一つずつ選べ。

X [5]
① 述語の社会性　② 概念の具体性　③ 抽象概念の意味性　④ 認知的な経済性　⑤ 述語の具体性

Y [6]
① 最終勝者　② 上位の何パーセントか　③ 個別の勝者　④ 合計得点の勝者　⑤ 最も著名な選手

太陽がさんさんと降り注いでいるところでは、物事ははっきりと見ることができるが、夕闇になればはっきりと見えていたものも見えなくなる。これと同様に、善の働きによって、人は物事をよく知ることができるようになる、というのが、この類推である。これは、六つの項の間の関係をうまくまとめ、認識が成立する条件をわかりやすく伝えている。(10)

現代の哲学者も類推の巧みな使い手が多い。進化と認識との関係を探求してきた、(注6)ダニエル・デネットもその豊富な類推、比喩で有名だ。心と体を分離して、脳が心の所在地だとする二元論の発想は、世界から受け取った情報を組み合わせて脳の中に作り出したもの（劇場）を、観劇するもの＝意識、自己が存在しているというようなものだとして、デネットによって「デカルト劇場」と揶揄《やゆ》される。(11)

また彼は進化がどのようなものかを説明する際に、十種競技を基にした類推を行う。ただしここでの十種競技は、現行のそれとは異なり、勝ち抜き戦となるという。つまり最初の競技、たとえば g ホウガン投げで上位一〇パーセントが、次の棒高跳びに進める。棒高跳びもまた同様で、上位の何パーセントかが次に進める。進化とはこのようなものだ、というのがデネットの考えである。この類推がとても優れているのは、このような競技形式の場合、［Ｙ］が最も優れた選手とはならないことが容易にわかるからだ。どんな順番で個別の競技を行うかによって、誰が次の競技に進めるのかが変わってくる。これと同様に、どんな自然環境がどんな順番で現れるかにより、生存する種、個体が変化してくる。Ⅲ 私たちは何かが優れていたので生き残ったわけではなく、単に偶然生き残っただけなのだ。そうしたことがこの類推を通してよく理解できる。(12)

また哲学者、神学者たちが、神の存在証明に用いてきたものの一つに、設計原理というものがある。たとえば、ある未開の地を探索しているときに、あるものを見つけたとしよう。それは、相当な数の部品が、巧みに組み合わされた、たとえば時計のようなものだったとしよう。これを見つけた我々はどう思うだろうか。［エ］日光、雨、風に長年晒《さら》された結果、この物体ができ上がったとは思わないだろう。きっと、ここにはこれを作った人、つまり意思と知性を持った主体が存在したと考えるだろう。さて自然の中には、一定以上複雑な構造を持つもの（たとえば人や動物の身体）が存在する。これらも自然にでき上がったものではなく、それを設計するという知性とそれを実現する意思を持つ存在がいるはずである。それが、神なのだ、というのが、設計原理に基づく神の存在証明である。これは、時計状の物体の例を(注7)ベースにして、複雑な構造物には意思と知性を持った設計者がいることを導き、それを人や動物の身体というターゲットに適用し、神の存在を証明するという類推である。(13)

（鈴木宏昭『類似と思考』、ただし表現の一部を改変した。）

（注）　1　森嶋通夫……（一九二三〜二〇〇四）経済学者。

2　それは浅知恵だ

などは「自由が乏しい」と同一のタイプの比喩である。ここでは知識というものが、ある広がり、深さ、奥行きを持った具体物のように捉えられている。(6)

比喩がこのように頻繁に用いられる理由の一つは、我々が抽象的な概念を用いることにある。「社会」、「自由」、「理論」、「知識」などは、手にとって見ることのできないという意味において抽象的な概念であり、犬やたばこなどの具体物などとは異なるクラスに属している。したがって、厳密に考えた場合には、Ⅱこれらの抽象概念には専用の述語が必要となるはずだ。しかしながら、個々の抽象概念ごとに新たな述語を作り出すのは、我々の用いる抽象概念の数、その多様性を考えると非常に難しい。一方、それらを具体的なものにたとえてしまえば、その具体物に適用できる述語のかなりの部分を借用することができる。こうした［X］が、比喩の頻繁な利用を説明する一つの要因であろう。また、一度比喩が使われると、そこから様々にイメージが広がり、内容的にはｄクウソであるはずの抽象概念が豊かな意味を持つことにもつながる。(7)

こうした観点からすると、比喩はｅトクシュな文学的表現では全くないことがわかる。比喩は、抽象概念を用いて思考する人間のような存在にとって必要欠くべからざるものなのだ。(8)

哲学は神、存在、知識、道徳など、最高級に抽象的な概念についての探求を行う。だとすれば、哲学は比喩、類推の宝庫であるはずだ。事実、古来哲学者たちは類推を頻繁に用いてきた。(注4)プラトンの『テアイテトス』では、(注5)ソクラテスの問答法は、産婆術とたとえられる。これは、産婆自身が子供を産むわけではないが、この助けを借りて、妊婦は子供を生むことができる。これと同様に、問答法を行うソクラテス自身は何も生み出さないが、彼と対話を行うものの中に新たな気づき、知恵を生み出す。他に、プラトンの有名な比喩として、洞窟の比喩が挙げられよう。洞窟に繋《つな》がれ、洞窟の壁しか見ることができない人たちがいる。彼らの後ろには一本の道があり、その後ろには火が焚《た》かれている。この道をいろいろなものが通ると、その影が彼らの目の前の壁に映し出される。この洞窟の住人と同じように、私たちは実在、本質を見ているのではなく、その影、虚像を見ているに過ぎないと、プラトンは論じている。(9)

これらは有名な比喩だが、プラトンは次のようなｆキョウミ深い類推も用いている。

思惟によって知られる世界において、〈善〉が〈知るもの〉と〈知られるもの〉に対して持つ関係は、見られる世界において、太陽が〈見るもの〉と〈見られるもの〉に対して持つ関係とちょうど同じなのだ。（プラトン『国家』第6巻、藤沢令夫《のりお》訳、岩波文庫、下巻、八二頁）

わけである。Ⅰこうした比喩の構造があるおかげで、「社会基盤」、「社会が崩壊した」なども理解可能となる。(2)

こうしたたとえは、「自由が乏しい」という表現にも見られる。一般に「乏しい」という形容詞はなにかが少ない、足りない、十分ではないという意味で用いられる。ということは、なにかしら数量化できるような対象に対して「……が乏しい」と表現することがもっとも語義に忠実な使用だろう。たとえば「酒が乏しくなってきた」、「ここの図書館には本が乏しい」、「農地が乏しい」などの表現は「乏しい」の原義に忠実な使用だろう。［イ］、「自由」というのは、酒、本、農地のように数量化ができるような対象であろうか。「自由」という言葉に対して、「乏しい」という形容詞を用いるということは、「自由」を数量化可能なもの、つまり物体にたとえていることを示している。(3)

このように、我々が何気なく用いている言語表現の中には数多くの比喩が用いられている。人間の認知における比喩、類推の働きを、初めて、そしてbテッテイ的に明らかにしたのは、レイコフ(注2)とジョンソン(注3)である。二人はその著書『レトリックと人生（*Metaphors We Live by*）』において、日常言語に潜む比喩が豊富な例とともに、cチミツで包括的な分析を行った。(4)

彼らの用語法にしたがえば、「社会が非常に冷たくできている」という比喩は、「建築物の比喩」ということになる。このタイプの比喩は、「理論」などを形容する際にも頻繁に用いられることが彼らの分析から明らかになっている。たとえば、

1　理論を構築した

2　その理論を支える証拠が必要だ

3　その理論は崩壊した

などは建築物の比喩を用いたものである。［ウ］理論というのは、証拠という土台、支柱に支えられて作り上げられるもの、という認識、イメージが私たちの中にあるのだ。そして、このイメージは比喩によって作り出されている。(5)

また、「自由が乏しい」という比喩は「存在のメタファー」と呼ばれるものに相当する。これは本来「物」ではないものに対して、それらを存在物とする比喩であり、知識などにも適用される。たとえば、

1　彼は宗教について幅広い知識を持っている

国語

（六〇分）

問題一　次の文章を読んで、あとの問いに答えよ（段落末尾の数字は段落番号を示す）。

次の文章について考えてみよう。

「イギリスは自由があってよいけれど、社会が非常につめたくできている。われわれの国には自由が乏しいが、お互いに非常に暖かく生きている。私は自由よりも暖かさの方を選ぶ。」後進国から、イギリスに来た留学生は、しばしばこういうことをいいます。ずいぶん近代化されたはずの日本人でも、こういう不満を抱いてイギリスを去っていく人は沢山いるかと思いますが、先日もイランの学生が全くおなじ愚痴をこぼしておりました。確かに、イギリスには冷え切ったところがあります。（森嶋通夫《もりしまみちお》(注1)『イギリスと日本――その教育と経済』、岩波新書、四六―四七頁）

これはイギリスの大学に勤めていた経済学者の森嶋が、イギリスでの経験をベースにして日本との違いを描き出すエッセイであり、文学的な効果を狙った文章ではない。特に気をつけなければ、比喩が使われていたかどうかすら、記憶に残らないだろう。[ア]、ここにはいくつもの比喩が使われている。まず、すぐに気がつくのは「冷たい―暖かい」という比喩である。社会は温度を持つものではないのだから、「社会が冷たくできている」というのは明らかに比喩である。(1)

ところが、ここで使われている比喩はそれだけに留まらない。そこでもう一度「社会が非常に冷たくできている」について考えてみることにしよう。ここで注目したいのは、「社会」という言葉と「できている」という言葉のつながりである。「できている」という言葉の a テンケイ的な使用方法は、「この建物は頑丈にできている」などであろう。つまり、「できている」は、（人間が作るような）具体的な物体、特に建物に対して用いられる言葉であると考えられる。

ところが、ここではそれが「社会」という言葉に対して用いられている。ということは、この表現においては「社会」が建物のようなものと見なされている

解答編

英語

I **解答** 問1．(A)—②　(B)—③　(C)—④　(D)—①　(E)—④　(F)—③

問2．④　問3．②　問4．④　問5．②　問6．(1)—①　(2)—③

問7．②・③　問8．③

◆全　訳◆

≪子どもたちの文字の認識≫

子どもたちはとても早い時期からずっと読むことについて学ぶ——幸運にも，本やスクリーンが周りにある世界の一部で育っているなら。多くの親は，子どもが2歳にさえならないうちから物語を読み聞かせている。ネットサーフィンをしているときに子どもを膝の上に乗せている人もいる。コンピューターのキーボードの文字のいくつかを識別できるようになり，要求に応じてその文字を押せた2歳児を私は知っている。どこかに2歳児のメール送信者がいても私は驚かないだろう。

子どもは本に触れていると，すぐに読書に関する基本的な事実を学ぶ。本にはページがあり，ページは一定の順序でめくらなければならないことを理解するのである。英語のように右から左へページをめくる言語もあれば，アラビア語のように，左から右へページをめくる言語もある。子どもは本には決まった持ち方があることを知り——ページ（特に絵）が逆さまだと変に見えることを知る。そして，絵，特に人や動物，車など，自分たちの世界で知っているものの絵を，すぐに魅力的だと思うようになる。

また，子どもはページの大部分を占める小さな黒い曲がりくねった線にも気づく。そして，年齢が上がるにつれて，これらが重要な部分であることを理解する。物語がとてもわくわくするものであるとき，それは読者がこの黒いマークからどうにかして興奮を引き出しているからだということがわかってくるのだ。ここにも，学ぶべきルールがある。それらの曲がりくねった線は一列になっており，（英語では）上から下へ，左から右へと読まなければならない。アラビア語や中国語で書かれた本に触れた子どもたちは，読み方が別の方向に進むことを学ばなければならない。

本というものは，読むたびにいつも同じだということを理解するのにそれほど時間はかからない。その結果，繰り返し読んでいるうちに，好きな物語を丸暗記するようになる。おやすみ前に1，2ページ読み飛ばそうと考える親に災いあれ！　あるとき，疲れた一日の後で，私はおやすみ前のお話をしていて，わらの家からレンガの家へ直行することで『三匹の子ぶた』の物語を短くしようとしていた。『二匹の子ぶた』にすれば気づかれないと思ったのだ。でもだめだった。ひどく叱られて，小枝の家に細心の注意をはらいながら，もう一度全部話をやり直さなければならなかった。

私たちは，子どもたちが身の回りの文字にどれだけ触れているか，気づかないことがある。店の看板や広告板，スーパーマーケット，バスの車体，新聞や封筒，食器棚の缶や瓶，テレビのコマーシャルや映画のクレジット，そしてもちろんコンピューターの画面や携帯電話など，子どもはいたるところで文字を目にする。そして，当然のことながら，多くの3～4歳の子どもたちは，何が起こっているのかを理解しており，それを示すためにいくつかの簡単な実験を行うことが可能だ。

文字が書かれているものとそうでないものを含む物の写真を数枚集めなさい。1つ目の例は，前面に番号，側面に会社名が書かれたバスや，窓の上に名前が書かれた店などだ。2つ目の例は，田舎の風景や，立っている人々などだ。次に子どもに，それぞれの写真を見て「何か読めるものを見せて」と聞いてみなさい。多くの幼い子どもは，自分で実際に何かを読むことができるようになる前でもこれができる。

◀解　説▶

問1．(A)　空所の後にSV構造があるので②か④に絞った上で意味を確認して②「～ときに」を選択する。as if～「まるで～ように」

(B)　that S V, and that S V「～ということ，そして…ということ」とthat節の並列構造になっていることに気づきたい。正解は③。

(C)　in other directions「別の方向に」　正解は④。

(D)　each time S Vで「SがVするたびに」の意味になる。正解は①。the first time S V「初めてSがVしたときに」も押さえておこう。

(E) Not a chance.「とんでもない（とんでもなかった），絶対いやだ」正解は④。

(F) standing around「突っ立っている」という分詞の形容詞的用法で直前の people を修飾している。正解は③。

問2．空所直後の最終段で，幼い子どもが文字を認識できることを確かめる実験の例を説明しているので，④ experiments「実験」が正解。

問3．直前の文の出だしが In some languages なので，下線部を含む In others は In other languages という，some 〜, others … の対応をしているとわかる。正解は②。

問4．squiggles があまり一般的でない単語で，注もついていない。こういう場合は「必ず前後関係から推測できる」と考えよう。下線部は「たくさんのページを埋めている小さな黒い squiggles」という意味になっており，本のページを埋めているたくさんの黒いものと言えば「文字」とわかる。正解は④ letters「文字」。

問5．選択肢はそれぞれ①「新聞で取り上げられているという事実」，②「何か新しいことを経験する機会」，③「防御なしに危険な状況にあるという状態」，④「何か悪いことに関して真実を示す行動」。下線部とその直後の記述から，下線部は子どもが書かれた言語すなわち文字に関してすることだと推測し，直後の文に子どもたちがあらゆるところで文字を「目にする」ことが書かれていることがわかれば，下線部はこの「目にする」と同意と推測できる。幼い子どもにとって「文字を目にする」という行為はそれまでに経験したことのない新しい経験であると考えて②を選ぶ。

問6．(1)「アラビア語に関する次の記述のどれが正しくないか」

第3段最終2文（The squiggles are … other directions.）から，アラビア語は右から左に読まれることがわかるので，①「アラビア語は左から右に読まなければならない」が正しくない。正解は①。

(2)「最終段の要旨を述べているものとして最適なのは次のどの記述か」

①「多くの幼い子どもは文字を読めるようになる前に絵を描くことができる」

②「多くの幼い子どもはアルファベットを読むことができる」

③「多くの幼い子どもは書かれたものを識別することができる」

④「多くの幼い子どもは正しくことばをつづることができる」

最終段最終２文（Then ask the child … read anything themselves.）の内容から，③が正解。

問７．②が第５段第２文（They see it …）と一致。③が第２段最終文（And they quickly …）と一致。よって，②・③が正解。

問８．全文の内容から，③「文字を読むことを学ぶこと」が正解。

II　解答　問１．(A)―②　(B)―③　(C)―②　(D)―④　問２．③
問３．(b)―③　(c)―⑤　(d)―①　問４．(1)―②　(2)―④

◆全　訳◆

≪エジプト人の天文に関する知識≫

エジプトは，私たちの知る限り，太陽に依拠して暦を作った最初の文明である。彼らはどのようにして他の文明とは異なる考え方をすることができたのだろうか？

多分彼らは空で最も明るい星であるシリウス（別名：犬の星）が，季節によって天空に消えていくことに気づいたのだろう。そして，夜明けにエジプトの空に再び姿を現すとき，それは昇る太陽と一直線に並んでいるのである。シリウスの再出現を不思議に思われるものにしたのは，それが毎年エジプトの大河ナイル川の氾濫の始まりと重なったことだ。その日は，８月下旬のトトの月の初日で，エジプトの元日となった。シリウスの出現を毎年記録することで，エジプトの天文学者は，太陽の１年が 365.25 日であることに気づいた。そこで彼らは，１年を 30 日ずつの 12 カ月に分け，余分の５日間を主要な神々の誕生日とする暦を作った。そして数年おきに，その残った４分の１日を処理するために特別な日をもう一日追加したのである。うるう年のある現代の暦は，エジプトが発明したものの系譜に連なる。

エジプト人と他の少数の人々は，季節の循環と日の長さが，太陽と地球によって踊られるバレエで決定されることを理解していた。しかし，その回転をしているのが自転する地球であることは知らなかった。北半球（ヨーロッパ，北アメリカ，アジア）に住む人々は，６月 21 日（特定のうるう年では６月 20 日）に太陽が天頂（最高点）に現れ，昼が最も長くなることだけは知っていた。その日は，夏の始まりの日である，夏至として知られるようになった。南半球（アフリカ，南米，オーストラリア）では，

6月21日は冬の始まりの日だ。

6月21日を過ぎると，状況は変化し始める。北半球では，太陽は毎日空の少しずつ低い位置が最高点になり，その最高点は12月21日ごろに地平線上で最も低くなる。この日が冬至で，1年で最も昼が短くなる日だ。（しかし，アルゼンチンのブエノスアイレスなど，南半球の都市ではそうではなく，12月は日が長く暑い。）3月20日または21日，9月22日または23日の昼夜平分時（春分・秋分）と呼ばれる2日間には，昼と夜の長さがほぼ同じになる。

◀解　説▶

問1．(A)　直前の文に「エジプトは太陽に依拠して暦を作った最初の文明」とあることから，エジプトが他の文明とは違う考え方をしたことがわかるので，② differently「異なる方法で」が正解。

(B)　③ What は関係代名詞（＝The thing which）の用法があるので，これを入れると，What made Sirius's reappearance seem magical で「シリウスの再出現を不思議に思われるものにしたもの」となり，was 以下の主語として文意も通じるのでこれが正解。正解は③。

(C)　came to *do* で「～するようになった」の意味。正解は②。

(D)　Those who ～ で「～な者たち」の意味。正解は④。

問2．下線部「もう一日特別な日」は直後に「余分な（残りの）4分の1日（0.25日）を処理するため」とあるので，③が正解。

問3．(b)　第3段第3・4文（((D)) who lived in … day of summer.）の内容から，太陽が空の最高点に現れ昼の長さが最長になる日のことであることがわかるので，③が正解。

(c)　最終段第2・3文（In the Northern … of the year.）の内容から，北半球で太陽の昇る位置が一番低くなり昼の長さが最短になる（つまり太陽が一番早く沈む）日のことであることがわかるので，⑤が正解。

(d)　最終段最終文（On two days,…）の内容から，3月20日または21日と，9月22日または23日が，昼夜の長さがほぼ同じになる日であることがわかる。春分と秋分がそれぞれ2日挙げられているため紛らわしいが，equinoxes「昼夜平分時」として示される2つの日付は春・秋と異なる季節のものなので，①が正解。separate「離れた」　successive「連続した」

問4．(1)「なぜエジプト人の天文学者はシリウスに注意を払ったのか」

①「シリウスにはナイル川の氾濫を防ぐ魔法の力があると彼らは考えた」
②「シリウスの出現が一年の長さを測るのに役立つだろうということに彼らは気づいた」
③「シリウスが一年中夜空に現れることを観察した」
④「シリウスは最も明るい星だったので夜に作業をするのに役立った」

第 2 段第 5 文（By recording Sirius's arrival …）の内容から，シリウスの出現を記録することでエジプト人の天文学者は太陽の動きをもとにした 1 年の長さを知ったことがわかるので，②が正解。

(2)「次の記述のうち，星についてエジプト人が知っていたことに関して，正しくないものはどれか」
①「地球は太陽と共に季節の変化に関係があることを知っていた」
②「地球の動きの仕組みを完全に理解していたわけではなかった」
③「太陽と地球が日々の長さに関与していることを理解していた」
④「暦を作るために太陽を観察する上でエジプト人は他の文明に従った」

第 1 段第 1 文（Egypt was the first …）の内容から④が正しくない。①は第 3 段第 1 文（The Egyptians, and …）の内容に，②は第 3 段第 2 文（They didn't understand …）の内容に，③は第 3 段第 1 文（The Egyptians, and …）の内容にそれぞれ一致。

III　解答

(1)—④　(2)—④　(3)—②　(4)—①　(5)—④
(6)—③　(7)—④　(8)—③　(9)—③　(10)—②

◀解　説▶

(1)「君が仕事を終えるまで事務所で待ちます」

空所の直後に SV 構造があるので接続詞の④が正解。by, during, on は接続詞にはならない。

(2)「高血圧かどうかを知る唯一の方法はそれを調べてもらうことだ」

have＋人＋*do* で「人に～してもらう」，have＋人＋*doing* で「人に～させておく」，have *A done* で「*A* を～してもらう，～される」。高血圧はチェックしてもらうものなので，④ checked が正解。

(3)「あなたはいったいどこでみんなが大学教育を受けるべきだという考えを得たのですか？」

the idea that S V で「S が V するという考え」という意味。この that

は同格の接続詞で関係代名詞ではないので which に置き換えることはできない。②が正解。

(4)「私が探しているのは息子と私の生活を支えることができるような良い仕事だけだ」

All S V is ～. の形で「SがVするのは～だけだ」の意味。①が正解。

(5)「彼女はインターネット上に自分の実名を公表するべきではなかったが，公表してしまった。」

should not have *done* で「～するべきではなかったのに」という意味になり文脈的に適切なので，④が正解。

(6)「妻が家事をしている間，私と息子は 30 分ほど庭でボール遊びをしていた」

従属する while 以下が過去なので，主節の動詞も過去になるため①・②は不適。④の might は may の過去形として使われるほか，「～かもしれない」という現在の推量などの意味を表す。どちらも文脈には不適。消去法で③が正解。

(7)「どうしたらいいでしょうか？　あなただったらどうしますか？　教えてください」

if の後の be 動詞が were になっているので仮定法。過去形助動詞を選ぶ。正解は④。

(8)「ここはとても快適です。もう 1 日 2 日滞在してもいいですか？」

Do you mind if S V? で「SがVしてもいいですか？」という意味になる。③が正解。

(9)「ねえ，ジョン，メアリーはどこかな？　うれしいニュースがあるんだ。カマラと僕は結婚するんだ！」

an exciting story「わくわくするような物語」，an excited mob「興奮した群衆」のように，「興奮させられるもの」を修飾するには exciting を，「興奮しているもの」を修飾するには excited を用いる。③が正解。

(10)「一人っ子は他の子どもたちよりも意思決定について自分の親に頼る傾向が強い」

depend on *A* for *B* で「*B* について *A* に頼る」の意味。②が正解。

Ⅳ 解答　35—⑤　36—②　37—⑥　38—⑦　39—①

◆全　訳◆

≪大学の新入生と先輩の会話≫

A：大学の最初の一週間はどうだった？

B：今のところ順調です。普段は初対面の人に会うと緊張してしまうのですが，先生はやさしいし，新しいクラスメートたちは本当に親切ですばらしい人ばかりです。私の大学生活は順調な滑り出しだと思います，お金がかかることを除けば。

A：ああ，わかるよ。何を買ったの？

B：新しいパソコンと新しいスーツです。それと，教科書を買わなければなりませんでした。

A：そうだよね。去年１年生だったとき，同じように感じたよ。でもそれについては心配いらないよ。ちゃんと丁寧に使えば，それらをこれから４年間使うことができるよ。

B：本当ですか？　これから４年間パソコンとスーツは大切にしますが，教科書についてはわかりません。去年使った教科書はまだ持っていますか？

A：そうだね，全部というわけではないかな。興味のあるものだけ。で，残りはネットで売ったよ。リサイクルするにはいい方法だよ。それらをむだにしたくなかったんだ。それらが必要な人たちに売ったんだ。

◀解　説▶

まず空所の数と選択肢の数を確認して，使わない選択肢があるかを確認（本問では３つ使わない選択肢がある）。次に，２人の立場を確認し，選択肢を先に分配できないかを検討。本問の選択肢は立場の違いがあまり見えないのですぐに会話の把握にとりかかる。

35は，直後にbut以下で「やさしい，親切，すばらしい」といったプラスイメージのことが語られているので，マイナスイメージの内容が入ると見当をつけて⑤を選ぶ。36はその後に，いろいろとものを買わなければならなかったことが語られていることから②を選ぶ。37は直前の「ちゃんと丁寧に使えば」に続くものとして⑥が適切。38は直前のBの「去年の教科書は持っているか」という問いかけと，空所の後の「興味のあるものだけだ」から，全部を持っているわけではないことがわかるので⑦が適切。39 は直後の「それはリサイクルするにはいい方法だ」という内容から①が入るとわかる。

V 解答　(1)—⑦　(2)—①　(3)—①　(4)—⑥　(5)—⑤　(6)—⑤

◀解　説▶

(1)　(Starting) over proved more difficult than I had (expected.)

prove＋形容詞で「(形容詞の状態) だとわかる」 than I had expected「思っていたより」

(2)　(You need to) stand up for what you think is right(.)

stand up for *A*「*A* のために立ち上がる，*A* を守る」 what you think is ～「あなたが～だと思うこと」

(3)　(The) problem is that you have too much (furniture.)

The problem is that S V.「問題はSがVだということだ」

(4)　(Her song was) so beautiful that I was left speechless(.)

so＋形容詞＋that…「とても～なので…」の構文。be left＋形容詞「(形容詞の状態) にされる」

(5)　(How) long have you known each other(?)

「知り合ってどれくらいになるのか」は「どれくらいの間知っているのか」と言い換えて表現する。know each other「知り合いである」

(6)　(I) am not willing to go to parties unless I have (to.)

be not willing to *do*「進んで～する気がない」 unless S V「SがVしない限り」

日本史

I

解答　問1．⑤　問2．⑤　問3．④　問4．②　問5．③
問6．⑤　問7．④　問8．②　問9．②　問10．④
問11．⑤　問12．②　問13．④　問14．①

◀解　説▶

≪原始・古代～中世の政治・文化≫

問1．①誤文。縄文時代は草創期・早期・前期・中期・後期・晩期の6期に区分されている。草創期・後期が抜けており誤りである。

②誤文。須恵器は，5世紀に朝鮮半島から伝えられた技術により作られた。弥生土器の源流ではない。

③誤文。深鉢型土器は縄文時代の全期にみられる土器であり，早期から前期に限定されるものではない。

④誤文。続縄文土器が使用されたのは続縄文文化のひろまった北海道であり，沖縄ではない。沖縄には貝塚文化という農耕をともなわない文化が広がった。

問2．a．誤文。弥生時代の住居は竪穴（式）住居であり，竪穴住居が姿を消したとするのは誤りである。

c．誤文。弥生時代の後期になると，鉄製の刃先をもつ農具が普及する。青銅製の刃先ではない。また，乗馬の習慣や硬質の土器が伝わるのは5世紀ころであり，弥生時代ではない。

問4．②誤文。青銅製祭器を用いる祭祀が行なわれたのは弥生時代であり，古墳時代ではない。

問7．①誤文。公営田の設置は大宰府管内であり，全国ではない。また，公営田の設置は823年で嵯峨天皇のときで，桓武天皇のときではない。

②誤文。雑徭は年間60日から30日へ半減され，班田収授は1期12年となった。それぞれ80日から40日，1期10年に誤りがある。

③誤文。軍団の廃止は792年であり，765年は誤り。

⑤誤文。藤原緒嗣の意見を取り入れて東北制圧と平安京造営を停止した。菅野真道は事業の継続を主張したが取り上げられなかった。

問 9．②正解。902 年の荘園整理令は，延喜の荘園整理令とよばれる。勅旨田の開田や，五位以上の貴族が百姓の田地・住宅を買い取ることなどの停止が述べられている。

①誤り。三世一身法（723 年）の一部である。

③誤り。延久の荘園整理令（1069 年）の一部である。後三条天皇は記録荘園券契所（記録所）を設け，基準にあわない荘園を停止した。

④誤り。寄進地系荘園の例（肥後国鹿子木荘）を述べた一部である。

⑤誤り。墾田永年私財法（743 年）の一部である。

問 11．①誤文。刀伊の入寇（1019 年）を撃退したのは，大宰権帥藤原隆家らであり藤原道長ではない。

②誤文。「この世をば我が世とぞ思う…」の歌は，道長の三女・威子が後一条天皇のもとへ入内するときのもので，「長女」「一条天皇」は誤り。

③誤文。平等院鳳凰堂を建立したのは藤原頼通であり，道長ではない。

④誤文。藤原道長が争った甥は伊周であり，実資ではない。

問 12．①誤文。保元の乱は鳥羽法皇の死去にともなうもので，白河上皇の死去によるものではない。

③誤文。『梁塵秘抄』を編纂したのは後白河上皇である。

④誤文。宣旨枡を定めたのは後三条天皇である。

⑤誤文。応天門の変（866 年）が起きたのは清和天皇のときである。

問 13．①誤文。平将門の乱を平定したのは平貞盛であり，平重衡ではない。また，伊勢平氏の始祖は平忠常ではなく，平維衡である。

②誤文。大輪田泊を修復したのは平清盛であり，平忠盛ではない。

③誤文。平正盛が討伐したのは源義親であり，源義朝ではない。

⑤誤文。保元の乱で平清盛がついたのは後白河天皇側であり，崇徳上皇側ではない。

問 14．②誤文。北条時頼により追放された将軍は九条（藤原）頼嗣であり，九条（藤原）道家ではない。道家は，４代将軍九条（藤原）頼経の父である。

③誤文。北条時頼に執権職を譲られたのは北条長時であり，北条高時ではない。高時は最後の得宗で，鎌倉幕府滅亡時に鎌倉で自害している。

④誤文。北条時頼は引付衆を設置したのであり，廃止したのではない。

⑤誤文。将軍源頼家を廃し，源実朝を擁立したのは北条時政であり，北条

時頼ではない。

II 解答 問1．③ 問2．⑦ 問3．④ 問4．⑥ 問5．⑤
問6．① 問7．② 問8．③ 問9．① 問10．⑤
問11．② 問12．⑥

◀解 説▶

≪近世の政治・外交・経済≫

問2．X．誤文。生産力を石高で把握するのは，太閤検地を実施した豊臣秀吉からで，織田信長のときは貫高制が用いられていた。

Y．誤文。織田信長は，美濃加納・安土山下町には楽市令を出したが，堺には発令していない。

問3．Y．誤文。オランダ・イギリスの商館が置かれたのは，長崎ではなく肥前平戸である。

Z．誤文。朝鮮と己酉約条を結んだのは，江戸幕府ではなく対馬の島主宗氏である。

問6．c．正文。河村瑞賢は，東廻り海運・西廻り海運を整備して東北地方と江戸・大坂を結んだ。

e．誤文。高瀬川・富士川の河川舟運を整備したのは，角倉了以であり河村瑞賢ではない。

問7．①誤文。はじめて服忌令を公布したのは，徳川綱吉であり徳川家宣・家継のときではない。

③誤文。由井正雪の乱後に末期養子の禁を緩和したのは，徳川家綱のときである。

④誤文。徳川綱吉は，金の含有率を減らした元禄小判を鋳造し，貨幣流通量を確保しようとした。徳川家宣・家継の政策ではない。

⑤誤文。大嘗会を再興したのは徳川綱吉のときである。

問8．徳川家継の死去後に，紀伊藩主から将軍についたのは徳川吉宗。

①誤文。吉宗がオランダ語を学ばせたのは，青木昆陽・野呂元丈であり大槻玄沢・稲村三伯ではない。

②誤文。吉宗は，検見法を改め定免法を採用したのであり，その逆ではない。

④誤文。吉宗は大坂の堂島米市場を公認しており，廃止してはいない。

⑤誤文。大名に石高に応じて米を上納させたのは上げ米の制であり，足高の制ではない。

問９．田沼意次のときの蝦夷地調査に派遣されたのは最上徳内である。近藤重蔵は，最上徳内とともに択捉島に大日本恵登呂府の標柱を立てているが，混同しないようにしよう。

問12．X．ロシアの艦長ゴローウニンが国後島で捕らえられたのは1811年（ゴローウニン事件）。

Y．ロシア使節レザノフが長崎に来航し，通商を求めたのは1804年。

Z．ロシア使節ラクスマンが根室に来航したのは1792年。幕府は通商を拒否したが，ラクスマンに長崎入港許可証を与えたので，レザノフはこの許可証を持参して長崎に入港できた。

以上から，Z→Y→Xとなる。

Ⅲ　解答

問１．A―④　B―①　C―③　問２．③　問３．②
問４．④　問５．④　問６．D―⑤　E―②　F―②
問７．③　問８．③　問９．⑦　問10．④　問11．③

◀解　説▶

≪近代の外交・政治・経済≫

問１．C．岩崎弥太郎の三菱は，佐賀の乱・台湾出兵の際に政府軍の軍事輸送を引き受け，大久保利通・大隈重信との結びつきを深めた。

問３．①誤文。日本から生糸・蚕卵紙・海産物などが輸出され，貿易は大幅な輸出超過であった。輸入超過ではない。

③誤文。安価で良質な綿織物が大量に輸入されたため，国内の綿織物産地が圧迫されたのであり，発展したとするのは誤りである。

④誤文。金銀の交換比率の相違から金貨が大量に流出したので，幕府は金貨の品質を大幅に引き下げた万延小判を鋳造した。品質を引き上げたのではない。

⑤誤文。日本の最大の輸出品は生糸であり，お茶ではない。次は，年度により異なるがお茶・蚕卵紙などが多かった。

問４．①誤文。イギリスへ留学した者では，長州藩の伊藤博文・井上馨，薩摩藩の森有礼らがいるが，山県有朋・大久保利通は留学していない。

②誤文。生麦事件の報復で鹿児島湾に侵入したのは，イギリス軍艦であり

フランス軍艦ではない（薩英戦争）。

③誤文。貿易の妨げになる攘夷派への一撃を狙っていたのはイギリスでありロシアではない。また，長州藩の下関の砲台を占拠したのは，イギリスを中心としたフランス・アメリカ・オランダの連合軍であり，ロシアは参加していない。

⑤誤文。オランダ人の指揮のもと長崎に設置されたのは，海軍伝習所であり陸軍伝習所ではない。

問 5．Y．誤文。統一的な貨幣制度を確立するために定められたのは新貨条例であり，地租改正条例ではない。地租改正条例は，近代的税制確立のための安定した財源を確保するものであった。

Z．誤文。富岡製糸場の機械類はフランスから輸入され，フランス人技師が指導した。いずれもイギリスからではない。

問 7．①誤文。第 2 次若槻礼次郎内閣は，満州事変が始まると不拡大方針を声明した。積極的に支持したのではない。

②誤文。溥儀は，清朝最後の皇帝であり明朝最後の皇帝ではない。

④誤文。アメリカは満州事変以後の日本の行動に対して不承認宣言を発しており，承認はしてない。

⑤誤文。リットン報告書が採択され，国際連盟総会の場から退場したのは松岡洋右らであり，幣原喜重郎らではない。

問 8．Y．誤文。国民政府は，西安事件（1936 年）をきっかけに共産党攻撃を中止した。日中戦争が本格化すると，1937 年に国民党と共産党が提携して第 2 次国共合作が実現し，抗日民族統一戦線が成立した。日中戦争後も中国で国共の内戦が継続したとするのは誤りである。

問 9．X．誤文。日本軍が劣勢になると，日本は戦争遂行のための資材・労働力の調達を最優先させたため，現地の住民の反感や抵抗を招いた。日本軍は終戦までアジアの人々から歓迎されたとはいえない。

Y．誤文。ミッドウェー海戦で，日本は主力空母 4 隻や艦載機を失うなど大敗を喫し，これ以後，日本軍は劣勢になった。米海軍に大きな損害を与え，緒戦で戦争を優位に進めたとはいえない。

Z．正文。翼賛政治会が結成されたあとの議会は，政府提案を承認するだけとなり議会の機能は大幅に低下したといえる。

問 10．④正文。沖縄戦では，正規軍・防衛隊を「日本軍」，戦闘協力者・

住民を「非戦闘員」とすると,「日本軍」より「非戦闘員」の方の死者が多かった。

①誤文。国民一人当たりのエネルギー摂取量は 1942 年に 2000 キロカロリーを下回り，1945 年には約 1800 キロカロリーにまで落ち込んでいた。第二次世界大戦に参戦した主要国のなかでも低く，国民が十分なカロリーを摂取できたとはいえない。

②誤文。朝鮮では 1943 年，台湾では 1944 年に徴兵制が施行されており，徴兵が施行されなかったとするのは誤りである。

③誤文。学徒動員の対象となったのは，徴兵適齢の文科系学生であり理科系学生ではない。

⑤誤文。台湾で行われた姓名の日本化は「改姓名」とよばれ,「創氏改名」とは言わない。「創氏改名」は朝鮮で実施された皇民化政策である。

問 11．①誤文。終戦時の日本の首相は鈴木貫太郎であり，小磯国昭ではない。

②誤文。陸軍は，昭和天皇がポツダム宣言受諾を決めるまで本土決戦を主張しており，最終的に本土決戦の主張を取り下げたとはいえない。

④誤文。1943 年に降伏したのはイタリア，1945 年まで戦争を続けたのはドイツ。イタリアとドイツの説明が逆転している。

⑤誤文。沖縄・奄美・小笠原などは米軍の直接軍政下におかれたが，日本のその他の地域では間接統治方式がとられた。日本が GHQ に直接統治されたとはいえない。

世界史

Ⅰ 解答

問１．A―⑧　B―⑤　C―④　問２．⑤
問３．④　問４．③　問５．④　問６．②　問７．②
問８．揚州：④　広州：②　問９．②　問10．②・⑥
問11．③　問12．③　問13．③

◀解　説▶

≪隋～清初までの中国と周辺諸国≫

問２．X．誤り。詔勅の草案を作成したのは中書省。
Y．誤り。御史台は官吏の監察機関。
Z．正しい。よって，正答は⑤。

問４．③誤文。10 世紀末にインドへの侵攻を繰り返したのはトルコ系のガズナ朝。なお，12 世紀以降に侵入したのはゴール朝。

問６．②誤文。遼（916～1125 年）の皇族である耶律大石が中央アジアに逃れて西遼を建国したのは 1132 年なので，12 世紀の出来事。

問７．③の武則天（則天武后）は玄宗より前の女帝。楊貴妃を寵愛した①の玄宗の晩年に⑤の安史の乱（755～763 年）が起こった。780 年には⑥の両税法が施行されたが，②の黄巣の乱（875～884 年）を経て 907 年に④の朱全忠が唐を滅ぼしている。よって，年代順は③→①→⑤→⑥→②→④なので，5 番目は②。

問８．揚州は長江下流近くの北岸に位置しているので④。広州は広東省にある海港都市なので②。

問９．①誤文。高麗の代表的な磁器は高麗青磁。
③誤文。高麗は朝鮮王朝なのでモンゴル地域は含まれない。
④誤文。12 世紀末に政権を握ったのは武官。
⑤誤文。高麗を属国としたのは元を建てたフビライ=ハン。

問10．①・③・⑤・⑦誤文。『三国志演義』『水滸伝』などの小説が流行し，会館や公所がつくられ，郷紳が出現し，白進（ブーヴェ）らが「皇輿全覧図」を作製したのは明（1368～1644 年）の時代。
④誤文。顧炎武は清（1616～1912 年）の初期の学者。

問 11. ③適切。11 世紀の北宋では北方で契丹や西夏の圧迫を受けており，増大する防衛費を賄うための財政改革が急務だった。

問 12. 下線部(k)上皇は北宋第 8 代皇帝の徽宗。

①誤文。山水画が流行したのは唐代以降。

②誤文。「画聖」と称えられたのは東晋の顧愷之。

④誤文。文人画を流行させたのは士大夫層。

問 13. 下線部(l)の「皇帝の弟」は南宋（1127〜1276 年）の高宗。

①誤文。15 世紀半ばにエセン=ハンにより北京を包囲されたのは明。

②誤文。澶淵《せんえん》の盟（1004 年）が結ばれたのは北宋時代の出来事。

④誤文。海禁政策を実施したのは明の洪武帝（14 世紀後半）。

Ⅱ 解答

問 1．①　問 2．②　問 3．④　問 4．①　問 5．④
問 6．③　問 7．④　問 8．②　問 9．①　問 10．①
問 11．③　問 12．②　問 13．②　問 14．④　問 15．④

◀解　説▶

≪カエサル関連文から考える古代〜現代の世界≫

問 1．①誤り。「ヴィーナス誕生」の作者はイタリアのボッティチェリ。ボッカチオは『デカメロン』を著したイタリアの人文主義者。

問 2．②適切。クシャーナ朝（1〜3 世紀）は紀元後に成立した王朝。

問 4．①誤文。後ウマイヤ朝の首都はコルドバ。

問 5．①・⑤誤り。ウェルギリウスの主著は『アエネイス』。『労働と日々』を著したのは古代ギリシアのヘシオドスで，リウィウスが著したのは『ローマ史』。

②誤り。キケロの主著は『国家論』。『年代記』は『ゲルマニア』と並ぶタキトゥスの主著（よって正答は④）。

③誤り。ストラボンの主著は『地理誌』。『天文学大全』の著者はプトレマイオス。

問 6．③誤文。サトラップ（知事）は中央から派遣された行政官なので，地方分権ではなく中央集権。

問 7．①誤文。大土地所有制（ラティフンディア）で使役されたのは戦争で捕虜となった奴隷。

②誤文。前 6 世紀初めに債務奴隷の禁止を実施したのはソロン。

③誤文。コロナートゥス制は大規模な土地での小作制。

問 8．②誤文。イェニチェリ軍団を構成したのはキリスト教徒の若者。

問 9．①誤文。鄭成功がオランダ勢力を駆逐して台湾を征服したのは 1661 年。

問 11．①誤文。マグナ=カルタ（大憲章）を認めさせられたのはジョン王。

②誤文。ノルマンディー公ウィリアムがノルマン朝を建てたのは 1066 年。

④誤文。エドワード 1 世により模範議会が開かれたのは 1295 年で，シモン=ド=モンフォールとエドワード 3 世とは無関係。

問 12．②誤文。アッティラの帝国はカタラウヌムの戦い（451 年）で西ローマ・ゲルマンの連合軍に敗れ崩壊している。東ゴート人はオドアケルの国を滅ぼした。

問 13．①誤文。ルール占領を強行（1923 年）したのはポワンカレ内閣。

③誤文。エーベルト大統領を後継したのがヒンデンブルク大統領。

④誤文。アイルランド自由国には北部のアルスターが含まれていない。

問 14．①誤文。ファーティマ朝（909～1171 年）はシーア派王朝。

②誤文。第 4 次中東戦争は 1973 年に勃発した。これは第 1 次石油危機を引き起こしている。

③誤文。サラディン（サラーフ=アッディーン）が建てたのはアイユーブ朝（1169～1250 年）。

Ⅲ 解答

問 1．A—⑤ B—③ C—① D—①
問 2．② 問 3．⑤ 問 4．②

問 5．イギリス：① ドイツ：③ フランス：② ロシア：④

問 6．② 問 7．③ 問 8．① 問 9．④ 問 10．③ 問 11．②

問 12．③ 問 13．③

◀解　説▶

≪清朝と 18 世紀後半～20 世紀初頭の中国と朝鮮≫

問 2．清はもともと(あ)盛京（現在の瀋陽）が含まれる東北地方から興り，(う)北京を占領して盛京から遷都した。その後，康熙帝が 1683 年に(い)台湾を降伏させ，さらに(え)ラサが含まれるチベットを支配している。よって，正答は(あ)→(う)→(い)→(え)の②。

問 4．②誤文。太平天国の乱（1851～64 年）の鎮圧後に，富国強兵が目指された。太平天国の動乱のながで，清朝や軍隊の無力さが明るみに出たためである。なお，三藩の乱（1673~81年）は清朝初の反乱。

問6．①誤文。立憲王政を目指したのはフイヤン派。ジロンド派は穏健共和派。

③誤文。エーベルトが初代大統領に選出されヴァイマル憲法が制定された。

④誤文。フランスからの独立を目指したのはホー=チ=ミンであり，彼はベトナム共産党を設立し社会主義政権を目指した。

⑤誤文。タキン党はビルマで結成（1930年）された，イギリスからの独立を目指した政治勢力。

問7．③誤文。1905年に東京で結成されたのは中国同盟会。

問9．①誤文。血の日曜日事件が起きたのは日露戦争（1904～05年）中の1905年。

②誤文。ファショダでイギリスと衝突したのはフランス。

③誤文。第一次世界大戦末期にドイツとブレスト=リトフスク条約（1918年）を結んだのはソヴィエト政権。

⑤誤文。バグダード鉄道建設を推進したのはドイツ。

問12．③誤文。中華民国の建国が宣言されたのは南京。

問13．①誤文。朝鮮の独立が議論されたのはカイロ会談（1943年）。

②誤文。八・一宣言（1935年）を出したのは中国共産党。

④誤文。大韓民国臨時政府が結成（1919年）されたのは上海。

⑤誤文。五・四運動（1919年）は中国での政治運動であり，パリ講和会議で二十一カ条の要求の破棄などの中国側の要求が拒否されると，これに対するデモとして行われた。

地理

I 解答

問１．⑤　問２．③　問３．①　問４．⑥　問５．②
問６．②　問７．④　問８．③　問９．③

◀解　説▶

≪井上円了が訪問した国の地理≫

問１．⑤不適切。シーア派ではなくスンニ（スンナ）派が多数派である。

問２．イギリスは，グレートブリテンおよび北アイルランド連合王国が正式名称であるように，国王を元首とする立憲君主国である。

問３．Aはすべて食料品であることから工業が未発達のイエメン，Cはワインがあることからフランス，Bはエジプトとなる。A国（イエメン）はコーヒー生産国で，モカから輸出されたことによるモカコーヒーの名で知られている。

問４．⑥不適切。カシミール地方をめぐる領土紛争は，インドとパキスタンの間で発生している。

問５．D国（カナダ）のケベック州はフランス系住民が多く，フランス語も公用語となっている。スイスでは西部地域，ベルギーでは南部のワロン地域で使用され，公用語となっている。

問６．E国（インド）は発展途上国であるため，高等教育の就学率は低いと考える。なお，Ⅰはオランダ，Ⅲは E国（カナダ），Ⅳはベルギーである。

問７．④適切。スカンディナビア半島にはスウェーデンとノルウェー，イベリア半島にはスペインとポルトガルが含まれている。

問８．①不適切。19 世紀後半からF国（オーストラリア）で強化されたのは，アパルトヘイトではなく白豪主義に基づく差別である。

②不適切。移民は就労の機会などを求めてG国（メキシコ）からアメリカ合衆国へ入国している。アメリカにおける，メキシコ人の不法移民はピーク時の 2007 年（690 万人）から 2017 年には約 200 万人減少した。

③適切。H国（ブラジル）ではコーヒー豆の生産は依然として世界１位であるが，輸出額（2018 年）では１位が大豆，４位が肉類，９位が油かす

（サトウキビ・トウモロコシなど）となっており，コーヒーの地位は大きく低下している。

④不適切。1960 年に地震が発生したのは，Ｉ国（ペルー）内陸部ではなく，チリの沖合である。

⑤不適切。Ｊ国（アルゼンチン）の公用語は，スペイン語である。

問９．イはヨーロッパ系が大部分を占めているのでＪ国（アルゼンチン），ロは混血・先住民が多くアフリカ系が少ないことからＧ国（メキシコ），ハはヨーロッパ系が約半分を占めアフリカ系もやや多いことからＨ国（ブラジル）と判断できる。

Ⅱ　解答

問１．②　問２．③　問３．③　問４．⑤　問５．③
問６．④　問７．⑤　問８．②

◀解　説▶

≪石灰岩とサンゴ礁に関する地理≫

問１．海底トンネルがあるのはドーヴァー海峡とボスポラス海峡である。「1990 年代に海底トンネルができた」とあるので，1994 年開通の英仏海峡トンネルのあるドーヴァー海峡となる。白亜の地層がイギリス側にあるのもヒントになる。なお，ボスポラス海峡には 2013 年に鉄道トンネル，2016 年に道路トンネルが開通している。ハドソン海峡はカナダのケベック州ヌナブト準州のバッフィン島にある海峡で，居住者も少なくトンネルは建設されていない。

問２．通常の大理石は，石灰岩が熱変成作用を受けて再結晶した岩石で，装飾用の建築石材や彫刻材料として使用される。凝灰岩は火山灰が固まった岩石，玄武岩はマグマが急速に冷えて形成された火成岩，御影石は花崗岩などマグマがゆっくり固まった火成岩，ラテライトは熱帯に発達する鉄やアルミニウムの水酸化物が多い土壌が乾季に固化したものである。

問３．①不適切。サンゴの白化現象は海水温の上昇や低下によって褐虫藻が死滅することで生じる。その後，サンゴは褐虫藻が生成する光合成物質が得られなくなって死滅する。

②不適切。褐虫藻は光合成を行うため，造礁サンゴも浅海に生育する。

③適切。サンゴは刺胞動物門花虫鋼に属する生物で，クラゲやイソギンチャクなどと同様，「ポリプ」と言われる触手で餌を取得する。

④不適切。宝石サンゴは水深 100m 程度のやや深い海域に生息している。

⑤不適切。大きな河川の河口部は塩分濃度が低く，生育には適さない。

問４．まず，海岸の少し沖合に白波の立っている場所があるので，そこにサンゴ礁があると考える。サンゴ礁の模式図で考えると堡礁のように見えるが，堡礁は陸地とサンゴ礁の間がやや離れておりラグーンが深いサンゴ礁である。写真の場合，陸地から近くラグーンも浅いことから裾礁であると判断する。場所の判断は難しいが，西之島は小笠原諸島の火山島で近年噴火したことで知られているので除外する。海岸付近の植生に注目すると，ヤシ（ココヤシ）の木が多数見られることからサイパン島と判断できる。

問５．①不適切。裾礁は陸地に接して発達しているので，海面下にあればサンゴ礁の生成は可能である。

②不適切。隆起環礁は海面上に陸化しているので，石灰石は生成されない。

③適切。

④不適切。サンゴ虫が作り出す石灰質でサンゴ礁を形成する。

⑤不適切。沖縄本島をはじめ，人の住む島にもサンゴ礁は生成される。

問６．ドリーネはすり鉢状の小凹地であるので，④と判断できる。③にも凹地が見られるが，砂丘に形成されたものであるので除外する。

問７．コイリンは中国南西部にありタワーカルストが発達している。ハロン湾はベトナム北東部にあるカルスト台地が沈水した世界遺産の景勝地である。プサンは韓国南部の港湾都市で，半島南部一帯には河食によるＶ字谷が沈水したリアス海岸が発達している。

問８．セメントは建設用の生産財として重要で，高度な技術は不要なため需要の多い中国が世界の約半分を生産している。

Ⅲ　解答

問１．⑤　問２．①　問３．⑤　問４．③　問５．⑥
問６．⑦　問７．③　問８．④　問９．①　問10．③

◀解　説▶

≪主要都道府県に関する地理的事項≫

問１．首都圏の埼玉県は 1.1％，東京都は 3.9％，神奈川県は 1.2％，中京圏の愛知県は 0.8％，九州の地方中核都市の福岡がある福岡県は 0.7％の人口増加が見られた。近畿圏では滋賀県以外は人口が減少しており，兵庫県は 27 万人の人口減があった（総務省統計局による）。

問２．Aは 65 歳以上の老年人口が 33.1％ともっとも高いことから高齢化の進む岩手県，Bは 15-64 歳の生産年齢人口比率がもっとも高いことから経済活動が活発な東京都，Cは福岡県となる。

問３．Dは第１次産業就業者の割合が 9.8％ともっとも高いことから熊本県，Eは第２次産業就業者の割合が 33.6％ともっとも高いことから愛知県，Fは第３次産業就業者が 75.9％と高いことから福岡県と考える。

問４．Gは後背地が広い首都圏を有する横浜港と考える。Hは自動車の輸出が多い名古屋港，Ｉは神戸港である。

問５．まず工業従業者数が 88.8 万人と多いKを愛知県，Ｊは工業事業所数の多さに比して工業従業者数は多くないことから，中小企業が多い大阪府と判断する。事業所数，従業者数ともに少ないＬは埼玉県である。

問６．北海道には知床と縄文遺跡群，岩手県には平泉と橋野鉄鉱山，東京都には小笠原諸島とル・コルビュジエの建築作品，静岡県には富士山と韮山反射炉，兵庫県には姫路城，福岡県には三池炭鉱ほかと宗像・沖ノ島がある。

問７．ほうれん草は収穫後急速に傷む野菜（軟弱野菜）であるので，消費地から離れた北海道での栽培には適さない。

問８．①不適切。発達した熱帯低気圧は，インド洋ではサイクロン，大西洋ではハリケーンという。

②不適切。親潮は千島海流の別名で，北太平洋の西側を流れる寒流のこと。

③不適切。シベリア高気圧からのモンスーンは，日本では雪をもたらす。

④適切。

⑤不適切。台風通過後は，台風一過の晴天がもたらされる。ラニーニャ現象は南東貿易風が強まり，ペルー沖で深海からの湧昇流が増加することで生じる。

問９．静岡県東部の富士山麓では，紙・パルプ工業が発達している。石油・石炭製品は千葉県，窯業・土石製品と鉄鋼は愛知県，金属製品は大阪府が出荷額１位である。

問 10．北海道南西沖地震は 1993 年，東日本大震災は 2011 年，中越地震は 2004 年，兵庫県南部地震は 1995 年，熊本地震は 2016 年に発生した。

Ⅳ 解答

問1．⑤　問2．⑤・⑥　問3．②　問4．③
問5．②・⑥　問6．⑤　問7．⑤

◀解　説▶

≪エチオピアと近隣地域の地誌≫

問1．①不適切。メキシコシティはメキシコ高原上にあり，国土のほぼ中央に位置している。

②不適切。メキシコシティにおいて製造業は盛んではないが，北部や南西部には小規模ながら工業団地がある。一般的に食料品や生活雑貨など首都で需要のある消費財を生産する工場は立地する。

③不適切。Ｉは北緯40度であり，メキシコシティは北緯20度付近に位置している。

④不適切。2位のグアダラハラを大きく引き離したプライメートシティである。

⑤適切。高山気候の特色を示し，気温の年較差が比較的小さく年中温和な気候である。

問2．①不適切。アフリカ大地溝帯はアフリカプレートが引き裂かれている箇所にあたる。

②不適切。新期造山帯ではないが，地殻が裂けているため地震は発生する。

③不適切。キリニャガ（ケニア）山やキリマンジャロ山は，大地溝帯付近に噴出した火山である。

④不適切。エチオピア北部は北緯15度付近で，北回帰線には達していない。

⑤・⑥適切。

問4．①不適切。エチオピアは一時イタリアに占領されたが，撃退した。公用語はアムハラ語である。

②不適切。アフリカ=アジア語族が中心である。

③適切。

④不適切。キリスト教（エチオピア正教43.8％，プロテスタント22.8％）を信仰する人口が過半を占めている（2016年）。

⑤不適切。エチオピア正教はキリスト教の宗派の一つで，現在も最大勢力となっている。

問5．②不適切。エチオピアから流れ出るのは青ナイル川で，降水の季節的変化が大きく下流域の洪水原因となっている。

⑥不適切。メソポタミアは平原地域で，BW や BS 気候が卓越する。

問６．①不適切。Dのエリトリアは 1993 年にエチオピアから独立，Eの南スーダンは 2011 年にスーダンから独立した。

②不適切。C国（エジプト）の西部は東経 25 度，南部は北緯 22 度を使用した人為的国境である。

③不適切。F国（ケニア）はイギリスの植民地支配の影響があって，宗教はキリスト教，言語はスワヒリ語と英語が公用語となっている。

④不適切。植民地時代の境界は，民族境界を無視して引かれた。

⑤適切。Ⅰが北緯 40 度，Ⅴが赤道である。経線はカイロ付近を東経 30 度が通過しており，エジプト・リビア間の国境が東経 25 度であることから 10 度ごとであると判断できる。

問７．C国（エジプト）は産出は少ないが産油国で，灌漑を利用した野菜や果実栽培が行われていると考え，ホと判断する。イは海産物が多いことからD（エリトリア），ロは原油の比率が高いことからB（イラン），ハは茶の生産国であるのでF（ケニア），ニは工業製品が中心となっているのでA（トルコ）と判断できる。

政治・経済

Ⅰ 解答

問1．⑥　問2．②　問3．⑤　問4．⑤　問5．③
問6．⑤　問7．④　問8．⑦

◀解　説▶

≪民主政治≫

問2．②不適切。古代ギリシャの民会やアメリカの州民集会は，国民の手によって運営されていることから直接民主制の代表例である。

問5．③不適切。「国王といえども神と法のもとにある」という言葉は中世の法学者ブラクトンの言葉である。エドワード=コークは王権神授説の批判にこの言葉を引用した人物である。

Ⅱ 解答

問1．A―⑦　B―②　C―④　D―⑥
問2．①　問3．⑧　問4．③　問5．④　問6．⑤
問7．①　問8．②　問9．⑦

◀解　説▶

≪国際連合と日本≫

問1．A．集団安全保障を担う重大な権限は，安全保障理事会に与えられている。常任理事国は拒否権を持つ。

D．沖縄返還協定の調印は，戦後初めて沖縄を訪問した佐藤栄作首相とアメリカのニクソン大統領のもとでなされた。

問6．Xは，日米安全保障条約を終了させる意思を通告できるのは，条約が何年存続した後かを問われているので，10年間である。Yは，通告がされた場合，条約の終了は通告から何年後となるかが問われているので，1年後である。

問7．②不適切。メルケル首相（当時）はシリア難民を多く受け入れていた。

③不適切。ドイツは，原子力発電に頼っていない。

④不適切。ドイツでの女性参政権は，1918年に認められている。

⑤不適切。ソ連がミサイル基地を建設したのは，キューバである。

問８．①不適切。竹島を不当に実効支配しているのは韓国である。

③不適切。2018 年韓国の最高裁判所は，徴用工への損害賠償金支払いを命じた。

④不適切。韓国では憲法裁判所の裁判官が弾劾裁判権を持つ。

⑤不適切。朝鮮戦争は，北朝鮮の侵攻によって始まった。

III　解答

問１．④　問２．②　問３．①

問４．A―④　B―③　問５．X―②　Y―②

問６．③　問７．①　問８．③　問９．④　問10．②

◀解　説▶

≪第二次世界大戦後の日本経済≫

問２．②不適切。直接税中心の税制に変更されたのは，シャウプ勧告による。

問４．A．④不適切。表中のアメリカは，(ii)総要素投入が 2.09 であるのに対し，(iii)全要素生産性が 1.91 であることから，総要素投入の寄与のほうが大きい。

B．①不適切。高度経済成長期に四大工業地帯の設立など設備の大型化による集積の利益が追及された。しかし，「工程の一貫化」は自動車，半導体などの組立加工型産業に見られることが多く，高度経済成長期のあとである。

③適切。高度経済成長期に設備投資が進められた。

問５．X．②適切。表中の X は 1958 年の不景気期にあたることから，国際収支の天井によるなべ底不況である。国際収支の天井とは，輸入増加などにより続く経常収支の赤字を減らすため，景気の引き締めを行う事態を指す。

Y．②適切。表中の Y は 1965 年から 1970 年までの好景気にあたることから，いざなぎ景気である。1968 年に GNP（国民総生産）は 2 位となった。

問７．①不適切。バブル崩壊後，金融機関は融資先から資金を引きあげる貸しはがしを行った。貸し渋りは，融資先への融資を極端に慎重にすることである。

問９．X は，高度経済成長期に他の指標より高いことに特徴があることから賃金である。Y は，1979 年の第二次石油危機のときに急激に上昇している。このことから，Ｙは国内企業物価，Ｚは消費者物価だと特定できる。

Ⅳ　解答　問１．②　問２．②・④　問３．③　問４．③
問５．⑦　問６．④　問７．⑥　問８．①

◀解　説▶

≪公害問題と地球環境問題≫

問１．Ｚ．誤文。イタイイタイ病は，三井金属鉱業が原因企業である。石原産業は，四日市ぜんそくの原因企業である。

問３．①不適切。過失の有無にかかわらず賠償義務を負う原則は，無過失責任である。

②不適切。汚染物質の濃度を一定に抑える排出基準は濃度規制である。

④不適切。企業が製品の使用後まで責任を負うべきだとする原則は拡大生産者責任（EPR）である。

問５．Ｘ．誤文。マクドナルド社は2025年までに紙製ストローに切り替える予定を発表している。

Ｙ．誤文。スターバックス社は，2020年までに世界中の全店舗でプラスチックストローを廃することを決定していた。

問７．Ｘ．誤文。国連環境開発会議で採択されたのは，国連海洋法条約ではなく，生物多様性条約である。国連海洋法条約は，1982年第三次海洋法会議で採択された。

Ｚ．誤文。国連持続可能な開発会議の開催場所は，ニューヨークではなく，ブラジルのリオデジャネイロである。

数学

I　解答　(1)ア．3　イ．8　ウ．4　エ．5

(2)オ．5　カキ．36　(3)ク．7　ケコ．11

(4)サシ．18　(5)スセ．14　ソタ．14

◀解　説▶

≪小問５問≫

(1)　与式 $=5x^2+19x+12+7x^2-2x-32-20$

$=12x^2+17x-40$

$=(3x+8)(4x-5)$ →ア～エ

(2)　和が７になる３回の出目の組合せは，並び順を区別しなければ

(1, 1, 5), (1, 2, 4), (1, 3, 3), (2, 2, 3)

であるから，それぞれの並び順を考えると，場合の数は

$3+6+3+3=15$ 通り

同様に，和が 14 になる３回の出目の組合せは

(2, 6, 6), (3, 5, 6), (4, 4, 6), (4, 5, 5)

であるから，場合の数は

$3+6+3+3=15$ 通り

よって，求める確率は

$$\frac{15+15}{6^3}=\frac{5}{36}$$ →オ～キ

(3)　$\tan\alpha=\frac{1}{2}$，$\tan\beta=1$，$\tan\gamma=4$ より

$$\tan(\beta+\gamma)=\frac{\tan\beta+\tan\gamma}{1-\tan\beta\tan\gamma}=\frac{1+4}{1-4}=-\frac{5}{3}$$

よって

$$\tan(\alpha+\beta+\gamma)=\frac{\tan\alpha+\tan(\beta+\gamma)}{1-\tan\alpha\tan(\beta+\gamma)}$$

$$=\frac{\frac{1}{2}+\left(-\frac{5}{3}\right)}{1-\frac{1}{2}\cdot\left(-\frac{5}{3}\right)}=\frac{-\frac{7}{6}}{\frac{11}{6}}$$

$$=-\frac{7}{11}\quad\rightarrow\text{ク〜コ}$$

(4)　$x+x^{-1}=(x^{\frac{1}{3}})^3+(x^{-\frac{1}{3}})^3$

$$=(x^{\frac{1}{3}}+x^{-\frac{1}{3}})^3-3\cdot x^{\frac{1}{3}}\cdot x^{-\frac{1}{3}}(x^{\frac{1}{3}}+x^{-\frac{1}{3}})$$

$$=3^3-3\times3=18\quad\rightarrow\text{サシ}$$

(5)　A組 10 人の得点の合計と得点の 2 乗の合計をそれぞれ S_{A}，T_{A} とおき，B組 5 人の得点の合計と得点の 2 乗を合計をそれぞれ S_{B}，T_{B} とおく。

15 人全員の得点の平均値が 12 だから

$$\frac{1}{15}(S_{\mathrm{A}}+S_{\mathrm{B}})=12$$

$$\therefore\quad S_{\mathrm{A}}+S_{\mathrm{B}}=180\quad\cdots\cdots①$$

15 人全員の得点の分散が 16 だから

$$\frac{1}{15}(T_{\mathrm{A}}+T_{\mathrm{B}})-12^2=16$$

$$\therefore\quad T_{\mathrm{A}}+T_{\mathrm{B}}=2400\quad\cdots\cdots②$$

A組 10 人の得点の平均値が 11 だから

$$\frac{1}{10}S_{\mathrm{A}}=11$$

$$\therefore\quad S_{\mathrm{A}}=110\quad\cdots\cdots③$$

A組 10 人の得点の分散が 14 だから

$$\frac{1}{10}T_{\mathrm{A}}-11^2=14$$

$$\therefore\quad T_{\mathrm{A}}=1350\quad\cdots\cdots④$$

①，③より

$$S_{\mathrm{B}}=180-110=70$$

よって，B組 5 人の得点の平均値は

$$\frac{70}{5}=14\quad\rightarrow\text{スセ}$$

②，④より

$T_B = 2400 - 1350 = 1050$

よって，B組5人の得点の分散は

$$\frac{1050}{5} - 14^2 = 14 \quad \to ソタ$$

II 解答

(1)ア．1　イ．2　ウ．3　(2)エ．3　オ．1

(3)カキ．27　ク．5

◀解　説▶

≪指数と対数，対数不等式，対数の置き換えによる3次関数の最大・最小値≫

$$y^2 = 8x,\ x \leqq 2,\ y \geqq 1$$

(1)　$\log_2 y^2 = \log_2 8x$ より

$$2\log_2 y = \log_2 8 + \log_2 x = 3 + \log_2 x$$

よって

$$\log_2 y = \frac{1}{2}(\log_2 x + 3) \quad \to ア〜ウ$$

(2)　$y \geqq 1$ より　　$8x \geqq 1,\ x \geqq \frac{1}{8}$

よって　　$\frac{1}{8} \leqq x \leqq 2$

より　　$\log_2 \frac{1}{8} \leqq \log_2 x \leqq \log_2 2$

$\log_2 2 = 1,\ \log_2 \frac{1}{8} = \log_2 2^{-3} = -3$ であるから

$$-3 \leqq \log_2 x \leqq 1 \quad \to エ，オ$$

(3)　$\log_2 x = X$ とおく。

このとき

$x \leqq 2$ より　　$X \leqq 1$

$x \geqq \frac{1}{8}$ より　　$X \geqq -3$

また　　$\log_2 y = \frac{1}{2}(X + 3)$

である。

与式を X で表すと

$$2(\log_2 x)^2\cdot\log_2 y-6\log_2 x-6\log_2 y+9$$

$$=2X^2\cdot\frac{1}{2}(X+3)-6X-6\cdot\frac{1}{2}(X+3)+9$$

$$=X^3+3X^2-9X$$

$f(X)=X^3+3X^2-9X$ とおくと

$$f'(X)=3X^2+6X-9=3(X+3)(X-1)$$

$f'(X)=0$ より　　$X=-3,\ 1$

$f(X)$ の $-3\leqq X\leqq 1$ における右の増減表より

最大値は 27，最小値は -5 である　→カ～ク

X	-3	$\cdots$	1
$f'(X)$	0	$-$	0
$f(X)$	27	↘	-5

参考　$X=-3$ すなわち $x=\frac{1}{8}$ のとき最大，$X=1$ すなわち $x=2$ のとき最小となる。

III 解答

(1)ア．9　イウ．21　エ．7　(2)オ．6　カ．5

(3)キクケ．189　コサ．20

◀解　説▶

≪円に内接する四角形の対角線の長さ，四角形および円の面積≫

(1)　$\angle\mathrm{ADC}=\theta$ とすると，$\angle\mathrm{ABC}=180^\circ-\theta$ である。

$\triangle\mathrm{ADC}$ と $\triangle\mathrm{ABC}$ に余弦定理を用いて

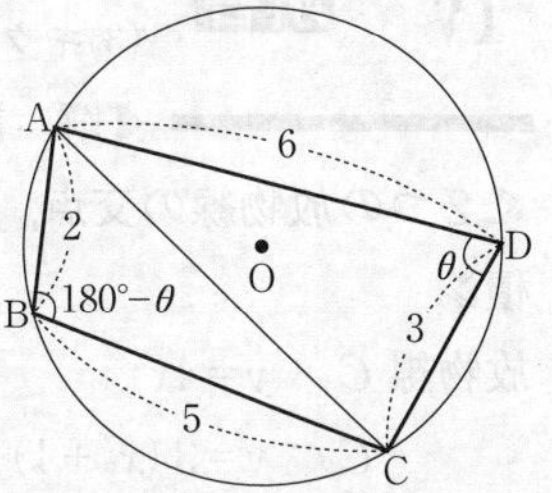

$$\mathrm{AC}^2=6^2+3^2-2\cdot6\cdot3\cdot\cos\theta$$

$$=2^2+5^2-2\cdot2\cdot5\cdot\cos(180^\circ-\theta)$$

$$36+9-36\cos\theta=4+25+20\cos\theta$$

$$\cos\theta=\frac{2}{7}$$

よって

$$\mathrm{AC}^2=36+9-36\times\frac{2}{7}=\frac{243}{7}$$

$$\mathrm{AC}=\sqrt{\frac{243}{7}}=\sqrt{\frac{81\times3}{7}}=\frac{9\sqrt{21}}{7}\quad\text{→ア～エ}$$

(2)　$$\sin\theta=\sqrt{1-\cos^2\theta}=\sqrt{1-\left(\frac{2}{7}\right)^2}$$

$$=\sqrt{\frac{45}{49}}=\frac{3\sqrt{5}}{7}$$

よって

$$\begin{aligned}\text{四角形 ABCD}&=\triangle\text{ADC}+\triangle\text{ABC}\\&=\frac{1}{2}\cdot 6\cdot 3\cdot\sin\theta+\frac{1}{2}\cdot 2\cdot 5\cdot\sin(180^\circ-\theta)\\&=(9+5)\times\sin\theta=14\times\frac{3\sqrt{5}}{7}\\&=6\sqrt{5}\quad\to\text{オ，カ}\end{aligned}$$

(3)　円Oの半径を R とすると，$2R=\dfrac{\mathrm{AC}}{\sin\theta}$ より

$$R=\frac{\frac{9\sqrt{21}}{7}}{2\cdot\frac{3\sqrt{5}}{7}}=\frac{3\sqrt{21}}{2\sqrt{5}}$$

よって，円Oの面積 S は

$$S=\pi R^2=\pi\left(\frac{3\sqrt{21}}{2\sqrt{5}}\right)^2=\frac{189}{20}\pi\quad\to\text{キ〜サ}$$

Ⅳ　解答

(1)ア．3　イウ．12　(2)エ．3　オ．2　カ．2

(3)キク．19　ケ．4　コ．3　サ．2

◀解　説▶

≪2つの放物線の交点，接線の方程式，放物線と直線で囲まれた図形の面積≫

放物線 $C_1：y=4x^2$

$C_2：y=3(x^2+1)$

(1)　連立方程式 $\begin{cases}y=4x^2\\y=3(x^2+1)\end{cases}$ を解くと

$4x^2=3(x^2+1)$　　$x^2=3$

$x>0$ より　　$x=\sqrt{3}$，$y=12$

よって　　$p=\sqrt{3}$，$q=12$　→ア〜ウ

(2)　放物線 C_1 上の点 $(a,\ 4a^2)$ における接線の方程式は $y'=8x$ より

$y-4a^2=8a(x-a)$

$y=8ax-4a^2$ ……①

放物線 C_2 上の点 $(b,\ 3(b^2+1))$ における接線の方程式は $y'=6x$ より

$$y-3(b^2+1)=6b(x-b)$$

$$y=6bx-3b^2+3 \quad ……②$$

①，②は一致するから

$$\begin{cases} 8a=6b & \therefore\ b=\dfrac{4a}{3} \quad ……③ \\ -4a^2=-3b^2+3 & ……④ \end{cases}$$

③を④に代入して

$$3\left(\frac{4a}{3}\right)^2-4a^2=3 \qquad a^2=\frac{9}{4}$$

$a>0$ より

$$a=\frac{3}{2},\ b=\frac{4}{3}\cdot\frac{3}{2}=2 \quad \text{→エ〜カ}$$

(3)　求める面積を S とすれば，右図より

$$S=\int_{\frac{3}{2}}^{\sqrt{3}}4x^2dx+\int_{\sqrt{3}}^{2}3(x^2+1)\,dx$$

$$=\left[\frac{4x^3}{3}\right]_{\frac{3}{2}}^{\sqrt{3}}+\left[x^3+3x\right]_{\sqrt{3}}^{2}$$

$$=4\sqrt{3}-\frac{9}{2}+14-6\sqrt{3}$$

$$=\frac{19-4\sqrt{3}}{2} \quad \text{→キ〜サ}$$

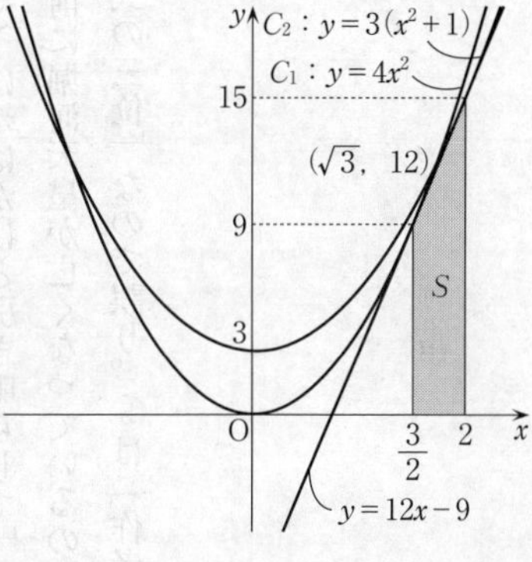

大声を出していたことで、②が適切。

問六　傍線部前の「民部卿こなたに召して」は「殿」が「民部卿」を呼び寄せたということ。傍線部では「ば」で主語が「殿」から「民部卿」に転換している。「殿」が「民部卿」に「おほせらるれば」、すなわち命令したので、「民部卿」が立ち上がったのである。②は「ものしのびやかに」の主語、「おほせらるる」を「お考えになった」としている点、「殿に何かをおっしゃって」がそれぞれ不適。

問七　文頭からの「僧正……出でたまふに」に着目。その「僧正」に対して「大弐の三位」が傍線部のように言っている。直後の「助けさせたまへ」を見ても、「大弐の三位」は「僧正」に堀河天皇を助けてほしいと願っている。傍線部の「いかに」は疑問・推量の副詞で、〝どうしてご退出なさってしまうのか〟と非難しているのである。②が適切。

問八　傍線部の「何に」は反語の意味で、「んずる」は意志の助動詞「むず（んず）」の連体形。堀河天皇が亡くなった後にやって来たことに対し、〝山の座主のような方も今となっては何をしようというのか（何の役にも立たない）〟と責めている。

問九　二重傍線部zの後に「御障子をなゐなどのやうにかはかはと引き鳴らして」とある。「なゐ」は〝地震〟の意味であり、③が適切。①・②は、山の座主が来る前に堀河天皇が亡くなっているので誤り。④は、「片時見まゐらせで、いかでかさぶらはん」と言っているのは「大弐の三位」なので誤り。⑤は「作者は驚きあきれた」が本文に書かれていない。

ウ、「する」はサ行変格活用動詞「す」の連体形。

問二　A、「やをら」は目立たぬようにそっと行うようすを表す。

B、「さながら」は状態の継続や〝全部〟を表す。

C、「ひしと」は現代語の「ぴたりと」と同様に、隙間なく密着するさまや急に止まるさまを表す。

問三　a、「たてまつる」は謙譲語。僧正が誰を「見はて」なのかを考えると、亡くなった堀河天皇である。天皇への敬意。

b、「まゐらす」は謙譲語。誰をもう一度見るかを考えると、亡くなった堀河天皇である。天皇への敬意。

c、「おはします」は尊敬語。「大弐の三位」が堀河天皇に向かって、ともにあの世に連れて行ってくださいと述べているので、堀河天皇への敬意。

d、「たまふ」は尊敬語。文頭の「山の座主」が主語であり、敬意の対象。

問四　x、「日のたくる」は〝日が高くなる〟の意であり、主格。

y、「御鬢のあたり」は〝耳ぎわの御頭髪のあたり〟であり、連体修飾格。

z、「女房のさぶらふかぎり」は〝女房でお傍にお仕えしている者すべて〟であり、同格。

問五　O、「ものおぢ」は〝怖がること〟。「ん」は婉曲の助動詞で打消ではない。④が適切。

P、「うとき」は「うとし」の連体形で〝親密でない〟の意。③「事情に明るくない」、④「よく知らない」の意味もあるが、ここは「親しき」と対比されているので⑤が適切。

Q、直前の「いまひとたび」に着目。それにつながる「おどろく」は〝驚く〟ではなく〝目覚める〟の意。亡くなった堀河天皇に、もう一度目覚めてください、と呼び掛けている。「見え」は「見る」ではなく「見ゆ」で、ここでは〝人に見られる、見せる〟という意味なので①が適切。

R、「ののしる」は〝罵倒する〟ではなく〝大声を出す〟。ここでは宮中に参っていた僧たちが多人数で祈禱のために

問九　①は第九段落の一・二文目に「哲学は……抽象的な概念についての探求……比喩、類推の宝庫」とあり、「文学的表現である」とは書かれていないので合致しない。③も第八段落に「比喩は特殊な文学的表現では全くないことがわかる。比喩は、抽象概念……必要欠くべからざるものなのだ」とあり、「文学的表現」が合致しない。⑧は第六段落一・二文目に「『自由が乏しい』という比喩……。本来『物』ではないものに対して、それらを存在物とする比喩」とあって、「『自由』は数量化可能な物体であるという見解」はこれに反する。

二

出典　『讃岐典侍日記』〈上〉

解答

問一　ア—③　イ—③　ウ—②
問二　A—①　B—⑤　C—②
問三　a—①　b—①　c—①　d—⑥
問四　x—①　y—②　z—③
問五　O—④　P—⑤　Q—①　R—②
問六　④
問七　②
問八　④
問九　③

◀解　説▶

問一　ア、下接している「させ」は、未然形に接続する尊敬の助動詞「さす」の連用形。未然形がエ段なので下二段活用。
イ、下接しているのは用言「おはします」の連体形。「捨つ」は連用形も未然形もエ段なので下二段活用。

問二　X、直前文の「かなりの部分を借用することができる」に着目。借用すれば新たに作り出さなくて済む。それは〈金銭に関する〉意味ではなく〈手間がかからない〉という意味での「経済性」といえる。

Y、直後の「どんな順番で……誰が次の競技に進めるのかが変わってくる」に着目。次の競技に進んで最後まで残った存在を表す「最終勝者」が適切。

問三　欠文の「先の文章」とは、冒頭段落の引用箇所にある「不満を抱いて」をさす。「不満」は「物」ではないから「抱く」(=腕の中にかかえこむ)ことはできない。欠文の「不満を抱く」は第六段落にある「本来『物』ではないものに対して、それらを存在物とする比喩」の例にあたるので、②が適切。

問五　波線部の「こうした比喩の構造」とは、前文の「『社会』が建物のようなものと見なされている」ような構造をさす。「『社会』という抽象概念を具体的な物体として……見なす」ことで波線部の「社会基盤」「社会が崩壊した」などの比喩が理解できると説明した③が適切。なお「理解可能となる」とあるのに、可能の意味を無視している点で①と②が最初に除外される。

問六　前文の「『社会』……抽象的な概念であり、……具体物などとは異なるクラスに属している」に着目し、これを選択肢前半で言い換えた⑤が適切。後半の「共通して用いることができる述語が存在しない」も「専用の述語が必要となる」の言い換えとなっている。

問七　直前の「どんな自然環境がどんな順番で現れるかにより、生存する種、個体が変化してくる」に着目。ある自然環境がある順番で現れた結果、たまたま私たちが生き残っていたということである。波線部の「偶然生き残った」も「生き残っていなかったかもしれない」と言い換えられており、④が適切。

問八　「比喩・類推を通すことによってよく理解できるとされているもの」に含まれないのは、抽象化する必要のない、形を備えて存在が感知されるものである。第二・五段落にある「建物」「建築物」、第三段落にある「数量化できるような」物体、第十二段落にある「十種競技」が相当する。

国語

一

出典 鈴木宏昭『類似と思考』〈第4章　類推とは何か　4・3　日常生活における類推　4・4　学問における類推〉（ちくま学芸文庫）

解答

問一　ア－②　イ－④　ウ－①　エ－③
問二　X－④　Y－①
問三　②
問四　a－③　b－⑤　c－④　d－③　e－③　f－③　g－④
問五　③
問六　⑤
問七　④
問八　④・⑤・⑨
問九　①・③・⑧

▲解　説▼

問一　ア、前文と後文の関係が逆接なので「しかしながら」が適切。
イ、数量化できるものからできないものに議論の対象が変わっているので、局面を変えて説き起こす「さて」が適切。
ウ、「理論」について比喩による例で示した前文を、まとめて言い換えているので「つまり」が適切。
エ、文末の「思わないだろう」に着目。打消をともなって、予期しない仮定を表す「まさか」が適切。

2021年度

問題と解答

■一般入試前期：2月8日実施分

文（哲・東洋思想文化・日本文学文化・英米文・教育〈初等教育〉・国際文化コミュニケーション）・経済・経営・法・社会・国際・国際観光学部

問題編

▶試験科目・配点（４教科型）

学部等		教科	科目	配点
文(東洋思想文化・教育〈初等教育〉)・経済(経済・総合政策)・経営(経営)・法(企業法)・社会(社会・社会心理)	均等配点	外国語	コミュニケーション英語Ⅰ・Ⅱ・Ⅲ，英語表現Ⅰ・Ⅱ（リスニングを除く）	100点
		地歴・公民	日本史Ｂ，世界史Ｂ，地理Ｂ，政治・経済から１科目選択	100点
		数学	数学Ⅰ・Ⅱ・Ａ	100点
		国語	国語総合（漢文を除く）	100点

▶試験科目・配点（３教科型）

学部等		教科	科目	配点
文(哲・東洋思想文化・教育〈初等教育〉・国際文化コミュニケーション)・経済(国際経済・総合政策)・経営(☽を除く)・法(企業法・法律☽)・社会(☽を含む)・国際(☽を除く)・国際観光	★〈均等配点〉	外国語	コミュニケーション英語Ⅰ・Ⅱ・Ⅲ，英語表現Ⅰ・Ⅱ（リスニングを除く）	100点
		地歴・公民・数学	日本史Ｂ，世界史Ｂ，地理Ｂ，政治・経済，「数学Ⅰ・Ⅱ・Ａ」から１科目選択	100点
		国語	国語総合（漢文を除く）	100点
文(哲・英米文・国際文化コミュニケーション)・経済(国際経済)・経営(会計ファイナンス)・社会(国際社会・社会福祉)・国際(国際地域)	★〈英語重視〉	外国語	コミュニケーション英語Ⅰ・Ⅱ・Ⅲ，英語表現Ⅰ・Ⅱ（リスニングを除く）	＊1
		地歴・公民・数学	日本史Ｂ，世界史Ｂ，地理Ｂ，政治・経済，「数学Ⅰ・Ⅱ・Ａ」から１科目選択	100点
		国語	国語総合（漢文を除く）	100点

文(日本文学文化)・経営(経営)・法(法律)・社会(社会福祉)	★〈国語重視〉	外国語	コミュニケーション英語Ⅰ・Ⅱ・Ⅲ，英語表現Ⅰ・Ⅱ（リスニングを除く）	100 点
		地歴・公民・数学	日本史B，世界史B，地理B，政治・経済，「数学Ⅰ・Ⅱ・A」から１科目選択	100 点
		国語	国語総合（漢文を除く）	＊2
経済(経済)	〈均等配点(英・国・数)〉	外国語	コミュニケーション英語Ⅰ・Ⅱ・Ⅲ，英語表現Ⅰ・Ⅱ（リスニングを除く）	100 点
		数学	数学Ⅰ・Ⅱ・A	100 点
		国語	国語総合（漢文を除く）	100 点
	〈均等配点(英・国・地公)〉	外国語	コミュニケーション英語Ⅰ・Ⅱ・Ⅲ，英語表現Ⅰ・Ⅱ（リスニングを除く）	100 点
		地歴・公民	日本史B，世界史B，地理B，政治・経済から１科目選択	100 点
		国語	国語総合（漢文を除く）	100 点
経済(経済)・経営(マーケティング)・国際観光	★〈最高得点重視〉	外国語	コミュニケーション英語Ⅰ・Ⅱ・Ⅲ，英語表現Ⅰ・Ⅱ（リスニングを除く）	100 点
		地歴・公民・数学	日本史B，世界史B，地理B，政治・経済，「数学Ⅰ・Ⅱ・A」から１科目選択	100 点
		国語	国語総合（漢文を除く）	100 点
経営(経営)	〈数学重視〉	外国語	コミュニケーション英語Ⅰ・Ⅱ・Ⅲ，英語表現Ⅰ・Ⅱ（リスニングを除く）	100 点
		数学	数学Ⅰ・Ⅱ・A	150 点
		国語	国語総合（漢文を除く）	100 点

＊1　経済（国際経済）・経営（会計ファイナンス）：150 点
その他：200 点

＊2　経営（経営）：150 点
その他：200 点

▶試験科目・配点（３教科ベスト２型）

学部等		教科	科目	配点
文(東洋思想文化☽・日本文学文化☽)・経営(経営☽)・社会(社会☽)・国際(国際地域☽)	★均等配点	外国語	コミュニケーション英語Ⅰ・Ⅱ・Ⅲ，英語表現Ⅰ・Ⅱ（リスニングを除く）	100 点
		地歴・公民・数学	日本史Ｂ，世界史Ｂ，地理Ｂ，政治・経済，「数学Ⅰ・Ⅱ・Ａ」から１科目選択	100 点
		国語	国語総合（漢文を除く）	100 点

▶備　考

- ☽印は第二部・イブニングコース（夜）を表す。
- ３教科型の最高得点重視方式では，受験科目のうち，偏差値換算点の最も高い科目を２倍にする。また，英語重視方式・国語重視方式・数学重視方式では，重視する科目の偏差値換算点を，経済・経営学部は 1.5 倍，文・法・社会・国際学部は２倍にする。
- ３教科型の★印の方式は４科目受験を選択することができる。４科目を受験する場合は，選択科目から「数学Ⅰ・Ⅱ・Ａ」とその他１科目を受験し，そのうち高得点の１科目を判定に使用する。
- ３教科ベスト２型では，受験科目のうち，偏差値換算点の高い２科目で判定する。
- 外国語については，英語外部試験のスコアを英語の得点として利用することができる。なお，利用を申請した場合でも英語科目を受験することができる。その場合は，どちらか高得点のものを判定に採用する。利用可能な英語外部試験は以下の通り。

対象学部		全学部			
入試日程・方式		一般入試 前期日程の全入試方式			
試験名		実用英語技能検定(英検) ※従来型を含む全方式	GTEC(４技能版) CBT タイプ	TEAP(４技能)	IELTS™
本学の英語科目みなし得点(素点)	100 点換算	2,304	1,190	309	6.0
	90 点換算	2,150	1,063	253	5.5
	80 点換算	1,980	999	225	5.0

ただしスコアは受験年の２年前の４月以降に取得したもののみとする。

英語

(60分)

〔Ⅰ〕 次の英文を読み，問いに答えよ。

We live in a very complex world. People often talk about (A) the world is getting smaller and more connected but at the same time there is a growing need for us all to understand each other better. (a)In comparison to four or five decades ago, people today have to communicate more and more with people from different regions of the globe, and especially when it comes to business. With this new level of communicating and working with people from different countries and cultures, we need to understand that there are still major differences between the ways people from different regions than our own — with different ways of doing things, and different language backgrounds — think and communicate.

(b)Each of us is shaped by many different factors and culture is only one of those powerful forces. It shapes what we see, how we see it, and how we express ourselves. For example, the meaning of "yes" varies from "I have understood what you are saying" to "maybe I'll consider it" to "definitely so". Oftentimes, we don't even realize that our cultural values are different (B) those of others and that our cultural values are in disagreement. We misunderstand each other not only because we speak different languages but also because of the hidden ways culture acts upon us.

All of these differences make living in a diverse* world so interesting. However, it also makes doing business a bit challenging. Our culture influences how we approach and solve problems. Some cultures view conflict as a positive thing while others see it as something to be avoided. In the USA, conflict is not usually desirable but if it does happen, people often want to deal with it directly and work through any issues that come up. In contrast, a written exchange might be the best way to solve conflict in some regions, while in others conflict should be avoided (C) all costs.

People think of time differently and have different ways of seeing situations, different ways of completing tasks and of making decisions. In the USA, a boss might assign power to a subordinate* to make decisions. If a group makes decisions there, the majority rule is a common approach. However, in Japan consensus* is preferred. In Latin America, (c)there is a strong value

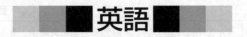

on completing the decision making process independently of others and the boss will usually make decisions.

What's seen as being very normal or natural in your country might be a serious mistake elsewhere. As a result, it is important that we understand and are aware of the ways people belonging to another culture communicate. In North America an open showing (D) emotion is seen as a virtue. In other cultures it is seen as a weakness and can be the cause of misunderstanding. Questions that seem natural to one person may seem unwelcome or offensive to others.

In today's global business environment, more and more of us are required to understand people who come from countries and cultures different than our own. While there is no short and easy way to learn about a given culture (E) any depth, there are some general principles that lead to success in communicating and conducting business with people of backgrounds unlike our own. This is not something we can learn in a day or two. Just as it takes years of serious study to master a foreign language, the art of cross-cultural communication takes time and effort.

［注］ diverse：多様な　subordinate：部下　consensus：(意見などの) 一致

問1　本文中の空欄 (A) ～ (E) に入る語として最も適切なものを，次の中から一つずつ選べ。

(A)	① how	② when	③ where	④ what	1
(B)	① by	② from	③ of	④ with	2
(C)	① at	② for	③ in	④ on	3
(D)	① in	② for	③ to	④ of	4
(E)	① at	② in	③ for	④ to	5

問2　下線部(a)が示す意味として最も適切なものを，次の中から一つ選べ。 6

① The need for international communication has grown significantly in the past forty to fifty years.

② The need for international communication has not grown much in the past forty to fifty years.

③ The need for international communication has significantly increased in the past few hundred years.

④ The need for international communication has slightly increased in the past few hundred years.

問3　下線部(b)を置き換えた場合，最も意味が近いものを，次の中から一つ選べ。 7

① It is a fact that different people think differently

② Our ideas and beliefs are formed in a variety of ways

③ People's appearances vary from one country to the next

④ There are different reasons people have different body types

問4　下線部(c)が示す意味として最も適切なものを，次の中から一つ選べ。 8

① decisions are made by one person to save more money for the company

② it is most important to make decisions alone to maintain company secrets

③ making decisions on one's own without outside help is highly regarded

④ strong people in the company make decisions on their own

問5　本文の内容と一致するものを，次の中から二つ選べ。ただし，三つ以上マークした場合はすべて無効とする（解答欄 9 に二つマークせよ）。

① Because of different time zones in the world, people make decisions in different ways.

② Cross-cultural communication is something we need to study and practice to improve.

③ Global business communication has been on the increase over the past half century.

④ In the USA conflict is most often seen as desirable and people enjoy solving problems.

⑤ North Americans who display emotion are seen as weak by those in their peer group.

⑥ People often disagree that culture has a profound effect on the way we see the world.

〔Ⅱ〕 次の英文を読み，問いに答えよ。

Every day, thousands of lucky people from all around the world visit the Louvre Museum in Paris to get the chance to view what is (A) by many to be one of, if not the most, famous paintings in the world, La Joconde, otherwise known as the Mona Lisa. However, before the 20th century, historians say the Mona Lisa was not well known outside art circles. (a)That all changed in 1911 when, one evening after closing time, a former employee of the Louvre museum walked out of the museum with the painting hidden in his coat.

The masterpiece*, which had been sold by da Vinci to the king of France, had been hanging peacefully on the walls of the Louvre for over one hundred years. Soon after the theft, it became big news and the Mona Lisa became the world's most famous missing painting. The police searched the whole world for the painting. The *thief*, who was Italian, hid it in his home for two years before the police discovered it and returned it to France. He (b)claimed that his reason for stealing the famous work of art was to (B) it to its rightful home in Italy.

There are many mysteries associated with the painting. Just whom we are seeing in the portrait remains one of the work's many mysteries. Records show that da Vinci was working on a painting of a woman named Lisa del Giocondo in 1503. This would make (C) since the model in the painting is thought to be Lisa Gherardini, the wife of a wealthy silk and wool merchant, Francesco del Giocondo, from the Italian city of Florence. Specialists, however, are not 100% sure.

According to historian Silvano Vinceti, president of the *National Commission for Cultural Heritage** in Italy, (c)the key to finding out who the model was hides in her left pupil. Vinceti says that da Vinci drew tiny letters and numbers on the pupils of the woman. He explains that in the right eye the letters LV appear, which could be the initials of Leonardo Da Vinci, and in the left there are also symbols which he considers very important (d)keys to finding out the identity of the model. Vinceti also tells us that the letters "B" or "S" or possibly the initials "CE" can be seen in that eye.

Yet another mystery is found in her smile. A group of Spanish scientists have discovered that the secret to the change in mood of the Mona Lisa portrait lies in both da Vinci's technique and the way the human eye works. The woman can be seen smiling or serious depending on how we look at her. First, the cells found in the *retina** capture the image. Then, the different channels of the human brain send mixed signals to the brain. This results in the smile of the portrait being (D) in one way or another depending on the light in the room and the angle of our gaze.

One of the Spanish scientists, Luis Martínez Otero, tells us that Leonardo wrote in one of his notebooks that he was trying to paint dynamic* expressions. It is most likely that the artist, who was very knowledgeable in human anatomy* and painting techniques, intentionally tried to capture both views and that Leonardo da Vinci wanted to confuse our brain in this way. It seems that finally, after hundreds of years, at least one of the mysteries of the Mona Lisa might have been solved.

［注］ masterpiece：傑作　Cultural Heritage：文化遺産　retina：網膜
dynamic：動的　human anatomy：人体構造

問１ 本文中の空欄（ A ）～（ D ）に入る語として最も適切なものを，次の中から一つずつ選べ。

(A) ① consider ② considerable ③ considered ④ considering [10]
(B) ① return ② returned ③ returning ④ returns [11]
(C) ① cents ② scents ③ sense ④ sent [12]
(D) ① showed ② showing ③ shown ④ shows [13]

問２ 下線部(a)の内容を表しているものとして最も適切なものを，次の中から一つ選べ。[14]

① Art historians wanted the Mona Lisa to become famous in 1911
② Not many people in the world knew about La Joconde until 1911
③ The Mona Lisa had become a world-famous painting by 1911
④ Thousands of people viewed the Mona Lisa in the Louvre daily in 1911

問３ 下線部(b)を置き換えた場合，最も意味が近いものを，次の中から一つ選べ。[15]

① complained ② pleaded ③ shouted ④ stated

問４ 下線部(c)に最も意味が近いものを，次の中から一つ選べ。[16]

① A small metal object can be found in the Mona Lisa's eye.
② Important information is hidden in one of the eyes of the painting.
③ The model was secretly a student of Leonardo da Vinci.
④ The model wanted her identity to remain secret forever.

問５ 下線部(d)を置き換えた場合，最も意味が近いものを，次の中から一つ選べ。[17]

① hints ② images ③ locks ④ mysteries

問６　本文で述べられていないものを，次の中から二つ選べ。ただし，三つ以上マークした場合はすべて無効とする（解答欄 18 に二つマークせよ）。

① An ex-employee of the Louvre Museum stole the Mona Lisa by hiding it under his coat.
② Before it was stolen, the average person did not know about the Mona Lisa painting.
③ We know that a woman by the name of Lisa del Giocondo was the model for the Mona Lisa.
④ An art historian believes that da Vinci left a set of clues to the identity of the model.
⑤ The theft of the Mona Lisa made international news while the police were searching for it.
⑥ Vinceti thinks that the model of the Mona Lisa was Leonardo da Vinci's art student.
⑦ Our eyes and the changes in light work together to trick our brain when we look at the Mona Lisa.
⑧ It is reasonable to think that da Vinci wanted us to see the Mona Lisa in a variety of ways.

問７　本文の内容と一致するものを，次の中から二つ選べ。ただし，三つ以上マークした場合はすべて無効とする（解答欄 19 に二つマークせよ）。

① The Mona Lisa is considered to be one of the most famous paintings in the world.
② The man who stole the painting hid it in his apartment in France for two years.
③ The woman da Vinci painted was the wife of a rich Italian farmer.
④ The model of the Mona Lisa had mysterious eyes that da Vinci did his best to recreate.
⑤ Leonardo da Vinci knew very much about the human body, its skeleton and muscles.
⑥ One hundred years from now, we will discover new mysteries of the Mona Lisa.

問８　本文のタイトルとして最も適切なものを，次の中から一つ選べ。 20

① The Theft of the Mona Lisa
② Mysteries of the Mona Lisa
③ The Master Painter Leonardo da Vinci
④ Who on Earth was Mona Lisa?

〔Ⅲ〕 次の英文中の空欄 [21] ～ [30] に入る語句として最も適切なものを，次の中から一つずつ選べ。

(1) Why [21] ask your friend if he wants to come with you?

① not ② don't ③ do ④ you

(2) Leave the matter [22] it is.

① in ② to ③ for ④ as

(3) It [23] without saying that happiness is the most important thing.

① go ② going ③ goes ④ gone

(4) The small animal in the cage [24] a cat.

① resembles ② resembles with ③ resembles for ④ resembles to

(5) My sister was born [25] the 5th of May, 1996.

① in ② on ③ at ④ during

(6) Nowadays, hip-hop music, the origin [26] dates back to the early 80s, is not the same as it used to be.

① which ② at which ③ of which ④ to which

(7) [27] there be any questions, please don't hesitate to contact us.

① Would ② Will ③ Should ④ Shall

(8) Michelle's answer to that question was [28].

① surprise ② surprising ③ surprised ④ surprises

(9) My right foot is dirty, and [29] is my left.

① so ② same ③ too ④ one

(10) A friend in need [30] a friend indeed.

① lacks ② are ③ is ④ prefer

〔Ⅳ〕 次の対話文を完成させるため，空欄 [31] ～ [36] に入るものとして最も適切なものを，選択肢の中から一つずつ選べ。ただし，一つの選択肢は一度しか選べない。

A：It was great talking with you today.

B：[31] When do you want to meet next?

A：[32] My schedule is quite open next week.

B：How about next Monday at noon over lunch?

A：Sounds good to me. I have a coupon for a new restaurant in the neighborhood. [33]

B：[34] Do they have any vegetarian options on the menu?

A：I'm not sure. I didn't know you were a vegetarian.

B：I'm not. [35]

A：Are you okay with fish?

B：Of course! [36]

A：Great! See you on Monday.

B：See you then. Let me know if you need anything.

選択肢

① I just feel like eating vegetables for a change.
② It expires next week.
③ I love seafood.
④ You name the day.
⑤ Likewise.
⑥ That's a deal.

〔V〕 次の日本文の意味を表すように［　　］内の語句を並べ替えたとき，［　　］内で前から**4番目**にくるものを一つずつ選べ。

(1) これらの写真を見れば，東京での観光客向けの場所がとてもよくわかるだろう。 37

These pictures [① you ② will ③ good ④ give ⑤ very ⑥ a] idea of touristy spots in Tokyo.

(2) なぜ彼は自分がそんなに走るのが得意だと思うのでしょうか。 38

What [① him ② is ③ think ④ so ⑤ he ⑥ makes] good at running?

(3) 私たちがいつ初めて出会ったのかまだ思い出せないでいる。 39

I haven't [① recall ② able ③ we ④ when ⑤ been ⑥ to] first met.

(4) 彼女が助けてくれたことに，お礼の申し上げようもない。 40

I [① thank ② enough ③ can ④ for ⑤ her ⑥ hardly] her help.

(5) 彼は家にいるよりもむしろ散歩をしたいのでしょうか。 41

Would [① stay ② rather take ③ a ④ than ⑤ he ⑥ walk] at home?

日本史

(60 分)

〔I〕 次の文章を読み，下記の問いに答えよ。

(1) この列島上では戦乱や自然災害・疫病，また政治的危機に際して歴史が大きく転換してきた。当初，倭国と称したそのまとまりができたのは 2 世紀初頭であるが，2 世紀後半には「倭国大乱」と呼ばれる争乱があり，(a)卑弥呼が倭国の女王に共立される。5 世紀の倭の五王の時代に男子による世襲王権が萌芽するが，安定化するのは 6 世紀中頃のことで，7 世紀を通じて東アジアの動乱のなかで，(b)中央集権的律令国家の形成が進んだ。

律令体制が確立した奈良時代には，(c)天平文化が花開くが，一方で疫病も流行し，(d)737 年には四位以上の貴族の三分の一ほどが死去しており，世代交代が促進された。こうしたなか，［ A ］が九州で反乱をおこし，聖武天皇は，都を転々とする間に，仏教による国家・社会の鎮護をはかっていく。

天平の時代と同じ疫病は 10 世紀末にも大流行し，本来摂関家を継承すべき兄弟順にはなかった［ B ］が権力を握り，「此の世をば我が世とぞ思ふ」と詠じるほどの(e)摂関政治の全盛期を築くことになる。

「武者の世」のはじまりとなったのは 12 世紀中頃の(f)保元の乱であり，伊勢平氏の平清盛が躍進するが，京都の大火や西日本の飢饉のなかで，平家の権力独占を指弾する声が高まり，逆に豊作が続いた東国から武家社会の勃興がはじまる。

問 1 空欄［ A ］・［ B ］に入るものとして最も適切なものを，次の中から一つずつ選べ。

［ A ］＝［ 1 ］ ① 藤原仲麻呂 ② 筑紫国造磐井 ③ 橘奈良麻呂 ④ 藤原広嗣 ⑤ 藤原麻呂

［ B ］＝［ 2 ］ ① 藤原実資 ② 藤原道長 ③ 藤原良房 ④ 藤原頼通 ⑤ 藤原基経

問 2 下線部(a)に関連して，中国の史書に記された当時の倭国の状況について述べた文として最も適切なものを，次の中から一つ選べ。［ 3 ］

① 人びとが男王に服属しなかったので，13 歳の卑弥呼が女王に共立された。

② 倭国は多くの小国に分かれていたが，卑弥呼は百余の小国を統治した。

③ 大人と下戸の身分差があり，下戸が大人と会ったときは立ったままおじぎをした。

④ 卑弥呼が死去したとき，奴婢百余人が殉葬された。

⑤ 一大率という統治機関があり，市での交易を管理していた。

問3　下線部(b)に関連して，日本の律令制度について述べた文として最も適切なものを，次の中から一つ選べ。［4］

① 中央の行政組織には神祇官と太政官があり，太政官のもとで八省が政務を分担し，そのうちの治部省は国家財政を担当していた。

② 地方組織としては国・郡・里がおかれ，国司・郡司には中央から貴族が派遣され，里長には伝統的な地方豪族が任ぜられた。

③ 五位以上の貴族は手厚く優遇され，五位以上の子（三位以上の子・孫）は父（祖父）の位階に応じて位階が与えられる蔭位の制によって貴族層の維持がはかられた。

④ 民衆には租・調・庸などの租税の負担があり，庸は畿外に居住する17～65歳の男子が都での労役にかえて布を納めるものであった。

⑤ 男子には兵役があり，軍団で訓練をうけたが，一部の租税が免除され，武器や食料も支給されて，優待をうけた。

問4　下線部(c)に関連して述べた文として最も適切なものを，次の中から一つ選べ。［5］

① 仏教がさかんになり，南都六宗と呼ばれる学派が形成され，大学・国学での教育も仏教の教理研究が中心であった。

② 仏像製作の新しい技法が伝えられ，東大寺法華堂不空羂索観音像は金銅像であるが，興福寺阿修羅像は乾漆像である。

③ 国史編纂事業が推進され，『古事記』は漢文の編年体で，神話・伝承から推古天皇に至るまでの歴史を描いている。

④ 漢詩文がさかんになり，大友皇子・大津皇子ら7世紀後半以来の漢詩をおさめた勅撰漢詩集の『懐風藻』が編纂された。

⑤ 工芸品では正倉院宝物が有名で，螺鈿紫檀五絃琵琶・漆胡瓶・白瑠璃碗などには唐だけでなく西アジアや南アジアとの文化的交流を示す特徴がみられる。

問5　下線部(d)の疫病で死去した人物として最も適切なものを，次の中から一つ選べ。［6］

① 藤原不比等　② 橘諸兄　③ 長屋王　④ 吉備真備　⑤ 藤原房前

問6　下線部(e)に関連して，摂関政治・院政期の文化について述べた文として最も適切なものを，次の中から一つ選べ。［7］

① 貴族たちは天皇の後宮に入れた娘のために才能のある女性を集め，中宮彰子に仕えた清少納言は宮廷生活の体験を随筆風に記した『枕草子』を著した。

② 文化の国風化が進み，神仏習合も促進され，神は仏が仮に形をかえてこの世に現れたものとする本地垂迹説が生まれた。

③ 現世の不安から逃れようとする浄土教も流行し，「市聖」と呼ばれた空也は『往生要集』を著して念仏往生の教えを民衆にまで広めた。

④ 前代の唐風の書に対して，和様が発達し，小野道風・藤原公任・藤原行成が三跡（蹟）と称された。

⑤　阿弥陀仏が多く造られ，大量の需要に応じるために，仏師定朝は複雑な寄木造にかわる一木造の技法を完成した。

問7　下線部(f)に関連して，このときに対立した人物の組み合わせとして最も適切なものを，次の中から一つ選べ。8

①　平清盛　―　源義朝　②　崇徳上皇　―　白河天皇　③　藤原忠通　―　藤原頼長
④　藤原通憲　―　藤原信頼　⑤　源義家　―　源為義

(2)　鎌倉に開かれた武家政権は当初朝廷と拮抗していたが，承久の乱で後鳥羽上皇が敗退したことを契機に，地頭を設置する範囲を拡大し，武家法の制定や合議制による政務運営方式など(g)幕府の機構を整えていく。そのなかで執権を務める(h)北条氏が大きな権力を握り，13世紀後半の蒙古襲来（元寇）の国難を機に，御家人だけでなく，朝廷・寺社の荘園の武士に対しても指揮権を得て，全国的な支配を確立するようになる。

しかし，一方では幕府支配への反発も増大し，後醍醐天皇による討幕計画や御家人の離反などにより(i)鎌倉幕府は滅亡を迎えた。後醍醐天皇は天皇親政の復活を企図したものの，武士の反発をうけ，足利尊氏を中心とする幕府が京都に成立し，約60年間の(j)南北朝の内乱を経て，朝廷との協調のもと，(k)室町幕府が安定化する。

室町幕府は将軍と守護大名の連合政権という性格も強く，また南北朝の内乱で成長してきた(l)惣村や地侍を抑制することができなかった。15世紀には将軍の殺害，将軍の地位をめぐる大きな対立が長期間の戦闘を引き起こし，時代は(m)戦国の世へと展開することになる。

問8　下線部(g)に関連して，鎌倉幕府のしくみについて述べた文X～Zについて，その正誤の組み合わせとして最も適切なものを，次の中から一つ選べ。9

X　将軍源頼朝のもとでは侍所・政所・問注所がおかれたが，長官にはいずれも京都からまねかれた貴族が登用された。

Y　承久の乱後に任命された地頭には，段別3升の加徴米と田畑11町につき1町の給田（免田）が与えられた。

Z　承久の乱後に設定された六波羅探題は，朝廷を監視し，京都の内外の警備や西国の統轄にあたった。

①　X　正　Y　正　Z　正　②　X　正　Y　正　Z　誤
③　X　正　Y　誤　Z　正　④　X　正　Y　誤　Z　誤
⑤　X　誤　Y　正　Z　正　⑥　X　誤　Y　正　Z　誤
⑦　X　誤　Y　誤　Z　正　⑧　X　誤　Y　誤　Z　誤

問9　下線部(h)の北条氏に関連して，人物と出来事の組み合わせとして最も適切なものを，次の中から一つ選べ。10

①　北条義時　―　和田義盛を討滅　②　北条泰時　―　引付衆を設置
③　北条時頼　―　霜月騒動で安達泰盛を討滅　④　北条時宗　―　永仁の徳政令を発布
⑤　北条高時　―　金沢文庫を創設

問10 下線部(i)に関連して，鎌倉時代の社会・宗教・文化について述べた文X～Zについて，その正誤の組み合わせとして最も適切なものを，次の中から一つ選べ。 11

X 荘園・公領の中心地や交通の要地，寺社の門前などには定期市が開かれ，絵巻物のなかには備前国福岡の市で法然が浄土教を布教する姿が描かれている。

Y 宋の朱熹が打ち立てた儒学の一つである宋学（朱子学）が伝来し，その大義名分論は討幕運動の理論的なよりどころになった。

Z 遠隔地間の取引には為替が使われ，高利貸業者の借上も現れて，貨幣経済の発展に対応できなかった御家人のなかには所領の質入れや売却をおこない，窮乏する者もいた。

① X 正 Y 正 Z 正 ② X 正 Y 正 Z 誤
③ X 正 Y 誤 Z 正 ④ X 正 Y 誤 Z 誤
⑤ X 誤 Y 正 Z 正 ⑥ X 誤 Y 正 Z 誤
⑦ X 誤 Y 誤 Z 正 ⑧ X 誤 Y 誤 Z 誤

問11 下線部(j)に関連して，この間の出来事について述べた文として最も適切なものを，次の中から一つ選べ。 12

① 吉野に逃れた後醍醐天皇は当面の政治方針を明らかにした建武式目を発表した。

② 北朝側では鎌倉幕府以来の法秩序を重んじる足利尊氏と武力による所領拡大を求める足利直義の対立がはじまった。

③ 足利義満は西国11カ国の守護を兼ねる山名氏一族の内紛に介入し，山名氏清らを滅ぼした。

④ 1352年に発布された半済令は，軍事費調達のために全国の守護に一国内の荘園・公領の年貢の半分を徴収する権限を認めるものであった。

⑤ 北畠親房は『梅松論』を著し，南朝の立場から皇位継承の道理を説いた。

問12 下線部(k)に関連して，侍所の長官を務める家として最も適切なものを，次の中から一つ選べ。 13

① 細川氏 ② 上杉氏 ③ 大内氏 ④ 赤松氏 ⑤ 畠山氏

問13 下線部(l)に関連して，惣村・地侍の動向や経済の発展について述べた文として最も適切なものを，次の中から一つ選べ。 14

① 荘園領主に納める年貢などを地侍が請け負う地頭請がしだいに広がっていった。

② 惣村では惣掟を定めて村内の秩序維持をはかり，農業生産に必要な山野の共同利用地（入会地）や灌漑用水の管理もおこなわれた。

③ 特産品の売却や年貢の銭納に必要な貨幣獲得のため，地方の市場も発展し，南北朝の内乱期には六斎市が一般化した。

④ 国人領主層らが惣村・地侍とも連合した国一揆が形成され，山城国では約100年間の自治的支配が続いた。

⑤ 土一揆は惣村の結合をもとにした農民勢力が徳政を求めて蜂起したもので，柳生の徳政碑文には嘉吉の徳政一揆の際の負債免除が刻書されている。

問14　下線部(m)に関連して，守護大名から戦国大名に成長した例として最も適切なものを，次の中から一つ選べ。 15

①　武田氏　②　上杉氏（長尾氏）　③　織田氏　④　北条氏　⑤　毛利氏

〔Ⅱ〕 次の文章を読み，下記の問いに答えよ。

(1)　17世紀半ばになると江戸幕府の政治は安定し，経済も発展するようになっていった。4代将軍徳川家綱の治世においては，戦乱のない状況が続くなかで重要な課題となっていた牢人（浪人）や「かぶき者」の対策が進められた。また，幕府は， A を禁止するなどした。平和が続き，軍事力の負担が減っていったこの時期の諸藩の中には，(a)藩主が儒学者を登用して藩政を改革した例もあった。

5代将軍徳川綱吉は，(b)有力な側近の補佐を受けて政治をおこなった。綱吉は，1683年に代がわりの B を発布して，いわゆる文治主義による秩序を武士たちにもとめた。そののちも綱吉は，(c)儒教の思想にもとづく政策を次々に実施した。また，綱吉が出した C や D は，殺生や死の穢れを忌みきらう風潮を生み出した。

続く6代将軍徳川家宣と7代将軍徳川家継の時代の治世は，「正徳の政治」とよばれる。この時期には，(d)将軍職の地位と権威を高めるための諸政策がおこなわれた。

問1　空欄 A に入るものとして最も適切なものを，次の中から一つ選べ。 16

①　殉死　②　帯刀　③　軍役　④　俸禄　⑤　改易

問2　空欄 B に入るものとして最も適切なものを，次の中から一つ選べ。 17

①　分地制限令　②　刀狩令　③　禁中並公家諸法度　④　武家諸法度　⑤　寺院法度

問3　空欄 C ・ D に入るものの組み合わせとして最も適切なものを，次の中から一つ選べ。 18

①　C：末期養子の禁　D：服忌令
②　C：禁教令　D：廃刀令
③　C：末期養子の禁　D：廃刀令
④　C：生類憐みの令　D：宗門改め
⑤　C：生類憐みの令　D：服忌令

問4　下線部(a)に関連して，徳川家綱の治世の時期に儒学者を顧問にして藩政改革をすすめた藩主と藩名の組み合わせとして最も適切なものを，次の中から一つ選べ。 19

①　池田光政　―　加賀
②　保科正之　―　会津
③　佐竹義和　―　秋田
④　徳川斉昭　―　水戸
⑤　上杉治憲　―　米沢

問5　下線部(b)に関連して，徳川綱吉の有力な側近について述べた文として最も適切なものを，次の中から一つ選べ。[20]

①　綱吉の死後，堀田正俊は江戸城中で暗殺された。

②　町奉行の大岡忠相が綱吉を補佐した。

③　朱子学者の新井白石が大学頭に任じられ，幕政にも関与した。

④　側用人の柳沢吉保が，綱吉に重用されて幕政の中心をになった。

⑤　側用人出身の間部詮房が，綱吉の信任を得て幕政の中心をになった。

問6　下線部(c)に関連して，徳川綱吉と儒教とのかかわりについて述べた文として最も適切なものを，次の中から一つ選べ。[21]

①　公事方御定書を出して，忠・孝・礼儀をまもることを武士にもとめた。

②　大嘗会（祭）など将軍の即位儀礼を新たに創設した。

③　江戸の湯島に孔子廟を建て，林鳳岡（信篤）を大学頭に任じた。

④　京都の熊沢蕃山を江戸に招いて幕政に関与させた。

⑤　侍講である儒学者の藤原惺窩から朱子学を学んだ。

問7　下線部(d)に関連して，正徳の政治の時期における政策について述べた文として最も適切なものを，次の中から一つ選べ。[22]

①　江戸幕府の権威を示すために，朝鮮通信使の待遇をより豪奢なものに改めた。

②　新たな親王家である有栖川宮家を創設することにより，天皇家との関係性を強化した。

③　海賊取締令を出して，日本近海の支配を強化しようとした。

④　借金に苦しむ御家人らを救済するために棄捐令を出して，彼らの忠誠をより強固にしようとした。

⑤　朝鮮通信使の国書における将軍の呼称を，それまでの「日本国大君」から「日本国王」に改めさせた。

(2)　戦乱がなく幕府の政治が安定し，経済も発展した元禄時代には，上方を中心として多彩な文化が生まれた。文学においては，俳諧から浮世草子とよばれる小説のジャンルに転じた(e)井原西鶴が，現実世界を舞台に金銭や愛欲に執着しながら生き抜く人間たちの姿を描いた作品を書いた。

その後，浮世草子は衰えたものの，江戸時代中期になると出版物や貸本屋が広く普及するようになり，遊里を描いた[E]や挿し絵入りで時事を風刺した[F]などが流行する。しかし，政治への批判や風俗の取り締まりを行った(f)寛政の改革においては弾圧の対象となり，(g)作家たちが処罰されるなどした。

19世紀にはいると，(h)都市の発展，出版物の普及，交通網の発達などを背景にして町人文化が円熟期をむかえる。文学に関しては，庶民の生活における可笑しさや笑いを取り上げた[G]，恋愛を描いた[H]，文章が主体で歴史や伝説を素材にした[I]が人気を集めた。だが，民衆の風俗の厳しい取り締まりをおこなった(i)天保の改革では，処罰の対象になった作家もいた。

問8　空欄[E]・[F]に入るものの組み合わせとして最も適切なものを，次の中から一つ選

べ。 23

① E：洒落本　　F：仮名草子

② E：草双紙　　F：仮名草子

③ E：洒落本　　F：黄表紙

④ E：仮名草子　　F：草双紙

⑤ E：黄表紙　　F：洒落本

問9　空欄 G ～ I に入るものの組み合わせとして最も適切なものを，次の中から一つ選べ。 24

① G：合巻　　H：読本　　I：人情本

② G：滑稽本　　H：人情本　　I：読本

③ G：人情本　　H：滑稽本　　I：読本

④ G：滑稽本　　H：読本　　I：人情本

⑤ G：滑稽本　　H：人情本　　I：合巻

問10　下線部(e)に関連して，井原西鶴の作品として**最も不適切なもの**を，次の中から一つ選べ。 25

①『日本永代蔵』　②『好色一代男』　③『武道伝来記』　④『曽根崎心中』

⑤『世間胸算用』

問11　下線部(f)に関連して，寛政の改革の政策について述べた文として最も適切なものを，次の中から一つ選べ。 26

① 出稼ぎなどで江戸に居住していた定職を持たない者に帰農を奨励した。

② はじめて定量の計数銀貨を鋳造させて，貨幣制度の一本化を試みた。

③ 飢饉に備えて，青木昆陽を登用してサツマイモ（甘藷）を普及させた。

④ 飢饉に備えて，各地に問屋場を設けて米穀を貯蔵した。

⑤ 物価の高騰をおさえることを目的に，株仲間を解散させた。

問12　下線部(g)に関連して，寛政の改革の時期に弾圧の対象となった作家とその作品の組み合わせとして最も適切なものを，次の中から一つ選べ。 27

① 式亭三馬　―『東海道中膝栗毛』

② 大田南畝（蜀山人）―『金々先生栄花夢』

③ 恋川春町　―『仮名手本忠臣蔵』

④ 為永春水　―『春色梅児誉美』

⑤ 山東京伝　―『仕懸文庫』

問13　下線部(h)に関連して，江戸時代の都市，出版，交通網について述べた文として**最も不適切なもの**を，次の中から一つ選べ。 28

① 浮世絵の色刷版画の製法技術が発達し，錦絵が人気を博した。

② とくに人口規模が大きい都市だった江戸，京都，大坂は，三都とよばれた。

③ 幕府は人掃令を出して，風俗を乱したり，幕府の政治を批判したりする出版物を禁じようとした。

④ 五街道は幕府の支配下におかれ，道中奉行により管理された。

⑤ 「天下の台所」とよばれ，商業都市として栄えた大坂には，諸藩の蔵屋敷が数多くおかれた。

問14　下線部(i)に関連して，天保の改革について述べた文として最も適切なものを，次の中から一つ選べ。

29

① 関東の農村の治安が悪化していたため，関東取締出役を新たに設けて犯罪者を取り締まった。

② 江戸と大坂周辺の土地を幕府の直轄地とする上知令を出した。

③ 人返しの法を出して，江戸の無宿人に技術を身につけさせて職業を持つことを奨励した。

④ 幕府の直轄地における商工業を盛んにするため，楽市令を出した。

⑤ 金銀の貸借をめぐる争いを当事者のあいだで解決させる定免法を出した。

〔Ⅲ〕　次の文章を読み，下記の問いに答えよ。

(1)　17世紀以来，琉球王国は事実上薩摩藩（島津氏）に支配されながら，名目上は清国を宗主国にするという［　A　］の状態にあった。明治政府は(a)1872年に琉球国王の尚泰を藩王とし，(b)中国への朝貢を中止させるとともに外国との交渉を禁止した。さらに1879年，明治政府は約500名の部隊を首里城に派遣し，沖縄県設置を宣言した。尚泰王は首里城を明け渡し沖縄を離れる事になり，長い間続いた琉球王国独自の歴史に終止符が打たれた。この一連の明治政府の対応を［　B　］と呼ぶ。日本の一部となってからも，県民の所得は全般的に低く，多くの県民が本土へ出稼ぎに行ったり，海外移住した。諸制度の改革も本土に比べて遅れ，［　C　］議員選挙が実施されたのも1912年からであった。

第二次世界大戦末期には，アメリカ軍が沖縄に上陸し，(c)多くの軍人および非戦闘員が犠牲となった。さらに戦後の沖縄は日本本土から切り離され，アメリカ軍の直接軍政下におかれ，多くのアメリカ軍基地が設置されてきた。日本の独立回復後も，引き続きアメリカの施政権下におかれ，祖国復帰を求める住民運動が展開された。［　D　］年の(d)沖縄返還後も，日本国内の(e)アメリカ軍基地の多くが沖縄に集中している。

問1　空欄［　A　］～［　D　］に入るものとして最も適切なものを，次の中から一つずつ選べ。

［　A　］＝ 30　① 信託統治　② 両属関係　③ 直接軍政　④ 協調外交　⑤ 間接統治

［　B　］＝ 31　① 琉球処分　② 廃藩置県　③ 琉球統治　④ 沖縄処分　⑤ 沖縄統治

［　C　］＝ 32　① 貴族院　② 参議院　③ 衆議院　④ 県議会　⑤ 左院

［　D　］＝ 33　① 1952　② 1965　③ 1968　④ 1970　⑤ 1972

問2　下線部(a)以降に起きたa～dの事柄について，年代の早いものから順に並べたものとして最も適切なものを，次の中から一つ選べ。 34

a　西郷隆盛を首領として士族反乱が発生した。

b　江藤新平を首領とする佐賀の乱がおこった。

c　困民党を称する農民が蜂起したため，政府は軍隊を派遣して鎮圧した。

d　大隈重信を党首として立憲改進党が結成された。

①　d → c → b → a

②　b → c → d → a

③　b → d → c → a

④　b → a → d → c

⑤　a → b → d → c

問3　下線部(b)に関連して，明治政府が諸外国と行った外交政策について，最も適切なものを，次の中から一つ選べ。 35

①　日米和親条約により，琉球王国の那覇に米国領事の駐在が認められた。

②　ロシアとの間で樺太・千島交換条約を結び，樺太の半分と千島全島の領有権を確保した。

③　清国との間で日清修好条規を結び，相互に開港して領事裁判権を認めあうことを定めた。

④　朝鮮で琉球漂流民殺害事件が起こり，日本が朝鮮に出兵する事態となった。

⑤　壬午軍乱を機に日本は朝鮮に迫って日朝修好条規を結び，朝鮮を開国させた。

問4　下線部(c)および下線部(e)に関連して，以下のX～Zにあてはまる数値の組み合わせとして，最も適切なものを，次の中から一つ選べ。 36

X　沖縄における軍・民あわせた戦争犠牲者数　　約（　　）万人

Y　アメリカ軍専用施設の沖縄県総面積に占める割合（1996 年）　約（　　）%

Z　沖縄県内のアメリカ軍専用施設が日本全国のアメリカ軍専用施設に占める割合（1996 年）約（　　）%

①　X：10　　Y：10　　Z：30

②　X：40　　Y：20　　Z：45

③　X：30　　Y：10　　Z：40

④　X：18　　Y：10　　Z：75

⑤　X：5　　Y：15　　Z：50

問5　下線部(d)に関連して述べた文X～Zについて，その正誤の組み合わせとして最も適切なものを，次の中から一つ選べ。 37

X　アメリカがベトナム戦争への介入を本格化させる中で，アメリカ軍による基地用地の接収などが進み，祖国復帰を求める住民運動が激化した。

Y　佐藤栄作首相は非核三原則をかかげ，ニクソン大統領との間で沖縄返還協定に調印した。

Z　1969 年の佐藤・ニクソン会談で沖縄の施政権返還が合意された。

①　X 正　Y 正　Z 正　　②　X 正　Y 正　Z 誤
③　X 正　Y 誤　Z 正　　④　X 正　Y 誤　Z 誤
⑤　X 誤　Y 正　Z 正　　⑥　X 誤　Y 正　Z 誤
⑦　X 誤　Y 誤　Z 正　　⑧　X 誤　Y 誤　Z 誤

(2)　福沢諭吉は，『学問のすゝめ』を著し，学ぶことを通じて個人の自立と国家の独立が実現すると説いた。福沢の実学重視の考え方は文部省の教育政策に反映され，1872 年に国民皆学を目指して [E] が公布された。続いて，1879 年の [F]，1886 年の [G] と徐々に(f)教育体制が確立されていった。昭和に入り，軍国主義が拡大する中で，(g)1941 年に国民学校令が公布された。第二次世界大戦後の 1947 年には，(h)教育の民主化をすすめるため，教育基本法および「6・3・3・4 制」を規定する [H] が成立した。

問 6　空欄 [E]～[H] に入る語句の組み合わせとして最も適切なものを，次の中から一つ選べ。[38]

①　E：学校教育法　F：学制　G：教育令　H：学校令
②　E：学制　F：学校令　G：教育令　H：学校教育法
③　E：学校令　F：学制　G：学校教育法　H：教育令
④　E：学校令　F：教育令　G：学制　H：学校教育法
⑤　E：学制　F：教育令　G：学校令　H：学校教育法

問 7　下線部(f)に関連して，明治時代におこなわれた教育政策について述べた文として最も適切なものを，次の中から一つ選べ。[39]

①　「国体護持」を教育の目的にかかげて「教育勅語」が発せられた。
②　男子のみを対象に 4 年間の義務教育が導入された。のちに義務教育は 6 年間に延長された。
③　小学校の教科書は文部省の著作に限ることが定められた。
④　東京帝国大学に加えて，京都，台北，大阪，名古屋など，9 つの帝国大学が設置された。
⑤　陸軍士官学校が東京築地に設立され，のちに広島県江田島に移転した。

問 8　下線部(g)に関連して，同時期に戦時統制のために行われた政策について述べた文として**最も不適切なもの**を，次の中から一つ選べ。[40]

①　政府は議会の承認なしに戦争遂行に必要な物資を動員することができるようになった。
②　国民徴用令に基づいて一般国民が軍需産業に動員されるようになった。
③　価格等統制令を出して公定価格制を導入した。
④　過度経済力集中排除法によって巨大独占企業の分割をおこなった。
⑤　砂糖・マッチなどの消費を制限する切符制や米の配給制が導入された。

問 9　下線部(h)に関連して，第二次世界大戦直後の教育政策に関して述べた文 X～Z について，その正誤の組み合わせとして最も適切なものを，次の中から一つ選べ。[41]

X　GHQ は軍国主義的な教員の追放を指示した。

Y　イギリス教育使節団の勧告により，日本の歴史・地理の教科書が全面的に検閲をうけることになった。

Z　都道府県・市町村ごとに公選による教育委員会が設けられた。

① X 正　Y 正　Z 正　　② X 正　Y 正　Z 誤
③ X 正　Y 誤　Z 正　　④ X 正　Y 誤　Z 誤
⑤ X 誤　Y 正　Z 正　　⑥ X 誤　Y 正　Z 誤
⑦ X 誤　Y 誤　Z 正　　⑧ X 誤　Y 誤　Z 誤

(3)　第二次世界大戦後の高度経済成長期には，(i)大衆消費社会が到来し，個人所得の増大と都市化の進展が大きくすすんだ。その一方で，高度成長のひずみとして，(j)差別などの人権問題，交通渋滞，大気汚染をはじめとする社会問題が拡大していった。特に(k)企業が長年にわたって垂れ流してきた汚染物質により環境が破壊されるばかりでなく，公害病に苦しむ人も多くなってしまった。

問10　下線部(i)に関連して述べた文として**最も不適切なもの**を，次の中から一つ選べ。 42

① 大都市への人口流入とともに核家族化がすすんだ。
② 1965 年に白黒テレビの普及率が 90% に達するなど，電化製品の購入が拡大した。
③ 生活水準の向上とともに，高等学校や大学への進学率が上昇した。
④ 農業人口が減ったため，米の生産量が不足し，1970 年から米生産を増大させるための制度が導入された。
⑤ 国民の 8 割から 9 割が社会の中層に位置している（中流意識）と考えるようになった。

問11　下線部(j)に関連して，日本における人権問題の歴史について述べた文として最も適切なものを，次の中から一つ選べ。 43

① 内村鑑三らを中心に被差別部落の住民に対する社会的差別を撤廃させるための運動が本格化し，全国水平社が発足した。
② 関東大震災による混乱の中で，民族的な差別意識を背景とする流言が拡散された。
③ 1946 年に同和対策事業特別措置法が制定され，被差別部落における生活環境の改善と社会福祉の充実がはかられた。
④ 1925 年の普通選挙法により満 25 歳以上の男女が衆議院議員の選挙権をもつことになった。
⑤ 1947 年の民法改正で男女同権の制度が確立し，同年に男女雇用機会均等法が公布された。

問12　下線部(k)に関連して，四大公害訴訟の要因となった公害病および地名（ア）～（エ）について，空欄 I ・ J に入るものとして最も適切なものを，次の中から一つずつ選べ。ただし，一つの選択肢は一度しか選べない。

（ア）　新潟 I 病（阿賀野川流域）
（イ）　四日市ぜんそく（三重県四日市市）
（ウ）　J 病（富山県神通川流域）

（エ） 水俣病（熊本県水俣市）

I = 44　J = 45

① 水俣　② 光化学スモッグ　③ イタイイタイ　④ カドミウム汚染

世界史

（60分）

〔Ⅰ〕　次の文章を読み，後の問いに答えよ。

古代の地中海では古くから多くの人々が広範囲に及ぶ活動をしていた。例えば(a)ミケーネ文明の遺物が東は(b)シリア，西はイタリア南部で発見されている。ミケーネ文明が衰退したのち，地中海で盛んな活動を展開したのが(c)フェニキア人であった。彼らは当時ヘラクレスの柱とよばれた(d)ジブラルタル海峡を越えて大西洋沿岸まで進出した。そしてギリシア人は彼らからさまざまなことを学び，再び前8世紀以降，地中海に広く展開することとなった。

(e)ヘロドトスによれば，ギリシア人のスキュラクスは(f)ペルシア王ダレイオス１世の命を受けて，(g)インダス川を船で下って河口に達し，そののち，紅海のスエズまで行った。そのあとの前480年にはカルタゴ人のハンノが，大船団とともにヘラクレスの柱を越え，モロッコの(h)アガディールなどに都市をたて，さらにギニア，シエラレオネまで達したと伝えられている。

前4世紀末には(i)マッサリア（現マルセイユ）出身のギリシア人ピュテアスは，やはりヘラクレスの柱を越え北上し，イベリア半島を回航してフランス沿岸を進み，(j)アシャント（ウェサン）を経由してブリテン島南西部のコーンウォール，さらには(k)ポーランドのヴィスワ川の河口があるバルト海まで達したと考えられている。前2世紀後半，当時の(l)エジプト王プトレマイオス８世の命を受け，ギリシア人のエウドクソスはインドに達したが，二度目のインド行きは難破してアフリカ東岸に漂着した。そこでガデス（イベリア半島の大西洋側の都市）の難破船の残骸を発見すると，(m)アフリカ大陸は周航できると確信し，自ら周航を企ててガデスから出航したが失敗し，帰るために(n)マウレタニアのボックス１世に援助を求めたが拒否された。彼は再び周航を試みたが消息を絶った。中世以降，『世界の記述』を記した(o)マルコ＝ポーロ，あるいは広く旅行をして，その記録を残した(p)イブン＝バットゥータに比べればその活動の範囲は及ばないが，それでもこの時代にこのような冒険家がいたことを忘れてはならないであろう。

問１　下線部(a)について述べた文として**最も不適切なもの**を，次の中から一つ選べ。［ 1 ］

① この文明を築いたのはセム語系の集団で，前1500年頃から交易で活躍した。

② この文明の特徴として巨石で建築された王宮をあげることができる。

③ 線文字Ｂの解読により，この文明の諸王国が貢納王政であることが判明した。

④ 前1200年頃，この文明の諸王国は突然破壊され，滅亡した。

問２　下線部(b)に関連して，ここでは楔形文字に代わってアラム文字が用いられるようになり，多くの文字の原形となったが，これから派生した文字として**最も不適切なもの**を，次の中から一つ選べ。

［ 2 ］

① アラビア文字　　② フェニキア文字　　③ ヘブライ文字　　④ ウイグル文字

問3　下線部(c)が盛んな活動をする前のオリエント世界について述べた文として最も適切なものを，次の中から一つ選べ。 3

① エジプトでは中王国時代にアメンホテプ4世がアトン神のみを信仰することを定めた。

② バビロン第1王朝はハンムラビ王の時に栄えたが，ヒクソス人に滅ぼされた。

③ ヒッタイト人は鉄製武器を早くから使用して，強大な国家を建設した。

④ アッシリア王国は戦車や騎兵を用いて，全オリエントを征服することに成功した。

問4　下線部(d)に関連して，ジブラルタルをイギリスが領有することになったスペイン継承戦争の講和条約について述べた文として**最も不適切なもの**を，次の中から一つ選べ。 4

① この条約でイギリスはフランスからニューファンドランドを獲得した。

② この条約を締結した時のスペイン国王はカルロス2世である。

③ この条約はスペイン継承戦争でイギリスが勝利したことを示している。

④ この条約を締結したのは，イギリスが大ブリテン王国となったあとのことである。

問5　下線部(e)は古代ギリシア・ローマ世界の歴史家として知られるが，次にあげる人名の中で歴史を叙述しなかった人物として最も適切なものを，次の中から一つ選べ。 5

① エピクテトス　② タキトゥス　③ トゥキディデス　④ リウィウス

問6　下線部(f)に関連して，アケメネス朝ペルシアについて述べた文として**最も不適切なもの**を，次の中から一つ選べ。 6

① ユダヤ人をバビロン捕囚から解放した。

② ダレイオス1世は各州にサトラップをおいて統治し，「王の道」を整備した。

③ 前5世紀前半にギリシアとの戦争に勝利して領土を広げた。

④ キュロス2世はメディア王国を征服した。

問7　下線部(g)に関連して，ダレイオス1世当時のインドの状況について述べた文として最も適切なものを，次の中から一つ選べ。 7

① 『マハーバーラタ』や『ラーマーヤナ』が現在に伝わる形となった。

② チャンドラグプタ王がマウリヤ朝を開いた。

③ バラモン教の聖典である各種のヴェーダが編まれた。

④ ヴァルダマーナ（マハーヴィーラ）がジャイナ教をはじめた。

問8　下線部(h)はドイツのアフリカにおける植民地政策で注目を浴びたが，その理由を説明した文として最も適切なものを，次の中から一つ選べ。 8

① ドイツ皇帝ヴィルヘルム2世がフランスのモロッコ支配に抗議してこの地を訪問したため。

② この地をめぐりヨーロッパが争った結果，宰相ビスマルクがベルリン会議を開いたため。

③ この地への進出を契機にドイツはフランス領であったコンゴ全域の領有に成功したため。

④ フランスのモロッコ支配を牽制するために砲艦をこの地に派遣したため。

問 9　下線部(i)に関連して，フランスの国歌「ラ＝マルセイエーズ」はここからパリに来た義勇軍の軍歌に由来するが，この義勇軍がいつパリに来たのかについて述べた文として最も適切なものを，次の中から一つ選べ。 9

① フランス革命で立法議会がオーストリアに宣戦したが，苦戦を強いられた時。

② ウィーン体制下で国王シャルル 10 世の圧政に対して七月革命が勃発した時。

③ 七月王政下，選挙権の拡大を求める動きから生じた二月革命の時。

④ エルバ島に流されたナポレオンがパリに戻り皇帝の座に返り咲いた時。

問10　下線部(j)はフランスのブルターニュ沿岸の島であり，この近海で英仏海軍は，両国が対立関係にあった 1778 年（アメリカ独立をめぐる戦い）と 1794 年（フランス革命）に戦ったが，このように英仏が対立関係にあった戦争として**最も不適切なもの**を，次の中から一つ選べ。 10

① オーストリア継承戦争　② クリミア戦争　③ 七年戦争

④ フレンチ＝インディアン戦争

問11　下線部(k)の歴史について述べた文として**最も不適切なもの**を，次の中から一つ選べ。 11

① 10 世紀頃に建国して，14 世紀にはカジミェシュ王のもとで繁栄した。

② 1795 年にロシア，オーストリア，プロイセンにより全領土を分割された。

③ ロシアでニコライ 1 世が皇帝であった 1863 年に反乱が起きたが鎮圧された。

④ 第一次世界大戦後のヴェルサイユ条約で独立を認められた。

問12　下線部(l)は前 2 世紀の王であるが，その頃の中国の出来事として最も適切なものを，次の中から一つ選べ。 12

① 南越を滅ぼし南方に領土を拡大した。

② 王莽が皇帝を廃位して新をたてた。

③ 始皇帝が中国を統一して焚書坑儒をおこなった。

④ ローマ皇帝（大秦王安敦）からの使者が送られた。

問13　下線部(m)に関連して，アフリカ周航を西欧で最初に成し遂げたのは大航海時代であると考えられているが，この時代の状況を述べた文として最も適切なものを，次の中から一つ選べ。 13

① アフリカ周航が推進された最大の目的は，中国から陶器を輸入することであった。

② 女王イサベルはバルトロメウ＝ディアスをインドに向けて派遣した。

③ ヴァスコ＝ダ＝ガマはアラブ人ムスリムの案内でインドに到達した。

④ 世界周航に乗り出したマゼランは 1522 年に無事，生還した。

問14　下線部(n)のボックス 1 世はローマのマリウスとスラの対立に関わった人物である。この内乱の一世紀から帝政成立期のローマについて述べた文として**最も不適切なもの**を，次の中から一つ選べ。
14

① グラックス兄弟が農民層の没落を防ぐために大胆な改革に乗り出した。

② イタリア半島の同盟市がローマ市民権を求めて反乱を起こした。

③ 第1回三頭政治とはポンペイウス，クラッスス，カエサルの私的政治同盟である。

④ この混乱に終止符を打ったのはカエサルの部下であったアントニウスである。

問15 下線部(o)は元まで行ったが，この元について述べた文として最も適切なものを，次の中から一つ選べ。[15]

① 元という国号はオゴタイが都を洛陽に定めて称したものである。

② 交通網の整備をすすめ，駅伝制を実施する一方，海運も発達した。

③ 科学技術への関心が高まり，『本草綱目』や『農政全書』などが著された。

④ 黄巾の乱など各地で反乱が起こり，明に敗れモンゴル高原に退いた。

問16 下線部(p)に関連して，イスラームの学問と文化について述べた文として**最も不適切なもの**を，次の中から一つ選べ。[16]

① イスラーム教徒はギリシア哲学，特にタレスのイオニア自然哲学を熱心に学んだ。

② 美術・工芸の分野では唐草文などを図案化したアラベスクが発達した。

③ インドから数字（後のアラビア数字）とゼロの概念を取り入れた。

④ フワーリズミーらが代数学を開発し，近代科学成立に貢献した。

〔Ⅱ〕 次の文章を読み，後の問いに答えよ。

内陸アジアの草原地帯では，羊・牛・馬などの家畜を主要な財産とする遊牧民が，遊牧と狩猟の生活を営んでいた。前9世紀から前8世紀頃には，騎馬遊牧民が草原地帯に登場し，その後の世界で大きな影響力をもった。内陸アジア東部では，前4世紀頃から活動が活発になり，(a)匈奴や月氏・烏孫などが現れ，匈奴は漢を圧迫した。

紀元後1世紀半ば以降，騎馬遊牧民と中国との関係はますます深まり，(b)西晋から五胡十六国の時代を経て，ついには鮮卑の拓跋氏がたてた北魏が華北を統一した。中国では，(c)北朝の諸王朝を経て，(d)隋・唐に至るまで，鮮卑系の王朝が続くことになる。

6世紀から9世紀にかけてモンゴル高原を中心にあいついで大遊牧国家を築いたのは(e)トルコ系の(f)突厥と(g)ウイグルである。また，ほぼ同じ時期に[A]では吐蕃が統一国家を建設した。唐はこの時期，西域のオアシス都市を領有して勢力圏を広げ，都の(h)長安は国際色豊かな都市となった。

唐では，8世紀半ばには(i)安史の乱が起こり，これを契機に中央政府の統制力が弱まり，10世紀始めに滅びた。

唐滅亡後の東アジアの歴史を左右したのも，やはり遊牧騎馬民の動向であった。10世紀には耶律阿保機が東モンゴルを中心に(j)契丹（遼）をたて，宋の成立後もしばしば華北に侵入した。宋の西北辺境には[A]系の[B]が(k)西夏を建国し，ややおくれて12世紀には[C]系の女真が金を立て，13世紀には(l)モンゴル帝国が出現することになる。

問１　空欄［　A　］～［　C　］に入るものとして最も適切なものを，次の中から一つずつ選べ。ただし，一つの選択肢は一度しか選べない。

［　A　］＝［17］　［　B　］＝［18］　［　C　］＝［19］

① オイラト　② シンハラ　③ タタール　④ タングート　⑤ チベット
⑥ ツングース　⑦ ドラヴィダ　⑧ マレー　⑨ モンゴル　⑩ タミル

問２　下線部(a)に関連して述べた文として最も適切なものを，次の中から一つ選べ。［20］

① 漢は，戦国時代以来の長城を修築して匈奴に対抗した。
② 冒頓単于は，中継貿易で利益を得ていた月氏を攻撃した。
③ 漢の劉邦は，匈奴に敗れて強硬策をとった。
④ 武帝は，大月氏と同盟を結んだ。
⑤ 張騫は，使者として匈奴に派遣された。

問３　下線部(b)に関連して，中国で起こった事柄を述べた文として**最も不適切なもの**を，次の中から一つ選べ。［21］

① 山西で挙兵した鮮卑が洛陽をおとしいれ，西晋が滅びた。
② 匈奴の一種族の羯が中国に侵入した。
③ 西方からは氐や羌が中国に侵入した。
④ 東北からは鮮卑が中国に侵入した。
⑤ 五胡は，八王の乱で兵力として活躍した。

問４　下線部(c)の時代に関連して，この時代の中国で起こった出来事を述べた文を年代の早いものから順に正しく並べたとき，**前から３番目と５番目**にくるものを，次の中から一つずつ選べ。

３番目＝［22］　５番目＝［23］

① 北魏が東西に分裂した。
② 漢化政策などに反発する軍人の反乱が起こった。
③ 孝文帝が洛陽に遷都した。
④ 北魏がたてられた。
⑤ 西魏が北周にたおされた。
⑥ 法顕が直接インドに赴いて仏教をおさめた。

問５　下線部(d)に関して述べた下の文の下線部(X)～(Z)について，その正誤の組み合わせとして最も適切なものを，次の中から一つ選べ。［24］

隋の文帝の時期に着工し，(X)煬帝の時に完成した大運河は，嶺南と華北を結びつける交通の大動脈であった。(Y)汴州から涿郡をつなぐ永済渠，(Z)江都と汴州を結ぶ広通渠などがあり，都の大興城（長安）と全国各地を水運でつなぎ，隋のみならず後世にまで大きな影響を与えた。

① X 正　Y 正　Z 正
② X 正　Y 正　Z 誤
③ X 正　Y 誤　Z 誤
④ X 誤　Y 正　Z 誤
⑤ X 誤　Y 誤　Z 正
⑥ X 誤　Y 誤　Z 誤

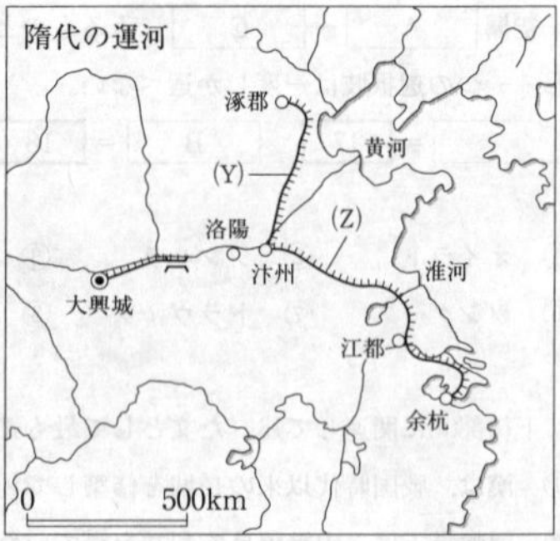

問 6　下線部(e)に関連して，ユーラシア各地におけるトルコ系の人々に関連する事柄を述べた文として**最も不適切なもの**を，次の中から一つ選べ。 25

① オスマン帝国は，ビザンツ帝国を滅ぼした。
② セルジューク朝の建国者トゥグリル＝ベクは，スルタンの称号を授けられた。
③ カラハン朝は，東西トルキスタンを領有し，イスラーム教を信仰した。
④ ブルガール人は，７世紀にバルカン半島北部でブルガリア帝国を建国した。
⑤ サラディンは，マムルーク朝をたてた。
⑥ ティムール朝は，遊牧ウズベクに滅ぼされた。

問 7　下線部(f)に関連して述べた文として最も適切なものを，次の中から一つ選べ。 26

① ソグド文字を作った。
② 隋の建国を援助した。
③ アケメネス朝とともにエフタルを滅ぼした。
④ ５世紀初に，中央アジアから中国東北地方におよぶ大帝国を作った。
⑤ 東突厥は，ウイグルに滅ぼされた。

問 8　下線部(g)に関連して述べた文として最も適切なものを，次の中から一つ選べ。 27

① 滅亡後，住民の一部が東走してウラル山脈に至った。
② 黄巣の乱の鎮圧に協力した。
③ ソグド人の協力を得て遊牧帝国を建設した。
④ ナイマンに敗れて滅ぼされた。
⑤ 安禄山の父は，ウイグル人である。

問 9　下線部(h)に関連して，この時期の長安について述べた文として最も適切なものを，次の中から一つ選べ。 28

① 阿倍仲麻呂が滞在し，白居易らと交流した。
② アタナシウス派キリスト教の寺院がつくられた。
③ ギリシア起源のポロ競技が伝わり，流行した。

④　玄奘がクチャに留学して仏典を持ち帰り，翻訳事業をおこなった。

⑤　ササン朝が滅亡すると，多くのイラン人が亡命してきた。

問10　下線部(i)とその後に起こった事柄に関連して述べた文として最も適切なものを，次の中から一つ選べ。 29

①　キルギスの援軍を得てようやく鎮圧した。

②　楊貴妃の一族に対する反発が原因のひとつとなった。

③　太宗の治世の最後に起こった。

④　大理がしばしば侵入した。

⑤　有力な寺院が地方の行政・財政の権力を握って自立した。

問11　下線部(i)に関連して，この乱の後の時期の学術・芸術・文学について述べた文として最も適切なものを，次の中から一つ選べ。 30

①　杜甫や白居易らの詩人が名声を博した。

②　義浄がインドを訪れ，『南海寄帰内法伝』を著した。

③　訓詁学が重んじられ，孔穎達らの『五経正義』がつくられた。

④　顧愷之が「女史箴図」を描いた。

⑤　呉道玄による写実的な院体画が流行した。

問12　下線部(j)に関連して述べた文として最も適切なものを，次の中から一つ選べ。 31

①　五代の後唐の建国をたすけた代償として，燕雲十六州を得た。

②　皇族の耶律大石が，のちに中央アジアで国をたてた。

③　長安にならってつくられた上京竜泉府を都とした。

④　金と南宋の連合軍に滅ぼされた。

問13　下線部(k)に関連して，この国でつくられた文字として最も適切なものを，次の中から一つ選べ。 32

①

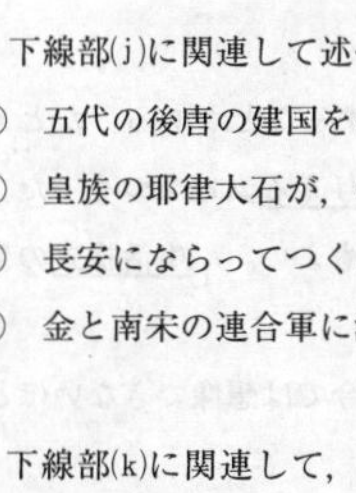

②

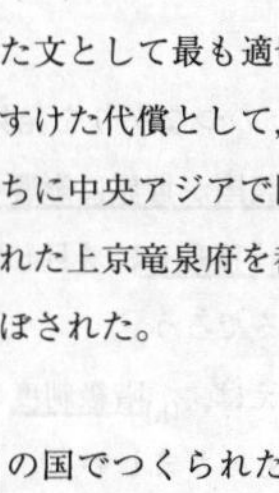

③

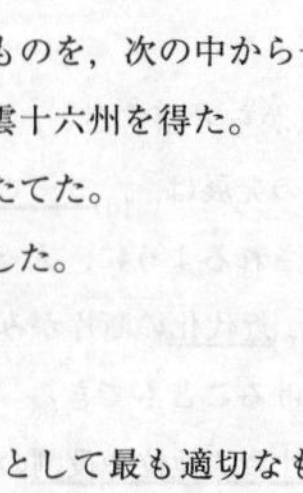

④

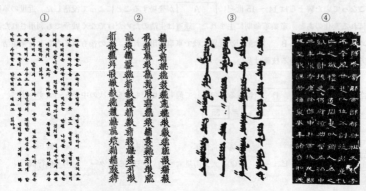

（西田龍雄著『世界の文字』大修館書店，1981 年，380・397 頁より抜粋。）

問14 下線部(1)に関連して，下の文はマルコ＝ポーロとルスティケッロ＝ダ＝ピーサによる『世界の記述』の一節である。この文の説明として最も適切なものを，次の中から一つ選べ。［33］

> このカンバル市には大君の造幣所があるのですよ。そして，大君は完璧に錬金術を手にしていると十分言ってもいいようになっているのです。それを今皆さんにお示ししよう。
>
> さて，彼は私がこれからお話しするようにしてお金を作らせることをご存じになってください。樹，すなわち絹を作る虫がその葉を食べる桑の木，の皮と，その皮と樹の幹の間にある薄い膜を取らせる。そしてこの薄い膜からパピルスのそれのような紙を造らせる。（中略）この紙には全て大君の印が押してある。彼はこれを大量に造らせるから，世界の全財宝がそれで支払えるだろう。
>
> （高田英樹訳『世界の記』名古屋大学出版会，2013年，227～228頁を一部改変。）

① 会子とよばれる手形が発行された。

② 飛銭とよばれる紙幣が発行された。

③ 交子とよばれる手形が発行された。

④ 交鈔とよばれる紙幣が発行された。

〔Ⅲ〕 次の文章を読み，後の問いに答えよ。

欧米諸国の歴史を多様な観点から考察すると，今日とのつながりを発見することがある。たとえば，(a)16世紀以降の(b)経済や(c)学問の発展は，(d)ヨーロッパ諸国が世界に影響を与える素地をつくった。アメリカ大陸の「発見」などに代表されるように，人々の(e)「移動」に着目してもよい。(f)生活様式の変化を追えば，時代の特性とともに，(g)近代化の断片がみつかるだろう。

今日との差異や隔たりをみつけることもできる。たとえば，(h)階級制度は今では想像できないほど大きな意味を持っていた。(i)女性の社会的地位や役割の変化もめざましい。

(j)技術の発明も重要である。それは戦争のありかたさえ変貌させてきた。中世ヨーロッパで，一騎討ち戦をおこなっていた騎士らは14～15世紀に［ A ］が登場することによって没落した。近世の軍事革命とよばれる変化のあと，産業革命期に生まれた(k)鉄道は生活のためだけでなく戦争でも利用された。20世紀初めに発明された［ B ］は第一次世界大戦で軍事利用された。その後も原子力など日常生活と軍事の両方に影響を与えている技術は多い。

問1 空欄［ A ］・［ B ］に入るものとして最も適切なものを，次の中から一つずつ選べ。

［ A ］＝［34］ ［ B ］＝［35］

［ A ］＝① 火砲 ② 常備軍 ③ 戦車 ④ 傭兵

［ B ］＝① コンピュータ ② 人工衛星 ③ トランジスター ④ 飛行機

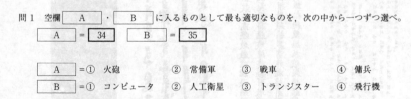

問2　下線部(a)に関連して，この時期に起きた出来事を年代の早いものから順に正しく並べたとき，前から3番目にくるものを，次の中から一つ選べ。 36

① アウクスブルクの和議
② カール5世のローマへの侵攻
③ スペインの無敵艦隊，イギリス海軍に敗北
④ エリザベス1世の統一法によるイギリス教会体制の確立
⑤ フロンドの乱
⑥ ポルトガル人カブラルのブラジル漂着

問3　下線部(b)に関して述べた文X～Zについて，その正誤の組み合わせとして最も適切なものを，次の中から一つ選べ。 37

X　イギリス製の機械製綿布は19世紀以降，安価なインド製綿布に圧倒された。
Y　フェリペ2世の治世にスペインは，マニラを拠点としてアジア貿易を展開した。
Z　絶対王政期のヨーロッパでは作業場で労働者が分業により製品を生産する問屋制手工業がみられた。

① X 正　Y 誤　Z 正
② X 誤　Y 誤　Z 正
③ X 誤　Y 正　Z 誤
④ X 正　Y 正　Z 誤

問4　下線部(c)に関して述べた下の文を読み，空欄 D ～ F に入るものとして最も適切なものを，次の中から一つずつ選べ。ただし，一つの選択肢は一度しか選べない。

D = 38　E = 39　F = 40

18世紀から19世紀にかけては，アダム＝スミス，マルサス， D らの古典派経済学が登場したが，ドイツでは E が登場して，国内経済発展のための関税の必要性を説いた。歴史学では同じくドイツの F が史料批判の重要性などを説いて，学問の発展に貢献した。

① エンゲルス　② クロンプトン　③ コブデン　④ スペンサー
⑤ プルードン　⑥ マルクス　⑦ ランケ　⑧ リカード　⑨ リスト

問5　下線部(d)に関連して述べた文として最も適切なものを，次の中から**二つ**選べ。ただし，三つ以上マークした場合はすべて無効とする（解答欄 41 に二つマークせよ）。

① ヨーロッパがアジアに対して優位に立ち，世界的な支配構造を形成したのは16世紀後半である。
② カリブ海のフランス領イスパニョーラ島の西部（サン＝ドマング）は17世紀末にスペイン領となった。

③　イギリスは1885年にエチオピアを植民地化した。

④　インドネシアでは，20世紀初めオランダによってキリスト教の布教が推進された。

⑤　1895年，日本はロシア・フランス・ドイツの圧力により遼東半島を中国に返還した。

⑥　アフガニスタンは20世紀前半に独立するまでオランダの保護国だった。

問6　下線部(e)について述べた文として最も適切なものを，次の中から一つ選べ。 42

①　大西洋ルートの黒人奴隷貿易では，19世紀までに合計で約300万人のアフリカ人が大西洋をわたったと推計される。

②　ヘディンの太平洋探索によってニューギニア，ニュージーランド，ハワイの情報がヨーロッパに伝わった。

③　アメリカ合衆国の西部開拓において，いわゆるフロンティアは20世紀初頭まで消滅しなかった。

④　アイルランドでは1840年代に飢饉を経験したあと，100万人以上がアメリカにわたった。

問7　下線部(f)に関連して述べた文として**最も不適切なもの**を，次の中から一つ選べ。 43

①　ロシア東南辺境に移住したコサックは牧畜，狩猟，漁業を営みながら戦士団を形成した。

②　18世紀イギリスの風刺画家ホガースは，当時の人々の暮らしを細やかに描写した。

③　産業革命期のイギリスでは，労働者の悲惨な生活をみて，ブライトが待遇改善を訴えた。

④　19世紀後半以降のヨーロッパではコンサートホールや博物館などの娯楽・文化施設の拡充がすすんだ。

問8　下線部(g)に関連して述べた文として**最も不適切なもの**を，次の中から一つ選べ。 44

①　ベトナムのラーマ5世は集権的で近代的な統治機構をつくりあげた。

②　19世紀前半，ムハンマド＝アリーはフランスの支援で近代的な軍隊を創設した。

③　オスマンによるパリ改造は，19世紀の都市近代化の代表的な事例である。

④　オスマン帝国では，アブデュルメジト1世が政治や軍事などで西欧化改革を推進した。

問9　下線部(h)に関連して述べた文として最も適切なものを，次の中から一つ選べ。 45

①　封建社会における農奴は結婚税などを課せられていたが，相続の自由は保障された。

②　ワット＝タイラーの乱に参加した聖職者ジョン＝ボールは身分制度を批判した。

③　絶対王政期に貴族は特権をもつ中間団体を形成することで国王を助けたため，国王による国民に対する支配が強化された。

④　1789年フランス人のラ＝ファイエットは農民が大部分を占める第三身分の権利を主張する著作を発表した。

問10　下線部(i)に関連して述べた文として**最も不適切なもの**を，次の中から一つ選べ。 46

①　騎士道は武勇や主君への忠誠だけでなく，女性や弱者の保護なども説いた。

②　産業革命期には，分業がすすみ，女性や子供も鉱山で働くようになった。

③　『アンクル＝トムの小屋』の著者ストウは，アメリカ北部の奴隷解放運動に影響を与えた。

④　イギリスでは1918年の第4回選挙法改正で21歳以上の男女に選挙権が認められた。

問11　下線部(j)に関連して述べた文として最も適切なものを，次の中から一つ選べ。 47

① 1807年，アメリカ人のスティーヴンソンが蒸気船を試作した。

② アメリカ人のマイヤーは無線電信を発明した。

③ ダイムラーがガソリン自動車を完成させた。

④ ヘルムホルツが細菌の培養法を開発した。

問12　下線部(k)に関連して，日清戦争後の中国の鉄道について述べた下の文X～Zを読み，その正誤の組み合わせとして最も適切なものを，次の中から一つ選べ。 48

X　南進の機会をねらっていたロシアは，三国干渉の代償として，清から東清鉄道の敷設権を獲得した。

Y　日本は，下関条約により南満州の鉄道利権を獲得し，南満州鉄道を設立した。

Z　清は，幹線鉄道の国有化をすすめようとしたが，民族資本家や地方有力者の反対にあった。

① X 正　Y 正　Z 正

② X 正　Y 誤　Z 正

③ X 正　Y 誤　Z 誤

④ X 誤　Y 正　Z 正

⑤ X 誤　Y 誤　Z 正

⑥ X 誤　Y 誤　Z 誤

地理

（60 分）

〔Ⅰ〕 次の図 1 と文章を読み、以下の問いに答えよ。

人口減少時代を迎えたと言われる日本ではさまざまな課題の解決が求められているが、その発現には大きな地域差が存在する。図 1 に示したように、2000 年以降の 15 年間で人口が増加したのは 9 都府県しかなく、沖縄を除けばすべて、工業生産が盛んな太平洋ベルトに位置しており、北日本や日本海側、四国や九州の南部には人口減少度の高い道県が多い。このような地域差の背景には、地形や(a)気候など自然環境の違いや第二次世界大戦後の(b)産業立地の動向が大きく関わっている。また、サービス経済化の進んだ現在は、必ずしも(c)製造業の発達が都市の規模を規定しなくなったが、雇用創出力の高い情報通信産業の多くは首都圏を指向していることもあって、(d)日本海側には人口が 100 万人を超える大都市は形成されていない。しかし、日本海側は(e)豊かな漁場に恵まれ、(f)沿岸や沖合には地下資源が埋蔵されている。また、伝統的な産業は比較的活発で、(g)原子力発電所の誘致で地域振興を図る動きもみられた。また、(h)グローバル化が進展する中で外国人の集客も念頭に置いた(i)観光業の発達にも期待がかけられている。

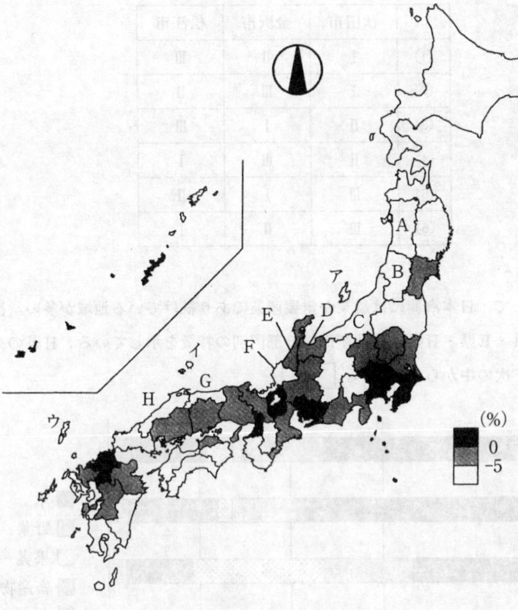

図 1　日本の人口増加率の地域差（2000 ～ 2015 年）

「国勢調査報告」より作成

問 1　下線部(a)に関連して、次のⅠ～Ⅲは日本海側に位置する秋田市・金沢市・松江市の雨温図である。各都市と雨温図の組み合わせとして最も適切なものを、次の中から一つ選べ。 1

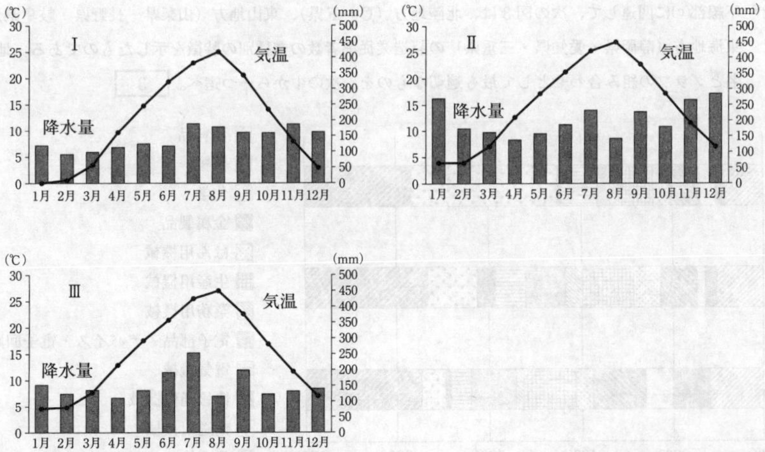

『理科年表 2020』より作成

	秋田市	金沢市	松江市
①	Ⅰ	Ⅱ	Ⅲ
②	Ⅰ	Ⅲ	Ⅱ
③	Ⅱ	Ⅰ	Ⅲ
④	Ⅱ	Ⅲ	Ⅰ
⑤	Ⅲ	Ⅰ	Ⅱ
⑥	Ⅲ	Ⅱ	Ⅰ

問２　下線部(b)に関連して、日本海側には農業が重要産業であり続けている地域が多い。次の図２は、図１中のＢ県・Ｃ県・Ｅ県・Ｈ県の農業産出額の部門別の特徴を示している。Ｈ県のグラフとして最も適切なものを、次の中から一つ選べ。 2

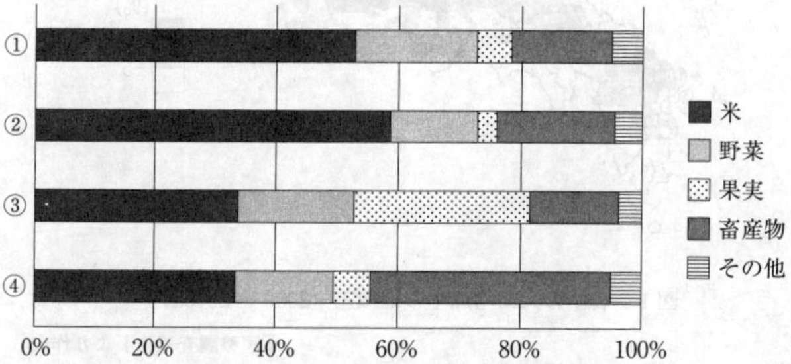

図２　日本海側地域における農業生産の地域的特徴（2018 年）

「生産農業所得統計」より作成

問３　下線部(c)に関連して、次の図３は、北陸地方（Ｃ～Ｆ県）、東山地方（山梨県・長野県・岐阜県）、東海地方（静岡県・愛知県・三重県）の製造業従業者数の業種別の特徴を示したものである。地方名とグラフの組み合わせとして最も適切なものを、次の中から一つ選べ。 3

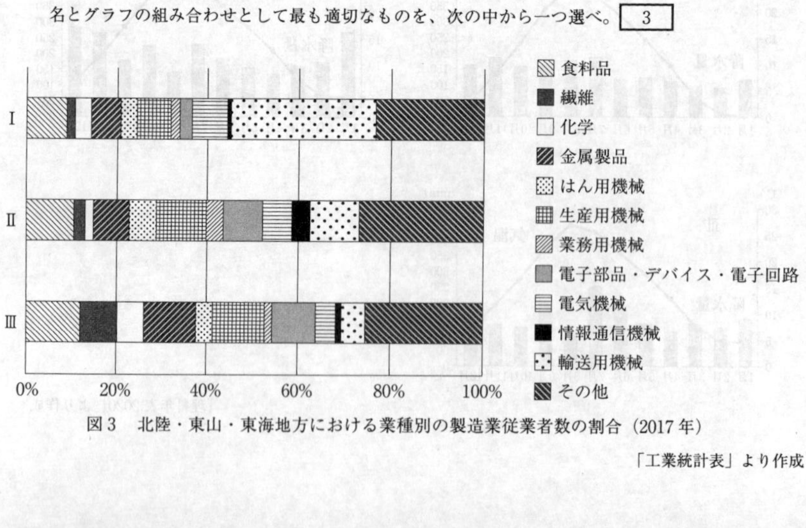

図３　北陸・東山・東海地方における業種別の製造業従業者数の割合（2017 年）

「工業統計表」より作成

	北陸地方	東山地方	東海地方
①	Ⅰ	Ⅱ	Ⅲ
②	Ⅰ	Ⅲ	Ⅱ
③	Ⅱ	Ⅰ	Ⅲ
④	Ⅱ	Ⅲ	Ⅰ
⑤	Ⅲ	Ⅰ	Ⅱ
⑥	Ⅲ	Ⅱ	Ⅰ

問 4　下線部(d)に関連して、A～H県の県庁所在地の人口（2019 年）を示したグラフとして最も適切なものを、次の中から一つ選べ。 4

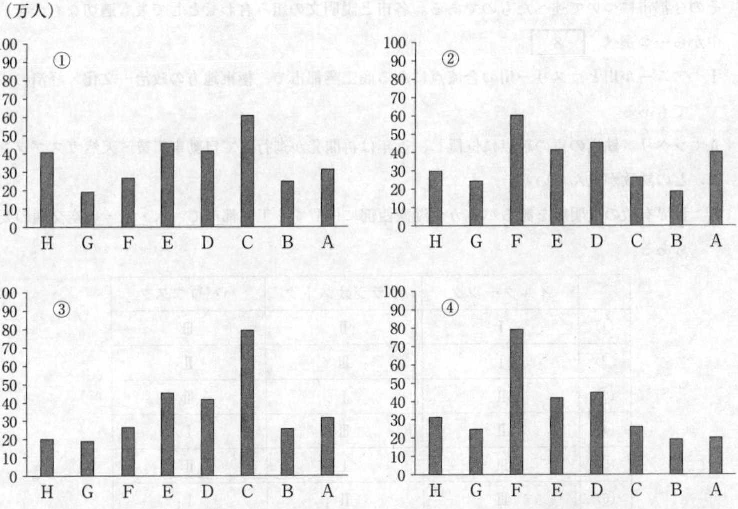

『日本国勢図会 2020/21』より作成

問 5　下線部(e)に関連して、日本海の漁業環境として最も適切なものを、次の中から一つ選べ。 5

① A県の沖合では津軽海峡から流れ込む寒流によって湧昇流が発生し、好漁場となっている。

② ア島の周辺は暖流と寒流が会合する潮目を形成しており、好漁場となっている。

③ イ島とウ島の間には対馬海盆と呼ばれる浅海底が広がっており、好漁場となっている。

④ 日本海の中央部には大和堆と呼ばれる浅堆があり、好漁場となっている。

問 6　下線部(f)に関連して、日本海側には日本最大級の油田と将来有望な海底地下資源が存在する。石油産出量（2016 年）が最大の県名と有望な海底地下資源名の組み合わせとして最も適切なものを、次の中から一つ選べ。 6

① 鳥取県・コバルトリッチクラスト　　② 鳥取県・マンガン団塊

③　鳥取県・メタンハイドレート　　④　新潟県・コバルトリッチクラスト
⑤　新潟県・マンガン団塊　　⑥　新潟県・メタンハイドレート
⑦　福井県・コバルトリッチクラスト　　⑧　福井県・マンガン団塊
⑨　福井県・メタンハイドレート

問7　下線部(g)に関連して、C～F県の中で原子力発電所の立地がみられない県として最も適切なものを、次の中から一つ選べ。 7

①　C県　②　D県　③　E県　④　F県

問8　下線部(h)に関連して、C県では2000年代初頭までロシア東部の三つの拠点都市（イルクーツク・ウラジオストク・ハバロフスク）との間に定期航空路線が開設されていた。次の説明文Ⅰ～Ⅲは、その3都市について述べたものである。各市と説明文の組み合わせとして最も適切なものを、次の中から一つ選べ。 8

Ⅰ：アムール川とウスリー川の合流点にある商工業都市で、極東地方の政治・文化・経済の中心地でもある。

Ⅱ：シベリア鉄道の東の起点に位置し、近年は再開発が進行して自動車工業・天然ガスプラントなどの誘致が進んでいる。

Ⅲ：世界有数の透明度を誇るバイカル湖南西部に位置する工業都市で、水・陸・航空交通の要地でもある。

	イルクーツク	ウラジオストク	ハバロフスク
①	Ⅰ	Ⅱ	Ⅲ
②	Ⅰ	Ⅲ	Ⅱ
③	Ⅱ	Ⅰ	Ⅲ
④	Ⅱ	Ⅲ	Ⅰ
⑤	Ⅲ	Ⅰ	Ⅱ
⑥	Ⅲ	Ⅱ	Ⅰ

問9　下線部(i)に関連して、A・B・D・H県の中で「世界遺産」と「世界ジオパーク」のいずれの登録地もない県として最も適切なものを、次の中から一つ選べ。 9

①　A県　②　B県　③　D県　④　H県

〔Ⅱ〕 次の文章を読み、以下の問いに答えよ。

(a)世界保健機関（WHO）の年次報告書「世界保健統計」の2019年版によると、世界の男女を合わせた平均寿命（0歳の平均余命）は2000年の[ア]年から2016年に[イ]年となり、16年間で5.5年延びた。また、(b)健康寿命（健康上の理由で日常生活が制限されることなく過ごせる年）は、2000年の58.5年から2016年には63.3年となっている。

(c)平均寿命の延びは、5歳未満の子どもの死亡率が大幅に低下し、HIV・エイズの予防と治療が進展したことが寄与している。

一方、(d)低所得国においては基本的な医療を受けることが難しい国もあり、日本や欧米諸国などの高所得国の平均寿命は80.8年、アフリカなどの低所得国は62.7年と格差は明らかとなっている。特に、感染症に関しては、予防や治療のサービスを受けられない地域があり、(e)保健医療システムの充実が緊急な課題である。

『世界国勢図会 2019/20』「諸国民の生活」を一部改変

問1 下線部(a)に関連して、WHOは国際連合と連携する専門機関の一つである。国際連合について説明した文として**最も不適切なもの**を、次の中から一つ選べ。[10]

① 2018年6月末時点の加盟国数は、193か国である。
② NATOやAPECはWHO同様に国際連合と連携する専門機関である。
③ 国際平和と安全の維持にかかわる平和維持活動は安全保障理事会の決定に基づいて展開される。
④ 国際連合の公用語は、英語、スペイン語、フランス語、ロシア語、中国語、アラビア語である。
⑤ バチカン市国、コソボ共和国、クック諸島およびニウエは、2018年6月末時点で国際連合に加盟していない。

問2 2000年代に国際連合に加盟した国々を加盟年次が早い順に並べたものとして最も適切なものを、次の中から一つ選べ。[11]

① スイスと東ティモール → モンテネグロ → 南スーダン → ユーゴスラビア連邦共和国
② 南スーダン → ユーゴスラビア連邦共和国 → スイスと東ティモール → モンテネグロ
③ モンテネグロ → 南スーダン → ユーゴスラビア連邦共和国 → スイスと東ティモール
④ モンテネグロ → ユーゴスラビア連邦共和国 → 南スーダン → スイスと東ティモール
⑤ ユーゴスラビア連邦共和国 → スイスと東ティモール → モンテネグロ → 南スーダン

問3 空欄[ア]・[イ]に入る数値の組み合わせとして最も適切なものを、次の中から一つ選べ。
[12]

	ア	イ
①	86.5	92.0
②	76.5	82.0
③	66.5	72.0
④	61.5	67.0
⑤	56.5	62.0

問 4　下線部(b)に関連して、次の図 4 は WHO の資料で、平均寿命に対する健康寿命の割合（2016 年）を視覚的に示したものである。一つの円が一つの国を表し、円の大きさがその国の健康寿命の長さを示す。図の右側ほど平均寿命に対する健康寿命の割合が高く、左側ほど割合が低い。グループ A ～ C は、アフリカ（地中海沿いのイスラム圏諸国を除く）、アメリカ（北・中・南米）、ヨーロッパ（トルコ、旧ソ連諸国を含む）のいずれかの地域に相当する。国の数や各種指標を参考に、アフリカとヨーロッパを示す組み合わせとして最も適切なものを、次の中から一つ選べ。 13

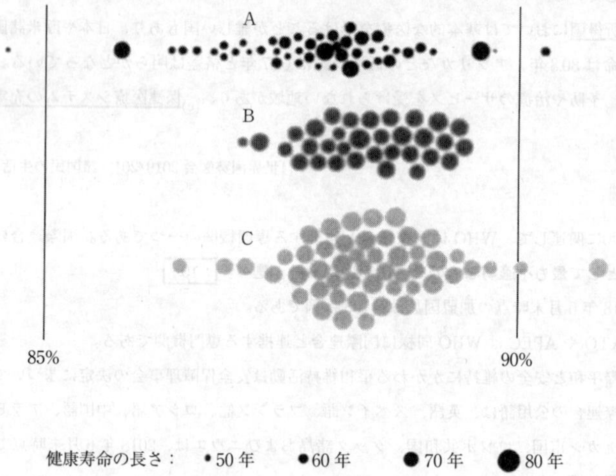

図 4　平均寿命に対する健康寿命の割合（2016 年）

出典：WHO：World Health Statistics 2020：A visual summary

	アフリカ	ヨーロッパ
①	A	B
②	A	C
③	B	A
④	B	C
⑤	C	A
⑥	C	B

問 5　下線部(c)に関連して、教育によって感染症予防の知識を与えることも、平均寿命や健康寿命の延びに寄与するとされる。次の表は、教育に関する指標として、インド、サウジアラビア、中国、ニジェール、ブルガリアの 5 か国の識字率（15 歳以上）を示したものである。このうち、インドと中国に当てはまるものとして最も適切なものを、次の中から一つずつ選べ。ただし一つの選択肢は一度しか選べない。

インド＝ 14 　中国＝ 15

	1970年（%）			2015年（%）		
	計	男	女	計	男	女
①	5.7	10.5	1.2	19.1	27.3	11.0
②	33.1	46.8	18.5	72.2	80.9	63.0
③	33.3	49.0	16.4	94.8	96.9	91.8
④	52.9	67.4	37.5	96.4	98.2	94.5
⑤	92.4	95.9	89.0	98.4	98.7	98.1

『データブック オブ・ザ・ワールド2020』より作成

問6　下線部(d)に関連して、世界銀行は、1人あたり国民総所得（GNI）の数値によって世界の国々を次のように4つに区分している。2017年の区分では、低所得国家（1人あたりGNI 995ドル以下）、中所得国家下位（同996ドル～3,895ドル）、中所得国家上位（同3,896ドル～12,055ドル）、高所得国家（同12,056ドル以上）である。また、次のD・E・F・Gは、各区分の中に入る国の例である。このうち、Fの国が入る区分内の全ての国々が世界全体に占める人口・面積・GNIの割合（%：2017年）として最も適切なものを、次の中から一つ選べ。 16

注：区分ごとの1人あたりGNIは『データブック オブ・ザ・ワールド2020』による。

＜区分＞

D：アフガニスタン、エチオピア、コンゴ民主共和国、ブルキナファソなど

E：アメリカ合衆国、オーストラリア、ドイツ、日本など

F：インド、インドネシア、エジプト、ガーナなど

G：中国、ブラジル、南アフリカ、ロシアなど

	人口	面積	GNI
①	9.7%	11.1%	0.7%
②	16.6%	30.3%	64.3%
③	34.2%	43.1%	26.9%
④	39.5%	15.4%	8.0%

『世界国勢図会2019/20』より作成

問7　2015年9月の国連サミットで「持続可能な開発のための2030アジェンダ」が採択された。ここで合意された、「貧困をなくそう」「飢餓をゼロに」「すべての人に健康と福祉を」など世界の国々が2030年までに実現を目指して取り組むべき17のゴールの呼称として最も適切なものを、次の中から一つ選べ。 17

①　環太平洋戦略的経済連携協定（TPP）　②　国連開発計画（UNDP）

③　国境なき医師団（MSF）　④　持続可能な開発目標（SDGs）

⑤　ミレニアム開発目標（MDGs）

問8　下線部(e)に関連して、アイルランド、インドネシア、キューバ、ニュージーランド、フィリピンの5か国のなかで、人口1万人あたりの医師数（『世界国勢図会 2020/21』・2010~18年の間の最新値による）が最も多い国は、1959年の革命以来国内の医療充実に取り組み、近年は開発途上国などへ積極的に医師団を派遣し、その手当の送金は、近隣の大国との経済関係が必ずしも良好でない中で、観光業やニッケル、サトウキビ等の輸出からもたらされる収入と並んで、国を支える存在となっている。この国として最も適切なものを、次の中から一つ選べ。 18

①　アイルランド　②　インドネシア　③　キューバ
④　ニュージーランド　⑤　フィリピン

〔Ⅲ〕 次の文章を読み、以下の問いに答えよ。

2011年に起きた(a)東北地方太平洋沖地震の被災地は広範囲におよぶ。被災地と一口に言うが、(b)地形、人口分布、(c)産業、地域の課題などにおいて、異なる特徴を持っていた地域が含まれる。(d)地震後の復旧・復興過程では、(e)交通面で仙台市と宮古市を沿岸部に沿って結ぶ三陸自動車道の整備が加速し、産業面でも観光振興を図るなど、地域に応じた様々な取り組みが見られる。一方で、(f)地震の前と後の人口移動の動向は、県によって異なる。

問1　下線部(a)に関連して、東北地方太平洋沖地震の前後10年（2006年3月～2016年3月）に発生した、マグニチュード7.0以上で500人以上の死者・不明者を出した地震の震源がある国（沖合を含む）として**最も不適切なもの**を、次の中から一つ選べ。 19

①　インドネシア　②　スウェーデン　③　中国　④　ネパール　⑤　ハイチ

問2　下線部(b)に関連して、地震の揺れや地震に伴う津波の被害は地形によって異なる。東北地方太平洋沖地震の被害で、以下のⅠ～Ⅲの特徴がみられた県の組み合わせとして最も適切なものを、次の中から一つ選べ。 20

Ⅰ：津波が狭い谷に集中し、標高30m以上の高さまで達した。

Ⅱ：津波が海岸線から4～5km内陸まで達した。

Ⅲ：地震の揺れを受けて、埋立地で地盤の液状化現象が起こった。

	Ⅰ	Ⅱ	Ⅲ
①	青森県	岩手県	福島県
②	青森県	茨城県	千葉県
③	岩手県	茨城県	福島県
④	岩手県	宮城県	千葉県
⑤	福島県	岩手県	青森県
⑥	福島県	宮城県	千葉県

問 3　下線部(c)に関連して、東北地方太平洋沖地震では多くの漁港が被害を受けた。次の表 1 は、全国の漁業の部門別の生産量の変化を示したものである。ア～ウに当てはまる部門の組み合わせとして最も適切なものを、次の中から一つ選べ。[21]

表 1　全国の漁業の部門別生産量（単位：千トン）

年次	ア	沿岸漁業	イ	ウ
1980	992	2,037	2,167	5,705
1995	1,315	1,831	917	3,260
2010	1,111	1,286	480	2,356

「漁業・養殖業生産統計年報」より作成

	ア	イ	ウ
①	遠洋漁業	沖合漁業	海面養殖業
②	遠洋漁業	海面養殖業	沖合漁業
③	沖合漁業	遠洋漁業	海面養殖業
④	沖合漁業	海面養殖業	遠洋漁業
⑤	海面養殖業	遠洋漁業	沖合漁業
⑥	海面養殖業	沖合漁業	遠洋漁業

問 4　下線部(c)に関連して、以下の表 2 は、東北地方太平洋沖地震の被災各県が上位に入る農畜産物の都道府県別生産量の全国順位である。次のエ・オに当てはまる農畜産物として最も適切なものを、次の中から一つずつ選べ。ただし一つの選択肢は一度しか選べない。

エ＝[22]　　オ＝[23]

表 2　農畜産物の都道府県別生産量順位　（産物により 2018 年または 2019 年）

	第 1 位	第 2 位	第 3 位	第 4 位	第 5 位	第 6 位
エ	北海道	栃木県	熊本県	岩手県	群馬県	千葉県
オ	山梨県	福島県	長野県	山形県	和歌山県	岡山県

『日本国勢図会 2020/21』より作成

① キャベツ　② 小麦　③ 米　④ 生乳　⑤ みかん　⑥ もも

問 5　下線部(d)に関連して、地震後の復興にあたり、各種の都市機能を効率的に配置して市街地のスケールを広げ過ぎず、中心市街地の活性化を図るとともに低炭素社会の実現を目指す方針を取った地域が見られる。この考え方の名称として最も適切なものを、次の中から一つ選べ。[24]

① ウェリンガーデンシティ　② エッジシティ　③ グローバルシティ

④ コンパクトシティ　⑤ プライメートシティ

問 6　下線部(e)に関連して、交通について述べた文として最も適切なものを、次の中から二つ選べ。ただし、三つ以上マークした場合はすべて無効とする（解答欄 [25] に二つマークせよ）。

① LRTとはライトレール交通ともいい、バスを専用の道路で運行させる大量輸送システムである。

② 広い敷地に広大な駐車場を備える大型ショッピングセンターは、高速道路の出入り口や幹線道路沿いに立地していることが多い。

③ 混雑や渋滞緩和のために、自家用車などの公共道路の通行に一定の課金を行う方式をパークアンドライドという。

④ コンテナ船は貨物をコンテナのままトラックや列車に積み替えることができ、作業の合理化・高速化にもつながるので、国際的に普及している。

⑤ 絶対距離とは、2地点間を移動するために要する時間によって測られる距離であり、交通路の直通化や高速化で短縮される。

⑥ ロードプライシングとは、市内の道路混雑を防ぐため自動車を郊外の駐車場に止め、鉄道やバスに乗り換えて都心部に入る方式である。

問7　下線部(f)に関連して、次の図5は、岩手・宮城・福島の各県に他の都道府県から転入した人の数から他の都道府県へ転出した人の数を引いた、転入超過数の推移を示したものである。それぞれのグラフに該当する県の組み合わせとして最も適切なものを、次の中から一つ選べ。 26

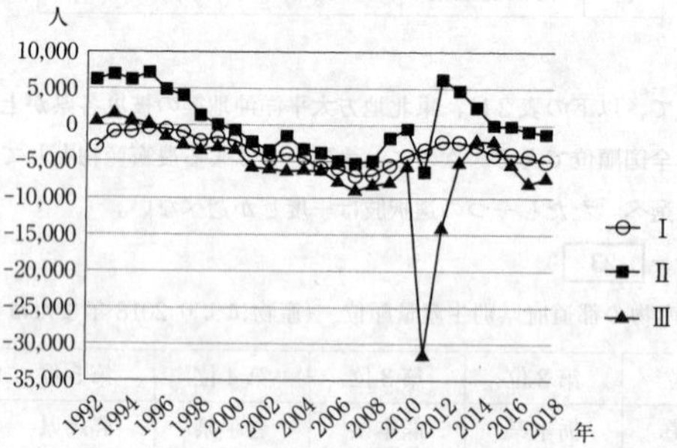

図5　岩手・宮城・福島の各県における転入超過数の推移

「住民基本台帳人口移動報告」より作成

	Ⅰ	Ⅱ	Ⅲ
①	岩手県	福島県	宮城県
②	岩手県	宮城県	福島県
③	福島県	岩手県	宮城県
④	福島県	宮城県	岩手県
⑤	宮城県	岩手県	福島県
⑥	宮城県	福島県	岩手県

〔Ⅳ〕 次の文章を読み、以下の問いに答えよ。

水の需要は人口増加と生活水準の向上に伴って拡大する。世界で取水される水の量は2025年に5兆2350億立方メートルと、2000年に比べて3割増える見通しだ。取水量拡大のけん引役は(a)人口増加が加速するアジアで、全体の6割を占める。現在の取水量の内訳は(b)農業用水が7割、(c)工業用水が2割、生活用水が1割で、今後は生活用水が大幅に伸びるとされる。

だが、上下水道や浄水場などインフラ整備は需要に追いつかず、水需給の逼迫《ひっぱく》が懸念されている。(d)地球温暖化に伴う干ばつ地域の拡大も逼迫の大きな要因になるとされる。国連の統計をもとに国土交通省が作成した予測によると、世界で水資源を十分に確保できない地域に住む人口の割合は2000年代が1割程度だったのが、2025年には3割台半ば、2050年には4割を超える。濁水など不衛生な水の利用は健康も損なう。

人口増加と経済発展は水質汚染ももたらす。特に新興国では生活用水の確保を優先して下水処理の対応が遅れ、(e)河川や海洋の汚染が進むとみられている。水問題では、水の絶対量の不足と水質悪化という「量」と「質」の両面の解決が求められる。日本企業は(f)水処理膜や浄化装置など機材で高い技術を持ち、上下水道や浄水場の運営では自治体が豊富な実績を持つ。官民が連携して海外市場を開拓する動きも出てきている。

出典：『日本経済新聞』2014年8月30日付3面「きょうのことば：世界の水需要――人口増で急拡大」を一部改変

問1　地球上の水資源に関して述べた文として**最も不適切なもの**を、次の中から一つ選べ。［27］

① 地球に存在する水の総量のうち、海水が90％以上を占める。

② 地球の淡水の総量のうち、氷河と地下水が99％以上を占め、河川や湖沼など地表水は1％に満たない。

③ 地表で降水量が多いのは、下降気流が発生する地帯である。

④ 水は蒸発や降水を通して、海洋や地表と、大気圏との間を循環している。

⑤ 陸地における降水量には、沿岸の海流が影響する場合もある。

問2　下線部(a)に関連して、次の国々の中で2010～2020年の間の人口増加率（国連人口部調査による）が一番高かった国として最も適切なものを、次の中から一つ選べ。［28］

① 韓国　② タイ　③ 中国　④ 日本　⑤ パキスタン

問3　下線部(b)に関連して、農業と水資源に関して述べた文として最も適切なものを、次の中から**二つ**選べ。ただし、三つ以上マークした場合はすべて無効とする（解答欄［29］に二つマークせよ）。

① アラル海は、周辺部の稲作のための大量取水により湖に流入する河川が細り面積が縮小した。

② 乾燥気候下でかんがいを行うと土壌が塩性化し、作物栽培が難しくなることがある。

③ グレートプレーンズのオガララ帯水層では、農業取水による地下水位の低下が懸念されている。

④ センターピボットとは水を標高の高い方から斜面に沿って流す方式であり、耕地は棚田状になる。

⑤ 肥料の多用は窒素やリンによる水域の貧栄養化を引き起こすことがある。

問4 下線部(c)に関連して、水を大量に消費する製造業として代表的な製紙・紙パルプ産業について述べた文として最も適切なものを、次の中から一つ選べ。 30

① 2018年の紙・板紙の国別生産量第1位はアメリカ合衆国である。

② 紙・板紙の原料は針葉樹由来のパルプのみであり、針葉樹林帯にしか立地できない。

③ 情報化に伴い、世界の紙・板紙の生産量は1990年代をピークに、激減している。

④ パルプの生産は、水とともに多くの労働力が必要で、工場の多くが消費地に立地する。

⑤ モントリオールやヴァンクーヴァーは、パルプの積出港である。

問5 下線部(d)に関連して、図6に示した地域①～⑥とそこに発現する地球温暖化が関係するとされる事象の組み合わせとして**最も不適切なもの**を、次の中から一つ選べ。 31

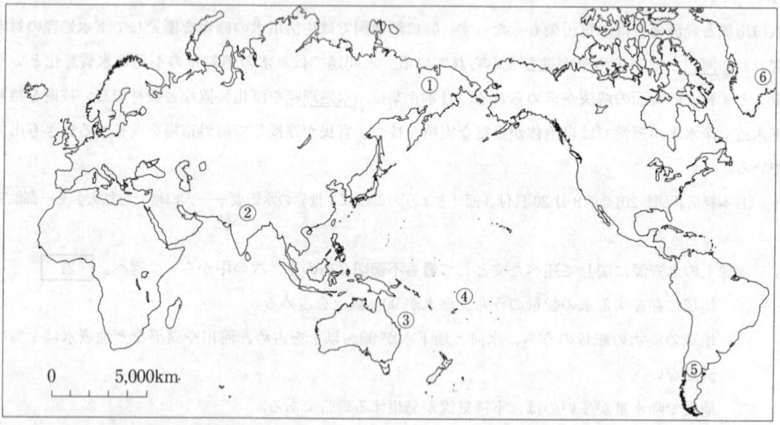

図6

① 永久凍土の融解　② 氷河の後退　③ サンゴの死滅・白化　④ 島の水没危機

⑤ ハリケーンの多発　⑥ 氷床の融解

問6 下線部(e)に関連して、国際河川はダムの建設や水質の汚染などで流域国間での調整が必要になる。国際河川として**最も不適切なもの**を、次の中から一つ選べ。 32

① エルベ川　② ドナウ川　③ ドニエプル川　④ ライン川　⑤ レナ川

問7 下線部(f)に関連して、海水の淡水化技術を利用して大規模に農業生産を行っている国・地域として最も適切なものを、次の中から一つ選べ。 33

① アイスランド　② グリーンランド　③ サウジアラビア

④ シンガポール　⑤ フィジー

問8 全地球規模で深刻化が懸念される水問題に関する情報提供や政策提言のため1996年に世界水会議が設立され、1997年から3年ごとに以下の国々で「世界水フォーラム」が開催されている。

＜世界水フォーラム　開催国＞

第１回：モロッコ　　第２回：オランダ　　第３回：日本　　第４回：メキシコ

第５回：トルコ　　第６回：フランス　　第７回：韓国　　第８回：ブラジル

８つの開催国の中で、首都の年平均降水量が1,000mm 未満の国の数として最も適切なものを、次の中から一つ選べ。 34

①　１か国　②　２か国　③　３か国　④　４か国　⑤　５か国　⑥　６か国

⑦　７か国　⑧　８か国

政治・経済

（60分）

〔Ⅰ〕 次の文章を読み，後の問いに答えよ。

ヨーロッパに未曾有の惨禍をもたらした第一次世界大戦の再発を防止するため，世界規模の平和維持機構として国際連盟が1920年に創設された。しかし国際連盟は第二次世界大戦の勃発を防ぐことができなかった。その要因としては，ウィルソン大統領が連盟設立を主導したにもかかわらず(a)アメリカ合衆国が加盟しなかったことに加えて，(b)日本や(c)ドイツ，(d)イタリアといった大国が脱退したことが挙げられる。

国際連盟の失敗を教訓として，第二次世界大戦後に設立された(e)国際連合には，安全保障に関して強力な権限をもつ安全保障理事会（安保理）が設置された。1963年の総会決議にもとづき1965年に改正された国際連合憲章第23条は，安保理の構成を以下のように規定している（一部省略）。

1. The Security Council shall consist of [A] Members of the United Nations. (f)The Republic of China, (g)France, (h)the Union of Soviet Socialist Republics, (i)the United Kingdom of Great Britain and Northern Ireland, and the United States of America shall be permanent members of the Security Council.（後略）

2. The non-permanent members of the Security Council shall be elected for a term of [B] years.（後略）

国際連合憲章は，安保理決議により国際連合軍を組織できると定めているが，国連軍が実際に編成されたことは一度もない。その主因は，拒否権をもつ常任理事国の対立により安保理が機能不全に陥りがちであることに求められる。そうした傾向は冷戦期に特に顕著であった。こうした問題を克服するため実施された(j)国連平和維持活動（ＰＫＯ）は，冷戦終結後も重要な任務を担当し，活動を拡大している。

問1 空欄[A]には現在の安保理の構成国数が，空欄[B]には安保理の非常任理事国の任期（年数）が入る。空欄[A]・[B]に入る語句として最も適切なものを，次の中から一つずつ選べ。

[A] = [1] ① five ② nine ③ ten ④ twelve ⑤ thirteen ⑥ fifteen

[B] = [2] ① two ② three ③ four ④ five ⑤ six

問2　下線部(a)に関連して，アメリカ合衆国についての記述として最も適切なものを，次の中から一つ選べ。 3

① アメリカ政府が香港の人権状況を毎年調査し，「一国二制度」が機能しているか監視することを定めた香港人権・民主主義法が2019年11月に成立した。

② トランプ大統領は，「ロシア疑惑」をめぐる「権力の乱用」と「議会の妨害」を理由として，共和党が多数を占める上院により弾劾訴追された。

③ 議会下院の定数435名は人口比例で各州に配分されており，各州の下院議員数はその州の大統領選挙人の数に等しい。

④ 2018年6月に史上初の米朝首脳会談が平壌で実現し，朝鮮半島の完全な非核化を目指す平壌共同宣言が発表された。

⑤ 沖縄県の米軍普天間基地所属の垂直離着陸機オスプレイが，基地に隣接する沖縄国際大学の構内に墜落する事故が2016年に発生した。

問3　下線部(b)に関連して，日本と国際連合の関係についての記述として最も適切なものを，次の中から一つ選べ。 4

① 2019年の国連分担金における日本の分担率は5％弱で，負担額の大きさは安保理常任理事国の5カ国に次ぐ第6位である。

② 2015年に国際平和支援法が恒久法として成立したことにより，国連決議に基づいて派遣された多国籍軍など諸外国の軍隊への後方支援を実施するため，自衛隊を随時派遣できるようになった。

③ 日本は，連合国側の48カ国と1951年に調印したサンフランシスコ講和条約が翌52年に発効したことにともない，国際連合への加盟を実現した。

④ 国際連合憲章の旧敵国条項に該当する日本は，安保理の非常任理事国に選出されたことが2020年12月時点で一度もなく，この条項の廃止を含めた国連改革を要求している。

⑤ 日本は，ベトナム戦争においてアメリカ軍を中心とする多国籍軍に多額の経済支援を行い，戦争終結後には自衛隊の掃海艇を派遣したが，貢献が不十分であるとの批判を国際社会から受けた。そのため，1992年に国連平和維持活動協力法（ＰＫＯ協力法）が制定され，自衛隊の海外派遣が可能となった。

問4　下線部(c)に関連して，ドイツについての記述として最も適切なものを，次の中から一つ選べ。 5

① 州の代表者で構成される連邦参議院は，内閣の諮問機関という位置づけであるため，立法に関与しないのが原則となっている。

② 国境管理を厳格化して難民の強制送還を進めるメルケル首相を批判し，積極的な難民受け入れを主張するドイツのための選択肢（ＡｆＤ）が2017年総選挙で第三党に躍進した。

③ 冷戦が進展するなか，アメリカやイギリス，フランス，西ドイツなど12カ国は北大西洋条約機構（ＮＡＴＯ）を1949年に結成した。

④ 選挙に勝利して政権を獲得したナチス（国民社会主義ドイツ労働者党）の指導者ヒトラーは，ワイマール憲法を制定して独裁化を進め，ファシズム体制を確立した。

⑤　1949年に制定されたドイツ連邦共和国基本法は，侵略戦争の遂行を準備する行為を違憲と規定し，平和主義の立場を明示している。

問5　下線部(d)に関連して，2018年総選挙で躍進し，反ＥＵと移民・難民排斥を掲げる同盟との連立政権が2019年8月に崩壊したのち，民主党と連立政権を樹立したイタリアの左派ポピュリズム政党として最も適切なものを，次の中から一つ選べ。 6

①　国民戦線　②　ボックス　③　五つ星運動　④　自由党　⑤　共和国前進
⑥　法と正義

問6　下線部(e)に関連して，世界の人々の健康増進を目的として，感染症の予防や被災地への緊急医療支援を行っている国際連合の専門機関として最も適切なものを，次の中から一つ選べ。 7

①　国連児童基金（ＵＮＩＣＥＦ）　②　世界保健機関（ＷＨＯ）
③　国境なき医師団（ＭＳＦ）　④　世界貿易機関（ＷＴＯ）
⑤　国連人権理事会（ＵＮＨＲＣ）　⑥　国連開発計画（ＵＮＤＰ）
⑦　国連難民高等弁務官事務所（ＵＮＨＣＲ）　⑧　赤十字国際委員会

問7　下線部(f)に関連して，The Republic of China（中華民国）の政治指導者を決める2016年と2020年の選挙で勝利した候補者名と，その所属政党の組み合わせとして最も適切なものを，次の中から一つ選べ。 8

①　習近平 ― 共産党　②　李登輝 ― 国民党　③　文在寅 ― 共産党
④　蔡英文 ― 国民党　⑤　文在寅 ― 民進党　⑥　蔡英文 ― 民進党
⑦　李登輝 ― 共産党　⑧　習近平 ― 国民党

問8　下線部(g)に関連して，France（フランス）についての記述として最も適切なものを，次の中から一つ選べ。 9

①　独立支持が多数を占めた2017年のカタルーニャ州住民投票の結果に反発して，フランス中央政府は同州の自治権を停止して独立派との対立を深めた。
②　直接選挙で選出された大統領は議会に責任を負っており，下院（国民議会）の不信任決議により解職されうる半大統領制が採用されている。
③　国民主権や人権の不可侵，所有権の保障，権力分立を唱えたフランス人権宣言は，ロックやルソー，モンテスキューの思想に影響を与えた。
④　1956年にエジプトのナセル大統領がスエズ運河の国有化を宣言したため，イギリスとフランス，イスラエルがスエズ地区に出兵してスエズ危機（スエズ動乱，スエズ戦争，第二次中東戦争）が勃発した。
⑤　地域紛争への対応をめぐってアメリカと外交上対立することが増えたため，安保理においてフランスが拒否権を行使する回数は冷戦期よりも冷戦終結後のほうが増えている。

問9　下線部(h)に関連して，the Union of Soviet Socialist Republics（ソビエト社会主義共和国連邦［ソ

連]）が加盟したことのない組織の組み合わせとして最も適切なものを，次の中から一つ選べ。 10

① ワルシャワ条約機構 — 経済相互援助会議（ＣＯＭＥＣＯＮ）
② 経済協力開発機構（ＯＥＣＤ）— 欧州安全保障協力機構（ＯＳＣＥ）
③ 国際連盟 — ＣＯＭＥＣＯＮ
④ ワルシャワ条約機構 — ＯＳＣＥ
⑤ 国際連盟 — ＯＥＣＤ
⑥ ＣＯＭＥＣＯＮ — ＯＳＣＥ
⑦ ワルシャワ条約機構 — 国際連盟

問10 下線部(i)に関連して，the United Kingdom of Great Britain and Northern Ireland（イギリス）についての記述として最も適切なものを，次の中から一つ選べ。 11

① 2009 年に最高裁判所が設置され，議会上院（貴族院）は最高司法機関としての権限を失った。
② 大西洋上のイギリス領フォークランド諸島の領有権を主張するブラジルが 1982 年に同島を占領したことから，フォークランド（マルビナス）紛争が起きた。
③ ベルリンの壁が建設されたことをうけて，チャーチル元首相は「鉄のカーテン」演説で冷戦の激化に警鐘を鳴らした。
④ 欧州連合（ＥＵ）からの離脱を問う国民投票が，離脱強硬派のボリス・ジョンソン首相のもとで 2016 年に実施され，離脱派が勝利を収めた。
⑤ 議会下院（庶民院）の選挙制度が小選挙区制であることから二大政党制が定着しており，2019 年総選挙でも二大政党以外の議席占有率は１割を切っている。

問11 下線部(j)に関連して，国連平和維持活動（ＰＫＯ）についての記述として最も適切なものを，次の中から一つ選べ。 12

① 紛争の平和的解決に関する加盟国の義務を定めた国連憲章第６章を根拠規定としている。
② 活動を迅速かつ実効的に遂行する必要があるため，当事国の同意は必要とされていない。
③ 2019 年 11 月時点で中南米地域において活動しているＰＫＯはない。
④ 加盟国の経済と軍隊の規模をもとに算出された負担率にもとづいて編成され，加盟国には派遣義務が課せられている。
⑤ 湾岸戦争においてイラクをクウェートから撤退させるために国連平和維持軍（ＰＫＦ）が派遣された。

〔Ⅱ〕 次の文章を読み，後の問いに答えよ。

有権者である市民と(a)選挙で選ばれた議員との関係については，二つの大きく異なる考え方がある。一つは，市民によって選ばれたのだから，議員は市民の意思に全面的に従うべきである，という考え方である。もう一つは，有権者はその政治的能力を信頼して議員を選出したのだから，議員は自らの理性に従って政治に関する判断を下すべきである，とする考え方である。

議員は，有権者の忠実な代理人であるべきなのか，それとも，自分を選んだ有権者の個別の意思には縛られないで，全体の利益を追求すべき存在なのだろうか。後者のような「議員は全国民の意思の代表者であり，自分を選出した選挙区や選挙人に拘束されるものではない」という原則を「［ A ］の原理」と言う。

これに対して，市民が議員を選出する［ B ］という形をとるかぎり，市民の声が真に政治に反映されることはないとして，［ B ］そのものを批判する意見もある。例えば，(b)『社会契約論』を書いた［ C ］は，市民が直接政治に参加する制度の方が望ましいと主張した。

(c)民主主義は，市民の声を政治に反映するための制度とされるが，実際には，選挙で選ばれた政治家たちの考えと，一人一人の市民の要望には大きな隔たりがある。とはいえ，(d)市民の政治参加への意欲が高いかといえば，必ずしもそうではない。政治のことはよく分からないから，(e)市民が直接政治に参加するのではなく，政治や行政は専門家である政治家や(f)政党，官僚に任せたい，と考える市民も少なくないだろう。

市民と政府との間には，特定の利益の実現のために地域をこえて政治や行政に働きかける(g)利益集団が存在している。しかし，日本では，利益集団が特定の官庁と密接な関係となり，これに族議員が加わって既得権益を守る［ D ］が発生し，政治腐敗の温床になっていると批判されることがある。こうした金権政治を防止するために，政治家個人に対する企業団体献金を禁止する［ E ］の改正がなされたが，金権腐敗の抑止には不十分であるとの批判がある。

問１　空欄［ A ］～［ E ］に入る語句として最も適切なものを，次の中から一つずつ選べ。

［ A ］＝［13］
① 全体意思　② 多数決
③ 党議拘束　④ 国民代表

［ B ］＝［14］
① 代議制　② 貴族制
③ 連邦制　④ 共和制

［ C ］＝［15］
① ホッブズ　② ロック
③ ルソー　④ モンテスキュー

［ D ］＝［16］
① 圧力団体　② 政官財の癒着
③ 寡頭政治　④ セクショナリズム

［ E ］＝［17］
① 公職選挙法　② 政党助成法
③ あっせん利得処罰法　④ 政治資金規正法

問２　下線部(a)に関連して，日本の選挙について述べたものとして最も適切なものを，次の中から一つ選べ。［18］

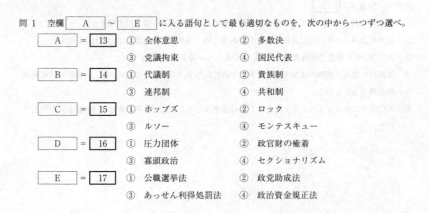

① 2015年の公職選挙法の改正によって選挙権年齢が「満18歳以上」に引き下げられ，満18歳以上のすべての日本国民が国会議員に立候補できるようになった。

② 2013年の公職選挙法の改正で，これまで禁止されていたネット選挙が解禁され，有権者はインターネットから投票することができるようになった。

③ 日本では，選挙の際，各家庭の戸別訪問は買収に結びつきやすいとして禁止されているが，欧米では禁止されておらず，むしろ主要な選挙運動の手段になっている。

④ 期日前投票制度によって，投票日に投票所に行けない人は，病院など定められた投票所以外の場所で期日前に投票することができる。

問3 下線部(b)の著書の中で述べられている内容として最も適切なものを，次の中から一つ選べ。 19

① 自然状態での人間は，互いに争い合う「万人の万人に対する闘争」の状態に陥ってしまう。

② 自然状態での人間は，自由かつ平等であり，生命と自由と財産を守る自然権を持っている。

③ 快楽と苦痛には質的な違いがあり，満足な豚より不満足な人間の方がよい。

④ イギリスの人民が自由なのは選挙のときだけであり，選挙が終わると奴隷になってしまう。

問4 下線部(c)について述べたものとして最も適切なものを，次の中から一つ選べ。 20

① 少子高齢化社会の日本では，人口に占める高齢者の割合が高いため，若者よりも高齢者の意見が政治に反映されやすい「シルバー民主主義」になっていると言われる。

② 中国は，最高権力者である国家主席を人民の直接投票で民主的に選びつつ，権力を全国人民代表大会に集中させる民主集中制という政治制度をとっている。

③ 多数決型民主主義とは，単なる意思決定だけでなく，参加者全体の合意形成を重視する民主主義のことである。

④ 日本は民主主義国なので，多数決による決定が少数者の権利よりも常に優先される。

問5 下線部(d)に関連して，市民の政治的無関心について述べたものとして**最も不適切なもの**を，次の中から一つ選べ。 21

① 有権者である国民が政治に対して興味や関心を持たないことを政治的アパシーと呼ぶ。

② 近年の日本は，政治に関心のない無党派層が有権者の半数以上を占めることもあり，投票率の低下に拍車がかかっている。

③ ラズウェルは，政治的無関心を3つに分類し，芸術など政治以外のことに価値をおくため政治に無関心になる「無政治的な態度」，政治に対する挫折や幻滅で政治に参加しなくなる「脱政治的な態度」，政治的・宗教的信条ゆえに政治を排斥・否定する「反政治的な態度」に分けた。

④ リースマンは，政治的な無関心を，政治から隔絶し無知であるがゆえに無関心である「伝統型無関心」と，政治への参加が保障されているにもかかわらず無関心な「現代型無関心」の2つに分類した。

問6 下線部(e)に関連して，市民が直接政治に参加する仕組みについて述べたものとして最も適切なもの

を，次の中から一つ選べ。 22

① 国や地方公共団体の公職者を国民の発議で解職請求することをイニシアティブという。

② 日本国憲法に定められた唯一の直接的な政治参加の仕組みが，第 96 条の憲法改正の国民投票制度である。

③ 国民や住民が直接，条例や法案などの制定や改廃を請求する制度をリコールという。

④ 国家や地域の重要問題を，議会ではなく市民の直接投票で決めることをレファレンダムという。

問 7　下線部(f)について述べたものとして**最も不適切なもの**を，次の中から一つ選べ。 23

① アメリカとイギリスは，２つの有力な政党が交互に政権を担う二大政党制であるが，二大政党以外の第三の政党も存在している。

② 日本の自由民主党は，国民の広範な利益を代表し，幅広い階層から緩やかな支持を集める包括政党であると言える。

③ 複数の政党が存在する中で，議会で過半数の議席を有する第一党が単独で政権を担う状態を一党制という。

④ 日本国憲法には，政党に関する規定が存在しない。

問 8　下線部(g)について述べたものとして最も適切なものを，次の中から一つ選べ。 24

① 利益集団は，社会の声を政治や行政に伝えるために政権の獲得を目的とする団体である。

② 利益集団である労働組合の全国組織には，全国労働組合総連合，日本労働組合総連合会，全国労働組合連絡協議会があるが，その中で日本最大規模の組織は日本労働組合総連合会である。

③ 利益集団は，経営者団体，労働組合，農業団体，医療系団体などさまざまな集団や組織があるので，これらを通じて国民の利益は広く公平に実現されている。

④ 主要な利益集団である日本経済団体連合会（日本経団連）は，政府に経済問題について提言を行う経営者個人を会員とした団体である。

〔Ⅲ〕　次の文章と表を読み，後の問いに答えよ。

一定期間の１国の経済活動（フロー）の規模を表す経済指標として，国内総生産（Gross Domestic Product; GDP）がある。2018 年の１年間における日本のＧＤＰの金額は 547.1 兆円であった。ＧＤＰは国内における財・サービスの総生産額（「産出額」と呼ぶ）から$_{(a)}$中間消費を差し引いた付加価値の合計金額である。

生産された付加価値は国内経済主体に所得として分配されるので，ＧＤＰは国内総所得（Gross Domestic Income; GDI）に等しい。

ＧＤＰに海外からの純所得（海外からの所得の受取から海外に対する所得の支払を差し引いたもの）を足すと，［　Ａ　］となる。ＧＤＰは「国内」で生み出された付加価値の合計であるが，［　Ａ　］は場所が国内であるか国外であるかを問わず，その国の「国民」が生み出した付加価値の総計である。

［　Ａ　］から生産活動で摩耗した機械や建物の価値の消耗分である［　Ｂ　］を差し引いたものは，$_{(b)}$国民純生産（Net National Product; NNP），または，市場価格表示の国民所得と呼ばれる。ＮＮＰに海外からの純経常移転（経常移転とは仕送りなどの対価のない受取や支払を指す）を加えることで，国民可処分所得（National Disposable Income; NDI）を計算できる。

2018 年の日本の経済循環　　（単位：兆円）

財・サービスの総生産額（産出額）	1045.5
－　中間消費	498.4
ＧＤＰ（ＧＤＩ）	547.1
＋　海外からの純所得	20
［　Ａ　］	［　　］
－　［　Ｂ　］	122.7
ＮＮＰ（市場価格表示の国民所得）	［　　］
＋　海外からの純経常移転	－1.9
ＮＤＩ	［　　］
－　［　Ｃ　］	412.8
貯蓄	［　　］
＋　海外からの純資本移転等	－1.00
国富（正味資産）の変動	［　　］
国内の非金融資産の変動	［　Ｄ　］
対外純資産の変動	19.1

（出所）内閣府経済社会総合研究所『国民経済計算年報（平成 30 年度）』より作成。

（注）問題作成時点での数値でありその後改正がありうる。

ＮＤＩは国民全体の処分可能な所得を示している。ＮＤＩは民間及び政府の［　Ｃ　］と貯蓄に使用される。貯蓄に海外からの純資本移転等を加えたものが国富（正味資産）の変動となる。2018 年の国富の変動のうち国内の$_{(c)}$実物資産（非金融資産）の増加に充てられたものが［　Ｄ　］兆円，対外純資産の増加に充てられたものが 19.1 兆円であった。

2017 年末の国富のストック額に 2018 年中の国富の変動額を加え，価格変動を調整したものが 2018 年末の国富のストック額となる。2018 年末時点の国富のストック額は 3457.4 兆円にのぼり，うち 341.6 兆円が対外純資産であった。

ＧＤＰを所得面から捉えたＧＤＩの内訳は以下の通り。

ＧＤＩ ＝ 雇用者報酬 ＋ 営業余剰・混合所得 ＋［　Ｂ　］＋ 間接税 － 補助金

ここで，雇用者報酬と営業余剰・混合所得の合計に海外からの純所得を足したものを$_{(d)}$分配国民所得と呼ぶ。

ＧＤＰを支出面から捉えたものを国内総支出（Gross Domestic Expenditure; GDE）という。ＧＤＥの内訳は以下の通り。

ＧＤＥ＝［　Ｅ　］＋民間企業設備投資＋民間住宅投資＋民間在庫変動＋政府最終消費支出
＋公的固定資本形成＋公的在庫変動＋財サービスの輸出
－財サービスの輸入

ＧＤＰの三面等価からＧＤＰとＧＤＥとＧＤＩの数値は等しくなる。

問1　下線部(a)について述べた文として最も適切なものを，次の中から一つ選べ。［25］

① 家事労働や余暇などのＧＤＰに反映されないもの
② 環境悪化などの損失
③ 輸入された財・サービス等，国内で産出されたものではないもの
④ 原材料や部品などの中間生産物
⑤ 製造機械や工場建設費等の生産に至る途上の資本投入

問2　空欄［　Ａ　］に入る語句として最も適切なものを，次の中から一つ選べ。［26］

① 国内総付加価値（Gross Domestic Value-Added; GDV）
② 国民純所得（Net National Income; NNI）
③ 国民所得（National Income; NI）
④ 国民純福祉（Net National Welfare; NNW）
⑤ 国民総生産（Gross National Product; GNP）

問3　空欄［　Ｂ　］に入る語句として最も適切なものを，次の中から一つ選べ。［27］

① 総固定資本形成　② 固定資本減耗　③ 在庫品増減　④ 税収
⑤ 財・サービスの純輸出

問4　下線部(b)に関連して述べた文として最も適切なものを，次の中から一つ選べ。［28］

① 国民純生産から間接税と補助金を引いたものを国民所得と呼ぶ。
② 国民純生産から間接税を引いて補助金を足したものを国民所得と呼ぶ。
③ 国民純生産から間接税と補助金を引いたものを要素費用表示の国民可処分所得と呼ぶ。
④ 国民純生産から間接税を引いて補助金を足したものを要素費用表示の国民可処分所得と呼ぶ。
⑤ 国民純生産から間接税と補助金を引いたものを国民総所得と呼ぶ。
⑥ 国民純生産から間接税を引いて補助金を足したものを国民総所得と呼ぶ。

問5　空欄［　Ｃ　］に入る語句として最も適切なものを，次の中から一つ選べ。［29］

① 設備投資支出　② 在庫投資支出　③ 政策経費支出　④ 中間消費支出
⑤ 最終消費支出

問6　下線部(c)について述べた文として**最も不適切なもの**を，次の中から一つ選べ。［30］

① 実物資産（非金融資産）は不動産や機械設備などの物的資産に加えて，ソフトウェアや研究開発などの知的財産生産物を含む。

② 実物資産（非金融資産）は政府備蓄米や小売店の流通在庫，メーカーの仕掛け品や製品在庫を含む。

③ 実物資産（非金融資産）は預金や現金を含むが，株式・債券等の証券を含まない。

④ 実物資産（非金融資産）は政府が整備し国民が共同で利用する社会資本と民間企業や家計が自己のために所有・利用する私的資本に区別される。

⑤ 実物資産（非金融資産）は個人，企業，政府などが所有する土地，住宅，建物，機械設備等からなる。

問７　空欄 [D] に入る語句として最も適切なものを，次の中から一つ選べ。計算に必要な数値は表に示されている。[31]

① 1118.8　② 1080.6　③ 835.2　④ 28.7　⑤ 9.6

問８　下線部(d)に関連して述べた文として**最も不適切なもの**を，次の中から一つ選べ。[32]

① 分配国民所得は国民所得（National Income; NI）に等しい。

② 分配国民所得は雇用者報酬，財産所得及び企業所得に分配される。

③ 分配国民所得は利潤や地代，利子，賃金などのかたちで人々に分配された所得を集計したものである。

④ 分配国民所得に占める雇用者報酬の割合は近年は３割ほどである。

⑤ 生産国民所得，分配国民所得，支出国民所得が等しいことを国民所得の三面等価という。

問９　空欄 [E] に入る語句として最も適切なものを，次の中から一つ選べ。[33]

① 家計最終消費支出　② 対家計民間非営利団体最終消費支出　③ 民間最終消費支出

④ 中間消費支出　⑤ 個人消費支出

問10　問題文で言及したＧＤＰの数値は名目ＧＤＰのものである。通常，経済成長率を計算する際には実質ＧＤＰを用いる。名目ＧＤＰと実質ＧＤＰの関係式を示すと以下の通りである。

実質ＧＤＰ＝名目ＧＤＰ÷ [F]

空欄 [F] に入る語句として最も適切なものを，次の中から一つ選べ。[34]

① 人口数　② 生活満足度　③ 消費者物価指数　④ ＧＤＰデフレーター

⑤ 家計最終消費支出

問11　実質経済成長率の計算式として最も適切なものを，次の中から一つ選べ。[35]

① $$\text{実質経済成長率（\%）} = \frac{\text{今年の実質 GDP} - \text{前年の実質 GDP}}{\text{今年の実質 GDP}} \times 100$$

② $$\text{実質経済成長率（\%）} = \frac{\text{今年の実質 GDP} - \text{前年の実質 GDP}}{\text{前年の実質 GDP}} \times 100$$

③ $$\text{実質経済成長率（\%）} = \frac{\text{今年の名目 GDP} - \text{前年の名目 GDP}}{\text{今年の名目 GDP}} \times 100$$

④　実質経済成長率（%）$= \dfrac{\text{今年の名目 GDP} - \text{前年の名目 GDP}}{\text{前年の名目 GDP}} \times 100$

⑤　実質経済成長率（%）$= \left(\dfrac{\text{今年の名目 GDP} - \text{前年の名目 GDP}}{\text{前年の名目 GDP}} - \dfrac{\text{今年の実質 GDP} - \text{前年の実質 GDP}}{\text{前年の実質 GDP}} \right) \times 100$

⑥　実質経済成長率（%）$= \left(\dfrac{\text{今年の名目 GDP} - \text{前年の名目 GDP}}{\text{今年の名目 GDP}} - \dfrac{\text{今年の実質 GDP} - \text{前年の実質 GDP}}{\text{今年の実質 GDP}} \right) \times 100$

問12　長期的な経済成長の原動力は労働投入の伸び，資本ストックの伸び，そして，技術革新である。日本の経済成長の原動力についての説明として**最も不適切なものを**，次の中から**二つ**選べ。ただし，三つ以上マークした場合はすべて無効とする（解答欄［36］に二つマークせよ）。

①　戦後の日本では高い人口増加率による労働力の増加，旺盛な設備投資による資本ストックの増加が経済成長を牽引する一方，硬直的な経済構造によって技術革新による生産性向上は妨げられた。

②　今後の日本では少子高齢化により生産年齢人口の減少が進み，労働力が減少することが見込まれる。

③　今後の日本では貯蓄の多い高齢者の人口に占める比率が高まることで，貯蓄率の上昇が見込まれ，資本投資の原資である貯蓄が増加し，資本ストックの増加を経済成長の牽引車とすることができる。

④　今後の日本での労働投入の増加を促進する方法として，女性の社会進出を促す，健康な高齢者が働ける環境を形成する，外国人労働者の流入を促す，子育て環境を改善して国内の出生率を増加させるといった方法がある。

⑤　技術革新を促すには科学技術の振興，研究開発の促進，人材の育成が重要である。

〔Ⅳ〕 次の文章を読み，後の問いに答えよ。

経済のグローバル化に伴い，内外の財・サービスの取引である貿易，資金の流出入である資本取引が経済に与える影響が拡大している。

貿易については，イギリスの経済学者，デヴィッド・リカードが19世紀初頭に比較生産費説を唱えて以来，多くの論が展開されてきた。比較生産費説は，その後の自由貿易を促進するための理論的支柱となった。

生産資源として労働のみを考慮し，各国の賃金水準や労働力の質などが同等と仮定すると，各国の各財の生産コストは，財別の(a)労働生産性に依存しこれが各国の競争力水準を決定する。しかし，リカードは生産性水準が示す絶対優位よりも(b)比較優位に着目し，比較優位分野に特化し貿易することが国際分業の利益を生むと考えた。その比較優位分野は，その財の生産による(c)機会費用が小さい分野で見出すことができる。機会費用とは「あることを行うことにより他の何かを諦めた時の，その諦めたことの価値」である。例えば，高校生が大学に進学し，就職による収入を放棄した場合，（進学せず就職していれば）大学4年間に得られていたであろう勤労収入は，大学進学の機会費用ということになる。

内外の貿易や資本のフローの動きを示した統計が，国際収支表である。国際収支表は複式簿記の考え方により，財・サービスの取引等の実物取引と，金融資産・負債の増減を同時に記すことから，国際収支の構成項目について，下記の恒等式が成り立つ。

（式）　経常収支 ＋ 資本移転等収支 － [A] ＋ 誤差脱漏 ＝ 0

各国は，原則としてそれぞれ異なる通貨を持ち，それぞれの通貨の交換比率は(d)外国為替相場（為替レート）と呼ばれる。為替レートは，各国の国際収支や内外の金利，物価などの影響を受け，逆に為替レートの変動は財・サービスの貿易や資本取引等に様々な影響を与える。

問1　日本国とタイ国は，テレビとTシャツの生産を行うと仮定する。両国のテレビ1台とTシャツ50枚の生産に必要な労働量（労働時間）は表1のとおりである。

表1　日本とタイのテレビ，Tシャツ生産に要する労働量（労働時間）

	日本	タイ
テレビ1台を生産するのに要する労働時間	10時間	20時間
Tシャツ50枚を生産するのに要する労働時間	20時間	25時間

下線部(a)に関連して，表1における日本とタイの，テレビとTシャツの労働生産性（労働一単位あたりの生産量）について述べた文として最も適切なものを，次の中から一つ選べ。[37]

① テレビ生産についても，Tシャツ生産についても，日本の方がタイより生産性が高い。
② テレビ生産についても，Tシャツ生産についても，タイの方が日本より生産性が高い。
③ テレビ生産についても，Tシャツ生産についても，日本とタイの生産性は同水準である。
④ テレビ生産については日本がタイより生産性が高く，Tシャツ生産についてはタイが日本より生

産性が高い。

⑤　テレビ生産についてはタイが日本より生産性が高く，Tシャツ生産については日本がタイより生産性が高い。

問2　下線部(b)に関連して，問1の表1における日本とタイの比較優位について述べた文として最も適切なものを，次の中から一つ選べ。 38

①　日本はテレビ生産にもTシャツ生産にも比較優位を持つ。

②　タイはテレビ生産にもTシャツ生産にも比較優位を持つ。

③　日本はテレビ生産に比較優位を持つが，Tシャツ生産については日本もタイも比較優位を持たない。

④　日本はTシャツ生産に，タイはテレビ生産に比較優位を持つ。

⑤　日本はテレビ生産に，タイはTシャツ生産に比較優位を持つ。

問3　下線部(c)に関連して，問1の表1における日本とタイの，テレビ1台生産のTシャツ生産で測った機会費用について述べた文として最も適切なものを，次の中から二つ選べ。ただし三つ以上マークした場合はすべて無効とする（解答欄 39 に二つマークせよ）。

①　日本におけるテレビ1台生産の機会費用は，Tシャツ生産100枚分である。

②　日本におけるテレビ1台生産の機会費用は，Tシャツ生産50枚分である。

③　日本におけるテレビ1台生産の機会費用は，Tシャツ生産25枚分である。

④　タイにおけるテレビ1台生産の機会費用は，Tシャツ生産62.5枚分である。

⑤　タイにおけるテレビ1台生産の機会費用は，Tシャツ生産50枚分である。

⑥　タイにおけるテレビ1台生産の機会費用は，Tシャツ生産40枚分である。

問4　2019年の日本の国際収支を示した表2の空欄 B ・ C に入る語句として最も適切なものを，次の中から一つずつ選べ。ただし，一つの選択肢は一度しか選べない。

B = 40　C = 41

①　在庫投資　②　間接投資　③　直接投資　④　設備投資

⑤　基礎収支　⑥　財政収支　⑦　サービス収支　⑧　営業収支

表2　2019年の日本の国際収支表　（単位：億円）

経常収支	205,259	金融収支	247,164
貿易収支	3,812	C	235,314
輸出	760,309	証券投資	93,337
輸入	756,497	金融派生商品	3,778
B	1,248	その他投資	−113,305
第一次所得収支	213,954	外貨準備	28,039
第二次所得収支	−13,755		
資本移転等収支	−4,131	誤差脱漏	46,035

（出所）財務省『国際収支状況』より作成。

（注）数値は問題作成時点のもの。

問5　冒頭の文中の空欄［　A　］に入る語句として最も適切なものを，次の中から一つ選べ。［42］

①　貿易収支　②　第一次所得収支　③　金融収支　④　証券投資　⑤　外貨準備
⑥　対外純資産

問6　下線部(d)に関連して，円／ドル為替レート（為替相場）が「円高・ドル安に変化する要因」として最も適切なものを，次の中から二つ選べ。ただし三つ以上マークした場合はすべて無効とする。なお，各選択肢において，記された事象以外は不変と仮定する（解答欄［43］に二つマークせよ）。

①　アメリカ合衆国の物価下落
②　日本の物価下落
③　アメリカ合衆国の国債金利の上昇
④　日本の国債金利の上昇
⑤　アメリカ合衆国の経常収支赤字の縮小
⑥　日本の経済収支黒字の縮小

問7　下線部(d)に関連して，円／ドル為替レートが円高・ドル安に変化した際の「日本の経済，及び国際収支への影響」として最も適切なものを，次の中から二つ選べ。ただし三つ以上マークした場合はすべて無効とする。なお，為替レート以外の要因は不変と仮定する（解答欄［44］に二つマークせよ）。

①　日本の輸出企業の輸出数量が増加する。
②　日本の輸入企業の輸入数量が減少する。
③　訪日観光客数が減少する。
④　日本居住者の海外渡航数が減少する。
⑤　円建て債券の円ベースの評価額が減少する。
⑥　ドル建て債券の円ベースの評価額が減少する。

数学

（60分）

〔解答欄記入上の注意〕

解答欄記入にあたっては以下のことに注意して解答してください。

(1) 解答欄に，[アイ] という指定があって，解答が1桁の場合には，ア の欄を空白にすること。

例えば，[アイ] に5と答えたいときは，下記のようにマークする。

ア	⓪	①	②	③	④	⑤	⑥	⑦	⑧	⑨
イ	⓪	①	②	③	④	●	⑥	⑦	⑧	⑨

(2) 分数形で解答が求められているときは，既約分数（それ以上約分できない分数）で答えること。

(3) 根号を含む形で解答が求められているときは，根号の中に現れる自然数が最小となる形で答えること。

例えば，[キ] $\sqrt{\text{[ク]}}$ に $4\sqrt{2}$ と答えるところを，$2\sqrt{8}$ のように答えてはならない。

〔Ⅰ〕 以下の問いに答えよ。

(1) x についての2次方程式 $a(x-b)^2+c=0$ が実数解をもつことは，x についての2次方程式 $a(x-b)^2+d=0$ が実数解をもつことの [ア]。ただし，a，b，c，d は実数の定数で，$a \neq 0$，$c<d$ とする。

⓪ 必要条件であるが十分条件ではない

① 十分条件であるが必要条件ではない

② 必要十分条件である

③ 必要条件でも十分条件でもない

(2) 不等式 $|x-1|+|x-3|+x^2-2<5$ の解は $-\boxed{\text{イ}}<x<\sqrt{\boxed{\text{ウ}}}$ である。

(3) 方程式 $3^{x^2-3x+1}=2^{\log_2 27}$ の解は $x=\dfrac{\boxed{\text{エ}}\pm\sqrt{\boxed{\text{オカ}}}}{\boxed{\text{キ}}}$ である。

〔Ⅱ〕 2つの2次不等式 $x^2-(a+4)x+4a\leqq 0$ と $x^2-7x+10\geqq 0$ を同時に満たす整数 x の個数に関して，以下の問いに答えよ。ただし，a は実数の定数とする。

(1) 同時に満たす整数が1つもないのは $\boxed{\text{ア}}<a<\boxed{\text{イ}}$ のときである。

(2) 同時に満たす整数がちょうど2つなのは $\boxed{\text{ウ}}<a\leqq\boxed{\text{エ}}$，$\boxed{\text{オ}}\leqq a<\boxed{\text{カ}}$ のときである。

(3) 同時に満たす正の整数がちょうど4つなのは $\boxed{\text{キ}}\leqq a<\boxed{\text{ク}}$ のときである。

〔Ⅲ〕 1辺の長さが3の正六角形の頂点にそれぞれ1から6までの番号を振る。サイコロを3回振って，出た目に等しい番号の頂点を結んでできた三角形の面積を S とする。ただし，出た目が重複して三角形ができないときは $S=0$ とする。このとき，以下の問いに答えよ。

(1) S は $\boxed{\text{ア}}$ 通りの値をとり，最小値は0，最大値は $\dfrac{\boxed{\text{イウ}}\sqrt{\boxed{\text{エ}}}}{4}$ である。

(2) $S=0$ となる確率は $\dfrac{\boxed{\text{オ}}}{\boxed{\text{カ}}}$ である。

(3) $S>4$ となる確率は $\dfrac{\boxed{\text{キ}}}{\boxed{\text{クケ}}}$ である。

〔Ⅳ〕 座標平面上の放物線 $C_1 : y = x^2 + 2a$ および $C_2 : y = -x^2 + 2x + b$ について，以下の問いに答えよ。ただし，a，b は実数の定数とし，$a > 0$ とする。

(1) $a = \dfrac{1}{2}$ のとき，放物線 C_1 上の点(3, 10) における C_1 の接線の方程式は，

$y = \boxed{ア}\,x - \boxed{イ}$ である。

(2) p を実数の定数（ただし，$p < 0$）とし，放物線 C_1 上の点$(p,\ p^2 + 2a)$ における C_1 の接線 l が点(0, 0) を通るとき，$p = -\sqrt{\boxed{ウ}\,a}$ である。また，l の方程式を p を用いて表すと，$y = \boxed{エ}\,px$ である。

(3) (2)で求めた l が，x 座標が 5 の点で C_2 とも接するとき，

$p = -\boxed{オ}$，$b = -\boxed{カキ}$ であり，C_2 との接点の座標は $\left(5,\ -\boxed{クケ}\right)$ である。

③ 秘蔵の鷹の爪が欠けてしまった責任を感じた御鷹師が、欠けさせた家来の名を秀吉に言わず隠し通したことは、仁義を通した理想的な行為であるということ

④ 秘蔵の鷹の爪を欠けさせてしまった家来を斬ろうとした秀吉が、御鷹師の嘆願によって家来をとがめずに許した行為は、武士には珍しい配慮であるということ

⑤ 秘蔵の鷹の爪を欠けさせた家来の名を明かそうとした御鷹師に、明かすことをとどめさせ家来を守った秀吉の厚意は、極めて希有《けう》なものであるということ

問八　傍線部Ⅲ「主君大いに感じ給ひて、その事をとどめられたり」とあるが、なぜか。最も適切なものを、次の中から一つ選べ。 40

① 自らも無駄な殺生をつつしむことで、秀吉のように天下を手中に収めたいと考えたから

② 無実の庶民を罪に陥れることで、自らに厳しい天罰が下るのではないかと恐れたから

③ 狗のために家来の命を奪うことは、主君のとるべき行動ではないと痛感したから

④ 罪を犯した人々に対する名君たちの寛大さに、主君としての理想を見出《みいだ》し感動したから

⑤ 命を懸けて主君に対し諫言《かんげん》を行った浮世坊の饒舌《じょうぜつ》ぶりに、すっかり感じ入ったから

問九　本文の内容と合致するものを、次の中から二つ選べ（解答欄 41 に二つマークせよ）。

① 主君の秘蔵していた狗をある家来が殺してしまったことで、犯人の探索が行われることになった。

② 浮世坊は、中国の公孫龍と同じように諫言をすることで、自らを主君に売り込もうと画策していた。

③ 梁の帝は、自らが射ようとしていた白鴈を家来が横取りしたことに怒り、その家来を殺そうとした。

④ 干ばつから人民を救うために自らいけにえとなった文公のおかげで、雨が降って五穀が豊かに実った。

⑤ 鶴を捕えた鷹を秀吉がかきなでながらご覧になっていた際に、鷹の爪が欠けていることが判明した。

⑥ 浮世坊は秀吉が天下を取ることができた理由を、家来を大事にしようと心懸けていたことに求めている。

⑤　あるはずもないことをお考えになるその恥ずかしい様子は、まったく話にならない

問四　傍線部A「申し」・B「申さ」・C「給は」の敬意の対象として最も適切なものを、次の中から一つずつ選べ。ただし、一つの選択肢は一度しか選べない。

A　34　B　35　C　36

①　主君　②　梁の帝　③　浮世坊　④　公孫龍　⑤　文公　⑥　秀吉公　⑦　御鷹師

問五　空欄O・P・Q・Rに入る語の組み合わせとして最も適切なものを、次の中から一つ選べ。37

①　O　人　P　白鴈　Q　鷹　R　侍
②　O　雨　P　人　Q　狗　R　主君
③　O　雨　P　人　Q　鷹　R　侍
④　O　白鴈　P　人　Q　鷹　R　侍
⑤　O　白鴈　P　人　Q　狗　R　主君

問六　傍線部Ⅰ「虎狼のたぐひにあらずや」とはどのようなことのたとえか。最も適切なものを、次の中から一つ選べ。38

①　冷酷無情なことのたとえ
②　勇猛果敢なことのたとえ
③　軽率短慮なことのたとえ
④　狡猾老獪《こうかつろうかい》なことのたとえ
⑤　気宇壮大なことのたとえ

問七　傍線部Ⅱ「まことに有難き御心ざしなり」の説明として最も適切なものを、次の中から一つ選べ。39

①　秘蔵の鷹の爪を欠けさせてしまった家来をとがめないばかりか、自らの腰にさしていた刀を下賜した秀吉は、珍しく素晴らしい度量の持ち主であるということ
②　秘蔵の鷹の爪を欠けさせてしまった責任を、自らの家来ではなく御鷹師に負わせることで家来を守ろうとした機転は、賞賛に値するものであるということ

ウ　な　①　禁止の助動詞　②　打消の助動詞　③　断定の助動詞　④　完了の助動詞　⑤　助詞

エ　ん　①　推量の助動詞　②　意志の助動詞　③　適当の助動詞　④　命令の助動詞　⑤　禁止の助動詞

オ　に　①　完了の助動詞　②　強意の助動詞　③　推定の助動詞　④　断定の助動詞　⑤　助詞

問三　波線部X「此事しかるべからず」・Y「すでに赤面し」・Z「あるまじき事をおぼしめさるる忝さ、いふばかりなし」の解釈として最も適切なものを、次の中から一つずつ選べ。

X　此事しかるべからず　31

①　そのように怒ってはいけない
②　そんなやり方はふさわしくない
③　このような処罰はしたくない
④　そのようにせざるを得ないだろう
⑤　そう思い通りにいかないだろう

Y　すでに赤面し　32

①　怒りからみるみる顔が紅潮し
②　嬉しさですっかり顔を赤らめ
③　高揚してひどく顔が赤くなり
④　酒に酔ってすでに顔が赤くなり
⑤　恥じ入ってすっかり顔を赤くし

Z　あるまじき事をおぼしめさるる忝さ、いふばかりなし　33

①　しない方がよいことであるとおっしゃるそのおろかな様子は、全く言うに値しない
②　不都合なことであるとお考えになるその慎重な様子は、いまさら言うまでもない
③　あり得ないこととお思いになるその浅はかな様子は、もはや言葉で言い尽くせない
④　あってはならないこととお思いになるその恐れ多い様子は、何とも言いようがない

下とり給ふほどの大功をば遂げ給ひき。今もつて狗ひとつを惜しみて、罪科《ざいくわ》も知れず、押さへて侍を殺し C 給はん事、天命まことに恐しき御企《くはだ》てなり」と申しければ、Ⅲ 主君大いに感じ給ひて、その事をとどめられたり。

（『浮世物語』）

（注）
1 馬銭……マチン科マチン属の常緑高木。猛毒を持つ。
2 貧乏鬮……もっとも不利でいやな役割や立場の者を決めるくじ引き。
3 弓に矢をはげ……弓の弦に矢をつがえ。
4 鶴にあはせられたり……鶴をねらわせて鷹を放ちなさった。
5 すけ鷹……助鷹。すでに放った鷹に加勢させるためにさらに放つ鷹。
6 力草……捕えた鳥が飛び立とうとして引きずられるのを防ぐため、鷹が片足でつかむ草。
7 趾爪……蹴爪。足の後ろ側にある角質の突起。攻撃や防御に用いる。
8 布衣……庶民。平民。

問一　二重傍線部a「侍り」・b「射」・c「死し」・d「引きふせ」・e「知る」の動詞の活用の種類として最も適切なものを、次の中から一つずつ選べ。ただし、一つの選択肢は一度しか選べない。

a [21]　b [22]　c [23]　d [24]　e [25]

①ナ行変格活用　②サ行変格活用　③ラ行変格活用　④ワ行上一段活用　⑤ヤ行上二段活用
⑥サ行四段活用　⑦ヤ行下二段活用　⑧サ行下二段活用　⑨ラ行四段活用　⑩ラ行下二段活用

問二　二重傍線部ア「せ」・イ「べし」・ウ「な」・エ「ん」・オ「に」の文法的説明として最も適切なものを、次の中から一つずつ選べ。

ア [26]　イ [27]　ウ [28]　エ [29]　オ [30]

ア　せ
①使役の助動詞　②尊敬の助動詞　③受身の助動詞　④可能の助動詞　⑤助詞

イ　べし
①推量の助動詞　②意志の助動詞　③可能の助動詞　④命令の助動詞　⑤適当の助動詞

② 私たちがある人物の名前そのものに注目するとき、私たちはその人物と名前との間で一瞬の乖離を意識することがある。

③ 言葉をよどみなく使用しているときには、私たちは言葉が様々な連想の連関した場を形成するという構造を持っていることを特に意識しない。

④ 「言葉の意味とは何か」という問いに対して、ウィトゲンシュタインは言葉を「日常的な用法」に連れ戻して考察せよと述べた。

⑤ 「意味盲」の人は、我々とは違って言葉をよそよそしい異物としてしかとらえられない危機を潜在的に抱え込んでいる。

⑥ 言葉の「意味」を問うような場面では、言葉は、芸術作品を鑑賞するのと同じように、一個の謎として立ち上がってくる。

問題二　次の文章を読んで、あとの問いに答えよ。

今はむかし、主君の御秘蔵なさるる狗《いぬ》の a侍りけるが、いかなる故にや、俄《にはか》に死にけり。主君はなはだ惜しみ給ひ、「これはいか様若党どもの中に、(注1)馬銭《まちん》といへる毒を飼《か》ふて殺したるらん」とて、さまざま穿鑿《せんさく》有りけれども、誰がわざといふ事を知らず。「この上は、とかく(注2)貧乏鬮《びんばうくじ》をとらせ、一人を切腹さすべし」と仰せ出だされたり。浮世坊申すやう、「X此《この》事しかるべからず。唐土梁《もろこしりやう》の帝《みかど》、猟《かり》に出で給ふ。白き鴈《がん》ありて田の中に下《お》りゐたり。帝みづから(注3)弓に矢をはげ、これを b射んとし給ふに、道行き人ありて、是《これ》を知らず白鴈《はくがん》を追ひたて侍り。帝大《おほ》いに怒《いか》りて、その人をとらへて殺さんとし給ふ所に、公孫龍《こうそんれう》といふ臣下、いさめて曰く、『むかし衛《ゑい》の文公の時、天下大いに日照りする事三年なり。これを占は アせらるるに、曰く、一人を殺して天にまつらば雨ふる イべしと。文公の曰く、雨を求むるも民のため也。今これ人を殺し ウなば、不仁の 行《おこなひ》、いよいよ天の怒りを受けん。この上は、われ c死して天にまつら エん、とのたまふ。その心ざし天理にかなひ、たちまちに雨ふりて、五穀ゆたかに民さかへたり。今、君この O を重んじて P を殺し給はば、これまことに Ⅰ虎狼のたぐひにあらずや』と A申しければ、帝大いに感じて、公孫龍をたうとみ給ひけり。又、いにしへ、太閤秀吉公鷹野に出で給ひ、御秘蔵の御鷹に建巣丸《たけすまる》とかやいふ、秀吉公みづから御手にすへられ、(注4)鶴にあはせられたり。(注5)すけ鷹をはなちて、人々飛び行く跡を追ひて行く。やうやう引きおろして(注6)力草《ぢからぐさ》をとり、鶴を d引きふせたる所へ、お歩《かち》の侍一人走りよりて、御鷹をすへなをして秀吉公へ渡し奉る。秀吉公御手にすへられ、かきなでて御覧じければ、(注7)趾爪《けづめ》を引きかきたり。秀吉公大いに怒り給ひ、『これはいかなる者の引き分けて、趾爪をばかきけるぞ』とて、御鷹師《おたかじやう》を御前に召され、『をのれ e知るべし。誰が所為《しわざ》ぞ。名をいへ』とて、御腰の物に手をかけ給ふ時、御鷹師、Yすでに赤面し、頭《かうべ》を地につけ、その人の名を B申さんとしける色を、秀吉公御覧じて、小声になりて、Z『名をいふな名をいふな』と仰せられし。Ⅱまことに有難き御心ざしなり。御秘蔵なればとて、 Q 一《ひと》もとに R 一人をかへられん事、ひとへにこれあるまじき事をおぼしめさるる忝《かたじけな》さ、いふばかりなし。されば、良将の士を重んずる所かくのごとし。この故 オにや、(注8)布衣《ふい》より天

べ。[17]

① 我々は、ある言葉を自覚的に他のものと区別して捉え、別の置き換え可能な言葉と比較して理解しているということ
② 我々は、言葉は類似した様々な言葉への連想が緩やかに連関した場を形成してはいないと理解しているということ
③ 我々は、言葉そのものに注目し、言語の滑らかな使用を中断させ、言葉の意味を顕在化させて理解しているということ
④ 我々は、言葉に付随する連想に関して、人名と多義語とは異なる構造を持っていると理解しているということ
⑤ 我々は、言葉とは日常で使用する場面の中でその意味を発揮するものであると理解しているということ

問八　波線部Ⅳ「「意味」という言葉が本来息づいている住処を見る」とあるが、それはどのようなことか。その説明として最も適切なものを、次の中から一つ選べ。[18]

① 言葉の「意味」の問題を、日常的な用法の問題から、形而上学的な用法の問題へと高めて考察するということ
② 言葉の「意味」とは何かということを意識せず、よどみなく言葉を使用している場面について詳しく調べてみるということ
③ 言葉というものが本質的に表している対象は何かという哲学的な問いをつきつめるということ
④ 「意味」という言葉が、日常生活においてどのように使われているかに目を向けるということ
⑤ 言葉が「意味」するものは実在の事物やイメージ、イデア的な何かであると理解するということ

問九　波線部Ⅴ「彼らにはない危険を潜在的に抱え込んでもいる」とあるが、それはどのようなことか。その説明として最も適切なものを、次の中から一つ選べ。[19]

① 言葉の音を聞き分けられなくなり、その意味を理解する能力を持てなくなってしまうということ
② 言葉がかたちを結んで何らかの意味を形成するという出来事に巻き込まれてしまうということ
③ 言葉の「意味」を問われ、答えるという実践から逃れられずに精神的な危機に陥るということ
④ 言葉そのものに目を向けられなくなり、多義的な言葉の連想を広げるきっかけを見失うということ
⑤ 言葉が単なる線や音の集合に感じられてしまう病的な現象にとらわれてしまうということ

問十　本文の内容と**合致しないもの**を、次の中から**二つ**選べ（解答欄[20]に二つマークせよ）。

① 「西郷隆盛」という名がぴったりと感じるのは、彼の肖像や逸話に親しんできたことよりも、音の並びや漢字の形から受ける影響のほうが大きい。

e　トウシ　[12]

① トウメイな液体　② 校歌をサクシする　③ トウソウ心をあらわにする

④ シリョク検査をする　⑤ トウヒョウ率が下がる

f　ジュウゼン　[13]

① ギゼン的なふるまい　② 人員をホジュウする　③ バクゼンとした不安

④ 大国にジュウゾクする　⑤ 社会ゼンパンにみられる傾向

問四　本文中のある段落の末尾から、次の文が脱落している。この文が入るべき最も適切な段落を、次の中から一つ選べ。[14]

そのとき、我々はまさに芸術鑑賞をするように、言葉という同一の対象の多様なアスペクトを見渡していくという実践を行っているのである。

① 第(7)段落　② 第(8)段落　③ 第(12)段落　④ 第(14)段落　⑤ 第(16)段落

問五　波線部Ⅰ「ある種の熟練である」とあるが、それはどのようなことか。その説明として最も適切なものを、次の中から一つ選べ。[15]

① ある特定の地域における名前として伝統的な価値を持ち、多くの人々がその名前を使用しているということ

② ある特定の地域における伝統ある名前として知られていて、名前の音の並びや漢字、片仮名の形からの影響は感じられなくなっているということ

③ その名前が各言語圏での姓や名としての歴史を持ち、そのうえでその人物の肖像やエピソード、作品に長く親しんできているということ

④ その名前が各言語圏での姓としての歴史的背景を持ち、その名前の音の並びや文字の形があたえる影響に長年深く親しんできているということ

⑤ その名前の音の並びや文字の形が与える影響を意識することなく、その人物の肖像やエピソード、作品に長く親しんできているということ

問六　波線部Ⅱ「名前そのものが主題化される」とあるが、それはどのようなことか。その説明として最も適切なものを、次の中から一つ選べ。[16]

① その名前自体に注目し、その名前の音の並びや文字の形からの影響を感じ取るということ

② その名前自体に注目し、その人物に関する肖像やエピソード、作品に親しむということ

③ その名前自体に注目し、名前と担い手との間の微妙な乖離について考察するということ

④ その名前自体に注目し、その名前の伝統的・歴史的背景について学習するということ

⑤ その名前自体に注目し、その名前からさまざまに連想が広がる予感を感じ取るということ

問七　波線部Ⅲ「我々が多義的な言葉を立体的に理解している」とあるが、それはどのようなことか。その説明として最も適切なものを、次の中から一つ選

D [4]

① 顕在　② 自覚　③ 哲学　④ 多面体　⑤ 日常

E [5]

① 雰囲気　② 意味　③ かたち　④ エピソード　⑤ 音

問二　二重傍線部ⅰ「絡んで」、ⅱ「僅か」の読み方として最も適切なものを、次の中から一つずつ選べ。

ⅰ「絡んで」 [6]

① およんで　② むすんで　③ からんで　④ つるんで　⑤ かんで

ⅱ「僅か」 [7]

① いささか　② わずか　③ こまか　④ たしか　⑤ おろそか

問三　傍線部a・b・c・d・e・fを漢字に改めた場合、これと同じ漢字を用いるものを、次の中から一つずつ選べ。

a　ゲンキュウ [8]

① 容姿にゲンワクされる　② 携帯電話がフキュウする　③ ゲンカクに審査する
④ 運転をキュウシする　⑤ 多摩川のゲンリュウ

b　タンショ [9]

① 抗議文にショメイする　② ラクタンする　③ 国民総ショトク
④ タンペン映画を観る　⑤ ユイショある家柄

c　チョウエツ [10]

① 大空にチョウヤクする　② 法王にエッケンする　③ コチョウした表現
④ ゲキエツな口調で叫ぶ　⑤ 山のチョウジョウ

d　カンキ [11]

① 臓器移植をカンコウする　② 交通キセイをおこなう　③ 証人カンモンをおこなう
④ 建築キジュン法　⑤ 間違いをカンカする

（注）1　ウィトゲンシュタイン……ルートヴィヒ・ウィトゲンシュタイン（一八八九～一九五一）、オーストリアの哲学者。

2　シューベルト……フランツ・シューベルト（一七九七～一八二八）、オーストリアの作曲家。

3　囚人番号「85」……アメリカの二十世紀前半の代表的なギャングのアル・カポネにつけられた刑務所での番号。筆者は前節で、この番号はアル・カポネの刑務所内での「別の名前」だと言えるが、それは「偶然、暫定的に彼に割り振られた数字」にすぎないと述べている。

4　讃岐……現在の四国・香川県。

5　アスペクト盲……「アスペクト」とは「表情、相貌」のこと。言葉の多義的な意味を理解するとは、言葉の「アスペクトの変化の体験をする」ということであり、ウィトゲンシュタインはその体験を決してできない（その能力を持たない）人を「アスペクト盲」と名付けた。

6　言葉のかたち《ゲシュタルト》が崩壊……「ゲシュタルト」とは「形、形態」のこと。ゲシュタルト崩壊とは、まとまりをもった構造から全体性を感じ取れなくなり、個々バラバラなものに分解されて知覚されてしまう現象のこと。

7　「文字禍」……中島敦の小説。主人公の老博士は文字の霊の存在を研究しており、作中に「一つの文字を長く見詰めている中に、何時しかその文字が解体して、意味の無い一つ一つの線の交錯としか見えなくなって来る」という記述がある。

8　「チャンドス卿の手紙」……フーゴ・フォン・ホーフマンスタールの小説。チャンドス卿は博学の天才的な作家であったが、ある時、「あらゆる部分が解体し、部分はまたさらなる部分へと分かれて、もはやひとつの概念で包括できるものは何もなくなってしまった」という精神状態に陥り、筆を置いてしまう。

問一　空欄A・B・C・D・Eに入ることばとして最も適切なものを、次の中から一つずつ選べ。

A　［1］
①　現実　②　音楽　③　空想　④　必然　⑤　確実

B　［2］
①　しかし　②　つまり　③　逆に　④　したがって　⑤　それゆえに

C　［3］
①　個人　②　日常　③　文化　④　方言　⑤　音楽

にまつわる事柄の鑑賞においてしばしば言われる次のような言葉である。「君はそれをこう見ないといけない。こういう意味なんだから」。「君がそれをこう見たら、それのどこに欠陥があるか分かるだろう」。「君はこの小節を導入部として聴かないといけない」。「君はこの主題をこう区切らないといけない」（これは音楽を聴くことにも演奏することにも当てはまる）。

このように、芸術鑑賞をする際、我々は対象の多様なアスペクトを比較し、しっくりくる見方や聴き方を探っていく。このとき芸術作品は、部屋の賑《にぎ》やかしや e トウシなどの目的のために使用されるのではなく、それ自体が注目を集め、解釈を待つ謎として立ち上がっている。(13)

そして、同じことが言葉にも当てはまる。我々は言葉を様々な用途に使うだけではなく、言葉そのものに対してあらためて注意を向けることもある。特に、「意味」という言葉が飛び交う「意味の説明」の場面では、言葉は多かれ少なかれ一個の謎として主題化している。(14)

以上のことから、なぜウィトゲンシュタインが、アスペクト盲を「意味盲」とも呼ぶのか、その f ジュウゼンな理由を見極めることができるだろう。つまり、意味盲の状態にある人々は、「意味」という言葉を用いた諸々の実践に参加したり、その実践を理解したりすることができないのである。これまで確認してきた通り、〈言葉の意味を問い、答える〉という類いの実践は、あるものを自覚的に別のものとして捉えるという、彼らには原理的に不可能な能力を要求する。また、(注6)言葉のかたち《ゲシュタルト》が崩壊して意味自体を失ったという報告も、逆に、言葉がかたち《ゲシュタルト》を結んで意味を成したという報告も、彼らには理解できない。つまり彼らは、「意味」という言葉と無縁なのである。(15)

ただし、「意味」という言葉を使いこなせる我々の方は、V 彼らにはない危険を潜在的に抱え込んでもいる。ゲシュタルト崩壊を体験できるということは、(注7)「文字禍」の老博士や(注8)「チャンドス卿の手紙」のチャンドスと同様の精神的危機に陥る可能性が ii 僅かでもあるということだ。すなわち、言葉をはじめとして、周囲のものの意味を見失い、よそよそしい空虚な異物としか感じられなくなるという危機である。(16)

言葉は、滑らかに使用されているときには目立たず生活のなかに融け込んでいる。そこから言葉が際立ち、我々があらためて注意を向けることは、その言葉から様々に連想を広げ、言葉の表情や響き、[E]、色合いといったものを感じ取るタンショともなりうるが、逆に、言葉が単なる線や音の集合に感じられてしまう病的な現象とも繋《つな》がっている。しかし、言葉そのものに注目することが孕《はら》むそうした危険について、ウィトゲンシュタイン自身は何も語ってくれてはいない。(17)

（古田徹也『言葉の魂の哲学』、ただし一部表現を改変した。）

『やさしい』というのは意味がわからない」などと言い、他方がその不満に応えて意味を説明する、といった場面である。そして、このポイントの重要性は、「言葉の意味とは何か」という哲学上の古典的問題との結びつきにある。(8)

古来、言語をめぐる哲学的議論において、「言葉の意味とは何か」という問いはしばしば、「言葉が表しているのは本質的にはどのような対象か」という問いとして捉えられてきた。すなわち、言葉に対応する実在の事物であるとか、あるいは、個々人が心に思い描くイメージであるとか、あるいはまた、経験可能なものを c チョウエツしたイデア的な何かである、といった具合である。ウィトゲンシュタインは、この問いに答えるにはそのような対象を――「意味」に対応する「何か」を――探し求めるのではなく、ほかならぬ「意味」という言葉が我々の日常生活でどのように使われているかに目を向けよ、と促す。すなわち、この言葉を「その形而上学的な用法から、再びその日常的な用法に連れ戻す」ように促すのである。そして、その「日常的な用法」の多くは、いま見たような、意味が問われ意味を説明する、まさにその場面の用法のことである。「つまり、『意味』という言葉の使い方を理解したいのであれば、『意味の説明』と呼ばれるものを調べてみよ、ということだ」。日常生活において言葉の意味が説明されるその現場、すなわち、Ⅳ「意味」という言葉が本来息づいている住処を見ることを通して、「『意味とは何か』という問題を地上におろす」こと、それがウィトゲンシュタインの狙いなのである。(9)

「言葉の意味とは何か」という問いへの答えは、「意味」なるものに対応する何かを探し求める形而上学によってではなく、日常において意味の説明が行われている現場を見ることで示される。そして、その現場とは多くの場合、特に母語を習得している者同士であれば、問題になっている言葉を別の言葉に置き換えて説明する場面を指すだろう。それは言い方を換えれば、同一の言葉がもつ様々な側面に注意が向けられる場面であり、しばしば言葉に関してアスペクトの変化を体験する場面なのである。(10)

以下に引用する一節は、〈言葉の意味〉というものについての彼のこうした見解が凝縮したものだと言えるだろう。(11)

「文の意味」は「芸術鑑賞」の営みに極めて類似している。

同一の対象（絵画、彫刻、音楽、等々）が多様な解釈を d カンキすること、すなわち、多様なアスペクトで把握されること、それが芸術鑑賞の営みを特徴づける。この点をウィトゲンシュタインは次のように語っている。(12)

「私はそれをいま……として見ている」という類いの伝達がどう使われるかや、どういう関心に拠っているかを考えるとき、私の念頭に浮かぶのは、美我々がシューベルトや西郷隆盛について考えたり aゲンキュウしたりするときには、彼らの名前が「シューベルト」や「西郷隆盛」であることに特に注意は向けない。我々は通常は、「『西郷隆盛』という名前のあの人物」について語るのではなく、端的に西郷隆盛について語るのである。しかし、ふとしたときに、Ⅱ名前そのものが主題化される。たとえば、その名前をしばらく思い出せず、ようやく浮かんできたとき。あるいはそれこそ、「西郷隆盛って、いかにも『西郷隆盛』という感じがしない？『西郷隆盛』感ない？」などと問いかけられたときなどである。そうしたとき、名前とその担い手との間で束の間、微妙な乖《かい》離が生じ、我々はあらためて名前そのものに注意を向ける。そして、名前から様々に連想が広がる予感を覚える。それが、名前の表情や雰囲気、色合いといったものを感じ取る bタンショなのである。(3)

いま、人名に関連してウィトゲンシュタインの議論から確認した論点は、これまで扱ってきた他の〈魂ある言葉〉にも当然当てはまる。(4)たとえば「むつごい」という言葉が、むつごいものを形容するのにぴったりであるように感じられるとしたら、そこにはある程度はいわば C 的要素が、すなわち、「ムツゴイ」という音の並び方が寄与していると言えるかもしれない。しかし、それ以上に、この言葉が様々な場面で用いられる讃岐《さぬき》(注4)地方の文化の生活に馴染《なじ》んでおり、そのうえで、この言葉にあらためて注意を向け、様々に連想を広げうる契機が訪れるということが、決定的に重要だろう。(5)ただ、連想ということに関して、人名と多義語の間には違いも認められる。人名の場合には、そこから広がる連想は、主としてその担い手の顔や仕事、エピソードなどになるだろう。それに対して、後者の「むつごい」といった言葉の場合には、それと類似した様々な言葉にも連想が延び、その全体が家族的類似性によって緩やかに連関した場を形成する。(6)

我々が普段「やさしい」や「むつごい」等々の言葉をよどみなく使用しているときに、言葉のそうした D 的な構造を特に意識しているわけではないが、かといって我々は、それらを平板に捉えているわけでもない。Ⅲ我々が多義的な言葉を立体的に理解していることは、態度のうちにおのずと示されるものであるし、それから、「いま『やさしい』ってどういう意味で言ったの？」などと訊《き》かれ、滑らかな言語使用が中断したときに、その質問に答える過程を通じて顕在化するものである。すなわち、「繊細」や「親切」など、「やさしい」から置き換え可能な言葉同士を比較して、「『上品』という意味だ」などと答える過程である。この過程において我々は、〈あるものを自覚的に別の何かとして捉える〉という、アスペクト盲(注5)の人には不可能なことを達成しているのである。(7)

この点に i絡んで、ここで強調しておくべきポイントがある。それは、我々が言葉をめぐって他ならぬ「意味」という言葉を日常で使用する場面の多くは、そうした、言葉の立体的理解というものが顕在化し、その理解の有無や程度が問題となる場面だ、ということである。すなわち、直前で見たような、一方が「いま『やさしい』ってどういう意味で言ったの？」などと訊き、他方が「……という意味だ」と答えるような問答の場面や、あるいは、一方が「いまの

国語

（六〇分）

問題一　次の文章は、古田徹也『言葉の魂の哲学』の第2章「魂あるものとしての言葉――ウィトゲンシュタインの言語論を中心に」からの一節である。筆者は、その章の冒頭で、[注1]ウィトゲンシュタインが「言葉に霊や魂が宿り、息づき始めると言いたくなる体験――あるいは逆に、言葉が生命を失い、いわば無表情になると言いたくなる体験――をめぐって多くの文章を残していることに着目して、彼の言語論を援用することを通して、この種の体験の内実と重要性を探っていく」と述べている。このことを踏まえて、次の文章を読んで、あとの問いに答えよ（段落末尾の数字は段落番号を示す）。

言うまでもなく、[注2]シューベルトが「シューベルト」という名前であることに、そうでなければならないという［A］性はない。他の名前だったこともありうるのだ。その点では、[注3]囚人番号「85」と同様の偶然性を「シューベルト」に認めてもいいはずである。にもかかわらず、あの作曲家の名前は「シューベルト」以外ではありえない。私もそう言いたくなる。この感覚には、「シューベルト」という音の特徴も、おそらく影響を与えているだろう。日本語の人名で言うなら、たとえば私には、「西郷隆盛」という名前はあの明治維新の英雄にぴったり合うように思われる。それには、音の並びや漢字のかたちも関係していると言えるかもしれない。(1)

［B］、それだけではない。そうした要素よりも明らかに重要なのは、繰り返しになるが、I ある種の熟練である。まず、「西郷」が日本語圏の姓であることや、「隆盛」が日本人男性の名であることといった、歴史的背景が存在する。そのうえで、私は子どもの頃から、「西郷隆盛」という名前とともに、人物の肖像やエピソード、関連する人物や地域などに親しんできた。「シューベルト」という名前も同様に、ドイツ語圏の伝統的な姓としての背景をもち、また、この片仮名表記自体は、漢字以外の海外の人名を片仮名で表す日本語圏の伝統も背負っている。私はそうした背景を自ずと踏まえつつ、「シューベルト」という名前の下に、多くの肖像や楽曲などに長く親しんできた。だからこそ、それぞれの名前から様々に連想を広げることができるのである。(2)

そして、もうひとつ、重要な要素がある。それは、人物（およびそれと関連する諸々の事物）とは別に、その名前自体に注目するという契機である。普段、

解答編

英語

I 解答　問1．(A)—①　(B)—②　(C)—①　(D)—④　(E)—②

問2．①　問3．②　問4．③　問5．②・③

◆全　訳◆

≪異文化コミュニケーション≫

今日私たちは非常に複雑な世界に暮らしている。世界がいかに小さくなり，よりつながりつつあるかについて人はよく口にするが，同時に，私たち皆が互いにより良く理解しあうことに対する必要性も高まりつつある。4，50 年前と比べると，今日の人々は地球上の様々な地域の人々とますますコミュニケーションをとらなければならないし，仕事となると特にそうだ。このように異なる国や文化に属する人々と今までにないレベルでコミュニケーションをとり仕事をするようになると，私たちは，私たちのとは異なる地域の――異なる物事のやり方を持ち，異なる言語的背景を持つ――人々の考え方とコミュニケーションのとり方にはまだ大きな違いがあるということを理解する必要がある。

私たち一人ひとりは様々な要素によって形成されており，文化はそのような強力な力の一つにすぎない。それは，私たちが何を見てそれをどのように見るか，そして私たちがどのように自分を表現するかを決定する。例えば，「はい」という言葉の意味は，「おっしゃることはわかりました」から「検討してみようかと思います」，「まったくその通りです」まで様々だ。しばしば私たちは，自分たちの文化的価値観が他者のものとは異なり，食い違っていることにさえ気づいていないことがある。私たちがお互いに誤解してしまうのは，異なる言語を話すからだけではなく，目に見えない形で文化が私たちに影響を与えるからでもあるのだ。

こうした違いのすべてのおかげで多様な世界で暮らすことがとても興味深いものになる。しかし，そのせいでビジネスを行うことが少し困難になりもする。私たちの文化は，私たちの問題への取り組み方と解決の仕方に影響を与える。意見の衝突を肯定的なものとみなす文化もあるが，意見の衝突は避けるべきものとみなす文化もある。アメリカでは，意見の衝突は通常は望ましいことではないが，もし実際に意見の衝突が生じれば，しばしば直接それに対処し，生じるいかなる問題も解決したいと考える。それに対し，書面によるやりとりが意見の衝突の最善の解決策である地域もあれば，意見の衝突は何としても避けるべきものである地域もある。

人によって時間を異なった形でとらえるし，異なった状況のとらえ方，異なった仕事の完成の仕方や異なる決断の仕方をする。アメリカでは，上司が部下に決定権を与えることがある。そのような場合に集団が意思決定をするならば多数決が一般的なやり方だ。しかし，日本では全体の一致が好まれる。中南米では，意思決定の過程を他者に依存せずに完成させることが非常に重視され，上司が通常意思決定をするものだ。

自分の国でごく普通であるとか当然であるとみなされることが他の場所では重大な過ちである可能性がある。だから，他の文化に属する人々が意思疎通を図る方法を理解し意識していることが重要だ。北米では感情を表に出すことが美徳とされる。他の文化ではそれが弱点とみなされ誤解の原因となる可能性もある。ある人に対しては自然に思われる質問が他の人にとってはうれしくない，あるいは無礼に思われるかもしれない。

今日の世界規模で行われるビジネス環境では，ますます多くの人が自分とは違う国と文化の出身の人々を理解することを要求される。どのような深さであれ，ある文化について理解するのに近道で簡単な方法はないが，自分の文化的背景と違う背景を持つ人々とコミュニケーションをとり，ビジネスを行う上で成功へと導いてくれる一般原則がある。この原則は一日二日で習得できるものではない。外国語を習得するには長年の真剣な学習が必要であるのとちょうど同じように，異文化間のコミュニケーションの技術の習得には時間と努力が必要なのだ。

◀解　説▶

問１．(A)　空所を含む部分の訳は「世界が（　Ａ　）小さくなり，よりつながりつつあるかについて人はよく口にする」。選択肢① how「いかに，どのように」，② when「いつ」，③ where「どこで」，④ what「何（が，を，に)」をそれぞれ入れて意味が通るものを探す。① how を入れれば

「世界がいかに小さくなり，よりつながりつつあるかについて…」となり適切。

(B)　be different from ～ で「～とは異なる」の意なので，正解は②。

(C)　at all costs で「どんな犠牲を払っても，何としても」の意なので，正解は①。同意表現の at any cost も覚えておこう。

(D)　*doing* of *A* で「*A* を～すること」の意なので，正解は④。

(E)　in any depth で「どのような深さでも」の意なので，正解は②。

問２．それぞれの選択肢の後半を見ると，①・②は in the past forty to fifty years「過去 4，50 年で」とあり，③・④は in the past few hundred years「過去数百年で」とあるが，下線部(a)の中の four or five decades ago は「4，50 年前」なので，③・④を消去。①と②の違いは，①は has grown「(international communication に対する need が）大きくなってきた」，②は has not grown「大きくなってきていない」で，下線部(a)の中の have to communicate more and more「ますます communicate しなければならない」から①が適切であるとわかる。正解は①。

問３．下線部(b)は「私たち一人ひとりは様々な要素によって形成されている」の意。各選択肢の意味は

①「異なる人は異なる形でものを考えるのは事実だ」

②「私たちの考えと信念は様々な形で形成される」

③「人の外見は国によって様々だ」

④「人が異なる体の形を持つのには様々な理由がある」

なので，選択肢②が最も意味が近い。正解は②。

問４．下線部(c)は「意思決定の過程を他者に依存せずに完成させることが非常に重視される」の意。各選択肢の意味は

①「会社のためにより多くのお金を節約するために意思決定は一人の人間によってなされる」

②「会社の秘密を守るために意思決定は一人ですることが最も重要だ」

③「外部の助けなしに自分で意思決定をすることが高く評価される」

④「会社の中の強い人が自分で意思決定をする」

なので，選択肢③が下線部(c)が示す意味として最も適切。正解は③。

ただし，下線部・選択肢ともに全訳レベルで把握できなくても，①の

more money「より多くのお金」，②の company secrets「会社の秘密」，④の strong people「強い人」に当たる表現が下線部にはないことがわかれば正解は導き出せる。

問５．①「世界の時差のせいで人は異なる方法で意思決定をする」 本文中に different time zones「異なるタイムゾーン，時差」に関する記述はないので一致しない。

②「異文化間コミュニケーションは，より良いものにするために私たちが学び実践する必要があるものだ」 最終段最終文に「外国語を習得するには長年の真剣な学習が必要であるのとちょうど同じように，異文化間のコミュニケーションの技術の習得には時間と努力が必要なのだ」とあることから一致。

③「世界規模のビジネスのコミュニケーションが過去半世紀にわたって増加してきている」 第１段第３文（In comparison to …）に「４，50 年前と比べると，今日の人々は地球上の様々な地域の人々とますますコミュニケーションをとらなければならないし，仕事となると特にそうだ」とあることから一致。

④「アメリカでは意見の衝突はほとんどの場合望ましいものとみなされ，人は問題を解決することを楽しむ」 第３段第５文（In the USA, …）に「アメリカでは，意見の衝突は通常は望ましいことではないが」とあるので一致しない。

⑤「感情をあらわにする北アメリカ人は仲間集団に属する者たちから弱いとみなされる」 第５段第３文（In North America …）に「北米では感情を表に出すことが美徳とされる」とあり，「弱いとみなされる」というようなマイナスイメージで捉えられていないので一致しない。

⑥「私たちの世界に対する見方に文化が大きな影響を与えるということに人はしばしば異論を唱える」 第２段第２文（It shapes what …）に「それ（文化）は，私たちが何を見てそれをどのように見るか，そして私たちがどのように自分を表現するかを決定する」とあるので，筆者は文化がものの見方に影響を与えると考えていることがわかる。このことに対して異論がある，という記述はないので一致しない。

よって本文の内容と一致する②・③が正解。

II 解答

問1．(A)—③　(B)—①　(C)—③　(D)—③
問2．②　問3．②　問4．②
問5．①　問6．③・⑥　問7．①・⑤　問8．②

◆全　訳◆

≪モナ=リザの謎≫

毎日，世界中の何千人もの幸運な人が，世界で最も有名な絵画ではないにしてもそうしたものの一枚であると多くの人がみなしているものであるラ=ジョコンダ，別名モナ=リザを見る機会を得るためにパリのルーブル美術館を訪れる。しかし，20 世紀以前は，モナ=リザは美術界以外ではさほど有名ではなかったのだと歴史家たちは言う。それが一変したのは，1911 年のある夜，閉館時間後にルーブル美術館の元職員がその絵をコートに隠して美術館から歩いて出て行った時のことだった。

その傑作は，ダ=ヴィンチによってフランス王に売られていたのだが，100 年以上ルーブル美術館の壁に静かに掛けられていた。盗まれてから間もなく，それは大ニュースになり，モナ=リザは世界で最も有名な行方不明の絵画となったのだった。警察はその絵を求めて世界中を捜査した。泥棒はイタリア人だったが，彼は警察がそれを発見しフランスに戻すまで 2 年間自分の家に隠していた。その有名な芸術作品をイタリアの本来あるべき場所に戻すことが，自分がそれを盗んだ理由だと彼は主張した。

その絵については多くの謎がある。まず，私たちがその肖像画の中で目にしているのがいったい誰なのかが，その作品の多くの謎の一つのままだ。記録によれば，ダ=ヴィンチは 1503 年にリザ=デル=ジョコンドという名の女性の絵に取り組んでいた。その絵のモデルは，イタリアの都市のフィレンツェの金持ちの絹布・毛糸商であるフランチェスコ=デル=ジョコンドの妻，リザ=ゲラルディーニであると考えられているので，このことは辻褄が合うだろう。しかし，専門家たちは完全に確信しているわけではない。

イタリア文化遺産委員会の委員長である歴史家のシルバーノ=ヴィンチェティによれば，そのモデルが誰なのかを知る鍵は彼女の左の瞳に隠されている。ダ=ヴィンチはその女性の瞳に小さな文字と数字を描いたのだとヴィンチェティは言う。彼の説明によれば，右目には LV という文字が見え，これはレオナルド=ダ=ヴィンチの名前の頭文字の可能性があり，また，左目にも，その絵のモデルの素性を突き止めるのに非常に重要な手がかりだと彼が考えている記号が描かれている。ヴィンチェティは,「B」か「S」という文字, もしくはひょっとしたら「CE」という頭文字がその目に見えるとも言う。

さらにもう一つの謎が彼女の微笑に見出される。あるスペインの科学者たちのグループが, モナ=リザの肖像画の雰囲気が変化する秘密はダ=ヴィンチの技術と人間の目の仕組みの両方にある, ということを発見している。その女性は, 私たちがどのように彼女を見るか次第でほほえんでいるようにもまじめな表情にも見える。まず, 網膜に存在する細胞が女性の像を捉える。次に, 人間の脳の異なる回路が脳にいろいろな情報が混じった信号を送る。この結果, その絵の微笑は, 部屋の照明と私たちが見つめる角度によってどのようにも見えるのだ。

そのスペインの科学者たちの一人であるルイス=マルティネス=オテーロによれば, レオナルドが自分のノートの一冊に, 自分は動的な表現を描こうとしていると書いていたそうだ。レオナルド=ダ=ヴィンチは人体構造と絵画技法の知識が非常に豊富だったので意図的にその両方の視点を捉えようとしていた可能性が非常に高い。そして, このようにして私たちの脳を混乱させたがっていた可能性が非常に高い。数百年たってやっとモナ=リザの秘密の少なくとも一つが解き明かされたかもしれないようだ。

◀解　説▶

問1. (A)　what is (　A　) by many to be …の what が関係代名詞で, by many が「多くの人によって」の意味であると気づけば,「多くの人によって…であると考えられているもの」という受動態表現で意味が通るので, 正解は③。

(B)　原形の return を入れれば「絵を盗んだ理由は本来あるべき場所に戻すこと」となり意味が通るので, 正解は①。

(C)　make sense で「意味をなす, 合点がいく, 辻褄が合う」の意味になり, 正解は③。

(D)　result in *A* *doing* で「結果として *A* が〜することになる」の意で, *A* は *doing* の意味上の主語になる。「*A* が〜される」場合は *doing* を being *done* にする。smile と show（表情などを表す）の関係を考えれば smile は show されるものなので, 過去分詞の③が正解。

問2. 下線部(a)の意味は「それが 1911 年に一変した」, つまり「モナ=リ

ザが美術界以外ではさほど有名ではないという状況が一変し，世界中で有名になった」ということ。それぞれの選択肢の意味は
①「美術史家は1911年にモナ=リザに有名になってほしかった」
②「1911年までラ=ジョコンダについて知る人は世界でさほど多くはなかった」
③「1911年までにモナ=リザは世界的に有名になっていた」
④「1911年に毎日ルーブル美術館で何千人もの人々がモナ=リザを見た」
で，②が下線部(a)の内容を表していると言える。正解は②。
問３．claimはthat節をともなって，「(that節以下のことが正しいと) 主張する，言い張る」の意味。日本語の「クレーム」に引っ張られないよう注意したい。それぞれの選択肢の意味は，①「不満を言った」，②「弁明した」，③「叫んだ」，④「述べた」となる。②と④で迷うかもしれないが，②が意味的に最も近い。正解は②。
問４．下線部(c)の意味は「そのモデルが誰なのかを知る鍵は彼女の左の瞳に隠されている」。pupilは「生徒」という意味で覚えている人がほとんどだろうが，ここではher left pupilという表現から左右の別があるものとわかり，直後の文に左右の目に描かれている文字の話が出ていることから「目（瞳)」のことだと推測したい。
それぞれの選択肢の意味は
①「モナ=リザの目には小さな金属物が見られる」
②「その絵の目の片方に重要な情報が隠されている」
③「そのモデルは密かにレオナルド=ダ=ヴィンチの生徒だった」
④「そのモデルは自らの正体を永遠に秘密にしておきたかった」
で，②が最も意味が近い。正解は②。
問５．下線部(d) keysは「(謎を解く) 鍵」で，選択肢の中で意味が最も近いのは①「ヒント（答えをほのめかすもの)」。そのほかの選択肢の意味は，②「像」，③「(鍵で開閉する) 錠」，④「謎」。
問６．「本文で述べられていないもの」を選ぶ問題であることに注意。
①「ルーブル美術館の元職員が自分のコートに隠してモナ=リザを盗んだ」
第１段最終文（That all changed…）の内容と一致する。
②「盗まれる前は，普通の人はモナ=リザの絵について知識がなかった」
第１段第２・３文（However, before the … in his coat.）の内容と一致す

る。

③「リザ=デル=ジョコンドという名の女性がモナ=リザのモデルだったということを私たちは知っている」第3段第2文（Just whom we …）に「まず私たちがその肖像画の中で目にしているのがいったい誰なのかがその作品の多くの謎の一つのままだ」とあり，一致しない。

④「ある美術史家は，ダ=ヴィンチがその絵のモデルの正体への手がかりを残したと考えている」 第4段の内容と一致する。

⑤「モナ=リザの盗難は，警察がそれを探している間に国際的なニュースになった」 第2段第2・3文（Soon after the … for the painting.）の内容と一致する。

⑥「ヴィンチェティは，モナ=リザのモデルはレオナルド=ダ=ヴィンチに絵を習っていた生徒だったと考えている」 本文にそのような記述はないので一致しない。第4段第1・2文（According to historian … of the woman.）の pupil に引っかかる可能性があるが，問4で解説したように「目（瞳)」の意味と推測することができる。一見よく知っている単語でも文脈によって意味が変わることがあるので注意したい。

⑦「モナ=リザを見る時，私たちの目と光の変化が一緒になって私たちの脳をだます作用をする」 第5段最終文（This results in …）の内容と一致する。

⑧「ダ=ヴィンチが私たちにモナ=リザを様々な形で見てほしいと思っていたと考えることは理にかなっている」 第6段第2文（It is most …）の内容と一致する。

よって，本文で述べられていない③・⑥が正解。

問7．①「モナ=リザは世界で最も有名な絵画の一つと考えられている」第1段第1文（Every day, thousands …）の内容と一致する。

②「その絵を盗んだ男は2年間フランスの自分のアパートにそれを隠していた」 第2段第4文（The *thief*, who …）に hid it in his home とあるが，フランスのアパートかどうかはわからないので一致しない。

③「ダ=ヴィンチが描いた女性は金持ちのイタリア人農夫の妻だった」本文に「イタリア人農夫」に関する記述はないので一致しない。

④「モナ=リザのモデルはダ=ヴィンチが再現しようと手を尽くした謎めいた目をしていた」 第4段に，モナ=リザのモデルが誰であるかの謎を解く

鍵が絵の女性の目にあると考えている学者がいることが書かれているが，モデルの目が謎めいたものであったという記述はない。
⑤「レオナルド=ダ=ヴィンチは人間の体・骨格・筋肉について非常に多くのことを知っていた」第6段第2文（It is most …）の内容と一致する。
⑥「これから100年後に私たちはモナ=リザの新しい謎を発見するだろう」本文にそのような記述はないので一致しない。
よって，本文の内容と一致する①・⑤が正解。
問8．第3段から最終段まで本文の大半は「モナ=リザの絵の謎」に関する記述なので，②「モナ=リザの（様々な）謎」が正解。④「モナ=リザはいったい誰なのか」に引っかかりやすいが，モナ=リザのモデルの謎について触れているのは第3・4段と範囲が狭い。「本文のタイトル」を選ぶ場合，漠然としていても，より広い範囲をカバーするものを探すこと。

III　解答

(1)—①　(2)—④　(3)—③　(4)—①　(5)—②
(6)—③　(7)—③　(8)—②　(9)—①　(10)—③

◀解　説▶

(1)「友達に一緒に来たいかどうか尋ねてみてはどうだい」 Why not *do*? で「～してはどうだい」の意で，正解は①。Why don't you *do*? も同意。
(2)「その件はそのままにしておきなさい」 as it is で「そのまま，今のままで」の意で，正解は④。
(3)「幸福が最も重要なものであるのは言うまでもない」It goes without saying that … で「…は言うまでもない」の意で，正解は③。
(4)「おりのなかのその小さい動物は猫に似ている」 resemble は他動詞なので，①が正解。
(5)「私の妹（姉）は1996年5月5日に生まれた」日付・曜日につける前置詞は on なので，正解は②。日付が入らず年・月までであれば in February 1960 のように in を入れる。
(6)「ヒップホップは，その起源は80年代初期までさかのぼるが，最近は以前と同じではない」 the origin of *A* で「*A* の起源」の意なので，③が正解。なお which は直前の hip-hop music を受ける関係代名詞。
(7)「万一何か質問があれば，遠慮なくご連絡ください」 If *A* should *do* で「万一 *A* が～すれば」の意になり，if が省略されると Should *A* *do* の語順になる。正解は③。

⑻ 「その質問に対するミシェルの答えは驚くべきものだった」 *A* was surprising.で「*A* は驚くべきものだった」の意になるので，②が正解。名詞の surprise は「驚くべきもの」という意味では可算名詞で a surprise にしなければならず，①は不適。*A* was surprised.は「*A* は驚いた」の意味になるので，③は不適。④の surprises は，名詞ととらえれば複数形で不適，動詞ととらえれば 3 人称単数現在の s がついていることになり不適。

⑼ 「私の右足は汚いし，左足もだ」 so is *A* で「*A* もだ」の意になるので，①が正解。

⑽ 「必要な時の友人が本当に友人だ」 日本語のことわざ「まさかの時の友こそ真の友」に当たる。a friend in need が主語で単数なので，①か③にしぼり，lack「～がない」では意味が通らないので③を選ぶ。正解は③。

Ⅳ 解答 31―⑤ 32―④ 33―② 34―⑥ 35―① 36―③

◆全 訳◆

≪次に会う約束≫

A：今日はお話しできてよかったです。

B：私もです。次はいつ会いましょうか。

A：あなたが日を指定してください。私のスケジュールは来週はかなり空いています。

B：次の月曜日，お昼にごはんを食べながらでどうですか。

A：いいですね。近所の新しいレストランの割引券を持っています。来週が期限なんです。

B：それで決まりですね。メニューにベジタリアン用のものもありますかね。

A：わからないですね。あなたがベジタリアンとは知りませんでした。

B：ベジタリアンではないですよ。たまには野菜料理を食べたい気がするだけです。

A：魚は大丈夫ですか。

B：もちろん！ 海鮮料理は大好きですよ。

A：よかった！ 月曜日に会いましょう。

B：では，その時に。何か必要だったら知らせてくださいね。

◀解　説▶

最初の31と32は難しいが，33以下のわかりやすいものから埋めていき残ったもので検討する，というやり方をするといい。

31. 空所直前で「今日は話せてよかった」と言っているので，空所では「私もだ」に類することを言っていると判断できる。正解は⑤のlikewise。「同様に」の意味で知っている単語のはずだが，会話では相手の言葉への相づちとして「私もです」「あなたもね」のどちらにも使える表現。

32. 空所直前で「次はいつ会うか」と聞いているので，会う日取りに関する表現がくると判断できるが，この段階では選ぶのは難しいはず。先に進んで，残ったものから考えることになるだろう。正解は④で「あなたが日を決めて」の意味。

33. 空所直前で「レストランの割引券がある」と言っているので，「それを使おう」など，その割引券に関する表現がくるはず，と予想をつけて探す。選択肢②の主語のItがa couponのことを指すと気づきたい。正解は②「それは来週期限が切れて無効になる」。

34. 空所直前で「割引券がある」と言っているので，「それはいいね」に類することを言っていると判断できる。正解は⑥「それに決めた，それで手を打とう」。

35. 空所直前のI'm not.はI'm not a vegetarian.の略。ではなぜベジタリアン用のメニューがあるか尋ねたのかの理由が続くはずと判断する。正解は①「たまには野菜料理を食べたい気がするだけだ」。for a changeは「いつもと違って，たまには」の意。

36. 直前で相手から「魚は大丈夫？」と尋ねられているので「海鮮料理は大好き」の意の③が正解。

V 解答 (1)—⑥ (2)—⑤ (3)—① (4)—⑤ (5)—⑥

◀解　説▶

(1) (These pictures) will give you a very good (idea of touristy spots in Tokyo.)

日本文では「これらの写真を見れば」とあるが，英文の出だしはThese

picturesなので「これらの写真があなたにideaを与える」という無生物主語の文になっていることに気づきたい。

(2) (What) makes him think he is so (good at running?)

日本文は「なぜ」で始まっているが，英文の出だしはWhatなので「何が彼に思わせるのか」というやはり無生物主語の文になっていると判断する。make *A do*で「*A*に～させる」の意。

(3) (I haven’t) been able to recall when we (first met.)

recall「～を思い出す」

(4) (I) can hardly thank her enough for (her help.)

hardlyは「ほとんど～しない」という否定語。そこで，cannot *do* enough「いくら～しても足りない」の類似表現と気づきたい。

(5) (Would) he rather take a walk than stay (at home?)

would rather *A* than *B*で「*A*するより*B*したい」の意。

日本史

I 解答 問1．A―④ B―② 問2．④ 問3．③ 問4．⑤
問5．⑤ 問6．② 問7．③ 問8．⑦ 問9．①
問10．⑤ 問11．③ 問12．④ 問13．② 問14．①

◀解 説▶

≪原始～中世の政治・文化・経済≫

問2．①誤文。人びとが男王に服属しなかった後に共立されたのは，卑弥呼ではなく壱与である。

②誤文。卑弥呼が中心となった邪馬台国連合は約30カ国からなる。

③誤文。下戸が大人と会ったときは，下戸はしりごみをして草むらに退いた。立ったままおじぎをしてはいない。

⑤誤文。一大率は諸国の検察をおこなった。市の交易を管理していたのは大倭であり，一大率ではない。

問3．①誤文。国家財政を担当していたのは，治部省でなく民部省である。治部省は外交事務などを担当した。

②誤文。郡司は中央から派遣されるのではなく，国造などの出身である地方豪族から任命された。

④誤文。庸を負担する男子は，畿外に居住する21～65歳の男子であり，17～65歳ではない。

⑤誤文。兵役では，武器や食料は自弁であり支給されない。

問4．①誤文。大学・国学での教育は，儒教の経典や法律などの研究が中心で仏教の教理研究中心ではない。

②誤文。東大寺法華堂不空羂索観音像は乾漆像であり，金銅像ではない。

③誤文。『古事記』は，日本語を漢字の音・訓を用いて表記したものであり漢文で表記されたものではない。

④誤文。『懐風藻』は現存最古の漢詩集であるが，勅撰ではない。

問6．①誤文。清少納言が仕えたのは，中宮定子であり彰子ではない。彰子には紫式部が仕えている。

③誤文。『往生要集』を著したのは源信であり，空也ではない。

④誤文。藤原公任は三跡には入らない。藤原佐理の誤りである。

⑤誤文。定朝が完成したのは，一木造ではなく寄木造の技法である。

問７．保元の乱で，藤原忠通（兄）は後白河天皇方にあり，崇徳上皇方の藤原頼長（弟）と対立した。

問８．Ｘ．誤文。侍所長官の和田義盛は関東の武士であり，京都からまねかれた貴族ではない。

Ｙ．誤文。承久の乱後に任命された新補地頭に与えられた加徴米は，段別３升ではなく，段別５升である。

問 10．Ｘ．誤文。絵巻物で備前国福岡の市における布教の様子が描かれたのは，時宗の一遍で，法然ではない。また，法然が布教したのは浄土宗であり浄土教ではない。

問 11．①誤文。建武式目は，足利尊氏が制定したものであり，後醍醐天皇が発表したものではない。

②誤文。法秩序を重んじたのは足利尊氏ではなく，足利直義である。武力による所領拡大をはかったのは，尊氏の執事高師直らである。

④誤文。1352 年の半済令の対象となったのは，近江・美濃・尾張の３国であり全国ではない。のちに全国に拡大される。

⑤誤文。北畠親房が著したのは『神皇正統記』であり，『梅松論』ではない。

問 13．①誤文。地頭請は，地頭が年貢納入を請け負った。

③誤文。六斎市が一般化するのは応仁の乱後のことであり，南北朝の内乱期ではない。

④誤文。山城の国一揆では８年間の自治をおこなった。100 年間は誤り。

⑤誤文。柳生の徳政碑文にあるのは，正長の徳政一揆の際の記述であり，嘉吉の徳政一揆の際のものではない。

Ⅱ　解答

問１．①　問２．④　問３．⑤　問４．②　問５．④
問６．③　問７．⑤　問８．③　問９．②　問10．④
問11．①　問12．⑤　問13．③　問14．②

◀解　説▶

≪近世の政治・文学≫

問３．徳川綱吉の出した服忌令で，喪に服する日数や忌引の日数を定めたことが，死の穢れを忌み嫌う風潮を生み出したとされる。

問４．①誤り。池田光政は岡山藩主で，加賀藩は誤り。

③・⑤誤り。佐竹義和－秋田藩，上杉治憲－米沢藩の組み合わせは正しいが，いずれも寛政期ころの改革であり，家綱の治世の時期は該当しない。

④誤り。徳川斉昭は水戸藩主であるが，天保期の改革であり，家綱の治世の時期ではない。

問５．①誤文。堀田正俊が暗殺されたのは，綱吉の将軍在職中のことであり綱吉の死後ではない。

②誤文。町奉行大岡忠相が補佐したのは徳川吉宗であり，綱吉ではない。

③誤文。綱吉のときに大学頭に任じられたのは林鳳岡（信篤）であり，新井白石ではない。

⑤誤文。綱吉のときの側用人で幕政の中心になったのは，柳沢吉保。間部詮房は，徳川家宣・家継のときの側用人である。

問６．①誤文。公事方御定書を出したのは徳川吉宗であり，綱吉ではない。

②誤文。大嘗会は天皇の即位儀礼であり，将軍のものではない。

④誤文。熊沢蕃山を招いたのは岡山藩主池田光政であり，綱吉ではない。

⑤誤文。藤原惺窩は林羅山の師であるが，綱吉の侍講ではない。

問７．①誤文。正徳の政治では，朝鮮通信使の待遇を簡素化した。豪奢なものに改めたのではない。

②誤文。正徳の政治のときに創設されたのは閑院宮家であり，有栖川宮家は誤り。

③誤文。海賊取締令を出したのは豊臣秀吉。正徳の政治のときではない。

④誤文。幕府が棄捐令を出したのは寛政の改革と天保の改革のときである。

問８．洒落本では「遊里」，黄表紙では「挿し絵入り」の「風刺」がキーワードとなる。

問 10.『曽根崎心中』は近松門左衛門の作品であり，井原西鶴ではない。

問 11. ②誤文。はじめて定量の計数銀貨（南鐐二朱銀）を鋳造させたのは田沼意次。寛政の改革のときではない。

③誤文。青木昆陽を登用したのは徳川吉宗のとき。寛政の改革ではない。

④誤文。飢饉に備えて米穀を貯蔵したのは，社倉・義倉。問屋場は宿駅にあって，継飛脚や伝馬役などの業務を担った。

⑤誤文。株仲間の解散は天保の改革のときで，寛政の改革ではない。

問 13．③誤文。人掃令（身分統制令）は武家奉公人が百姓や町人になることなどを禁じた法令で，豊臣秀吉のときに発令された。出版統制令ではない。

問 14．①誤文。関東取締出役が設けられたのは，徳川家斉の大御所政治のときで天保の改革の前である。

③誤文。人返しの法では，江戸に流入した貧民の強制的な帰村を命じた。技術を身につけさせて職業をもつことを奨励したものではない。

④誤文。楽市令は織田信長らが出したもので，天保の改革とは関係ない。

⑤誤文。金銀の貸借をめぐる争いを当事者のあいだで解決させるのは相対済し令であり，定免法ではない。相対済し令も定免法も享保の改革のときに発令されており，天保の改革のときではない。

Ⅲ　解答

問１．A―②　B―①　C―③　D―⑤

問２．④　問３．③　問４．④　問５．①

問６．⑤　問７．③　問８．④　問９．③　問10．④

問 11．②　問12．I―①　J―③

◀解　説▶

≪近現代の外交・教育≫

問１．C．沖縄で最初に衆議院議員選挙がおこなわれたのが 1912 年である。本土における最初の衆議院議員総選挙は 1890 年であった。選択肢中の「県議会」は，地方自治法の制定（1947 年）により，従来の「県会」にかえて使用されたものである。

D．沖縄返還は 1972 年であるが，返還が決まった沖縄返還協定の調印は 1971 年である。年代にずれがあることに注意する。

問２．b．佐賀の乱（1874 年）→a．西南戦争（1877 年）→d．立憲改進党結成（1882 年）→c．秩父事件（1884 年）の順となる。

問３．①誤文。日米和親条約で，米国領事の駐在が認められたのは下田であり，那覇ではない。

②誤文。樺太・千島交換条約では，樺太はすべてロシア領となった。樺太の半分に日本の領有権があるとするのは誤り。

④誤文。琉球漂流民殺害事件は台湾で起こった。朝鮮ではない。

⑤誤文。日朝修好条規を結んだきっかけは江華島事件である。

問 4．Z．沖縄の面積は日本全体の 0.6％にすぎないが，ここに日本全体の米軍専用施設の 75％（2017 年・70％）が集中していたことになる。

問 5．X．正文。アメリカがベトナム戦争への介入を本格化させるのは 1965 年のことで，その後，沖縄で祖国復帰運動が激化する。

Y．正文。非核三原則とは，「(核兵器を）もたず，つくらず，（米軍基地に）もち込ませず」のことで，1967 年に表明されている。沖縄返還協定調印は 1971 年である。

Z．正文。1969 年の佐藤・ニクソン会談で「核抜き・本土並み（安保条約の適用)」返還が合意された。これにより，1951 年のサンフランシスコ平和条約以来，米国にあった沖縄の施政権が日本に返還されることになった。

問 7．③正文。国定教科書制度の導入は 1903（明治 36）年である。

①誤文。「教育勅語」における教育の目的は「忠君愛国」の徹底であり，「国体護持」ではない。

②誤文。義務教育の対象ははじめから男女であり，「男子のみ」は誤り。

④誤文。台北，大阪，名古屋などの帝国大学は，大正から昭和にかけて設置された。明治時代ではない。

⑤誤文。東京築地から広島県江田島に移転したのは海軍兵学校であり，陸軍士官学校ではない。

問 8．④誤文。過度経済力集中排除法は，戦後の経済民主化政策のなかで 1947 年に制定されたもので，戦時統制のためのものではない。

問 9．Y．誤文。来日したのは，イギリス教育使節団でなくアメリカ教育使節団であり，使節団の来日前に日本の歴史・地理などの教科書は回収廃棄されている。

問 10．④誤文。食生活の変化などから，米は供給過剰となり，1970 年から減反政策がとられた。米生産を増大させる制度は導入されていない。

問 11．①誤文。全国水平社の発足で中心的役割をはたしたのは西光万吉。内村鑑三は誤り。

③誤文。同和対策事業特別措置法の制定は 1969 年のことで，1946 年は誤り。

④誤文。1925 年の普通選挙法で衆議院議員選挙権が認められたのは，満 25 歳以上の男子のみで女子に選挙権はなかった。1945 年 12 月に，満 20

歳以上の男女に選挙権が与えられた。

⑤誤文。男女雇用機会均等法の公布は 1985 年のことで，翌年の 1986 年から施行された。1947 年公布は誤り。

世界史

I　解答

問1．①　問2．②　問3．③　問4．②　問5．①
問6．③　問7．④　問8．④　問9．①　問10．②
問11．③　問12．①　問13．③　問14．④　問15．②　問16．①

◀解　説▶

≪航海による諸活動から見えてくる古代～近代の世界≫

問1．①誤文。ミケーネ文明を築いたギリシア人はインド=ヨーロッパ語系の民族。

問3．①誤文。アメンホテプ4世は新王国時代の王。
②誤文。バビロン第1王朝を滅ぼしたのはヒッタイト人。
④誤文。アッシリア王国の全オリエント征服（前7世紀前半）は，フェニキア人の盛んな活動の開始（前1200年頃以降）よりも後の出来事。

問4．②誤文。スペイン継承戦争（1701～13年）の講和条約はユトレヒト条約で，当時のスペイン国王はフェリペ5世。

問6．③誤文。アケメネス朝ペルシアはギリシアとのペルシア戦争（前500～前449年）で敗北した。

問7．ダレイオス1世の治世は前6世紀後半～前5世紀初め頃。
①不適。『マハーバーラタ』や『ラーマーヤナ』が現在に伝わる形となったのはグプタ朝時代（320年頃～550年頃）。
②不適。チャンドラグプタ王がマウリヤ朝を開いたのは前4世紀終わり。
③不適。各種のヴェーダが編まれたのは前600年頃以前。

問8．①誤文。第1次モロッコ事件でヴィルヘルム2世が訪問したのはタンジール。
②誤文。ベルリン会議（1884～85年）の対象はコンゴ地域。
③誤文。コンゴ全域を領有したのはベルギー。

問9．義勇軍がパリに集まったのは1792年。
②・③ともに不適。七月革命は1830年であり，二月革命は1848年。
④不適。ナポレオンの皇帝復位は1815年。

問11．③誤文。ポーランド反乱勃発時のロシア皇帝は，アレクサンドル

2 世。

問 12.　②不適。王莽が新（8～23 年）をたてたのは 1 世紀前半。

③不適。秦の始皇帝が中国を統一し焚書坑儒をおこなったのは前 3 世紀。

④不適。ローマ皇帝（大秦王安敦）から使者が送られたのは後漢（25～220 年）時代の 2 世紀中頃。

問 13.　①誤文。アフリカ周航が推進された最大の目的は，アジアの香辛料を輸入することであった。

②誤文。バルトロメウ=ディアスをインドに向けて派遣したのは，ポルトガルのジョアン 2 世。

④誤文。マゼランは 1521 年にフィリピンで没しているので生還していない。

問 14.　④誤文。内乱の 1 世紀に終止符を打ったのは，カエサルの養子オクタウィアヌスである。

問 15.　①誤文。元の国号使用開始（1271 年）は，フビライによる大都への遷都後におこなわれた。

③誤文。『本草綱目』や『農政全書』などが著されたのは明末。

④誤文。元末に起こったのは紅巾の乱（1351～66 年）。

問 16.　①誤文。イスラーム教徒が特に熱心に学んだのはアリストテレス哲学。

Ⅱ　解答

問 1．A－⑤　B－④　C－⑥　問 2．②　問 3．①

問 4．3 番目：③　5 番目：①

問 5．④　問 6．⑤　問 7．⑤　問 8．③　問 9．⑤

問 10.　②　問 11.　①　問 12.　②　問 13.　②　問 14.　④

◀解　説▶

≪内陸アジアの遊牧民と漢～元の中国≫

問 2．①誤文。長城を修築して匈奴に対抗したのは秦。

③誤文。劉邦がとったのは和親策。

④・⑤誤文。武帝は張騫を大月氏に派遣したが，大月氏との同盟を結ぶ試みは失敗に終わった。

問 4．やや難。386 年に成立した北魏（④）では孝文帝（5 世紀後半）が平城から洛陽に遷都（③）して漢化政策を推し進めたが，これに反発した軍人の反乱（②）をきっかけとして北魏は東西に分裂（①）し，その後に西魏が北周にたおされた（⑤）。なお，法顕（⑥）は東晋の僧でインドへ赴いたのは 399 年から 412 年なので年代順では④と③の間の出来事だが，かなり細かい。よって④→⑥→③→②→①→⑤の順となり，3 番目は③，5 番目は①。

問 5．(X)誤。大運河は華北と江南を結んだ。嶺南は現在の広東省などの地域なので，江南よりさらに南部。

(Y)正。

(Z)誤。江都と汴州を結んだのは通済渠。広通渠は大興城と黄河を結んだ運河。

問 7．①誤文。ソグド文字を作ったのはソグド人。

②誤文。突厥が建国を援助したのは唐。

③誤文。突厥とともにエフタルを滅ぼしたのはササン朝。

④誤文。突厥が大帝国を作ったのは 6 世紀中頃。

問 8．①誤文。滅亡後，ウイグルの一部は西走してタリム盆地に至っている。

②誤文。ウイグルが鎮圧に協力したのは安史の乱（問 10 の①は誤文）。

④誤文。キルギスに敗れて滅ぼされた。

⑤誤文。安禄山の父はソグド人。なお，母は突厥人。

問 9．①誤文。阿倍仲麻呂が交流したのは李白らである。

②誤文。長安に造営されたのはネストリウス派キリスト教（景教）の寺院。

③誤文。ポロ競技の起源はイラン。

④誤文。玄奘はインドから仏典を持ち帰り，帰国後に仏典の漢訳をおこなった。

問 10．③誤文。安史の乱（755～763 年）は玄宗の晩年の出来事。

④誤文。大理（937～1254 年）と唐（618～907 年）は同時期に存在しない。

⑤誤文。各地で自立したのは有力な節度使（藩鎮）。

問 12．①誤文。契丹（遼）が建国をたすけたのは後晋。

③誤文。上京竜泉府を都としたのは渤海。

④誤文。契丹は金と宋（北宋）によって滅ぼされた（1125 年）。

問 13．①はハングル（訓民正音）。③はウイグル文字。④は楷書の漢字。

III 解答

問1．A—①　B—④　問2．①　問3．③
問4．D—⑧　E—⑨　F—⑦　問5．④・⑤
問6．④　問7．③　問8．①　問9．②　問10．④　問11．③
問12．②

◀解　説▶

≪中世～現代初頭のヨーロッパの政治・社会・文化≫

問2．⑥のカブラルのブラジル漂着は1500年，フランスのブルボン朝期に起きた⑤のフロンドの乱は1648～53年。②のカール5世によるローマ侵攻は1527年，ドイツにおける①のアウクスブルクの和議は1555年の出来事。また，イギリスにおける④のエリザベス1世の統一法成立は1559年，③の無敵艦隊（アルマダ）の敗北は1588年の出来事である。よって年代順は⑥→②→①→④→③→⑤となり，3番目は①。

問3．X．誤文。19世紀以降は，イギリス製の機械製綿布がインド製綿布を圧倒した。

Y．正文。

Z．誤文。分業による生産はマニュファクチュア（工場制手工業）。問屋制手工業は商人が手工業者に道具や原料を貸し出して生産する方法。

問5．①誤文。ヨーロッパ諸国による世界的な支配構造が形成されたのは，産業革命がすすんだ19世紀以降。

②誤文。イスパニョーラ島西部は，17世紀末にスペイン領からフランス領となった。

③誤文。エチオピアはリベリア共和国とともに植民地化を免れている。

⑥誤文。独立前のアフガニスタンはイギリスの保護国だった。

問6．①誤文。19世紀までに大西洋をわたったとされる奴隷の推定数は1,000万人以上。

②誤文。ニューギニアなどの情報をヨーロッパに伝えた探検家はクック。

③誤文。フロンティアの消滅が宣言されたのは1890年。

問7．③誤文。労働者の待遇改善を訴えたのはオーウェン。

問8．①誤文。ラーマ5世（チュラロンコン）はラタナコーシン朝（1782年～）下のタイの国王。

問10．④誤文。第4回選挙法改正では，女性の参政権は30歳以上とされた。男女とも21歳以上に選挙権が与えられたのは第5回選挙法改正

（1928年）。

問12．X．正文。

Y．誤文。日本が南満州の鉄道利権を獲得したのは日露戦争後のポーツマス条約（1905年）。

Z．正文。

地理

I

解答

問1．①　問2．④　問3．⑥　問4．③　問5．④
問6．⑥　問7．②　問8．⑥　問9．②

◀解　説▶

≪日本地誌≫

問1．まず気温に着目し，冬季に最も低温になるⅠが，緯度の高い秋田市と判断する。次に降水量に着目し，Ⅱの冬季の降水量がⅢよりも多いことから，豪雪の北陸地方に位置する金沢市と判断し，Ⅲが松江市となる。

問2．まず③が，果実産出額割合が高いことから，ブドウ・モモ・サクランボ（桜桃）の生産で知られる山形県（B）と判断する。①と②は，産出額の50％以上が米なので新潟県（C）か石川県（E），米の産出額割合がより高い②を新潟県と判断する。残った④は，畜産物産出額の割合が高いことから中国山地地域で畜産が盛んな島根県（H）となる。

問3．Ⅰは輸送用機械の占める割合が高いことから自動車工業が盛んな東海地方，Ⅱは情報通信機械，電子部品・デバイス・電子回路や電気機械の割合が高いことから東山地方，Ⅲは繊維，化学の割合が他の地方より高いことから北陸地方とそれぞれ判断できる。

問5．①不適切。津軽海峡には対馬海流から枝分かれした暖流（津軽暖流と呼ばれる）が流れている。

②不適切。ア島（佐渡島）付近は，暖流の対馬海流が北上している。

③不適切。イ島とウ島の間にあるのは大和海盆（大和堆の南）で，海底盆地であって浅海底ではない。対馬海盆は日本海南西部の竹島付近にある。

④適切。日本海は全体として日本海盆と呼ばれる海底盆地をなしているが，中央部には大和堆と北大和堆からなる浅堆が存在する。

問6．日本の油田は新潟県・秋田県・北海道などに立地しており，最大の産出量を有するのは新潟県である。日本海にある海底地下資源とはメタンハイドレートのことで，南海トラフのほか，日本海にも有望な埋蔵地が発見されている。メタンハイドレートは，メタンと水が低温・高圧の状態で結晶化した氷状の物質で，火をつけると燃える。

問7．C県には柏崎刈羽，E県には志賀，F県には若狭湾沿いの敦賀，美浜，大飯，高浜に立地しているが，D（富山）県には立地していない。

問8．Ⅰは「アムール川とウスリー川の合流点」からハバロフスク，Ⅱは「シベリア鉄道の東の起点」からウラジオストク，Ⅲは「バイカル湖南西部に位置」からイルクーツクと，それぞれ判断できる。

問9．A県では白神山地，D県では白川郷・五箇山の合掌造り集落，H県では石見銀山遺跡とその文化的景観がそれぞれ世界遺産に登録されている。B県には日本ジオパークとして「鳥海山・飛島ジオパーク」が指定されているが，世界ジオパークではない。

Ⅱ　解答

問1．②　問2．⑤　問3．③　問4．②
問5．インド―②　中国―④
問6．④　問7．④　問8．③

◀解　説▶

≪国際連合と世界の保健医療問題≫

問1．②不適切。NATOはアメリカ合衆国と西ヨーロッパを中心に結成された西側軍事同盟で，国連の機関ではない。

問2．最近の加盟国は2011年7月に独立した南スーダンであるので，⑤が正解となる。ユーゴスラビア連邦共和国は新ユーゴスラビア（1992年，セルビアとモンテネグロの2カ国で樹立）として2000年11月に，スイスと東ティモールは2002年9月に，モンテネグロは新ユーゴスラビアから分離独立した2006年6月に，それぞれ加盟している。

問3．「日本や欧米諸国などの高所得国の平均寿命は80.8年，アフリカなどの低所得国は62.7年」とあるので，イ欄の数値から①の92.0年，②の82.0年は過大。平均寿命と健康寿命との差を考えると，⑤では平均寿命の方が短くなってしまい，④ではその差が3～4年となり少なすぎることから，8歳程度となる③を正解と判断する。

問4．Aは健康寿命の長さが50年程度の国が多いことからアフリカと判断する。B・Cとも健康寿命の長さが60～70年の国が大部分であるが，国の数が多いCがヨーロッパとなる。Cには旧ソ連諸国でアジアに属する国が8カ国含まれていることに注意したい。

問5．①は2015年においても識字率が非常に低いことからアフリカのニジェール，⑤は1970 年，2015 年ともに高いことから東ヨーロッパのブルガリアと，まず判断できる。インドはカーストの影響もあり学校教育の恩恵を受けられない貧困層も多いと考え，全体の中では2015 年でも識字率が低い②と判断する。サウジアラビアはイスラム教国であるので，1970 年段階で女子の識字率が非常に低い③となる。その後，2004 年に義務教育制度が定められ，女子の教育機会が得られたことから，男女とも識字率に急激な上昇が認められる。残った④が中国となる。中国でも識字率向上のための政策が実施されており，識字率は向上している。

問６．①はGNI の割合が0.7％と非常に低いことから，産業基盤が脆弱な低所得国家が多いＤとなる。②はGNI の割合が最も高いことから，先進諸国からなる高所得国家のＥとなる。③・④の人口規模は同程度であるが，面積の割合が43.1％と高い③を，ロシアが含まれるＧと考える。示された４カ国はインドを除くBRICS であり，GNI の割合が高いことからも中所得国家上位と判断できる。残った④が中所得国家下位のＦとなる。

問７．SDGs とは，Sustainable Development Goals の略称で，「誰一人取り残さない」持続可能で多様性と包摂性のある社会の実現のため，2030 年を年限として取り組む17 の国際目標のことである。

問８．「1959 年の革命」「ニッケル，サトウキビ等の輸出」からキューバとなる。

Ⅲ　解答

問１．②　問２．④　問３．⑤　問４．エ―④　オ―⑥
問５．④　問６．②・④　問７．②

◀解　説▶

≪東北地方太平洋沖地震に関連する諸問題≫

問１．スウェーデンは安定陸塊と古期造山帯のスカンディナビア山脈に位置するため，地震はほとんど発生しない。

問２．Ⅰはリアス海岸において発生しやすいことから岩手県，Ⅱは海岸部に広い平野がある宮城県か茨城県，Ⅲは東京湾沿いに埋め立て地が多い千葉県が該当するので，④が正解となる。

問３．アは1995 年に増加していることから海面養殖業，イは急激に減少していることから遠洋漁業，ウは近年減少傾向にあるものの生産量がもっとも多いことから沖合漁業となる。

問４．エは北海道や関東地方の３県があることから，酪農地域と考え④生乳となる。キャベツは１位群馬県，２位愛知県で，他にも関東地方諸県での生産が多いが，北海道は少ない。小麦は１位北海道であるが，九州北部の福岡県・佐賀県での生産（二毛作）が多い。なお，米は新潟県が１位である。オは果樹生産県が並んでいるが，和歌山県・岡山県以外はみかんの生産適地ではないので，⑥ももと判断する。

問５．④コンパクトシティは商業施設や住宅が市街地に集約されている都市のことで，住民が徒歩や電車・バスで暮らすことを通して低炭素社会を目指すことができ，行政コストを抑えやすいとされる。富山市が先進事例として知られている。①ウェリンガーデンシティは，ロンドン郊外に建設されたニュータウンの名称である。②エッジシティは大都市圏の周辺に位置し，中心都市から自立した都市のことである。③グローバルシティは東京，ロンドン，ニューヨークのように，世界経済の中心都市のことである。⑤プライメートシティは人口規模で国の首位にあたる都市のことで，発展途上国に顕著な例が多い。

問６．①不適切。LRT はバスではなく鉄道による大量輸送システム。バスを専用の道路で運行するシステムは BRT（Bus Rapid Transit）という。

②適切。大型ショッピングセンターは自動車交通に対応した商業施設で，郊外の交通の要地に建設される。

③不適切。公共道路の通行に課金することをロードプライシングという。

④適切。主要貿易港にはコンテナターミナルが立地している。JR 貨物もコンテナ輸送が中心となっている。

⑤不適切。絶対距離ではなく時間距離のこと。絶対距離は短縮されない。

⑥不適切。ロードプライシングではなく，パークアンドライドのこと。

問７．Ⅲは 2011 年に大きく低下していることから，原子力発電所の事故があった福島県，Ⅱは 1990 年代と 2012〜14 年の間に転入が超過していることから，地方中枢都市仙台市を有する宮城県と判断する。Ⅰは一貫して転入数がマイナスであることから人口流出が続く岩手県となる。

Ⅳ 解答

問1．③ 問2．⑤ 問3．②・③ 問4．⑤
問5．⑤ 問6．⑤ 問7．③ 問8．④

◀解 説▶

≪水資源とその利用≫

問1．①適切。海水は97.4％を占めている。

②適切。淡水のうち河川や湖沼水は0.59％にすぎない。

③不適切。下降気流が発達するのは高圧帯で，降雨が少なく乾燥する。

④適切。海洋からの蒸発が多く，その一部は陸地に降水をもたらす。

⑤適切。ペルー海流やベンゲラ海流のように沿岸を寒流が流れると，その上空の大気が安定するため対流が起こらず少雨となり，砂漠を形成する。

問2．経済が発展し国民の所得が増加すると人口増加率は低下する。工業化の進展の遅いパキスタンは，2010～2020年にかけての人口増加率が2％を超えており，依然として高い。

問3．①不適切。稲作ではなく綿花栽培のための取水である。

②適切。塩分を含む水が毛細管現象で地表まで上昇し，水分のみ蒸発して塩分が地表に残る。

③適切。センターピボットによる灌漑農業が営まれている。

④不適切。センターピボットとは，中心にある井戸から揚水した水を円形に散水する灌漑システムである。

⑤不適切。貧栄養化ではなく富栄養化を引き起こす原因の一つである。

問4．①不適切。生産量第1位は中国である。

②不適切。広葉樹もパルプ原料に利用できる。

③不適切。近年，ペーパーレス化の動きが進み紙類生産は減少しているが，トイレットペーパーなどの衛生用紙の使用は増加しており，激減しているわけではない。

④不適切。パルプ生産は重量減損原量を使用することから，林業地域に立地する傾向が強い。

⑤適切。モントリオールは大西洋岸の，ヴァンクーヴァーは太平洋岸の，パルプの積出港である。

問5．ハリケーンはカリブ海付近で発生する熱帯低気圧であって，⑤の地域では発生しない。

問6．⑤レナ川はロシア国内のみを流れているので，国際河川にはあたらない。③ドニエプル川は，上流域にロシアやベラルーシがあり，水上交通路として重要である。

問７．アイスランドやグリーンランドでは水資源は豊富であり，シンガポールやフィジーは熱帯で降雨が多く，また大規模に農業生産を行っているわけではない。サウジアラビアでは豊かな石油収入や豊富な天然ガスを利用した海水の淡水化事業が進められている。農業には地下水が利用されてきたが，水資源の保全のため，海水淡水化による利用が期待されている。

問８．ヨーロッパの西岸海洋性気候地域や地中海沿岸の地中海性気候の地域で首都の位置する都市では，降水量は少なめで年平均降水量が 1,000 mm 未満のところが多い。モンスーンや貿易風および赤道低圧帯の影響を受ける地域は概して年平均降水量が多く，1,000 mm 以上となっている地域が多い。このことから日本，韓国，ブラジルは 1,000 mm 以上と考える。メキシコが難しいが，メキシコシティは北緯 20 度付近の高原に位置する Cw 気候地域であることから，夏季の貿易風の影響で年平均降水量はやや多くなると考え，除外する。

政治・経済

Ⅰ 解答

問１．A－⑥　B－①　問２．①　問３．②　問４．⑤
問５．③　問６．②　問７．⑥　問８．④　問９．②
問10．①　問11．③

◀解　説▶

≪国際連合≫

問１．A．⑥適切。現在の安全保障理事会の構成国数が問われている。リード文（英文）の１にある常任理事国５カ国，非常任理事国の 10 カ国の合計数である。

問２．①適切。2019 年当時のトランプ大統領は，香港における人権と自治を擁護するため，香港人権・民主主義法を成立させた。

問４．⑤適切。ドイツ連邦共和国基本法は，第 26 条で侵略戦争の遂行の準備を禁止している。

問５．③適切。2019 年イタリアの第２次コンテ内閣は，左派ポピュリズム政党である五つ星運動と連立を組み政権を発足させた。

問８．④適切。スエズ運河は建設費用の増大によりエジプトからイギリスに譲渡されたが，1956 年にナセル大統領が国有化を行った。

問10．①適切。イギリスは 2009 年に最高裁判所を設置し，司法府を立法府から厳密に分離した。

Ⅱ 解答

問１．A－④　B－①　C－③　D－②　E－④
問２．③　問３．④　問４．①　問５．②
問６．④　問７．③　問８．②

◀解　説▶

≪政党と民主政治における世論≫

問１．B．①適切。市民が直接政治に参加せず，議員を選出する間接民主制は，代議制と呼ばれる。

E．④適切。政治献金問題など金権政治が問題視され，1995 年の政治資金規正法の改正により，企業団体献金の対象は政治資金団体・資金管理団体に限定された。

問2．③適切。日本では買収など不正の温床になるとして公職選挙法第138条で戸別訪問を禁止しているが，欧米では禁止されていない。

問6．④適切。市民の直接投票である住民投票などをレファレンダムという。また，解職請求などをリコール，条例の制定などをイニシアティブという。

問7．③不適切。「一党制」は，一政党のみが政党として認められ，他の政党の存在が認められない政党制のことを指す。

問8．②適切。労働組合の全国組織のなかで日本最大規模のナショナル＝センター（全国的中央組織）となっているのは，日本労働組合総連合会である。

III 解答

問1．④ 問2．⑤ 問3．② 問4．② 問5．⑤
問6．③ 問7．⑤ 問8．④ 問9．③ 問10．④
問11．② 問12．①・③

◀解 説▶

≪フローとストック≫

問2．⑤適切。GDP（国内総生産）に海外からの純所得を加えて算出されるのは，GNP（国民総生産）である。

問4．②適切。NNP（国民純生産）から間接税を引き，補助金を足して算出されるものを，NI（国民所得）という。

問6．③不適切。預金や現金は株式・債権など有価証券とともに金融資産に分類される。

問7．⑤適切。表内の数値を用いて計算する。GNP は 547.1＋20＝567.1，NNP は 567.1－122.7＝444.4，NDI（国民可処分所得）は 444.4－1.9＝442.5，貯蓄は 442.5－412.8＝29.7，国富の変動は 29.7－1＝28.7，国内の非金融資産の変動は 28.7－19.1＝9.6 となる。

問8．④不適切。分配国民所得に占める雇用者報酬の割合は近年は6割ほどである。

問10．④適切。実質 GDP を名目 GDP から算出する際に用いる物価指数を GDP デフレーターという。

問11．②適切。実質経済成長率は今年の実質 GDP が前年比でどの程度伸びたか，もしくは縮んだかで算出する。

Ⅳ 解答

問１．① 問２．⑤ 問３．③・⑥
問４．B―⑦ C―③ 問５．③
問６．②・④ 問７．③・⑥

◀解 説▶

≪国際収支表と国際分業≫

問２．⑤適切。比較優位とは，機会費用を比較した場合の優位性を示したものであり，ある製品の生産を優先したために犠牲にした別の製品の生産がいかほどかで決まる。

問３．③・⑥適切。Tシャツ 50 枚あたりのテレビ１台生産の機会費用は，日本は 10÷20＝0.5，0.5×50＝25 により 25 枚分，タイは 20÷25＝0.8，0.8×50＝40 より 40 枚分である。Tシャツはタイに比較優位があるという裏付けである。

問４．B．⑦適切。Bは経常収支に分類される収支であることからサービス収支である。

問６．②・④適切。円高・ドル安に変化する要因は，ドル売り円買いの動きが加速されるときである。日本の物価の下落，日本の国債金利の上昇のときには，円の需要が高まる。

数学

I　解答

(1)ア—③　(2)イ．1　ウ．5
(3)エ．3　オカ．17　キ．2

◀解　説▶

≪小問3問≫

(1)　$a(x-b)^2+c=0$　……①

　　$a(x-b)^2+d=0$　……②

①より　$y_1=a(x-b)^2+c$　頂点（b，c）

②より　$y_2=a(x-b)^2+d$　頂点（b，d）

この2つのグラフについて，x軸との共有点が実数解である。

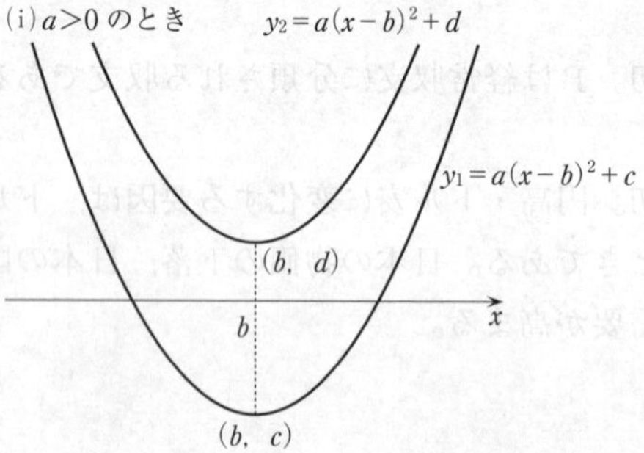

(i)　$a>0$ のとき，$c<d$ であるから，①が実数解をもつとき，②が実数解をもつとはかぎらない。

また，②が実数解をもつとき，①は実数解をもつ。

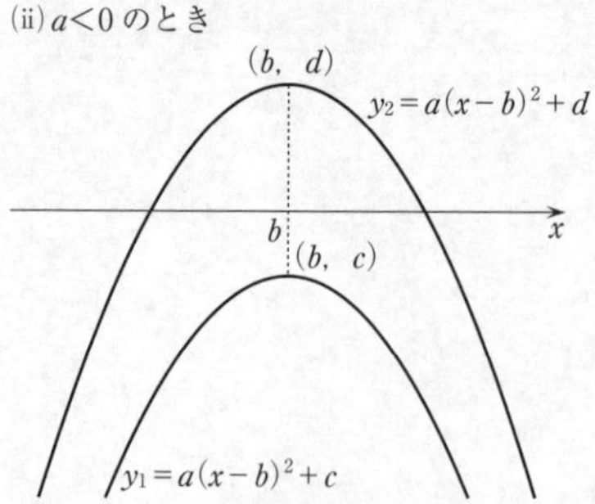

(ii)　$a<0$ のとき，$c<d$ であるから，①が実数解をもつとき，②は実数解をもつ。

また，②が実数解をもつとき，①が実数解をもつとはかぎらない。

以上，(i)，(ii)より，①が実数解をもつことは，②が実数解をもつための必要条件でも十分条件でもない。　→ア

参考　a の条件が $a\neq 0$ でなく，

$a>0$ であれば，①が実数解をもつことは②が実数解をもつための必要条件である。

$a<0$ であれば，①が実数解をもつことは②が実数解をもつための十分条件である。

(2)　$|x-1|+|x-3|+x^2-2<5$

(i)　$x<1$ のとき

$-(x-1)-(x-3)+x^2-2<5$ より

$x^2-2x-3<0$　　$(x+1)(x-3)<0$

$-1<x<3$

よって　$-1<x<1$

(ii)　$1\leqq x<3$ のとき

$x-1-(x-3)+x^2-2<5$ より

$x^2-5<0$　　$-\sqrt{5}<x<\sqrt{5}$

よって　$1\leqq x<\sqrt{5}$

(iii)　$x\geqq 3$ のとき

$x-1+x-3+x^2-2<5$ より

$x^2+2x-11<0$　　$-1-2\sqrt{3}<x<-1+2\sqrt{3}$

これは $x\geqq 3$ を満たさない。

ゆえに，(i)〜(iii)より，不等式の解は

$-1<x<\sqrt{5}$　→イ，ウ

(3)　$3^{x^2-3x+1}=2^{\log_2 27}$，$2^{\log_2 27}=A$ として

$\log_2 27=\log_2 A$

よって　$A=27$

したがって，$3^{x^2-3x+1}=27=3^3$ となるから

$x^2-3x+1=3$　　$x^2-3x-2=0$

$x=\dfrac{3\pm\sqrt{17}}{2}$　→エ〜キ

Ⅱ 解答

(1)ア．2　イ．5

(2)ウ．0　エ．1　オ．6　カ．7

(3)キ．8　ク．9

◀解　説▶

≪2つの2次不等式を同時に満たす整数の個数≫

$x^2-(a+4)x+4a\leqq 0$　　$(x-a)(x-4)\leqq 0$

$a<4$ のとき　$a\leqq x\leqq 4$

$a>4$ のとき　$4\leqq x\leqq a$　……①

$a=4$ のとき　$x=4$

$x^2-7x+10\geqq 0$　　$(x-2)(x-5)\geqq 0$

よって　$x\leqq 2,\ x\geqq 5$　……②

(1)　①，②を満たす整数が1つもないのは

$2<a<5$　→ア，イ

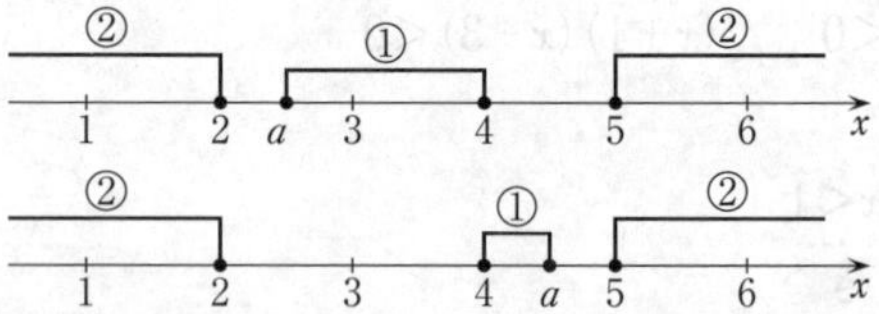

(2)　①，②を満たす整数がちょうど2つになるのは

$0<a\leqq 1,\ 6\leqq a<7$　→ウ～カ

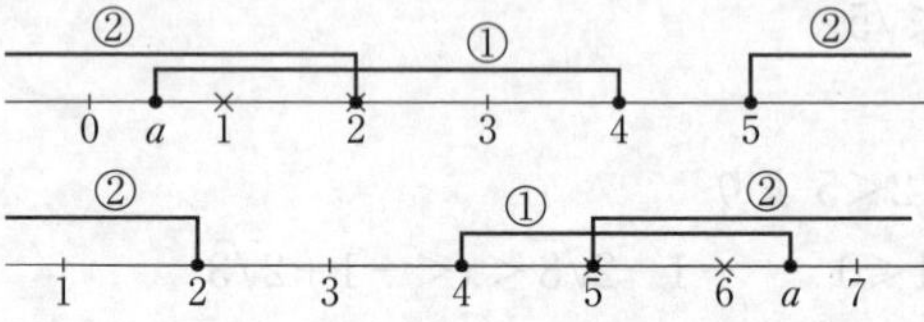

(3)　①，②を満たす正の数がちょうど4つになるのは

$8\leqq a<9$　→キ，ク

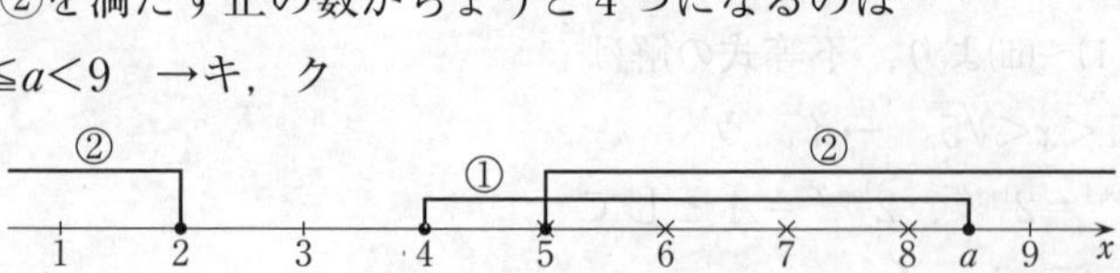

Ⅲ　解答

(1)ア．4　イウ．27　エ．3

(2)オ．4　カ．9　(3)キ．7　クケ．18

◀解　説▶

≪サイコロを振って出た目でできる三角形の面積の最大値，面積が0になる確率，4より大きくなる確率≫

(1)　サイコロの目の数は1～6であるから，正六角形においてできる三角形の面積は図のようになる。

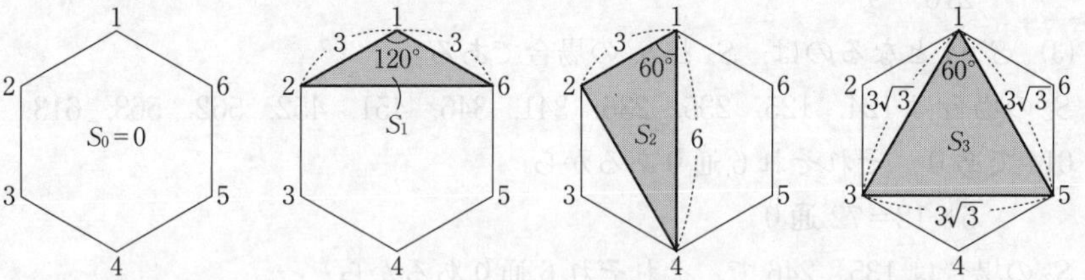

$$S_0=0$$

$$S_1=\frac{1}{2}\times3\times3\times\sin120°=\frac{9\sqrt{3}}{4}$$

$$S_2=\frac{1}{2}\times3\times6\times\sin60°=\frac{9\sqrt{3}}{2}$$

$$S_3=\frac{1}{2}\times(3\sqrt{3})^2\times\sin60°=\frac{27\sqrt{3}}{4}$$

よって，Sは4通り。　→ア

面積の最大値は　$\frac{27\sqrt{3}}{4}$　→イ～エ

(2)　$S=0$となるのは，サイコロの目が

111，112，113，114，115，116　→$1+3\times5=16$通り

222，221，223，224，225，226　→$1+3\times5=16$通り

333，331，332，334，335，336　→$1+3\times5=16$通り

444，441，442，443，445，446　→$1+3\times5=16$通り

555，551，552，553，554，556　→$1+3\times5=16$通り

666，661，662，663，664，665　→$1+3\times5=16$通り

よって　$16\times6=96$通り

ゆえに，求める確率は

$$\frac{96}{6^3}=\frac{4}{9}$$ →オ，カ

別解　サイコロの目が重複しないのは

$_6\mathrm{P}_3=120$ 通り

サイコロの目が重複するのは　　$6^3-120=216-120=96$ 通り

よって，求める確率は

$$\frac{96}{216}=\frac{4}{9}$$

(3)　$S>4$ となるのは，S_2 と S_3 の場合である。

S_2 の場合は 124，125，235，236，341，346，451，452，562，563，613，614 であり，それぞれ 6 通りあるから

$6\times12=72$ 通り

S_3 の場合は 135，246 で，それぞれ 6 通りあるから

$6\times2=12$ 通り

したがって

$72+12=84$ 通り

ゆえに，求める確率は

$$\frac{84}{6^3}=\frac{7}{18}$$ →キ〜ケ

別解　余事象より

S_2 と S_3 の場合＝全体－(S_0 の場合＋S_1 の場合)

全体で $6^3=216$ 通りあり，S_0 の場合は(2)より，96 通りある。

また，S_1 の場合は 123，234，345，456，561，612 であり，それぞれ 6 通りあるから

$6\times6=36$ 通り

よって，$S>4$ となるのは

$216-(96+36)=84$ 通り

ゆえに，求める確率は

$$\frac{84}{6^3}=\frac{7}{18}$$

Ⅳ　解答

(1)ア．6　イ．8　(2)ウ．2　エ．2

(3)オ．4　カキ．25　クケ．40

◀解　説▶

≪放物線上の点における接線の方程式，ある点を通る接線の方程式，2つの放物線に接する接線の方程式≫

放物線 $C_1 : y=x^2+2a$

　　$C_2 : y=-x^2+2x+b$

(1)　$a=\dfrac{1}{2}$ のとき，$C_1 : y=x^2+1$ より，$y'=2x$ であるから，点 $(3,\ 10)$ における接線の傾きは

$$2\cdot3=6$$

よって，接線の方程式は

$$y-10=6(x-3)$$

$$y=6x-8 \quad \to \text{ア，イ}$$

(2)　点 $(p,\ p^2+2a)$ における接線の傾きは

$$2\cdot p=2p$$

ゆえに，接線 l の方程式は

$$y-(p^2+2a)=2p(x-p)$$

これが原点 $\mathrm{O}(0,\ 0)$ を通るから

$$-(p^2+2a)=-2p^2 \qquad p^2=2a$$

$$p=\pm\sqrt{2a}$$

$p<0$ であるから

$$p=-\sqrt{2a} \quad \to \text{ウ}$$

接線 l の方程式は傾き $2p$ で原点を通るから

$$y=2px \quad \to \text{エ}$$

(3)　C_2 より，$y'=-2x+2$ であるから，点 $(5,\ b-15)$ における接線の傾きは

$$-2\cdot5+2=-8$$

よって，接線の方程式は

$$y-(b-15)=-8(x-5)$$

$$y=-8x+b+25$$

これが，接線 $l : y=2px$ と一致するから

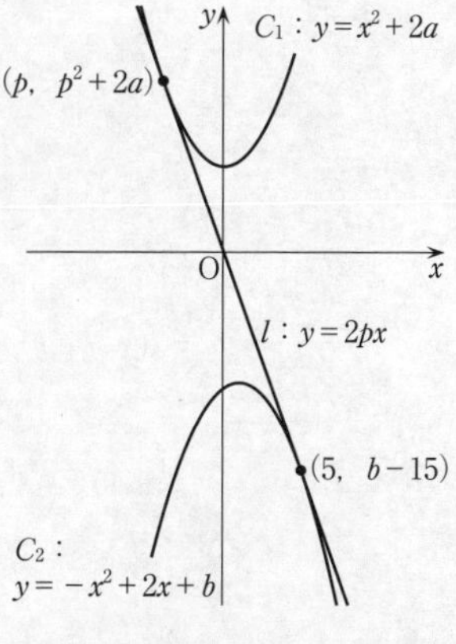

$$\begin{cases} 2p=-8 \\ b+25=0 \end{cases}$$

これを解いて

$p=-4,\ b=-25$　→オ～キ

接点の座標は　(5,　−40)　→クケ

参考　a の値は 8 である。

④の「狡猾老獪」は、〝経験豊富でずる賢いこと〟、⑤の「気宇壮大」は、〝度量や発想などが人並みはずれて大きいさま〟を意味している。

問七　直前の「御鷹師…その人の名を申さんとしける色を、秀吉公御覧じて、小声になりて『名をいふな名をいふな』と仰せられし」に着目。傍線部「有難し」は〝めったにない（希有だ）〟という意味。「秀吉の厚意は、極めて希有」とした⑤が適切。他の選択肢の誤りは以下の通り。①「刀を下賜」していない。②「責任を…御鷹師に負わせ」ていない。③「御鷹師が…理想的な行為」をしたのではない。④「御鷹師の嘆願」などはない。

問八　傍線部「その事」は、直前の「狗ひとつを惜しみて、罪科も知れず、押さへて侍を殺し給はん事」を指す。これを「狗のために家来の命を奪うこと」とまとめ、「大いに感じ給ひて」を「痛感した」とまとめた③が適切。

問九　⑤二重傍線部dの次文にある「秀吉公御手にすへられ、かきなでて御覧じければ、趾爪を引きかきたり」に沿う。⑥二重傍線部オの前文からの「良将の士を重んずる所かくのごとし。この故にや、布衣より天下とり給ふほどの大功をば遂げ給ひき」に沿う。他の選択肢の誤りは以下の通り。①狗が死んだとは記されているが、「家来が殺してしまった」とは記されていない。「殺したるらん」は主君の推測である。②浮世坊は諫言はしているが、「自らを主君に売り込もうと画策していた」とは記されていない。③「白鴈を家来が横取り」したのではなく、事情を知らない「道行き人」が「追ひたて」ただけである。④文公は「自らいけにえとなった」わけではなく、「われ死して天にまつらん」と言っただけである。

問三　X、「此事」は、主君秘蔵の狗が急死したことをうけて家来一人を切腹させるという判断がされたことを指す。「しかるべからず」は、〝そうであるのは道理からみて適切ではない〟という意味であるから、②が適切。

Y、「赤面す」は〝恥じて顔を赤らめる〟であり、⑤「恥じ入って」は〝ひどく恥ずかしいと思う〟という意味だから、⑤が適切。

Z「あるまじき」は、動詞「あり」の連体形＋打消不適当の助動詞「まじ」の連体形で〝あってはならない〟。「忝《かたじけな》し」の名詞化した「忝さ」は恐れ多いさまをいう。

問四　Aは、『』の外にあることに着目。公孫龍が梁の帝に申したのである。

Bは、御鷹師が秀吉に申そうとしたのである。

Cは、波線部Xから始まる浮世坊の主君に向けた発言箇所の終わりくらいにある。波線部Xの直前文に『一人を切腹さすべし』と仰せ出だされたり」とあるように、侍を殺そうとしたのは「主君」である。

問五　OとPの後の「重んじて」「殺し給はば」は梁の帝が主語。二重傍線部bの後の「道行き人ありて、…白鴈を追ひたて侍り。帝大いに怒りて、その人をとらへて殺さんとし給ふ」に着目。帝は自分が射ようとした「白鴈」を射ることが大事で、それを「追ひたて」（＝追って他所へ行かせ）てしまった人に腹を立てて殺そうとしたのである。

QとRの後の「かへられん」は秀吉が主語。秀吉は秘蔵の鷹の趾爪を傷つけた人の名を鷹師から聞き出そうと、「御腰の物に手をかけ給ふ」とあるように刀で斬る構えをしたのである。Qは「秘蔵なればとて」の直後なので「鷹」、Rは直後が「一人」なので「侍」が入る。

問六　「虎狼のたぐひ」は〝虎や狼のように残忍で非道なことのたとえ〟であるが、意味を知らなくても、梁の帝が白鴈に固執するあまり、白鴈を誤って逃した「道行き人」を殺そうとしたことだと読めれば、①の「冷酷無情」が適切だとわかる。他の選択肢についてはそれぞれ、②の「勇猛果敢」は、〝危険や困難を恐れずに力強く思い切りのよい決断をして行動すること〟、③の「軽率短慮」は、〝よく考えないで軽はずみに物事を決めたり行動したりすること〟、

問五 ④
問六 ①
問七 ⑤
問八 ③
問九 ⑤・⑥

▲解 説▼

問一 a、「侍り」はラ行変格活用。
b、「射る」はヤ行上一段活用。
c、「死す」はサ行変格活用。漢語の音読みに「す」がついたサ行変格活用の複合動詞であって「奏す」「困ず」「興ず」「対面す」「感ず」「具す」などと同類。ナ行変格活用の「死ぬ」とは別の動詞である。
d、「引きふす」は「引きふせズ」となるからサ行下二段活用。
e、「知る」は「知らズ」となるからラ行四段活用。

問二 ア、助動詞「す」が尊敬の意味になるのは下接の語が尊敬語「給ふ」「おはす」などの場合だけであって、それ以外の場合は使役。
イ、主語が「雨」という三人称だから推量とするのが適切。
ウ、下接の「ば」の直前は未然形か已然形。助動詞活用表のうち未然形か已然形が「な」であるものは完了の「ぬ」だけ。
エ、「ん」は「む」と同じ。主語が「われ」という一人称だから意志。
オ、「にや」「にか」となっているものは下に「あらむ」が省略されている。「に」は〝～であろうか〟の「で」に相当する断定の助動詞「なり」である。

問九 波線部内にある「危険」は、同段落末文では「よそよそしい空虚な異物としか感じられなくなるという危機」と記されているが、具体的には次段落二文目に「言葉が単なる線や音の集合に感じられてしまう病的な現象とも繋っている」と説明されている。それをまとめた⑤が適切。

問十 ①は第⑴段落末文に「音の並びや漢字のかたちも関係していると言えるかもしれない」とあり、第⑵段落では肖像や逸話の影響も記されているが、どちらの影響が大きいかは記されていないので合致しない。⑤は第⒃段落末文に「よそよそしい空虚な異物としか感じられなくなるという危機」とあるが、そうなるのは「『意味』という言葉を使いこなせる我々の方」であって「『意味盲』の人」ではない。合致しない。②は第⑶段落最後から三文目に「名前とその担い手との間で束の間、微妙な乖離が生じ」とあり合致。③は第⑺段落一文目「言葉をよどみなく使用しているときに、言葉のそうした多面体的な構造を特に意識しているわけではない」とあり、「そうした」は前段落の末文「類似した様々な言葉にも連想が延び…連関した場を形成する」を指すから合致。④は第⑼段落で「『言葉の意味とは何か』という問い」について記されており、三文目に「ウィトゲンシュタインは、…『意味』という言葉が我々の日常生活でどのように使われているかに目を向けよ、と促す」とあり合致。⑥は第⒀段落二文目に「芸術作品は、…謎として立ち上がっている」とあり、次段落一文目に「同じことが言葉にも当てはまる」とあるので合致。

二

出典 浅井了意『浮世物語』〈巻第三の九 鷹の爪引き闕きたる事〉

解答

問一 a―③ b―⑤ c―② d―⑧ e―⑨

問二 ア―① イ―① ウ―④ エ―② オ―④

問三 X―② Y―⑤ Z―④

問四 A―② B―⑥ C―①

Cは同文中の「音の並び方」に着目。⑤「音楽」が適切。

Dは同文中の「平板」（〝一方面に限定されて変化に乏しいこと〟）に着目。これとは逆の〝いろいろな方面にわたっているありかた〟という意味の④「多面体」が適切。

Eには空欄の前の「言葉の」がかかる。さらに空欄の後の「感じ取る」に着目。感覚的に受け止められる言葉のありかたの表現として〝それが自然に作り出している気分〟という意味の①「雰囲気」が適切。

問四　脱落文冒頭の「そのとき」に着目。「言葉という同一の対象の多様なアスペクトを見渡していく」のはどういうときかが直前に記されているのは第⒁段落。「『意味』という言葉が飛び交う『意味の説明』の場面」がそれに当たる。

問五　直後の文に「『西郷』が日本語圏の姓であることや、『隆盛』が日本人男性の名であることといった、歴史的背景」とあり、次文に「人物の肖像やエピソード、関連する人物や地域などに親しんできた」とある。シューベルトについても「同様」と記している。「楽曲などに長く親しんで」は「作品に長く親しんで」と言い換えることができる。③が適切。

問六　波線部Ⅱは三文後で「あらためて名前そのものに注意を向ける」と言い換えられている。その次文にある「名前から様々に連想が広がる予感を覚える」に基づいた⑤が適切。③の「微妙な乖離」は「生じ」るのであって「考察する」は記されていない。

問七　言い換えの「すなわち」で始まる次文に「置き換え可能な言葉同士を比較」とある。たとえば「やさしい」という言葉を「繊細」や「親切」という言葉と比べることによっていろいろな角度から総合的に理解することを「別の置き換え可能な言葉と比較して」と説明した①が適切。①の前半の「他のものと区別して捉え」は同段落末文「〈あるものを自覚的に別の何かとして捉える〉」の言い換えである。

問八　波線部を含む文の末尾にある「ウィトゲンシュタインの狙い」に着目。それは同段落三文目の後半「『意味』という言葉が我々の日常生活でどのように使われているかに目を向けよ」と記されている。④が適切。

国語

一

出典　古田徹也『言葉の魂の哲学』〈第2章　魂あるものとしての言葉―ウィトゲンシュタインの言語論を中心に　第4節「言葉は生活の流れのなかではじめて意味をもつ」〉（講談社）

解答

問一　A―④　B―①　C―⑤　D―④　E―①

問二　i―③　ii―②

問三　a―②　b―⑤　c―④　d―③　e―⑤　f―⑤

問四　④

問五　③

問六　⑤

問七　①

問八　④

問九　⑤

問十　①・⑤

◀解　説▶

問一　Aは次々文「偶然性」に着目。空欄部は「ない」で否定されているので反対の④「必然」が適切。

Bは直後の「それだけではない」に着目。今まで述べてきた事柄を受けつつ別の要素を記しているので①「しかし」が適切。

■一般入試前期：2月10日実施分

文（東洋思想文化・日本文学文化・英米文・史・教育〈人間発達〉・国際文化コミュニケーション）・経済（経済・総合政策）・経営・法・社会・国際・国際観光学部

問題編

▶試験科目・配点（4教科型）

学部等		教科	科目	配点
文(史)・経済(経済)・社会	均等配点	外国語	コミュニケーション英語Ⅰ・Ⅱ・Ⅲ，英語表現Ⅰ・Ⅱ（リスニングを除く）	100点
		地歴・公民	日本史B，世界史B，地理B，政治・経済から1科目選択	100点
		数学	数学Ⅰ・Ⅱ・A	100点
		国語	国語総合（漢文を除く）	100点

▶試験科目・配点（3教科型）

学部等		教科	科目	配点
文(東洋思想文化・日本文学文化・英米文・教育〈人間発達〉・国際文化コミュニケーション)・経済(総合政策)・経営（☽を除く）・法(法律・法律☽)・社会(☽を含む)・国際（☽を除く）・国際観光	★〈均等配点〉	外国語	コミュニケーション英語Ⅰ・Ⅱ・Ⅲ，英語表現Ⅰ・Ⅱ（リスニングを除く）	100点
		地歴・公民・数学	日本史B，世界史B，地理B，政治・経済，「数学Ⅰ・Ⅱ・A」から1科目選択	100点
		国語	国語総合（漢文を除く）	100点
文(史)	〈均等配点〉	外国語	コミュニケーション英語Ⅰ・Ⅱ・Ⅲ，英語表現Ⅰ・Ⅱ（リスニングを除く）	100点
		地歴・公民	日本史B，世界史B，地理B，政治・経済から1科目選択	100点
		国語	国語総合（漢文を除く）	100点

文(教育〈人間発達〉・国際文化コミュニケーション)・経済(総合政策)・社会(国際社会)	★〈英語重視〉	外国語	コミュニケーション英語Ⅰ・Ⅱ・Ⅲ，英語表現Ⅰ・Ⅱ（リスニングを除く）	＊
		地歴・公民・数学	日本史Ｂ，世界史Ｂ，地理Ｂ，政治・経済，「数学Ⅰ・Ⅱ・Ａ」から１科目選択	100 点
		国語	国語総合（漢文を除く）	100 点
経済(経済)	〈均等配点(英・国・数)〉	外国語	コミュニケーション英語Ⅰ・Ⅱ・Ⅲ，英語表現Ⅰ・Ⅱ（リスニングを除く）	100 点
		数学	数学Ⅰ・Ⅱ・Ａ	100 点
		国語	国語総合（漢文を除く）	100 点
	〈均等配点(英・国・地公)〉	外国語	コミュニケーション英語Ⅰ・Ⅱ・Ⅲ，英語表現Ⅰ・Ⅱ（リスニングを除く）	100 点
		地歴・公民	日本史Ｂ，世界史Ｂ，地理Ｂ，政治・経済から１科目選択	100 点
		国語	国語総合（漢文を除く）	100 点
経済(経済)・経営(マーケティング)	★〈最高得点重視〉	外国語	コミュニケーション英語Ⅰ・Ⅱ・Ⅲ，英語表現Ⅰ・Ⅱ（リスニングを除く）	100 点
		地歴・公民・数学	日本史Ｂ，世界史Ｂ，地理Ｂ，政治・経済，「数学Ⅰ・Ⅱ・Ａ」から１科目選択	100 点
		国語	国語総合（漢文を除く）	100 点
経済(総合政策)・経営(会計ファイナンス)	〈数学重視〉	外国語	コミュニケーション英語Ⅰ・Ⅱ・Ⅲ，英語表現Ⅰ・Ⅱ（リスニングを除く）	100 点
		数学	数学Ⅰ・Ⅱ・Ａ	150 点
		国語	国語総合（漢文を除く）	100 点
法(企業法)	★〈国語重視〉	外国語	コミュニケーション英語Ⅰ・Ⅱ・Ⅲ，英語表現Ⅰ・Ⅱ（リスニングを除く）	100 点
		地歴・公民・数学	日本史Ｂ，世界史Ｂ，地理Ｂ，政治・経済，「数学Ⅰ・Ⅱ・Ａ」から１科目選択	100 点
		国語	国語総合（漢文を除く）	200 点

＊ 経済（総合政策）：150 点
その他：200 点

▶試験科目・配点（３教科ベスト２型）

学部等		教科	科目	配点
文(日本文学文化☽・教育☽)・経済(経済☽)・社会(社会☽)・国際(国際地域☽)	★均等配点	外国語	コミュニケーション英語Ⅰ・Ⅱ・Ⅲ，英語表現Ⅰ・Ⅱ（リスニングを除く）	100点
		地歴・公民・数学	日本史Ｂ，世界史Ｂ，地理Ｂ，政治・経済，「数学Ⅰ・Ⅱ・Ａ」から１科目選択	100点
		国語	国語総合（漢文を除く）	100点

▶備　考

- ☽印は第二部・イブニングコース（夜）を表す。
- ３教科型の最高得点重視方式では，受験科目のうち，偏差値換算点の最も高い科目を２倍にする。また，英語重視方式・数学重視方式・国語重視方式では，重視する科目の偏差値換算点を，経済・経営学部は1.5倍，文・法・社会学部は２倍にする。
- ３教科型の★印の方式は４科目受験を選択することができる。４科目を受験する場合は，選択科目から「数学Ⅰ・Ⅱ・Ａ」とその他１科目を受験し，そのうち高得点の１科目を判定に使用する。
- ３教科ベスト２型では，受験科目のうち，偏差値換算点の高い２科目で判定する。
- 外国語については，英語外部試験のスコアを英語の得点として利用することができる。なお，利用を申請した場合でも英語科目を受験することができる。その場合は，どちらか高得点のものを判定に採用する。利用可能な英語外部試験は以下の通り。

対象学部		全学部			
入試日程・方式		一般入試 前期日程の全入試方式			
試験名		実用英語技能検定(英検) ※従来型を含む方式	GTEC(４技能版) CBT タイプ	TEAP(４技能)	IELTS™
本学の英語科目みなし得点(素点)	100 点換算	2,304	1,190	309	6.0
	90 点換算	2,150	1,063	253	5.5
	80 点換算	1,980	999	225	5.0

ただしスコアは受験年の２年前の４月以降に取得したもののみとする。

英語

（60 分）

〔Ⅰ〕 次の英文を読み，問いに答えよ。

We've long known ravens* aren't your typical bird brain: Myths featuring the wily black bird extend from Aesop's fables to Native American folklore.

In more recent times, experiments testing the problem-solving capabilities of ravens and their corvid kin*, the jays and magpies, have shown these birds have cognition* on par with* people and some other great apes.

（ 1 ）, a trademark of being human is the flexibility to plan for future events, such as saving for retirement or figuring out a meal for the next morning. Scientists previously believed these behaviors were unique（ A ）hominids—humans and great apes—because no other animals, including monkeys, were thought to have such abstract thinking skills.

Now, a new study may challenge (a)that long-held notion: Ravens are just as good as us at pre-planning tasks, according to animal cognition researchers Can Kabadayi and Mathias Osvath（ B ）Sweden's Lund University.

"I'm a little bit surprised they were that good," remarks Osvath,（ C ）has studied raven cognition for nearly a decade.

What's in the Box?

Kabadayi and Osvath designed a series of experiments with five captive* birds to see if ravens can plan for an unseen future.

The basic experiment is（ D ）follows: The researchers taught the ravens that if the birds place a special tool in a tube sticking out of a box, it will release their favorite piece of food—one whole piece of dog kibble*.

Then, the scientists took the box and the tool away.

An hour later, the team offered the ravens a choice of objects—one being that special tool. Fifteen minutes later, the ravens got the box back.

About 80 percent of the time, the ravens selected the correct tool and performed the task to get their treat.

The team repeated the same experiment with a 17-hour delay in returning the box to the ravens. In this case, the birds were successful nearly 90 percent of the time, according to the study, published this week in the journal *Science*.

"Monkeys have not been able to solve tasks like this," Osvath says, (　E　) the birds are actually more skilled than human children.

In almost identical experiments on four-year-olds, the ravens were technically more successful in planning ahead to open the reward box than toddlers*.

Tricks of the Trade

The researchers also set up an experiment to test the birds' bartering* skills.

They instructed the ravens on (　2　) tokens to get their favorite foods at a later time. Again, the birds passed these tests with flying colors* over 90 percent of the time.

"It is really surprising to see ravens were better at solving two planning tasks than great apes and children presented with similar problems," says Alex Taylor, an animal cognition expert at the University of Auckland in New Zealand who was not involved in the new study.

"This is particularly exciting given that the two behaviors, tool-use and bartering, are not behaviors that ravens display in the wild," Taylor explains.

"This suggests that, like humans and great apes, ravens may have a general planning ability that can be used with novel behaviors."

Delayed Gratification*

In the final experiments, the ravens could choose between an inferior immediate food reward (a smaller, less-tasty piece of kibble) and a token for their favorite kibble they could trade later—a concept called delayed gratification.

"Humans devalue things that take place in the future," says Osvath, emphasizing people typically go for instant rewards.

Ravens seem to be a little more patient, selecting the tool or token that would get them the better food in the near future over 70 percent of the time.

However, Taylor notes that the results are open to interpretation. Perhaps, he says, they're outsmarting the experiment: "The ravens may not be thinking about the future at all, they may instead just be choosing the object that has been associated the most with food."

Future experiments should be able to discern* exactly how clever ravens are, but at the most basic level, these findings show that humans might not be as special as we thought.

(Adapted from Shaena Montanari, "We Knew Ravens Are Smart. But Not This Smart," *National Geographic*, July 13, 2017)

[注]		
raven：オオガラス	corvid kin：カラス科の鳥	cognition：認知能力
on par with：～に劣らない	captive：捕獲した	dog kibble：ドッグフード
toddler：歩き始めの子	barter：交換する	with flying colors：見事に
gratification：満足感	discern：見分ける	

問1 本文中の空欄（ A ）～（ E ）に入る語として最も適切なものを，次の中から一つずつ選べ。

	①	②	③	④	
(A)	on	for	to	at	1
(B)	on	with	at	by	2
(C)	which	who	that	he	3
(D)	as	like	so	for	4
(E)	note	notes	noted	noting	5

問2 本文中の空欄（ 1 ）に入るものとして最も適切なものを，次の中から一つ選べ。 6

① On the other hand
② For instance
③ Nevertheless
④ In addition

問3 下線部(a)が示す意味として最も適切なものを，次の中から一つ選べ。 7

① Ravens are as good as humans at pre-planning tasks.
② Monkeys can plan for future events.
③ Only hominids have abstract thinking skills.

④ Humans have the flexibility to plan for future events.

問4　本文中の空欄（　2　）に入るものとして最も適切なものを，次の中から一つ選べ。[8]

① how to display　② how to exchange　③ how to return　④ how to break

問5　本文の内容に合うように，(1)〜(3)に対する答えとして最も適切なものを，次の中から一つずつ選べ。

(1) Which of the following statements is true about "What's in the Box?" experiments? [9]

① The ravens were not taught what would happen if they placed a special tool.

② The researchers gave dog kibbles to the ravens out of their hands.

③ The ravens seemed to be better than monkeys at solving tasks.

④ The ravens did not have a choice of objects in the experiments.

(2) Which of the following statements is **NOT** true about the final experiments? [10]

① According to Osvath, people are liable to prefer instant rewards.

② The ravens had a choice between an inferior food reward and a token for a better one.

③ The researchers concluded that the ravens were thinking about the future.

④ The experiments are related to the concept called delayed gratification.

(3) Which of the following best describes the main idea of this essay? [11]

① Humans and great apes appear to be as special as we thought.

② Ravens might have some skills in planning for future events.

③ Ravens definitely value things that take place in the future.

④ Ravens are smarter than monkeys but not as smart as human children.

〔II〕 次の英文を読み，問いに答えよ。

Japan has been in love with *yōgashi* (Western-style sweets and desserts) for centuries.

It started from the very first contact with the Portuguese in the 16th century, from whom the Japanese adopted the castella sponge cake (*kasutera*), as well as confetti-shaped sugar candy (*konpeito*). The pace of yōgashi adoption (a)accelerated once the nation reopened to outside contact in the 19th century.

Vanilla custard-based sweets have been especially embraced*. Today, there are a number of custard-based snacks in Japan that are either unique or far more (A) than they are in their land of origin, such as the cream *pan*, a small soft roll filled with thick custard, and the cream cornet, a horn-shaped bread filled with the same custard. Choux pastries* filled with custard are also widely available, as are eclairs*.

The most popular type of custard sweet is arguably* the caramel custard pudding or caramel flan. The first mention of this sweet in writing dates back to 1872, the beginning of the Meiji Era (1868-1912), where it is called a *poddingu* in the "Seiyo Ryori-tsu" ("Connoisseur* of Western-style Cooking").

This seems to have been based on the French *creme renversee*, or creme caramel, even though the name "poddingu" was derived from the English "pudding." Over the years the words "poddingu" and "*puddingu*" evolved to become "*purin*," which is (B) the sweet is called today.

Like all (C) products, purin remained a luxury food until after World War II. In 1946, the Hotel New Grand in Yokohama was used as the temporary headquarters for the Allied Occupation* led by General Douglas MacArthur. The hotel chefs came up with an over-the-top version of the caramel custard pudding where it formed the centerpiece of a large glass dish loaded with fresh fruit, ice cream and whipped cream. Called purin a la mode, it was a hit with the Americans.

Nowadays, purin a la mode is widely available at family restaurants and although it is now considered somewhat old fashioned, at the time it was the ultimate luxurious dessert.

Purin wasn't made in ordinary households until the 1960s, when ready-mix custard powders, which contained gelatin*, became available and milk became affordable. But purin really (b)took off when premade versions appeared.

For instance, Glico's Pucchin Purin, introduced in 1972, featured an innovative way of cleanly inverting* the purin onto the plate by introducing air through a small tape-covered hole in the bottom of the plastic. Today, purin cups are available at every supermarket and convenience store and come in many flavors.

In the past decade, the vanilla-caramel purin has become fashionable once more. Creamy, luxurious versions in small jars have become trendy snacks sold by patisseries and speciality shops: People line up for hours to purchase popular premium purin.

(Adapted from Makiko Itoh, "Japan's long love affair with caramel custard pudding,"
The Japan Times on Sunday, June 21, 2020)

[注]　embrace：受け入れる　choux pastry：シュー（クリームなどの薄い）皮を使った菓子
eclair：エクレア　arguably：まず間違いなく　connoisseur：通（つう），目利き
Allied Occupation：（第二次世界大戦後の）連合国軍による占領
gelatin：ゼラチン　invert：逆さまにする

問1　本文中の空欄（ A ）～（ C ）に入る語句として最も適切なものを，次の中から一つずつ選べ。

(A) ① common　② different　③ similar　④ superior　12
(B) ① that　② what　③ which　④ who　13
(C) ① daily　② dairy　③ dark　④ dirty　14

問2　下線部(a)を置き換えた場合，最も意味が近いものを，次の中から一つ選べ。 15

① sped up　② remained　③ slowed down　④ stopped

問3　下線部(b)を置き換えた場合，最も意味が近いものを，次の中から一つ選べ。 16

① started to be made at home
② became international
③ became popular
④ became the origin of other sweets

問4　次のうち，本文の内容と一致するものには①を，一致しないものには②を選べ。ただし，すべて同じ番号を選んだ場合は無効とする。

(1) There were a variety of custard-based sweets in Japan even in the Edo period. 17
(2) The caramel flan was mentioned in Japan for the first time in the 19th century. 18
(3) The name, *purin*, originally came from Portuguese. 19
(4) The chefs at the Hotel New Grand in Yokohama invented an innovative version of pudding after World War II. 20
(5) Purin a la mode was popular at family restaurants in the 1960s because they were reasonable in price. 21
(6) Purin started to be made in ordinary households partly because ready-mix custard powders became available. 22

〔Ⅲ〕 次の英文中の空欄 [23] ～ [32] に入る語句として最も適切なものを，次の中から一つずつ選べ。

(1) I heard his name [23] in the doctor's office.

① call　② calls　③ calling　④ called

(2) He has two daughters, one of [24] became a nurse.

① them　② two　③ who　④ whom

(3) Wait [25] next Monday, when I will pay you the money.

① for　② till　③ by　④ to

(4) Did you find anything [26] in this magazine?

① surprise　② to surprise　③ surprised　④ surprising

(5) If I had taken an umbrella, I [27] wet now.

① would not be　② would not have been

③ have not been　④ am not

(6) I couldn't [28] up with his rudeness.

① catch　② get　③ turn　④ put

(7) Productivity increased at a more rapid rate than [29].

① had been predicted　② has been predicted

③ would be predicted　④ is predicted

(8) Although she looks very young, she can't be [30] her twenties.

① of　② in　③ from　④ at

(9) You must be committed to [31] our sales once you have joined our company as a sales representative.

① increase　② increasing　③ an increase　④ increases

(10) Jane asked many questions [32] Japanese politics in today's class.

① concerned　② concerned about

③ concerning　④ concerning about

〔Ⅳ〕 次の対話文を完成させるため，空欄 [33] ～ [39] に入る文として最も適切なものを，選択肢の中から一つずつ選べ。ただし，一つの選択肢は一度しか選べない。

Clerk：Can I help you?

Mary：Well, my sister is getting married next month. I need a dress to wear to her wedding. [33]

Clerk：[34]

Mary：Well, I want something that is dressy enough to go to a wedding, but also casual enough that I can wear it out for dinner or other occasions.

Clerk：[35] How about this elegant gray one? It's the newest style and [36]

Mary：It's a beautiful dress, but it's too expensive. [37] This dark blue dress is nice. How much is it?

Clerk：[38]

Mary：I'll try that one on. [39] I like the color, the style and the price.

(Adapted from Diane H. Nagatomo, *Simply Speaking*, 金星堂, 2000)

選択肢

① I think it will look very nice on you.
② We have some very nice dresses that have just arrived.
③ Do you have any suggestions?
④ What kind of dress are you looking for?
⑤ I can't afford to spend $500.
⑥ If it fits well I'll buy it.
⑦ It's on sale for $200.
⑧ What color do you have in mind?

〔V〕次の日本文の意味を表すように［　］内の語句を空欄に補ったとき，空欄 [40] ～ [45] に入るものを一つずつ選べ。

(1)　その理由は，彼らが1年のこの時期にアルバイトで忙しくなり過ぎることです。

The reason □ □ □ [40] □ □ □ their part-time jobs this time of the year.

［① become　② busy　③ they　④ that　⑤ with　⑥ too　⑦ is］

(2)　彼女はまるで奇妙なものを見たような顔つきをしていた。

She □ □ □ [41] □ □ □ strange.

［① seen　② if　③ something　④ had　⑤ looked　⑥ as　⑦ she］

(3)　パーティーが半分終わったところで，ようやく彼はやって来た。

It was □ □ □ [42] □ □ □ he came.

［① the party　② that　③ until　④ over　⑤ was　⑥ not　⑦ half］

(4)　彼が働く職場はここから遠くないです。

The office □ □ □ [43] □ □ □ here.

［① not　② he　③ from　④ works　⑤ far　⑥ is　⑦ where］

(5)　パイロットは，勤務中は制服を着ていなくてはならない。

A pilot is □ □ □ [44] □ □ □ duty.

［① on　② a　③ wear　④ while　⑤ uniform　⑥ to　⑦ required］

(6)　作業員は以前よりはるかに効率的に製品を組み立てている。

The workers □ □ □ [45] □ □ □ did before.

［① the products　② more　③ far　④ assembling　⑤ they　⑥ are　⑦ efficiently than］

日本史

（60 分）

〔Ⅰ〕 次の文章を読み，下記の問いに答えよ。

(1) 古代において天皇が恒常的に住む宮都は，各時代を特徴づける存在であった。特に最初期の王朝では，天皇が即位すると宮を新造することが多く，6 世紀末以降，(a)飛鳥周辺の地に多くの王宮が営まれた。中大兄皇子（天智天皇）により，飛鳥から近江大津へと遷都がなされるが，その弟である大海人皇子（天武天皇）が(b)壬申の乱に勝利すると，都は飛鳥に戻され，持統天皇の時代に藤原京へと遷都した。

710 年になり，新たに平城京へ遷都すると，聖武天皇の時代に [A] などへ一時的に遷都することはあったものの，八代七人の天皇がその北端に位置する平城宮に住した。この時代は，正倉院に伝わる宝物に代表される(c)天平文化の裏で，(d)相次ぐ政争が繰り広げられた時代でもある。(e)桓武天皇はその平城京から，784 年に山城国（山背国）の [B] へと遷都するが，わずか十年で 794 年に(f)平安京へとさらに遷都した。平安京は，これ以後千年以上にわたり都として機能し続けることとなる。

問 1　下線部(a)に関連して，飛鳥時代について述べた文として**最も不適切なもの**を，次の中から一つ選べ。 [1]

① 大陸の様々な文化を日本にもたらしたのは，渡来人と呼ばれる人々であった。
② 物部氏を滅ぼした蘇我氏が，政治の中枢として権力を握った。
③ 中国との国交を復活させるため，遣隋使の派遣が行われた。
④ 西大寺や薬師寺が建立され，仏教の興隆が図られた。
⑤ 厩戸王（聖徳太子）らの主導により，憲法十七条が定められた。

問 2　下線部(b)に関連して，7 世紀後半の政治・文化について述べた文として最も適切なものを，次の中から一つ選べ。 [2]

① 新羅の勢力拡大を受けて日本は朝鮮半島へ派兵し，白村江の戦いで勝利するも，朝鮮から勢力を撤退せざるを得なかった。
② 国家体制を充実させるため，和同開珎を鋳造してその流通を図った。
③ 人民支配を強固にすべく，根本台帳となる戸籍を作成した。
④ 中国の法制度をもとに大宝律令を完成させ，政治の仕組みを整えた。
⑤ 中宮寺半跏思惟像や興福寺阿修羅像に代表される，北魏様式の影響を受けた仏像彫刻が製作された。

問3　空欄 A ・ B に入るものの組み合わせとして最も適切なものを，次の中から一つ選べ。 3

① A：恭仁京　　B：紫香楽宮

② A：恭仁京　　B：長岡京

③ A：恭仁京　　B：難波宮

④ A：長岡京　　B：恭仁京

⑤ A：長岡京　　B：紫香楽宮

問4　下線部(c)に関連して述べた文として**最も不適切なものを**，次の中から一つ選べ。 4

① 教養として漢詩文がたしなまれ，現存最古とされる漢詩集『懐風藻』も編纂された。

② 宮中の人々の詠んだ歌のみで構成されている『万葉集』が成立した。

③ 吉備真備ら遣唐使によって，中国から様々な文物・学問・技術が日本へもたらされた。

④ 正倉院宝物は聖武天皇遺愛の品を中心とした品々で，唐のみならず，アジアの広範な地域との交流を示している。

⑤ 仏教の保護と統制のもと，国分寺や東大寺など多くの寺院が建立された。

問5　下線部(d)に関連して，奈良時代に起こった出来事を年代の早いものから順に正しく並べたとき，**前から2番目**にくるものとして最も適切なものを，次の中から一つ選べ。 5

① 国分寺建立の詔　　② 長屋王の変　　③ 墾田永年私財法　　④ 古事記の成立

⑤ 道鏡の失脚

問6　下線部(e)に関連して，桓武天皇の時代の出来事について述べた文として**最も不適切なものを**，次の中から一つ選べ。 6

① 坂上田村麻呂を征夷大将軍として，東北地方の制圧を図り，成功した。

② 都の造営をめぐる争いの中で藤原種継が暗殺され，桓武天皇は弟で皇太子の早良親王をしりぞけた。

③ 東北地方への派兵と平安京造営によって，朝廷財政は逼迫し，この2つの事業は中断せざるを得なかった。

④ 唐に留学して帰国した最澄・空海を手厚く扱い，二人の建立した寺院は王城鎮護の拠点となった。

⑤ 地方政治の改革として，勘解由使を新たに設置し，国司の引継手続を監査させた。

問7　下線部(f)に関連して，平安京について述べた文として**最も不適切なものを**，次の中から一つ選べ。 7

① 羅城門から朱雀大路が，北側中央に位置する平安宮（大内裏）まで南北に貫いている。

② 平安宮（大内裏）の中には，天皇が日常的に居住する内裏があった。

③ 朱雀大路をはさんで左京・右京にわかれるが，左京は早くからさびれた。

④ 平安京は，碁盤目状に東西・南北へ大路・小路が均一に通る条坊制をとった。

⑤ 嵯峨天皇とその兄平城上皇は，平安京と平城京とにわかれて対立し，嵯峨天皇が勝利した。

(2)　鎌倉幕府の滅亡ののちに繰り広げられた(g)南北朝の動乱のなかで足利尊氏・直義兄弟によって成立した(h)室町幕府は，三代将軍足利義満の時に，南北朝を合一させて動乱を決着させた一方で，(i)有力守護の勢力を削いでいき，将軍権力を安定化させることに成功した。とはいえ，幕府は日本全国を直接支配したわけではなく，関東・九州・東北地方には(j)地方機関を置き，その他の各国も，直轄領である御料所はあるものの，守護や奉公衆を通じての支配が基本であった。室町幕府の運営は，複数国の守護を務める有力大名によって支えられたが，［ C ］と［ D ］などの大名たちの対立によって引き起こされた(k)応仁の乱と，続く足利将軍家の分裂により，幕府は全国への影響力を低下させていった。その一方で，各地では独自の領国を形成する勢力が生まれ，いわゆる(l)戦国時代へと突入することとなった。

問8　下線部(g)に関連して，南北朝時代の社会・出来事について述べた文として最も適切なものを，次の中から一つ選べ。［ 8 ］

① 連歌やわび茶，猿楽などが様々な階層に受容され，楽しまれた。

② 南北朝の動乱を記した軍記『太平記』が，琵琶法師によって語られて広まった。

③ 様々な仏教の宗派が生まれたが，その開祖はおしなべて延暦寺で学んでいる。

④ 全国に動乱が広がるなかで，武士社会では単独相続から分割相続への移行が進んだ。

⑤ 倭寇が盛んに活動を行い，その行為の取り締まりを明は日本に求めた。

問9　下線部(h)に関連して，室町幕府のとった政策を述べた文として最も適切なものを，次の中から一つ選べ。［ 9 ］

① 軍費調達のために半済令を出し，守護には刈田狼藉により幕府の裁決を執行させた。

② 明や朝鮮と国交を結び，勘合を用いた貿易をして，大量の銀や木綿を輸入した。

③ 御料所以外に，京都市中にある土倉・酒屋に税金を賦課して財政をまかなっていた。

④ 細川・斯波・畠山の三氏が将軍を補佐する執権となり，赤松・山名・一色氏らが京都を警備する侍所の長官となった。

⑤ 武家社会における訴訟裁判の基準となる建武式目を制定した。

問10　下線部(i)に関連して，足利義満の時代に没落・滅亡させられた大名として**最も不適切な人物**を，次の中から一つ選べ。［ 10 ］

① 今川貞世（了俊）　② 大内義弘　③ 山名氏清　④ 土岐康行　⑤ 赤松満祐

問11　下線部(j)に関連して，この地方機関についての説明として**最も不適切なもの**を，次の中から一つ選べ。［ 11 ］

① 関東には鎌倉府，九州には九州探題，東北には奥州探題・羽州探題が置かれた。

② 鎌倉府の長は足利氏が，その補佐である関東管領には上杉氏が任じられた。

③ 九州探題は，南朝の征西将軍護良親王の勢力を駆逐して，九州における幕府の影響力を強めた。

④ 東北地方には当初奥州管領が置かれたが，のちに奥州探題・羽州探題が設置された。

⑤ 鎌倉公方は後に足利将軍家と対立し，永享の乱で鎌倉公方足利持氏は敗北して自害した。

問12　空欄 C ・ D に入るものの組み合わせとして最も適切なものを，次の中から一つ選べ。 12

① C：細川政元　D：畠山政長
② C：細川政元　D：山名持豊
③ C：細川勝元　D：畠山政長
④ C：細川勝元　D：斯波義敏
⑤ C：細川勝元　D：山名持豊

問13　下線部(k)に関連して，応仁の乱による影響を説明した文として最も適切なものを，次の中から一つ選べ。 13

① 国人の中には守護よりも勢力を拡大させる者や，あるいは一揆を結んで独自の勢力を築く者がいた。
② 将軍の座を息子に譲った足利義政は，北山に山荘をつくり，庭園・絵画など様々な文化の発信源となった。
③ この乱は全国各地にも波及し，戦乱が広がり，関東では享徳の乱が起こった。
④ 京都の内外が焼かれたため，徳政を求めて，土一揆が盛んに蜂起するようになった。
⑤ 幕府権力が揺らいだため，有力大名が常時在京するようになって，将軍を支えた。

問14　下線部(l)に関連して，戦国時代の勢力・関連事項を示した組み合わせとして最も適切なものを，次の中から一つ選べ。 14

① 本願寺 ― 法華一揆　② 堺 ― 年行司　③ 後北条氏 ― 小田原
④ 上杉氏 ― 塵芥集　⑤ 大内氏 ― 天正遣欧使節

〔Ⅱ〕 次の文章を読み，下記の問いに答えよ。

(1) 織田信長が足利幕府 13 代将軍足利義輝の弟である足利義昭を奉じて入京した(a)1568 年から，豊臣秀吉の死後，豊臣政権の五大老筆頭として高い政治的地位にあった徳川家康が，対立する豊臣方の諸大名と戦って勝利した 1600 年の関ヶ原の戦いまでを安土桃山時代という。この時代は，中央政権を握っていた(b)織田信長と豊臣秀吉の名前を取って織豊時代とも呼ばれている。

応仁の乱を切っ掛けに始まったおよそ 1 世紀にわたる戦国時代の大名の中から，16 世紀半ば頃，最初に全国統一に乗り出したのが織田信長であった。(c)信長は次々と新しい政策を打ち出し近世封建社会の礎を築いた。

しかし信長が志半ばで倒れた後，信長のように軍事力だけに頼らず，朝廷の伝統的権威を利用することで全国統一を目指し，成し遂げたのが豊臣（羽柴）秀吉であった。秀吉は， A 年朝廷から公家の最高位である関白に任じられ，その権威のもと戦闘の停止ならびに領地の確定を秀吉に委任する惣無事令を発した。その結果，この法令に違反した大名は次々に討伐，平定されていった。

次に，(d)秀吉は，田畑の収穫量を正確につかみ，効率よく年貢を取り立てることを目的とする太閤検地を実施した。その後秀吉は，農民から刀や槍などの武器を取り上げる法令を発した。さらに， B を出して，足軽・中間などの武家奉公人，町人，百姓を職業別に全国調査し，身分を確定・区別することで兵農分離政策を推し進めた。

問 1　空欄 A ・ B に入るものとして最も適切なものを，次の中から一つずつ選べ。

A = 15　① 1585　② 1586　③ 1588　④ 1592　⑤ 1597

B = 16　① 海賊取締令　② バテレン追放令　③ 武家諸法度　④ 人掃令　⑤ 刀狩令

問 2　下線部(a)に関連して，安土桃山時代の文化について述べた文として最も適切なものを，次の中から一つ選べ。 17

① 桃山文化を代表する城郭建築の特徴は，巨大な石垣と壮麗な天守を備え，険しい山中や高い山頂といった自然の地形を利用した山城にみられる。

② 桃山文化を代表する絵画の特徴は，金箔の地の上に濃い青や緑の彩色を施す蒔絵の手法により描かれた豪華な障壁（屏）画にみられる。

③ 桃山文化を代表する工芸の特徴は，装飾性が高い金具に濃絵と呼ばれる彫刻が施された仏像や金や銀粉などで漆器の表面に絵模様をつける欄間にみられる。

④ 安土桃山時代には室町時代に発展した茶の湯が武将や豪商の間で流行し，千利休が書院でのわびの精神を重んじた豪華な茶の湯を完成させた。

⑤ 安土桃山時代には武家の儀式などで能楽が芸能として定着し，庶民の間では出雲の阿国が始めた歌舞伎踊りや三味線を伴奏に操り人形で浄瑠璃を演じる人形浄瑠璃が流行した。

問3　下線部(b)に関連して，織田信長ならびに豊臣秀吉の事績を早いものから順に並べたものとして最も適切なものを，次の中から一つ選べ。[18]

① 織田信長：桶狭間の戦い → 長篠合戦 → 姉川の戦い

② 織田信長：室町幕府滅亡 → 延暦寺焼討ち → 本能寺の変

③ 豊臣秀吉：九州平定 → 小田原攻め → 四国平定

④ 豊臣秀吉：賤ヶ岳の戦い → 山崎の合戦 → 奥羽平定

⑤ 豊臣秀吉：小牧・長久手の戦い → 文禄の役 → 慶長の役

問4　下線部(c)に関連して，織田信長の行った経済政策について述べた文として**最も不適切なもの**を，次の中から一つ選べ。[19]

① 織田の領国内で通用する銭の基準や交換率を定め，撰銭を奨励した。

② 自治都市として繁栄した堺を直轄地とし，畿内の高い経済力を手に入れた。

③ 一部の商人たちにより既得権益化していた商売の独占状態を止めさせた。

④ 市場や町において自由に商売ができるよう課税免除などの特権を与える政策を取った。

⑤ 当時各地にあった関所を廃止することで人の往来や商品の流通を促進した。

問5　下線部(d)に関連して，豊臣秀吉が行った「太閤検地」に関連して述べた文として**最も不適切なもの**を，次の中から一つ選べ。[20]

① それまでの荘園と公領との土地支配関係が明らかとなり，荘園公領制は引き続き維持されることになった。

② この検地により全国支配の統一基準としての石高制が確定し，大名は領国の石高に応じた軍役を課せられるようになった。

③ 検地の結果を村単位で集計して取りまとめ，耕作地の面積やその耕作者が記載されている検地帳が作られた。

④ それまでの土地の面積表示が新しい基準に改められるとともに，年貢収納の基準となる枡の容量も統一された。

⑤ 農民の田畑や屋敷地などの土地の所有権が法的に認められることになった反面，その石高に応じた年貢が義務づけられるようになった。

(2)　近世において，農業はさまざまな点で発達した。まず(e)前代と比較して治水や灌漑の技術が飛躍的に向上したことで，大規模な新田開発ができるようになった。また深耕に適した[C]や脱穀に適した千歯扱といった農具や農民が金銭で購入する肥料（金肥）においてもめざましい発達がみられ，狭い耕作地を少人数で耕しても面積当たりの収穫高が高くなった。

一方で，幕府や諸藩は，従来の米作りだけでなく，税収入の増大をはかるために商品作物の生産を奨励した結果，村々では現金収入を得るために商品作物の栽培が盛んになっていった。こうした農業技術の発達にともない，農業についての新しい技術や知識を解説する農書が多く著され，広く読まれるようになった。代表的な農書には宮崎安貞の『[D]』などがある。

また(f)近世では，農業以外の諸産業も大いに発展した。漁業では沿岸部の漁場が開発され，網を用いた上方漁法も普及し，大規模な漁業がみられるようになった。有名な漁場には瀬戸内海・土佐・蝦夷地などがあるが，紀伊・土佐・肥前・長門などでは網や銛を使った［ E ］漁が盛んであった。農業との関係では，イワシを天日で乾燥させ固めて作った肥料や，魚油の搾り滓を乾燥させて作った［ F ］といった肥料が普及し，綿作などの商品作物の生産には不可欠な肥料となった。

林業は，16 世紀末から 17 世紀にかけて，各地の都市の発展にともなう建築用資材の需要の高まりとともに，大きな役割を果たすようになった。良質な山林を所有する幕府や諸藩は，山林を直轄とし，材木を切り出し商品化した。有名な材木に吉野や秋田の［ G ］がある。その他，薪や炭は調理や暖房などの燃料だけでなく，精錬や金属工業に必要な燃料でもあり大量に生産された。

問 6　空欄［ C ］～［ G ］に入るものとして最も適切なものを，次の中から一つずつ選べ。

［ C ］＝［ 21 ］　① 千石簁　② 唐箕　③ 備中鍬　④ 踏車　⑤ 竜骨車

［ D ］＝［ 22 ］　① 会津農書　② 広益国産考　③ 清良記　④ 農業全書　⑤ 農具便利論

［ E ］＝［ 23 ］　① 鰹　② 鯨　③ 鮭　④ 鯛　⑤ 鰊

［ F ］＝［ 24 ］　① 油粕　② 刈敷　③ 厩肥　④ メ粕　⑤ 鯨油

［ G ］＝［ 25 ］　① 楮　② 杉　③ 檜　④ ヒバ　⑤ 松

問 7　下線部(e)に関連して，近世の農業の新田開発について述べた文として**最も不適切なもの**を，次の中から一つ選べ。［ 26 ］

① 17 世紀初め頃から，戦国時代より発達した土木技術を活用して，大規模な治水・灌漑工事が大河川や海岸地域で行われた。

② 17 世紀初め頃から，幕府や藩は財政安定化をはかるため，大河川の下流や海岸部での新田開発を積極的に奨励した。

③ 17 世紀末になると，積極的な新田開発の推進により水害の原因は消え去り，村が共同で利用する入会地も増えた。

④ 17 世紀末になると，有力商人が資金を出して開発が進められる町人請負新田では，大規模な治水・灌漑の工事がすすめられた。

⑤ 17 世紀から 18 世紀の初め頃にかけて，全国の田畑の面積は飛躍的に拡大し，年貢米の増収がもたらされた。

問 8　下線部(f)に関連して，17 世紀の初め頃の（農業以外の）諸産業の発展について述べた文として最も適切なものを，次の中から一つ選べ。［ 27 ］

① 上方は金遣い，江戸は銀遣いというように東西で流通する貨幣が違ううえ，金・銀・銭の三貨の換算率が変動するため，都市には両替商が誕生した。

② 肥前の伊万里や有田地方では，磁器が生産され，有田焼が伊万里港から全国各地に積み出されたので，伊万里焼とも呼ばれるようになった。

③ 主に都市では絹織物の問屋制家内工業が始まり，18世紀に入ると農村では麻・木綿織物を中心とした農村家内工業が発展した。

④ 摂津の伊丹・西宮・灘や下総の銚子などが酒造で発展する一方で，山城の伏見や下総の野田などが醬油の特産地として栄えた。

⑤ 採掘技術の進歩により金・銀の産出量が増大し，とくに金は貿易品となったが，17世紀後半になると金・銀の産出量が減り，銅が増えた。

〔Ⅲ〕 次の文章を読み，下記の問いに答えよ。

(a)幕末に社会不安が増大すると，新しい宗教がおこった。これらの宗教は，ゆきづまった世相から救われたいという民衆の願いにこたえていた。

(b)明治になると新政府は天皇の権威を国民にひろめるため，神道を国教にしようとした。1868年，[A]と神祇官再興を布告するとともに，神仏分離（神仏判然）令を出し，これまで続いてきた神仏習合を否定した。このような動きに対して仏教界では，[B]のように，信教の自由の立場から神道国教化を批判するとともに，仏教を近代化に適合したものにしようとする革新運動を起こす者もあらわれた。

明治政府は，幕末にその信仰をあらわにした浦上のキリシタンを検挙し，諸藩に配流した。1873年，[C]が廃止されるとともに，彼らは解放された。一方で，ヘボンや[D]のように，すでに幕末から外国人宣教師は来日していた。これらの外国人による教育や医療，慈善分野における社会的活動は(c)青年知識人に大きな影響をあたえ，キリスト教信仰が広がった。

(d)大日本帝国憲法（明治憲法）において，政府は信教の自由をいちおう認めた。しかし神道については，その祭祀は宗教行事ではなく国家祭祀であるという立場から保護を与えた。

(e)大正デモクラシーの時代になると，(f)天皇機関説が明治憲法体制を支える正統学説となったが，1935年の(g)国体明徴声明によって否定された。この頃になると，戦争に非協力的または反国体的とみなされた思想や宗教は，不敬罪や(h)治安維持法，宗教団体法などによって強い統制を受けるようになった。(i)弾圧を受ける知識人や解散させられる団体も少なくなかった。(j)学校では皇国史観にもとづく教育がなされ，(k)朝鮮や台湾でも「皇民化」が推し進められた。1940年には，[E]の祝賀行事が盛大に営まれ，天皇統治の正当性と永遠性が確認された。

問1 空欄[A]～[E]に入るものとして最も適切なものを，次の中から一つずつ選べ。

[A] = [28] ① 軍人勅諭 ② 殖産興業 ③ 身分解放令 ④ アイヌ同化政策 ⑤ 祭政一致

[B] = [29] ① 中山みき ② 島地黙雷 ③ 三宅雪嶺 ④ 徳富蘇峰 ⑤ 三浦梅園

[C] = [30] ① 廃仏毀釈 ② 異国船打払令

③　キリシタン禁制（キリスト教禁止）の高札　④　一世一元の制

⑤　讒謗律

D	=	31	①　コンドル　②　フルベッキ　③　ジェーンズ
			④　モース　⑤　ベルツ
E	=	32	①　大同団結運動　②　皇室典範の制定　③　満州国の建国
			④　皇紀二千六百年　⑤　大東亜共栄圏の建設

問 2　下線部(a)に関連して，川手文治郎が創始した宗教として最も適切なものを，次の中から一つ選べ。

33

①　黒住教　②　天理教　③　金光教　④　神道禊教　⑤　ひとのみち教団

問 3　下線部(b)に関連して述べた文として**最も不適切なものを**，次の中から一つ選べ。 34

①　1870 年に大教宣布の詔を発した。

②　靖国神社を頂点とする神社制度が定められた。

③　皇室行事を中心とする国家の祝祭日が定められた。

④　神道国教化の動きに刺激され，仏教を排撃する運動が各地でおきた。

⑤　強引な宗教政策は，民衆の反発をまねき，神道国教化は結局実現しなかった。

問 4　下線部(c)に関連して述べた文として最も適切なものを，次の中から一つ選べ。 35

①　クラークは熊本洋学校で聖書を講じ，多くの人材を養成した。

②　植村正久や井上円了らの指導で，青年層・知識人層に広まっていった。

③　海老名弾正は布教のかたわら，プロレタリア文学運動に加わった。

④　新渡戸稲造は同志社を創設した。

⑤　内村鑑三は教育勅語への拝礼を拒否したために，教壇を追われた。

問 5　下線部(d)について述べた文（あ）～（え）について，正しいものの組み合わせとして最も適切なものを，次の中から一つ選べ。 36

（あ）　伊藤博文らはフランス流の憲法理論を学び，憲法制定の準備を進めた。

（い）　第一条に「大日本帝国ハ万世一系《ばんせいいっけい》ノ天皇之《これ》ヲ統治ス」と明記された。

（う）　天皇大権には外交は含まれなかった。

（え）　憲法制定により，日本はアジアで最初の近代的立憲国家となった。

①（あ）—（い）　②（い）—（う）　③（あ）—（え）　④（い）—（え）

⑤（あ）—（う）

問 6　下線部(e)に関連して述べた文として**最も不適切なものを**，次の中から一つ選べ。 37

①　中・下層の人々の社会的平等要求をも組み入れた新しい民主主義であった。

②　吉野作造の民本主義がうまれた。

③　被差別部落の住民に対する社会的差別を撤廃しようとする運動が本格化し，友愛会が結成された。

④ 1920 年には，第 1 回のメーデーが行われた。

⑤ 新婦人協会は参政権を要求するなど，女性の地位を高める運動を進めた。

問 7 下線部(f)に関連して述べた文として最も適切なものを，次の中から一つ選べ。 38

① 統治権の主体を天皇に求める穂積八束・上杉慎吉らの学説と対立した。

② 美濃部亮吉は，国家の主権は法人としての国家にあり，天皇はその国家の最高機関であるとする学説を唱えた。

③ この学説を確立したのは，吉野作造である。

④ 政党政治のもとでも，君主権は絶対であるとする学説である。

⑤ かねてからこの学説は左翼からの攻撃を受けていたが，1935 年に貴族院で政治問題化した。

問 8 下線部(g)を発表した内閣の総理大臣として最も適切なものを，次の中から一つ選べ。 39

① 原敬 ② 浜口雄幸 ③ 犬養毅 ④ 岡田啓介 ⑤ 近衛文麿

問 9 下線部(h)について述べた文（か）～（け）について，正しいものの組み合わせとして最も適切なものを，次の中から一つ選べ。 40

（か） 田中義一内閣のもとで，普通選挙法と同時に制定された。

（き） 制定当初の目的は，日ソ国交樹立による共産主義思想の波及を防ぐことだった。

（く） 三・一五事件と四・一六事件では，共産党員の大量検挙が行われた。

（け） 加藤高明内閣のもとで，最高刑を死刑に引き上げる改正が行われた。

① （か）—（き） ② （き）—（く） ③ （か）—（け） ④ （き）—（け）

⑤ （か）—（く）

問10 下線部(i)に関連して述べた文（さ）～（せ）について，正しいものの組み合わせとして最も適切なものを，次の中から一つ選べ。 41

（さ） キリスト教徒にも靖国神社への参拝を強要した。

（し） 大本教やひとのみち教団が弾圧を受け，解散させられた。

（す） 政府の大陸政策を批判したことで，東京帝国大学教授であった中野重治の著書が発禁となった。

（せ） 人民戦線事件では，北一輝ら左翼の知識人が検挙された。

① （さ）—（し） ② （し）—（す） ③ （さ）—（せ） ④ （し）—（せ）

⑤ （さ）—（す）

問11 下線部(j)に関連して述べた文（た）～（て）について，正しいものの組み合わせとして最も適切なものを，次の中から一つ選べ。 42

（た） 「一億総懺悔」をかかげる国家主義的教育を推進した。

（ち） 記紀の文献学的批判をおこなった津田梅子の著作は発売禁止となった。

（つ） 小学校は国民学校へと改められ，戦時体制を支える「小国民」の育成を目指すこととなった。

（て） 文部省は『国体の本義』を全国の学校や官庁に配布した。

①　(た)—(ち)　②　(た)—(つ)　③　(ち)—(て)　④　(つ)—(て)
⑤　(た)—(て)

問12　下線部(k)に関連して述べた文として**最も不適切なもの**を，次の中から一つ選べ。 43

①　1937 年に日中戦争が始まると，植民地での同化政策に拍車がかかった。

②　朝鮮では，神社参拝の強要に反対したキリスト教徒が投獄された。

③　朝鮮総督府は「皇国臣民ノ誓詞」を作成し，人の集まる所で唱えさせた。

④　台湾では，氏名を日本式に改めさせる改姓名を推し進めた。

⑤　台湾では，中国との戦争への反発が強く，志願兵制度は実施されなかった。

世界史

(60分)

〔Ⅰ〕 次の文章を読み，後の問いに答えよ。

(a)前2世紀半ばに(b)ローマの地中海世界制覇の過程を叙述したポリビオスは，ローマ以前に大国として君臨した国として順に，(c)ペルシア，(d)スパルタ，マケドニアを挙げている。しかしこれらの国々も，ローマにはその規模などの点でかなわないとしたが，これらの国々以前にもオリエント世界に目を向ければ，大国が存在した。

メソポタミアで前24世紀にサルゴン1世に率いられた［　A　］人は広大な領域に覇を唱えた。その後，(e)バビロン第1王朝が勢力を拡大したが，［　B　］人に滅ぼされた。またバビロン第1王朝が滅んだ後のバビロニアを支配したのは［　C　］人であった。一方，エジプトは(f)ギリシア人の歴史家ヘロドトスが「エジプトはナイルのたまもの」と述べたように，この川の灌漑により古くから文明がおこり，(g)ファラオによる統一国家が成立した。ここでは約30の王朝が交替し，それらの王朝は古王国時代，(h)中王国時代，新王国時代の3期に区分される。前9世紀頃から(i)アッシリアが勢力を伸ばし，メソポタミア，エジプト双方を含む大帝国をたてることに成功した。アッシリアの後にオリエントでさらに強大な帝国となったのが，ポリビオスが最初に挙げたアケメネス朝ペルシアであった。

ポリビオスはローマが成功した理由として，その国制の素晴らしさを指摘している。一般的に王政，貴族政，民主政という制度は不安定で変化しやすいが，ローマはこれらの国制の要素を併せもっており，その結果，国内が安定して強大な力を得ることができたというのである。これを混合政体といい，後に(j)キケロ，(k)マキァヴェリ，(l)モンテスキューに影響を与えていくことになる。さらに(m)アメリカ合衆国が建国された際にもローマの国制は参考にされ，現代の制度にもローマ帝国の痕跡を容易にみつけられるほど，この帝国は後世に大きな影響力を有したのであった。

問1　空欄［　A　］～［　C　］に入るものとして最も適切なものを，次の中から一つずつ選べ。ただし，一つの選択肢は一度しか選べない。

［　A　］＝［ 1 ］　［　B　］＝［ 2 ］　［　C　］＝［ 3 ］

①　アッカド　②　アムル　③　カッシート　④　シュメール　⑤　ヒッタイト
⑥　ヘブライ

問2　下線部(a)の時期のインドの情勢について述べた文として最も適切なものを，次の中から一つ選べ。

［ 4 ］

①　マウリヤ朝が滅び，バクトリアからギリシア人勢力が進出するなど混沌とした状況であった。

②　サータヴァーハナ朝が西北インドから南インドの広い領域で勢力をふるった。

③　城壁で囲まれた都市国家が生まれ，なかでもマガダ国が勢力を拡大した。

④　カニシカ王が中央アジアからガンジス川流域へ勢力を拡大した。

問3　下線部(b)に関連して述べた文として**最も不適切なものを**，次の中から一つ選べ。[5]

①　フェニキア人のたてたカルタゴと前後3回にわたって戦い，勝利した。

②　戦争の長期化の影響で，社会には深刻な状況が生じていた。

③　征服した地の人々を常に奴隷にして支配した。

④　マケドニアやギリシア諸ポリスの支配を達成した。

問4　下線部(c)の王朝が滅んだ時の王として最も適切なものを，次の中から一つ選べ。[6]

①　キュロス2世　②　シャープール1世　③　ソロモン王　④　ダレイオス3世

問5　下線部(d)のスパルタについて述べた文として**最も不適切なものを**，次の中から一つ選べ。[7]

①　ペリクレスのもとで，軍国主義的な生活様式が完成した。

②　ペリオイコイとよばれる商工業に従事する身分があった。

③　市民の団結がくずれないように，他国との行き来を禁じる政策をとった。

④　ペロポネソス戦争ではデロス同盟の盟主アテネと戦い，ペルシアと手を組み勝利した。

問6　下線部(e)の王朝について述べた文として最も適切なものを，次の中から一つ選べ。[8]

①　この王朝の時にユダヤ人の多くがバビロンに連行された。

②　全メソポタミアを支配し，運河の大工事をおこない，治水，灌漑をすすめた。

③　一時，エジプトにも侵攻して混乱をさせたが，最終的には駆逐された。

④　この王朝が使用した楔形文字は，さまざまな言語に使われるようになった。

問7　下線部(f)に関連して，ギリシア文化の代表的な人物として**最も不適切なものを**，次の中から一つ選べ。[9]

①　エウセビオス　②　エウリピデス　③　プロタゴラス　④　フェイディアス

問8　下線部(g)のエジプトの文化について述べた文として最も適切なものを，次の中から一つ選べ。[10]

①　宮殿の壁画には人物などが生き生きと描かれ，明るく開放的で平和な文明であった。

②　諸民族の文化を統合して，また楔形文字を表音化した。

③　太陽暦を用いており，後にローマのユリウス暦に採用された。

④　自然現象を合理的根拠で説明する態度をもち，万物の根源などを探求した。

問9　下線部(h)の時代に起きた出来事について述べた文として最も適切なものを，次の中から一つ選べ。[11]

①　クフ王などが巨大なピラミッドを建造させ，王の強大な権力を示した。

② 従来の神々の崇拝を禁じ，アトン神のみを信仰する改革をおこなった。

③ 国の中心が上エジプトのテーベに移ったが，国内は異民族の侵入などで一時混乱した。

④ シリア進出をおこなうなどの積極的な対外活動をすすめた。

問10 下線部(i)について述べた文として**最も不適切なものを**，次の中から一つ選べ。 12

① 紀元前2千年紀の初めに北メソポタミアでその活動が目立つようになった。

② 全国の要地を結ぶ「王の道」とよばれる国道をつくり，陸上交通を整備した。

③ この国が崩壊したのち，エジプト，リディア，新バビロニア，メディアの4王国が分立した。

④ 一時，ミタンニ王国に服属するなど苦境もあったが，そののち，全オリエントを征服した。

問11 下線部(j)は前1世紀の人物であるが，彼よりのちの時期に中国で起きた出来事について述べた文として最も適切なものを，次の中から一つ選べ。 13

① 秦滅亡後の覇権を劉邦と項羽が争った。

② 衛氏朝鮮を滅ぼして楽浪などの4郡をおいた。

③ 朝廷が支配を強化した結果，呉楚七国の乱が起こった。

④ 外戚であった王莽が皇帝を廃して新をたてた。

問12 下線部(k)が活動したルネサンスについて述べた文として**最も不適切なものを**，次の中から一つ選べ。 14

① ネーデルラントやドイツでファン＝アイク兄弟やデューラーが活躍した。

② イギリスではオクスフォード大学やケンブリッジ大学が創設された。

③ エラスムスが『愚神礼讃』を執筆して，社会を風刺した。

④ ボッカチオは『デカメロン』でペスト流行下の人間の偽善などを風刺した。

問13 下線部(l)に関連して，当時の啓蒙思想について述べた文として最も適切なものを，次の中から一つ選べ。 15

① 文明の進歩を称えた思想家がいる一方で，文明化の害悪を指摘する人もいた。

② 人間や社会をありのままに描くリアリズムが唱えられた。

③ 活版印刷術が普及し，新しい思想の普及を促進することに寄与した。

④ 自立した個人にかわって「大衆」の台頭がみられた。

問14 下線部(m)に関連して，次の出来事を年代の早いものから順に並べたものとして最も適切なものを，次の中から一つ選べ。 16

(あ) 印紙法への抵抗

(い) コンコードの戦い

(う) 独立宣言

(え) パリ条約

(お)　フレンチ＝インディアン戦争

(か)　ボストン茶会事件

(き)　ヨークタウンの戦い

①　(か)　→　(あ)　→　(き)　→　(う)

②　(い)　→　(か)　→　(う)　→　(え)

③　(お)　→　(あ)　→　(い)　→　(う)

④　(か)　→　(お)　→　(え)　→　(き)

〔Ⅱ〕 次の文章を読み，後の問いに答えよ。

アフガーニーは，(a)ヨーロッパ諸国による植民地支配がすすむアジア・アフリカ各地を遍歴し，イスラーム改革とパン＝イスラーム主義を説いた思想家である。アフガニスタン出身を自称していたが，実際にはイランで生まれ(b)シーア派の教育を受けた人物であったとされる。

まず大反乱前後の(c)インドを訪れた彼はそこで西洋近代思想に触れると同時に，(d)イギリスのインド支配の実態を目の当たりにすることになる。その後メッカ巡礼を経てアフガニスタンで過ごした後，1869年にイスタンブルに赴き，(e)タンジマートを推進するオスマン帝国の官僚たちと交流を深めた。1871年から1879年まではカイロに滞在し，当初は(f)アズハル学院で，その後は自宅に学生を集めて教鞭を取った。ここでアフガーニーに学んだ学生たちは，1881年から1882年の(g)ウラービー運動をはじめとするエジプトの(h)民族運動を率いる指導者たちとして活躍することになる。

(i)1884年には(j)パリで政治評論誌『固き絆』を刊行し，この雑誌を通じてアフガーニーの思想はイスラーム世界全域に普及していった。1889年に［　A　］国王（シャー）の招きでイランに戻るが，やがて国王との関係が悪化し，翌1890年に国外追放となった。しかしその後もイラン国内の政治に関わり，1891年から1892年の［　B　］にも大きな影響を与えた。1892年からはオスマン帝国スルタンの［　C　］に招聘されてイスタンブルに滞在するが，間もなくスルタンとの関係も悪化し，そのまま幽閉生活を余儀なくされ1897年に没した。

問1　空欄［　A　］に入るものとして最も適切なものを，次の中から一つ選べ。［17］

①　カージャール朝　②　サファヴィー朝　③　セレウコス朝　④　パフレヴィー朝

問2　空欄［　B　］に入るものとして最も適切なものを，次の中から一つ選べ。［18］

①　イラン立憲革命　②　タバコ＝ボイコット運動　③　バーブ教徒の乱

④　マフディー運動

問3　空欄［　C　］に入るものとして最も適切なものを，次の中から一つ選べ。［19］

①　アブデュルハミト2世　②　アブデュルメジト1世　③　セリム2世　④　メフメト2世

問４ 下線部(a)に関連して，(あ)〜(え)の国が支配した地域として最も適切なものを，次の中から一つずつ選べ。ただし，一つの選択肢は一度しか選べない。

(あ)＝ 20 (い)＝ 21 (う)＝ 22 (え)＝ 23

(あ) イギリス (い) オランダ (う) ドイツ (え) フランス

① アンゴラ ② エチオピア ③ カメルーン ④ ジャワ ⑤ タイ
⑥ チュニジア ⑦ ビルマ ⑧ フィリピン ⑨ リビア ⑩ リベリア

問５ 下線部(b)に関連して述べた文として**最も不適切なもの**を，次の中から一つ選べ。 24

① ガザーリーは神秘主義を容認してシーア派の神学体系を樹立した。
② サファヴィー朝は建国後シーア派を国教とした。
③ シーア派は第４代カリフのアリーの子孫だけをイスラーム共同体の指導者と仰ぐ宗派である。
④ ファーティマ朝はシーア派の一派が建設した王朝である。

問６ 下線部(c)に関連して述べた文として最も適切なものを，次の中から一つ選べ。 25

① インドに成立した最初のイスラーム政権はアイバクがデリーに建設した奴隷王朝である。
② インドに旅した玄奘はグプタ朝のチャンドラグプタ２世の保護を受けて仏教を学んだ。
③ クシャーナ朝の最盛期を築いたアショーカ王は仏教に帰依し，仏典の結集をおこなった。
④ タージ＝マハルはムガル皇帝アウラングゼーブが妃のために建設した墓廟である。

問７ 下線部(d)に関連した出来事について，年代の早いものから順に並べたものとして最も適切なものを，次の中から一つ選べ。 26

(あ) イギリス東インド会社の商業活動停止
(い) インド大反乱開始
(う) シク王国との戦争
(え) ムガル帝国滅亡

① (あ) → (い) → (え) → (う)
② (あ) → (う) → (い) → (え)
③ (い) → (あ) → (え) → (う)
④ (い) → (う) → (あ) → (え)
⑤ (う) → (あ) → (い) → (え)
⑥ (う) → (い) → (あ) → (え)
⑦ (え) → (い) → (う) → (あ)
⑧ (え) → (う) → (あ) → (い)

問8　下線部(e)について述べた文として**最も不適切なもの**を，次の中から一つ選べ。 27

① 1839年のギュルハネ勅令によって開始された。

② 国内資本の育成を通じて，地域産業の発展をうながした。

③ 司法・行政・財政・軍事にわたる大規模な西欧化改革である。

④ 宗教を問わず帝国臣民の法的な平等が認められた。

問9　下線部(f)に関連して，イスラーム世界の学院（マドラサ）について述べた文X～Zについて，その正誤の組み合わせとして最も適切なものを，次の中から一つ選べ。 28

X　アズハル学院はファーティマ朝によって建設された。

Y　ウマイヤ朝期にはギリシア語文献が組織的にアラビア語に翻訳された。

Z　マドラサの多くはワクフとよばれる寄進財産によって維持された。

① X 正　Y 正　Z 正
② X 誤　Y 正　Z 正
③ X 正　Y 正　Z 誤
④ X 正　Y 誤　Z 正
⑤ X 誤　Y 正　Z 誤
⑥ X 正　Y 誤　Z 誤

問10　下線部(g)について述べた文として**最も不適切なもの**を，次の中から一つ選べ。 29

① この運動の鎮圧後，エジプトはイギリスとフランスの共同管理下におかれた。

② 「エジプト人のためのエジプト」をスローガンに掲げて立憲制の導入を求めた。

③ 外国支配に反抗した軍人ウラービーが立ち上がり，運動が開始された。

④ 莫大な債務をかかえたエジプトは1870年代からヨーロッパ諸国からの内政支配を受けていた。

問11　下線部(h)に関連して，民族運動組織とその指導者の組み合わせとして**最も不適切なもの**を，次の中から一つ選べ。 30

① 維新会 ―― ファン＝ボイ＝チャウ

② インド国民会議 ―― ティラク

③ 国民党 ―― 陳独秀

④ トルコ大国民議会 ―― ムスタファ＝ケマル

問12　下線部(i)に関連して，1884年に生じた出来事として最も適切なものを，次の中から一つ選べ。
31

① オスマン帝国でミドハト憲法が発布された。

② 朝鮮で甲午農民戦争が起き，日清戦争の引き金となった。

③ ベトナムの支配をめぐって清朝とフランスの間で戦争が開始された。

④ ロシアと清朝がイリ条約を結び，両国の国境を取り決めた。

問13　下線部(j)に関連して，19 世紀にパリで生じた出来事として**最も不適切なものを**，次の中から一つ選べ。[32]

① 1848 年に革命が起き，その影響は他のヨーロッパ諸国にも波及した。

② 1851 年に世界初の万国博覧会が開催された。

③ 1889 年に各国の労働運動組織を集めた第 2 インターナショナルが結成された。

④ 第二帝政期に道路網の整備や地下上下水道の建設などの都市改造がおこなわれた。

〔Ⅲ〕 次の文章を読み，後の問いに答えよ。

イギリスでは 17 世紀半ばになると，[A] のあとを継いだ国王チャールズ 1 世の圧政に議会が反発し，その後，内戦に発展した。この内戦は [B] に率いられた軍隊の力を背景に，議会側が勝利した。チャールズ 1 世の処刑後，[B] はスコットランドや(a)アイルランドをも征服した。しかし，この間の変化は王政復古により巻き戻された。スコットランドの議会が最終的にイングランドと合同するのは，(b)名誉革命で王位に就いた [C] の妹・(c)アン女王の時代であった。アイルランド議会の合同はさらに遅く，19 世紀のジョージ 4 世の時代である。

一方，スペインから独立したオランダは，16 世紀末から 17 世紀にかけて世界中で活発な貿易活動をおこなった。大西洋貿易では黒人奴隷貿易にも関わっている。彼らはヨーロッパから武器や雑貨をアフリカ西岸へ送り，[D] などから黒人を輸入してアメリカ大陸や西インド諸島のプランテーションで働かせ，(d)そこで生産される商品をヨーロッパにもち帰って売りさばく，三角貿易をおこなった。

また，オランダは東アジアでも活発に活動した。島原の乱鎮圧後の日本では，オランダはヨーロッパの国として唯一貿易を許されていたが，この貿易で中心的な役割を果たしたのが，出島に商館を設けた(e)東インド会社であった。この会社はジャワに進出し，既にいた [E] 商人を排除して香辛料貿易の実権を握った。また，南アフリカでは，中継拠点として [F] 植民地を建設した。この植民地は，(f)ナポレオンによる一連の戦争が終了したのち，(g)ウィーン会議の議定書によってイギリスに譲渡された。

政治的にはさまざまな混乱のあった 17 世紀は，科学革命の時代とも言われる。[G] を著して万有引力の法則を唱えたイギリスのニュートンがその代表例である。しかし，17 世紀における新しい考え方が，18 世紀の後半からはじまる(h)「産業革命」に直結したわけではなかった。他方で，商工業が盛んになった 17 ～ 18 世紀には，(i)市民が文化の担い手となり，その好みを反映した文化が出現した。

問 1　空欄 [A] ～ [C] に入るものとして最も適切なものを，次の中から一つずつ選べ。ただし，一つの選択肢は一度しか選べない。

[A] = [33]　[B] = [34]　[C] = [35]

① ウィリアム 1 世　② ウォルポール　③ エリザベス 1 世　④ エリザベス 2 世

⑤ クロムウェル　⑥ ジェームズ 1 世　⑦ ジョージ 1 世　⑧ ピット

⑨ メアリ 1 世　⑩ メアリ 2 世

問 2　空欄 [D] ・ [E] に入るものとして最も適切なものを，次の中から一つずつ選べ。ただし，一つの選択肢は一度しか選べない。

D = 36　　E = 37

① イギリス　② シク王国　③ スペイン　④ ダホメ王国

⑤ フランス　⑥ ポルトガル　⑦ マタラム王国　⑧ マラッカ王国

問３　空欄 F に入るものとして最も適切なものを，次の中から一つ選べ。 38

① カルカッタ（現コルカタ）　② ケープ　③ バタヴィア

④ ボンベイ（現ムンバイ）　⑤ マドラス（現チェンナイ）

問４　空欄 G に入るものとして最も適切なものを，次の中から一つ選べ。 39

① 『新オルガヌム』　② 『単子論』　③ 『方法序説』　④ 『パンセ（瞑想録）』

⑤ 『プリンキピア』　⑥ 『倫理学』

問５　下線部(a)について述べた文として最も適切なものを，次の中から一つ選べ。 40

① この地域はプロテスタント信者が多く，彼らはイギリス人不在地主のもとで小作人となり，苦しい生活を送った。

② 1840年代のジャガイモの凶作による大飢饉では，100万人以上がアメリカ合衆国へ移住した。

③ 1880年代にディズレーリが提出したアイルランド自治法案は，議会を通過しなかった。

④ グラッドストンは，アイルランド自治法案に反対して保守党に加わった。

問６　下線部(b)と関連する歴史的文書の文言として最も適切なものを，次の中から一つ選べ。 41

① 「王の権限によって，議会の同意なく，法を停止できると主張する権力は，違法である。」

② 「所有権は神聖かつ不可侵の権利であるから，（中略）公正な補償の条件のもとでなければ，それは奪われることはない。」

③ 「人間は自由かつ権利において平等なものとしてうまれ，また，存在する。社会的な差別は，共同の利益に基づいてのみ，設けることができる。」

④ 「われわれはつぎのことが自明の真理であると信ずる。全ての人は平等につくられ，神によって，一定のゆずることのできない権利を与えられていること。」

問７　下線部(c)の時代に終結した戦争として最も適切なものを，次の中から一つ選べ。 42

① アメリカ独立戦争　② オーストリア継承戦争　③ クリミア戦争

④ 七年戦争　⑤ スペイン継承戦争

問８　下線部(d)として最も適切なものを，次の中から二つ選べ。ただし，三つ以上マークした場合は無効とする（解答欄 43 に二つマークせよ）。

① アヘン　② 毛織物　③ 香辛料　④ 砂糖　⑤ 茶

⑥ 綿花　⑦ 綿布　⑧ 羊毛

問６出典追記：①『詳説　世界史B』山川出版社（2017年），②～④『世界史史料・名言集』山川出版社

問 9　下線部(e)について述べた文として最も適切なものを，次の中から一つ選べ。[44]

①　この会社は，最後まで株式会社という企業の形態を取ることはなかった。

②　インド支配を巡ってイギリスと争い，アンボイナ事件で敗北した。

③　東アジア貿易の拠点として台湾を一時占領した。

④　同じ名前の会社はイギリスにも存在するが，フランスにはない。

問10　下線部(f)での敗戦をうけて，国民意識を高めるための著作を著した思想家，哲学者として最も適切なものを，次の中から一つ選べ。[45]

①　カント　②　フィヒテ　③　ヘーゲル　④　ランケ　⑤　リスト

問11　下線部(g)について述べた文として最も適切なものを，次の中から一つ選べ。[46]

①　ナポレオン戦争の戦後処理のため，ヨーロッパの主要国とオスマン帝国などが参加しておこなわれた国際会議である。

②　会議はオーストリアのウィーンで開かれ，同国の外相（のちに首相）であったタレーランによって主導された。

③　列国間の合意にもとづく国際秩序の再建が目指され，正統主義が会議の原則とされた。

④　ロシア皇帝はポーランド国王を兼ね，オーストリアはネーデルラントを領有することになった。

問12　下線部(h)の前後になされた発明を，年代の早いものから順に並べたものとして最も適切なものを，次の中から一つ選べ。[47]

(あ)　カートライトによる力織機の発明

(い)　ケイによる飛び杼の発明

(う)　ハーグリーヴズによる多軸紡績機（ジェニー紡績機）の発明

(え)　フルトンによる蒸気船の試作

①　(あ)　→　(い)　→　(う)　→　(え)

②　(い)　→　(あ)　→　(え)　→　(う)

③　(い)　→　(う)　→　(あ)　→　(え)

④　(い)　→　(あ)　→　(う)　→　(え)

⑤　(う)　→　(い)　→　(あ)　→　(え)

⑥　(う)　→　(あ)　→　(い)　→　(え)

問13　下線部(i)に関連して，この時期の文学作品と作者の組み合わせとして最も適切なものを，次の中から一つ選べ。[48]

①　スウィフト ──『ロビンソン＝クルーソー』

②　ディケンズ ──『天路歴程』

③　デフォー　──『ガリヴァー旅行記』

④　ミルトン　──『失楽園』

⑤　バンヤン　──『オリヴァー＝トゥイスト』

地理

（60 分）

〔Ⅰ〕 次の図１、図２を見て、以下の問いに答えよ。

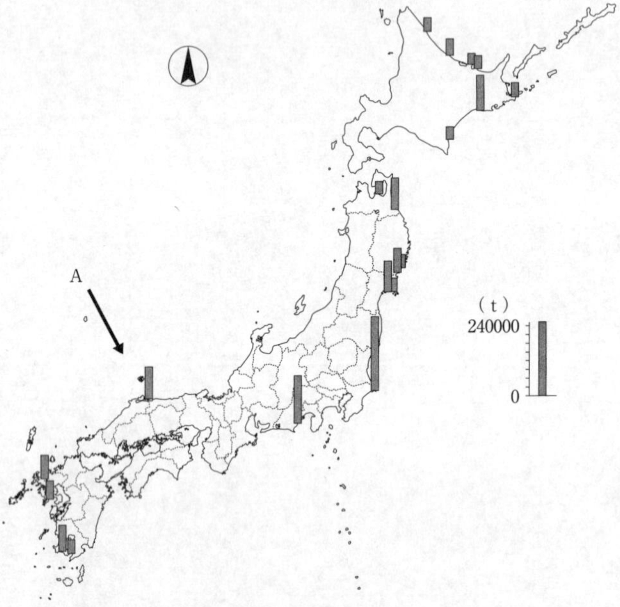

図１　水揚量上位 20 位の漁港の分布（2018 年）

出典：水産庁「水産物流通調査」より作成

注：南西諸島、小笠原諸島は省略している。

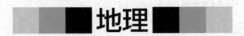

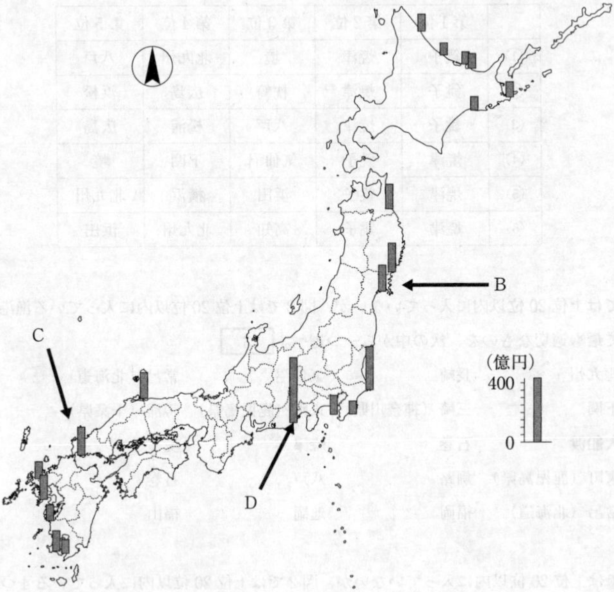

図2　水揚卸売価格上位20位の漁港の分布（2018年）

出典：水産庁「水産物流通調査」より作成

注：価格は、水揚量に1kgあたり卸売価格を乗じたもので、取扱金額ではない。
南西諸島、小笠原諸島は省略している。

問1　図1は、水揚量上位20位の漁港について、水揚量の大きさを棒の高さで、それぞれ示したものである。水揚量上位5位の漁港の組み合わせとして最も適切なものを、次の中から一つ選べ。 1

	第1位	第2位	第3位	第4位	第5位
①	銚子	長崎	紋別	大船渡	女川（宮城県）
②	銚子	石巻	根室	枕崎	女川（宮城県）
③	銚子	焼津	釧路	境	八戸
④	焼津	境	大船渡	釧路	銚子
⑤	焼津	女川（宮城県）	境	銚子	松浦
⑥	焼津	長崎	境	銚子	松浦

問2　図2は、水揚卸売価格上位20位の漁港について、水揚卸売価格の大きさを、それぞれ棒の高さで示したものである。水揚卸売価格上位5位の漁港の組み合わせとして最も適切なものを、次の中から一つ選べ。 2

	第1位	第2位	第3位	第4位	第5位
①	銚子	焼津	境	北九州	八戸
②	銚子	焼津	枕崎	広島	浜松
③	銚子	焼津	八戸	松浦	広島
④	焼津	銚子	気仙沼	下関	境
⑤	焼津	銚子	浜田	横浜	北九州
⑥	焼津	銚子	高知	北九州	浜田

問3　図1では上位20位以内に入っていないが、図2では上位20位以内に入っている漁港の組み合わせとして最も適切なものを、次の中から一つ選べ。 3

①	北九州	長崎	気仙沼	常呂（北海道）
②	下関	三崎（神奈川県）	東町（鹿児島県）	勝浦（千葉県）
③	大船渡	石巻	焼津	境
④	東町（鹿児島県）	釧路	八戸	石巻
⑤	常呂（北海道）	福岡	延岡	福山

問4　図1では上位20位以内に入っていないが、図2では上位20位以内に入っている4つの漁港が、水揚卸売価格では上位に入る要因として最も適切なものを、次の中から一つ選べ。 4

① 外国船による違法操業を取り締まる費用が上乗せされているため。

② 大型船が入港するための港湾の整備費が上乗せされているため。

③ 高価格で取引される魚介類が多く水揚げされるため。

④ 南米の周辺海域で獲れた魚介類が水揚量の90%を占めるため。

⑤ ロシアの周辺海域で獲れた魚介類が水揚量の90%を占めるため。

問5　図2では上位20位以内に入っていないが、図1では上位20位以内に入っている漁港の組み合わせとして最も適切なものを、次の中から一つ選べ。 5

①	平内（青森県）	小樽	秋田	広尾（北海道）
②	浜田	上関（山口県）	平内（青森県）	気仙沼
③	秋田	女川（宮城県）	いわき	広尾（北海道）
④	酒田	平内（青森県）	南相馬	女川（宮城県）
⑤	平内（青森県）	女川（宮城県）	大船渡	広尾（北海道）

問6　図1のAで示される漁港が所在する県の人口（2019年）の特色を述べた文として最も適切なものを、次の中から一つ選べ。 6

① 都道府県人口は2番目に少なく、人口密度は日本で最も低い。

② 都道府県人口は2番目に少なく、人口密度は下位第2位から第10位の間に入る。

③ 都道府県人口は2番目に少なく、人口密度は下位第11位から第20位の間に入る。

④ 都道府県人口は最も少なく、人口密度も日本で最も低い。

⑤　都道府県人口は最も少ないが、人口密度は下位第 2 位から第 10 位の間に入る。

⑥　都道府県人口は最も少ないが、人口密度は下位第 11 位から第 20 位の間に入る。

問 7　図 2 の B で示される漁港が所在する県の都市（2019 年）の特色を述べた文として最も適切なものを、次の中から一つ選べ。 7

①　県庁所在都市は政令指定都市であり、全国の政令指定都市の中では人口規模は第 5 位である。

②　県庁所在都市は政令指定都市であり、全国の政令指定都市の中では人口規模は第 5 位から第 10 位の間に入る。

③　県庁所在都市は政令指定都市であり、全国の政令指定都市の中では人口規模は第 11 位から第 15 位の間に入る。

④　県庁所在都市は中核市であり、全国の中核市の中では人口規模は第 5 位である。

⑤　県庁所在都市は中核市であり、全国の中核市の中では人口規模は第 5 位から第 10 位の間に入る。

⑥　県庁所在都市は中核市であり、全国の中核市の中では人口規模は第 11 位から第 15 位の間に入る。

問 8　図 2 の C で示される漁港が所在する都市（2019 年）の特色を述べた文として最も適切なものを、次の中から一つ選べ。 8

①　政令指定都市であるが、同じ県内に、より人口規模が大きい県庁所在都市があるため、その影響で 2000 年以降の人口は減少している。

②　政令指定都市であり、日本で最初の近代的な石油化学コンビナートが建設され、現在でも操業している。

③　政令指定都市であり、第 2 次世界大戦では日本で最初の原爆が投下された。

④　中核市であり、人口は県内で最も多いが、県庁所在都市ではない。

⑤　中核市であり、人口は県内で最も多く、県庁所在都市である。

⑥　中核市であるが、同じ県内により人口が多い県庁所在都市がある。

問 9　図 2 の D で示される漁港の特色を述べた文として最も適切なものを、次の中から一つ選べ。 9

①　養殖漁業の拠点であり、かきの養殖が盛んである。

②　養殖漁業の拠点であり、たいの養殖が盛んである。

③　遠洋漁業の基地であり、くじら・さめの水揚高が多い。

④　遠洋漁業の基地であり、かつお・まぐろなどの水揚高が多い。

⑤　沖合漁業の基地であり、いわしの水揚高が多い。

⑥　沖合漁業の基地であり、いか・たこの水揚高が多い。

〔Ⅱ〕 次の文章を読み、以下の問いに答えよ。

私たちは、さまざまなエネルギー資源を利用して生活している。その中でも、二次エネルギーの代表である電力は、水力・火力・原子力などを用いて生産される。

(a)水力発電としては、(b)ダムに貯めた水の落下エネルギーを利用して発電する方式がよく知られている。世界の総発電量の多くを占める(c)火力発電では、石油・石炭・(d)天然ガスなどが燃料として用いられる。石油資源の乏しい国では(e)原子力発電が積極的に導入される傾向にある。

その他にも、風力発電・地熱発電・太陽光発電・バイオマス発電など、再生可能エネルギーを利用した発電も注目されている。[A]には、地熱発電所として1958年から運転されているワイラケイ発電所がある。日本の地熱発電所では、[B]発電所が最大の出力（2018年）を誇っている。家庭ごみを燃料とする廃棄物発電は、ごみの減量化や資源の有効利用に役立つ反面、燃焼中に発生する[C]の処理に課題がある。

電力に限らず、日本はエネルギー源の多くを海外からの輸入に頼っているため、(f)エネルギーの安定的な確保が課題になっている。

問1　下線部(a)について、2016年の各国の発電方法の中で、水力の割合が高い国から順に並べた組み合わせとして最も適切なものを、次の中から一つ選べ。[10]

① ブラジル → 中国 → ドイツ
② ブラジル → ドイツ → 中国
③ 中国 → ドイツ → ブラジル
④ 中国 → ブラジル → ドイツ
⑤ ドイツ → ブラジル → 中国
⑥ ドイツ → 中国 → ブラジル

問2　下線部(b)について、日本で最も多くのダム（堤高が15m以上のもの）が設置されている都道府県（2019年）として最も適切なものを、次の中から一つ選べ。[11]

① 北海道　② 東京都　③ 岐阜県　④ 福島県　⑤ 京都府

問3　下線部(c)について、下記の5か国を発電方法に占める火力の割合（2016年）が高い国から順に並べた場合、**3番目**にくるものを、次の中から一つ選べ。[12]

① 日本　② フランス　③ インド　④ アメリカ合衆国　⑤ カナダ

問4　下線部(d)について、2017年の天然ガスの産出量が第1位の国として最も適切なものを、次の中から一つ選べ。[13]

① ロシア　② 中国　③ イラン　④ アメリカ合衆国
⑤ カナダ　⑥ サウジアラビア　⑦ ノルウェー　⑧ オーストラリア
⑨ アルジェリア　⑩ カタール

問5　下線部(e)に関して述べた文X・Yについて、その正誤の組み合わせとして最も適切なものを、次の中から一つ選べ。 14

X：原子力エネルギーは、二酸化炭素を直接出さないエネルギーとして脚光を浴び、主要国で原子力発電所の建設が進められたが、安全性の確保が根本的な課題である。

Y：日本の原子力発電所は、都市部から離れた人口の少ない海岸部に立地する傾向が強いが、世界的には海から遠距離の内陸部にも設置されている。

①　X正　Y正　②　X正　Y誤　③　X誤　Y正　④　X誤　Y誤

問6　空欄 A に入る国名として最も適切なものを、次の中から一つ選べ。 15

①　ニュージーランド　②　アメリカ合衆国　③　フランス　④　オーストラリア
⑤　ノルウェー　⑥　オランダ　⑦　カナダ　⑧　サウジアラビア
⑨　カタール　⑩　イタリア

問7　空欄 B に入る発電所名として最も適切なものを、次の中から一つ選べ。 16

①　八丁原（大分県）　②　葛根田（岩手県）　③　澄川（秋田県）
④　柳津西山（福島県）　⑤　山川（鹿児島県）　⑥　滝川（北海道）

問8　空欄 C に入る語句として最も適切なものを、次の中から一つ選べ。 17

①　バイオエタノール　②　オキシダント　③　ダイオキシン　④　エンドリン
⑤　マイレックス　⑥　トルエン　⑦　ナトリウム

問9　下線部(f)について述べた文として**最も不適切なもの**を、次の中から一つ選べ。 18

①　日本政府は、エネルギー源の種類や供給国の多角化をはかっている。
②　日本では、石油危機をきっかけとして省エネルギーの取り組みが進められた。
③　エアコン・冷蔵庫・自動車などを中心に、日本の省エネルギー技術は世界的にみても高水準である。
④　日本では、クールビズなど季節に合った服装を奨励して、冷暖房などにおける省エネルギーを進める動きがみられる。
⑤　日本では、省エネルギーが進む一方で、石油の備蓄はほとんど行われていない。

〔Ⅲ〕 次の図3と写真を見て、以下の問いに答えよ。写真は、図のX付近において撮影したムズタグアタ（ムスタグアタ）山である。

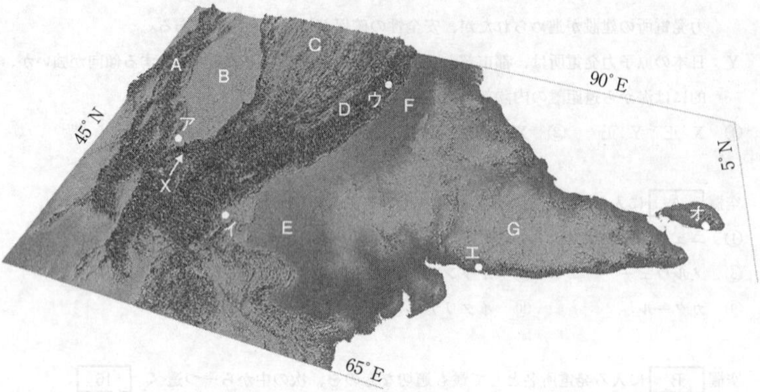

図3

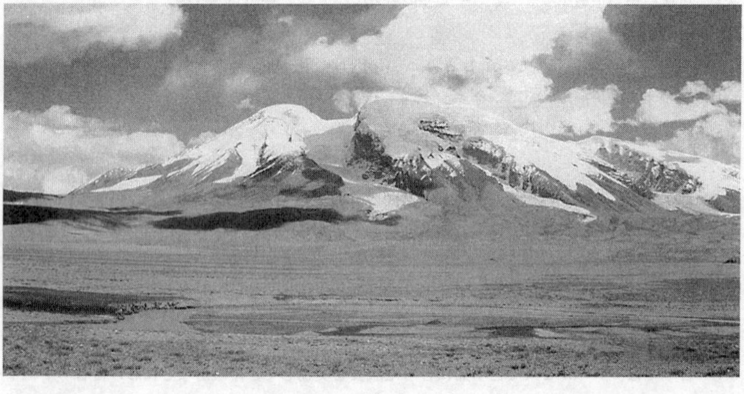

写真

問1 図3の範囲にある国の数として最も適切なものを、次の中から一つ選べ。 19

① 3 ② 5 ③ 8 ④ 14 ⑤ 20

問2 山脈Aの名称として最も適切なものを、次の中から一つ選べ。 20

① アルタイ山脈 ② チーリエン山脈 ③ チンリン山脈

④ テンシャン山脈 ⑤ バインハル山脈

問3 盆地B・高原C・山脈Dについて述べた文として**最も不適切なもの**を、次の中から**二つ**選べ。ただし、三つ以上マークした場合はすべて無効とする（解答欄 21 に二つマークせよ）。

① Bは砂漠地域である。

② Bを流れる河川は海に注いでいる。

③ Cにはチャンチヤンの源流部がある。

④ Cにはホワンホーの源流部がある。

⑤ Dには大きな活火山がある。

⑥ Dの最高峰には石灰岩がある。

問4 次のグラフは、都市ア～オの雨温図である。都市エの雨温図として最も適切なものを、次の中から一つ選べ。 22

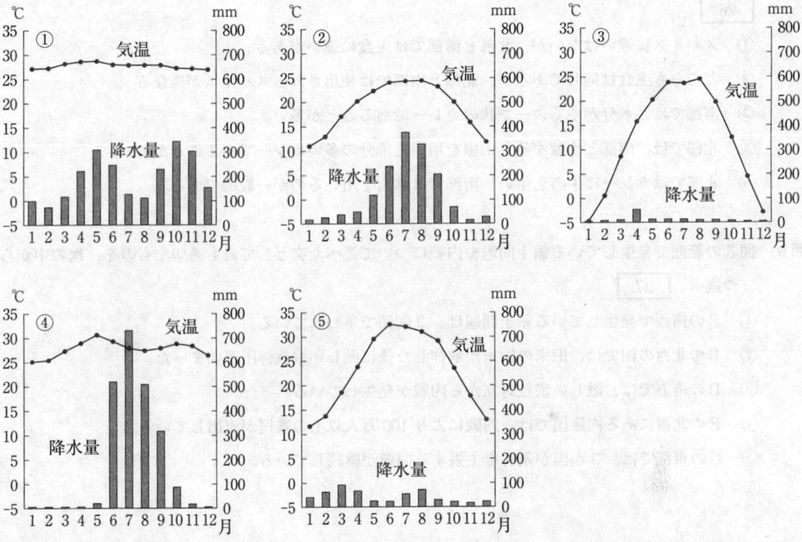

出典：『理科年表 2020』より作成

問5 写真を撮影した高原の標高は約 3,800m である。この高原とムズタグアタ（ムスタグアタ）山頂との高さの差（概数）として最も適切なものを、次の中から一つ選べ。 23

① 500m ② 1,000m ③ 2,000m ④ 4,000m ⑤ 6,000m

問6 写真で確認できる氷河地形として最も適切なものを、次の中から二つ選べ。ただし、三つ以上マークした場合はすべて無効とする（解答欄 24 に二つマークせよ）。

① ラグーン ② ビュート ③ 氷河湖

④ ホルン（ホーン） ⑤ U字谷 ⑥ モレーン

問7 E付近とF付近で栽培が盛んな農産物の組み合わせとして最も適切なものを、次の中から一つ選べ。

25

	E	F
①	小麦	米
②	米	さとうきび
③	さとうきび	綿花
④	綿花	茶
⑤	茶	小麦

問8　高原Gが属する国のカレーについて述べた文として最も適切なものを、次の中から一つ選べ。 26

① スパイスに違いはないが、北部と南部では主食に違いがある。
② どちらも主食は同じであるが、北部と南部では使用されるスパイスが異なる。
③ 南部では、水分が多くスープ状のカレーであることが多い。
④ 北部では、南部と比較すると山椒を用いた油分の多いカレーであることが多い。
⑤ 北部ではカレーに牛肉を用い、南部では豚肉を用いるのが一般的である。

問9　図3の範囲で発生している領土問題や内戦について述べた文として最も適切なものを、次の中から一つ選べ。 27

① Bの南西で発生している領土問題は、2国間で争われている。
② Bの北西の国では、旧来の国家が解体した後に激しい宗教弾圧が始まった。
③ Dの南方では、激しい宗教対立から内戦が発生している。
④ Eの北西にある内陸国では、内戦により100万人以上の難民が流出している。
⑤ Gの東部では、3か国が領有を主張する問題が継続している。

〔Ⅳ〕 次の文章を読み、以下の問いに答えよ。

現在地球上に存在する［ A ］近い国家は、(a)政治的・経済的な体制が異なるだけでなく、その多くは身体的特徴・言語・(b)宗教・思想信条などの点において多様性を持つ人々によって構成されている。成立に至る歴史的経緯もさまざまであり、(c)ひとつの地域が何らかの理由で複数の国家に分かれる、(d)分かれていたものが統一される、(e)植民地支配からの独立などによって20世紀以降に新しくできる、あるいはそれらが複合してできる国家、といった具合である。

これらの国々を言語の使用状況という点から考えても、そこには驚くほどの多様性がある。(f)地球上の諸言語がいくつかのグループ（語族）に分類され、それが更に多く枝分かれしていることはよく知られている。憲法などの法令によって公用語（official language）や国語（national language）を規定している場合でも、旧宗主国の言語が公用語となっていることも少なくないし、話者人口の多い言語が国内に複数存在する場合には(g)複数の公用語が規定されることもある。また、いわゆる(h)先住民族や少数民族の言語は話者の減少などによって絶滅する可能性のあることが指摘されており、加えて彼らの文化全般に及ぶ保護も重要な課題である。

問1　［ A ］に当てはまる数字として最も適切なものを、次の中から一つ選べ。［ 28 ］

① 100　② 130　③ 170　④ 200　⑤ 250

問2　下線部(a)に関連して述べた文として最も適切なものを、次の中から一つ選べ。［ 29 ］

① 中国は「改革開放」（ドイモイ）路線にもとづいて、1990年代以降「社会主義市場経済」を採用した。
② ソ連では社会主義体制の解体前にも「ペレストロイカ」と称する改革政策が実施された。
③ イギリス国王は日本の天皇と同じ役割である。
④ 北朝鮮（朝鮮民主主義人民共和国）は外交的には鎖国状態を保っている。
⑤ 日本では「5カ年計画」と称する計画経済政策が実施されている。

問3　下線部(b)に関連して述べた文として最も適切なものを、次の中から一つ選べ。［ 30 ］

① 日本の宗教信者の系統別信者数は、神道系より仏教系の方が圧倒的に多い。
② インドではヒンドゥー教の信者が人口の9割以上を占めている。
③ 大陸部の東南アジア諸国では、すべての国で上座部仏教を信仰する人の割合が最も高い。
④ イギリス国教会はプロテスタントの一派である。
⑤ 世界的に見ると、イスラム教信者は世界の人口の40%を占めている。

問4　下線部(c)に関連して述べた文として最も適切なものを、次の中から一つ選べ。［ 31 ］

① ベトナムが南北2つの国家に分かれたのは、フランスから独立するのと同時であった。
② 東西ドイツが分裂したのは第2次世界大戦終結の年である。
③ 韓国と北朝鮮（朝鮮民主主義人民共和国）の境界は「自然的国境」といえる。
④ インドとパキスタンが分離独立した背景には、宗教上の対立があった。

⑤ 旧ソ連崩壊によって成立した国々では、いずれもロシア語が公用語とされた。

問5 下線部(d)に関連して述べた文として**最も不適切なもの**を、次の中から一つ選べ。 32

① 統一後のベトナム社会主義共和国では、社会主義的な経済体制が採用されている。
② 東西統一直後の10年間は、ドイツの経済状況は好転した。
③ いわゆる「ベルリンの壁崩壊」は東西ドイツの統一に先立って起こった。
④ 現在のベトナムの首都は、旧北ベトナムにある。
⑤ 香港が中国に返還されたのは20世紀のことである。

問6 下線部(e)に関連して述べた文として最も適切なものを、次の中から一つ選べ。 33

① 「アフリカの年」とは1970年のことである。
② 東南アジアの国々はすべて欧米諸国の植民地であった。
③ エルサレムにはユダヤ教以外の宗教の聖地も存在する。
④ 西アジアにはイスラエルと外交関係を有する国はない。
⑤ 21世紀になってから独立した国はアジアには存在しない。

問7 下線部(f)に関連して、同一の語族に属する言語の組み合わせとして最も適切なものを、次の中から一つ選べ。 34

① 中国語・朝鮮語・チベット語・ベトナム語
② ペルシア語・ヒンディー語・タミル語・ベンガル語
③ ドイツ語・ポーランド語・ペルシア語・ポルトガル語
④ アラビア語・ペルシア語・ヘブライ語・スワヒリ語
⑤ 日本語・モンゴル語・台湾語・広東語

問8 下線部(g)に関連して述べた文として最も適切なものを、次の中から一つ選べ。 35

① スイスの公用語は、ドイツ語・フランス語・英語・イタリア語である。
② インドの公用語は、英語とヒンディー語である。
③ マレーシアの公用語は、英語とマレー語である。
④ ベルギーの公用語は、オランダ語・フランス語・ドイツ語である。
⑤ カナダの公用語は、英語とスペイン語である。

問9 下線部(h)に関連して述べた文として最も適切なものを、次の中から一つ選べ。 36

① オーストラリアでは、アボリジニーと呼ばれる人々が人口の15%を占めている。
② 日本政府がアイヌ民族を法的に「先住民族」として認めたのは、1980年代になってからである。
③ ニュージーランドにはマオリと呼ばれる先住民族がいる。
④ アメリカ合衆国にはイヌイット（エスキモー）と呼ばれる人々は住んでいない。
⑤ バスク人たちの間でも、バスク語はもはや全く使用されていない。

政治・経済

(60分)

〔I〕 次の文章を読み，後の問いに答えよ。

現在の日本は，国民が選挙で議会の議員を選び，選ばれた議員が議会で内閣総理大臣を選出する［A］という政治制度を採用している。日本のような議会制民主主義では，選挙で多数の議席を獲得した政党が［X］として政権を担い，それ以外は［Y］として政権の運営をチェックする役割を担う。このように複数の政党が，自らの政策を実現するために議席をめぐって競い合い，選挙で勝利した多数派が政権を握って国政を運営する政治のあり方を［B］と呼ぶ。

18世紀のイギリス人の［C］は，(a)政党を「ある特定の主義または原則において一致している人々が，その主義または原則に基づき国民的利益を増進すべく協力するために結成した団体」と定義している。かつての制限選挙制のもとでは，財産と教養を持った有力者からなる［D］が中心であったが，普通選挙制の導入によって一般の人々に支持された［E］が力を持つようになった。

日本の政治の歴史を振り返ると，明治憲法下でも(b)憲政の常道が定着する時期があった。第二次世界大戦直後の混乱期を経た後，日本では(c)55年体制が成立し，この体制が長らく定着することになる。しかし自由民主党（自民党）の内部で激しい(d)派閥争いが生じ，これがカネによって政治が動かされる金権政治や数々の汚職事件を引き起こす原因となった。金権政治への不信から政治改革を求める声が強まり，(e)1990年代には多くの新党が誕生した。(f)1993年に「非自民」連立政権として細川護熙内閣が成立し，これによって55年体制は崩壊した。

問1　空欄［A］～［E］に入る語句として最も適切なものを，次の中から一つずつ選べ。

［A］＝［1］　① 直接民主制　② 大統領制　③ 民主集中制　④ 議院内閣制

［B］＝［2］　① 選挙区制　② 多数者の専制　③ 政党政治　④ 派閥抗争

［C］＝［3］　① ブライス　② バーク　③ ブラクトン　④ ミル

［D］＝［4］　① 包括政党　② 組織政党　③ 名望家政党　④ 派閥連合政党

［E］＝［5］　① 大衆政党　② 中道政党　③ 議員政党　④ 地域政党

問2　空欄［X］・［Y］に入る語句の組み合わせとして最も適切なものを，次の中から一つ選べ。［6］

① X：野党　Y：与党

② X：保守政党　Y：革新政党

③ X：与党　Y：野党

④ X：光の内閣　Y：影の内閣

問3　下線部(a)に関連して，政党の機能や役割として適切なものを，次の中からすべて選べ。ただし，完全解答のみ正解とする（解答欄 7 にすべてマークせよ）。

① 政党は，政治指導者を提供する機能を果たしている。

② 政党は，政策を決定し，それを国民へ伝える役割を果たしている。

③ 政党は，国民の様々な利益や要求を集約し，統合する機能を果たしている。

④ 政党は，市民に政治を教育し，市民の政治参加を実現する役割を果たしている。

問4　下線部(b)について述べたものとして最も適切なものを，次の中から一つ選べ。 8

① 憲政の常道は，大正時代に憲法に基づいて常に政治が行われることを意味するようになった。

② 憲政の常道とは，衆議院で第一党となった政党の党首を内閣総理大臣とし組閣がなされることである。

③ 憲政の常道とは，藩閥による大日本帝国憲法の専制的運用に反対し，民衆の常識や道徳に基づいて憲法が解釈・運用されることである。

④ 普通選挙制の実現に尽力した尾崎行雄が「憲政の神様」と呼ばれるように，憲政の常道とは，普通選挙制のもとで公正に選挙が実施されることである。

問5　下線部(c)について述べたものとして**最も不適切なもの**を，次の中から一つ選べ。 9

① 自民党の一党優位制は，38年もの長期にわたって続いた。

② 1960年代以降は野党が多党化し，民社党や公明党が結成され，ロッキード事件発覚後には，政治腐敗との決別を掲げる新自由クラブが結成された。

③ 自民党による長期政権の中，族議員が官庁や圧力団体の代弁者として大きな影響力を持ち，利益誘導政治が行われた。

④ 1955年に日本民主党と自由党という保守系の政党同士が合同して自由民主党が結成され，これが刺激となり，それまで左派と右派に分裂していた社会党が日本社会党として統一された。

問6　下線部(d)の派閥について述べたものとして最も適切なものを，次の中から一つ選べ。 10

① 派閥とは国会内で活動を共にする議員の院内団体で，二人以上の議員で結成でき，所属議員数に応じて委員会の委員数，質問時間，控室などが割り当てられる。

② 自民党内で派閥は資金力を背景に首相の座をめぐって争い，他方，中選挙区制で複数の自民党候補者が同一選挙区から立候補した場合，強力な選挙応援組織の役割を果たしていた。

③ 建設・運輸・農林など特定の省庁と結びつきが強く，その分野で政策を左右する強い発言力を持つ議員の集団が派閥である。

④ 派閥は，自己の利益に関わる法案の成立・否決・修正のために，陳情や情報提供，利益誘導や取引，ときにはデモや署名運動によって政府や官僚に働きかける集団である。

問 7　下線部(e)に関連して，1990 年代に誕生した日本の政党として最も不適切なものを，次の中から一つ選べ。 11

① 新進党　② 新生党　③ 民進党　④ 社会民主党

問 8　下線部(f)の細川非自民連立政権に参加した党派の数として最も適切なものを，次の中から一つ選べ。 12

① 5つ　② 6つ　③ 7つ　④ 8つ

〔Ⅱ〕 次の文章を読み，後の問いに答えよ。

日本国憲法の下では，(a)国民主権のほかに，基本的人権の保障と平和主義が基本原理とされている。基本的人権として，憲法第 13 条では A が，憲法第 14 条では法の下の平等が，それぞれ定められている。憲法第 13 条は，新たな人権を導き出す手掛かりとして，憲法第 14 条は，(b)さまざまな差別問題に対抗する手掛りとして，それぞれ用いられてきた。

自由権的基本権として，精神の自由，身体の自由，経済の自由が挙げられる。(c)精神の自由に関わって，B の保障が定められている。同じく信教の自由に関わっては，(d)政教分離の原則が定められている。身体の自由は，(e)刑事裁判を中心に問題となる。経済の自由には，(f)職業選択の自由や財産権の保障が挙げられる。

以上の自由権的基本権のみならず，社会権的基本権も重要になってきている。例えば，(g)生存権や教育を受ける権利などである。

平和主義をめぐって，憲法前文で C が定められているほか，憲法第 9 条において，戦争の放棄とともに，戦力の不保持が定められている。他方で，安全保障の見地から，(h)自衛隊が設けられているとともに，(i)日米安全保障条約が締結されている。

問 1　下線部(a)に関連して，国民主権をめぐる記述として最も適切なものを，次の中から一つ選べ。 13

① 国民主権の下では，天皇は統治権の総攬者としての地位をもつ。

② 国民主権の下では，天皇は国政に関する権能をもたない。

③ 憲法前文では，国民主権に基づく直接民主制の採用を宣言している。

④ 憲法前文では，国民主権に基づく抵抗権の採用を宣言している。

問 2　空欄 A ～ C に入る語句として最も適切なものを，次の中から一つずつ選べ。

A = 14　① 幸福追求権　② 請願権　③ 参政権　④ 労働基本権

B = 15　① 自己決定権　② 環境権　③ 拷問の禁止　④ 通信の秘密

C = 16　① 交戦権の否認　② 専守防衛　③ 平和的生存権　④ 国際連合の平和維持活動（ＰＫＯ）

問 3　下線部(b)に関連して，差別問題解消に向けた立法措置をめぐる記述として最も適切なものを，次の中から一つ選べ。 17

① 北海道旧土人《どじん》保護法が撤廃され，アイヌ文化振興法が制定された。

② 長きにわたる歴史的背景をもつ被差別部落問題に対処するため，1969 年に同和対策事業特別措置法が廃止された。

③ 男女が，それぞれの生まれながらの性別の違いに由来する，固定的な役割分担等を踏まえた上で，社会活動に参加し，利益と責任を分かち合う社会の実現をめざすため，男女共同参画社会基本法が制定された。

④ 障がい者の雇用については，障害者雇用促進法で法定雇用率が定められており，2020 年 4 月 1 日現在，すべての民間企業がその基準に達している。

問 4　下線部(c)に関連して，精神の自由に関する裁判をめぐる記述として最も適切なものを，次の中から一つ選べ。 18

① 三菱樹脂事件では，思想・信条による本採用の拒否が争点となった。最高裁判所は，私人間の問題においても，憲法の思想・信条の自由が適用されるべきであると判断した上で，本採用の拒否がこれらの自由を侵害しているとして，企業を敗訴させた。

② チャタレー（チャタレイ）事件では，文学作品における表現の自由とその制限が争点となった。最高裁判所は，わいせつ文書の頒布《はんぷ》を禁じた刑法第 175 条について合憲であると判断した。

③ ポポロ事件では，大学の自治と警察権の介入が争点となった。最高裁判所は，学生の政治的社会的活動について，大学の自治権の範囲内で認められる活動であると論じた上で，警察権がそうした活動に介入することが，大学の自治権を著しく侵害する行為にあたると判断し，学生を勝訴させた。

④ 家永教科書訴訟では，教科書検定制度による国の教育内容への介入が争点となった。最高裁判所は，教科書検定制度が教科書執筆者の表現の自由を侵害し，違憲であると判断した。

問 5　下線部(d)に関連して，最高裁判所が政教分離原則に違反するとして違憲である旨の判断をした裁判として最も適切なものを，次の中から一つ選べ。 19

① 恵庭事件　② 鞆の浦景観訴訟　③ 津地鎮祭訴訟　④ 空知太《そらちぶと》神社訴訟

問 6　下線部(e)に関連して，身体の自由に属する人権・自由に関わって憲法で定められている原則や制度として**最も不適切なもの**を，次の中から一つ選べ。 20

① 黙秘権の保障　② 死刑の禁止　③ 罪刑法定主義　④ 令状主義

問 7　下線部(f)に関連して，職業選択の自由や財産権の保障に関する記述として最も適切なものを，次の中から一つ選べ。 21

① 職業選択の自由には，選択した職業を実際に行う「営業の自由」も含まれる。

② 職業選択の自由は，公共の福祉に反しても保障されねばならない，優越的な価値を持った自由とされる。

③ 私有財産は，公共の目的のためであれば，いかなる場合であれ，正当な補償なく，国家がこれを用いることができる。

④ 財産権の保障となる「財産」には，デザインやアイデアなどの知的財産は含まれない。

問8　下線部(g)に関連して，生存権や教育を受ける権利に関する記述として最も適切なものを，次の中から一つ選べ。 22

① 憲法では，子どもが教育を受ける権利については定められているが，子どもに普通教育を受けさせる義務については定められていない。

② 憲法では，すべての国民は，それぞれの能力に応じることなく，ひとしく教育を受ける権利を有すると定めている。

③ 生存権は，自由権と異なり，権利の具体的内容が明らかではないほか，その権利の実現のためには，政府による積極的施策が必要となる。

④ 憲法では，すべての国民は，健康で文化的な最高限度の生活を営む権利を有すると定められている。

問9　下線部(h)に関連して，日本の防衛政策に関する記述として**最も不適切なもの**を，次の中から一つ選べ。 23

① 2020年4月1日現在における，憲法第9条に関する政府の解釈によれば，個別的自衛権の行使は禁止されていないが，集団的自衛権の行使は禁止されている。

② 核兵器について，「もたず，つくらず，もちこませず」という非核三原則が政府によって宣言されている。

③ 自衛隊がつくられる前の段階では，警察予備隊や保安隊という名称の組織が設けられていた。

④ 2013年に設けられた国家安全保障会議は，安全保障上の重要事項を決定する権限が，内閣総理大臣，外務大臣，防衛大臣，内閣官房長官に集中している。

問10　下線部(i)に関連して，日米安全保障条約を基盤とする日米関係に関する記述として最も適切なものを，次の中から一つ選べ。 24

① 1960年に，それまでアメリカとの間で締結されていた日米地位協定が廃止され，そのかわりに日米安全保障条約が締結されることとなった。

② 「日米防衛協力のための指針（新ガイドライン）」は，日米安全保障条約について，日本が武力攻撃を受けた場合にだけ活用できるようにするため策定された。

③ 2019年に，在日米軍再編計画が策定され，2020年から5か年をかけて，日本国内にあるすべての米軍基地を日本国外に移転する方針が採用された。

④ アメリカの要請に応じて，日本側は米軍駐留経費のかなりの部分を，「思いやり予算」として負担してきている。

〔Ⅲ〕 次の文章を読み，後の問いに答えよ。

第2次世界大戦後，国際経済秩序の柱となったのがＧＡＴＴ（関税と貿易に関する一般協定）とＩＭＦ（国際通貨基金）という二つの制度である。この体制は，同一のルールの下で無差別に［ A ］を拡大しようとする［ B ］の考え方がベースとなっている。一方で，この制度は各国の国内市場にも大きな影響を与えることから，互いに共通の利害関係をもつ国々の間で［ C ］を創ろうとする［ D ］の考えに基づく動きも活発化した。ヨーロッパでは，(a)1967年に経済統合をめざすＥＣ（欧州共同体）が発足し，単一欧州議定書に基づいて市場統合を進めた。その後ヨーロッパではこの経済統合からさらに進み，政治統合も目指すことになった。1993年には，それまでのＥＣの憲法とも言うべきローマ条約を抜本的に改定し，［ E ］などを定めた［ F ］が発効した。この条約に基づき(b)ＥＵ（欧州連合）が発足した。その後，ＥＵの金融政策を担うＥＣＢ（欧州中央銀行）が設立され，1999年には単一通貨である(c)ユーロが導入された。しかし，ＥＵの加盟国数が増加するにつれ新たな問題も生じた。そのひとつは通貨不安である。ユーロに参加するためにはユーロ導入各国において一定の規律を維持し基準を満たしている必要があるが，(d)ユーロの構造的な問題点として2010年代にはこの基準を満たさない国があり，(e)共通通貨ユーロに対する信認がゆらいだ（ユーロ危機）。ＧＡＴＴは，1995年に新たな国際機関として［ G ］に移行しているが，一方で同じ時期に(f)地域経済統合の動きが進み，ヨーロッパ以外の地域においても(g)各地域で新たな地域協定が発足した。これらはＦＴＡ（自由貿易協定）やＥＰＡ（経済連携協定）と呼ばれている。

問1 空欄［ A ］～［ D ］に入る語句の組み合わせとして最も適切なものを，次の中から一つ選べ。［ 25 ］

① Ａ：保護貿易 Ｂ：グローバリズム Ｃ：自由貿易圏 Ｄ：地域主義
② Ａ：保護貿易 Ｂ：ナショナリズム Ｃ：自由貿易圏 Ｄ：グローバリズム
③ Ａ：保護貿易 Ｂ：地域主義 Ｃ：保護貿易圏 Ｄ：グローバリズム
④ Ａ：自由貿易 Ｂ：グローバリズム Ｃ：自由貿易圏 Ｄ：地域主義
⑤ Ａ：自由貿易 Ｂ：ナショナリズム Ｃ：保護貿易圏 Ｄ：地域主義
⑥ Ａ：自由貿易 Ｂ：地域主義 Ｃ：保護貿易圏 Ｄ：ナショナリズム

問2 空欄［ E ］に入る語句として最も適切なものを，次の中から三つ選べ。ただし，四つ以上マークした場合はすべて無効とする（解答欄［ 26 ］に三つマークせよ）。

① 欧州憲法条約 ② 共通外交・安全保障政策 ③ 共通税制
④ 通貨統合 ⑤ 共通金融市場 ⑥ 司法・内務協力

問3 空欄［ F ］に入る語句として最も適切なものを，次の中から一つ選べ。［ 27 ］

① リスボン条約 ② ニース条約 ③ マーストリヒト条約
④ パリ条約 ⑤ アムステルダム条約 ⑥ ブリュッセル条約

問4　下線部(a)の共同体発足時に加盟していた国として**最も不適切なものを**，次の中から一つ選べ。
28

①　ベルギー　②　イギリス　③　フランス　④　イタリア　⑤　オランダ
⑥　ルクセンブルク

問5　下線部(b)の連合発足時以降，現在に至るまで下線部(b)の連合に加盟している国として**最も不適切なものを**，次の中から一つ選べ。 29

①　スウェーデン　②　デンマーク　③　ノルウェー　④　オランダ
⑤　アイルランド　⑥　フィンランド

問6　下線部(c)以降，ＥＵ加盟国であるにもかかわらず現在に至るまでユーロ非導入の国として最も適切なものを，次の中から**二つ選べ**。ただし，三つ以上マークした場合はすべて無効とする（解答欄 30 に二つマークせよ）。

①　アイルランド　②　デンマーク　③　オランダ　④　ノルウェー　⑤　フィンランド
⑥　スウェーデン

問7　下線部(d)および(e)に記述されている危機の構造的な原因として最も適切なものを，次の中から一つ選べ。 31

①　各国の金融政策は一元化されている反面，各国の財政政策は統一されていない。
②　各国の金融政策は一元化されている反面，各国の税制は統一されていない。
③　各国の通貨制度は一元化されている反面，各国の税制は統一されていない。
④　各国の通貨制度は一元化されている反面，各国の社会福祉政策は統一されていない。
⑤　各国の政治制度は一元化されている反面，各国の社会福祉政策は統一されていない。
⑥　各国の政治制度は一元化されている反面，各国の財政政策は統一されていない。

問8　下線部(e)に記述されている危機の原因となった国として**最も不適切なものを**，次の中から一つ選べ。
32

①　ポルトガル　②　ギリシャ　③　イタリア　④　ドイツ　⑤　スペイン
⑥　アイルランド

問9　空欄 G に入る語句として最も適切なものを，次の中から一つ選べ。 33

①　ＩＢＲＤ（国際復興開発銀行・世界銀行）　②　ＷＴＯ（世界貿易機関）
③　ＵＮＣＴＡＤ（国連貿易開発会議）　④　ＯＥＣＤ（経済協力開発機構）
⑤　ＩＦＣ（国際金融公社）　⑥　ＩＬＯ（国際労働機関）

問10　下線部(f)に記述されている地域経済統合が推進される理由として**最も不適切なものを**，次の中から一つ選べ。 34

①　後発産業を多く抱える国にとっては域外先発産業を排除でき有利だから。

② 原産地規制や知的財産権などの扱いが容易になり成長の促進が期待できるから。
③ 関税障壁や非関税障壁を撤廃し貿易自由化を進めやすくなるから。
④ 地域ブロック化が進展し，地域ブロック間の連携を促進する効果があるから。
⑤ 自国に有利な交渉を立場の近い国々との間で進めやすいから。
⑥ 域外の国からの輸入をやめて，域内の国からの輸入に置き換える貿易転換効果があるから。

問11　下線部(g)に記述されている地域協定として**最も不適切なもの**を，次の中から**三つ**選べ。ただし，四つ以上マークした場合はすべて無効とする（解答欄 35 に三つマークせよ）。

① ＯＰＥＣ（石油輸出国機構）
② ＮＡＦＴＡ（北米自由貿易協定）
③ ＥＥＡ（欧州経済地域）
④ ＭＥＲＣＯＳＵＲ（南米南部共同市場）
⑤ ＡＰＥＣ（アジア太平洋経済協力）
⑥ ＡＦＴＡ（ＡＳＥＡＮ自由貿易地域）
⑦ ＮＩＥＳ（新興工業経済地域）
⑧ ＯＥＣＤ（経済協力開発機構）

問12　下線部(g)に記述されている協定の課題として**最も不適切なもの**を，次の中から一つ選べ。 36

① どの国と共同市場を形成すれば効果が大きくなるのか，いかに合理的な判断をするかが課題である。
② 外国人労働者受け入れ国では，自国労働者の雇用機会喪失に伴う問題をいかに解決するかが課題である。
③ 農産物輸入国では，自国の食料自給率の低下をいかに解決するかが課題である。
④ 世界中の各地域での協定の増加に伴い，複雑化する貿易や投資の手続きをいかに解決するかが課題である。
⑤ 域内の人々が経済統合の恩恵を受けられる仕組みをいかに作り上げるかが課題である。
⑥ グローバリゼーションを促進するため，共同市場の枠内にいかに多くの産業を閉じ込めるかが課題である。

〔Ⅳ〕 次の文章を読み，後の問いに答えよ。

高度経済成長が進展するなかで，日本経済に占める農業の比重は大きく低下し，ＧＤＰに占める農業生産額の割合は2018年（平成30年）現在約 [A] %である。農業就業人口も農家戸数もともに減少し，農業に従事している者は全就業者の約 [B] %になっている。2017年（平成29年）現在，カロリーベースの(a)食料自給率は(b)アメリカ合衆国，ドイツ，イギリス，オーストラリア，日本の間においても差が生じている。

また，2011年に起きた東日本大震災は農業を直撃し，放射能汚染による耕作放棄や出荷停止，風評被害などを引き起こした。この未曾有の災害は経済成長や効率性のみを追求する姿勢に対し反省を促しているようにもみえる。(c)地元で取れた農産物を地元で消費する「地産地消」や(d)伝統的な食文化や食材を見直して守っていこうとする「スローフード」の考え方も注目されている。

そして，農業を魅力ある産業にするためには，機械化や経営規模の拡大に偏るのではなく，作物や農法の多様化をはかったり，生産・加工・販売を一体化して事業を行う「６次産業化」などが試みられたりしており，いっそうの創意工夫が求められている。

さらに，農業は(e)食料の安全保障における重要性だけではなく，多面的な機能を果たしていることを忘れてはならない。(f)農業・農村の持つ多面的機能に対しては対価を払うべきであるとする考え方が欧州では一般化しており，日本でもさまざまな施策を講じながら，自然や人間の営みと農業の関連に目を向け，日本の農業の活路を模索する必要がある。

問１　空欄 [A] に入る数字として最も適切なものを，次の中から一つ選べ。 [37]

①　1　②　3　③　5　④　10　⑤　20　⑥　30

問２　空欄 [B] に入る数字として最も適切なものを，次の中から一つ選べ。 [38]

①　1　②　3　③　5　④　10　⑤　20　⑥　30

問３　下線部(a)について述べた文として**最も不適切なもの**を，次の中から一つ選べ。 [39]

①　一般に，品目別自給率を求めるにはカロリーベースの食料自給率が使われる。

②　食料全体の自給率を国際比較する際には，日本ではカロリーベースで出すのが一般的になっている。

③　生産額ベースの食料自給率は，国内生産額÷国内消費仕向額×100により計算される。

④　カロリーベースの食料自給率は，１人１日当たり国産供給熱量÷１人１日当たり供給熱量×100により計算される。

⑤　2010年代後半の日本のカロリーベースの食料自給率は40%を下回っている。

問４　下線部(b)の「先進諸国」の農林水産省の試算によるカロリーベースの食料自給率（2017年）の組み合わせとして最も適切なものを，次の中から一つ選べ。 [40]

①　アメリカ合衆国：233%，ドイツ：95%，イギリス：68%，オーストラリア：131%，日本：38%

②　アメリカ合衆国：131%，ドイツ：95%，イギリス：38%，オーストラリア：233%，日本：68%

③　アメリカ合衆国：233%，ドイツ：38%，イギリス：95%，オーストラリア：131%，日本：68%

④　アメリカ合衆国：131%，ドイツ：95%，イギリス：68%，オーストラリア：233%，日本：38%

⑤　アメリカ合衆国：233%，ドイツ：131%，イギリス：38%，オーストラリア：95%，日本：68%

問5　下線部(c)について述べた文として**最も不適切なもの**を，次の中から一つ選べ。 41

①　フード・マイレージが削減される。

②　地域経済を活性化することが期待されている。

③　具体的な方法として，学校給食，福祉施設，観光施設などでの地場農産物の利用がある。

④　消費者にとっては，生産者との間に顔が見え，話ができる関係を作る機会が生まれる。

⑤　生産や消費の過程で発生する二酸化炭素排出量が農産物を輸入する場合に比べて増大する。

問6　下線部(d)について述べた文として**最も不適切なもの**を，次の中から一つ選べ。 42

①　スローフード運動は，健全で文化的な食生活を享受する権利を主張している。

②　スローフードは，ファストフードによる食の画一化に対する危機感を背景とした考え方である。

③　スローフード運動発祥の国は，ドイツである。

④　スローフード運動は，食材選びや調理法について，本来の自然な姿に立ち戻ろうという運動である。

⑤　日本におけるスローフード運動という言葉は，安全な食材を使うという意味でも使われている。

問7　下線部(e)について述べた文として**最も不適切なもの**を，次の中から一つ選べ。 43

①　アメリカ合衆国のコメの市場開放圧力に対する反論として強調された考え方である。

②　工業国は農業国から食料の輸入を促進すべきであるという考え方である。

③　国内問題としてみれば食の安全を確保し，国民の生命を守ることを意味する。

④　国際問題としてみれば食料問題は人々の生存に大きく関わる問題としてとらえられる。

⑤　食料自給率を高めることが国の安全保障上必要であるという考え方である。

問8　下線部(f)について述べた文として**最も不適切なもの**を，次の中から一つ選べ。 44

①　田畑が雨水を一時的に貯留することで，洪水を防いでいる。

②　田畑は豊かな生態系を持った一次的自然を形成することで，多様な生物を育んでいる。

③　農業が営まれることで農村の美しい田園風景が守られている。

④　農業の営みを通じて地域の伝統文化が受け継がれている。

⑤　土や自然に触れ農作業を行うことで，高齢者や障がい者の機能回復に役立っている。

数学

（60 分）

〔解答欄記入上の注意〕

解答欄記入にあたっては以下のことに注意して解答してください。

(1)　解答欄に，$\boxed{\text{アイ}}$ という指定があって，解答が 1 桁の場合には，ア の欄を空白にすること。

例えば，$\boxed{\text{アイ}}$ に 5 と答えたいときは，下記のようにマークする。

ア	⓪	①	②	③	④	⑤	⑥	⑦	⑧	⑨
イ	⓪	①	②	③	④	●	⑥	⑦	⑧	⑨

(2)　分数形で解答が求められているときは，既約分数（それ以上約分できない分数）で答えること。

(3)　根号を含む形で解答が求められているときは，根号の中に現れる自然数が最小となる形で答えること。

例えば，$\boxed{\text{キ}}\sqrt{\boxed{\text{ク}}}$ に $4\sqrt{2}$ と答えるところを，$2\sqrt{8}$ のように答えてはならない。

〔Ｉ〕　以下の問いに答えよ。

(1)　1000 以下の自然数の集合を U とし，U の部分集合 A を奇数の集合，U の部分集合 B を 3 の倍数の集合，U の部分集合 C を 5 の倍数の集合とするとき，$A \cap \overline{B} \cap C$ の要素は $\boxed{\text{アイ}}$ 個である。

(2)　方程式 $(\log_3 x)^2 - \log_{\sqrt{3}} x^2 + 3 = 0$ の解は，$x = \boxed{\text{ウ}}$ と $x = \boxed{\text{エオ}}$ である。

(3)　$\left(\dfrac{\sqrt{2}}{\sqrt{3}+i}\right)^4 = -\dfrac{\boxed{\text{カ}}}{\boxed{\text{キ}}} - \dfrac{\sqrt{\boxed{\text{ク}}}}{\boxed{\text{ケ}}}\, i$ である。

ただし，i は虚数単位である。

(4) $x>0$, $y>0$ のとき，$\left(\dfrac{x}{2}+\dfrac{4}{y}\right)\left(\dfrac{4}{x}+\dfrac{y}{2}\right)$ の最小値は $\boxed{\text{コ}}$ である。

(5) 半径２の円に正六角形，正十二角形，正二十四角形が内接している。

このとき，正六角形の面積は $\boxed{\text{サ}}\sqrt{\boxed{\text{シ}}}$，正十二角形の面積は $\boxed{\text{スセ}}$，

正二十四角形の面積は $\boxed{\text{ソタ}}\left(\sqrt{\boxed{\text{チ}}}-\sqrt{\boxed{\text{ツ}}}\right)$ である。

〔Ⅱ〕 図のように，９個の椅子が教卓へ向かって縦横３列に，前後左右１ｍの間隔をあけて並んでいる。このとき，(1)と(2)の問いに答えよ。ただし，椅子の大きさは無視することにする。

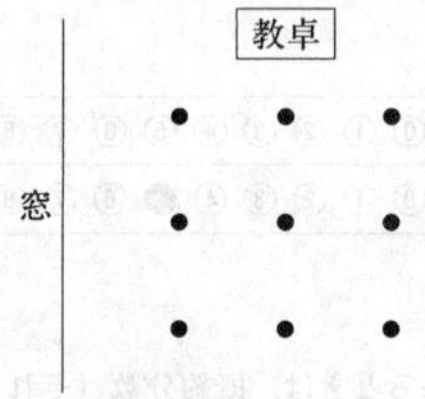

(1) ２個の椅子を選ぶとき，その２個の椅子の間隔が１ｍより大きくなる選び方は，$\boxed{\text{アイ}}$ 通りある。

(2) ３個の椅子を選ぶとき，そのうちの１個は，窓際の列で教卓にいちばん近い椅子に決まっていて，残りの２個を選んで３個の椅子のどの２個の間隔も１ｍより大きくなる選び方は，$\boxed{\text{ウ}}$ 通りある。

図のように，16 個の椅子が教卓へ向かって縦横４列に，前後左右１ｍの間隔をあけて並んでいる。このとき，(3)と(4)の問いに答えよ。ただし，椅子の大きさは無視することにする。

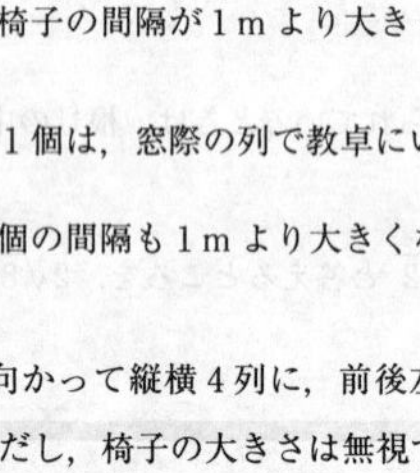

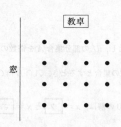

(3) ２個の椅子をくじ引きで選ぶとき，その２個の椅子の間隔が１ｍより大きくなる確率は $\dfrac{\boxed{\text{エ}}}{\boxed{\text{オ}}}$ であ

り，1.5 m より大きくなる確率は $\dfrac{\boxed{\text{カキ}}}{\boxed{\text{クケ}}}$ である。

(4)　3 個の椅子を選ぶにあたり，そのうちの 1 個は，窓際の列で教卓にいちばん近い椅子に決まっていて，残りの 2 個をくじ引きで選ぶとき，3 個の椅子のどの 2 個の間隔も 1.5 m より大きくなる確率は

$\dfrac{\boxed{\text{コサ}}}{\boxed{\text{シス}}}$ である。

〔Ⅲ〕　$y=(x+1)(x+2)(x+3)(x+4)$ について，以下の問いに答えよ。
ただし，$-\dfrac{7}{2}\leqq x\leqq -\dfrac{1}{2}$ とする。

(1)　$t=x^2+ax$ とおいて，y を t の 2 次式で表すと $y=(t+4)(t+6)$ であるとき，a は $\boxed{\text{ア}}$ である。

(2)　(1)における t の値の範囲は

$-\dfrac{\boxed{\text{イウ}}}{\boxed{\text{エ}}}\leqq t\leqq -\dfrac{\boxed{\text{オ}}}{\boxed{\text{カ}}}$ である。

(3)　y の値の範囲は $-\boxed{\text{キ}}\leqq y\leqq \dfrac{\boxed{\text{クケコ}}}{\boxed{\text{サシ}}}$ である。

〔Ⅳ〕　2 次関数 $f(x)=x^2+ax+b$ において，$f(1)=8$，$f'(1)=6$ であるとき，以下の問いに答えよ。

(1)　$a=\boxed{\text{ア}}$，$b=\boxed{\text{イ}}$ である。

(2)　放物線 $y=f(x)$ 上の点 $(-3,\ f(-3))$ における接線の方程式を $y=g(x)$ とすると，

$g(x)=-\boxed{\text{ウ}}\,x-\boxed{\text{エ}}$ である。

(3)　直線 $y=g(x)$ と点 $(-3,\ f(-3))$ で直交する直線 $y=h(x)$ が，放物線 $y=f(x)$ と交わるもう 1 つの点の座標は $\left(-\dfrac{\boxed{\text{オ}}}{\boxed{\text{カ}}},\ \dfrac{\boxed{\text{キ}}}{\boxed{\text{ク}}}\right)$ である。

(4)　放物線 $y=f(x)$ と直線 $y=h(x)$ で囲まれる図形の面積は $\dfrac{\boxed{\text{ケコサ}}}{\boxed{\text{シス}}}$ である。

③　夜、互いに会わないままに、それぞれの部屋で夜通し嘆き明かして
④　夜、お堂の法要で目と目を合わせないようにして、一晩中嘆き通して
⑤　夜、暗いお堂で、互いに顔の見分けもつかないままに、嘆きながら夜を明かして

問十一　本文の内容と合致するものを、次の中から二つ選べ（解答欄 39 に二つマークせよ）。

①　作者の父親は作者の母だけでなく作者についても手厚く看病した。
②　作者は自身の死後のことを託すほどに夫に厚い信頼を寄せていた。
③　作者の母親は秋が深まる時節、霧が立ちこめる山寺で亡くなった。
④　作者が夫に頼みたかったことは、母親の死後の供養のことだった。
⑤　作者は死にたいと思っていても気がかりな人がいて死ねなかった。
⑥　母親の死による作者のわびしさは世間一般の人と変わらなかった。
⑦　葬儀が終わっても、山寺での生活は法要があって慌ただしかった。

問十　波線部ア・イ・ウ・エの解釈として最も適切なものを、次の中から一つずつ選べ。

ア　これはおくれじおくれじと惑はるるもしるく　35

① この私だけは葬儀に遅刻しないようにと重ね重ねあれこれ気を遣っていたが
② 私だけは気おくれしないように、臆さないようにと思い悩んでいたが、予想通りに
③ 私は母に死におくれまい、死ぬときは一緒と取り乱していたが、実際その通りに
④ 私は母に先立たれまい、私だけが後に残らないようにと、人にわかるほどに思い悩んでいたが
⑤ 葬儀を取り仕切る私は、滞りなく予定通りにと思っていたが、明らかに分別をなくしてしまって

イ　おのがうへをば、いかにもいかにもな知りたまひそ　36

① 私の名は、決して人にお教えにならないでください
② 私に関しては、どうなっても、お構いくださいますな
③ 私のことは、いずれにしてもお忘れにならないでください
④ 私の身の上はいかにもその通りですよ、覚えておいてください
⑤ 私のことをどうしてお知りになることができましょうか、できはしません

ウ　そのほどのありさまはしも、いとあはれに心ざしあるやうに見えけり　37

① そのときの態度は、本当にしみじみとやさしく、愛情があるように見受けられた
② そのときの様子は、ひどく物思いに沈んでいて、気になる用事があるように見えた
③ そのときの様子は、とても落ち着いていて、葬儀の作法を心得ているように見えた
④ そのときの様子は、とてもしんみりとしていて、山寺に思い出があるように見えた
⑤ そのときの態度は、たいへん立派で、故人への弔問者らしい品格があるように見受けられた

エ　夜、目も合はぬままに、嘆き明かしつつ　38

① 夜、眠れないままに、嘆きながら夜を明かして
② 夜、外の様子に注意しないままに、一晩中嘆き通して

一つずつ選べ。同じ選択肢を繰り返し選んでもよい。

Ⅱ [29] Ⅲ [30]

① 作者 ② 作者の母親 ③ 兼家 ④ 道綱 ⑤ 作者の父親 ⑥ 作者の近親者・侍女

問七 傍線部Ⅳ「などかくはあるぞ」の「かく」の内容の説明として最も適切なものを、次の中から一つ選べ。[31]

① 作者の母親が久しく患って亡くなったこと
② 夫の兼家が京にいて山寺に来ていないこと
③ 作者が口もきけない状態になっていること
④ 作者が幼い道綱に作者の死後について託したこと
⑤ 人々が作者の母親を帰らぬ人としてすでに諦めたこと

問八 傍線部Ⅴ「生きたるまじきここちする」とはどのような理由からか。最も適切なものを、次の中から一つ選べ。[32]

① 生前、作者の頼りなさゆえに、作者の母親がみずからの将来が不安だと言っていたのを思い出し、申し訳なく思ったから
② 作者の母親が長患いのなか、いつも作者の行く末を心配していたことを思い出すと、とても切なくなったから
③ 作者の父親の優しさ、母親の生前の自分へのいたわりを思うと、自身がわがままでふがいなく思われたから
④ 作者の母親が闘病中、父親との生活が頼りないものだったと嘆いていたのを思い出して、父親が恨めしく思われたから
⑤ 作者の母親が、満足のいく人生ではなかったと生前いつも言っていたので、そのことばを思い出して切なくなったから

問九 (1)二重傍線部D「人」とは誰のことか。(2)二重傍線部E「いたつく人」とはどのような人か。最も適切なものを、次の中から一つずつ選べ。

D [33]

① 作者 ② 作者の母親 ③ 兼家
④ 道綱 ⑤ 作者の父親 ⑥ 作者の近親者・侍女

E [34]

① 手際のいい人 ② 病気になる人 ③ 骨を折ってくれる人
④ 居残る人 ⑤ いらいらしている人

a [21]　b [22]　c [23]　d [24]

a　る　①　受身の助動詞　②　自発の助動詞　③　完了の助動詞　④　尊敬の助動詞　⑤　動詞の一部

b　な　①　完了の助動詞　②　打消の助動詞　③　助詞　④　動詞　⑤　断定の助動詞

c　られ　①　受身の助動詞　②　可能の助動詞　③　自発の助動詞　④　尊敬の助動詞　⑤　動詞の一部

d　む　①　推量の助動詞　②　意志の助動詞　③　適当の助動詞　④　婉曲の助動詞　⑤　仮定の助動詞

問三　傍線部Ⅰ「女親といふ人あるかぎりはありけるを」の内容の説明として最も適切なものを、次の中から一つ選べ。[25]

①　母親は、命ある限り日々すこやかに過ごしていたが、ということ

②　母親が生きている間は、作者もどうにか過ごせたが、ということ

③　母親と言われる人は、この世に限りなく存在するが、ということ

④　母親のことは、自身命がけで大切に世話をしていたが、ということ

⑤　母親という存在は、生きている限り子との縁は切れないが、ということ

問四　二重傍線部Ａ「わづかに言ふやうは」はどのように解釈できるか。最も適切なものを、次の中から一つ選べ。[26]

①　やっと言って聞かせたことは

②　ひまなときに言ったことは

③　元気なうちに伝えたことは

④　少しの近親の人に言って伝えたことは

⑤　とるに足りないこととして語ったことは

問五　二重傍線部Ｂ「聞こえ」、Ｃ「たまへ」の敬意は誰に対するものか。最も適切なものを、次の中から一つずつ選べ。同じ選択肢を繰り返し選んでもよい。

Ｂ [27]　Ｃ [28]

①　作者　②　作者の母親　③　兼家　④　道綱　⑤　作者の父親　⑥　作者の近親者・侍女　⑦　天皇

問六　傍線部Ⅱ「いかにせむ」は誰のことばか。また、Ⅲ「ものは言はねど、まだ心はあり」は、誰についていったものか。最も適切なものを、次の中から

D人聞きつけてものしたり。われはものもおぼえねば、知りも知られず、人ぞ会ひて、「しかじかなむものしたまひつる」と語れば、うち泣きて、(注7)穢《けが》らひも[X]まじきさまにありければ、「いと[Y]べし」などものして、(注8)立ちながらなむ。ウそのほどのありさまはしも、いとあはれに心ざしあるやうに見えけり。かくて、とかう[Z]ことなど、Eいたつく人多くて、みなしはてつ。いまはいとあはれなる山寺に集ひて、つれづれとあり。エ夜、目も合はぬままに、嘆き明かしつつ、山づらを見れば、霧はげに麓をこめたり。京もげに誰《た》がもとへかは出でむとすらむ、いで、なほここながら死なdむと思へど、生くる人ぞいとつらきや。

（『蜻蛉日記』）

（注）1　ものを語らひおきなどすべき人……夫である藤原兼家《かねいえ》をさす。
2　山寺にて……母は病気平癒の祈祷《きとう》などのために山寺に来ていて、そこで亡くなった。
3　幼き子……子の藤原道綱。
4　いたはしと思ふべき人……父の藤原倫寧《ともやす》をさす。
5　湯……薬湯。
6　沃るれば……口に注ぎこむので、の意。
7　穢らひ……人の死によるけがれ。
8　立ちながら……けがれを避けて立ったままで弔問することをさす。

問一　空欄X・Y・Zには、それぞれX「忌む」・Y「便なし」・Z「ものす」の活用語が入る。最も適切なものを、次の中から一つずつ選べ。

X [18]　Y [19]　Z [20]

X　忌む　①忌む　②忌ま　③忌み　④忌むる　⑤忌め

Y　便なし　①便なし　②便なく　③便なき　④便なかり　⑤便なかる

Z　ものす　①ものす　②ものさ　③ものし　④ものする　⑤ものせ

問二　二重傍線部a「る」・b「な」・c「られ」・d「む」の文法的説明として最も適切なものを、次の中から一つずつ選べ。

① 聞き書きなどの記録にもとづく作品は、図書館のどの棚に収めるべきか判断が難しいので、文学かどうかを明確にして出版すべきである。

② 無神経で繊細さを欠く聞き書きによって成り立つ集団創造の文学は、なんらかの偏見が入りこんでしまうため、言語道断で価値がないものである。

③ 『苦海浄土』を単なる聞き書きではなく「私小説」であると強調した渡辺京二の解説は、執筆当時の状況からすれば意義のあるものだった。

④ 聞き書きによる文章が文学なのか記録なのか二分法で考えるのではなく、両者を連続的なものと考え、文学でも記録でもあると捉えるべきだ。

⑤ 水俣病患者たちの声を不正確に記録して発表した石牟礼道子の行為は、証言の信憑性を損なうことにより文学的価値がゼロになった。

⑥ 聞き書きこそが真の文学であるため、私小説を文学として扱うのはやめて作家についての記録として格下げすべきである。

⑦ 『苦海浄土』は、録音機材を用いた比較的正確な聞き書きや客観的な文書も組み込まれているため、単なる「私小説」とは言い切れない。

⑧ 文学作品が社会的役割や政治的目的を担うことよりも、いかなる目的にも従属しない純粋な文学作品として認められることを優先すべきである。

⑨ 文学性についての客観的で科学的な定義にもとづいて、『苦海浄土』は聞き書きではなく文学であると判断すべきである。

問題二　次の文章は『蜻蛉日記』の一節で、康保元年（九六四）の秋、作者の母親が死去した際の記事である。全体を読んで、あとの問いに答えよ。

　さいふいふも、Ⅰ女親《めおや》といふ人あるかぎりはありけるを、久しうわづらひて、秋のはじめのころほひ空《むな》しくなりぬ。さらにせむかたなくわびしきことの、世の常の人にはまさりたり。あまたある中に、アこれはおくれじおくれじと惑はるるもしるく、いかなるにかあらむ、足手《あして》などただすくみにすくみて、絶え入るやうにす。さいふいふ、(注1)ものを語らひおきなどすべき人は京にありければ、(注2)山寺にてかかる目は見れば、(注3)幼き子を引き寄せて、Aわづかに言ふやうは、「われ、はかなくて死ぬaるbなめり。かしこにB聞こえむやうは、イおのがうへをば、いかにもいかにもな知りたまひそ。この御後《のち》のことを、人々のものせられむ上にも、とぶらひものしCたまへと聞こえよ」とて、Ⅱ「いかにせむ」とばかり言ひて、ものも言はれずなりぬ。日ごろ月ごろわづらひてかくなりぬる人をば、いまはいふかひなきものになして、これにぞ皆人《みなひと》はかかりて、まして「いかにせむ。などかくは」と、泣くが上にまた泣き惑ふ人多かり。Ⅲものは言はねど、まだ心はあり、目は見ゆるほどに、(注4)いたはしと思ふべき人寄りきて、「親はひとりやはある。Ⅳなどかくはあるぞ」とて、(注5)湯をせめて(注6)沃《い》るれば、飲みなどして、身などなほりもてゆく。さて、なほ思ふにも、Ⅴ生きたるまじきここちするは、この過ぎぬる人、わづらひつる日ごろ、ものなども言はず、ただ言ふこととては、かくものはかなくてあり経《ふ》るを夜昼嘆きにしかば、「あはれ、いかにしたまはむずらむ」と、しばしば息の下にものせcられしを思ひ出づるに、かうまでもあるなりけり。

問七　波線部Ⅲ「客観的歴史学の正確な裏返しとなっている」とあるが、どういうことか。その説明として最も適切なものを、次の中から一つ選べ。 14

① 客観的歴史学とは反対に、文学は主観的に歴史に迫ることで社会的な効用性をもつということ
② 自分の側にあってはならない要素を、対立する側の特徴として決めつけ、自他を明確に区別する点が共通するということ
③ 客観的歴史学は文学を見下しているが、文学は歴史学と真摯に向き合い尊敬しているということ
④ 自分をよりよく見せて社会的地位を高めるため、比較対象となる他者の姿を歪《ゆが》めて描こうとする点が似ているということ
⑤ 歴史学は文学と戦うことで自らを高めたが、文学は歴史学との対立を避けた点で正反対であるということ

問八　波線部Ⅳ「記録と文学のこの対立は「政治と文学」をめぐって交わされた幾度もの論争の変奏と見なすことが出来る」とあるが、なぜそういえるのか。その説明として最も適切なものを、次の中から一つ選べ。 15

① 事実を告発する社会的役割を担う作品と同じく、政治的な作品もまた文学として不純だと見なされてきたから
② 文学にも記録にも客観性が必要であるにもかかわらず、現政権に従属するか反抗するかという政治的立場の偏りは客観性を損なうから
③ 冷戦終結後、社会主義革命をめざす政治的文学と、平板な小市民的生活原理を記録する文学は、同一視されるようになったから
④ 「政治の話はしない」というマナーが浸透したように、記録を取らないことがマナーであるという認識が広がったから
⑤ 実証主義の立場にたつ歴史学者たちは、冷戦を経て単なる実用品となった退屈な政治について客観的に記録し続けているから

問九　波線部Ⅴ「近代的な私的所有の観念から解き放たれた文学言語」とあるが、それはどういうものか。その説明として最も適切なものを、次の中から一つ選べ。 16

① 作者が作品にかかわる一切の著作権を放棄し、誰もが無償で読んだり配布したりできるようになった文章
② 冷戦終結以前の文学作品のように、作者が作品に名前を書き記すことはなく、複数の者の手を経て修正されつづけていく文章
③ 一人の人間は複数の人格をもつという考えのもと、作者がもつ複数の人格の声＝文字を混ぜ合わせて個人製作した単声的な私小説
④ 聞き書きによって複数人の声を取り込むなどの手法で、個人による創造ではなく集団による創造の可能性を切りひらくような文章
⑤ 聞き書きにより人々の声を集めたという形をとりながら、じつは作者がひそかに自らの政治的意見を盛り込んだ文章

問十　本文の内容と合致するものを、次の中から**三つ**選べ（解答欄 17 に三つマークせよ）。

④ 費用をセッパンする　⑤ モハン演技

d　アイマイ　[10]

① ハクアイの精神　② 読書ザンマイ　③ 朝のアイサツ

④ タイマイをはたく　⑤ 地中にマイボツする

問四　本文中のある段落の末尾から、次の文が脱落している。この文の入るべき最も適切な段落を、次の中から一つ選べ。[11]

しかしながら、文学がその無償性、純粋性を追求するなら、まさしくその効用性から自らを切り離さねばならず、石牟礼道子は記録作家ではなく、一個の幻想的詩人であると言わなければならない。

① 第(2)段落　② 第(4)段落　③ 第(7)段落　④ 第(8)段落　⑤ 第(10)段落

問五　波線部Ⅰ「「文学性」という謎めいた価値を常に論争の場に差し戻す力を秘めている」とあるが、どういうことか。その説明として最も適切なものを、次の中から一つ選べ。[12]

① 文学性は歴史性と一心同体とみなされてきたので、作家と歴史家は論争を止めるべきだということ

② 著者の偏見の入り込んだ文学作品は、論じるまでもなく取るに足らないということ

③ 聞き書きの本が図書館のあちこちの棚に散らばっていると不便だということ

④ 聞き書きの作品は、何を文学に含めるかという従来の線引きに不安定さを生じさせるということ

⑤ 一九世紀初頭の論争以前にさかのぼり、より伝統的な文学性の定義を復活させる力があるということ

問六　波線部Ⅱ「文学がそこから自らを切り離すべき他者の姿を描き出していたことに注意を払っておいてもよいだろう」とあるが、どういうことか。その説明として最も適切なものを、次の中から一つ選べ。[13]

① 石牟礼道子は抒情《じょじょう》詩人であるという世間の思い込みを打ち破るため、『苦海浄土』が第一級の私小説であることに注意を向けるべきだということ

② 石牟礼道子という作家の姿を既存の文壇のルールにしばられない、いたずらっぽい少女のように美しく描いたことに注意を向けるべきだということ

③ 聞き書きという行為を否定的に描き、記録ではないと強調することによって『苦海浄土』の文学性を証明しようとした点に注目すべきだということ

④ 『苦海浄土』が水俣病で苦しむ名もなき他者たちの姿を、どれほどみごとに克明に記録したかに注目すべきだということ

⑤ 言葉を自ら発することのできない人々の心の声を、「私小説」の単声性に回収するという文学の社会的効用に注目すべきだということ

A [1]
① 科学 ② 実用 ③ 自明 ④ 社会 ⑤ 超越

B [2]
① 非現実 ② 非科学 ③ 非文学 ④ 非実用 ⑤ 非効率

C [3]
① 虚言癖 ② 記録 ③ 観察 ④ 想像 ⑤ 読唇術

D [4]
① 鋭さ ② 気高さ ③ 親しみやすさ ④ 中立性 ⑤ 鈍感さ

問二 空欄X・Yに入ることばとして最も適切なものを、次の中から一つずつ選べ。

X [5]
① あるいは ② ところで ③ しかし ④ にもかかわらず ⑤ だから

Y [6]
① いまこそ ② つまり ③ いかにして ④ ようやく ⑤ にもかかわらず

問三 傍線部a・b・c・dを漢字に改めた場合、これと同じ漢字を用いるものを、次の中から一つずつ選べ。

a リンカク [7]
① カクシンに迫る ② 政府のガイカク団体 ③ イカク的な態度
④ リンカイ地域 ⑤ カクリする

b ケンゴ [8]
① 憲法第九条をケンジする ② ケンアン事項 ③ 社会コウケン
④ ケンチョな業績 ⑤ 要人をゴエイする

c ヒンパン [9]
① ヒンコンに陥る ② 御ライヒンの方々 ③ ハンモする

だったのではないか。それによって、冷戦の二分法に重なる特殊日本的な「政治と文学」の地平を揺さぶることもできたはずであり、さらにはV近代的な私的所有の観念から解き放たれた文学言語を思い描くことができたかもしれない。(10)彼方《かなた》へと視線を向け、既存の二分法を逃れて文学性を思考することが、私たちにとってはアクチュアル(注14)な課題となっている。(11)

（佐藤泉「記録・フィクション・文学性――「聞き書き」の言葉について――」、ただし表現の一部を改変した。）

（注）

1　ヘイドン・ホワイト……（一九二八～二〇一八）アメリカの歴史家、文芸批評家。

2　ディシプリン……理論にもとづき体系化された知識と方法をもつ学問分野のこと。

3　言語論的転回……個人の意識に代えて言語を分析対象とすることで、さまざまな哲学的問題を解決しようとする思想的潮流。

4　渡辺京二……（一九三〇～）日本の近代史家、評論家。

5　石牟礼道子……（一九二七～二〇一八）日本の小説家、詩人。熊本県生まれ。

6　磯田光一……（一九三一～一九八七）日本の文芸評論家。

7　象徴闘争……ある個人やグループが、自分が決めている価値のルールを、他のグループのそれよりも上位に置こうとしておこる、目に見えない争いのこと。

8　学用患者……かつて国立大学医学部で行なわれていた措置。医学教育・研究に役立てる目的で費用負担を免除されて入院する患者をさす。

9　チッソ……チッソ株式会社。同社水俣工場の工業廃水が水俣病の原因となった。

10　土本典昭……（一九二八～二〇〇八）日本の映画監督。

11　谷川雁……（一九二三～一九九五）日本の詩人・評論家。

12　上野英信……（一九二三～一九八七）日本のノンフィクション作家。

13　森崎和江……（一九二七～）日本の詩人、評論家。

14　アクチュアルな……現実に当面しているさま。時事的であるさま。

問一　空欄A・B・C・Dに入ることばとして最も適切なものを、次の中から一つずつ選べ。

Ⅲ客観的歴史学の正確な裏返しとなっている。「文学の記録不信」と「歴史の文学不信」とは逆方向からともに文学と記録の境界、その間にいかなる d アイマイな領域もない二分法を前提としていた。(7)

水俣病が確認されてからも長らく未処理の工場排水が海に排出され、わずかばかりの見舞金で患者たちは沈黙を強いられた。(注8)学用患者とされた親がベッドに縛り付けられ一刻ごとに悶死《もんし》していく様を子どもは見つめなければならなかった。胎児性患者の子どもを生んだ母親は、崩れてしまった小さい娘を数年の間世話した後に最期を看取《みと》らなければならなかった。水俣病の実態は日本社会を揺さぶった。経済成長の背後に隠蔽された事実の報告、記録には、告発の意味があり、社会的効用がある。(8)

Ⅳ記録と文学のこの対立は「政治と文学」をめぐって交わされた幾度もの論争の変奏と見なすことが出来る。戦前マルクス主義以来の伝統である「政治と文学」論争において、政治という語がまず第一に意味するのは社会主義革命を課題とする変革の政治であり、さらに高度成長の時代の政治は「平和と民主主義」という平板な小市民的生活原理と同一視されるようになっていた。個人を抑圧して顧みない政治――冷戦の西側陣営の一角に身をおく日本において「政治」はもっぱらこのように表象された――、あるいは単なる実用品となった退屈な政治から自らを断ち切ることによって戦後日本の「文学」概念が成立し、その文学はいかなる他の目的にも従属しない、なかんずく政治に従属しない純粋な価値として表象された。その間の分離が深化した結果、社会的であること、政治的であることがすなわち文学的［D］を意味するものとみなされるようになるのだが、こうした日本的文化冷戦の思考は、「政治の話はしない」というマナーの中に形を変えてその名残をとどめ、日本社会を現在もなお奇妙な抑圧にさらしている。(9)

『苦海浄土』そのものは、「私小説」的な単声性へと回収される作品ではない。医師による報告書、患者カルテ、医学会雑誌掲載論文、古文書、新聞記事、(注9)チッソ従業員大会のビラ、水俣市議会議事録、現地調査報告書、熊本大研究班による研究報告、チッソの「事業大観」、患者互助会の請願書、その他の膨大な記録、さまざまな書き手、さまざまなレベルの言語構成体を編み上げるように作られている。第二部以降の時期からは、(注10)土本典昭らによるドキュメンタリー撮影隊とともに録音機材が持ちこまれるほか、会社側との交渉を記録する必要からも録音がなされ、機材によって「客観的」に記録された声＝文字が作品の言葉にも組み入れられるようになる。なにより、後に『苦海浄土』にまとめられることになるその最初の文章は、(注11)谷川雁《がん》や(注12)上野英信、(注13)森崎和江らによって創刊された雑誌『サークル村』に「奇病」と題して掲載されたものだった。「文化を個人の創造物とみなす観点をうちやぶり、新しい集団的な荷《にな》い手を作り出そうという『サークル村』の文化運動は、聞き書きをはじめとする集団創造の文化をあらゆる可能性の広がりにおいて思い描いていた。記録と文学との間の幅のある地帯に響くこうした声の交錯、共鳴は、私たちの認識論を安定させていた二分法の彼方《かなた》を微《かす》かに照らし出し、その内側から文学性を変貌させる契機をつくり出している。だとすると、『苦海浄土』は「聞き書き」ではなく「文学」だという代わりに、「聞き書き」そのままで「文学」だというべき所を失うことになったのだろう。逆にいうなら私たちが聞き書きの言葉に耳を澄ます時、記録と文学の境界、あるいはそれぞれの a リンカクがそれまでの b ケンゴな自明性を失うことになるのである。(3)

以上のような「歴史の文学不信」とシンメトリーの関係にあるのが「文学の記録不信」である。一例として、『苦海浄土――わが水俣病《みなまたびょう》』が講談社文庫に収録された際の解説、(注4)渡辺京二(注5)「石牟礼《いしむれ》道子の世界」を取り上げよう（一九七二年一二月）。この解説は、『苦海浄土』は石牟礼道子の「私小説」であると鮮烈に言い放った。以後この作品は迂闊《うかつ》な読者がそう受け取ったような聞き書きではないという理解の地平が形成されることになる。事実、『苦海浄土』はまぎれもなく第一級の文学であって、そのことを疑う余地なく認知させた解説者の功績はきわめて大きい。ただ、そのために Ⅱ 文学がそこから自らを切り離すべき他者の姿を描き出していたことに注意を払っておいてもよいだろう。(4)

(注6)「磯田《いそだ》光一氏はある対談の中で、『苦海浄土』を一応いい作品だと認めた上で、自分がもし患者だったら、変な女が聞き書などをとりに来たら家に入れずに追い出すだろうという趣旨の発言をしていた。私もまったく同感なのだが、『苦海浄土』がそういうプロセスで出来上がった聞き書ではないことは、磯田氏の能力をもってすれば読みとることは困難ではないはずである」。(5)

文芸評論家の脳内にある聞き書きとは、頼まれもしないのに人の家に土足で踏み込む無神経な行為、あらゆる繊細さを欠くがゆえに B 的な行為である。文学の他者構築と自己定義がこうしたものである以上、『苦海浄土』を文学として登録するという重責を担った解説者は、この作品は断じて聞き書きではない、と抗弁する他なかったことだろう。さらに、これが聞き書きだと信じている人にはおどろくべきことかも知れないが、石牟礼は患者の家を c ヒンパンに訪ねることなどしていない。訪ねたとしてもノートやテープレコーダーなどは持っていくはずはないと非・非文学たるゆえんを証明し、さらに驚愕《きょうがく》すべき事実を告げるのである。「瞬間的にひらめいた疑惑は私をほとんど驚愕させた。「じゃあ、あなたは『苦海浄土』でも……」。すると彼女はいたずらを見つけられた女の子みたいな顔になった。しかし、すぐこう言った。「だって、あの人が心の中で言っていることを文字にすると、ああなるんだもの」」。(6)

聞き書きのように見える言葉も石牟礼道子の C の産物だというのである。これは証言の信憑《しんぴょう》性を重視する実証主義の立場からすれば、やってはならない類のことだ。やってしまえば記録としての価値はゼロになる。しかし、解説者はその言語道断ぶりをむしろ前面に打ち出し、逆にそのことを通して作品の文学性を証明しているのである。文学は記録に対し要求される一切の規格となんの関係もない。記録として失格であればあるほど、それだけ文学なのである。解説者にはこの作品が水俣病の惨状を伝える社会的役割を担うことで、純粋な文学作品として認められなくなることへの危惧があったものと思われる。そこで文学と記録との間に広がる灰色地帯を除去しつつ、両者を一刀両断に切り離したのだが、この(注7)象徴闘争は文壇の文学観念、非文学観念を前提に、その土俵の上で展開されており、それゆえ「文学」のリンカクを揺るがせることはついになかった。いうまでもなくこれは文学との対立において自らを定義した

国語

（六〇分）

問題一　次の文章を読んで、あとの問いに答えよ（段落末尾の数字は段落番号を示す）。

聞き書き、記録の作品は、ある場合には文学類に配架され、別の場合には歴史の棚、技術工学の棚に置かれるが、分類じたいを揺るがすものは私たちを他なる思考へと誘いだすはずである。場所なき場を住処《すみか》とするこれらの本たちは、その不安定、不確定、同一化不可能な位置そのものによってI「文学性」という謎めいた価値を常に論争の場に差し戻す力を秘めている。そして、こうした作品のうち、もっとも力ある言葉は、文学でしかないならば文学にさえなれないという、この真実を無言のうちに告げることだろう。(1)

歴史書ならぬ歴史関連書に対して、しばしばこれは実証的ではない、文学に過ぎないという批判が向けられることがあるように、少なくとも近代的な歴史研究において歴史と文学とはなんらかの点で決定的に対立しあうものと見なされてきた。歴史と文学とは、もしそれらを混同したなら双方の価値をともにおとしめることになるとされ、あるいは一方が増えると他方が減るような関係にあるとされてきた。実証主義的な歴史学にとって、文学とは「フィクション」や「饒舌《じょうぜつ》」や「空想」を意味しており、 X 歴史は文学に近づいたらダメになるのである。(2)

(注1)ヘイドン・ホワイトによれば、歴史と文学のこうした対立関係が成立するのは一九世紀初頭のことだという。この時期歴史学は自らを「科学的」(注2)なディシプリンとして構築するのだが、その際の梃《てこ》となったのはなによりも歴史叙述をレトリックから切り離すことだった。美文、想像力、情念、さらに偏見さえもが許されるような創造的で詩的な叙述を排除することで、歴史学のアイデンティティが確定されたのである。(注3) Y 、「歴史」は自らの反対に立つ他者として「文学」を想起することなしに A 性の主張を表明することができなかったのだ。この説明には、歴史の言語論的転回を推し進め、「歴史的事実」をめぐる議論を引き起こすことになったホワイト自身の立場が織り込まれているが、それについては後に考えることとしよう。ともかく、歴史のある時点で、互いを他者としながら歴史と文学が互いに対して分離し、そしておそらくはその時、記録性と文学性の二つの極をもった連続体である聞き書きが分類上の場

解答編

英語

I 解答　問1．(A)—③　(B)—③　(C)—②　(D)—①　(E)—④
問2．②　問3．③　問4．②
問5．(1)—③　(2)—③　(3)—②

◆全　訳◆

≪オオガラスの認知能力≫

オオガラスが普通の鳥の脳ではないということは以前から知られている。その狡猾な黒い鳥が登場するお話は，イソップ童話からネイティブアメリカンの民間伝承までたくさんある。

より最近では，オオガラスやカラス科の鳥の仲間であるカケスやカササギの問題解決能力を調べる実験によって，これらの鳥は人間や他の大型類人猿に劣らない認知能力を持っていることが示されている。

例えば，人間であることの特徴は，老後の生活費を貯めたり翌朝の食事を考えたりするなど，将来の出来事を計画する柔軟性だ。これまで科学者たちは，これらの行動はヒト科の動物——人類と類人猿——に特有のものだと考えていた。なぜならサルを含む他の動物は，そのような抽象的思考能力を持たないと考えられていたからだ。

しかし，新たな研究で，その長年抱き続けてきた考えが覆される可能性が出てきた。スウェーデンにあるルンド大学の動物認知学の研究者であるキャン=カバダイーとマティアス=オスヴァートによると，オオガラスは人間と同様に事前に計画を立てる能力があるという。

10 年近くオオガラスの認知を研究してきたオスヴァートは，「オオガラスがそんなに優秀だったというのはちょっと驚きです」と言う。

何が箱の中にあるか？

カバダイーとオスヴァートは，オオガラスが目に見えない未来に向けて計画を立てることができるかどうかを確かめるために，捕獲した5羽の鳥を用いた一連の実験を考案した。

基本的な実験は次の通りだ。研究者たちはオオガラスに，箱から突き出た管に特別な道具を入れると自分たちが好きな食べ物——犬のエサのかたまり丸ごと１個——が出てくることを教えた。

それから，科学者たちはその箱と道具を取り上げた。

１時間後，研究チームは，いくつかのもの——そのうちの一つは前出の特別な道具だった——からオオガラスに選ばせた。15分後，オオガラスは箱を取り戻した。

約80％の確率で，オオガラスは正しい道具を選んで作業を実行し，おやつを手に入れた。

研究チームは，箱をオオガラスに返すのを17時間遅らせて同じ実験を繰り返した。今週『サイエンス』誌で発表された研究によれば，この場合，約90％の確率でオオガラスはうまくやったとのことだ。

「これまでサルがこのような課題を解決できたことはありません」とオスヴァートは言い，鳥は実際に人間の子供よりも能力が高いと述べている。

４歳児を対象にしたほぼ同じ実験で，ご褒美の箱を開けるのに前もって計画することをオオガラスは幼児よりも技術的にうまくやった。

取引のコツ

研究者たちは，オオガラスの物々交換の能力を試す実験も行った。

彼らは，オオガラスに，後で自分たちの好きな食べ物を手に入れるためにメダルを交換する方法を教えた。この実験でも，オオガラスは90％以上の確率で見事に合格した。

ニュージーランドのオークランド大学の動物認知学の専門家で，今回の研究には参加しなかったアレックス=テイラーは，「オオガラスが，同じような問題を与えられた類人猿や子供よりも，二つの計画課題を解決するのが上手だったというのは，本当に驚きです」と述べている。

テイラーは「道具の使用と物々交換という二つの行動はオオガラスが野生で見せる行動ではないことを考えると，これは特に興味深いことです」と説明している。

「このことは，人間・類人猿と同様に，オオガラスも新しい行動に利用できる一般的な計画能力を持っている可能性を示唆しています」

満足遅延耐性

最後の実験では，オオガラスは，目先のより劣る食べ物の報酬（より小さく，より味の劣る犬のエサ）と後で自分の好きなエサと交換できるメダルのどちらかを選ぶことができた――これは満足遅延耐性と呼ばれる概念だ。

「人間は未来に起こることの価値を低く見ます」とオスヴァートは述べ，人間は通常すぐに得られる報酬の方を選ぶと強調した。

オオガラスはもう少し辛抱強いようで，70％以上の確率で，近い将来によりよい食べ物を手に入れることができるようになる道具やメダルを選ぶ。

しかし，この結果には解釈の余地があるとテイラーは指摘する。ひょっとすると，オオガラスはその実験の裏をかいているかもしれないと彼は言う。「オオガラスは未来について何も考えていないのかもしれません。そうではなく，単に食べ物と最も関連しているものを選んでいるだけかもしれないのです」

今後の実験により，オオガラスがどれくらい賢いかを正確に見分けることができるはずだが，最も基本的なレベルでは，人間は思っていたほど特別ではないのかもしれないということを今回の発見は示している。

◀解　説▶

問1．(A)　be unique to ～ で「～に特有である」の意で，正解は③。

(B)「…大学の」と所属を示す場合は at を用いるので，正解は③。

(C)　空所直前のオスヴァートという「人」を示す関係代名詞だと気づけば，正解は②。先行詞の後にカンマがある場合，関係代名詞の that は使えない。

(D)　as follows で「以下の通り」の意になり，正解は①。

(E)　Osvath says, という S V，の後なので noting と分詞を入れれば分詞構文になることに気づきたい。正解は④。

問2．空所直前の第2段で「実験によってオオガラスたちは人間や他の大型類人猿に劣らない認知能力を持っていることが示されている」とあり，空所以降の第3段・第4段で具体的に「オオガラスの事前に計画する能力」が人間と同じくらい優秀であることが説明されている。したがって，正解は②「例えば」。

問3．下線部(a)の that notion「その考え」は前方の内容を指すので，直前の記述の中で「考え」にあたる部分を探す。第3段第2文（Scientists previously believed …）に続く内容「これらの行動（将来のことを計画する行動）はヒト科の動物――人類と類人猿――に特有のものだ」がそれにあたることがわかれば，③「ヒト科の動物だけが抽象的思考能力を持つ」が同意であるとわかる。正解は③。

他の選択肢の意味は以下の通り。

①「オオガラスは前もって計画する課題が人間と同じくらい得意だ」

②「サルは将来の出来事に向けて計画することができる」

④「人類は将来の出来事に向けて計画する柔軟性を持っている」

問4．空所の直前に「その鳥（オオガラス）の交換能力（物々交換の能力）を試す実験」とあるので，その具体的内容だ，と考えれば②「交換の仕方」が正解とわかる。他の選択肢の意味は①「示し方」，③「戻し方」，④「壊し方」。

問5．⑴ 「次の記述のどれが『何が箱の中にあるか』実験と一致するか」

①「オオガラスは，特別な道具を置いたら何が起こるかは教えられてはいなかった」 第7段（The basic experiment …）に「研究者たちはオオガラスに，箱から突き出た管に特別な道具を入れると自分たちが好きな食べ物――犬のエサのかたまり丸ごと1個――が出てくることを教えた」とあるので一致しない。

②「研究者たちは，オオガラスに犬のエサを手で直接与えた」 本文中のいずれの実験においても「手で直接与えた」という記述はないので一致しない。

③「オオガラスはサルよりも課題を解決することが得意なようだった」 第12段（“Monkeys have not …）に「『これまでサルがこのような課題（オオガラスが解決できた課題）を解決できたことはありません』とオスヴァートは言い…」とあり，一致するので③が正解。

④「オオガラスは実験でものを選択することはなかった」 第19段（In the final …）で述べられている実験は，オオガラスが2つの報酬から選択することができる内容なので一致しない。

⑵「次の記述のどれが最後の実験について当てはまらないか」

①「オスヴァートによると人は即座の報酬を選びがちだ」 第20段（“Humans devalue things …）の内容と一致している。

②「オオガラスは，より劣る食べ物の報酬か，よりよい報酬に変えられるメダルかを選択することができた」 第 19 段（In the final …）の内容と一致している。

③「研究者は，オオガラスは将来について考えている，と結論付けた」 第 22 段（However, Taylor notes …）に「オオガラスは未来について何も考えていないのかもしれません」という研究者の見解が述べられているので一致しない。よって③が正解。

④「実験は満足遅延耐性と呼ばれる概念に関するものだ」 最後の実験は満足遅延耐性に関するものなので一致している。

⑶「次のどれが本文で述べられている考えの中心となるものを一番よく説明しているか」

①「人間と類人猿は私たちが思っていた通り特別であるようだ」 最終段後半（…, these findings show …）に「人間は思っていたほど特別ではないのかもしれないということを今回の発見は示している」とあるので不適。

②「オオガラスは将来の出来事に対して計画する能力を持っているかもしれない」 第 4 段（Now, a new …）に「（学者たちによれば）オオガラスは人間と同様に事前に計画を立てる能力があるという」とあり，その後の三つの実験はそれを実証する実験であると考えられるので，これが本文で述べられている考えの中心と言える。正解は②。

③「オオガラスは将来に起こる出来事を絶対に評価している」 第 22 段（However, Taylor notes …）に「オオガラスは未来について何も考えていないのかもしれません」とあるので不適。

④「オオガラスはサルより賢いが，人間の子供ほど賢くはない」 第 12・13 段（“Monkeys have not … box than toddlers.）の内容から不適。

II 解答

問 1．⑷—①　⑻—②　⒞—②
問 2．①　問 3．③　問 4．⑴—②　⑵—①　⑶—②
⑷—①　⑸—②　⑹—①

◆全　訳◆

≪プリンの歴史≫

日本は何世紀にもわたって洋菓子（西洋風のお菓子とデザート）を愛し

てきた。

それは16世紀のポルトガル人とのまさに最初の交流から始まったが，そのポルトガル人からカステラスポンジケーキ（カステラ）や紙吹雪のような形状の砂糖菓子（金平糖）などを日本人は取り入れた。19世紀に日本が開国すると，洋菓子の普及が加速した。

中でもバニラカスタードを使ったお菓子が特に受け入れられている。今日では，濃厚なカスタードを小さなソフトロールに詰めたクリームパンや，角型のパンに同じカスタードを詰めたクリームコルネなど，日本独自のものや，発祥の地よりもはるかに一般に知られている，カスタードを使ったお菓子が日本にはたくさんある。また，カスタード入りのシュー皮を使ったお菓子も広く出回っており，エクレアもそうだ。

最も人気のある種類のカスタード菓子は，まず間違いなくキャラメル・カスタード・プリンまたはキャラメル・フランだ。このお菓子が初めて文献に登場するのは明治時代（1868-1912）の初めである1872年までさかのぼり，『西洋料理通』の中でポッディングと呼ばれている。

これはフランスのクレーム・レンバーゼ（クレーム・カラメル）が元になっているものと思われるが，「ポッディング」の名は英語の「プディング」に由来する。その後，「ポッディング」と「プディング」が変化して「プリン」となり，それが現在のそのお菓子の名称になった。

他の乳製品と同様，プリンも第二次世界大戦後までは高級品だった。1946年，横浜のホテルニューグランドは，ダグラス=マッカーサー元帥の率いる連合国軍の臨時司令部として使用された。ホテルのシェフたちは，キャラメル・カスタード・プリンを派手にアレンジして，大きなガラス皿の中央にプリンを配置し，新鮮なフルーツやアイスクリーム，ホイップクリームを盛り付けた。これはプリンアラモードと呼ばれ，アメリカ人に大好評だった。

今ではプリンアラモードはファミリーレストランなどでも広く販売されるようになり，今となってはやや古めかしいものだが，当時は究極の贅沢なデザートだった。

プリンが一般家庭で作られるようになったのは1960年代からで，そのころゼラチン入りの材料が混ぜられているカスタードパウダーが手に入るようになり，牛乳が手ごろな値段になったのだった。しかし，プリンが本格的に普及したのは既製品のプリンが発売されてからだった。

例えば，1972 年に発売されたグリコのプッチンプリンは，プラスチックの底にあるテープで覆われた小さな穴から空気を入れることで，プリンを皿の上にきれいに反転させるという画期的な方法を取り入れた。現在，カップ入りプリンはどこのスーパーやコンビニでも販売されており，さまざまな味がある。

ここ 10 年は，バニラ・キャラメル味のプリンが再び流行している。小さな瓶に入ったクリーミーで贅沢なプリンは，パティスリーや専門店で販売される流行のお菓子となっている。みんな人気の高級プリンを求めて，何時間も並ぶ。

◀解　説▶

問 1．(A)　空所のある第 3 段（Vanilla custard-based sweets …）が「バニラカスタードを使ったお菓子が特に受け入れられている」という内容であることから考えて，①「一般的な，一般に知られている」が最も適切。正解は①。

(B)　which is what *A* is called で「*A* はそう呼ばれている」の意で，正解は②。

(C)　dairy products は「乳製品」の意で，正解は②。

問 2．accelerate は「加速する」の意で，speed up の過去形である① sped up が正解。

問 3．premade version は，「前に（pre）作られた（made）バージョン（のプリン）」で，その具体例が第 9 段（For instance, Glico's …）にあるプッチンプリンだとわかれば，店で売っている既製品のプリンのことだとわかる。それが took off「離陸した」ということは③「人気が出た」の意味だろうと推測がつくはず。正解は③。

問 4．(1)「すでに江戸時代に日本にはさまざまなカスタードを使ったお菓子があった」第 4 段（The most popular …）に，キャラメル・カスタード・プリンに関しては，明治時代初めの文献に初めて記載があるとの記述があるが，そのほかのカスタードを用いたお菓子が江戸時代にあったかどうかは本文に記述はないので一致しない。

(2)「キャラメル・フランは 19 世紀に初めて日本の文献に登場した」mention は「～に言及する」の意だが，ここでは「文献に登場する」の意。

第 4 段第 2 文（The first mention …）の内容に一致する。

⑶「『プリン』という名前はもともとポルトガル語から来ている」 第 5 段（This seems to …）の内容から英語に由来することがわかるので，一致しない。

⑷「横浜のホテルニューグランドのシェフは第二次世界大戦後に画期的なプリンを作り出した」 第 6 段（Like all dairy …）の内容に一致する。

⑸「プリンアラモードは手ごろな値段だったので 1960 年代にファミリーレストランで人気があった」 第 8 段（Purin wasn't made …）に 1960 年代の説明があるが，一般のプリンに関するもので，プリンアラモードに関して本文にそのような記述はないので一致しない。

⑹「プリンが普通の家庭で作られるようになった理由の一つは，材料が混ぜられているカスタードパウダーが手に入るようになったからだ」 第 8 段（Purin wasn't made …）の内容に一致。

Ⅲ　解答

⑴—④　⑵—④　⑶—②　⑷—④　⑸—①
⑹—④　⑺—①　⑻—②　⑼—②　⑽—③

◀解　説▶

⑴「診察室で彼の名前が呼ばれるのを耳にした」 知覚動詞＋O＋過去分詞で「O が～されるのを知覚する」の意。正解は④。知覚動詞＋O＋原形「O が～するのを知覚する」，知覚動詞＋O＋現在分詞「O が～しているのを知覚する」も押さえよう。

⑵「彼には 2 人の娘がいるが，その 1 人は看護師になった」 He has two daughters, and one of them became a nurse. が基本の文。and がないことから関係詞を用いる場面と気づきたい。関係代名詞 whom は通常 who で代用されるが，of などの前置詞の後では whom を用いることに注意。正解は④。

⑶「次の月曜まで待ってくれ。月曜にはその金を払うつもりだから」 ② till「まで」と③ by「までに」を間違えないように。正解は②。

⑷「この雑誌に何か驚くようなことを見つけましたか」 surprising は「驚かされるような」の意で，something surprising で「何か驚かされるようなこと」，つまり「驚くようなこと」の意になる。正解は④。

⑸「もし傘を持って出ていたら今雨に濡れていないだろうに」 If の後で

過去完了が用いられているので仮定法と気づきたい。前半（If 以下）は過去完了で「(過去に)～していたら」の意だが，後半最後に now があるので「(今)～だろうに」という仮定法過去の内容にずれていることに注意。正解は①。

(6)「彼の無礼には我慢がならない」put up with ～で「～に我慢がならない，耐えられない」の意で，④が正解。

(7)「生産性は予測されていたより急速に増加した」予測されていたのは「増加した」（過去）より前なので，大過去（had＋過去分詞）の形の①が正解。

(8)「彼女はとても若く見えるが，20 代であるはずがない」in *one's* twenties で「20 代で」の意で，正解は②。

(9)「営業担当者として当社に入社した以上，当社の売上を伸ばすことに尽力していただきたい」be committed to *doing* で「～することに専念する，尽力する」の意で，正解は②。

(10)「ジェーンは今日の授業で日本の政治に関する質問をたくさんした」*B* concerning *A* で「*A* に関する *B*」の意で，③が正解。

Ⅳ　解答

33―③　34―④　35―②　36―①
37―⑤　38―⑦　39―⑥

◆全　訳◆

≪服屋にて≫

店員：　何かお探しですか。

メアリー：ええ，妹が来月結婚するの。彼女の結婚式に着ていくドレスが必要なの。何かお勧めはあるかしら。

店員：　どんな種類のドレスをお探しですか。

メアリー：そうね，結婚式に着ていけるぐらいおしゃれだけど，ディナーや他の用事にも着ていけるようなカジュアルなものが欲しいの。

店員：　入荷したばかりのとても素敵なドレスが何着かありますよ。このグレーのはいかがですか。最新のスタイルですし，あなたにとても似合うと思いますよ。

メアリー：素敵なドレスだけど，ちょっと高すぎるわ。500 ドルは出せないわ。このダークブルーのドレス，素敵ね。おいくらかしら。

店員：　それはセール中で200ドルです。

メアリー：試着してみて，サイズが合えば買うわ。色もスタイルも値段も気に入ったわ。

◀解　説▶

それぞれの選択肢の意味は以下の通り。

①「あなたにとても似合うと思います」

②「入荷したばかりのとても素敵なドレスが何着かあります」

③「何かお勧めはありますか」

④「どんな種類のドレスをお探しですか」

⑤「500ドル出す余裕はありません」

⑥「サイズが合うなら買うつもりです」

⑦「セール中で200ドルです」

⑧「どんな色をお考えですか」

店員と客の会話で，選択肢を見ると①・②・④・⑦・⑧が店員のセリフ，③・⑤・⑥が客のセリフと推測できる。このように，立場の違う者の会話は先に分けてから考えるとわかりやすくなる。客側の選択肢③・⑤・⑥を見比べると，③は買う前，⑤は検討中，⑥は買いたいものが見つかった後とわかる。メアリー（客）のセリフ中の空所は3カ所で，それぞれ順番に33，37，39に入れて文脈を検討してみると意味が通ることがわかる。よって33は③，37は⑤，39は⑥と決まる。同様に店員のセリフを見比べると，④・⑧は接客開始，②は具体的な服を勧める前，①は具体的な服を勧めた後，⑦は値段を聞かれた後とわかる。店員側の最初の空所34の直後の客のセリフは服のタイプを答えているので，④・⑧のうち④が適すると判断。また，38の直前で客が「おいくらですか」と尋ねているので38には⑦が入るとわかる。残りの35と36は，間で具体的な服を勧めているので，35は②，36は①と決まる。地道に前後関係を読み解きながら決めていかなければならない場合でも，この「先に二者に分配してから解く」方法は頭に置いておいてほしい。

V　解答　(1)—①　(2)—⑦　(3)—⑤　(4)—⑥　(5)—②　(6)—③

◀解　説▶

(1)　(The reason) is that they become too busy with (their part-time jobs this time of the year.)

The reason is that ～で「理由は～ということだ」。busy with ～「～で忙しい」

(2)　(She) looked as if she had seen something (strange.)

look as if S V で「まるでSがVする［した］かのように見える」という仮定法を用いた表現になる。日本語で「見たかのように」と過去の言い方になっている場合は仮定法過去完了を用いる。

(3)　(It was) not until the party was half over that (he came.)

It was not until ～ that S V.で「～になってようやくSはVする」の構文。be half over「半分終わった」

(4)　(The office) where he works is not far from (here.)

関係副詞 where を先頭に置いた where he works を The office の直後に置いて「彼が働く職場」のかたまりを作る。be far from ～「～から遠い」

(5)　(A pilot is) required to wear a uniform while on (duty.)

be required to *do* で「～することが要求される」。while on duty は while S be on duty の S＋be 動詞の省略表現であることに気づきたい。be on duty「勤務中である」

(6)　(The workers) are assembling the products far more efficiently than they (did before.)

「組み立てている」という進行形の表現であること，「よりはるかに効率的に」という比較級の強調表現（far＋比較級）であることがポイント。

日本史

I 解答

問1．④ 問2．③ 問3．② 問4．② 問5．②
問6．④ 問7．③ 問8．⑤ 問9．③ 問10．⑤
問11．③ 問12．⑤ 問13．① 問14．③

◀解 説▶

≪古代・中世の政治・文化≫

問1．④誤文。西大寺は称徳天皇の創建で奈良時代，薬師寺は天武天皇の創建で白鳳時代である。ともに，飛鳥時代のものではない。

問2．③正文。670 年に氏姓に関する根本台帳として庚午年籍が作成され，永久保存とされている。

①誤文。白村江の戦いでは，日本は唐・新羅の連合軍に大敗を喫した。勝利したとするのは誤りである。

②誤文。和同開珎の鋳造は，708 年で 8 世紀初頭である。7 世紀後半には該当しない。

④誤文。大宝律令の完成は，701 年であり 7 世紀後半には該当しない。

⑤誤文。中宮寺半跏思惟像は 7 世紀前半の飛鳥文化，興福寺阿修羅像は 8 世紀の天平文化の作品で 7 世紀後半には該当しない。また，中宮寺半跏思惟像は南朝様式であり，ともに北魏様式の影響を受けたものでもない。

問4．②誤文。『万葉集』には東歌や防人歌などの東国の民衆たちの歌も含まれており，宮中の人々の詠んだ歌のみで構成されているわけではない。

問5．④古事記の成立（712 年）→②長屋王の変（729 年）→①国分寺建立の詔（741 年）→③墾田永年私財法（743 年）→⑤道鏡の失脚（770 年）の順となり，正解は②。

問6．④誤文。最澄の延暦寺と空海の教王護国寺（東寺）が王城鎮護の拠点となったが，教王護国寺は空海が建立したものではなく，嵯峨天皇より賜ったものである。桓武天皇の時代の出来事にも該当しない。やや難しいが，消去法で対応できる。

問7．③誤文。平安京で早くからさびれていたのは右京であり，左京ではない。右京は低地が多く，水害に悩まされていた。

問 8．①誤文。わび茶は，足利義政の時代（東山文化）に村田珠光により始められたものであり，南北朝時代のものではない。南北朝時代には，茶寄合・闘茶がさかんであった。

②誤文。『太平記』を読み語りした講釈師のことは「太平記読み」という。琵琶法師は『平家物語』の語り手であり，誤り。

③誤文。延暦寺で学んだ僧侶が，様々な仏教宗派を開いたのは鎌倉時代であり，南北朝時代のことではない。

④誤文。南北朝の動乱のなかで，武士社会では分割相続から単独相続へと移行した。その逆ではない。

問 9．①誤文。幕府の判決の強制執行は使節遵行であり，刈田狼藉は誤り。刈田狼藉は稲の不法な刈り取りのことである。

②誤文。銀は輸入品ではない。明からは，銅銭・生糸などを輸入している。また，朝鮮との貿易には勘合ではなく通信符が使用された。

④誤文。室町幕府の将軍を補佐するのは執権ではなく，管領である。

⑤誤文。建武式目は，室町幕府の当面の政治方針を定めたもので，訴訟裁判の基準を示したものではない。

問 10．⑤正解。赤松満祐は，6 代将軍足利義教を謀殺したあと，幕府軍に討伐された。3 代将軍義満の時代ではない。

①誤り。今川貞世は，応永の乱で大内義弘に協力し，足利義満に敗れて衰退した。

問 11．③誤文。南朝の征西将軍は懐良親王であり，護良親王は誤り。

問 13．②誤文。足利義政がつくった山荘は東山にある。北山は誤り。

③誤文。享徳の乱の勃発は 1454 年であり，応仁の乱（1467～77 年）以前のことで応仁の乱が波及した結果ではない。享徳の乱で鎌倉公方が分裂し，関東を統一して支配するものがいなくなり，関東地方は戦国時代に入った。

④誤文。土一揆がさかんになるのは，正長の土一揆（1428 年）の頃からで応仁の乱以前であり，応仁の乱の影響ではない。

⑤誤文。応仁の乱後，有力大名は領国に下り，常時在京しているようなことはなかった。

問 14．③正解。戦国大名となった北条氏を鎌倉時代の北条氏と区別して，後北条氏とよぶことがある。

II　解答

問１．A―①　B―④　問２．⑤
問３．⑤　問４．①　問５．①
問６．C―③　D―④　E―②　F―④　G―②
問７．③　問８．②

◀解　説▶

≪安土桃山時代の政治・文化，江戸時代の諸産業≫

問２．①誤文。桃山時代の城郭建築は平野部につくられた平城・平山城が特徴的であり，山城ではない。戦国時代の防衛施設としての役割より，政庁としての機能が城郭に求められるようになったことが影響している。

②誤文。金箔の地の上に濃い青や緑の彩色を施したのは濃絵であり，蒔絵は誤り。

③誤文。濃絵は絵画の技法であり，仏像彫刻に用いられるものではない。金や銀粉などで漆器の表面に絵模様をつける蒔絵は，主に漆器に用いられる技法であり，欄間は誤り。欄間には欄間彫刻が施されることがある。

④誤文。千利休のわび茶は草庵の茶で，書院の茶ではない。豪華な書院の茶に対して，草庵の茶は素朴で閑寂な境地を求めた。

問３．⑤正解。文禄の役（1592～93 年）・慶長の役（1597～98 年）が，豊臣秀吉の奥羽平定（1590 年）による全国統一のあとにおこなわれたことを理解できていれば易しい。小牧・長久手の戦いは，秀吉と織田信雄・徳川家康との戦いで 1584 年のことである。

問４．①誤文。織田信長は，銭の基準や交換率を定めて銭の流通を円滑にするため，撰銭を禁止した。撰銭を奨励したとするのは誤り。

問５．①誤文。太閤検地により一地一作人の原則が確立し，荘園制の重層的な土地支配関係が解消され，農民は田地所持を認められ年貢納入の責任を負った。これにより，荘園公領制は解体されたのであり，維持されたのではない。

問６．C．備中鍬は，「深耕」・荒おこし用の鍬。F．〆粕は，鰊などの魚類から油を搾った残りの粕のことである。油粕は，菜種などから油を搾った残り粕である。区別しておくこと。

問７．③誤文。17 世紀末の新田開発は水害の原因となり，入会地を減少させた。水害の原因が消え，入会地が増えたとするのは誤りである。

問８．①誤文。「上方は金遣い，江戸は銀遣い」は逆で，江戸の金遣い，上方の銀遣いが正しい。

③誤文。18 世紀には，農村で農村家内工業から問屋制家内工業への転換が始まった。問屋制家内工業から農村家内工業が発展したとするのは誤り。

④誤文。下総の銚子は醤油の生産がさかんであり，酒ではない。山城の伏見は酒の産地として知られており醤油の特産地ではない。

⑤誤文。17 世紀前半に金・銀の産出量は増えたが，輸出の中心は金ではなく銀であった。

III　解答　問１．A―⑤　B―②　C―③　D―②　E―④

問２．③　問３．②　問４．⑤　問５．④　問６．③

問７．①　問８．④　問９．②　問10．①　問11．④　問12．⑤

◀解　説▶

≪近代の宗教・思想統制≫

問１．A．1868 年 3 月 13 日に祭政一致と神祇官再興が布告された。これを受け，翌日に天神地祇に誓うという形式で五箇条の誓文が発布された。

D．難問。フルベッキの来日は 1859 年，ジェーンズの来日は 1871 年で，幕末から来日していたのはフルベッキ。

E.「皇紀」は，神武天皇が即位したとされる紀元前 660 年を建国元年とする紀年法で，政府は 1940 年を皇紀 2600 年として盛大に祝福し，国威発揚を図った。

問３．②誤文。神社制度の頂点に立つのは，皇祖神を祀る伊勢神宮であり靖国神社ではない。靖国神社は，戦争で天皇のために命を落とした兵士を祀るためにつくられた。

問４．①誤文。熊本洋学校で聖書を講じたのはジェーンズであり，クラークではない。クラークは，札幌農学校教頭となりキリスト教精神による教育をおこなった。

②誤文。井上円了は，仏教思想家で哲学館（東洋大学の前身）を設立した人物。キリスト教には批判的であり，キリスト教精神による教育をめざしたわけではない。

③誤文。海老名弾正は日本的なキリスト教を模索したが，プロレタリア文学運動には参加していない。

④誤文。同志社を創設したのは新島襄であり，新渡戸稲造ではない。

問５．㈤誤文。伊藤博文はドイツ流の憲法理論を学んだのであり，フランス流ではない。

㈢誤文。宣戦・講和・条約締結などの外交も天皇大権の一部であり，外交が大権に含まれないとするのは誤りである。

問６．③誤文。被差別部落の住民に対する差別撤廃を目的に結成されたのは全国水平社であり，友愛会ではない。友愛会は，労働者の地位向上のために鈴木文治らにより設立された団体である。

問７．②誤文。天皇機関説の説明は正しいが，提唱者は美濃部亮吉ではなく美濃部達吉である。亮吉は達吉の子で，東京都知事となり革新首長として注目された。

③誤文。天皇機関説を確立したのは美濃部達吉。吉野作造は民本主義の提唱者であり，誤り。

④誤文。君主権が絶対のものとする学説は天皇の権力を無制限に認める天皇主権説で，上杉慎吉らが提唱した学説であり，天皇の主権が憲法の制約を受けるとする天皇機関説とは異なる。

⑤誤文。天皇機関説を攻撃したのは右翼であり，左翼ではない。

問９．㈸誤文。治安維持法が制定されたのは加藤高明内閣のときで，田中義一内閣ではない。

㈻誤文。最高刑を死刑に引き上げたのは田中義一内閣のときで，加藤高明内閣のときではない。

問10．㈵誤文。政府の大陸政策を批判した東京帝国大学教授は矢内原忠雄で，「国家の理想」（『中央公論』）が発禁処分を受けた。中野重治はプロレタリア文学の作家であり，誤り。

㈷誤文。北一輝は『日本改造法案大綱』の筆者で，皇道派青年将校に大きな影響を与え，二・二六事件で死刑となった。左翼の知識人ではない。

問11．㈼誤文。「一億総懺悔」は，敗戦後に東久邇宮稔彦首相が唱えたもので，戦前の国家主義的教育の内容とは無関係である。

㈽誤文。記紀の文献学的批判をおこなったのは津田左右吉であり，津田梅子ではない。津田梅子は女子英学塾（のちの津田塾大学）の創立者。

問12．⑤誤文。台湾でも志願兵制度が1942年から実施され，日本軍に従軍した兵士が５万人以上戦死した。

④正文。台湾でも日本式に氏名を改めさせる改姓名が進められた。

世界史

I　解答

問1．A―①　B―⑤　C―③　問2．①　問3．③
問4．④　問5．①　問6．②・④※　問7．①
問8．③　問9．③　問10．②　問11．④　問12．②　問13．①
問14．③

※問6については選択肢に複数の正解が存在することが判明したため，そのいずれをも正解とすると大学から発表があった。

◀解　説▶

≪古代オリエント諸国とローマが後世に与えた影響≫

問2．②不適。サータヴァーハナ朝は前1世紀～後3世紀頃の王朝。
③不適。城壁で囲まれた都市国家が生まれたのは前6世紀頃。
④不適。クシャーナ朝（1～3世紀）のカニシカ王は2世紀中頃の人物。

問3．③誤文。ローマは服属した住民の一部にローマ市民権を与えるなど，分割統治で支配した。

問5．①誤文。ペリクレスは民主政を完成させたアテネの将軍。

問6．①誤文。バビロン捕囚（前586～前538年）を行ったのは新バビロニア（カルデア）。
③誤文。バビロン第1王朝がエジプトに侵攻した事実はない。

問9．①不適。巨大なピラミッドが建造されたのは古王国時代。
②・④ともに不適。アメンホテプ4世（イクナートン）によるアトン神信仰の強制や積極的な対外活動が行われたのは新王国時代。

問10．②不適。「王の道」を整備したのはアケメネス朝のダレイオス1世。

問12．②不適。オクスフォード大学やケンブリッジ大学が創設されたのは12世紀後半～13世紀初頭なので，ルネサンス以前の出来事。

問13．モンテスキューは17世紀後半～18世紀半ばの啓蒙思想家。
②不適。18世紀に盛行した啓蒙思想に対し，リアリズム（写実主義）が唱えられたのは19世紀半ばのフランス。
③不適。グーテンベルクにより活版印刷術が改良され，普及したのはルネサンス期の15世紀。

④不適。「大衆」の台頭がみられたのは 20 世紀以降。

問 14．アメリカの独立は，(あ)の印紙法への抵抗（1765 年）や(か)のボストン茶会事件（1773 年）に端を発し，1775 年にはレキシントンと(い)のコンコードで武力衝突が起こり，独立戦争へ突入した。1776 年には(う)の独立宣言が発表され，(き)のヨークタウンの戦い（1781 年）によりアメリカの勝利が確実となり，(え)のパリ条約（1783 年）によって終結している。なお，(お)のフレンチ=インディアン戦争（1754～63 年）はアメリカ独立革命前の出来事。年代順に並べると，(お)→(あ)→(か)→(い)→(う)→(き)→(え)となるので正解は③となる。なお，フレンチ=インディアン戦争のみ，アメリカの独立に直接関係する他の出来事よりも前に起こったことと判断できれば，③に注目し，正解として選択できる。

II　解答

問 1．①　問 2．②　問 3．①
問 4．(あ)―⑦　(い)―④　(う)―③　(え)―⑥
問 5．①　問 6．①　問 7．②　問 8．②　問 9．④　問 10．①
問 11．③　問 12．③　問 13．②

◀解　説▶

≪アフガーニーから見たアジアの民族運動≫

問 5．①誤文。ガザーリーはスンナ派の神学者。

問 7．イギリス東インド会社の商業活動停止は 1833 年。シク戦争は 1845～46，48～49 年，インド大反乱（シパーヒーの反乱）は 1857～59 年であり，反乱中の 1858 年にムガル帝国が滅亡した。よって年代順は，(あ)→(う)→(い)→(え)となる。

問 8．②誤文。タンジマートでは外国製品の流入により地域産業が没落している。

問 9．X．正文。

Y．誤文。組織的なアラビア語への翻訳はアッバース朝（750～1258 年）期の 9 世紀以降にバグダードの「知恵の館（バイト=アルヒクマ）」を中心に行われた。

Z．正文。

問 10．①誤文。ウラービー運動後のエジプトは，イギリス単独の事実上の保護下に置かれた。

問11．③不適。陳独秀は中国共産党の指導者。

問12．①・②ともに不適。ミドハト憲法発布は1876年であり，甲午農民戦争は1894年の出来事。

④不適。イリ条約の締結は1881年。

問13．②誤文。1851年に世界初の万国博覧会が開催されたのはロンドン。

III 解答

問1．A―⑥　B―⑤　C―⑩

問2．D―④　E―⑥

問3．②　問4．⑤　問5．②　問6．①　問7．⑤　問8．④・⑥

問9．③　問10．②　問11．③　問12．③　問13．④

◀解　説▶

≪17～18世紀のイギリスとオランダ≫

問5．①誤文。アイルランドにはカトリック教徒が多かった。

③・④ともに誤文。1880年代にアイルランド自治法案を提出したのはグラッドストンであり，彼は自由党の政治家。

問6．「関連する歴史的文書」とは権利の章典なので，正解は①。

②・③はフランスの人権宣言（1789年），④はアメリカ独立宣言（1776年）の文言。

問9．①誤文。1602年に設立されたオランダ東インド会社は世界初の株式会社だった。

②誤文。アンボイナ事件（1623年）ではオランダが勝利した。

④誤文。東インド会社はフランスでも存在した。

問11．①誤文。ウィーン会議にオスマン帝国は参加していない。

②誤文。ウィーン会議を主導したオーストリア外相はメッテルニヒ。タレーランはフランスの外相。

④誤文。ネーデルラント（ベルギー）を領有したのはオランダ。

問12．イギリスの産業革命では，(い)のジョン=ケイによる飛び杼の発明（1733年）により綿布生産が倍増した結果綿糸不足となり，(う)のハーグリーヴズによる多軸紡績機の発明（1764年頃）を促した。さらに良質の綿糸生産が織機の改良を誘導し，1785年には(あ)のカートライトが力織機を発明している。なお，(え)のフルトンが蒸気船を試作したのは1807年なので，年代順は(い)→(う)→(あ)→(え)となる。

問 13. ①・③ともに不適。『ロビンソン=クルーソー』を著したのはデフォーであり，スウィフトの代表作が『ガリヴァー旅行記』。

②・⑤ともに不適。『天路歴程』の著者はバンヤン。『オリヴァー=トゥイスト』を著したのはディケンズだが，彼は 19 世紀のイギリス写実主義作家。

地理

I　解答

問１．③　問２．④　問３．②　問４．③　問５．⑤
問６．⑥　問７．③　問８．④　問９．④

◀解　説▶

≪日本の水産業と都市≫

問１．最も水揚量が多いのが銚子，２位が焼津と読み取れる。

問２．最も水揚卸売価格が多いのが焼津，２位が銚子であることは，容易に読み取れる。３位は読み取りにくいので，④～⑥の選択肢の３位を見て，浜田，高知が地図に記載されていないことから④を正解とすればよい。

問３．あまりなじみのない漁港名もあるので，各選択肢の漁港のうち地図に記載のないものを除外しておくとよい。①は北九州が，⑤は福岡・延岡・福山がない。一方，③は石巻・焼津・境が，④は釧路・石巻が，両方の地図に記載されている。よって②を正解とする。東町（鹿児島県）は鹿児島県北西部にある長島町の漁港で，養殖ぶりの水揚げで有名である。

問４．③適切。下関はふぐ，三崎（神奈川県）はまぐろ，東町（鹿児島県）は養殖ぶり，勝浦（千葉県）はかつおに加えてまぐろの水揚げが有名で，いずれも高級魚で魚価が高い。

問５．①は小樽・秋田，②は浜田・上関，③は秋田・いわき，④は酒田・南相馬が，それぞれ両図とも記載されていない。よって⑤が正解となる。なお，平内（青森県）はホタテ貝の養殖が盛んで，水揚げが多い。

問６．Aは境で鳥取県に属する。鳥取県の人口は 55.6 万人で最も人口の少ない県である。人口密度は 158.4 人/km^2 で下位から 11 番目である（2019 年）。

問７．Bは石巻で宮城県に属している。県庁所在都市は仙台市で，政令指定都市となっている。人口は 106.3 万人あり，政令指定都市の中で人口規模は 11 番目である（2019 年）。

問８．Cは下関で，政令指定都市ではなく中核市である。下関市の人口は，所属する山口県の県庁所在都市である山口市の 19.2 万人を上回り，県内１位の 26.4 万人を有している（2019 年）。

問9．Dは焼津で，かつお・まぐろの遠洋漁業の根拠地として有名である。

II 解答

問1．①　問2．①　問3．④　問4．④　問5．①
問6．①　問7．①　問8．③　問9．⑤

◀解　説▶

≪エネルギー資源≫

問1．ブラジルは水資源が豊富で，南部のパラナ川水系を中心に多くのダムが建設され，総発電量の65.8％を水力発電が占めている。中国は火力発電の比重が71.1％と高いが，黄河や長江に巨大なダムが建設されており，水力も19.2％を占めている。ドイツは南部のアルプス山脈を除くと国土の大半は平坦であるため，水力の割合は4％と低い（2016年）。

問2．北海道は面積も広く山地も多いため，日本で最も多くのダムが建設されている。

問3．先進国は火力発電の割合が高い傾向にある。例外として，包蔵水力の大きいカナダ・ノルウェー・スイスなどでは水力発電が中心となっており，フランスは原子力発電の割合が著しく高い。発展途上国でも中国・インドのように石炭資源が豊富な国は火力の割合が高い。火力の割合は，日本は79.4％，フランスは8.6％，インドは81.2％，アメリカ合衆国は64.9％，カナダは19.8％である（2016年）。

問4．1位のアメリカ合衆国は20.4％，2位のロシアが18.3％を占めている（2017年）。

問5．X．正文。福島第一原子力発電所の事故以来，廃炉を含めて安全性確保のための取り組みが行われている。

Y．正文。日本では海水を冷却水として使用するためすべて海岸部に立地しているが，内陸国スイスをはじめフランス・ドイツなどでは河川水を冷却水に利用するため，世界的には内陸部にも立地している。

問7．八丁原発電所は，九州電力が運営する日本最大の地熱発電所である。

問8．塩素を含むプラスチックゴミを燃焼させると，猛毒のダイオキシンを発生させる危険性がある。

問9．⑤不適切。石油危機以後，原油の備蓄がすすめられ，青森県六ヶ所村等に石油備蓄基地が設置されている。

III **解答** 問1．④ 問2．④ 問3．②・⑤
問4．④ 問5．④ 問6．⑤・⑥
問7．① 問8．③ 問9．④

◀解 説▶

≪インド半島付近の地誌≫

問1．インド，スリランカ，パキスタン，ネパール，中国は容易に判断できる。東経90度はバングラデシュ，ブータンを通る。東経65度はアフガニスタン，トルクメニスタン，ウズベキスタン，カザフスタンを通り，その東側にはタジキスタン，キルギスが位置している。また，北緯5度付近にはモルディブもあり，合計14国となる。

問2．古期造山帯のテンシャン山脈である。

問3．①適切。Bのタリム盆地には，タクラマカン砂漠が広がっている。
②不適切。タリム川は，海への出口を持たない内陸河川である。
③適切。チャンチヤンは長江のこと。Cのチベット高原に源流部がある。
④適切。ホワンホーは黄河のことで，Cのチベット高原に源流部がある。
⑤不適切。Dはヒマラヤ山脈で，新期造山帯であるが火山は存在しない。
⑥適切。ヒマラヤ山脈はかつて海底にあり，インド=オーストラリアプレートがユーラシアプレートに衝突した結果，褶曲して高峻な山脈となった。最高峰チョモランマ（英語名エベレスト，現地名サガルマータ）も石灰岩などからなり，三葉虫などの海の生物の化石がみつかっている。

問4．エはムンバイで，熱帯に位置する。夏季は南西モンスーンの影響で降水量が多くなる反面，冬季は乾燥した北東モンスーンの影響で乾季となる。ケッペンの気候区分で，熱帯の指標は最寒月平均気温が18℃以上であることから①か④となり，モンスーンの影響を強く反映しているのは④である。①はオ，②はウ，③はア，⑤はイの雨温図である。

問5．ムズタグアタ山は，パミール高原に位置している。この高原はヒマラヤ山脈，カラコルム山脈に続く新期造山帯に属しており，高原とはいえ海抜高度が高く，ヒマラヤ山脈と同様に世界の屋根と称されている。したがって8,000m前後の山々が連なっていると考え，撮影地点との標高差は4,000m以上となる。6,000mでは山頂が世界最高峰のチョモランマ（8,848m）を越えてしまうので，4,000mが正解となる。

問6．①ラグーン，②ビュートは氷河地形ではない。③氷河湖や尖った山頂部の地形である④ホルンは写真には認められない。山体の中央付近を流下する谷氷河の両側には，切り立った崖のあるU字谷が明瞭に認められる。その氷河の先端部には，運搬された堆積物によるモレーンが確認できる。

問7．E付近はパンジャブ地方で，小麦や綿花の栽培が盛んである。また，灌漑により一部ではあるが，稲作も行われている。Fはヒンドスタン平原で稲作が中心となっているが，さとうきびの栽培も行われている。したがって，「栽培が盛んな農産物」としては，①が最も適切となる。

問8．栽培作物，気候，宗教などの視点から，判断していく。

①不適切。インドでは地域ごとに特有のスパイスを混ぜて調理するので，「スパイスに違いはない」とはいえない。

②不適切。インドは年降水量 1,000mm 以上の地域では稲作，1,000mm 未満の地域は畑作地域で，北西部の温和な地域では小麦，デカン高原では雑穀のソルガム（もろこし）が栽培されているため，北部と南部で主食は異なる。

③適切。インド南部では，米とともに食べやすい，水分の多いカレーであることが多い。

④不適切。インド北部では，小麦からつくったチャパティなどの生地にからみやすい，とろみの強いカレーであることが多い。山椒が用いられることは一般的とはいえない。

⑤不適切。インドではヒンドゥー教徒とイスラム教徒が存在することから，牛肉も豚肉も，あまり食べられていない。

問9．①不適切。Bの南西にはカシミール地方があり，インド，パキスタン，中国との間で領土問題がある。

②不適切。旧来の国家とはソビエト連邦のことであり，その解体後，中央アジアにはイスラム教徒主体の国家が樹立され，ソ連時代にあったイスラム教への抑圧は緩和された。

③不適切。宗教対立はあるものの，内戦には至っていない。

④適切。内陸国とはアフガニスタンで，現在も内戦が続いており，約 250 万人（2016 年）もの難民が周辺諸国に流出している。

⑤不適切。「3か国が領有を主張する」地域は，北西部のカシミール地方である。

Ⅳ 解答

問1．④ 問2．② 問3．④ 問4．④ 問5．②
問6．③ 問7．③ 問8．④ 問9．③

◀解 説▶

≪世界の国家と民族≫

問2．①不適切。ドイモイはベトナムの政策である。

③不適切。イギリスは立憲君主国家で，国王が国家元首である。日本の天皇は日本国ならびに日本国民統合の象徴で，法的にも国家元首ではない。

④不適切。中国，ロシアをはじめ，多くのEU諸国とも国交がある。

⑤不適切。計画経済は，主に社会主義国の政策である。

問3．①不適切。神道系，仏教系の信者ともに8,000万人程度で，ほぼ同数である。両方の信者と答える人も多く，合計は日本の総人口を超える。

②不適切。ヒンドゥー教信者は79.8％で，イスラム教信者も14.2％存在する（2011年）。

③不適切。タイ，ミャンマー，カンボジアでは上座部仏教の信者が多いが，マレーシアではイスラム教信者が最も多い。ベトナムの仏教は大乗仏教であるが，現在は無宗教の国民が最も多い。

⑤不適切。キリスト教徒が30％程度，イスラム教徒は20％程度である。

問4．①不適切。1945年にベトナム民主共和国が成立したが，1946年，フランスとの間で第1次インドシナ戦争となり，1949年にフランスは南部にベトナム国を成立させ，南北に分裂することになった。

②不適切。1945年の敗戦後，連合国（米英仏ソ）による占領下におかれ，1949年に米英仏占領地区にドイツ連邦共和国（西ドイツ），ソ連占領地区にドイツ民主共和国（東ドイツ）が発足した。

③不適切。南北朝鮮の国境は，人為的に作られた軍事境界線である。

④適切。独立時のインドでは，ヒンドゥー教徒とイスラム教徒が主導権を争って対立し，ヒンドゥー教徒主体のインドとイスラム教徒主体のパキスタン（後にバングラデシュが分離）に分離独立することになった。

⑤不適切。バルト3国をはじめ，ウズベキスタンはウズベク語，アルメニアはアルメニア語といったように，民族語のみを公用語とした国が多い。

問5．①適切。統一後は社会主義的な計画経済政策体制であったが，1986年に共産党支配のもと市場経済を導入するドイモイ政策に踏み切った。

②不適切。東ドイツは社会資本整備が遅れており，生産設備の老朽化もあ

って，その復興には大きな経済的負担が生じた。
③適切。ベルリンの壁は 1989 年 11 月に国境開放により崩壊し，翌 1990 年 10 月に東ドイツは西ドイツに統合された。
問 6．①不適切。「アフリカの年」とは 1960 年のことで，フランスの植民地であった地域を中心に，17 国が独立を達成した。
②不適切。タイは，イギリスとフランスの支配地域の間にある緩衝国として独立を維持した。
③適切。エルサレムはキリスト教，イスラム教の聖地でもある。
④不適切。エジプトは 1979 年，イスラエルと平和条約を締結し，外交関係を維持している。
⑤不適切。東ティモールは 2002 年に独立した。
問 7．①不適切。中国語とチベット語はシナ=チベット語族，ベトナム語はオーストロアジア語族である。
②不適切。タミル語はドラヴィダ語族で，それ以外はインド=ヨーロッパ語族（インド=イラン語派）である。
③適切。いずれもインド=ヨーロッパ語族である。
④不適切。アラビア語とヘブライ語はアフリカ=アジア語族，ペルシア語はインド=ヨーロッパ語族，アフリカ東部で話されるスワヒリ語は，ニジェール=コンゴ語族の中のバンツー諸語に属する。
⑤不適切。モンゴル語はアルタイ語族に，広東語は中国語の一種であるのでシナ=チベット語族に属する。日本語は言語学的には系統不詳である。
問 8．①不適切。英語ではなく，ロマンシュ語が公用語の一つである。
②不適切。インドの連邦公用語はヒンディー語であるが，州の言語として 21 言語が公認されている。
③不適切。公用語はマレー語だけであるが，英語，中国語，タミル語も使用されている。
④適切。北部はオランダ語の一種であるフラマン語，南部はフランス語の一種であるワロン語，東部の一部ではドイツ語が使用されている。
⑤不適切。スペイン語ではなく，ケベック州での使用が多いフランス語。
問 9．①不適切。アボリジニーの人口は 2.5％にすぎない（2007 年）。
②不適切。アイヌ民族を先住民族と認める法律が成立したのは，2019 年になってからのことである。

④不適切。アラスカ州には人口の 18.6％（2018 年）にあたる先住民族のイヌイットが居住している。

⑤不適切。バスク人はスペイン北東部に居住する少数民族で，独立運動も見られるように，民族意識が高く，バスク語も使用されている。

政治・経済

I 解答

問1．A―④　B―③　C―②　D―③　E―①
問2．③　問3．①・③・④　問4．②
問5．④　問6．②　問7．③　問8．④

◀解　説▶

≪戦後の政党政治≫

問1．A．④適切。議会から首相・内閣総理大臣を選出する議院内閣制は，日本，イギリス，ドイツなどが採用している。

D．③適切。財産と教養を持った有力者を名望家と呼んだ。

E．①適切。普通選挙の導入によって有権者数が拡大し，大衆政党が力を持つようになった。

問5．④不適切。社会党の右派と左派の合同がきっかけとなって，日本民主党と自由党が合同した。

問6．②適切。1994 年に小選挙区比例代表並立制が導入されるまで用いられていた中選挙区制は，一選挙区 3 名から 5 名が当選するので，自民党内の派閥争いは激化した。

問8．④適切。細川護熙政権は非自民 8 党による連立政権であり，細川護熙首相は日本新党の党首でもあった。

II 解答

問1．②　問2．A―①　B―④　C―③　問3．①
問4．②　問5．④　問6．②　問7．①　問8．③
問9．①　問10．④

◀解　説▶

≪基本的人権の保障と平和主義≫

問1．②適切。国民主権を柱とする日本国憲法は象徴天皇制をとっている。

問2．B．④適切。憲法第 21 条が定める通信の秘密は，精神の自由に属する自由権である。

問4．②適切。チャタレー（チャタレイ）事件では，表現の自由は無制限のものではなく，公共の福祉の制限内で認められるとされた。

問 5．④適切。北海道砂川市が空知太神社に無償で敷地を提供していることは，宗教行為にあたるとして違憲判決が下った。

問 7．①適切。職業選択の自由には，自己の選択した職業を遂行する営業の自由が含まれる。

問 9．①不適切。2014 年に，当時の安倍晋三政権は，集団的自衛権の限定的な行使を容認する閣議決定を行った。

Ⅲ　解答

問1．④　問2．②・④・⑥　問3．③　問4．②
問5．③　問6．②・⑥　問7．①　問8．④
問9．②　問10．④　問11．①・⑦・⑧　問12．⑥

◀解　説▶

≪自由貿易と地域経済統合≫

問 2．②・④・⑥適切。マーストリヒト条約において目標とされたのは，通貨統合，共通外交・安全保障政策，司法・内務協力という 3 つの柱であった。

問 4．②不適切。イギリスが EC（ヨーロッパ共同体）に加盟したのは 1972 年である。

問 6．②・⑥適切。デンマーク，スウェーデンは EU（ヨーロッパ連合）に加盟しているが，ユーロは導入していない。通貨はそれぞれ，デンマーククローネ，スウェーデンクローナである。

問 7．①適切。金融政策は欧州中央銀行（ECB）に一元化しているが，財政政策は各国で行うことができる。

問 9．②適切。GATT（関税と貿易に関する一般協定）は，ウルグアイ=ラウンドで WTO（世界貿易機関）の設立を決定し，1995 年に WTO が発足した。

Ⅳ　解答

問1．①　問2．③　問3．①　問4．④　問5．⑤
問6．③　問7．②　問8．②

◀解　説▶

≪日本の農業の現状と課題≫

問 3．①不適切。品目別自給率を算出するためには，国内生産量÷国内消費量×100 で求められる重量ベースが用いられる。

問５．⑤不適切。地産地消によって，輸送に伴う二酸化炭素の排出は抑制される。

問６．③不適切。スローフード運動発祥の国はドイツではなくイタリア。

問７．②不適切。農業国からの輸入を促進すべきであるという考えは自給率低下につながり，「食料の安全保障」の考えとは合致しない。

問８．②不適切。田畑は豊かな生態系を持った二次的自然を形成するものの一つである。

数学

I　解答

(1)アイ．67　(2)ウ．3　エオ．27
(3)カ．1　キ．8　ク．3　ケ．8
(4)コ．8　(5)サ．6　シ．3　スセ．12　ソタ．12　チ．6　ツ．2

◀解　説▶

≪小問５問≫

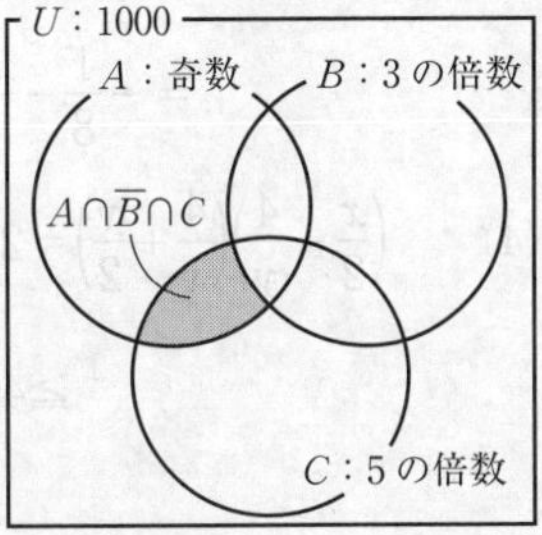

(1)　集合 $A\cap C$ は $\{5,\ 15,\ 25,\ 35,\ \cdots\}$
であるから，$n(A\cap C)=n_1$ とすると
$5+(n_1-1)\times 10\leqq 1000$ より
$$n_1=100$$
また，$A\cap B\cap C$ は $\{15,\ 45,\ 75,\ 105,\ \cdots\}$
であるから，$n(A\cap B\cap C)=n_2$ とすると
$15+(n_2-1)\times 30\leqq 1000$ より
$$n_2=33$$
ゆえに
$$n(A\cap\overline{B}\cap C)=n(A\cap C)-n(A\cap B\cap C)$$
$$=n_1-n_2=100-33$$
$$=67\quad\text{→アイ}$$

(2)　方程式の真数は正より　　$x>0$　……①
$$\log_{\sqrt{3}}x^2=\frac{\log_3 x^2}{\log_3\sqrt{3}}=\frac{2\log_3 x}{\frac{1}{2}}=4\log_3 x$$
であるから，方程式は
$$(\log_3 x)^2-4\log_3 x+3=0\qquad(\log_3 x-1)(\log_3 x-3)=0$$
$\log_3 x=1,\ 3$ より
$$x=3\quad\text{または}\quad x=3^3=27$$
これらは①を満たす。
ゆえに　　$x=3,\ 27$　→ウ～オ

(3)
$$\frac{\sqrt{2}}{\sqrt{3}+i}=\frac{\sqrt{2}}{2\left(\frac{\sqrt{3}}{2}+\frac{1}{2}i\right)}=\frac{1}{\sqrt{2}}\cdot\frac{1}{\cos\frac{\pi}{6}+i\sin\frac{\pi}{6}}$$
$$=\frac{1}{\sqrt{2}}\cdot\left\{\cos\left(-\frac{\pi}{6}\right)+i\sin\left(-\frac{\pi}{6}\right)\right\}$$

よって

$$\left(\frac{\sqrt{2}}{\sqrt{3}+i}\right)^4=\left(\frac{1}{\sqrt{2}}\right)^4\left\{\cos\left(-\frac{\pi}{6}\right)+i\sin\left(-\frac{\pi}{6}\right)\right\}^4$$
$$=\frac{1}{4}\cdot\left\{\cos\left(-\frac{4\pi}{6}\right)+i\sin\left(\frac{-4\pi}{6}\right)\right\}=\frac{1}{4}\cdot\left(-\frac{1}{2}-\frac{\sqrt{3}}{2}i\right)$$
$$=-\frac{1}{8}-\frac{\sqrt{3}}{8}i\quad\text{→カ〜ケ}$$

(4)
$$\left(\frac{x}{2}+\frac{4}{y}\right)\left(\frac{4}{x}+\frac{y}{2}\right)=2+\frac{xy}{4}+\frac{16}{xy}+2=4+\frac{xy}{4}+\frac{16}{xy}$$
$$\geqq 4+2\sqrt{\frac{xy}{4}\cdot\frac{16}{xy}}=4+2\sqrt{4}=8$$

（等号成立は $xy=8$ のとき）

ゆえに，最小値は　　8　→コ

(5)　正六角形の面積を S_1 とすると

$$S_1=6\times\frac{1}{2}\cdot2\cdot2\cdot\sin 60^\circ=12\times\frac{\sqrt{3}}{2}$$
$$=6\sqrt{3}\quad\text{→サ，シ}$$

正十二角形の面積を S_2 とすると

$$S_2=12\times\frac{1}{2}\cdot2\cdot2\cdot\sin 30^\circ=24\times\frac{1}{2}$$
$$=12\quad\text{→スセ}$$

正二十四角形の面積を S_3 とすると

$$S_3=24\times\frac{1}{2}\cdot2\cdot2\cdot\sin 15^\circ=48\times\sin(45^\circ-30^\circ)$$
$$=48\times(\sin 45^\circ\cos 30^\circ-\cos 45^\circ\sin 30^\circ)$$
$$=48\times\left(\frac{1}{\sqrt{2}}\cdot\frac{\sqrt{3}}{2}-\frac{1}{\sqrt{2}}\cdot\frac{1}{2}\right)$$
$$=12(\sqrt{6}-\sqrt{2})\quad\text{→ソ〜ツ}$$

正六角形　　正十二角形　　正二十四角形

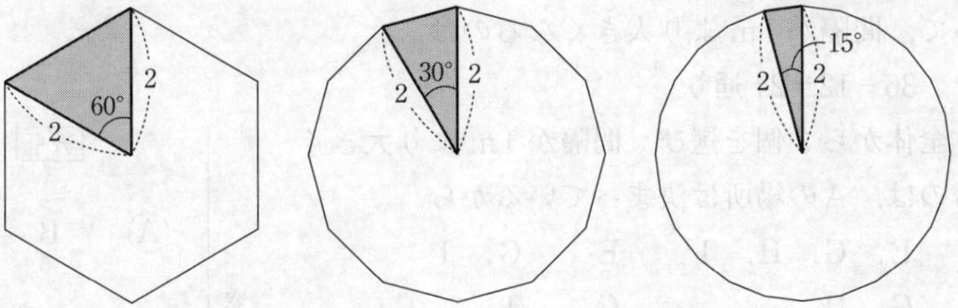

II 解答

(1)アイ．24　(2)ウ．9

(3)エ．4　オ．5　カキ．13　クケ．20

(4)コサ．13　シス．35

◀解　説▶

≪9個の椅子から2個と3個を選ぶ場合の数，16個の椅子から2個と3個をくじで選ぶ確率≫

(1)　図のように9個の椅子をA，B，C，D，E，F，G，H，Iとする。

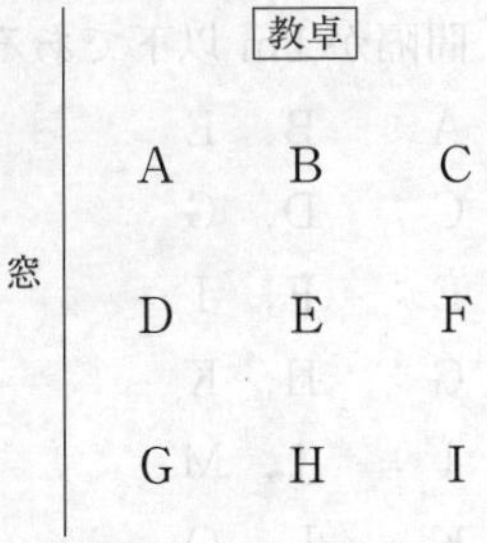

間隔が1mより大きくなるのは

A：　C，E，F，G，H，I　6通り

B：　D，F，G，H，I　5通り

C：　D，E，G，H，I　5通り

D：　F，H，I　3通り

E：　G，I　2通り

F：　G，H　2通り

G：　I　1通り

よって，合計 $6+5+5+3+2+2+1=24$ 通り　→アイ

別解　9個から2個を選ぶ場合の数は

$$ {}_9C_2=\frac{9\times 8}{2!}=36 \text{ 通り} $$

間隔が1m以下であるのは

A：　B，D　　B：　C，E　　C：　F

D：　E，G　　E：　F，H　　F：　I

G：　H　　H：　I

の計　　$2+2+1+2+2+1+1+1=12$ 通り

よって，間隔が 1m より大きくなるのは

$36-12=24$ 通り

(2)　全体から 3 個を選び，間隔が 1m より大きくなるのは，A の場所は決まっているから

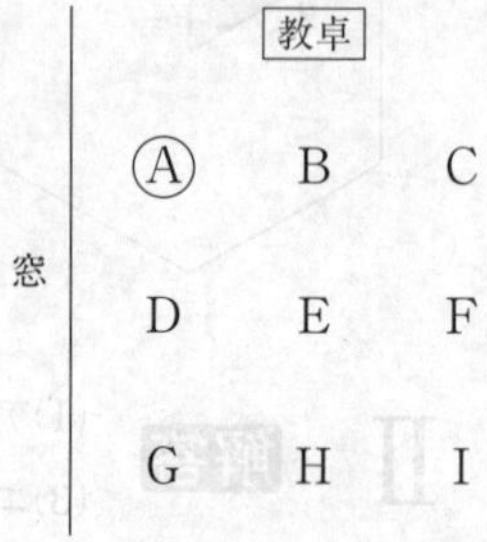

C：　E，G，H，I　　E：　G，I

F：　G，H　　　　　G：　I

の計　　$4+2+2+1=9$ 通り　→ウ

(3)　16 個から 2 個を選ぶ場合の数は図のようにして

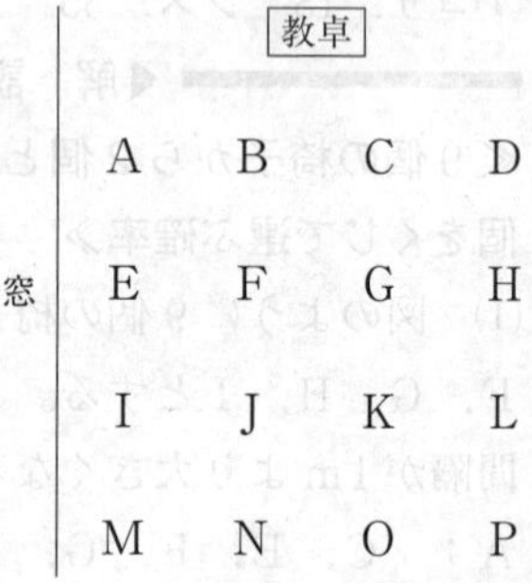

$${}_{16}C_2=\frac{16\times15}{2!}=120 \text{ 通り}$$

間隔が 1m 以下であるのは

A：　B，E　　　　B：　C，F

C：　D，G　　　　D：　H

E：　F，I　　　　F：　G，J

G：　H，K　　　　H：　L

I：　J，M　　　　J：　K，N

K：　L，O　　　　L：　P

M：　N　　　　　　N：　O

O：　P

の計　　$2\times9+1\times6=24$ 通り

よって，間隔が 1m より大きくなるのは

$120-24=96$ 通り

ゆえに，求める確率は

$$\frac{96}{120}=\frac{4}{5}$$ →エ，オ

間隔が 1.5m 以下であるのは

A：　B，E，F　　　B：　C，E，F，G

C：　D，F，G，H　　D：　G，H

E：　F，I，J　　　　F：　G，I，J，K

G：　H，J，K，L　　H：　K，L

I：　J，M，N　　　　J：　K，M，N，O

K：　L，N，O，P　　L：　O，P

M：　N　　　　　　N：　O

O：　P

の計　　$4\times6+3\times3+2\times3+1\times3=42$ 通り

よって，間隔が 1.5m より大きくなるのは

$$120-42=78 \text{ 通り}$$

ゆえに，求める確率は

$$\frac{78}{120}=\frac{13}{20}\quad \rightarrow \text{カ〜ケ}$$

(4)　全体から 3 個を選び，間隔が 1.5m より大きくなるのは，A の場所は決まっているから

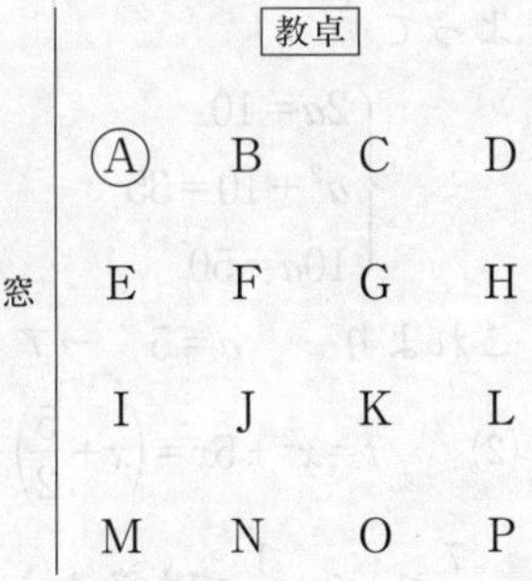

C：　I，J，K，L，M，N，O，P

D：　I，J，K，L，M，N，O，P

G：　I，M，N，O，P

H：　I，J，M，N，O，P

I：　K，L，O，P

J：　L，P

K：　M

L：　M，N

M：　O，P

N：　P

の計　　$8\times2+5+6+4+2\times3+1\times2=39$ 通り

ゆえに，求める確率は

$$\frac{39}{{}_{15}C_2}=\frac{39}{\frac{15\times14}{2!}}=\frac{13}{35}\quad \rightarrow \text{コ〜ス}$$

Ⅲ 解答

(1)ア．5　(2)イウ．25　エ．4　オ．9　カ．4

(3)キ．1　クケコ．105　サシ．16

◀解　説▶

≪4次式を置き換えて表した2次式，2次関数において取り得る t の値，y の値の範囲≫

$$y=(x+1)(x+2)(x+3)(x+4)\quad\cdots\cdots①\quad\left(-\frac{7}{2}\leqq x\leqq -\frac{1}{2}\right)$$

(1)　$y=(t+4)(t+6)=t^2+10t+24$

$=(x^2+ax)^2+10(x^2+ax)+24$

$=x^4+2ax^3+(a^2+10)x^2+10ax+24$

①を展開して

$$y=x^4+10x^3+35x^2+50x+24$$

よって

$$\begin{cases}2a=10\\ a^2+10=35\\ 10a=50\end{cases}$$

これより　$a=5$　→ア

(2)　$t=x^2+5x=\left(x+\dfrac{5}{2}\right)^2-\dfrac{25}{4}$

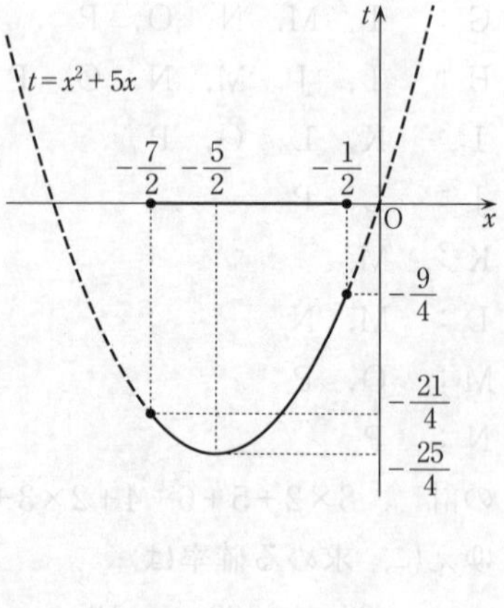

$-\dfrac{7}{2}\leqq x\leqq -\dfrac{1}{2}$ であるから

最大値 $t=-\dfrac{9}{4}\quad\left(x=-\dfrac{1}{2}\right)$

最小値 $t=-\dfrac{25}{4}\quad\left(x=-\dfrac{5}{2}\right)$

ゆえに

$$-\frac{25}{4}\leqq t\leqq -\frac{9}{4}\quad\to イ〜カ$$

(3)　$y=t^2+10t+24=(t+5)^2-1$

$-\dfrac{25}{4}\leqq t\leqq -\dfrac{9}{4}$ であるから

最大値 $y=\dfrac{105}{16}\quad\left(t=-\dfrac{9}{4}\right)$

最小値 $y=-1$　$(t=-5)$

ゆえに

$$-1\leqq y\leqq \frac{105}{16}\quad \rightarrow キ〜シ$$

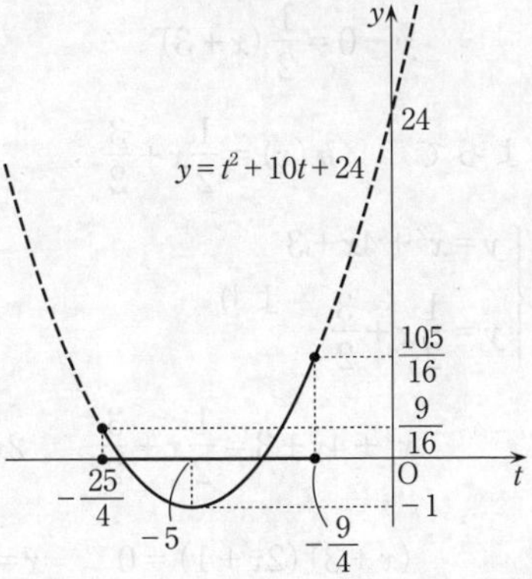

Ⅳ　解答

(1)ア．4　イ．3　(2)ウ．2　エ．6

(3)オ．1　カ．2　キ．5　ク．4

(4)ケコサ．125　シス．48

◀解　説▶

≪2次関数の決定，接線の方程式，接線に直交する直線と放物線の交点，放物線と直線で囲まれた図形の面積≫

(1)　$f(x)=x^2+ax+b$，$f'(x)=2x+a$ であるから

$$f(1)=1+a+b=8$$

$$f'(1)=2+a=6$$

よって　$a=4$，$b=3$　→ア，イ

(2)　$f(x)=x^2+4x+3$，$f'(x)=2x+4$ であるから

$$f(-3)=0$$

$$f'(-3)=-2$$

よって，点 $(-3,\ 0)$ における接線の方程式は

$$y-0=-2(x+3)\qquad y=-2x-6$$

ゆえに　$g(x)=-2x-6$　→ウ，エ

(3)　$y=g(x)$ に垂直な傾きは $\frac{1}{2}$ であるから

点 $(-3,\ 0)$ を通り $y=g(x)$ に直交する直線の方程式は

$$y-0=\frac{1}{2}(x+3)$$

よって　　$h(x)=\frac{1}{2}x+\frac{3}{2}$

$$\begin{cases} y=x^2+4x+3 \\ y=\frac{1}{2}x+\frac{3}{2} \end{cases}$$ より

$$x^2+4x+3=\frac{1}{2}x+\frac{3}{2} \qquad 2x^2+7x+3=0$$

$$(x+3)(2x+1)=0 \qquad x=-3,\ -\frac{1}{2}$$

ゆえに，もう１つの交点の座標は　$\left(-\frac{1}{2},\ \frac{5}{4}\right)$　→オ〜ク

(4)　求める面積を S とすれば，右図より

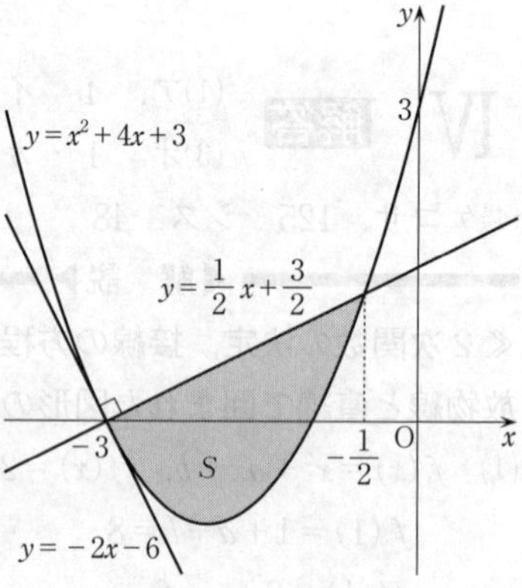

$$S=\int_{-3}^{-\frac{1}{2}}\left\{\frac{1}{2}x+\frac{3}{2}-(x^2+4x+3)\right\}dx$$

$$=\int_{-3}^{-\frac{1}{2}}\left(-x^2-\frac{7}{2}x-\frac{3}{2}\right)dx$$

$$=-\left(\frac{-1}{6}\right)\left\{-\frac{1}{2}-(-3)\right\}^3=\frac{1}{6}\cdot\left(\frac{5}{2}\right)^3$$

$$=\frac{125}{48}$$　→ケ〜ス

参考　定積分の計算では $ax^2+bx+c=0$ の２つの解を α, β とすれば

$$\int_{\alpha}^{\beta}(ax^2+bx+c)\,dx=-\frac{a}{6}(\beta-\alpha)^3$$

である。本問では $x=-3,\ -\frac{1}{2}$ が $-x^2-\frac{7}{2}x-\frac{3}{2}=0$ の解になっている。

のである。②「用事」、③「作法」、④「思い出」、⑤「品格」は不適。

エ、「目も合はず」は、名詞「目」＋係助詞「も」＋動詞「合ふ」の未然形＋打消の助動詞「ず」で〝眠れない〟という意味。作者は母の死によって眼を閉じることができず夜を明かしたのである。

問十一 ④「かしこ（＝夫である兼家）に聞こえむやうは…とぶらひものしたまへと聞こえよ」の内容と合致する。⑤最後の文「いで、なほここながら死なむと思へど、生くる人ぞいとつらきや」と合致する。他の選択肢の誤りは以下の通り。①作者の父親が作者の母を看病した描写はないため不適。②「厚い信頼」とまでは読み取れない。③冒頭文に「秋のはじめのころほひ空しくなりぬ」とあり、「秋が深まる時節」が誤り。また、「霧が立ちこめる山寺で」は最後から二文目の「霧はげに麓をこめたり」と合致しない。⑥「世の常の人にはまさりたり」と本文にあるため不適。⑦葬儀後の生活については書かれていない。

Ⅲは直後の「いたはしと思ふべき人寄りきて、『親はひとりやはある。などかくはあるぞ』とて」に着目。注4にある藤原倫寧（作者の父親）がⅢの状態の人物に向かって語っている。倫寧が誰の親なのかを考えると作者だとわかる。

問七　傍線部の「なぜそのような状態なのか」という内容を父である藤原倫寧が心配して作者に語りかけた箇所である。
　作者がどんな状態なのかは傍線部Ⅱの直後の「ものも言はれずなりぬ」である。

問八　古文において理由は接続助詞「ば」「に」などで示されることが多い。文末の「かうまでもある」は傍線部と同一内容なので、その直前にある「思ひ出づるに」に着目。どのようなことを思い出したのかは『あはれ、いかにしたまはむずらむ』と、しばしば息の下にものせられし」である。「作者の行く末を心配していた」とする②が適切。
　傍線部直後の「この過ぎぬる人、わづらひつる日ごろ」を「母親が長患いのなか」と説明している点も適切。

問九　Dの「人」は「特定の人」を指して用いられ〝夫・妻・近親〟といった意味になる。作者の母の死を「聞きつけて」やって来たというのだから夫である兼家の③が適切。①は本人だから不適、②は死者で不適、④は作者のところにいるので不適、⑤は「いたはしと思ふべき人寄りきて」とあり不適。⑥は次の文の「人」であり不適。
　Eの自動詞「いたつく」には、「病く」と表記して〝病気する〟という意味があり、「労く」と表記して〝気を遣って骨を折る〟という意味がある。直後の「多くて、みなしはてつ」に着目すると③が適切。いとわずに世話をしてくれる人が多くいたから母の葬儀が完了したのである。

問十　ア、末尾「しるく」は形容詞「しるし」の連用形。〝はっきりわかる〟という意味もあるが、「〜もしるく」の形での場合〝実際そのとおりに、予想どおりに〟という意味になる。「おくる」はここでは母の死に接した作者の様子である〝先立たれる（死におくれる）〟という意味。①・④・⑤は「しるく」の解釈、②は「おくる」の解釈が不適切。
イ、「な〜そ」は禁止構文なので④と⑤は不適。残りのうち「知る」を「教える」「忘れる」とした①と③も不適。「知る」には打消語を伴って〝気にする・構う〟という意味がある。
ウ、「心ざし」には〝意向〟のほか、〝愛情・誠意〟という意味がある。作者は兼家の弔問の様子に「愛情」を感じた

Yの直後の「べし」はラ変型活用語には連体形接続。形容詞が助動詞に続く場合はカリ活用となるので連体形「便なかる」。

Zの直後の「こと」は名詞なので直前は連体形。「ものする」はサ変動詞だから「ものする」が適切。

問二　a、「死ぬる」はナ変動詞「死ぬ」の連体形。

b、「なめり」は「なるめり」が撥音便「なんめり」となり、「ん」が表記されなかったもの。「なる」は断定「なり」の連体形。

c、直後の「を」で主語が転換。後の「思ひ出づる」の主語は筆者であり、「ものす」（=「言ふ」）の主語は母である。母に対する軽い敬意の表現とするのが適切。

d、直後の「と思へど」に着目。こういう場合は基本的に意志である。

問三　二つの「あり」がそれぞれ説明されるべきである。「あり」には、単なる存在だけではなく〝生きている・暮らす〟という意味がある。母が「生き」、作者が「過ごせた」とした②が適切。

問四　「わづかに」は、数量が極めて少ないさま、かろうじて存在するさまを表す。「やっと」という解釈の①が適切。母親が亡くなって動揺している作者が幼い子に自分が死んだ場合のことを語っている場面である。②「ひま」、③「元気」、④「近親の人に」、⑤「とるに足りない」はまったく当てはまらない。

問五　Bは謙譲語だから「に」のついた客体「かしこ」への敬意。「かしこ」は遠称だからここにいない人であり、注1の「ものを語らひおきなどすべき人」=「京」にいる藤原兼家のことである。

Cは尊敬語で、作者が子である道綱に対して兼家に伝言してくれと述べている箇所。「とぶらひものす」はここでは「女親」の供養を執り行うことであり、動作主体は兼家。

問六　Ⅱは直前の「われ、…聞こえよ」と同一の発言者。本文は日記であることを考えると、省略されている主語=作者の発言ととらえるのが適切。

価値がゼロ」は不適切。⑥第⑽段落後ろから二文目に「『聞き書き』そのままで『文学』だ」とあるが、「私小説」を「記録として格下げすべきである」とは記されていない。⑧第⑼段落三文目に「いかなる他の目的にも従属しない…純粋な価値」として成立した「戦後日本の『文学』概念」が記されているが、それを筆者は同段落末で「奇妙な抑圧」と呼んで否定している。⑨「文学性についての客観的で科学的な定義」については記されていない。

二

出典 藤原道綱母『蜻蛉日記』〈上巻〉

解答

問一 X—① Y—⑤ Z—④

問二 a—⑤ b—⑤ c—④ d—②

問三 ②

問四 ①

問五 B—③ C—③

問六 Ⅱ—① Ⅲ—①

問七 ③

問八 ②

問九 D—③ E—③

問十 ア—③ イ—② ウ—① エ—①

問十一 ④・⑤

◀解 説▶

問一 Xの直後の「まじ」は終止形接続だから「忌む」。

問七　波線部直前の「文学との対立において自らを定義した」に着目。歴史学はその中に「文学」はないとし、文学はその中に記録はないとしてきたというのである。「自分の側にあってはならない要素を、対立する側の特徴として決めつけ」るとした②は「自他を明確に区別する」としていて、波線部の次文の「文学と記録の境界、その間にいかなるアイマイな領域もない二分法を前提としていた」をまとめたものであり適切。

問八　波線部の「変奏」は、ここでは〝同じ種類のものだが少しの違いをもたせたもの〟といった意味。「記録と文学」の対立と「政治と文学」をめぐる論争は同様の構図だというのである。波線部の次文以降で「『政治と文学』論争において、…その文学はいかなる他の目的にも従属しない、なかんずく政治に従属しない純粋な価値として表象された」と述べられていることに着目。「記録と文学」が連続性なく常に切り離されるという「対立」思考と同様に、「文学」は「政治」と切り離されて価値を持つという考えである。この立場からは「事実を告発する社会的役割を担う作品」や「政治的な作品」は「文学として不純」ということになるから①が適切。

問九　波線部直後の「思い描く」に着目。三文前に「聞き書きをはじめとする集団創造の文化を…思い描いていた」とある。「聞き書き」を波線部で述べる「私的所有の観念から解き放たれた文学言語」のありかたとして、「個人による創造ではなく集団による創造」と説明している④が適切。

問十　③は第⑷段落五文目「解説者の功績はきわめて大きい」により合致。④は第⑶段落末文「聞き書きの言葉に耳を澄ます時、記録と文学の境界、あるいはそれぞれのリンカクがそれまでのケンゴな自明性を失うことになるのである」により合致。⑦は第⑽段落二文目「医師による報告書、…」と三文目「録音機材が持ちこまれるほか、…機材によって『客観的』に記録された声＝文字が作品の言葉にも組み入れられるようになる」とにより前半が合致。同段落一文目「『私小説』的な単声性へと回収される作品ではない」により後半が合致。他の選択肢の誤りは以下の通り。①「明確にして出版」とは本文中に記されていない。②第⑽段落にある「集団創造の文化」は、「無神経で繊細さを欠く」とは記されていない。⑤第⑷段落五文目に「事実、『苦界浄土』はまぎれもなく第一級の文学」とあり、「文学的

Bは直前の「無神経な行為、あらゆる繊細さを欠く」に着目。「文学」はこまやかな感覚・感情による言語表現であり、繊細さを欠くありかたは③「非文学」的な行為。

Cは第⑹段落末文に「あの人が心の中で言っていることを文字にすると、ああなる」とあり、聞き書き（記録）ではなく④「想像」の産物だといえる。

Dは「政治」と「文学」の「分離が深化した結果」により「社会的であること、政治的であること」は「文学的」には否定されるので⑤「鈍感さ」を意味することになる。

問三　Xの直前の「実証主義的な歴史学」は、「『フィクション』や『饒舌』や『空想』」を意味する「文学」と対立しあうものである。「近づいたらダメになる」という判断との関係は順接で⑤「だから」が適切。

Yの直後の「『歴史』は自らの反対に立つ他者として『文学』を想起する」は、直前の「創造的で詩的な叙述を排除することで、歴史学のアイデンティティが確定された」の言い換えだから②「つまり」が適切。

問四　脱落文中の「その効用性」に着目。第⑻段落の末文に「事実の報告、記録には、告発の意味があり、社会的効用がある」とあって、この後に補うのが適切。

問五　波線部の主語は「これらの本たちは」であり、それは前の文にある「聞き書き、記録の作品」を指す。波線部の「論争の場に差し戻す」については第⑶段落末文「聞き書きの言葉に耳を澄ます時、記録と文学の境界、あるいはそれぞれのリンカクがそれまでのケンゴな自明性を失う」に着目。「自明性」とは〝わかりきっているさま〟で、それが失われるのである。「従来の線引きに不安定さを生じさせる」とした④が適切。

問六　波線部の「他者」とは、文学と対比される「記録」のことである。第⑺段落三・四文目に「やってしまえば記録としての価値はゼロになる。…文学性を証明している」とあり、「解説者」は記録としての価値がないことを前面に打ち出すことで、文学性を証明していることがわかる。これが、波線部にある「文学がそこから自らを切り離すべき他者の姿を描き出」すことであるから、③が適切。

国語

一

出典 佐藤泉「記録・フィクション・文学性―『聞き書き』の言葉について」（『思想』二〇一九年一一月号　岩波書店）

解答

問一　A―①　B―③　C―④　D―⑤

問二　X―⑤　Y―②

問三　a―②　b―①　c―③　d―②

問四　④

問五　④

問六　③

問七　②

問八　①

問九　④

問十　③・④・⑦

▲解　説▼

問一　Aは第(3)段落二文目「この時期歴史学は自らを『科学的』なディシプリンとして構築」に着目。歴史学は自然科学のように、「詩的な叙述」による「文学」とは反対に位置するもの＝①「科学」的なものとして自らを定義しようとしたのである。

2020年度

問題と解答

■一般入試前期：2月8日実施分

文（哲・東洋思想文化・日本文学文化・英米文・教育〈初等教育〉・国際文化コミュニケーション）・経済・経営・法・社会・国際・国際観光学部

問題編

▶試験科目・配点（第一部の3教科型のみ掲載）

学部等		教科	科目	配点
文(哲・東洋思想文化・教育〈初等教育〉・国際文化コミュニケーション)・経済(国際経済・総合政策)・経営・法(企業法)・社会・国際・国際観光	★〈均等配点〉	外国語	コミュニケーション英語Ⅰ・Ⅱ・Ⅲ，英語表現Ⅰ・Ⅱ（リスニングを除く）	100点
		地歴・公民・数学	日本史B，世界史B，地理B，政治・経済，「数学Ⅰ・Ⅱ・A」から1科目選択	100点
		国語	国語総合（漢文を除く）	100点
文(哲・英米文・国際文化コミュニケーション)・経営(会計ファイナンス)・社会(社会福祉)・国際(国際地域)	★〈英語重視〉	外国語	コミュニケーション英語Ⅰ・Ⅱ・Ⅲ，英語表現Ⅰ・Ⅱ（リスニングを除く）	＊1
		地歴・公民・数学	日本史B，世界史B，地理B，政治・経済，「数学Ⅰ・Ⅱ・A」から1科目選択	100点
		国語	国語総合（漢文を除く）	100点
文(日本文学文化)・経営(経営)・法(法律)・社会(社会福祉)	★〈国語重視〉	外国語	コミュニケーション英語Ⅰ・Ⅱ・Ⅲ，英語表現Ⅰ・Ⅱ（リスニングを除く）	100点
		地歴・公民・数学	日本史B，世界史B，地理B，政治・経済，「数学Ⅰ・Ⅱ・A」から1科目選択	100点
		国語	国語総合（漢文を除く）	＊2

経済（経済）	〈均等配点〈英・国・数〉〉	外　国　語	コミュニケーション英語Ⅰ・Ⅱ・Ⅲ，英語表現Ⅰ・Ⅱ（リスニングを除く）	100 点
		数　　　学	数学Ⅰ・Ⅱ・A	100 点
		国　　　語	国語総合（漢文を除く）	100 点
	〈均等配点〈英・国・地公〉〉	外　国　語	コミュニケーション英語Ⅰ・Ⅱ・Ⅲ，英語表現Ⅰ・Ⅱ（リスニングを除く）	100 点
		地歴・公民	日本史B，世界史B，地理B，政治・経済から１科目選択	100 点
		国　　　語	国語総合（漢文を除く）	100 点
経済（経済）・経営（マーケティング）・国際観光	★〈最高得点重視〉	外　国　語	コミュニケーション英語Ⅰ・Ⅱ・Ⅲ，英語表現Ⅰ・Ⅱ（リスニングを除く）	100 点
		地歴・公民・数学	日本史B，世界史B，地理B，政治・経済，「数学Ⅰ・Ⅱ・A」から１科目選択	100 点
		国　　　語	国語総合（漢文を除く）	100 点
経営（会計ファイナンス）	〈数学重視〉	外　国　語	コミュニケーション英語Ⅰ・Ⅱ・Ⅲ，英語表現Ⅰ・Ⅱ（リスニングを除く）	100 点
		数　　　学	数学Ⅰ・Ⅱ・A	150 点
		国　　　語	国語総合（漢文を除く）	100 点

＊1　経営（会計ファイナンス）：150 点
　　その他：200 点

＊2　経営（経営）：150 点
　　その他：200 点

▶備　考

- 最高得点重視方式では，受験科目のうち，偏差値換算点の最も高い科目を2倍にする。また，英語重視方式・数学重視方式・国語重視方式では，重視する科目の偏差値換算点を，経営学部は1.5倍，文・法・社会・国際学部は2倍にする。
- ★印の方式は4科目受験を選択することができる。4科目を受験する場合は，選択科目から「数学Ⅰ・Ⅱ・A」とその他1科目を受験し，そのうち高得点の1科目を判定に使用する。
- 外国語については，英語外部試験のスコアを英語の得点として利用することができる。なお，利用を申請した場合でも英語科目を受験することができる。その場合は，どちらか高得点のものを判定に採用する。

利用可能な英語外部試験は以下の通り。

対象学部		全学部			
入試日程・方式		一般入試 前期日程の全入試方式			
試験名		GTEC(4技能版) CBTタイプ	TEAP(4技能)	IELTS™	実用英語技能検定(英検) ※英検CBT含む
本学の英語科目みなし得点	100点換算	1,190	309	6.0	2,304
	90点換算	1,063	253	5.5	2,150
	80点換算	999	225	5.0	1,980

ただしスコアは受験年の2年前の4月以降に取得したもののみとする。

英語

（60 分）

〔Ⅰ〕 次の英文を読み，問いに答えよ。

There are many reasons why college and university students often fail to get full nights of sleep.

Many American students are away from their parents for the first time when they attend college. They might not be used to (　A　) total freedom in how they plan their days and nights.

Parties, late night study meetings, or just time spent relaxing with friends — these are all things that cut into college students' sleep habits.

A few years ago, Michael Scullin began teaching the science of sleep to psychology students at Baylor University in Waco*, Texas. Scullin is an assistant professor at Baylor and the director of its Sleep Neuroscience* and Cognition* Laboratory.

The class centered around why the body needs to sleep and the physical and mental health problems caused by a (　B　) of sleep. This includes difficulty focusing on studies or controlling one's emotions, and increased risk of many diseases.

"When you are at your most sleep-deprived* is when you are least (　C　) to be able to judge how sleepy you are, and how much that sleepiness is impacting you," Scullin told VOA*.

He says his students seemed to enjoy the class and were interested in the material he was teaching. But when he asked them whether they were choosing to get more sleep after what they had learned, most of them said no.

The United States Centers for Disease Control and Prevention states that adults need at least seven hours of sleep a night to stay healthy. So Scullin came up with a plan to get his students to sleep more: he offered to give them extra points on their final exam, the class's most important test.

The plan worked better than Scullin expected. Students who slept more performed better in two different classes, and Scullin published his findings in two academic* publications last November.

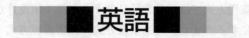

Scullin started the experiment with his psychology students. He told them that if they agreed to sleep at least eight hours a night for the last five nights before the final exam, they would get several extra credit points. But if they agreed to take part in the study and failed to get the required amount of sleep, they would lose points on the exam. The students would wear special devices that recorded their sleep data.

Only eight out of the 18 total students in that first group agreed to take (D) in the experiment. Yet all the students who took part performed better on the exam than those who did not, even before the extra credit points were added. On average they earned about 5 points more on the exam.

Scullin then decided to repeat the study with another group of 16 design students. He chose not to punish students who failed to sleep the full eight hours per night, and got the same results.

Daniel Bessesen is a medical doctor who researches sleep, and was not involved (E) the study. He is also the Associate Director of the Anschutz Health and Wellness* Center at the University of Colorado outside Denver*. Bessesen notes this study does lend support to the idea that sleeping enough helps academic performance, and students who cram* are likely worse off.

"Cramming" is a common activity for American college students. When students cram, they study most or all of the night before the exam. They get very little or no sleep because they think they will do better if the test material is fresh in their minds.

Bessesen says there are some problems with Scullin's experiment. He says to be more scientific, the students should have been randomly chosen for sleeping or staying awake. Also, the two groups should have been studying the same subject and taking the same test. All of this may have affected the results of the study.

(Adapted from Pete Musto & Dorothy Gundy, "Sleeping More May Help College Students in the Classroom," 2019, https://learningenglish.voanews.com/a/sleeping-more-may-help-college-students-in-the-classroom/4739055.html)

［注］　Waco：ウェーコ（テキサス州の都市）　　neuroscience：神経科学
cognition：認知　　sleep-deprived：睡眠不足の
VOA：ボイス・オブ・アメリカ（アメリカ政府運営の国営放送）
academic：学術的な　　wellness：健康　　Denver：デンバー（コロラド州の州都）
cram：詰め込み勉強をする

問1 本文中の空欄（ A ）〜（ E ）に入る語句として最も適切なものを，次の中から一つずつ選べ。

(A) ① have ② having ③ have being ④ had 1

(B) ① function ② phase ③ purpose ④ lack 2

(C) ① like ② liked ③ likely ④ likes 3

(D) ① part ② consideration ③ advantage ④ care 4

(E) ① to ② in ③ of ④ from 5

問2 本文の内容に関する(1)・(2)の問いに対する答えとして最も適切なものを，次の中から一つずつ選べ。

(1) アメリカ疾病管理予防センターの見解として最も適切なものはどれか？ 6

① The risk of diseases decreases if people concentrate more.

② Students who enjoy parties perform better in their classes.

③ Adults need a minimum of seven hours of sleep every night to stay healthy.

④ Students tend to choose to get more sleep after they study the science of sleep.

(2) Scullinの実験の結果として最も適切なものはどれか？ 7

① The students who slept more before the exam performed better on the exam.

② Psychology students performed better on the exam than design students.

③ More than half of the psychology students took part in Scullin's experiment.

④ The students who did not sleep at least eight hours on the exam day failed the class.

問3 次のうち，本文の内容と一致するものには①を，一致しないものには②を選べ。ただし，すべて同じ番号を選んだ場合は無効とする。

(1) Partying is the most common reason for the students' lack of sleep. 8

(2) Sleep deprivation causes physical and mental health problems. 9

(3) According to Bessesen, the problems found in Scullin's experiment were not important. 10

(4) Cramming is very effective for most American college students. 11

(5) Scullin gave extra points to the students who slept less than the average. 12

〔Ⅱ〕 次の英文を読み，問いに答えよ。

When I was a young girl, I loved the play and intellectual games in math problems or in books like Alice in Wonderland*. But although reading was one of my favorite activities, books about science usually seemed more remote and (　A　) to me — I never felt sufficiently engaged or challenged. The tone often seemed condescending* to readers, overly worshipful of scientists, or boring. I felt the authors mystified* results or glorified the men who found them, rather than describing science itself and the process by which scientists made their connections. That was the part I actually wanted to know.

As I learned more science, I grew to love it. I didn't always know that I would become a physicist and feel this way; no one I knew when I was young did science. But engaging with the unknown is irresistibly* (ア)exciting. I found it (イ)thrilling to find connections between apparently disparate* phenomena and to solve problems and predict surprising features of our world. As a physicist, I now understand that science is a living entity* that continues to evolve. Not only the answers, but also the games and riddles and participation make it (ウ)interesting.

When I decided to embark on* this project, I envisioned a book that shares the excitement I feel about my work (　B　) compromising the presentation of the science. I hoped to convey the fascination of theoretical physics without simplifying the subject deceptively* or presenting it as a collection of unchanging, finished monuments to be passively admired. Physics is (　C　) more creative and fun than people generally recognize. I wanted to share these aspects with people who hadn't necessarily arrived at this realization on their own.

There's a new world view (エ)pressing down upon us. Extra dimensions have changed the way physicists think about the universe. And because the connections of extra dimensions to the world could tie into many more well-established physics ideas, extra dimensions are a way to approach older, already-verified* facts about the universe via new and intriguing* pathways.

Some of the ideas I've included are abstract and speculative*, but there's no reason why they shouldn't be understandable to anyone who is curious. I decided to let the fascination of theoretical physics speak for itself and chose not to over-emphasize history or personalities. I didn't want to give the misleading impression that all physicists are modeled on a single archetype* or that any one particular type of person should be interested in physics. Based on my experiences and conversations, I'm pretty sure there are many readers who are smart, interested, and open enough to want more of the real thing.

(Lisa Randall, *Warped Passages,* 2005)

［注］ *Alice in Wonderland*：『不思議の国のアリス』
condescending：見下した　　mystify：～を神秘化する　　irresistibly：抗《あらが》いがたいほど
disparate：まったく異なる　　entity：実体　　embark on ～：～に乗り出す

deceptively：だますように　verify：立証する　intriguing：興味をそそる
speculative：憶測による　archetype：典型

問１ 本文中の空欄（ A ）〜（ C ）に入る語句として最も適切なものを，次の中から一つずつ選べ。

(A) ① less inviting　② more satisfied
③ more interested　④ less exhausting　13

(B) ① at　② of　③ without　④ under　14

(C) ① far　② so　③ many　④ such　15

問２ 下線部(ア)〜(エ)にある四つの単語の中で，意味が他の三つとは明らかに異なるものを，次の中から一つ選べ。 16

① (ア) exciting　② (イ) thrilling　③ (ウ) interesting　④ (エ) pressing

問３ 次のうち，本文の内容と一致するものには①を，一致しないものには②を選べ。ただし，すべて同じ番号を選んだ場合は無効とする。

(1) When the author was young, she never read books about science. 17

(2) The author wanted to do research on physics from the very beginning of her career. 18

(3) Gradually the world of physics attracted the author and she wanted to let other people know about this world. 19

(4) The author thinks that the new ideas of dimensions could add to traditional thinking. 20

(5) The author wrote everything in her book based on facts. 21

〔Ⅲ〕 次の英文中の空欄 [22] ～ [34] に入る語句として最も適切なものを，次の中から一つずつ選べ。

(1) Students enrolling in the international program will have to [22] an English language proficiency test score.

① submit　② subject　③ subtitle　④ substitute

(2) Our company, which [23] in 2013, has become one of the most influential car manufacturers in the country.

① founded　② was found　③ was founded　④ found

(3) The exam candidate [24] disappointed when he found out he only answered half of the questions correctly.

① must　② have been　③ must have　④ must have been

(4) The more the employees feel cared for by their boss, the [25] they will be with their jobs.

① satisfying　② satisfied

③ more satisfying　④ more satisfied

(5) [26] remained after the party was a mess all over the room.

① What　② Which　③ Where　④ That

(6) According to the demographic data, the overall population across the region remained [27] stable.

① relevant　② related　③ relatively　④ relative

(7) Schools are required to provide students with courses to develop their digital literacy; [28] students will not be prepared well enough for the modern workplace.

① because　② until　③ therefore　④ otherwise

(8) If you buy two tickets for the ABC Museum and enter before 2 p.m., you will get [29] one for free.

① another　② other　③ others　④ the other

(9) He seems a bit worried, as he has a lot [30] his mind.

① below　② on　③ from　④ of

(10) What do you make [31] your parents' remarks?

① in　② out　③ of　④ up

(11) It is better to go [32] the plans for the summer again.

① in ② by ③ out ④ through

(12) The train arrived behind schedule owing [33] the storm.

① as ② to ③ at ④ in

(13) My younger brother often gets angry [34] nothing.

① over ② to ③ into ④ by

〔Ⅳ〕 次の対話文を完成させるため，空欄 [35] ～ [40] に入る文として最も適切なものを，選択肢の中から一つずつ選べ。ただし，一つの選択肢は一度しか選べない。

A：Next, please.

B：Hello, I would like to buy tickets for tonight's play.

A：You mean *Romeo and Juliet*? Sorry. [35]
We still have tickets for next Wednesday and Thursday.

B：You mean in the evening of those two days? We are flying back to Tokyo on Thursday, so I would like to buy tickets for Wednesday.

A：All right, let me check... [36]

B：Two, please.

A：We still have S and B seats available.

B：How much are they?

A：[37]

B：I need to pay 160 or 60 pounds in total. [38]

A：Did you say you were going back to Tokyo on Thursday?

B：Yes.

A：Then why don't you enjoy the best seats to watch this Shakespeare play before going back to Japan?

B：[39]
I'll take two S seats for Wednesday night, please.
Can I pay by card?

A：Of course. It's 160 pounds in total.

B：[40]

A：Thank you. Here are your tickets. Enjoy the play at the Royal Opera House.

選択肢

① Well, an S seat costs 80 pounds and a B seat is 30 pounds.
② Makes sense.
③ They are all sold out.
④ Wow, what a difference!
⑤ Friday morning is good.
⑥ Here.
⑦ How many would you like?

〔V〕 次の日本文の意味を表すように［　　　］内の語を空欄に補ったとき，空欄 [41] ～ [46] に入るものを一つずつ選べ。

(1) 今朝は霧がとても濃かったので前に何があるかほとんど見えなかった。

This morning the mist [ ] [ ] [ ] [41] [ ] [ ] [ ] see what was there in front of us.

[① could　② that　③ heavy　④ barely　⑤ we　⑥ so　⑦ was]

(2) 学校は，学生が目標点数を取るのにどれだけ時間がかかったとしても，生徒を支援し続けます。

The school will continue to support [ ] [ ] [ ] [ ] [ ] [42] [ ] for them to get their target score.

[① no　② long　③ students　④ how　⑤ it　⑥ takes　⑦ matter]

(3) その有名な俳優は，腕を組み，カメラから目線を外して座っていた。

The [ ] [ ] [ ] [ ] [ ] [ ] [43], looking away from the camera.

[① actor　② arms　③ his　④ sat　⑤ folded　⑥ with　⑦ famous]

(4) 新しい技術によって，飛行機の乗客は，スマートフォンとタブレットをフライトの間中使うことができるようになるだろう。

The new technology will [ ] [ ] [44] [ ] [ ] [ ] [ ] and tablets throughout the flight.

[① use　② allow　③ their　④ to　⑤ passengers　⑥ airline
⑦ smartphones]

(5) 最近の研究で，男性も女性もガンによる死亡が心臓病の２倍起こるということがわかった。

A recent study found [ ] [ ] [45] [ ] [ ] [ ] [ ] as heart disease in both men and women.

[① causes　② twice　③ as　④ that　⑤ many　⑥ cancer
⑦ deaths]

(6) 私はかつて，子供たちが学校に行って質の高い教育を受けられることが当たり前だと思っていた。

I [　　] [　　] [　　] [　　] [　　] [46] [　　] children can go to school and receive a quality education.

[① it　② that　③ take　④ for　⑤ to　⑥ used　⑦ granted]

日本史

(60 分)

〔Ⅰ〕 次の文章を読み，下記の問いに答えよ。

(1) 平城京の社会が，はなやかな(a)天平文化の裏面に，多くの政治的矛盾をはらみ，政争と内乱の舞台でもあったことは，うちけし難い歴史的事実であった。とくに天平十二年（七四〇）九月，とおい西国のことではあったが，(b)藤原広嗣《ふじわらのひろつぐ》の乱のあとには，(c)恭仁京《くにきょう》の造都，甲賀宮《こうがのみや》の造営，難波宮《なにわのみや》への遷都など，国都の動揺をともなって現われてきた。この政治の混迷をきりひらくために，かの(d)大仏開眼も行われた。しかしその反面，このような仏教的霊験にたよらざるを得なかった政界の情勢は，さらに進んで玄昉《げんぼう》・道鏡らの僧侶の政治的進出をゆるすことにもなって，いっそう頽廃をふかめていたのである。

（中略）

(e)平安京は，まったく人為的につくり出された都市であり，(f)国家権力の中枢として，すこぶる政治的な意味を帯びた都市であった。そのなかにつくられた東寺・西寺の創建は，平城京における東大寺・西大寺と同様，国家鎮護の意味をもったばかりでなく，一歩進んで私寺を禁じて寺院を統制する意味をふくんでいたのである。

（『京都』林屋辰三郎　岩波新書）より

問１　下線部(a)について述べた文として**最も不適切なもの**を，次の中から一つ選べ。 1

① 興福寺の阿修羅像は八部衆のうちの一体である。
② 東大寺戒壇院の広目天は四天王像のうちの一体である。
③ 東大寺法華堂の本尊は不空羂索観音像である。
④ 唐招提寺の鑑真像は乾漆像である。
⑤ 法隆寺金堂の釈迦三尊像は鞍作鳥の作と言われている。

問２　下線部(b)について述べた文として最も適切なものを，次の中から一つ選べ。 2

① 藤原広嗣が吉備真備らの排除を求めておこした反乱。
② 藤原広嗣が現在の中国地方でおこした反乱。
③ 藤原広嗣が蘇我入鹿らの排除を求めておこした反乱。
④ 藤原広嗣が大友皇子らの排除を求めておこした反乱。
⑤ 藤原広嗣が物部守屋らの排除を求めておこした反乱。

問３　下線部(c)について述べた文Ｘ～Ｚについて，その正誤の組み合わせとして最も適切なものを，次の中から一つ選べ。 3

X　恭仁京は現在の京都府内にあった。

Y　甲賀宮（紫香楽宮）は現在の滋賀県内にあった。

Z　難波宮は現在の大阪府内にあった。

①　X 正　Y 正　Z 正　　②　X 正　Y 正　Z 誤

③　X 正　Y 誤　Z 正　　④　X 正　Y 誤　Z 誤

⑤　X 誤　Y 正　Z 正　　⑥　X 誤　Y 正　Z 誤

⑦　X 誤　Y 誤　Z 正　　⑧　X 誤　Y 誤　Z 誤

問4　下線部(d)について述べた文として**最も適切なものを**，次の中から一つ選べ。[4]

①　大仏開眼は大仏造立の詔が出てから12年以上後のことであった。

②　大仏開眼の大仏とは方広寺の大仏のことである。

③　大仏開眼は，聖武天皇の娘である孝謙天皇の時代に行われた。

④　大仏開眼は唐招提寺で行われ，鑑真他一万人の僧が参列する盛儀であった。

⑤　大仏開眼後，聖武天皇は太上天皇に光明皇后は皇太后となった。

問5　下線部(e)について述べた文として**最も不適切なものを**，次の中から一つ選べ。[5]

①　平安京の東三条殿は，摂関家の邸宅で代表的な寝殿造であった。

②　東寺は，今も平安京遷都当初と同じ位置にある。

③　平安京への遷都は桓武天皇によって行われた。

④　京内の大内裏の位置は，平安京も平城京も概ね同じであった。

⑤　京都御所は，平安京遷都当初の内裏の位置にある。

問6　下線部(f)に関する三つの出来事について，年代の早いものから順に並べたものとして最も適切なものを，次の中から一つ選べ。[6]

a　藤原基経が宇多天皇の勅書を撤回させて関白の政治的地位を確立した阿衡の紛議。

b　醍醐天皇とその子村上天皇が摂政・関白をおかず親政を行った延喜・天暦の治。

c　左大臣源高明が左遷され藤原氏北家の勢力が不動のものとなった安和の変。

①　a → b → c　　②　a → c → b　　③　b → a → c　　④　b → c → a

⑤　c → a → b　　⑥　c → b → a

問7　平安時代の唐風文化について述べた文として**最も不適切なものを**，次の中から一つ選べ。[7]

①　嵯峨天皇は殿舎に唐風の名称をつけ，唐風の儀礼を受け入れて宮廷の儀式を整えた。

②　貴族は教養として朱子学を学ぶことが重視された。

③　嵯峨・清和天皇時の年号から弘仁・貞観文化とも呼ばれる。

④　儒教を学ぶ明経道や，中国の歴史・文学を学ぶ紀伝道が盛んになった。

⑤　天台宗では円仁・円珍が入唐し本格的に密教が取り入れられた。

問8　平安時代の国風文化について述べた文として**最も不適切なものを**，次の中から一つ選べ。[8]

① 藤原頼通によって平等院鳳凰堂が建立された。

② かな文字が発達し『伊勢物語』や『源氏物語』といった作品が生まれた。

③ 日本の風物を題材とし，なだらかな線と上品な彩色をもつ大和絵が描かれた。

④ 平安遷都から９世紀末までの文化である。

⑤ 仏師定朝は従来の一木造にかわる寄木造の手法を完成させた。

(2)「宮都」として出発した(g)京都の長い歴史のなかで，室町時代は，武家政権の本拠がおかれた特異な時代であったといえる。室町幕府は，鎌倉でも江戸でもなく，この京都の地に開かれた。その背景には，畿内武士団を編成しつつ後醍醐天皇側の動向を把握せねばならなかった幕府草創期の政治課題のほか，(h)当時の京都が流通経済を著しく発達させていたという経済状況があったと考えられている。京都に室町幕府が開かれたことにより，(i)禅寺の隆盛や祇園祭をはじめとする祭礼の発展など，現代の京都文化をかたちづくる基礎が築かれたといっても過言ではない。とりわけ室町幕府の京都支配権を確立させた三代将軍(j)足利義満は、「皇位簒奪」「王権簒奪」を企てたとする学説が存在するなど，政治史・国家史のうえで特筆すべき存在とみなされ，その政治的位置付けをめぐる議論が活発に展開されてきた。

（『京都の歴史を歩く』 小林丈広・高木博志・三枝暁子　岩波新書）より

問９　下線部(g)に関連して，鎌倉時代の京都について述べた文Ｘ～Ｚについて，その正誤の組み合わせとして最も適切なものを，次の中から一つ選べ。[9]

Ｘ　後鳥羽上皇は，院政を強化し，幕府と対決して朝廷の勢力を挽回する動きを強めた。

Ｙ　承久の乱に勝利した幕府は，京都に新たに六波羅探題をおいて朝廷を監視するようになった。

Ｚ　幕府の監視が強まり院政は行われなくなった。

① Ｘ 正　Ｙ 正　Ｚ 正　② Ｘ 正　Ｙ 正　Ｚ 誤

③ Ｘ 正　Ｙ 誤　Ｚ 正　④ Ｘ 正　Ｙ 誤　Ｚ 誤

⑤ Ｘ 誤　Ｙ 正　Ｚ 正　⑥ Ｘ 誤　Ｙ 正　Ｚ 誤

⑦ Ｘ 誤　Ｙ 誤　Ｚ 正　⑧ Ｘ 誤　Ｙ 誤　Ｚ 誤

問10　鎌倉時代の奈良について述べた文Ｘ～Ｚについて，その正誤の組み合わせとして最も適切なものを，次の中から一つ選べ。[10]

Ｘ　重源が東大寺勧進上人となり東大寺再建に尽力した。

Ｙ　興福寺の無著・世親の両像は，この時期の彫刻である。

Ｚ　現在の東大寺南大門は，この時代の建築遺構である。

① Ｘ 正　Ｙ 正　Ｚ 正　② Ｘ 正　Ｙ 正　Ｚ 誤

③ Ｘ 正　Ｙ 誤　Ｚ 正　④ Ｘ 正　Ｙ 誤　Ｚ 誤

⑤ Ｘ 誤　Ｙ 正　Ｚ 正　⑥ Ｘ 誤　Ｙ 正　Ｚ 誤

⑦ Ｘ 誤　Ｙ 誤　Ｚ 正　⑧ Ｘ 誤　Ｙ 誤　Ｚ 誤

問11　下線部(h)に関連して述べた文として**最も不適切なもの**を，次の中から一つ選べ。[11]

① 京都のような大都市では，見世棚をかまえた常設の小売店が一般化した。

② 桂女とは，鵜飼集団の女性で鮎売りの商人のことである。

③ 大原女とは，炭や薪を売る女性の行商人のことである。

④ 京都の米場など，特定の商品だけを扱う市場が生まれた。

⑤ 撰銭令により，悪銭の流通が一切禁じられた。

問12　下線部(i)に関連して述べた文として**最も不適切なものを**，次の中から一つ選べ。[12]

① 臨済宗の中心寺院は建仁寺である。

② 禅宗は 12 世紀末頃，栄西によって日本に伝えられた。

③ 禅宗の建築様式は，大仏様と呼ばれる。

④ 禅宗の中で，坐禅に徹せよと説き，曹洞宗を広めたのは道元である。

⑤ 曹洞宗の中心寺院は永平寺である。

問13　下線部(j)の政策について述べた文として**最も不適切なものを**，次の中から一つ選べ。[13]

① 京都の市政権を幕府の管轄下においた。

② 諸国に課する段銭の徴収権を幕府の管轄下においた。

③ 明に使者を派遣し国交をひらいた。

④ 当面の政治方針を明らかにした建武式目を発表した。

⑤ 京都の室町に邸宅をつくり，政治をおこなった。

問14　下線部(j)の時代の二つの乱である明徳の乱・応永の乱について述べた文として**最も不適切なものを**，次の中から一つ選べ。[14]

① 両乱ともに，南北朝の合体の交渉過程で起こった乱である。

② 明徳の乱とは，足利義満が山名氏清らを滅ぼした戦いである。

③ 応永の乱とは，足利義満が大内義弘を討伐した戦いである。

④ 両乱の目的は，外様の有力守護の勢力を削減することであった。

⑤ 両乱ともに，足利義満の挑発によって引き起こされた事件である。

問15　室町文化について述べた文Ｘ～Ｚについて，その正誤の組み合わせとして最も適切なものを，次の中から一つ選べ。[15]

Ｘ　南北朝文化の時代，足利尊氏の『神皇正統記』は皇位継承の道理を説いたものであった。

Ｙ　北山文化の象徴である足利義政の金閣は，寝殿造と禅宗様を折衷したものである。

Ｚ　東山文化の遺構である足利義満の東求堂同仁斎は，書院造の成立を示す建築遺構である。

① Ｘ 正　Ｙ 正　Ｚ 正　② Ｘ 正　Ｙ 正　Ｚ 誤

③ Ｘ 正　Ｙ 誤　Ｚ 正　④ Ｘ 正　Ｙ 誤　Ｚ 誤

⑤ Ｘ 誤　Ｙ 正　Ｚ 正　⑥ Ｘ 誤　Ｙ 正　Ｚ 誤

⑦ Ｘ 誤　Ｙ 誤　Ｚ 正　⑧ Ｘ 誤　Ｙ 誤　Ｚ 誤

〔Ⅱ〕 次の文章を読み，下記の問いに答えよ。

(1) 19 世紀になると，幕府では将軍家斉が次第に政治の表舞台に出るようになり，将軍職を徳川 [A] に譲ってからも，大御所として実権を握り続けた。この間，都市を中心に経済活動は活発となり，(a)農村ではさまざまな農産加工業が発展した。土地を失った農民は，小作となったり，農産加工に関わる諸稼ぎで生計を立てるようになった。

一方，天保年間になると，寒冷な気候が続き大凶作が起き，米穀が高騰したため日雇いや雑業で生活していた人々が困窮し，(b)大規模な百姓一揆や打ちこわしが発生した。また海外から通商を求めて来航した船を打ち払ったモリソン号事件が起こるなど内憂外患の危機が迫った。

大御所家斉が死去するとこうした危機に対処するため，老中水野忠邦は天保の改革を開始した。水野忠邦は，家斉の側近を処分し，厳しい倹約政策を強行した。その取り締まりは町方にもおよび，歌舞伎三座は [B] に移転させられ，寄席は大幅に削減，高価な菓子や料理，装飾品なども禁止された。また [C] の著作『修紫田舎源氏』を絶版にし，人情本作家の為永春水を処罰するなど厳しい風俗統制を行った。さらに農村から都市に流入した者を帰村させる人返しの法を出して，都市の下層民対策を進めた。

また物価高騰を抑えるために株仲間解散令を出して，売買を自由にすることで江戸への物資の流入と物価引き下げをはかったが，混乱を招いた。さらに [D] の掘り割り工事を進め，新田開発と海防に役立てようとした。

外交では，(c)再び薪水給与令を出して，異国船打払令を撤回し，異国船との紛争を回避しようとした。さらに将軍の日光社参を実現し，将軍権威の高揚を図り，上知令を出して，幕府財政と海防の強化を計画したが，大名・旗本の激しい反発で挫折して，改革は終わった。

問 1 空欄 [A] ～ [D] に入る語句として最も適切なものを，次の中から一つずつ選べ。

[A] = [16] ① 家治 ② 家重 ③ 家慶 ④ 家定 ⑤ 家茂

[B] = [17] ① 神田 ② 日本橋 ③ 品川 ④ 浅草 ⑤ 上野

[C] = [18] ① 曲亭馬琴 ② 柳亭種彦 ③ 山東京伝 ④ 上田秋成 ⑤ 式亭三馬

[D] = [19] ① 手賀沼 ② 霞ヶ浦 ③ 見沼 ④ 紫雲寺潟 ⑤ 印旛沼

問 2 下線部(a)に関連して述べた文として最も適切なものを，次の中から一つ選べ。 [20]

① 関東では，江戸の発展にともない，下総の野田や銚子が醤油産地として発展した。

② 西宮など灘地方では酒造業が発展して，その酒は 19 世紀には菱垣廻船で江戸へ運ばれた。

③ 木綿織物は，庶民衣料として盛んに織られたが，なかでも桐生は西陣から技術を移転して木綿織マニュファクチュアが展開したことで知られている。

④ 藍は各地で作付けされたが，出羽の藍は最上川を通じて京都に送られ，染料として高い評価を得

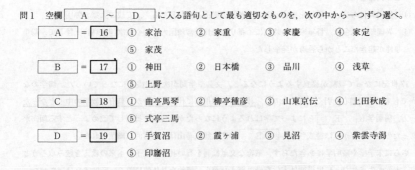

た。

⑤　紙は山間地で楮などを原料に作られたが，越前の檀紙，播磨の杉原紙，美濃の鳥の子紙などが上質なものとして著名であった。

問3　下線部(b)に関連して，この時期の民衆運動について述べた文として最も適切なものを，次の中から一つ選べ。［21］

①　長州藩では，天保2年（1831年）に藩領全域に及ぶ大一揆が発生した。この危機に登用された調所広郷は紙・蠟の専売制を改革し，さらに藩政改革を進めた。

②　天保の飢饉のなかで，甲斐国郡内地方や三河国加茂郡で大規模な一揆が起き，江戸でも大打ちこわしが発生した。

③　大坂町奉行所の元与力で，市中で私塾懐徳堂を開いて多くの門弟をかかえていた大塩平八郎が武装蜂起した。

④　越後では，平田篤胤の門人だった国学者生田万が民衆救済のため蜂起して柏崎の陣屋を襲ったが，失敗した。

⑤　大坂周辺の農村では，木綿・菜種の大坂の株仲間の統制に反対する国訴の運動が起き，大規模な打ちこわしに発展した。

問4　下線部(c)に関連して述べた文として最も適切なものを，次の中から一つ選べ。［22］

①　天保の薪水給与令は，アロー号事件で清国が英仏連合軍に敗北したことを教訓に発令された。

②　異国船打払令では，清・朝鮮・オランダの船も，長崎以外では打ち払いの対象とされた。

③　異国船打払令では，異国船が来航した場合，まず退去勧告を行い，聞かなければ直ちに打ち払うように命じた。

④　異国船打ち払いの危険を指摘した蘭学者渡辺崋山・高野長英らを，安政の大獄で弾圧した。

⑤　異国船打払令は，将軍家斉の時代にイギリス船員が常陸国大津浜や薩摩国宝島に上陸して，紛争事件が起きたことから幕府が発令した。

(2)　17世紀になって戦乱が終息するようになると，文芸や学問が次第に盛んになっていった。儒学のなかでも朱子学が関心を引くようになり，(d)林羅山が徳川家に仕えて，やがて幕府の教学の中心となった。一方，陽明学も［　E　］らによって学ばれるようになったが，現実を批判して改めようとする傾向があったので，幕府からは警戒され，［　E　］の門人熊沢蕃山は下総古河に幽閉された。

さらに朱子学や陽明学にあきたらず，厳密な文献批判を行い孔子や孟子の本来の教えを読み取ろうとする古学が生まれた。荻生徂徠は古学を受け継ぎながら，統治を具体的に説く(e)経世学を発展させた。

また国文学でも，戸田茂睡が古今伝授などを批判し，［　F　］は『万葉代匠記』を著して古典研究を進めた。やがてこれらは国学となって発展していった。

自然科学の分野でも，農学や本草学など実用的な学問が生まれた。和算では［　G　］が『塵劫記』を著し民間に広まり，天文学も発達した。その後，18世紀初めにはオランダ語の実用書の輸入が認められるようになり，(f)蘭学も始まるようになった。

問5　空欄 E ～ G に入る語句として最も適切なものを，次の中から一つずつ選べ。

E = 23　①　角倉了以　②　中江藤樹　③　野呂元丈　④　谷時中　⑤　河村瑞賢

F = 24　①　本阿弥光悦　②　山崎闇斎　③　北村季吟　④　塙保己一　⑤　契沖

G = 25　①　渋川春海　②　野中兼山　③　関孝和　④　吉田光由　⑤　宮崎安貞

問6　下線部(d)について述べた文として最も適切なものを，次の中から一つ選べ。 26

①　林羅山は，徳川家に仕えて，その諮問にこたえ，『本朝通鑑』などの編纂に従事した。

②　林羅山は，藤原惺窩に師事して儒学を学び，徳川秀忠に招かれて初めて徳川家に仕えた。

③　林羅山の私塾は，やがて将軍家光により神田に移され，聖堂学問所として整備された。

④　林家は林鵞峰の時に，大学頭に任じられ，代々幕府の教学をつかさどった。

⑤　天保の改革にあたり，幕府は異学の禁を出して，昌平坂学問所を設置して，朱子学を再興させた。

問7　下線部(e)について述べた文X～Zについて，その正誤の組み合わせとして最も適切なものを，次の中から一つ選べ。 27

X　太宰春台は，武家の行き詰まりは都市生活にあるので，農村に土着させるべきであると主張して『政談』を著した。

Y　海保青陵は，『稽古談』を著して，武士が商売をいやしむのは誤りだとして，殖産興業による財政再建を主張した。

Z　本多利明は，『経世秘策』などで西欧諸国との貿易や蝦夷地開発による富国策を説いた。

①　X 正　Y 正　Z 正　　②　X 正　Y 正　Z 誤
③　X 正　Y 誤　Z 正　　④　X 正　Y 誤　Z 誤
⑤　X 誤　Y 正　Z 正　　⑥　X 誤　Y 正　Z 誤
⑦　X 誤　Y 誤　Z 正　　⑧　X 誤　Y 誤　Z 誤

問8　下線部(f)について述べた文X～Zについて，その正誤の組み合わせとして最も適切なものを，次の中から一つ選べ。 28

X　前野良沢や杉田玄白らにより『解体新書』が訳述された。

Y　蘭学者広瀬淡窓は，大坂で適々斎塾を開き，幕末維新に活躍した人物を育てた。

Z　稲村三伯は，蘭日辞書である『ハルマ和解』をつくり，蘭学発展の基礎を築いた。

①　X 正　Y 正　Z 正　　②　X 正　Y 正　Z 誤
③　X 正　Y 誤　Z 正　　④　X 正　Y 誤　Z 誤
⑤　X 誤　Y 正　Z 正　　⑥　X 誤　Y 正　Z 誤
⑦　X 誤　Y 誤　Z 正　　⑧　X 誤　Y 誤　Z 誤

〔Ⅲ〕　次の文章を読み，下記の問いに答えよ。

幕末に諸外国と締結した(a)条約により開国に踏み切った我が国が先進列強と肩を並べていくために，中央集権体制のもと近代化をめざす諸改革を進めねばならなかった。

改革を進めるうえでまず求められたのは，安定的な国家財政を確保することであった。強力な軍隊の創設と近代産業を育成するために，(b)土地制度・租税制度の改革を進めた。

近代的な軍隊の創設を進めるために，全国徴兵の詔と徴兵告諭にもとづく(c)徴兵令を公布した。この徴兵令は士族・平民からも不満を抱かれ，一部では暴動がおこった。その後，国内の政治・社会情勢に対応するために(d)内務省が設置された。

近代産業の育成の基盤として，貨幣制度の整理，金融制度の確立が求められた。当時さまざまな不換紙幣が乱発されており，それらを整理して統一的貨幣制度を確立するため，1871年に(e)新貨条例が公布された。金融機関としては，渋沢栄一らが中心となり，国立銀行条例が定められ民間銀行が設立されていった。

工部省・内務省が中心となって(f)官営工場の設立・経営に力を注いだ。1880年代になると，官営事業の払い下げが本格化し，会社設立ブームがおこり民間の近代産業が発展した。輸入した機械技術を活用した各種産業の中でも(g)紡績業・製糸業は初期産業革命の中心となった。その後，重工業の基礎となる鉄鋼の国産化をめざす官営工場の設立・拡充が進められ，民間の製鋼会社の設立も進み，造船・(h)鉄道事業の発展を促した。

富国強兵・殖産興業のスローガンのもと，めざましい資本主義の発展をみた一方，近代産業を支えた労働者の階級意識にも変化がみられ，労働条件の改善を求める(i)労働運動が発生した。これらの労働運動や労働組合運動を取り締まるため政府は(j)治安警察法を公布する一方，労働条件を改善して労使間の対立を緩和し，協調を図るための方策を模索した。

問1　下線部(a)に関連して，幕末に締結した条約について述べた文として最も適切なものを，次の中から一つ選べ。 29

① 日米和親条約を締結した後，イギリス・ロシア・フランス・オランダとも和親条約を締結した。

② 初代アメリカ総領事となったペリーは通商条約の締結を求めた。

③ 日米修好通商条約では，神奈川・長崎・新潟・大坂の開港が定められた。

④ 1886年にノルマントン号事件が起こり，領事裁判権の撤廃を求める運動が更に高まった。

⑤ 1894年に調印された日英通商航海条約で，領事裁判権の撤廃と関税自主権の完全回復が達成された。

問2　下線部(b)について述べた文ａ～ｄについて，正しいものの組み合わせとして最も適切なものを，次の中から一つ選べ。 30

ａ　旧来の田畑永代売買の禁止令を解き，土地の価格を決定し，土地所有者に地券を発行した。

ｂ　課税の基準を地価とし，豊凶によって増減を認め，現物納とした。

ｃ　税率は地価の３％としたが，大規模な地租改正反対一揆がおこり，税率を2.5％に引き下げた。

ｄ　今まで農民が共同利用していた入会地は，所有権が明確にされないものも含めて従来通り農民が自由に使用できると定められた。

① a — b　② a — c　③ a — d　④ b — c　⑤ b — d　⑥ c — d

問3　下線部(c)について述べた次の文章中の空欄 A ～ C に入る語句として最も適切なものを，次の中から一つずつ選べ。

1873 年， A を原則とする徴兵令を公布した。士族・平民の身分にかかわりなく満 B 歳の男性を 3 年間の兵役に服させる兵制を打ち立てた。徴兵令には大幅な免役の規定があり， A の効果は上がらなかった。制定当時，徴兵制度に対する誤解・反対などから C がおきた。その後，1889 年 1 月の徴兵令改正によって，免役の制度が全廃され， A の原則を確立した。

A ＝ 31　① 四民平等　② 国民皆学　③ 国民皆兵　④ 公議世論　⑤ 開国和親

B ＝ 32　① 18　② 20　③ 22　④ 25　⑤ 30

C ＝ 33　① 血税一揆　② 真壁騒動　③ 伊勢騒動　④ 佐賀の乱　⑤ 秋月の乱

問4　下線部(d)について，内務省に関する説明として**最も不適切なものを**，次の中から一つ選べ。 34

① 初代内務卿は，大久保利通であった。

② 征韓論に端を発する政変がおきた年に設置された。

③ 所管事業の一つとして鉄道建設や各地の鉱山の運営があげられる。

④ 殖産興業の目的で第 1 回内国勧業博覧会を開き，民間産業の発展に貢献した。

⑤ 第二次世界大戦後に廃止された。

問5　下線部(e)について述べた文X～Zについて，その正誤の組み合わせとして最も適切なものを，次の中から一つ選べ。 35

X　当時流通していた多種の紙幣を整理するために発行された明治通宝札は，国立銀行条例により日本銀行券に置き換えられた。

Y　伊藤博文の建議によって公布された新貨条例は，金本位制を原則とし，円・銭・厘の十進法を採用した。

Z　新貨条例の公布により兌換制度が確立した。

① X 正　Y 正　Z 正　② X 正　Y 正　Z 誤
③ X 正　Y 誤　Z 正　④ X 正　Y 誤　Z 誤
⑤ X 誤　Y 正　Z 正　⑥ X 誤　Y 正　Z 誤
⑦ X 誤　Y 誤　Z 正　⑧ X 誤　Y 誤　Z 誤

問6　下線部(f)について述べた文として最も適切なものを，次の中から一つ選べ。 36

① 旧幕府経営の足尾銅山は明治期を通して官営事業として引き継がれ，最新の鉱山技術を導入して

日本有数の大銅山となった。

② 福岡柳川藩・三池藩経営の三池炭鉱は官営事業となり，その後三菱に払い下げられた。

③ 旧幕府がフランスの技術を導入して着工した横須賀製鉄所は官営事業となり，横須賀造船所として完成し，その後横須賀海軍工廠と改称された。

④ 輸出の中心となっていた製糸業の技術向上のため，イギリス人技師を招いて富岡製糸場を設立した。

⑤ 長崎肥前藩経営の高島炭鉱は官営事業となり，後に古河市兵衛に払い下げられた。

問7 下線部(g)に関連して，次の文章中の[D]～[F]に入る語句の組み合わせとして最も適切なものを，次の中から一つ選べ。[37]

明治初期に衰えていた綿織物業は，西欧技術を取り入れて徐々に[D]を回復してきた。その頃設立された大阪紡績会社の大規模経営が成功すると，多くの会社が機械紡績業に参入してきた。1890年には，綿糸の[D]量が[E]量を超え，1897年には，綿糸の[F]量が[E]量を超えた。綿織物業では大型力織機の導入が進んでいたが，豊田佐吉らの考案による小型国産力織機の普及により農村での織物業が発展した。それにつれ1909年には，綿布[F]額が[E]額を超えた。

① D：輸出　E：生産　F：輸入
② D：輸出　E：輸入　F：生産
③ D：生産　E：輸出　F：輸入
④ D：生産　E：輸入　F：輸出
⑤ D：輸入　E：生産　F：輸出
⑥ D：輸入　E：輸出　F：生産

問8 下線部(g)の製糸業に関連して述べた文X～Zについて，その正誤の組み合わせとして最も適切なものを，次の中から一つ選べ。[38]

X 生糸は海外との貿易開始以来，輸出品目第1位を占め，重要な外貨獲得産業であったが，1900年代に入ると1位の座を綿糸に取ってかわられた。

Y 生糸の輸出高では，世界最大の輸出国である清を追い越すことはできなかった。

Z 日清戦争のころになると器械製糸による生産高が座繰製糸による生産高を超えた。

① X 正　Y 正　Z 正　② X 正　Y 正　Z 誤
③ X 正　Y 誤　Z 正　④ X 正　Y 誤　Z 誤
⑤ X 誤　Y 正　Z 正　⑥ X 誤　Y 正　Z 誤
⑦ X 誤　Y 誤　Z 正　⑧ X 誤　Y 誤　Z 誤

問9 下線部(h)について述べた次の文章中の空欄[G]・[H]に入る語句として最も適切なものを，次の中から一つずつ選べ。

鉄道建設は[G]で募集した外債を資金の一部にあて，1872年には新橋～横浜間に日本初の国営鉄道が開通した。1881年に華族の金禄公債を主な資本金として設立された[H]鉄道会社は，明治期最大の民営鉄道となった。1880年代以降多くの民営鉄道会社が設立され，営業キロ数は民営鉄道が官営鉄道を上回った。

[G] = [39]　① フランス　② アメリカ　③ ドイツ　④ イギリス　⑤ オランダ

[H] = [40]　① 九州　② 関西　③ 甲武　④ 山陽　⑤ 日本

問10　下線部(i)に関連して，労働問題について述べた文X～Zについて，その正誤の組み合わせとして最も適切なものを，次の中から一つ選べ。[41]

X　横山源之助著の『日本之下層社会』は，貧民社会の実態を現地調査し発表した重要な資料である。

Y　1886年に起きた大阪天満紡績工場のストライキは日本最初のストライキとなった。

Z　日本最初の労働者保護法である工場法は1911年に施行された。

① X 正　Y 正　Z 正　② X 正　Y 正　Z 誤
③ X 正　Y 誤　Z 正　④ X 正　Y 誤　Z 誤
⑤ X 誤　Y 正　Z 正　⑥ X 誤　Y 正　Z 誤
⑦ X 誤　Y 誤　Z 正　⑧ X 誤　Y 誤　Z 誤

問11　下線部(j)に関連して，治安警察法公布に至るまでに出された弾圧法を年代の早いものから順に並べたものとして最も適切なものを，次の中から一つ選べ。[42]

① 保安条例 → 集会条例 → 讒謗律 → 集会及政社法
② 保安条例 → 讒謗律 → 集会条例 → 集会及政社法
③ 讒謗律 → 保安条例 → 集会条例 → 集会及政社法
④ 讒謗律 → 集会条例 → 保安条例 → 集会及政社法
⑤ 集会条例 → 保安条例 → 讒謗律 → 集会及政社法
⑥ 集会条例 → 讒謗律 → 保安条例 → 集会及政社法

世界史

（60分）

〔Ⅰ〕 次の文章を読み，後の問いに答えよ。

秦は前221年に全国を統一した。秦の(a)始皇帝は様々な統一政策をとり，直接中央から派遣した官吏に地方を治めさせる [A] を施行し，(b)思想統制をおこない，(c)対外戦争・土木工事なども頻繁におこなったが，(d)始皇帝の死後まもなく全土で反乱が起こり，秦は統一後わずか15年で滅んだ。

前202年に(e)漢王朝（前漢）をたてた劉邦は，秦の急激な統一政策の失敗を教訓として，東方の地域では一族や功臣を王・侯に封じる [B] を採用した。しかし(f)その後に起こった反乱を鎮圧した後，実質的に秦とかわらない体制を成立させた。

前2世紀後半の(g)武帝の時代は大規模な対外戦争の時代であり，領土は大きく広がった。しかし，漢は財政難におちいったため，(h)武帝は経済統制策によって乗り切ろうとしたが，成功しなかった。武帝の死後は宦官や外戚が相争い，そのなかで勢力を伸ばした [C] が皇帝を廃位し，新をたてた。漢の一族であった劉秀（光武帝）は，漢王朝を再興して後漢をたて，内政重視の政策をとった。しかしその後，党派争いがくりかえされた。(i)2世紀末に大規模な反乱が起こり，各地に軍事集団が割拠して，後漢は滅んだ。

問1　空欄 [A]・[B] に入る語句として最も適切なものを，次の中から一つずつ選べ。ただし，一つの選択肢は一度しか選べない。

[A] ＝ [1]　[B] ＝ [2]

①　衛所制　②　均田制　③　郡県制　④　郡国制　⑤　骨品制

⑥　三長制　⑦　州県制　⑧　部族制　⑨　募兵制　⑩　里甲制

問2　空欄 [C] に入る人名として最も適切なものを，次の中から一つ選べ。[3]

①　王維　②　王羲之　③　王建　④　王直　⑤　王重陽　⑥　王莽

問3　下線部(a)に関連して述べた文として**最も不適切なもの**を，次の中から一つ選べ。[4]

①　度量衡を統一し，おもり，ますを全国に配った。

②　貨幣を五銖銭に統一した。

③　車の車輪の幅を統一した。

④　都の咸陽から地方にのびる幹線道路を整備した。

⑤　文字を小篆《しょうてん》に統一した。

問４　下線部(b)に関連して述べた文として最も適切なものを，次の中から一つ選べ。[5]

① 西域から伝えられた仏教を広めた。

② 儒者など数百人を穴にうめて殺した。

③ 医薬・占い・農業関係の本を全て焼いた。

④ 儒教官僚や知識人を弾圧する党錮の禁を行った。

⑤ 不老不死を信じる神仙思想を国教にした。

問５　下線部(c)に関連して述べた文として最も適切なものを，次の中から一つ選べ。[6]

① 匈奴の冒頓単于と戦った。

② 戦国時代以来の長城をすべて破壊し，新しく万里の長城を建設した。

③ 南方遠征を行い，安南都護府を置いた。

④ 始皇帝陵の墓域からは，等身大の兵士や馬の俑が多数出土した。

問６　下線部(d)に関連して述べた(あ)～(お)の文を，年代の早いものから順に並べたものとして最も適切なものを，次の中から一つ選べ。[7]

(あ) 劉邦は，秦の都の咸陽を占領した。

(い) 項羽は，垓下の戦いで敗れて自殺した。

(う) 農民出身の陳勝と呉広による反乱が起こった。

(え) 劉邦は，郷里の沛県の民衆を率いて蜂起した。

(お) 秦に征服された東方６国の地域で秦への反感が高まった。

① (え) → (う) → (お) → (あ) → (い)

② (お) → (う) → (え) → (あ) → (い)

③ (う) → (お) → (い) → (え) → (あ)

④ (え) → (あ) → (う) → (お) → (い)

⑤ (お) → (え) → (う) → (あ) → (い)

問７　下線部(e)に関連して述べた文として最も適切なものを，次の中から一つ選べ。[8]

① 商鞅の改革によって国力をつけた。

② 広大な土地を買い集めた豪族が没落した農民を奴隷や小作人として支配下に入れた。

③ 豪族の土地所有を制限する政策がとられ，効果をあげた。

④ 地方におかれた中正官が人材を９等にわけて推薦する郷挙里選が実施された。

⑤ 農民は，氏族制度にもとづく大家族を維持し，大規模な農業経営が行われた。

問８　下線部(e)に関連して，前漢・後漢の時代の(か)～(け)の人物と関連する事績として最も適切なものを，次の中から一つずつ選べ。ただし，一つの選択肢は一度しか選べない。

(か)＝[9]　(き)＝[10]　(く)＝[11]　(け)＝[12]

(か)　蔡倫　(き)　司馬遷　(く)　鄭玄　(け)　董仲舒

① 彼を中心とする学者により，儒教の経典の字句解釈を重んずる訓詁学が発展した。
② 彼は，太古から武帝期にいたる歴史を紀伝体で叙述し，動乱の時代をいきいきと描いた。
③ 当時の書物はおもに竹簡に書かれていたが，彼が製紙技術を改良して，紙がしだいに普及した。
④ 彼の提案により，儒学が官学とされ，礼と徳による秩序の安定化がめざされた。

問９　下線部(f)に関連して述べた文として最も適切なものを，次の中から一つ選べ。 13

① 塩の密売人の黄巣が起こした反乱が全国に広がった。
② 放漫財政や内紛で統治がゆらぎ，飢饉と相まって民衆を苦しめ，紅巾の乱が起こった。
③ 楊貴妃の一族が実権を握ったことに反発して，安禄山と史思明が安史の乱を起こした。
④ 朝廷は諸侯権力の削減をはかり，それに抵抗する諸侯が呉楚七国の乱を起こした。

問10　下線部(g)に関連して述べた文として**最も不適切なものを**，次の中から一つ選べ。 14

① たびたび遠征軍を送り，匈奴を撃退した。
② 大月氏と同盟を結ぶため，張騫を西域に派遣した。
③ 班超が西域都護となり，甘英をローマ帝国に派遣した。
④ 衛氏朝鮮を攻撃して楽浪郡をおいた。
⑤ 甘粛地方を奪って敦煌郡などをおいた。
⑥ 南越を滅ぼして南海郡などをおいた。

問11　下線部(h)に関連して述べた文として最も適切なものを，次の中から**三つ**選べ。ただし，四つ以上マークした場合はすべて無効とする（解答欄 15 に三つマークせよ）。

① 塩などの日用品の生産・販売を国家が管理して，財政再建をはかった。
② 江南の経済地帯と華北を結びつける大運河を建設し，物流を統制した。
③ 現実に所有している土地に対して夏・秋２回の税を課す両税法を実施した。
④ 特産物を貢納させ，その物資が不足している地域に転売した。
⑤ 物資が豊富なときに貯蔵し，物価があがると売り出す物価抑制法を実施した。
⑥ 植え付け時の農民に金銭や穀物を低利で貸し付ける青苗法を実施した。

問12　下線部(i)に関連して述べた文として**最も不適切なものを**，次の中から一つ選べ。 16

① 四川地方では，漢の後裔を称する劉備が蜀を建国した。
② 四川地方では，五斗米道が勢力を伸ばした。
③ 華北では，曹操が後漢の建文帝から皇帝位を譲り受け，魏をたてた。
④ 長江下流域では，孫権が呉を建国し，華中・華南の開発を進めた。
⑤ 太平道の指導者の張角が，黄色の布を標識として反乱を起こした。

〔Ⅱ〕次の文章を読み，後の問いに答えよ。

人類史において人間の生死を左右した最大の原因は疫病であり，死者の数は(a)戦争や天災をはるかに上回る。疫病が人間の歴史に与えた影響は大きい。ここでは中世のペストについて考えてみよう。

記録に残るヨーロッパにおける最初のペスト流行は，紀元6世紀のことである。ペストはまず(b)エジプト地域で発生し，(c)パレスチナを経て(d)ビザンツ帝国（東ローマ帝国）のコンスタンティノープルへと到達した。6世紀なかばには地中海の西方にも広がり，現在のフランス地域から海をこえて(e)ブリテン諸島でも流行したことが知られている。流行は60年ほど続き，農業の停滞からヨーロッパでは飢饉が生じている。

二度目の流行は(f)十字軍のときである。ペストの感染経路には様々な説があるが，遠征を終えて東方から戻ってきた船がクマネズミを運び，このとき菌も一緒にヨーロッパにもち込まれたとされる。三度目の流行は14世紀前半に起こっている。流行の背景には，(g)モンゴル人がユーラシア大陸の東西にまたがる広大な領土を獲得し，モンゴル帝国の支配下で(h)東西交易が活発化したことがあった。14世紀の前半，中国の(i)杭州で悪疫による大量の死亡が確認されているが，おそらくこれはペストであった。そして1347年の秋，ペストは(j)シチリア島に上陸する。ここでは交易品の毛皮についていたノミが菌を媒介したとされる。ペストは翌年アルプス以北にも広がり，最終的にはヨーロッパの人口の1/3から1/2，すなわち約2,000万人から3,000万人が死亡したと推定されている。(k)イタリア北部の都市ヴェネツィアの被害は深刻で，住民の3/4が失われた。大量死は人々の死生観に影響を与え，(l)教会の無力さが強く意識されることとなる。

問1　下線部(a)について，年代の早いものから順に並べたものとして最も適切なものを，次の中から一つ選べ。 17

(あ)　ハンニバルのイタリア侵入
(い)　アレクサンドロスの東方遠征
(う)　ペルシア戦争
(え)　カエサルのガリア遠征
(お)　ペロポネソス戦争

① (お) → (あ) → (う) → (え) → (い)
② (う) → (い) → (お) → (あ) → (え)
③ (お) → (あ) → (い) → (え) → (う)
④ (う) → (え) → (い) → (お) → (あ)
⑤ (う) → (お) → (い) → (あ) → (え)

問2　下線部(b)の歴史について述べた次の文章の空欄 A ～ D に入るものとして最も適切なものを，次の中から一つずつ選べ。ただし，一つの選択肢は一度しか選べない。

A = 18　B = 19　C = 20　D = 21

この地域は，ヘレニズム時代には［　A　］朝の王がファラオの後継者として統治した。ローマ帝国の時代にはキリスト教の普及をみた。7世紀前半にイスラームの軍勢がビザンツ帝国からこの地を奪うと，以後，［　B　］朝の支配のもとでイスラーム化が進んでいく。10世紀の後半には［　C　］派の一派が北アフリカにたてた［　D　］朝に支配された。

① ウマイヤ　② 後ウマイヤ　③ ササン　④ シーア　⑤ スンナ
⑥ セレウコス　⑦ ファーティマ　⑧ ムラービト　⑨ プトレマイオス

問3　下線部(c)の地域について述べた文X～Zについて，その正誤の組み合わせとして最も適切なものを，次の中から一つ選べ。［22］

X　ヘブライ人の国は，ソロモン王の死後，北のユダ王国と南のイスラエル王国に分裂した。
Y　アッシリア王国の崩壊後，この地域は4王国のひとつである新バビロニアが支配した。
Z　東地中海地域を支配したオスマン帝国は，宗教ごとの共同体（ミッレト）に自治を認めた。

① X 正　Y 正　Z 正
② X 誤　Y 正　Z 正
③ X 誤　Y 誤　Z 誤
④ X 正　Y 誤　Z 正
⑤ X 誤　Y 正　Z 誤

問4　下線部(d)について述べた文として**最も不適切なもの**を，次の中から一つ選べ。［23］
① 皇帝ユスティニアヌスは，イタリアの東ゴート王国と北アフリカのヴァンダル王国を滅ぼした。
② 皇帝は，地上における神の代理人として，ギリシア正教会を支配する立場にあった。
③ 聖画像（イコン）が制作されたが，8世紀の聖像禁止令によって以後の制作は途絶えた。
④ 軍役奉仕とひきかえに国有地の管理権を委ねるプロノイア制が広まると，皇帝権は弱まった。
⑤ ハギア＝ソフィア（聖ソフィア）聖堂は，ドームとモザイク壁画を特徴とするビザンツ様式の代表例である。

問5　下線部(e)の一部であるグレートブリテン島で起きた出来事として最も適切なものを，次の中から二つ選べ。ただし，三つ以上マークした場合はすべて無効とする（解答欄［24］に二つマークせよ）。
① ノルマン人の一派がノルマンディー公国をたてた。
② アルフレッド大王がノルマン人の侵入をくいとめた。
③ カルマル同盟が結ばれ，同君連合の大王国が形成された。
④ 皇帝派と教皇派の抗争により，国内が分裂状態となった。
⑤ 軍事的性格を失った騎士が，ジェントリ（郷紳）とよばれる地域代表となった。

問6　下線部(f)の運動が展開されるなか，教皇がモンゴル帝国に送った使節として最も適切なものを，次

の中から一つ選べ。 25

① カブラル　② プラノ＝カルピニ　③ マルコ＝ポーロ
④ ラス＝カサス　⑤ ルブルック　⑥ ロロ

問7　下線部(g)について述べた文(か)〜(け)について，正しいものの組み合わせとして最も適切なものを，次の中から一つ選べ。 26

(か) モンゴル帝国を構成するイル＝ハン国のモンゴル君主は，イスラーム教に改宗した。
(き) イスラーム天文学の知識をもとに徐光啓がつくった授時暦は，後に日本にも取り入れられた。
(く) 元で活躍した色目人にキリスト教徒が多かったことから，元ではキリスト教が普及した。
(け) モンゴル帝国，とくに元が発行した紙幣である交鈔は，遠距離の取引に便利であった。

① (か)・(き)
② (き)・(く)
③ (か)・(け)
④ (き)・(け)
⑤ (か)・(く)

問8　下線部(h)について述べた文として**最も不適切なもの**を，次の中から一つ選べ。 27

① インダス川流域に成立したクシャーナ朝は，ローマ帝国に大量の金を輸出した。
② オアシスに住むイラン系のソグド人は，隋・唐の領内に進出して中継貿易を行った。
③ トルコ系のウイグル人は，8世紀なかばにモンゴル高原に進出し，遊牧国家を建設した。
④ イブン＝バットゥータは，モロッコから中国まで旅行し，その記録を『三大陸周遊記』に残した。
⑤ ムスリム商人のグループであるカーリミー商人は，インド商人とイタリア商人を仲介した。

問9　下線部(i)はかつて臨安とよばれた。この臨安を都とした王朝として最も適切なものを，次の中から一つ選べ。 28

① 後梁　② 後周　③ 隋　④ 唐　⑤ 東晋　⑥ 南宋

問10　下線部(j)に関連して，シチリア王国（両シチリア王国）について述べた次の文章の空欄 E ・ F に入るものの組み合わせとして最も適切なものを，次の中から一つ選べ。 29

12世紀前半に， E 人がイスラーム勢力からシチリア島を奪ってこの王国を建設した。13世紀末にこの王国はイタリア半島側の F 王国とシチリア島側のシチリア王国に分裂した。

① E：ノルマン　F：サルデーニャ
② E：ノルマン　F：ナポリ
③ E：マジャール　F：サルデーニャ

④　E：スラヴ　　　F：サレルノ

⑤　E：スラヴ　　　F：ナポリ

⑥　E：マジャール　F：サレルノ

問11　下線部(k)に関連して，イタリア・ルネサンスについて説明した下の文章の空欄［　G　］・［　H　］に入る都市の場所として最も適切なものを，地図の中から一つずつ選べ。ただし，一つの選択肢は一度しか選べない。

［　G　］＝［30］　［　H　］＝［31］

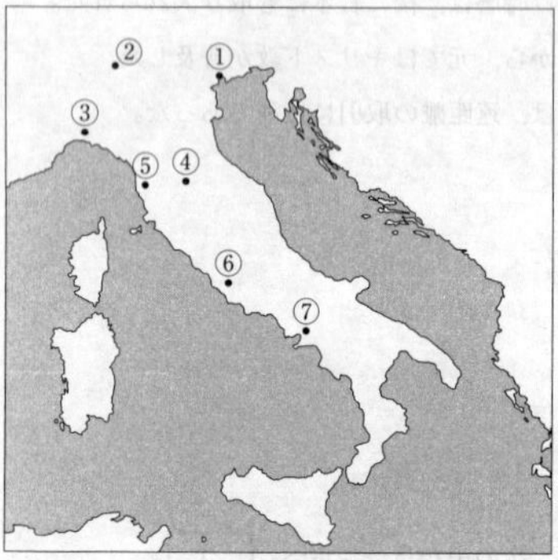

メディチ家などの富裕な市民が芸術家や学者を支援していた［　G　］出身の詩人ダンテは，トスカナ地方のイタリア語で『神曲』を著した。

建築の領域では，古代ローマ建築の要素を取り入れたルネサンス様式が生まれ，教皇が文芸を保護していた［　H　］において，サン＝ピエトロ（聖ピエトロ）大聖堂がたてられた。

問12　下線部(l)に関連して，次のXとYの文章に当てはまる人物の組み合わせとして最も適切なものを，次の中から一つ選べ。［32］

X　ネーデルラント出身の人文学者であり，様々な著作を通じて教会や貴族の在り方に批判を加え，宗教改革に大きな影響を与えた。

Y　フランス出身の作家で，『ガルガンチュアとパンタグリュエルの物語』を通じて既存の権威を厳しく批判した。

①　X：エラスムス　　Y：トマス＝モア

②　X：トマス＝モア　Y：チョーサー

③　X：チョーサー　　Y：トマス＝モア

④　X：トマス＝モア　Y：エラスムス

⑤　X：エラスムス　　Y：ラブレー

⑥　X：ラブレー　　　Y：エラスムス

⑦　X：トマス＝モア　Y：ラブレー

〔Ⅲ〕次の文章を読み，後の問いに答えよ。

2018年5月，アメリカは，イェルサレムをイスラエルの首都と認定し，アメリカ大使館をテルアビブからイェルサレムに移転した。イスラエル建国から［ A ］年目の出来事だった。このアメリカの措置に国際社会は懸念を表明した。(a)ユダヤ教，(b)キリスト教，(c)イスラーム教の聖地であるイェルサレムへの首都移転は，中東の新たな紛争の火種となることが予想されたからである。

今日のイスラエルを含むパレスチナ地域は，(d)第一次世界大戦終結までオスマン帝国領だった。第一次世界大戦で，イギリスは同盟国側のオスマン帝国に住むアラブ人とユダヤ人それぞれにとって魅力的な約束を提示して，双方から戦争協力をとりつけようと画策した。実際はこれらの約束を同時に実現することは不可能だった。加えて，第一次世界大戦後，(e)イギリスは委任統治領としてこの地を支配したため，アラブ人とユダヤ人の不満は高まり，両者の対立は深まった。

一方，ヨーロッパのキリスト教世界では，中世からユダヤ教徒の迫害がみられた。19世紀には，「反ユダヤ主義」ということばも生まれた。(f)ロシアや東欧ではユダヤ系住民への集団的暴行がおこった。フランスでは(g)ドレフュス事件が発生した。反ユダヤ主義の最たる例は，第二次世界大戦の(h)ナチス＝ドイツの政策である。

ユダヤ人国家の建設は，第二次世界大戦後，パレスチナのアラブ人地域とユダヤ人地域を分割するという［ B ］が提示した案をユダヤ人が受け入れたことで実現した。［ C ］はそれに反対して戦争となった。しかし，その結果土地を追われたアラブ人は難民となった。(i)その後もイスラエルとアラブ世界との戦争や紛争・対立が繰り返された。

問1　空欄［ A ］に入るものとして最も適切なものを，次の中から一つ選べ。［33］

①　50　②　55　③　60　④　65　⑤　70

問2　空欄［ B ］・［ C ］に入るものとして最も適切なものを，次の中から一つずつ選べ。ただし，一つの選択肢は一度しか選べない。

［ B ］＝［34］　［ C ］＝［35］

①　アメリカ　②　アラブ連盟　③　国際連合
④　国際連盟　⑤　パレスチナ解放機構（PLO）　⑥　非同盟諸国首脳会議

問3　下線部(a)に関連して述べた文として**最も不適切なもの**を，次の中から一つ選べ。［36］

①　ユダヤ教の唯一神はヤハウェとよばれ，この神がユダヤ人に特別の恩恵を与えているとされた。

②　ユダヤ教の経典は『旧約聖書』であり，後世のヨーロッパ人の思想や芸術活動の主要な源泉のひとつとなった。

③　バビロン捕囚後，ソロモン王のもとで栄えていたイスラエル王国でユダヤ教が確立した。

④　ユダヤ教の祭司や律法重視のパリサイ派の人々が，紀元1世紀にパレスチナの支配者層を形成していた。

問4　下線部(b)に関連して述べた文として最も適切なものを，次の中から一つ選べ。［37］

① キリスト教はパレスチナで生まれ，ペテロやパウロら使徒の伝道活動を通してローマ帝国各地に広まった。

② 11 世紀半ばのローマ＝カトリック教会とギリシア正教会の分裂によって，ローマ教会はビザンツ皇帝への従属から独立した。

③ 教皇と皇帝とのあいだの叙任権闘争は 1122 年のパリ協定で両者の妥協が成立して，終結した。

④ 第 4 回十字軍は，商業利益の拡大を目指すヴェネツィア商人の要求でイェルサレム王国をたてた。

問 5　下線部(c)に関連して述べた文として最も適切なものを，次の中から一つ選べ。 38

① 預言者ムハンマドは 622 年にメディナからメッカに移住してイスラーム教の共同体を建設した。

② イェルサレムの旧市街にはイスラーム教徒のたてた岩のドームがある。

③ ムスタファ＝ケマルは，カリフ制を廃止したのちにトルコ共和国を樹立した。

④ ウマイヤ朝の首都バグダードにたてられたウマイヤ＝モスクは，現存する最古のモスクである。

問 6　下線部(d)に関する出来事を年代の早いものから順に並べたとき，2 番目，5 番目，8 番目にくるものとして最も適切なものを，次の中から一つずつ選べ。ただし，一つの選択肢は一度しか選べない。

2 番目＝ 39 　5 番目＝ 40 　8 番目＝ 41

① アメリカのドイツへの宣戦

② ブルガリアの降伏

③ オーストリア皇位継承者夫妻暗殺

④ タンネンベルクの戦い

⑤ 「平和に関する布告」採択

⑥ ウィルソン大統領の十四カ条発表

⑦ 日本から中国への二十一カ条の要求

⑧ パリ講和会議開催

⑨ マルヌの戦い

問 7　下線部(e)に関連して，イギリスの委任統治領として最も適切なものを，地図上の①～④のうちから一つ選べ。 42

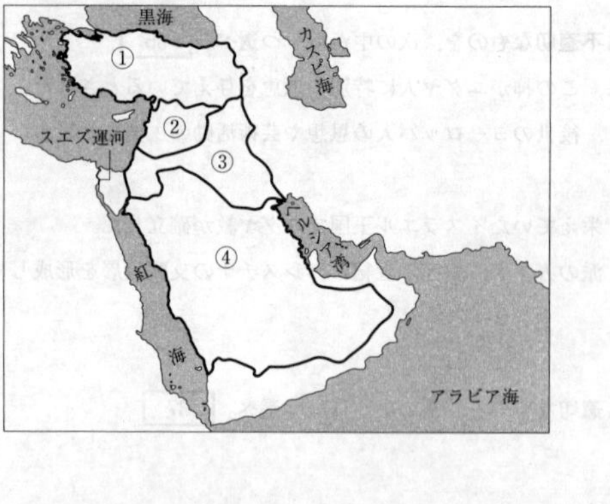

問８　下線部(f)に関連して述べた文として**最も不適切なもの**を，次の中から一つ選べ。 43

① ロシアは，1853年ギリシア正教徒の保護を口実にオスマン帝国領に侵攻してクリミア戦争がはじまった。

② ロシアの地にあったノヴゴロド国のウラディミル１世は，ギリシア正教を国教にした。

③ イヴァン３世は，ビザンツ帝国の後継者を自任し，はじめてツァーリの称号を名乗った。

④ ロシア皇帝アレクサンドル１世の呼びかけで，ウィーン会議中に，キリスト教精神にもとづく神聖同盟が結成された。

問９　下線部(g)に関連して述べた次の文の下線部(j)～(m)が正しい場合は①を，誤っている場合は最も適切なものを選択肢の中から一つ選べ。

(j) = 44　　(k) = 45　　(l) = 46　　(m) = 47

ユダヤ系フランス人のドレフュスは，(j)イギリスのスパイとして機密を漏洩した罪で終身刑を宣告された。これは後に誤審であることが判明したが，反ユダヤ主義の(k)軍部が無視したため，作家の(l)ゾラらが再審を訴えた。最終的にドレフュスは無罪になった。この事件後，ユダヤ人のパレスチナ復帰運動である(m)グラスノスチが唱えられるようになった。

選択肢

② イタリア　③ イプセン　④ 議会　⑤ サンディカリズム

⑥ シオニズム　⑦ 政府　⑧ ドイツ　⑨ ハイネ　⑩ ボードレール

問10　下線部(h)に関連して述べた文として最も適切なものを，次の中から一つ選べ。 48

① チェコスロヴァキアを解体し，東半分のベーメン・メーレンを保護領に，西半分のスロヴァキアを保護国にした。

② デンマークとスウェーデンに軍を進めた後，オランダとベルギーに侵入した。

③ バルカン半島に侵攻し，ギリシアとユーゴスラヴィアを占領した。

④ ヴェルサイユ条約で国際連合管理下の自由市になっていたダンツィヒの返還を求めた。

問11　下線部(i)に関連して述べた文として**最も不適切なもの**を，次の中から一つ選べ。 49

① 1993年にイスラエルとパレスチナ解放機構が，パレスチナ人の暫定自治政府の樹立でいったん合意した。

② 第２次中東戦争では，アメリカ，フランス，イスラエルがエジプトに対して軍事行動を起こした。

③ 1964年にパレスチナ難民はパレスチナ解放機構を設立して，イスラエルへの抵抗を強めた。

④ 第３次中東戦争でイスラエルが大きな勝利をおさめ，アラブ民族主義は衰退していった。

地理

（60分）

〔Ｉ〕　次の図1はＡ県～Ｅ県の位置を示している。次ページ以降の写真1～写真4はＣ県の海岸部で撮影したものである。そのうち、写真4以外は、外洋に面する湾口部で撮影したものである。次の文章も参考にして、以下の問いに答えよ。

近い将来、南海トラフ地震が発生すると、(a)Ａ県～Ｅ県で大きな被害が発生すると危惧されている。一般に、海に面する県では漁業が盛んであるが、(b)Ａ県・Ｃ県・Ｅ県の海面漁獲量は日本有数の規模である。また、(c)Ａ県・Ｂ県・Ｃ県では内水面における養殖収獲量が多く、Ａ県・Ｃ県・Ｅ県では海水面における養殖収獲量も少なくない。ところで、持久力の高い回遊魚の身（肉）の色は赤く、瞬発力を必要とする沿岸魚などの身の色は白い。(d)海面養殖筏の形状は、このような魚の運動特性を考慮して作られていることが多い。貝の養殖でも貝種によって筏の形状が異なることがあるが、(e)外洋に面する湾と内湾で、養殖される貝の種類が異なることが普通である。

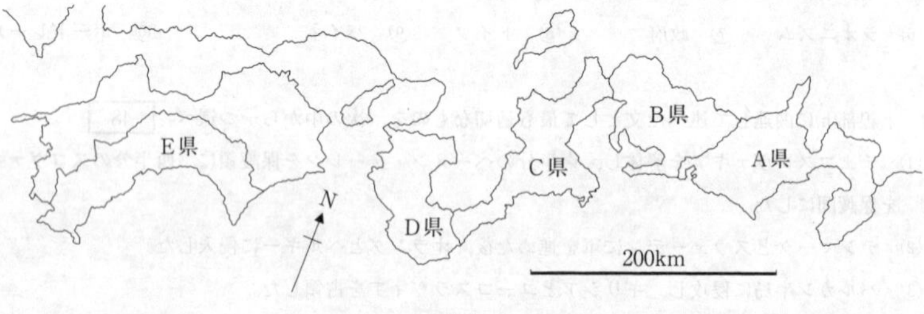

図1

問1　下線部(a)に関連して、南海トラフ地震がＡ県～Ｅ県にもたらす最悪の想定として最も適切なものを、次の中から一つ選べ。［ 1 ］

①　死者数は2万人以下である。
②　海岸部における震度は5強である。
③　地震規模はマグニチュード9である。
④　津波の波高は10m以内である。
⑤　直接被害額は1億円程度である。

問2　下線部(b)に関連して、Ａ県・Ｃ県・Ｅ県で共通して漁獲量が多い魚種（都道府県別で上位5位以内、2016年）として最も適切なものを、次の中から一つ選べ。［ 2 ］

①　イワシ　②　カツオ　③　サバ　④　ブリ　⑤　サンマ

問3　下線部(c)に関連して、A県・B県・C県で共通して収獲量が多い魚種（都道府県別で上位5位以内、2016年）として最も適切なものを、次の中から一つ選べ。［3］

①　ウナギ　　②　コイ　　③　ニジマス　　④　フナ　　⑤　マス

問4　下線部(d)に関連して、写真1と写真2の地域で養殖されている魚として最も適切なものを、次の中から一つずつ選べ。ただし、一つの選択肢は一度しか選べない。

写真1＝［4］　写真2＝［5］

①　イワシ　　②　カレイ　　③　サンマ　　④　タイ　　⑤　タラ　　⑥　ハマチ

写真1

写真2

問5　下線部(e)に関連して、写真3（C県の収獲量は都道府県別で第7位、第1位は広島県、第2位は宮城県：2018年）と写真4の地域で筏に吊るされている貝として最も適切なものを、次の中から一つずつ選べ。ただし、一つの選択肢は一度しか選べない。

写真3＝ 6 　写真4＝ 7

① アコヤ貝（真珠）　② アワビ　③ カキ　④ サザエ
⑤ ハマグリ　⑥ ホタテ

写真3

写真4

問６　写真３と写真４の海岸部の特徴について述べた文として最も適切なものを、次の中から一つ選べ。
[8]

①　いずれもリアス海岸である。

②　写真３には砂丘が、写真４には海底火山が見られる。

③　写真３の地域は海面変化とは無関係に形成された。

④　写真４の地域は沈降地域である。

⑤　どちらの写真にも海岸段丘面は認められない。

問７　Ａ県～Ｅ県には、日本屈指の収穫量（都道府県別で上位５位以内、2016年）を誇る農産物がある。県名と農産物の組み合わせとして**最も不適切なもの**を、次の中から一つ選べ。[9]

①　Ａ県・みかん　　②　Ｂ県・キャベツ　　③　Ｃ県・茶（生葉）

④　Ｄ県・みかん　　⑤　Ｅ県・トマト

〔Ⅱ〕　次の図は日本の製造品出荷額等（2017年）を都道府県別に示したものである。このうち、図２は製造品出荷額等の総額を示しており、図３～７は主要な製造業種のうち５業種の各出荷額等を示している。これらを見て、以下の問いに答えよ。

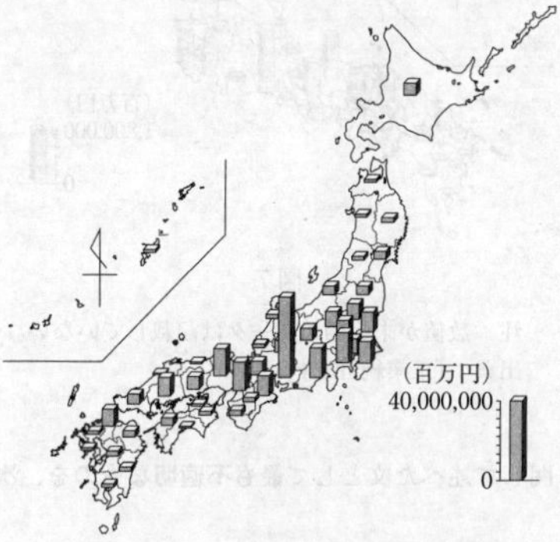

図２

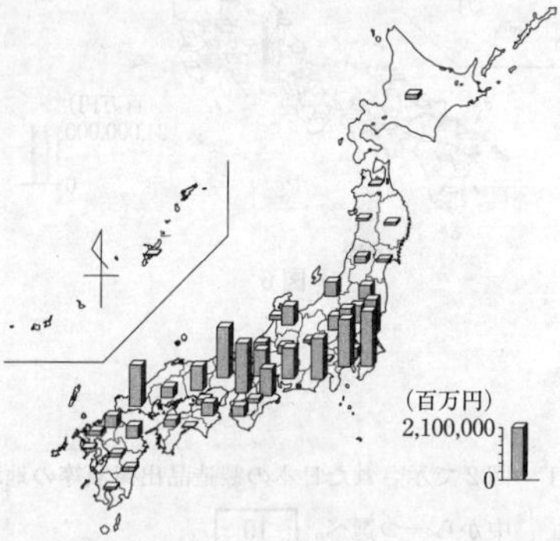

図３

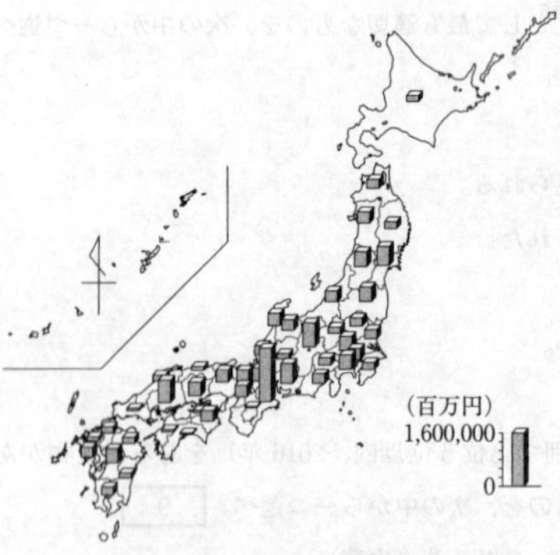

図4

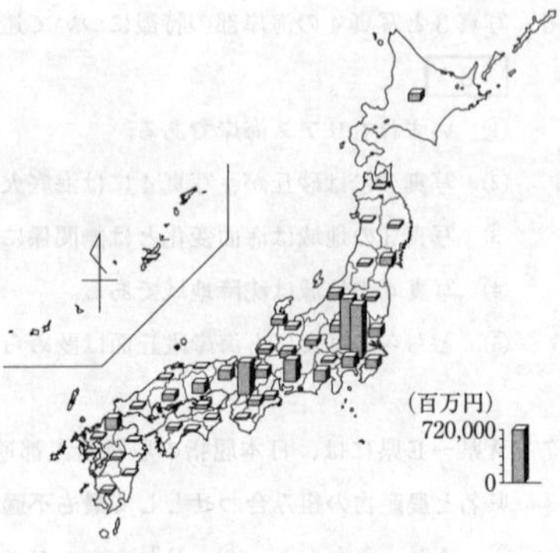

図5

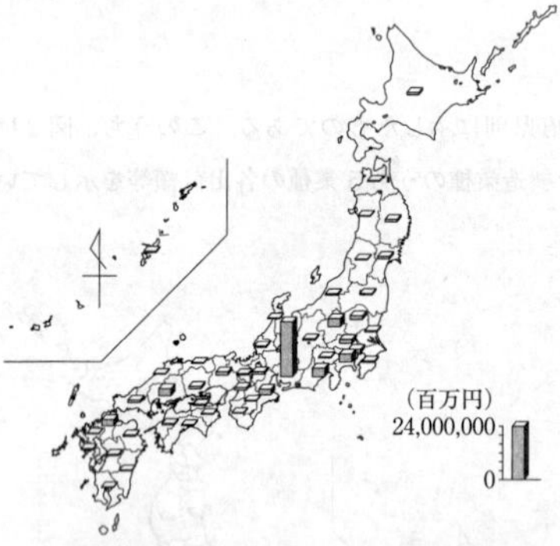

図6

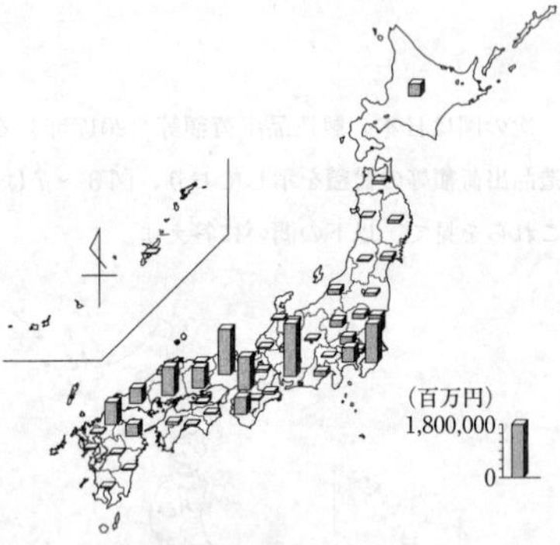

図7

注：数値が未公開のデータは記載していない。
出典：『工業統計表』

問1　図2で示された日本の製造品出荷額等の地域差に関して述べた文として**最も不適切なもの**を、次の中から一つ選べ。 10

① 製造品出荷額等の上位3都道府県は、すべて太平洋ベルトに位置している。

② 第二次世界大戦後の高度経済成長期に深刻化した4大公害病は、すべて製造品出荷額等の上位10都道府県の中で発生した。

③ 日本海側で製造品出荷額等が少ないのは、第二次世界大戦後の東西冷戦で日本海を挟んだ相手国との貿易が不振であったことも関係している。

④ 沖縄県で製造品出荷額等が少ないのは、1972年まで米軍統治下にあり、日本の製造業企業の立地が困難であったことも関係している。

問２　図３～７に該当する製造業種名の組み合わせとして最も適切なものを、次の中から一つ選べ。
11

	図３	図４	図５	図６	図７
①	鉄鋼業	輸送用機械器具製造業	電子部品・デバイス・電子回路製造業	印刷・同関連業	化学工業
②	電子部品・デバイス・電子回路製造業	輸送用機械器具製造業	鉄鋼業	化学工業	印刷・同関連業
③	化学工業	電子部品・デバイス・電子回路製造業	印刷・同関連業	輸送用機械器具製造業	鉄鋼業
④	化学工業	鉄鋼業	印刷・同関連業	輸送用機械器具製造業	電子部品・デバイス・電子回路製造業
⑤	電子部品・デバイス・電子回路製造業	印刷・同関連業	輸送用機械器具製造業	化学工業	鉄鋼業
⑥	鉄鋼業	化学工業	印刷・同関連業	輸送用機械器具製造業	電子部品・デバイス・電子回路製造業

問３　鉄鋼業の主な原材料の組み合わせとして最も適切なものを、次の中から一つ選べ。 12

①　ウラン、鉄鉱石、木材　　②　木材、石炭、ボーキサイト
③　石灰石、石炭、ウラン　　④　ボーキサイト、ウラン、天然ガス
⑤　鉄鉱石、石炭、石灰石　　⑥　天然ガス、ボーキサイト、木材

問４　輸送用機械器具製造業では、2011年以降に宮城県に多くの事業所が立地するようになった。この要因として最も適切なものを、次の中から一つ選べ。 13

①　製品の販売先として、東北地方が大きな比重を占めるため。
②　気候が温暖で、屋外作業が容易であるため。
③　３大都市圏に隣接し、部品や完成品の輸送が容易であるため。
④　新幹線、高速道路、港、空港など交通利便性が高いため。
⑤　人件費が３大都市圏より安価で、労働力の調達が比較的容易であるため。

問５　日本における電子部品・デバイス・電子回路製造業の主な立地要因として最も適切なものを、次の中から一つ選べ。 14

①　原材料の調達が容易な場所に立地する。
②　大都市・中小都市の都心のみに立地し、集積利益の享受が立地要因となっている。
③　きれいな水や空気、広大な用地が不可欠で、都市化が全く進んでいない自然が豊かな地域に立地する。
④　港湾や高速道路に近接して立地する交通指向型の業種であり、2000年代にはシリコンロードやシリコンアイランドと呼ばれる地域への立地が目立つようになった。

⑤　1970年代半ばまでは市場指向型で大都市圏に近接して立地していたが、1980年代以降は豊富な低賃金労働力を求めた立地に転換した。

問6　日本における印刷・同関連業の最近の動向として**最も不適切なもの**を、次の中から一つ選べ。 15

①　騒音の問題によって、都心部から郊外に工場が移転している。

②　デジタル化の影響で不況となり、工場の新規立地は少ない。

③　都心部に立地するのは、他業者（納入者等）との取引が多いためである。

④　農村部で工場が大幅に増加しているのは、労働力が安価なためである。

⑤　都心部の工場跡地は、マンションなど高層住宅に転用されていることがある。

問7　日本における化学工業の主な立地要因として最も適切なものを、次の中から一つ選べ。 16

①　原料指向型の立地であり、原材料が採掘できる場所に立地する。

②　市場指向型の立地であり、大都市圏に近接して立地する。

③　広大な用地を必要とし、平野が広大な内陸の農村部に立地する。

④　交通指向型の立地であり、原材料輸入のため水深が深い天然の良港のある地域に立地する。

⑤　労働力指向型の立地であり、安価な労働力が得られる地域に立地する。

問8　図3の製造業種の出荷額上位6府県の中で、人口1人当たりの出荷額が最も高い府県として最も適切なものを、次の中から一つ選べ。 17

①　千葉県　②　神奈川県　③　静岡県　④　大阪府　⑤　兵庫県　⑥　山口県

問9　図5の製造業種の出荷額上位3都府県の人口（2018年）の合計値として最も適切なものを、次の中から一つ選べ。 18

①　約2,400万人　②　約2,900万人　③　約3,400万人

④　約3,900万人　⑤　約4,400万人

〔Ⅲ〕 次の文章を読み、以下の問いに答えよ。

日本では現在、人口の東京一極集中が顕著になっている。それは、(a)東京圏への転入超過数を大阪圏・名古屋圏への転入超過数と比較しても明らかである。(b)首都である東京が生み出す雇用は膨大で、その通勤圏は北関東地方にも及び、2010年時点で日本の人口の約 A 分の１が関東地方の１都６県に居住している。一方で、国土の約 B 割を占める面積が過疎地域の指定を受けている。しかし、人口増減の地域差には(c)転出入の動向に加えて少子高齢化も関係しており、過密・過疎問題の解消には政治・経済・文化など(d)様々な機能に特化した都市が国土に偏りなく成長することが望ましい。なお、先進国に共通する(e)少子高齢化は女性の就業とも関係しており、さらに(f)人口移動は国内で完結するものでもない。

問１　下線部(a)に関連して、次の図８から読み取れることやそれに関連する事柄について述べた文として最も適切なものを、次の中から一つ選べ。 19

① 1960年代後半の転入超過数がいずれの大都市圏でも高いのは、この時期の全国の合計特殊出生率が高かったためである。

② 1970年代にいずれの大都市圏でも転入超過数が大幅に減少したのは、この時期に非大都市圏の人口が自然減に転じたからである。

③ 東京圏で1990年代初頭に非大都市圏への転出超過が生じた背景には、この時期の金融業の不況がある。

④ 名古屋圏では、非大都市圏への転出超過が生じたことがない。

⑤ 大阪圏では、1980年代以降は非大都市圏への転出超過が生じていない。

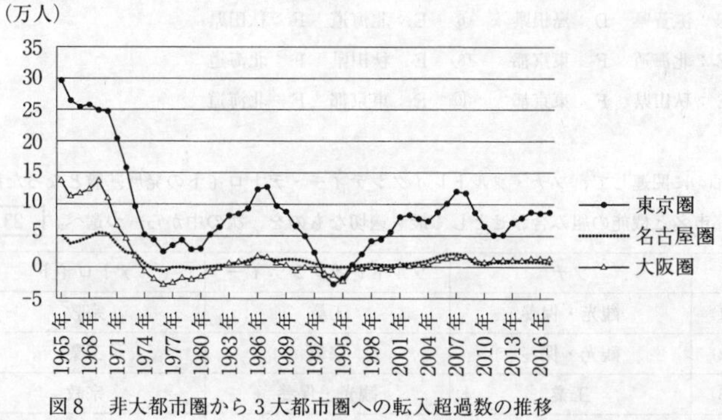

図８　非大都市圏から３大都市圏への転入超過数の推移

注：３大都市圏とは、東京圏（埼玉、千葉、東京、神奈川の１都３県）・名古屋圏（岐阜、愛知、三重の３県）・大阪圏（京都、大阪、兵庫、奈良の２府２県）を指し、非大都市圏とは３大都市圏以外を指す。数値は日本人についてのみで、マイナスは転出超過を示す。

出典：『住民基本台帳人口移動報告年報』

問２　下線部(b)に関連して、首都への一極集中に関して述べた文として**最も不適切なもの**を、次の中から一つ選べ。 20

① フランスは中枢管理機能が多くの都市に分散し、首都には集中していない。

② ブラジルで人口が最大の都市は、首都ではない。

③ ドイツで国際旅客乗降客数が最も多い空港があるのは、首都ではない。

④ 東南アジア諸国の首都には、プライメートシティと称されるほど人口規模が大きく、政治・経済・文化などの諸機能が集中している例がある。

⑤ 2016年時点で、日本の大学生の約4分の1が東京都内の大学に通っている。

問3　下線部(c)に関連して、次の表1は4つの都道県の老年人口割合、合計特殊出生率、高卒者の県外就職率を示したものである。空欄 C ・ D および E ・ F に入る都道県名の組み合わせとして最も適切なものを、次の中から一つずつ選べ。ただし、一つの選択肢は一度しか選べない。 C ・ D = 21 　 E ・ F = 22

表1

	C	D	E	F
老年人口割合（2015年）	19.6 %	32.5 %	22.7 %	29.1 %
合計特殊出生率（2015年）	1.96	1.78	1.24	1.31
高卒者の県外就職率（2015年）	31.2 %	25.5 %	9.4 %	7.5 %

注：高卒者の県外就職率とは、高校卒業と同時に就職した者のうち自都道府県以外に就職した者の割合を指す。

出典：『国勢調査報告』、厚生労働省「人口動態統計」、文部科学省「学校基本調査」

① C：沖縄県　D：島根県　② C：沖縄県　D：滋賀県

③ C：島根県　D：沖縄県　④ C：滋賀県　D：沖縄県

⑤ C：滋賀県　D：島根県　⑥ E：北海道　F：秋田県

⑦ E：北海道　F：東京都　⑧ E：秋田県　F：北海道

⑨ E：秋田県　F：東京都　⑩ E：東京都　F：北海道

問4　下線部(d)に関連して、ソチ・ソルトレイクシティー・デトロイトの発展基盤となった都市機能は何か。都市名と機能の組み合わせとして最も適切なものを、次の中から一つ選べ。 23

	ソチ	ソルトレイクシティー	デトロイト
①	観光・保養	工業	宗教
②	観光・保養	宗教	工業
③	工業	観光・保養	宗教
④	工業	宗教	観光・保養
⑤	宗教	観光・保養	工業
⑥	宗教	工業	観光・保養

問5　下線部(e)に関連して、次の表2は2015年の日本・韓国・アメリカ合衆国・フランス・ドイツ・スウェーデンの老年人口比率、30代女性の労働力率、合計特殊出生率の順位を示したものである。G、H、Iの国名として最も適切なものを、次の中から一つずつ選べ。ただし、一つの選択肢は一

度しか選べない。

G = 24　　H = 25　　I = 26

① 韓国　② アメリカ合衆国　③ ドイツ　④ スウェーデン

表 2

	老年人口比率	30 代女性の労働力率	合計特殊出生率
1 位	日本	H	フランス
2 位	G	フランス	H
3 位	H	G	I
4 位	フランス	I	G
5 位	I	日本	日本
6 位	J	J	J

注：労働力率とは、人口に占める労働力人口の割合である。ドイツ・スウェーデンの 30 代女性の労働力率は 2014 年である。

出典：『高齢社会白書』、『男女共同参画白書』、『少子化社会対策白書』

問 6　下線部(f)に関連して、国境を越えた人口移動について述べた文として最も適切なものを、次の中から一つ選べ。 27

① 1868 年の日本からブラジルへの海外移住が日系移民の最初である。

② 旧フランス植民地だった地域には、インドからの移住者である印僑が多い。

③ UNEP は難民として国外移住を余儀なくされた人々を支援する国連機関である。

④ 2015 年時点で、日本で働く外国人労働者の国籍で 2 番目に多いのはフィリピン、3 番目に多いのは韓国である。

⑤ 日本では少子高齢化の進展を受けて、外国人労働者の介護分野への受け入れが法制化された。

問 7　空欄 A ・ B に入る数値の組み合わせとして最も適切なものを、次の中から一つ選べ。選べ。 28

① A：2　B：4　② A：3　B：6　③ A：4　B：4

④ A：2　B：6　⑤ A：3　B：4　⑥ A：4　B：6

〔Ⅳ〕 図9と次の文章を読み、以下の問いに答えよ。

(a)大西洋を挟んで向き合うアフリカ大陸と南アメリカ大陸は、それぞれの大西洋岸の海岸線の形と化石群が似ていることから、(b)かつては1つの大陸であり、中生代以降に分裂したものと考えられている。両大陸は16世紀以降、欧州諸国による(c)植民地支配を受けた国が多いこと、赤道を挟んで北半球と南半球にまたがっていることなど共通点が多いが、(d)コロンブスがアメリカ大陸を発見する以前には結びつきは強くなかったと考えられる。また、欧州諸国による植民地化は、近代化を促した側面はあるにせよ、極めて大きな負の遺産をもたらした。主に16～19世紀半ばまで行われた(e)奴隷貿易は大量の若年労働力を流出させてその後のアフリカ社会に多大な負の影響を及ぼしたし、(f)欧州とは異なる気候環境を活かした(g)プランテーションでの農作物の栽培には富の収奪の側面があった。一方、現在は(h)大半の国が独立を果たしているが、主な輸出品が(i)地下資源や農産物に偏ったモノカルチャー経済から抜け出せない国が多い。また、ブラジルや南アフリカ共和国は(j)BRICSと称される新興国群に位置づけられるほど経済成長を遂げつつあるが、貧富の格差が大きい上に政治的にも安定しているとは言い難く、課題は少なくない。

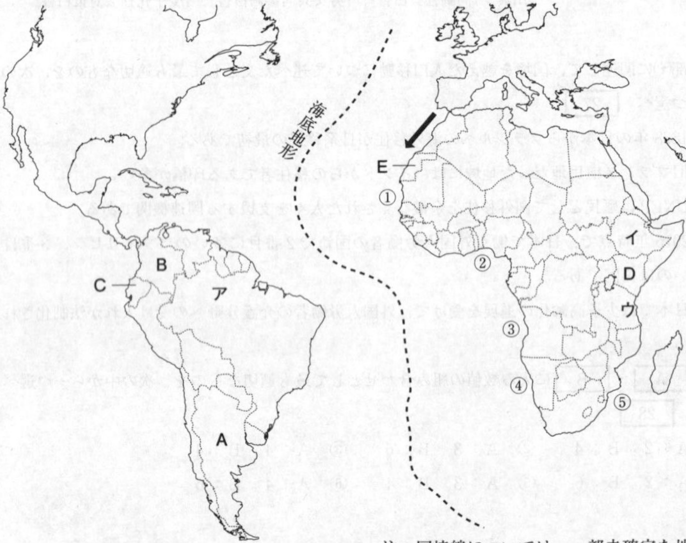

注：国境線については、一部未確定な地域もある。

図9

問1　下線部(a)に関連して、図9に示した大西洋の中央付近を南北に走る海底地形として最も適切なものを、次の中から一つ選べ。 [29]

①　大西洋中央海溝　　②　大西洋中央海山　　③　大西洋中央海盆

④　大西洋中央海嶺　　⑤　大西洋中央断層帯　　⑥　大西洋中央断裂帯

問２　下線部(b)に関連して、1912年に大陸移動説を提唱したドイツの気象学者として最も適切なものを、次の中から一つ選べ。 30

①　ウェゲナー　②　ケッペン　③　ゴンドワナ　④　フォッサマグナ

⑤　ローラシア　⑥　パンゲア

問３　下線部(c)に関連して、植民地支配を受けた国では旧宗主国の言語が公用語となっていることが多い。図９中のＡ国の公用語として最も適切なものを、次の中から一つ選べ。 31

①　イタリア語　②　英語　③　スペイン語　④　ドイツ語

⑤　フランス語　⑥　ポルトガル語

問４　下線部(d)に関連して、コロンブスは図９に示した矢印のようにイベリア半島から南下した後に西方に吹く恒常風を利用して現在のカリブ海の島々に到達した。この恒常風の名称として最も適切なものを、次の中から一つ選べ。 32

①　季節風　②　局地風　③　凪　④　貿易風　⑤　偏西風

問５　下線部(e)に関連して、多くの黒人奴隷が運び出されたギニア湾の位置として最も適切なものを、図９中の①～⑤の中から一つ選べ。 33

問６　下線部(f)に関連して、次のⅠ～Ⅲは図９中の都市**ア**（マナウス（マナオス））、**イ**（アディスアベバ）、**ウ**（ダルエスサラーム）の雨温図である。都市**ア**～**ウ**と雨温図の組み合わせとして最も適切なものを、次の中から一つ選べ。 34

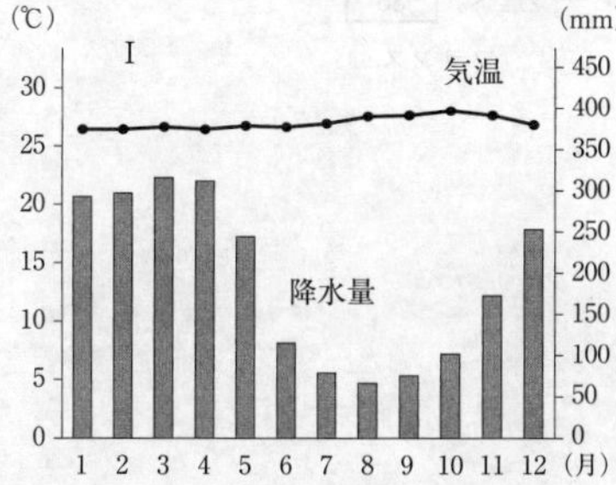

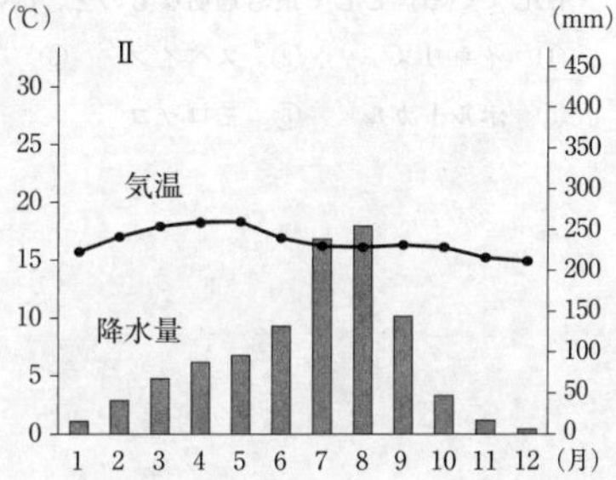

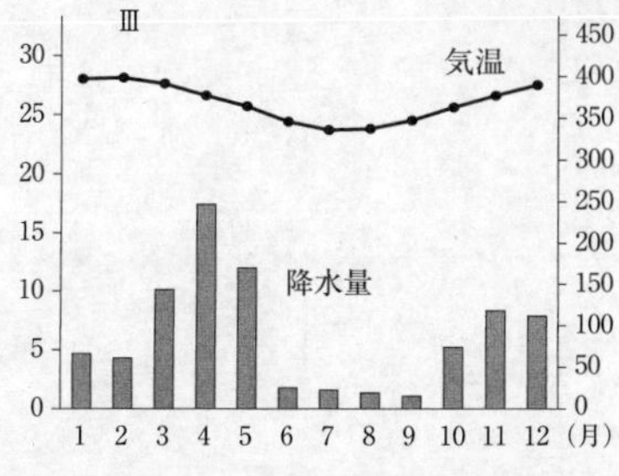

出典：『理科年表 2019』

	ア	イ	ウ
①	Ⅰ	Ⅱ	Ⅲ
②	Ⅰ	Ⅲ	Ⅱ
③	Ⅱ	Ⅰ	Ⅲ
④	Ⅱ	Ⅲ	Ⅰ
⑤	Ⅲ	Ⅰ	Ⅱ
⑥	Ⅲ	Ⅱ	Ⅰ

問7　下線部(g)に関連して、図9中のB～D国ではプランテーション起源の農作物が現在でも重要な輸出品であり続けている。国名と農作物の組み合わせとして最も適切なものを、次の中から一つ選べ。 35

	B	C	D
①	茶	バナナ	コーヒー豆
②	茶	コーヒー豆	バナナ
③	コーヒー豆	バナナ	茶
④	コーヒー豆	茶	バナナ
⑤	バナナ	コーヒー豆	茶
⑥	バナナ	茶	コーヒー豆

問8　下線部(h)に関連して、図9中のE地域は現在も独立を達成できていない。E地域の大部分を実効支配している国として最も適切なものを、次の中から一つ選べ。 36

①　イギリス　　②　スペイン　　③　ドイツ　　④　フランス

⑤　ポルトガル　　⑥　モロッコ

問９　下線部(i)に関連して、アフリカと南アメリカには世界有数の産出量を誇る地下資源が多くある。次の図 10（2015 年）のⅣ～Ⅵに該当する地下資源名の組み合わせとして最も適切なものを、次の中から一つ選べ。 37

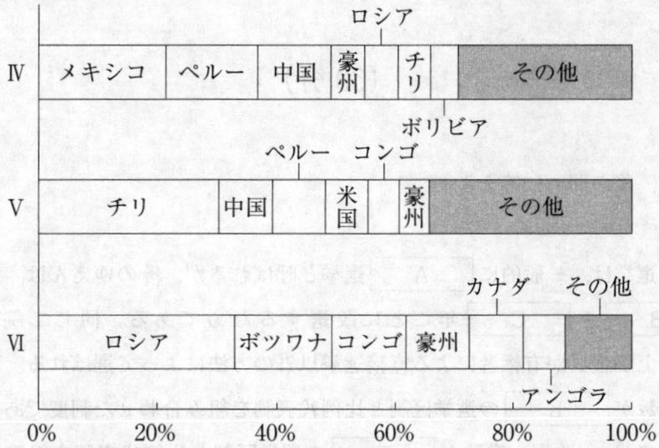

図 10

注：コンゴはコンゴ民主共和国、豪州はオーストラリア、米国はアメリカ合衆国の略称である。

出典：『データブック オブ・ザ・ワールド 2019』

	Ⅳ	Ⅴ	Ⅵ
①	銀鉱	ダイヤモンド	銅鉱
②	銀鉱	銅鉱	ダイヤモンド
③	ダイヤモンド	銀鉱	銅鉱
④	ダイヤモンド	銅鉱	銀鉱
⑤	銅鉱	銀鉱	ダイヤモンド
⑥	銅鉱	ダイヤモンド	銀鉱

問10　下線部(j)に関連して、BRICS に数えられる国として最も適切なものを、次の中から一つ選べ。
38

①　韓国　　②　キューバ　　③　シンガポール　　④　マレーシア

⑤　ロシア　　⑥　サウジアラビア

政治・経済

（60分）

〔Ⅰ〕 次の文章を読み，後の問いに答えよ。

日本の参議院議員選挙は，一般的に[A]選挙と呼ばれるが，そのゆえんは，衆議院議員選挙と異なり，定数の[B]を[C]年ごとに改選するためである。同じ二院制をとる国でも，[D]などでは上院議員が有権者による直接選挙以外の方法によって選ばれる。現在の衆議院議員選挙の選挙制度が，定数が[E]の選挙区制と比例代表制を組み合わせた制度であるのに対して，参議院議員選挙の選挙制度は，（改選）定数が[F]の選挙区制と比例代表制を組み合わせた制度である。両選挙制度には(a)さまざまな共通点や違いがある。

比例代表制部分の違いとしては，衆議院議員選挙では有権者が[G]に投票するのに対し，参議院議員選挙では[H]に投票する点で異なる。また，衆議院議員選挙では全国[I]区であるのに対し，参議院議員選挙では全国[J]区である点でも異なる。選挙区制についてみれば，衆議院議員選挙区数の方が参議院議員選挙区数よりも多い。参議院議員選挙区数が現在の数になった背景には，(b)一票の格差を是正するために(c)合区が行われたという事情がある。衆議院議員選挙の一票の格差については，2020年の国勢調査後に各県人口比を議席数に反映させやすい[K]方式が導入される予定である。

なお，2019年7月に実施された(d)参議院議員選挙では投票率は低かったものの，(e)改憲勢力は3分の2に達しなかった。この選挙は，比例代表制部分における[L]が導入された初めての選挙でもある。この制度を利用して，名簿上位に重度障がい者の候補者を割り当てた政党が話題となった。

問1　空欄[A]に入る語句として最も適切なものを，次の中から一つ選べ。[1]

①　普通　②　通常　③　制限　④　部分

問2　空欄[B]・[C]に入る値の組み合わせとして最も適切なものを，次の中から一つ選べ。[2]

①　B：1/2　C：2

②　B：1/2　C：3

③　B：1/3　C：2

④　B：1/3　C：3

問3　アメリカ，イギリス，ドイツ，フランスのうち，空欄[D]に入りうる国の数として最も適切なものを，次の中から一つ選べ。[3]

①　1つ　②　2つ　③　3つ　④　4つ

問4　空欄 [E] ・ [F] に入る値の組み合わせとして最も適切なものを，次の中から一つ選べ。[4]

①　E：1　　　F：1～6

②　E：1　　　F：3～5

③　E：3～5　F：1～6

④　E：3～5　F：3～5

問5　下線部(a)について述べた文として**最も不適切なもの**を，次の中から一つ選べ。[5]

①　参議院議員選挙では，選挙区と比例代表のどちらか一方にしか立候補できない。

②　衆議院議員選挙の選挙期間は17日間，参議院議員選挙の選挙期間は12日間と，先進国のなかでは短い。

③　いずれの選挙においても，比例代表制部分の政党間の議席配分の方法はドント式に基づく。

④　いずれの選挙においても，選挙区制部分の議席数の方が比例代表制部分の議席数よりも多い。

問6　下線部(b)について述べた文として**最も不適切なもの**を，次の中から一つ選べ。[6]

①　衆議院議員選挙と参議院議員選挙では，後者の方が一票の格差が大きい傾向にある。

②　一票の格差は，民主的選挙の原則である普通選挙と相反する。

③　一票の格差が議論される際には，議員一人あたりの選挙区内有権者人口の最小値と最大値の比率が参照されてきた。

④　参議院議員選挙では，地方に改選議員数が1名の1人区があるため，地方に強い政党が過大に代表される。

問7　下線部(c)によって対象となった県の組み合わせとして最も適切なものを，次の中から一つ選べ。[7]

①　福島県・宮城県　　②　福井県・石川県　　③　鳥取県・岡山県　　④　徳島県・高知県

問8　空欄 [G] ・ [H] に入る語句の組み合わせとして最も適切なものを，次の中から一つ選べ。[8]

①　G：候補者　　　　　　H：政党

②　G：政党　　　　　　　H：候補者

③　G：候補者または政党　H：候補者

④　G：候補者または政党　H：政党

⑤　G：候補者　　　　　　H：候補者または政党

⑥　G：政党　　　　　　　H：候補者または政党

問9　空欄 [I] ・ [J] に入る数字を足した合計として最も適切なものを，次の中から一つ選べ。[9]

①　12　　②　56　　③　177　　④　224

問10　下線部(d)について述べた文として**最も不適切なもの**を，次の中から一つ選べ。[10]

①　戦後初めて，投票率が5割を下回った。

②　18歳・19歳投票率は，3割程度に留まった。

③　選挙前の選挙報道の少なさが低投票率に寄与したと言われている。

④　統一地方選挙が実施されたことで，選挙疲れが寄与したと考えられる。

問11　下線部(e)について述べた文として最も適切なものを，次の中から一つ選べ。[11]

①　改憲勢力とは，自民党と公明党だけではなく，日本維新の会等を加えた勢力である。

②　衆議院では，2017年選挙以降，改憲勢力が3分の2を下回っていた。

③　2013年の参院選と異なり野党が一人区で候補者を一本化したことが，3分の2の阻止に寄与した。

④　衆参両院で総議員の3分の2以上の賛成で改憲案が可決されると，ただちに憲法が改正される。

問12　空欄[　K　]に入る語句として最も適切なものを，次の中から一つ選べ。[12]

①　アダムズ　②　ジェファーソン　③　サン＝ラグ　④　修正サン＝ラグ

問13　空欄[　L　]に入る語句として最も適切なものを，次の中から一つ選べ。[13]

①　特別枠　②　特定枠　③　優先枠　④　一人別枠

〔Ⅱ〕　次の文章を読み，後の問いに答えよ。

2020年の夏季オリンピックとパラリンピックは56年ぶりに東京で開催される。前回の東京大会が開催された1964年は，国際政治が大きく変動した年であった。冷戦構造において西側の自由主義陣営に属する(a)フランスが自主外交を展開し，東側の社会主義陣営の一員である(b)中華人民共和国（中国）と64年1月に国交を樹立した。これに対して中華民国（台湾）は翌2月にフランスと断交した。中国は64年10月に(c)原子爆弾の実験に初めて成功し，世界で5番目の核保有国となった。その2年前の1962年に中国と国境をめぐって争った(d)インドでは，(e)非同盟運動を主導していたジャワーハルラール・ネルー首相が64年5月に死去した。アメリカでは，(f)人種差別を禁じる公民権法が64年7月にリンドン・ジョンソン大統領のもとで成立した一方で，翌8月のトンキン湾事件をきっかけにして[　A　]に本格的に軍事介入する方針を政府が固め，議会もそれを支持した。だがこの戦争に深入りしたことにより，(g)アメリカの超大国としての地位は大きく動揺することになった。

オリンピックは国際政治と密接に関係している。1940年の第12回夏季オリンピックは東京で開催されることになっていたが，1937年に始まった[　B　]の拡大と長期化にともない，1938年に開催権が返上されて幻のオリンピックとなった。1980年のモスクワ・オリンピックでは，前年の1979年にソビエト社会主義共和国連邦（ソ連）が[　C　]に軍事侵攻したことに抗議して，冷戦体制において西側陣営に属するアメリカや日本，西ドイツ，(h)韓国，さらには(i)イランやサウジアラビアを始めとするイスラーム諸国などが大会をボイコットした。続く1984年のロサンゼルス大会では，ソ連や東ドイツ，ポーランドなどの東側諸国が参加を拒否した。そのため東西両陣営の主要国がそろって参加するのは，冷戦終結間近の1988年ソウル・オリンピックまで待たねばならなかった。

問1　空欄 A ～ C に入る語句として最も適切なものを，次の中から一つずつ選べ。

A ＝ 14　①　湾岸戦争　②　スエズ戦争　③　イラク戦争
④　朝鮮戦争　⑤　キューバ危機　⑥　ベトナム戦争

B ＝ 15　①　満州事変　②　日中戦争　③　第二次世界大戦
④　日露戦争　⑤　第一次世界大戦　⑥　日清戦争

C ＝ 16　①　チェチェン　②　イラク　③　ウクライナ
④　パキスタン　⑤　アフガニスタン　⑥　ジョージア

問2　下線部(a)に関連して，フランスについての記述として最も適切なものを，次の中から一つ選べ。 17

①　シリア内戦においてフランスは，アサド政権を支援するロシアにも，反体制派を支持するアメリカにも協力せず，中立的な立場を貫いている。

②　1958年に制定された現行の第五共和制憲法により，執政制度が半大統領制から大統領制に変更され，大統領の権限が強化された。

③　1960年に初の核実験に成功したフランスは，1966年に北大西洋条約機構（ＮＡＴＯ）の軍事機構から脱退したが，2009年に復帰している。

④　2017年の大統領選挙において，極右政党である国民戦線のエマニュエル＝マクロンが，中道政党である共和国前進のマリーヌ＝ルペンを破って勝利した。

⑤　フランスの政治家ロベール＝シューマンとジャン＝モネの構想に基づき，フランスと西ドイツ，イギリス，イタリア，オランダ，ベルギーの６カ国が加盟する欧州石炭鉄鋼共同体（ＥＣＳＣ）が1952年に発足した。

問3　下線部(b)に関連して，2019年７月時点で中国が**参加していないもの**として最も適切なものを，次の中から一つ選べ。 18

①　先進７カ国財務相・中央銀行総裁会議（Ｇ７）　②　アジアインフラ投資銀行（ＡＩＩＢ）
③　アジア太平洋経済協力（ＡＰＥＣ）　④　東アジア首脳会議（ＥＡＳ）
⑤　ＡＳＥＡＮ地域フォーラム（ＡＲＦ）　⑥　世界貿易機関（WTO）

問4　下線部(c)に関連して，核兵器および原子力発電についての記述として最も適切なものを，次の中から一つ選べ。 19

①　宇宙空間，大気圏内，水中，地下を含むあらゆる空間における核兵器の実験的爆発と核爆発を禁止する包括的核実験禁止条約（ＣＴＢＴ）は，1996年に国連総会で採択され，10年後の2006年に発効した。

②　使用済み核燃料を再処理して再び燃料として利用する核燃料サイクルの柱となる高速増殖炉「もんじゅ」は，関西圏の重要な電力供給源となっていたが，運転期間40年で廃炉とすることが

2016年に決まった。

③ 1968年にアメリカ，ソ連，イギリス，フランス，中国の核保有5カ国と非核保有国53カ国が，新たな核兵器保有国の出現を防ぐため，核拡散防止条約（ＮＰＴ）に調印した。

④ 2016年12月の日本政府発表によれば，2011年の東京電力福島第一原子力発電所の事故にともなう処理費用は，廃炉費用8兆円や賠償額7.9兆円，除染費用4兆円など総額21.5兆円と見込まれている。

⑤ 核兵器の開発や実験，製造，保有，使用などを禁止し，核兵器の全廃を目指す核兵器禁止条約は，被爆国である日本が主導するかたちで国連総会に提出され，2017年に122カ国の賛成により採択された。

問5　下線部(d)に関連して，インドについての記述として最も適切なものを，次の中から一つ選べ。 20

① 1997年のアジア通貨危機において，通貨が暴落するとともに経済成長が急速に鈍化して危機的状況に陥ったため，国際通貨基金（ＩＭＦ）の管理下に入って支援を受けることとなった。

② カシミール地方の住民の7割以上がヒンドゥー教徒であったが，イスラーム教徒であるカシミール藩王がパキスタンへの帰属を表明したため，1947年に第一次印パ戦争が勃発した。

③ ネルー首相は中国の毛沢東国家主席と1954年に会談し，相互不可侵や内政不干渉，平和共存などからなる平和五原則を確認した。

④ 近年のインドの高い経済成長率は、石油や天然ガスなどインド洋沿岸地帯に豊富に埋蔵されているエネルギー資源の輸出が支えている。

⑤ 1974年と1998年に核実験を行っており，2019年7月時点で核拡散防止条約（ＮＰＴ）を一度も批准していない。

問6　下線部(e)に関連して，平和十原則を採択した1955年のアジア・アフリカ会議が開催された都市として最も適切なものを，次の中から一つ選べ。 21

① バンドン　② カイロ　③ ニューデリー　④ コロンボ
⑤ ベオグラード　⑥ ジャカルタ　⑦ カルタヘナ　⑧ 北京

問7　下線部(f)に関連して，差別についての記述として最も適切なものを，次の中から一つ選べ。 22

① 南アフリカ共和国の有色人種差別政策であるアパルトヘイトは，1991年にネルソン＝マンデラ大統領により廃止された。

② 外国人入店拒否訴訟において1999年の第一審判決（静岡地裁）は，外国人であることを理由とする入店拒否は人種差別撤廃条約が禁止する人種（民族）差別にあたり違法であると認めた。

③ アメリカにおける黒人の公民権運動は，1954年に連邦最高裁判所が公立学校における人種分離教育を合憲と判断したことから始まった。

④ 日本では近年，在日韓国・朝鮮人の排斥を訴える差別的なデモ行進が各地で行われているが，表現の自由との関係から，ヘイトスピーチを解消するための法律は2019年7月時点でまだ制定さ

れていない。

⑤ オーストラリアでは，2001 年のアメリカ同時多発テロを機に，多文化主義政策が撤廃され，有色人種への移民制限や先住民族の隔離を中心とする白豪主義政策が導入された。

問 8　下線部(g)に関連して，日米関係および在日米軍基地についての記述として最も適切なものを，次の中から一つ選べ。 23

① 日本国内で罪を犯した米軍の兵士や軍属が在日米軍基地に逃げ込んだ場合であっても，公務外での犯行の場合には，日本の捜査当局が起訴前に身柄拘束できると，日米地位協定で規定されている。

② 現在，沖縄県にある在日米軍専用施設の面積は，沖縄本島の面積の 10％以下である一方で，沖縄県民所得に占める基地関係収入の割合は 10％を超えている。

③ 2002 年時点における米軍駐留経費の受け入れ国負担額を比較すると，日本の負担額 44 億ドル強は，ドイツの負担額よりも少なく，韓国の負担額とほぼ同じである。

④ 2014 年の沖縄県知事選挙では，名護市辺野古における新基地建設に反対する翁長雄志が当選したが，2018 年の県知事選挙では，新基地建設を支持する玉城デニーが勝利した。

⑤ 国連の人種差別撤廃委員会は，沖縄への軍事基地の不均衡な集中が，住民の経済的，社会的，および文化的権利に否定的な影響を与えていると指摘している。

問 9　下線部(h)に関連して，韓国についての記述として最も適切なものを，次の中から一つ選べ。 24

① 大統領は最長で 2 期 10 年まで在職でき，国務総理（首相）の任命権や国会の解散権，大法院（最高裁判所）長官の任命権をもつ。

② 朝鮮戦争において，北朝鮮軍に圧倒されていた韓国軍は，国連平和維持軍の介入により盛り返したが，中国義勇軍も参戦したことで戦線は膠着状態に陥った。

③ 1965 年の日韓基本条約は，1910 年 8 月 22 日以前に大日本帝国と大韓帝国の間で締結されたすべての条約と協定がもはや無効であることと，韓国が朝鮮にある唯一の合法的な政府であることを確認している。

④ 第二次世界大戦中に日本の軍需工場や鉱山などで強制的に働かされた朝鮮人徴用工の問題をめぐって，大法院（最高裁）は日本政府に損害賠償の支払いを命じる判決を 2018 年に確定させた。

⑤ 冷戦期には全土に戒厳令が敷かれ，国民党による事実上の一党独裁が続いたが，1988 年に大統領に就いた李登輝が民主化を進めた。

問10　下線部(i)に関連して，イランおよびサウジアラビアについての記述として最も適切なものを，次の中から一つ選べ。 25

①「アラブの春」で長期独裁政権が倒れたオマーンで 2015 年から続く内戦は，イランが反政府武装組織を支援する一方で，サウジアラビアが軍事介入して泥沼化し，飢餓とコレラが蔓延していることから，世界最悪の人道危機と呼ばれている。

② アメリカのトランプ大統領を批判していたジャーナリストのジャマル・カショギが，2018 年に

サウジアラビアのリヤドにあるアメリカ総領事館で殺害されたことで，両国の関係が悪化した。

③　イランでは，国会とイスラーム法専門家会議の議員は選挙で選ばれるが，大統領は，選挙ではなく，専門家会議が選出した最高指導者により任命される。

④　イランは，核開発疑惑により経済制裁を受けていたが，核開発の制限と引き換えに経済制裁を解除する核合意を，2015年にアメリカ，イギリス，フランス，ドイツ，ロシア，中国の6カ国と結んだ。

⑤　政教分離が憲法に明記されているサウジアラビアでは，イスラーム教で禁止されている飲酒が比較的自由であるなど，世俗主義的な政策がとられてきたが，近年はそうした政策を変更しようとする動きが見られる。

〔Ⅲ〕　次の文章を読み，後の問いに答えよ。

金融政策は金利や通貨量をコントロールすることを通じて景気の安定化を図る。例えば不況時には金利を[A]ことにより，企業や個人が資金を借りやすくする。企業や個人が資金を借りて設備投資や消費を増やせば景気は回復する。これを[B]という。景気過熱時には逆に金利を[C]ことにより，景気の抑制を図る。これを[D]という。

(a)景気によって経済成長率や賃金，雇用，物価，株価などさまざまなものが変動する。日本銀行はこれらのうち[E]の安定を最も重視して金融政策を運営している。これは[E]の安定が通貨の価値（＝同じ金額の通貨で買えるモノの量）の安定と表裏一体の関係にあるからである。紙幣（日本銀行券）を発行する日本銀行は，その価値の安定に責任がある。

現在の金融政策の中心的手段は，日本銀行が銀行など民間金融機関を相手に国債や手形などを売買して資金の供給量を調節する[F]である。日本銀行が市場で民間金融機関から国債等を購入する「買いオペ」を行うと，その購入代金が民間金融機関に支払われる。すなわち日本銀行から民間金融機関への資金の供給量は[G]ことになる。この結果，資金の需要と供給によって決まる金利は[H]。日本銀行が国債等を売却する「売りオペ」を行うと，資金量や金利は買いオペとは逆に動く。

従来，日本銀行は，こうした買いオペや売りオペを通じて，「コールレート」と呼ばれる民間金融機関同士が資金を短期的に貸し借りする市場（コール市場）の金利を操作してきた。コールレートは民間金融機関の間での短期的取引の金利なので，それ自体が直接に人々の生活や経済に影響を与えるわけではない。しかし(b)コールレートの変化は，銀行が人々や企業に資金を貸し出す際の貸出金利や長期的な取引の金利など，生活や経済により深く関係する金利にも波及し，最終的に景気に影響を及ぼすと考えられている。

しかし1990年代半ば以降コールレートはほぼゼロまで下がっているので，これ以上金利を下げることは難しい。そこで近年では，日本銀行が民間金融機関に供給する資金の量（「マネタリーベース」という）に目標を定めて売りオペや買いオペを行う「量的金融政策」もとられている。ただし(c)経済の動きに密接に関係しているのは，民間金融機関が保有するマネタリーベースの量よりも，民間金融機関から貸し出しなどを通じて世の中に供給された通貨の量（「マネーストック」という）である。

マネタリーベースとマネーストックの間には，以下のような関係があるとされる。日本銀行がマネタリーベースを銀行に供給すると，銀行はその資金を企業等に貸し出すことができる。貸し出された資金を企業等が使うと，それを受け取った人は，一部は現金で持つが大部分は銀行に預金するだろう。こうして銀行部門に再び資金が戻ってくる。銀行は預金として戻ってきた資金の一部を支払い準備として手元に残すが，残りは再び貸し出しに回す。するとその資金は，現金で持たれる分を除いてまた預金として銀行部門に戻ってくる。こうして預金と貸し出しの繰り返しによって，日本銀行が当初供給したマネタリーベースの何倍ものマネーストックが世の中に出回る。このプロセスを [I] といい，(d)日本銀行が供給したマネタリーベースの何倍のマネーストックが生み出されたかを示す数値を貨幣乗数という。

この貨幣乗数の値が安定していれば，日本銀行はマネタリーベースを通じてマネーストックを操作できる。しかし実際には，(e)貨幣乗数は1980年代後半から90年代初めには12～13倍程度で比較的安定していたが，90年代半ばから低下傾向が明確になり，2018年には2倍程度にまで大きく下がっている。この結果，(f)日本銀行が大規模な量的金融政策によりマネタリーベースを大幅に増やしても，マネーストックはそれほど増えていない。

（注）本問において，マネーストックはＭ２（2002年以前はＭ２＋ＣＤ）を指すものとする。

問１　空欄 [A] ～ [D] に入る語句の組み合わせとして最も適切なものを，次の中から一つ選べ。[26]

① Ａ：上げる　Ｂ：金融自由化　Ｃ：下げる　Ｄ：金融緩和
② Ａ：上げる　Ｂ：金融自由化　Ｃ：下げる　Ｄ：金融ビッグバン
③ Ａ：上げる　Ｂ：金融抑圧　Ｃ：下げる　Ｄ：貸し渋り
④ Ａ：下げる　Ｂ：金融ビッグバン　Ｃ：上げる　Ｄ：貸し渋り
⑤ Ａ：下げる　Ｂ：金融緩和　Ｃ：上げる　Ｄ：金融引き締め
⑥ Ａ：下げる　Ｂ：金融引き締め　Ｃ：上げる　Ｄ：金融抑圧

問２　下線部(a)に関連して，図１-(1)～図１-(4)は，さまざまな経済データの推移を示したグラフである。図には，景気の悪い時期（網掛け部分）と景気の良い時期（網掛け以外の部分）をあわせて示してある。図１-(1)～図１-(4)をもとにこれらの経済データを，

・順：景気が良い時期に上昇（増加）し，景気が悪い時期に低下（減少）する傾向にあるもの（順サイクル）
・逆：景気が良い時期に低下（減少）し，景気が悪い時期に上昇（増加）する傾向にあるもの（逆サイクル）

の二つに分類した場合の分け方として最も適切なものを，次の中から一つ選べ。[27]

① 生産＝逆　賃金＝逆　失業率＝順　残業時間＝順
② 生産＝順　賃金＝順　失業率＝逆　残業時間＝順
③ 生産＝順　賃金＝逆　失業率＝順　残業時間＝逆
④ 生産＝逆　賃金＝逆　失業率＝逆　残業時間＝順
⑤ 生産＝順　賃金＝順　失業率＝逆　残業時間＝逆

図1-(1)　生産

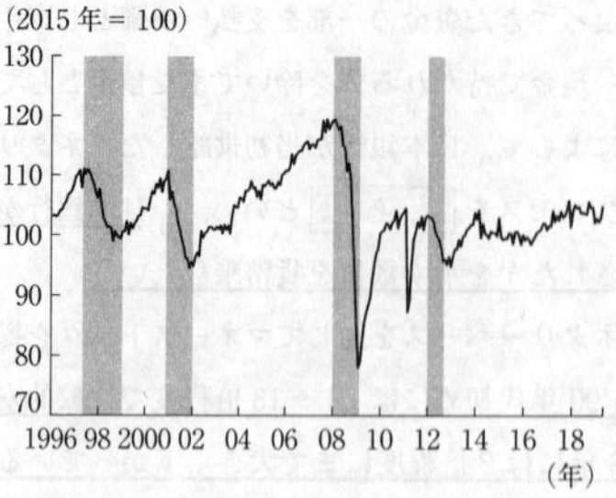

図1-(2)　賃金

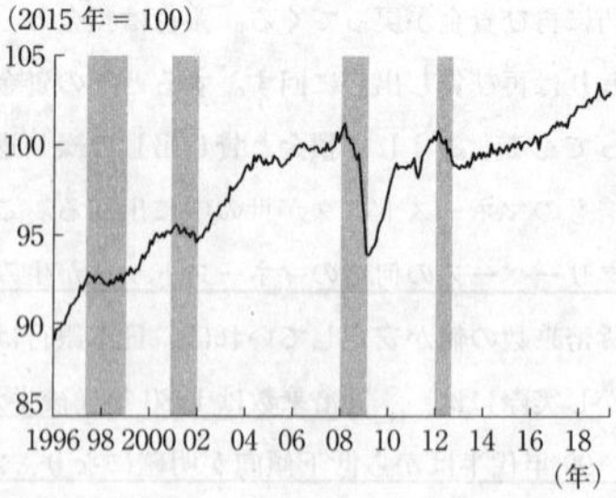

図1-(3)　失業率

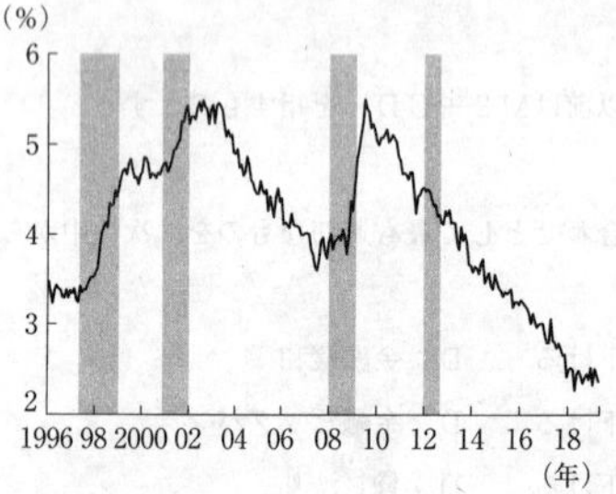

図1-(4)　残業時間

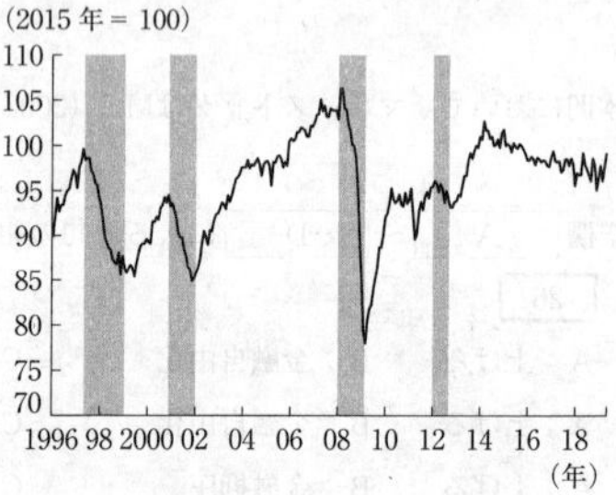

(備考) 経済産業省「鉱工業指数」，厚生労働省「毎月勤労統計調査」，総務省「労働力調査」より作成。

問3　空欄 E に入る語句として最も適切なものを，次の中から一つ選べ。 28

①　経済成長率　②　物価　③　失業率　④　金利　⑤　株価　⑥　賃金

問4　空欄 F に入る語句として最も適切なものを，次の中から一つ選べ。 29

①　公定歩合操作　②　管理通貨制度　③　国債の市中消化
④　オプション取引　⑤　公開市場操作　⑥　間接金融

問5　空欄 G ・ H に入る語句の組み合わせとして最も適切なものを，次の中から一つ選べ。 30

①　G：増える　H：下がる　②　G：増える　H：上がる
③　G：変わらない　H：上がる　④　G：変わらない　H：下がる
⑤　G：減る　H：下がる　⑥　G：減る　H：変わらない

問6　下線部(b)に関して，図2は短期金利（コールレート），長期金利（10年国債），銀行貸出金利の推移を見たものである。図2から読み取れることとして最も適切なものを，次の中から二つ選べ。ただし，三つ以上マークした場合はすべて無効とする（解答欄 31 に二つマークせよ）。

①　通常は長期金利の方が短期金利よりも高いことが多いが，時に例外的に短期金利が長期金利を上

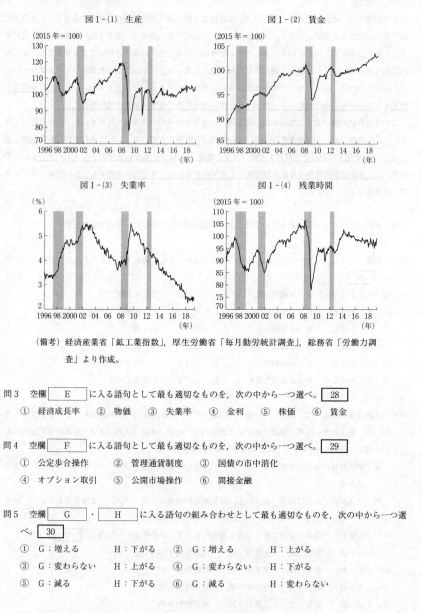

回ることがある。

② 短期金利と銀行貸出金利の間には負の相関がある。

③ 短期金利と長期金利，銀行貸出金利は概ね同じ方向に動いている。

④ マイナス金利政策により，長期金利は2000年以降マイナスの状態が続いている。

⑤ コールレートよりも長期金利の方が景気や株価に大きな影響を与えている。

図2　各種金利の推移

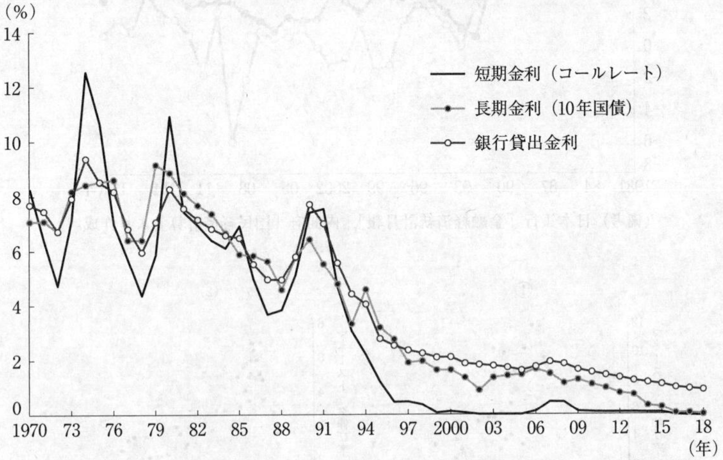

(備考) 日本銀行「金融経済統計月報」，内閣府「長期経済統計（『経済財政白書』巻末資料）」より作成。

問7　下線部(c)に関して，図3はマネーストックの伸び率と名目GDP成長率の推移を折れ線グラフで示したものである。この図3を，縦軸にマネーストック伸び率，横軸に名目GDP成長率をとって，各時点の値の組み合わせをプロットした散布図に変換したものはどれか。最も適切なものを，次の①～④から一つ選べ。 32

図３　マネーストック伸び率と名目ＧＤＰ成長率の推移

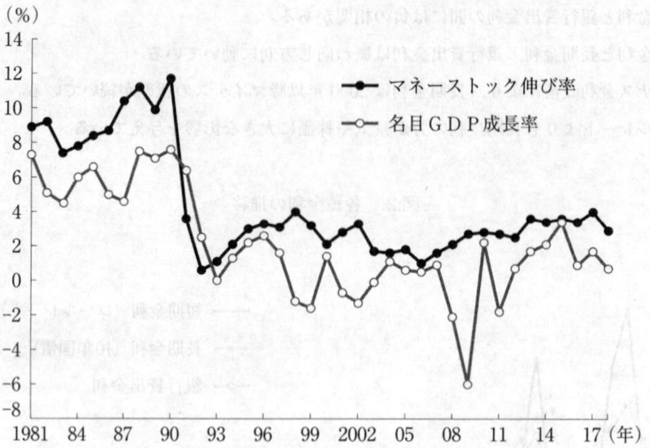

（備考）日本銀行「金融経済統計月報」，内閣府「国民経済計算」より作成。

①

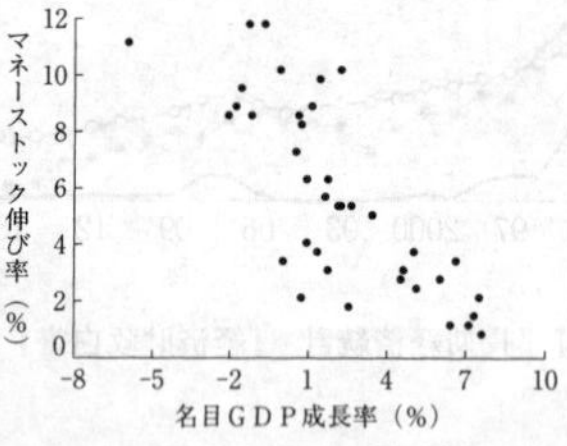

②

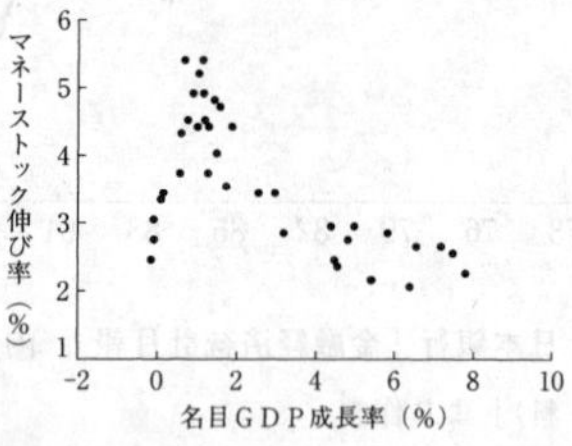

③

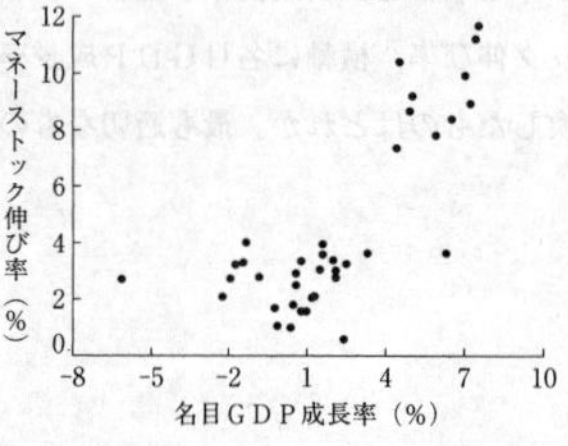

④

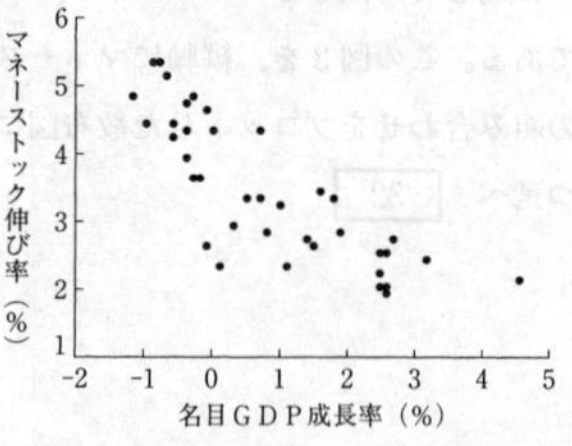

問８　空欄 [Ｉ] に入る語句として最も適切なものを，次の中から一つ選べ。[33]

①　預貸率　②　発券銀行　③　マネタリズム　④　追い貸し　⑤　信用創造
⑥　貨幣数量説

問９　下線部(d)に関して，2009 年の貨幣乗数は 8.0 倍，マネタリーベースは 94 兆円であった。2009 年のマネーストックは何兆円であったか。最も近い数字を，次の中から一つ選べ。[34]

①　約 12 兆円　②　約 94 兆円　③　約 250 兆円　④　約 500 兆円　⑤　約 750 兆円

問10　下線部(e)に関して，貨幣乗数の推移を示すグラフはどれか。最も適切なものを，次の①～④から一つ選べ。 35

①

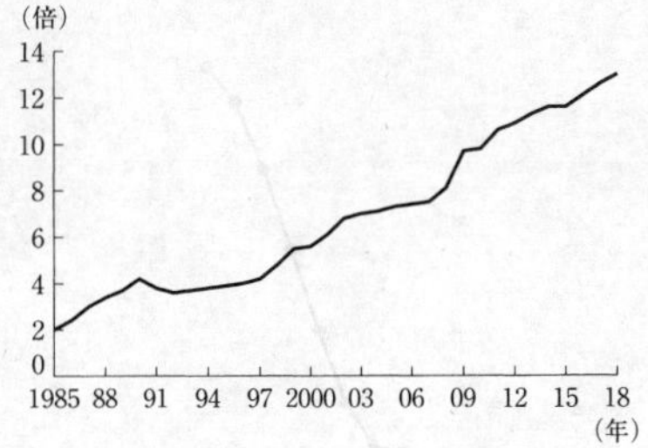

②

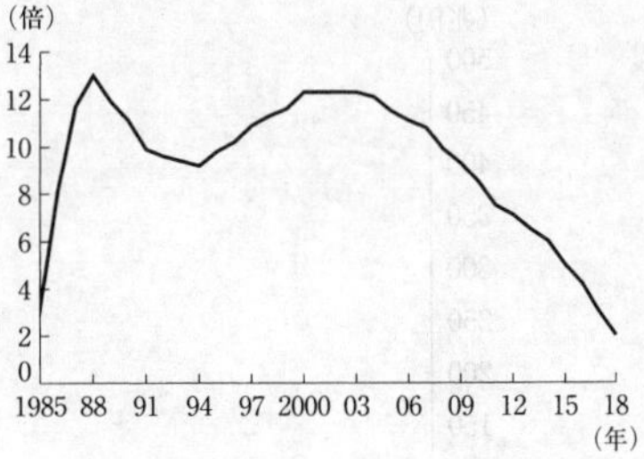

③

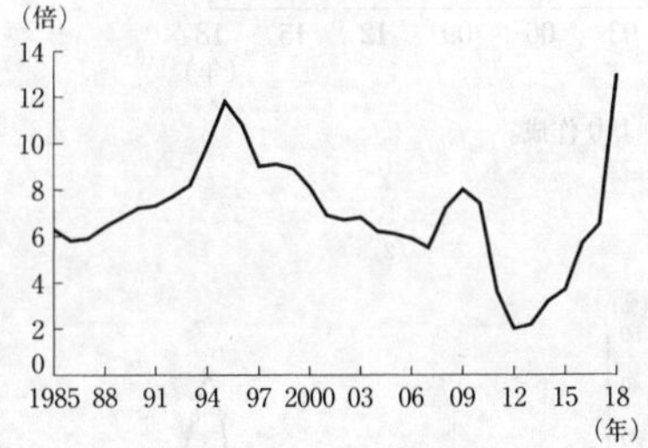

④

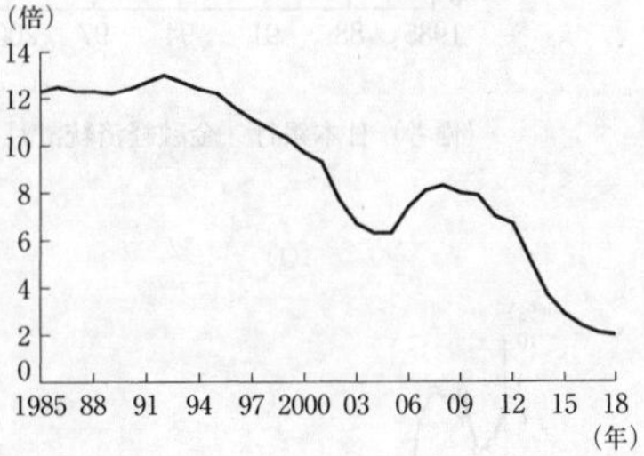

問11　下線部(e)に関して，貨幣乗数が低下した要因として考えられることは何か。最も適切なものを，次の中から**二つ**選べ。ただし，三つ以上マークした場合はすべて無効とする（解答欄 36 に二つマークせよ）。

① 預金金利が低下するなかで，預金せずに現金のまま持たれる割合が増えた。

② バブル崩壊により株価が下落し，家計の金融資産に占める預金の比率が上昇した。

③ 少子高齢化が進む中で老後に備えて預金する人が増えた。

④ マイナス金利が導入され銀行の貸し出しが増えた。

⑤ 貸し出しがあまり伸びずに銀行が手元に残す資金の割合が増えた。

問12　下線部(f)に関して，図４はマネタリーベースの金額の推移を示したものである。これに対応するマネタリーベースの伸び率（前年比）のグラフはどれか。最も適切なものを，次の①～④から一つ選べ。 37

図４　マネタリーベースの推移

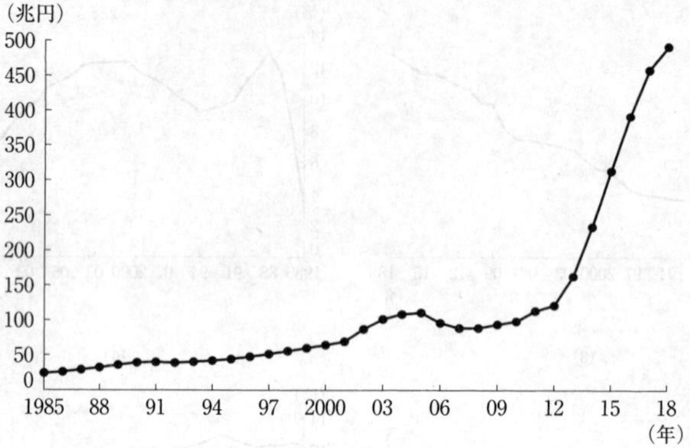

（備考）日本銀行「金融経済統計月報」より作成。

①

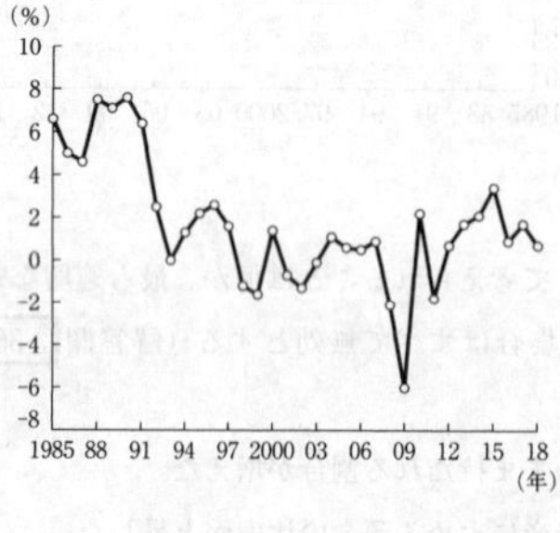

②

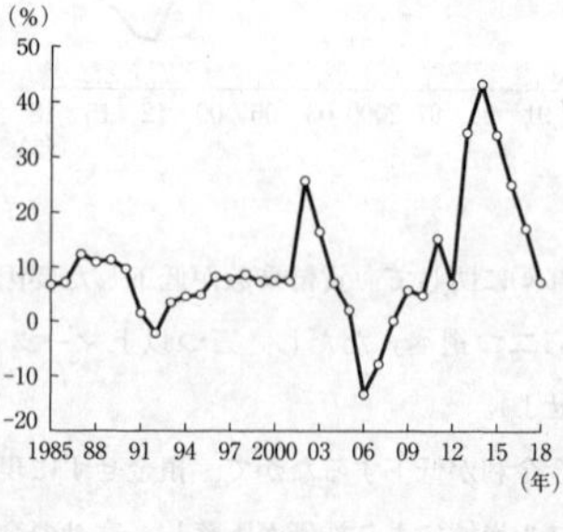

③

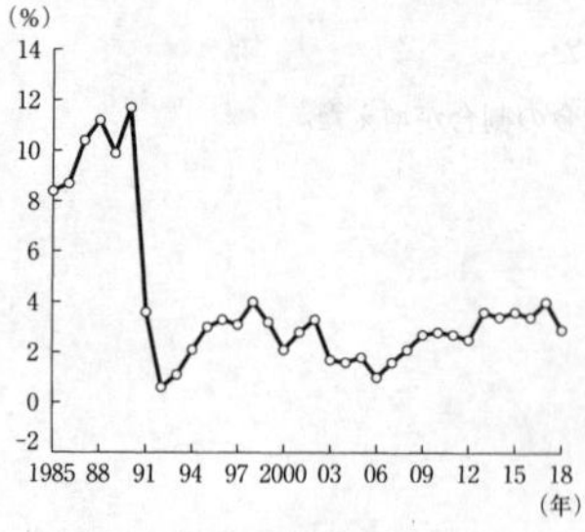

④

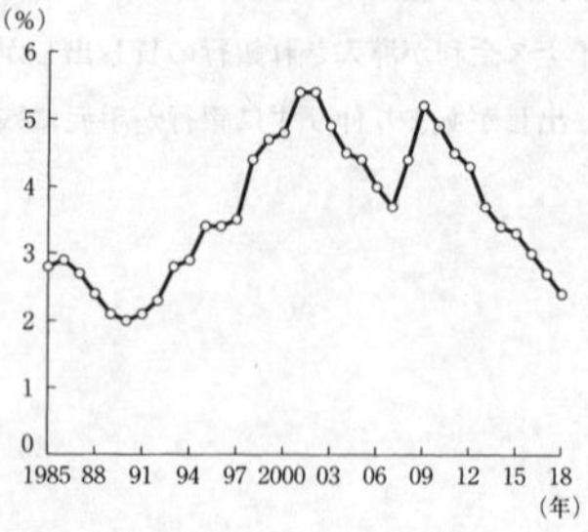

〔Ⅳ〕 次の文章を読み，後の問いに答えよ。

「(a)消費者の権利」という概念を，(b)1962年にアメリカ合衆国のケネディ大統領が「消費者の利益の保護に関する特別教書」で示しましたが，そのなかに「(c)安全である権利」がうたわれています。

わが国でも2004年に　A　において，消費者の権利の一つとして「安全が確保されること」が位置づけられ，安全の確保について，国が一定の基準を定め，(d)安全を害するおそれがある商品は事業者に回収させ，消費者には集めた情報を提供することが求められています。

さまざまな商品が溢《あふ》れる私たちの社会では，(e)その商品の専門家でない消費者が安全性を適切に判断することは困難です。消費者個人の努力で安全性を確保することに限界がある以上，(f)国に果たすべき役割があるのです。

（日本消費者教育学会関東支部監修（2016）『新しい消費者教育』慶應義塾大学出版会 p32 改変の上引用）

問1　下線部(a)に関連して，「消費者主権」について**最も不適切なもの**を，次の中から一つ選べ。 38

① 生産のあり方を決定するのは消費者であるという考え方を，消費者主権という。

② 消費者問題の多様化のなかで，消費者主権の回復が必要とされている。

③ 情報の非対称性が存在するために，消費者は企業を信頼し，安心して市場で取引を行うことができる。

④ 消費者が商品について正確な情報を知って，同時に自分自身の本当の必要に照らし合わせて，計画を立てて，消費を実行することが大切である。

⑤ 消費者が期待する利益を生産者や行政に要求することは当然の権利である，という考え方から，消費者運動のスローガンとして用いられることが多い。

問2　下線部(b)に関連した文として**最も不適切なもの**を，次の中から一つ選べ。 39

① アメリカ合衆国において1960年代に消費者運動が高まったことが背景となっている。

② 1962年の「消費者の利益の保護に関する特別教書」では，「安全である権利」「知らされる権利」「選択できる権利」「救済を求める権利」の四つの消費者の権利が示された。

③ 1975年にはアメリカ合衆国のフォード大統領が「消費者教育を受ける権利」を追加した。

④ 市場経済には消費者に不利益を発生させる構造的な要因があることから，市場経済をそのまま無条件に推進していくことで消費者問題が起きるとし，問題を解決していくために消費者の権利を認める必要があるとした。

⑤ 現在では，消費者の権利の尊重を消費者政策の基本理念とすることは世界共通の考え方となっている。

問3　下線部(c)に関連して「安全である権利」として最も適切なものを，次の中から一つ選べ。 40

① 健康，生命に危険な製品，製造過程，サービスから守られること

② 現在及び将来の世代に対して恐怖とならない環境で働き生活すること

③ 選択するに際して必要な事実を与えられる，または不誠実あるいは誤解を与える広告あるいは表示から守られること

④　誤り，偽物，あるいは不満足なサービスについての補償を含めて苦情が適切に処理されること
⑤　基本的な消費者の権利及び責任と如何に行動するかを知る以外にも，情報を与えられ，自信をもって商品やサービスを選ぶのに必要な知識と能力を得られること

問4　空欄［A］に入る語句として最も適切なものを，次の中から一つ選べ。［41］
①　消費者保護基本法
②　特定商取引法
③　消費者契約法
④　食品安全基本法
⑤　消費者基本法

問5　下線部(d)に関連して，「リコール制度」について最も適切なものを，次の中から一つ選べ。［42］
①　製品のリコールとは，製品に欠陥があった場合に，製造者が有償で回収・修理・交換に応じる制度である。
②　近年，自動車関係のリコールは増加しているが，この背景には，製品の開発サイクルの長期化や機能の複雑化などがある。
③　自動車の欠陥は直接命にかかわる深刻な問題であることから，過去にリコール隠しが起きたことはない。
④　リコールは企業が自主的に行うものが多いが，自動車や医薬品，食品などのリコールについては，法律で義務化されている。
⑤　リコールによって企業のイメージが損なわれることはない。

問6　下線部(e)に関連して，「製造物責任法（ＰＬ法）」について最も適切なものを，次の中から一つ選べ。［43］
①　製造物責任法（ＰＬ法）は，製造物の欠陥で身体や財産に損害が生じた場合，製造者が消費者に対する賠償責任を負うことを規定した法律である。
②　製造物責任法（ＰＬ法）は，1996年に施行された。
③　製造物責任法（ＰＬ法）は，過失責任の原則に基づく。
④　製造物責任法（ＰＬ法）では，製造者の故意や過失による不法行為を消費者が立証する必要がある。
⑤　製造物責任法（ＰＬ法）では，欠陥があった事実さえ認定されれば，製造者は救済を受けられるようになった。

問7　下線部(f)に関連して，我が国に設置された「消費者庁」について**最も不適切なもの**を，次の中から一つ選べ。［44］
①　消費者庁が発足するまでの消費者行政は，多数の省庁にまたがっており，一元化されていなかったことから，問題に対する対応が遅れ被害を深刻化させていた。
②　消費者庁は消費者行政の司令塔を目指し2009年に厚生労働省に設置された。

③　消費者庁は，消費生活センターなどに寄せられる情報を集約し，事故原因などを分析する。

④　消費者庁は，各省庁に勧告して製品を回収させたり，業者の立ち入り検査を行ったりする。

⑤　消費者庁は，独立行政法人国民生活センターを所管する。

問８　次の図１は全国の消費生活相談の相談内容件数の推移を示したものである。

［ B ］～［ D ］に入る語句の組み合わせとして最も適切なものを，次の中から一つ選べ。

［45］

①	B：品質・機能・役務品質	C：契約・解約	D：販売方法
②	B：契約・解約	C：品質・機能・役務品質	D：販売方法
③	B：品質・機能・役務品質	C：販売方法	D：契約・解約
④	B：販売方法	C：品質・機能・役務品質	D：契約・解約
⑤	B：契約・解約	C：販売方法	D：品質・機能・役務品質
⑥	B：販売方法	C：契約・解約	D：品質・機能・役務品質

図１　消費生活相談内容の推移

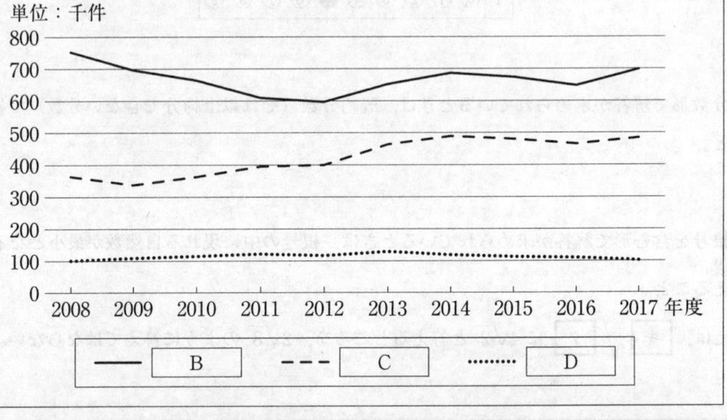

出典：独立行政法人　国民生活センター「消費生活年報　2018」2018 年 10 月

p.11 表 3「年度別にみた内容別分類の相談件数の推移」から抜粋しグラフ作成

数学

（60分）

〔解答欄記入上の注意〕

解答欄記入にあたっては以下のことに注意して解答してください。

(1)　解答欄に，［アイ］という指定があって，解答が1桁の場合には，ア の欄を空白にすること。

例えば，［アイ］に5と答えたいときは，下記のようにマークする。

ア	⓪	①	②	③	④	⑤	⑥	⑦	⑧	⑨
イ	⓪	①	②	③	④	●	⑥	⑦	⑧	⑨

(2)　分数形で解答が求められているときは，既約分数（それ以上約分できない分数）で答えること。

(3)　根号を含む形で解答が求められているときは，根号の中に現れる自然数が最小となる形で答えること。

例えば，$\boxed{\text{キ}}\sqrt{\boxed{\text{ク}}}$ に $4\sqrt{2}$ と答えるところを，$2\sqrt{8}$ のように答えてはならない。

〔Ⅰ〕　以下の問いに答えよ。

(1)　$\dfrac{1}{\sqrt{5}+\sqrt{7}-2\sqrt{3}}=\dfrac{\boxed{\text{ア}}\sqrt{5}+\boxed{\text{イ}}\sqrt{7}+\boxed{\text{ウ}}\sqrt{\boxed{\text{エオカ}}}}{70}$ である。

(2)　2次関数 $y=3x^2-2x+1$ の $x=1$ から $x=3$ までの平均変化率は［キク］であり，$x=1$ における微分係数は［ケ］である。

(3)　10枚のカードに，J，A，P，A，N，T，O，K，Y，O の文字がそれぞれ一文字ずつ書かれている。

10枚すべてを使って [K][O][T][A][J][O][Y][A][P][N] のような文字の並びを作るとき，母音である [A]，[O] が隣りあわない並び方は [コサシスセソ] 通りである。

〔Ⅱ〕 2次方程式 $2x^2-4x+3=0$ の2つの解を α，β とするとき，以下の問いに答えよ。

(1) $\alpha+\beta=$ [ア]，$\alpha\beta=\dfrac{[イ]}{[ウ]}$ である。

(2) $\left(\dfrac{1}{\alpha}-\dfrac{1}{\beta}\right)^2=-\dfrac{[エ]}{[オ]}$，$\alpha^3+\beta^3=-$ [カ] である。

(3) $\dfrac{\beta}{\alpha}$，$\dfrac{\alpha}{\beta}$ を2つの解とする2次方程式の1つは，[キ] x^2- [ク] $x+3=0$ である。

〔Ⅲ〕 直線 $4x-2y+1=0$ 上の点Pから放物線 $y=x^2$ に引いた2本の接線が垂直に交わる。このとき，以下の問いに答えよ。

(1) 2本の接線それぞれの放物線との接点の x 座標を a，b とすると，

$ab=-\dfrac{[ア]}{[イ]}$ である。

(2) 点Pの x 座標は $-\dfrac{[ウ]}{[エ]}$ である。

(3) 与えられた放物線と2本の接線で囲まれた図形の面積は $\dfrac{[オカキ]}{768}$ である。

〔Ⅳ〕 2 次関数 $f(x)=(\sin\theta)x^2-2(\cos\theta)x+\sin\theta+1$ について，以下の問いに答えよ。ただし，$0^\circ<\theta<180^\circ$ とする。空欄ア，イ，ウ，オ，カについてはそれぞれの選択肢の中から一つずつ選びなさい。

(1) 放物線 $y=f(x)$ の軸は，直線 $x=\boxed{\text{ア}}$ である。

【$\boxed{\text{ア}}$ の選択肢】

⓪ $\sin\theta$　① $2\sin\theta$　② $\dfrac{1}{\sin\theta}$　③ $\cos\theta$　④ $2\cos\theta$　⑤ $\dfrac{1}{\cos\theta}$

⑥ $\tan\theta$　⑦ $2\tan\theta$　⑧ $\dfrac{\cos\theta}{\sin\theta}$　⑨ $\sin\theta+1$

(2) 2 次方程式 $f(x)=0$ が重解をもつとき，$\theta=\boxed{\text{イ}}$，$\boxed{\text{ウ}}$ $\left(\text{ただし }\boxed{\text{イ}}<\boxed{\text{ウ}}\right)$ であり，

$\theta=\boxed{\text{イ}}$ のときの解は $x=\sqrt{\boxed{\text{エ}}}$ である。

【$\boxed{\text{イ}}$，$\boxed{\text{ウ}}$ の選択肢】

⓪ 30°　① 45°　② 60°　③ 75°　④ 90°　⑤ 105°

⑥ 120°　⑦ 135°　⑧ 150°

(3) 2 次方程式 $f(x)=0$ が異なる 2 つの負の解をもつとき，$\boxed{\text{オ}}<\theta<\boxed{\text{カ}}$ であり，その大きいほうの解が -1 のとき $\sin\theta=\dfrac{-\boxed{\text{キ}}+\sqrt{\boxed{\text{ク}}}}{\boxed{\text{ケ}}}$ である。

【$\boxed{\text{オ}}$，$\boxed{\text{カ}}$ の選択肢】

⓪ 0°　① 30°　② 45°　③ 60°　④ 90°　⑤ 120°

⑥ 135°　⑦ 150°　⑧ 180°

⑥　法皇は夢の中で束帯の翁に天神様を祭るように言われた。

⑦　小大進が神水をこぼしたのは私的に天神様を祭ったからだった。

② 「もしもし」と声をおかけになって
③ 「これこれ」とわざわざ訪問くださって
④ 「ええい」と勢いよく驚かすように現れて
⑤ 「これこれ」と気づかせ申し上げようとなさって

ウ　天神の見えさせ給へる、いかなる事のあるぞ　[37]
① 天神様と対面させていただいた、どういうわけだ
② 天神様が見ようとなさっているのは、どういうことだ
③ 天神様が私に見させようとなさるのは、どのようなことか
④ 天神様が姿をお見せになった、どのようなことがあるのか
⑤ 天神様が何かを発見しようとなさっている、どういうことがあるのだろうか

エ　天神のあらたに歌にめでさせ給ひたりけると　[38]
① 天神様が新たに歌をお求めになってのことだと
② 天神様が法皇に改めて歌を推奨なさった結果だと
③ 天神様も御利益のある歌に心ひかれていたからだと
④ 天神様がはっきりと歌を称賛なさってのことだったと
⑤ 天神様にも別に歌を褒めさせる方法があったからだと

問九　本文の内容と合致するものを、次の中から**二つ**選べ（解答欄 [39] に二つマークせよ）。
① 獅子舞は衣をかぶった敷島を先頭に法師が続いた。
② 天神様は使いをいただきたいと夢の中で法皇に伝えた。
③ 小大進は検非違使に三日間外出したいと懇願した。
④ 検非違使は小大進が麗しい女性だったので同情した。
⑤ この話は和歌の徳を示す例の一つとして評価されている。

問六　傍線部Ⅳ「あめしづくと泣きて」とはどのような様子か。最も適切なものを、次の中から一つ選べ。 33

① ちょっとだけ涙ぐむ様子
② 大粒の涙が一筋頬を伝う様子
③ 人目をはばかって泣く様子
④ 声をあげて泣きじゃくる様子
⑤ しきりに涙を流して静かに泣く様子

問七　傍線部Ⅴ「やがて仁和寺なる所にこもりゐてけり」とあるが、小大進が御所に戻らなかったのはどのようなことからか。最も適切なものを、次の中から一つ選べ。 34

① 御所に自分をよく思わない人たちが大勢いると知ったから
② 心の拙さを感じ、反省のため一人になりたいと考えたから
③ 法皇から心根のよくない者と思われていると判断したから
④ 今回のことで御所での女房生活に本当に嫌気がさしたから
⑤ 今後は神仏に感謝してその近くで生活したいと思ったから

問八　波線部ア・イ・ウ・エの解釈として最も適切なものを、次の中から一つずつ選べ。

ア　それにしるしなくは、われを具していで給へ 35

① それでも証拠が出ないときは、私を従えて役所にお出しください
② それでも神の霊験がないならば、私を連れてお出になってください
③ そのうえで失態にあたらないときは、私を連れて神前にお出かけください
④ そのうえで法皇のお許しがないならば、私のことを役所に具申してお戻りください
⑤ それに対して何の前兆もないならば、私とともに神の前にそろってお出になってください

イ　「やや」とおどろかしまゐらせて 36

① 「おいおい」とお起こし申し上げて

⑥ 打消の助動詞　⑦ 尊敬の助動詞　⑧ 断定の助動詞　⑨ 適当の助動詞　⑩ 助詞

問三　傍線部Ⅰ「負ひて」・Ⅱ「まもられけるに」・Ⅲ「御宝殿におしたりける夜」の解釈として最も適切なものを、次の中から一つずつ選べ。

Ⅰ　負ひて [26]

① 衣を探す使命を帯びて　② 盗みの疑いを身に受けて　③ 責任を感じて
④ 参籠の荷物を背負って　⑤ 自身の名誉を負って

Ⅱ　まもられけるに [27]

① 様子をうかがっておられたが　② 法皇の命令に従っておられたが　③ 北野の天神様に見守られていたが
④ 検非違使に見張られていたが　⑤ 祭りの作法が遵守されていたが

Ⅲ　御宝殿におしたりける夜 [28]

① 神殿で天神様に念押しした夜　② 神殿で天神様の印判を押した夜　③ 神殿に張りつけた夜
④ 神殿の柱にもたれて寝た夜　⑤ 神殿に検非違使を押しとどめた夜

問四　Xの歌「思ひいづやなき名たつ身はうかりきとあら人神になりし昔を」はどのような内容の歌か。最も適切なものを、次の中から一つ選べ。[29]

① 北野の天神様を自分同様にいわれのない噂につらい思いをした存在ととらえ、天神様に理解と救いを求めた歌
② 北野の天神様を「あら人神」として特に取り立て歌うことによってそのすぐれた霊験にあやかろうとした歌
③ 北野の天神様に昔は無名でつらかったことを想起させ、同様につらい自分への同情と理解を求めようとした歌
④ 北野の天神様が現世で人間だった菅原道真であることからこの世に再び現れて救済してくれることを念じた歌
⑤ 北野の天神様に捧げた祭文の効果を一層高めるためには祭神の由来と性格を明示する必要があり、歌われた歌

問五　二重傍線部A「申し」・B「おぼしめし」・C「まゐり」の敬意の対象として最も適切なものを、次の中から一つずつ選べ。同じ選択肢を繰り返し選んでもよい。

A [30]　B [31]　C [32]

① 鳥羽法皇　② 小大進　③ 待賢門院　④ 検非違使　⑤ 天神　⑥ 北面の者

4　祭文……神に告げることば。
5　神水……神前に供える水。神に誓う際に飲んだ。
6　おほやけの中のわたくし……公用のことでも、どうしても多少の私情を入れて取りはからうことになる、という意味。
7　あら人神……現世では人であった神。ここは北野の天神をさす。道真のように悲運に死んだ人が神として祭られたため、性格は激しく、それゆえに著しい霊験のある神とされる。道真は醍醐天皇の時代に藤原時平の中傷によって大宰権帥《ごんのそち》に左遷され、死後に天神として祭られた。
8　北面の者……上皇の御所を守護する武士。
9　鳥羽殿……鳥羽法皇の離宮。
10　雑仕……雑役を行う者。
11　もんかう……とがめ。
12　力をもいれずして……『古今集』の「仮名序」に「力をもいれずして天地《あめつち》を動かし、目に見えぬ鬼神《おにがみ》をもあはれと思はせ、男女の仲をも和らげ、たけき武士《もののふ》の心をも慰むるは歌なり」とある。

問一　空欄O・P・Q・Rには、それぞれO「べし」・P「のぶ」・Q「着く」・R「侍り」の活用語が入る。最も適切なものを、次の中から一つずつ選べ。

O［18］　P［19］　Q［20］　R［21］

O　べし　①　べし　②　べく　③　べき　④　べけれ　⑤　べかり
P　のぶ　①　のぶ　②　のば　③　のび　④　のべ　⑤　のぶる
Q　着く　①　着く　②　着か　③　着き　④　着け　⑤　着くれ
R　侍り　①　侍り　②　侍ら　③　侍る　④　侍れ　⑤　侍るれ

問二　二重傍線部a「し」・b「ん」・c「せ」・d「に」の文法的説明として最も適切なものを、次の中から一つずつ選べ。ただし、一つの選択肢は一度しか選べない。

a［22］　b［23］　c［24］　d［25］

①　推量の助動詞　②　意志の助動詞　③　使役の助動詞　④　過去の助動詞　⑤　完了の助動詞

⑧　デカルトが主観の明証性から出発する思想家とみなされるのは、『方法序説』に「われ疑う」でなく「われ思う」と表現したからである。

⑨　日本語の主語は明示的ではないという柳田国男の説にならって、「コギト・エルゴ・スム」を「思うわ、ゆえに、あるわ」と訳し直したい。

問題二　次の文章を読んで、あとの問いに答えよ。

鳥羽法皇（注1）の女房に、小《こ》大進《だいじん》（注2）といふ歌よみありけるが、待賢門院の御方に御衣《ぎょい》一重《ひとかさね》失せたりけるを Ⅰ負ひて、北野（注3）にこもりて祭文《さいもん》（注4）書きて Ⅱまもられけるに、三日といふに神水《じんすい》（注5）をうちこぼしたりければ、検非違使、「これに過ぎたる失《しつ》やある〔O〕。いで給へ」と申しけるを、小大進泣く泣く申すやう、「おほやけ（注6）の中のわたくしと申すはこれなり。今三日のいとまをたべ。ア それにしるしなくは、われを具していで給へ」と、うち泣きて申しければ、検非違使もあはれにおぼえて〔P〕たりけるほどに、小大進、

X　思ひいづやなき名たつ身はうかりきとあら人神《ひとがみ》（注7）になりaし昔を

とよみて、紅の薄様《うすやう》一重に書きて Ⅲ御宝殿におしたりける夜、法皇の御夢に、よに気だかくやんごとなき翁の、束帯にて御枕に立ちて、イ「やや」とおどろかしまゐらせて、「われは北野右近の馬場の神にて侍り。めでたき事の侍る、御使給はりて見せ候はbん」と A申し給ふと Bおぼしめして、うちおどろかcせ給ひて、ウ「天神の見えさせ給へる、いかなる事のあるぞ。見て参れ」とて、「御廏《おんうまや》の御馬に北面の者（注8）を乗せて馳《は》せよ」と仰せられければ、馳せ（注9）Cまゐりて見るに、小大進は Ⅳあめしづくと泣きて候ひけり。御前に紅の薄様に書きたる歌を見てこれをとりて参るほどに、いまだ参りも〔Q〕ぬに、鳥羽殿の南殿の前に、かの失せたる御衣をかづきて、さきをば法師、あとをば敷島とて待賢門院の雑仕《ざふし》（注10）なりけるものかづきて、獅子を舞ひて参りたりけるこそ、エ天神のあらたに歌にめでさせ給ひたりけると、目出たくたふとく〔R〕。則ち小大進をばめしけれども、かかるもんかう（注11）を負ふも心わろき者におぼしめすやうのあればこそとて、Ⅴやがて仁和寺なる所にこもりゐてけり。（注12）「力をもいれずして」と、古今集の序に書かれたるは、これらのたぐひdにや侍らん。

（『古今著聞集』）

（注）

1　鳥羽法皇……第七十四代の鳥羽天皇。譲位後、上皇・法皇として長く院政を行った。待賢門院はその后だった藤原璋子。

2　小大進……生没年未詳の女性歌人。

3　北野……京都の北野天満宮。菅原道真を天神として祭る。本文中の「北野右近の馬場の神」も北野の天神をさす。

問八　波線部Ⅳ「『重右衛門の最後』は前近代的な村の世界を描いたものであり、そこに「彼女」などという表現を持ちこむのはおかしい」とあるが、なぜ「おかしい」のか。その説明として最も適切なものを、次の中から一つ選べ。 15

① 前近代的な村の世界には、近代の翻訳小説に登場する「彼女」と表現できるような女性は元来住んでいないため
② 前近代的な村の世界には、「かれ」「彼女」とは別のジェンダーと結びついた表現がすでに用いられていたため
③ 『蒲団』で用いられた「彼女」という人称代名詞が、五年前に執筆された『重右衛門の最後』で用いられるはずもないため
④ 「彼女」という人称代名詞は西洋の翻訳小説で用いられる表現なので、『重右衛門の最後』とは用いられるジャンルが異なるため
⑤ 「彼女」という人称代名詞は近代の翻訳小説を通じて広まったもので、前近代的な村の世界の表現にはそぐわないため

問九　波線部Ⅴ「実は柳田は、デカルト的な在り方を貫徹したひとである」とあるが、なぜそのように言えるのか。その説明として最も適切なものを、次の中から一つ選べ。 16

① デカルトが自己あるいは主観（主体）の存在を否定したように、柳田も日本語の一人称代名詞の在り方を否定したため
② デカルトが異なる言語や文化の体系の間で主観の明証性を疑ったように、柳田も現実の日本語の姿を通して主語の在り方を問い直したため
③ デカルトが近代哲学の祖としてつねに批判の標的となりながらも学問を発展させたように、柳田も人々から遠ざけられても学問研究を貫いたため
④ デカルトがラテン語とフランス語という複数のシステムの間で主観の明証性を立証したように、柳田も外国語と日本語の違いを明らかにしたため
⑤ デカルトがラテン語ではなくフランス語で論文を書いたように、柳田も外国語にかぶれずに日本語で学問研究をおこなったため

問十　本文の内容と**合致しないもの**を、次の中から**三つ**選べ（解答欄 17 に三つマークせよ）。

① 橋本進吉や時枝誠記、三上章ら言語学者は柳田国男の主張をとり入れて、日本語の主語を重要視しなかった。
② 日本語の「かれ」という人称代名詞は、近代以降の西洋の翻訳小説を通して変化していった。
③ デカルトは一人称の主格が明示されるフランス語で考えたから、主観（思惟主体）を意識したのである。
④ 日本語にはそもそも「主語」というべきものはなく、それは英文法にもとづいて考案されたものである。
⑤ デカルトがいう主観（思惟主体）は、経験的な「われ」（自己）と同一のものである。
⑥ フランス語とラテン語という異なる言語において主観（主体）とは何かを考えることが「われ疑う」ということである。
⑦ デカルトの『方法序説』での主張を「われ疑う、ゆえにわれあり」と解釈したら、それは不適切である。

①　第(6)段落　②　第(7)段落　③　第(8)段落　④　第(9)段落　⑤　第(10)段落

問五　波線部Ⅰ「むしろ、その逆である」とあるが、では筆者はデカルトをどのようにみていると言えるのか。その説明として最も適切なものを、次の中から一つ選べ。 12

①　近代哲学の祖ではなく、数学的な構造に立脚した人類学の祖であるとみている。
②　近代哲学の祖であるとともに、数学的な構造に立脚した人類学の祖でもあるとみている。
③　異なる言語や文化の体系の間にあって、自己あるいは主観の明証性を疑い続けていたとみている。
④　異なる言語や文化の体系の間にあって、自己あるいは主観の明証性を信じ続けていたとみている。
⑤　部屋に閉じこもって思索を重ね、「われ思う」という自己あるいは主観の明証性から近代哲学を生み出したとみている。

問六　波線部Ⅱ「なぜデカルトがそもそもフランス語で書いたのか」とあるが、筆者はその理由をどのように考えているか。その説明として最も適切なものを、次の中から一つ選べ。 13

①　フランス語で学術的な論文を書くのが当時は普通ではなかったため
②　フランス語で学術的な論文を書くのが当時は普通であったため
③　ラテン語で学術的な論文を書くことが苦手であったため
④　主観（思惟主体）の存在を強調しようとしたため
⑤　主観（思惟主体）の存在を否定しようとしたため

問七　波線部Ⅲ「ラテン語にすることによって打ち消そうとした」とあるが、それはどういうことか。その説明として最も適切なものを、次の中から一つ選べ。 14

①　フランス語で一人称として明示される主観（主体）の存在を、ラテン語の動詞の語尾変化の中に隠すこと
②　フランス語では一人称として明示されない主観（主体）の存在を、ラテン語の動詞の語尾変化によって明示すること
③　フランス語で書いてしまった学術論文を、最後にラテン語にすることで気取って学術的に見せようとすること
④　フランス語で一人称として明示される主観（主体）の存在を、ラテン語に置き換えることで経験的に存在する自己と同一視させること
⑤　フランス語では一人称として明示されない主観（主体）の存在を、ラテン語に置き換えることで経験的に存在する自己と同一視させること

D [4]

① 方言　② 動詞　③ 修飾語　④ 述語　⑤ 名詞

問二　二重傍線部X「明証性」・Y「黄昏（誰そかれ）」と同じような意味を表すことばとして最も適切なものを、次の中から一つずつ選べ。

X　明証性 [5]

① 構造性　② 体系性　③ 客観性　④ 主観性　⑤ 自明性

Y　黄昏（誰そかれ） [6]

① ひたたれ　② あまだれ　③ よいやみ　④ うしみつ　⑤ あさやけ

問三　傍線部a・b・c・dを漢字に改めた場合、これと同じ漢字を用いるものを、次の中から一つずつ選べ。

a　ホウロウ [7]

① ホウサクをねる　② ホウリツをまもる　③ メイロウ快活なひと
④ ハロウ警報がでる　⑤ 敵にホンロウされる

b　ヨウゴ [8]

① 候補者をヨウリツする　② 家族をフヨウする　③ 心のドウヨウを隠す
④ 日本ブヨウを習う　⑤ 春めいたヨウキになる

c　ケンザイ [9]

① ケンコウ診断　② ホウケン的社会　③ ケンジツな生き方
④ 一所ケンメイに働く　⑤ 偉人のケンショウ碑

d　レンコ [10]

① ジュクレンの技師　② 犯人をレンコウする　③ レンカな商品
④ コセキ抄本　⑤ コベツの現象がおきる

問四　本文中のある段落の末尾から、次の文が脱落している。この文の入るべき最も適切な段落を、次の中から一つ選べ。 [11]

ところが、フランス語では、ドイツ語や英語と同様に人称が明示される。

ひとである。そこで、私は「コギト・エルゴ・スム」をつぎのように関西弁に訳し直すことを提案したい。《思うわ、ゆえに、あるわ》。(19)

（柄谷行人『世界史の実験』、ただし表現の一部を改変した。）

（注）1　デカルト……（一五九六～一六五〇）フランスの哲学者、数学者。

2　レヴィ＝ストロース……（一九〇八～二〇〇九）フランスの文化人類学者。構造主義人類学を樹立した。

3　ルソー……ジャン＝ジャック・ルソー（一七一二～一七七八）フランスの啓蒙思想家。

4　スピノザ……（一六三二～一六七七）オランダの哲学者。

5　視差（パララックス）……同一の物体を二つの地点から観測した場合の方向の相違、ずれのこと。

6　柳田国男……（一八七五～一九六二）日本の民俗学の確立に尽力した民俗学者。

7　田山花袋……（一八七二～一九三〇）自然主義文学の代表的な小説家。

8　中上健次……（一九四六～一九九二）小説家。熊野の風土を背景とした作品で知られる。

9　橋本進吉……（一八八二～一九四五）日本語の歴史的研究に尽力した。

10　時枝誠記……（一九〇〇～一九六七）独自の言語理論で国語学に新しい展開をもたらした。

11　三上章……（一九〇三～一九七一）『象は鼻が長い』などで主語廃止論を唱えた。

問一　空欄A・B・C・Dに入ることばとして最も適切なものを、次の中から一つずつ選べ。

A　[1]

①　精神と身体　②　精神と観念　③　精神と運動　④　細胞と身体　⑤　肉体と身体

B　[2]

①　したがって　②　たとえば　③　さもなければ　④　つぎに　⑤　それとも

C　[3]

①　曖昧　②　乖離《かいり》　③　空疎　④　明晰《めいせき》　⑤　凡俗

諸君！　これでこの話は終結《おわり》である。けれど猶《なお》一言、諸君に聞いて貰《もら》わなければならぬ事がある。それは、その翌日、殆《ほとん》ど全村を焼き尽したその灰《かい》燼《じん》の中《うち》に半《なかば》焼けた少女《おとめ》の死屍《しし》を発見した事で、少女は顔を手に当てたまま打伏《うつぶし》に為《な》って焼け死んで居た。かれは人に捕えられて、憎悪の余、その火の中《うち》に投ぜられたのであろうか、それとも又、独り微笑んで身をその中《うち》に投じたのであろうか。それは恐らく誰も知るまい。（強調引用者）

ここでは、焼け死んだ少女が「かれ」と呼ばれている。ところが、その五年後に書かれた『蒲団《ふとん》』では、冒頭から、つぎのように書かれている。《これで自分と彼女との関係は一段落を告げた》。むろん、これだけから、この五年の間に生じた花袋の変化を推しはかることはできない。ただ、つぎのようにいってよいだろう。Ⅳ『重右衛門の最後』は前近代的な村の世界を描いたものであり、そこに「彼女」などという表現を持ちこむのはおかしい。逆に、近代文学にもとづく師弟・男女関係を描いた『蒲団』では、『重右衛門の最後』のような「語り」はありえない。(16)

このような問題は、その後も残っている。例えば、一九八〇年代に、近代文学を批判しそれ以前の物語表現を取り戻そうとした中上健次(注8)は、彼・彼女のような代名詞を斥《しりぞ》けた。しかし、今やそのような代名詞がないと不便であるだけでなく、逆に不自然に見える。それは最晩年の中上の小説『軽蔑』をみれば明らかであろう。彼や彼女という表現を斥けたため、中上は主人公らの名をdレンコせざるをえなかったのである。(17)

日本の言語学者、橋本進吉(注9)や時枝誠記(注10)らは、日本語における〝主語〟は英文法の強引な適用にすぎないと考え、それを重視しなかった。(注11)三上章にいたっては、主語廃止論を唱えた。しかし、もし主語が修飾語のようなものであるならば、それが文末に置かれていても構わないはずである。つまり、文末の「わ」が人称代名詞として機能するのだと見てよい。ところが、柳田以前に「わ」を一人称代名詞として見た国語学者はなく、また、現在でも柳田の見解はまったく無視されている。柳田は、方言の比較研究（実験）をおこなわなかった国語学者に対して、つぎのように皮肉をいっている。(18)

日本語は代名詞の不用な言語、少なくとも代名詞の使用度の少ない国のようにいう人があるのは、言わば文章の本ばかりで、日本語を学び得たと思っている先生方であります。（中略）私を文の始めに置かねばならぬようにしたのは、漢語か英語かは知らず、とにかく外国語かぶれのようであります。

（「毎日の言葉」『柳田國男全集19』ちくま文庫）

デカルトの「コギト・エルゴ・スム」を、「われ思う、ゆえにわれあり」と訳してきたのも、そのような「外国語かぶれ」であった。そして、柳田は、「われ」にこだわる者たちからも、「われ」をこばむ者たちからも遠ざけられてきた。しかし、そう見えないが、Ⅴ実は柳田は、デカルト的な在り方を貫徹したデカルトがいう主観（主体）は、われ（自己）とは別であり、一人称で指示されるようなものではない。ところが、フランス語でいうと、あたかも主観が経験的に存在するかのような誤解が生じる。経験的な自己と同一視されるといってもよい。のちに、カントはデカルトが見出した主観を、そのような経験的な自己と区別して「超越論的主観」と呼んだ。これは一人称で指示されるような自己とは異なるものだ。だから、ラテン語のように、それが動詞の語尾変化の中に潜んでいるほうが、誤解が生じにくいのである。⑽

とはいえ、いずれの言語が彼のような省察をもたらしたのかと問うことは愚かしい。デカルトのコギトは、むしろフランス語とラテン語の間の視差（注5）（パララックス）から生じたというべきだろう。「われ疑う」とは、複数のシステムの「間」にあることにほかならない。実は、私が以上のような事柄を想起したのは、（注6）柳田国男の「毎日の言葉」を読んだときである。彼は、「知らないわ」というような文末の「わ」は一人称人称代名詞だという。⑾

明治時代の女学生が、明治のお婆様からよく笑われていたのは、アルワヨ・ナイワヨなどと、ワの後へわざわざヨをくっつけるからで、単に言葉のしまいにワを添えるだけならば、もう江戸時代といった頃から、東京にもあって珍しいことではなかったのです。（中略）男のワに至っては、京阪地方ではむしろ普通であります。（『柳田國男全集19』ちくま文庫）

文末の一人称代名詞はさまざまなかたちをとる。関西では文末に「わ」だけでなく、「わい」「かれ」「かい」を付けるし、九州では「ばい」や「たい」を付けるだろう。しかし、それらはすべて一人称代名詞である。《口語では文句の終りに「我は」を附けるのが、むしろ全国を通じた法則だったかと思われます》と、柳田はいう。⑿

近年では、大阪弁の影響のせいか、東京でも男が文末の「わ」を使うようになった。例えば、「先に行ってるわ」などという。しかし「わ」が一人称代名詞であるとは考えられていない。ただの文末詞だと考えられている。それを一人称代名詞として扱った者は、柳田国男以前にはいなかった。⒀

そもそも日本語では、主語というべきものはない。主語と見えても、実際は［ D ］のようなものである。日本語における Y「主語」は、明治以後、英文法にもとづいて考案されたのである。また、人称代名詞は、西洋小説の翻訳を通して変わった。例えば、「かれ」という言葉は、黄昏（誰《た》そかれ）という言葉が示すように、ジェンダーとは無関係に使われていたのだが、もっぱら男性を意味するものとし、女性については「彼女」というようになった。⒁

「彼女」などという奇態な表現は、最初は耐えがたかったはずである。しかし、人々は翻訳小説を通して慣れていった。『重石衛門の最後』（一九〇二年）で、（注7）田山花袋はつぎのように書いている。⒂

トは、いわば「われ疑う」ということを論じていたのに、最後に、急に「われ思う」に変えたことである。「われ思う」（Cogito）であれば、自己意識だとみなされてもやむを得ないだろう。しかし、「われ疑う」（Dubito）は「われ思う」とは異なる。「疑う」ことは、異なる言語や文化の体系の間にあるときにのみ可能である。また、「疑う」ことは、たんに「思う」ことと違って、強い意志を必要とする。したがって、疑うがゆえに、「われ」が存在する、といっても不適切ではない。(4)

（注4）スピノザは、コギト・エルゴ・スムは三段論法なのではなく、「私は思いつつ、ある」という意味だと主張した（『デカルトの哲学原理』岩波文庫）。これはデカルトの批判というよりも b ヨウゴである。スピノザ的な言い方でいえば、デカルトの「われ疑う、ゆえにわれあり」とは、「われは疑いつつ、あり」ということだ。したがって、デカルトがコギトと呼ぶものは、自己意識あるいは主観のようなものではない。むしろ後者の自明性を「疑いつつある」ことこそが、デカルト的なのである。(5)

[B] 私の気になった、もう一つの問題がある。それは、彼がこの論文をフランス語で書いていたのに、なぜ最後に、突然ラテン語で Cogito ergo sum と書いたのか、ということである。これはむしろ、Ⅱ なぜデカルトがそもそもフランス語で書いたのか、と問うべきことかもしれない。当時、学術的な論文はラテン語で書くのが普通であったからだ。そして、彼がこれをフランス語で書いたことによって、フランス語は哲学を論じられるような言語となった、といえるだろう。実際、これは哲学だけでなく、その後のフランス語に大きな影響を与えた。そのおかげで、フランス語の文章が「[C] かつ判明」を指標とするようになった、ともいわれている。(6)

では、彼がこれをフランス語で書き、最後にラテン語に戻ったのはなぜなのか。それは論考を学術的に見せるためだとは思えない。近年になって、私はこう考えるようになった。デカルトは、フランス語で je（われ）として c ケンザイしているものを、Ⅲ ラテン語にすることによって打ち消そうとしたのではないか、と。(7)

フランス語はラテン語から派生したロマンス語の中に数えられているけれども、ゲルマン語に近いところが少なくない。例えば、一人称の主格はラテン語では ego. スペイン語では yo. イタリア語では io であるが、一般に省略される。動詞の語尾から人称や単数・複数がわかるからだ。(8)

デカルトが主観（思惟《しい》主体）をもってきたのは、フランス語で Je pense, donc je suis と考えたからである。それをラテン語でいうと、je は動詞の語尾変化の中に隠れてしまう。このことは、イタリア語やスペイン語でも同様である。だから、主観（思惟主体）の存在を強調しようとすると、フランス語でなければならない。であれば、彼が最後に、その部分だけをラテン語にしたのはなぜか。当初私は、これは論考を学術的に見せるための気取りではないか、と思った。が、哲学の勉強をするうちに、そうではないということに気づいた。(9)

国語

（六〇分）

問題一　次の文章を読んで、あとの問いに答えよ（段落末尾の数字は段落番号を示す）。

近代哲学は（注1）デカルトとともに始まるとされる。そのため、デカルトはいつも、近代哲学の構え――［　A　］、主観と客観の二元論――に対する批判の標的となってきた。しかし、私は哲学書を読み始めた十代の頃から、一貫してデカルトのファンであり、そのような紋切り型の批判にうんざりしていた。一九六〇年代には、デカルト批判は新たな形をとるようになった。すなわち、構造主義である。たとえば、（注2）レヴィ＝ストロースは、コギトのX明証性から出発したデカルトに対して、「私は他者である」と述べた（注3）ルソーを称賛し、そこに人類学の祖を見た。(1)

しかし、私はそのような見方に納得がいかなかった。デカルトはたんに部屋に閉じこもって考えたようなタイプではない。その逆に、彼は未開社会をふくむ世界各地をaホウロウしながら考えた。『方法序説』を書いたのも、オランダに亡命して一〇年ほど経ったあとである。彼はこう書いている。(2)

　このように世間という書物を研究し、いくらかの経験を獲得しようとつとめて数年を費やした後、ある日私は、自分自身をも研究しようと、そして私のとるべき途《みち》を選ぶために私の精神の全力を用いよう、と決心した。そしてこのことを、私は私の祖国を離れ私の書物を離れたおかげで、それらから離れずにいたとした場合よりも、はるかによく果たしえた、と思われる。

『方法序説』を読む限り、デカルトは自己あるいは主観の明証性から出発する近代哲学の祖のようにはみえない。Iむしろ、その逆である。私からみると、レヴィ＝ストロースは、彼が称賛するルソーよりもむしろ、デカルトに類似している。数学的な構造に立脚したこともふくめて。(3)

ただ、デカルトが主観から出発する思想家だという批判がどこから来るのかを考えると、その原因は二つあると思われる。第一に、『方法序説』でデカル

解答編

英語

I **解答**　問１．(A)—②　(B)—④　(C)—③　(D)—①　(E)—②

問２．(1)—③　(2)—①

問３．(1)—②　(2)—①　(3)—②　(4)—②　(5)—②

◆全　訳◆

≪十分な睡眠による成績の向上≫

大学生が丸一晩寝られないことがよくあるのには，多くの理由がある。多くのアメリカ人学生は大学へ通うときに初めて親元を離れる。日中と夜間の予定の立て方に関する完全な自由があるということに彼らは慣れていないかもしれない。

パーティー，深夜の勉強会，あるいはただ友人とくつろいですごす時間，これらはすべて大学生の睡眠習慣を妨げているものだ。

数年前，マイケル=スカリンはテキサス州ウェーコにあるベイラー大学の心理学専攻の学生に睡眠の科学を教え始めた。スカリンはベイラー大学の助教で，同大学の睡眠神経科学および認知研究所の所長である。

講義は，体が睡眠を必要とする理由や，睡眠不足によって引き起こされる肉体的，精神的な健康問題を中心とした。これには，学習に集中したり，感情をコントロールしたりするのが難しくなることや，多くの病気の危険が高まることが含まれている。

「最も睡眠不足にあるときは，自分がどれほど眠いか，そしてその眠気がどれほど自分に大きな影響を与えているのかを見極めることができる可能性が最も低いときなのです」とスカリンがVOAに語った。

学生は講義を楽しんでいたようで，教えている題材に興味を持っていたと彼は言う。しかし，学んだことの結果としてもっと睡眠をとろうとしているかどうかを彼らに尋ねると，彼らのほとんどはいいえと答えたのだ。

成人は健康を保つためには少なくとも一晩に７時間の睡眠が必要だとア

メリカ疾病予防管理センターが述べている。それで，スカリンは学生たちをもっと眠らせる計画を思いついた。講義の最も重要なテストである期末試験で特別点を彼らに与えようと言ったのだ。

その計画は，スカリンが思っていたよりもうまくいった。より睡眠をとった学生たちは2つの別々の講義でより良い成績を収めたので，スカリンは昨年11月に2つの学術誌で自分の調査結果を発表した。

スカリンはこの実験を心理学専攻の自分の学生たちに対して始めた。期末試験の前5日間の夜に少なくとも8時間寝ることに同意すれば，特別の数単位を得ることになる，と彼は彼らに言った。しかし，この調査への参加に同意して，必要とされる量の睡眠をとることができなかったら，試験での得点を失うことになっていた。その学生たちは睡眠データを記録する特別な機器を装着することになっていた。

その最初のグループの全18人中，わずか8人の学生しか実験へ参加することに同意しなかった。しかし，特別単位が追加される前でさえ，参加した学生全員はそうでなかった学生よりも試験でより良い成績をあげていた。平均して，彼らは試験で約5点多く取った。

それから，スカリンはこの調査をデザイン専攻の16人からなる別のグループで繰り返すことに決めた。彼は一晩で丸8時間寝ることができない学生を罰しないことに決めたが，同じ結果を得た。

ダニエル=ベセセンは睡眠を研究する医師で，この調査には参加していなかった。彼はデンバー郊外にあるコロラド大学アンシュッツ医療健康センターの副所長でもある。十分に寝ることが学力を伸ばすのに役立つので，詰め込み勉強をする学生のほうがうまくいかない可能性がより高いという考えにこの調査が根拠を実際に与えているとベセセンは述べている。

「詰め込み勉強」はアメリカの大学生にとってはよくある行動だ。学生が詰め込み勉強をするとき，彼らは試験の前の晩はほとんど，あるいはすべて勉強している。彼らはテスト資料が記憶に新しいのならば，成績がより良くなるだろうと考えるので，ほとんど，あるいはまったく寝ないのだ。

スカリンの実験にはいくつかの問題があるとベセセンは言う。より科学的であるためには，寝るか起きるのかに関して，学生は無作為に選ばれるべきだったと彼は言う。また，2つのグループは同じ教科を勉強し，同じ試験を受けているべきだった。このことすべてが調査結果に影響したかもしれない。

◀解　説▶

問1．(A)　be used to *doing* で「～するのに慣れている」の意なので，動名詞の②が正解。be used to *do* だと受身になり，「～するために使われる」の意で文意に合わない。なお，be 動詞がなく単に used to *do* だと「以前はよく～した」の意になる。

(B)　a lack of sleep で「睡眠不足」の意になり，文の流れにも合うことから，④が正解。他はそれぞれ，①「機能」，②「段階，局面」，③「目的」の意で，文意に合わない。

(C)　空所直前に劣等比較の最上級を作る least がある。この語と共に用いられるのは形容詞の③ likely のみ。be least likely to *do* で「最も～しそうにない」の意。

(D)　take part in ～ で「～に参加する」の意なので，正解は①。他の主な意味は次のとおり。② take ～ into consideration「～を考慮に入れる」，③ take advantage of ～「～を利用する」，④ take care of ～「～の世話をする」。

(E)　be involved は「参加している」の意で，参加する活動を表すには前置詞の in を用いるので，正解は②。be involved in ～ で「～に参加している」の意。

問2．(1)　第8段第1文（The United States Centers…）に，adults need … to stay healthy「成人は健康を保つためには少なくとも一晩に7時間の睡眠が必要だ」とあることから，正解は③「成人は健康を保つために，毎晩最低7時間の睡眠が必要だ」。他はそれぞれ，①「人はより集中すれば，病気のリスクが低下する」，②「パーティーを楽しむ学生は，授業でよりうまくやる」，④「学生は，眠りの科学を学んだあとに，より睡眠をとろうと思う傾向がある」の意。

(2)　第9段第2文（Students who slept…）に，「より睡眠をとった学生たちは2つの別々の講義でより良い成績を収めた」とあることから，正解は，①「試験の前により睡眠をとった学生は，その試験でより良い成績を収めた」。②「心理学専攻の学生はデザイン専攻の学生よりも試験で成績が良かった」　両専攻の学生の比較は述べられていない。③「心理学専攻の学生の半数以上がスカリンの実験に参加した」　実験に参加した人数に関して，第11段第1文（Only eight …）に「全18人中，わずか8人」とあることから，半数に達していない。④「試験日に最低8時間睡眠をとっていない学生は，講義の単位を落とした」第10段第3文（But if they agreed …）には，参加しているのに8時間寝なかった場合のことが述べられている。そのような学生は，点数をもらえない（would lose points）だけで，講義の単位を落とす（failed the class）とは述べられていない。本文中の fail to *do* は「〜しそこなう，〜できない」の意。

問3．⑴「パーティーを楽しむことは，学生の睡眠不足のもっともありふれた理由である」第1段（There are …）で十分な睡眠をとれない理由が数多くあることを述べ，第3段（Parties, late night …）でその理由を具体的に示している。パーティーは睡眠不足の理由のひとつであって，「もっともありふれた」とは述べていないので一致しない。

⑵「睡眠不足は肉体的，精神的な健康問題を引き起こす」第5段第1文（The class …）で「睡眠不足によって引き起こされる肉体的，精神的な健康問題」と述べられているので一致する。「〜を中心とする（centered around）」の目的語は，why 節と the physical and mental health problems である。

⑶「ベセセンによれば，スカリンの実験で発見された問題は重要ではなかった」最終段第1文（Bessesen says there are …）で，ベセセンはスカリンの実験に問題があると言っている。それが重要な問題かどうか直接的な言及はないものの，最終文（All of this may …）で，「結果に影響を及ぼす」と述べており，「重要ではない」とは言えないので，一致しない。

⑷「詰め込み勉強は，アメリカのほとんどの大学生には非常に効果的である」第13段最終文（Bessesen notes this study …）の後半（students who cram are likely worse off）に「詰め込み勉強をする学生はうまくいかない可能性がより高い」と詰め込み勉強については否定的に述べられているので一致しない。

⑸「スカリンは平均よりも睡眠をとらなかった学生に特別点を与えた」第8段第2文（So Scullin came up …）のコロンの後に，スカリンが思いついたという案の内容，「学生に特別点を与える」が述べられている。特別点の条件は第10段第2文（He told them …）の if they agreed … に「期末試験の前5日間の夜に少なくとも8時間寝ることに同意すれば，

特別の数単位を得ることになる」とあるので一致しない。

Ⅱ　解答

問１．(A)—①　(B)—③　(C)—①　問２．④

問３．(1)—②　(2)—②　(3)—①　(4)—①　(5)—②

◆全　訳◆

≪本に込めた物理学者の思い≫

私は少女のころ，遊びと，数学の問題や『不思議の国のアリス』のような本の中にある知的なゲームが大好きだった。しかし，読書は私のお気に入りの活動のひとつだったが，科学に関する本はたいてい，私にはより縁遠く，より魅力がなく思われた。私は十分なほど没頭していると感じたり，意欲をそそられたと感じたりしたことは一度もなかった。語調は読者に対して見下していたり，科学者を過度に賛美していたり，あるいは退屈だったりするようなことが多かった。筆者は，結果を神秘化したり，その結果を発見した人を称賛したりして，科学それ自体や，論理的一貫性を持たせるもととなった過程を記述していないと感じた。そこが，私が実際に知りたいと思った部分だったのだ。

より多くの科学を学ぶにつれ，私はそれが大好きになった。自分が物理学者になってこのように思うようになるということをいつも自覚しているわけではなかったし，私が幼いころに知っている人で科学を勉強している人は誰もいなかった。しかし，未知の世界にかかわることは，抗いがたいほど刺激的だった。一見したところまったく異なる現象どうしの関係を見つけ，問題を解決して自分たちの世界の驚くような特徴を予測することに私は興奮を覚えた。物理学者として，今や私は，科学は進化し続ける生き生きした実体であると解釈している。答えだけでなく，駆け引きと謎と関与が科学を興味深いものにしているのだ。

この計画に乗り出そうと決めたとき，自分の研究について感じる興奮を，科学が示すものを損なうことなく分かち合う本を私は思い描いた。私は主題をだますように単純化したり，それを受動的に称賛される不変の完成した金字塔の集まりとして示したりすることなく理論物理学の魅力を伝えたいと思った。物理学は人々が一般的にみなしているよりもはるかにずっと創造的でおもしろい。私は，一人ではこの認識に必ずしも至らなかった人たちとこれらの側面を分かち合いたかった。

私たちに重くのしかかる新しい世界観がある。余剰次元が宇宙に関する物理学者たちの考え方を変えた。そして，余剰次元を世界と関連づけることは，物理学のはるかに多くの確立した概念と結びつくかもしれないので，余剰次元は，新たな興味をそそる経路を通して宇宙に関する古くからのすでに立証された事実に取り組むひとつの方法なのだ。

私が含めた考えの一部は，抽象的で憶測によるものだが，興味ある人誰にとってもその考えが理解できるはずがないという理由はまったくない。私は理論物理学の魅力が自ずと明らかになるようにし，歴史も，有名な人も強調しすぎないことにした。私は，物理学者はみなひとつの典型に基づいて手本にされている，あるいは，ある特別な類の人物だけが物理学に興味を持つべきだ，という誤解を招きやすい印象を与えたくなかった。自分の経験と対話をもとにすると，本当のことについてもっと多くを欲するに足るほどに知的で，興味を持ち，偏見のない多くの読者がいることを私は大いに確信している。

◀解　説▶

問1．(A)　空所直前の and が，more remote と空所をつないでいる文構造になっている。空所にも more remote「関係がより薄く」と同様の否定的な意味の語が入るので，「魅力の度合いがより低い」の意の①が正解。②「より満足して」，③「より興味を持って」④「疲労の度合いがより低く」。これらはすべて肯定的な意味である。

(B)　空所の前にある I envisioned … about my work「自分の研究について感じる興奮を分かち合う本を私は思い描いた」という内容と，空所直後の compromising … science「科学が示すものを損なうこと」という内容を一貫させる前置詞が③ without である。without *doing* で「～することなく」の意。

(C)　空所の後の creative は形容詞であり，その比較級が more creative である。比較級を強調するのが副詞の① far である。

問2．意味はそれぞれ，①「刺激的な」，②「興奮させる」，③「興味深い」，④「重くのしかかる」。この中で意味が明らかに異なるのは④である。

問3．(1)「幼いころ，筆者は科学に関する本を読んだことが一度もなかった」　第1段第2文のカンマの後 books about … more remote で科学の本に対する気持ちを述べている。読まなければ感想は出てこないものなので，筆者は科学の本を読んだことがあるはずである。

(2)「仕事を始めた当初から物理学に関する研究をしたいと思っていた」　第2段第2文（I didn't always know …）に「自分が物理学者になるといつもわかっていたわけではない」とある。

(3)「徐々に物理学の世界が筆者を引きつけ，彼女は他の人たちにもこの世界を知らせたいと思った」　第2段第1文（As I learned …）の「科学を学ぶにつれ科学が好きになった」，第3段第1文（When I decided …）の「自分の興奮を分かち合う本を書きたいと思った」，続く第2文（I hoped to … theoretical physics）の「理論物理学の魅力を伝えたいと思った」という内容に一致する。

(4)「次元についての新しい考えで，従来の考え方が強化されるかもしれないと筆者は思っている」　第4段（There's a new world …）に余剰次元について述べられており，同段第3文（And because the connections …）の「余剰次元を世界と関連づけることは，物理学のはるかに多くの確立した概念と結びつくかもしれない」という内容に一致する。

(5)「筆者は事実に基づくことすべてを自著に書いた」　最終段第1文（Some of …）で「私が含めた考えの一部は，抽象的で憶測によるものだ」と述べており，著書には事実以外のことも記されているという内容に一致しない。

III　解答

(1)—①　(2)—③　(3)—④　(4)—④　(5)—①　(6)—③
(7)—④　(8)—①　(9)—②　(10)—③　(11)—④　(12)—②
(13)—①

◀解　説▶

(1)「国際教育課程に入学する学生は，英語能力試験の得点を提出しなければならない」　① submit は「～を提出する」，② subject は動詞ならば「～を服従させる」，③ subtitle は名詞で「字幕」，④は substitute *A* for *B* で「*A* を *B* の代わりに使う」の意。正解は①。

(2)「弊社は2013年に設立されたが，国内において影響力の大きな有数の自動車メーカーになった」　① founded は，他動詞 found「～を設立する」の過去，過去分詞形。②は他動詞 find の受身，③は found の受身，④は find の過去，過去分詞形。直前に which があるので，空所にはVになる動詞が入る。単独の分詞はVにはならないことに注意。find も found も他動詞なので，直後にその目的語がないということは，Vは受身にせねばならず，②の「発見された」では文意が通らないので，正解は③。

(3) 「問題の半分しか正解していないとわかったとき，その受験者はがっかりしたに違いない」 他動詞 disappoint が過去分詞で be disappointed として使われると「(人が) 失望している」の意。また，when 節内に過去形の動詞があるので，この文は過去の話だと判断できる。must have＋過去分詞は「～だったに違いない」と過去の出来事に対する推量を表すことができるので，正解は④。

(4) 「従業員は，上司に大事にされていると感じれば感じるほど，自分たちの仕事に満足するようになる」 the＋比較級 ～，the＋比較級 …「～すればするほど，ますます…」の構文。他動詞 satisfy が過去分詞で be satisfied として使われると「(人が) 満足している」の意。後半の文は元々，They will be satisfied with their jobs. だったもので，その satisfied が比較級となって more satisfied に，さらに the を伴って前方に移動して the more satisfied they will be … となったのがこの文であることから，正解は④。

(5) 「パーティーのあとに残っていたものは，部屋中の乱雑状態だった」 空所から party までが，was の主語になっている文構造なので，空所には名詞節を導く語が入る。また，空所直後に動詞 remained が続いているので，空所には名詞の働きをする語が入る。その2つの条件を満たすのは①の関係代名詞 what であり，「～するもの，こと」という意味で文意が通る。名詞節を導く which は疑問詞なので，「どちらが残っていたか」という意味になり，文意が通らない。where は副詞の働き，that は接続詞として名詞節を導くものの，その場合には that 節内は完全な文でなければならない。

(6) 「人口統計データによると，その地域の全人口は比較的変わっていなかった」 remain C で「Cのままである」の意。空所直後の形容詞 stable が remained のCになっているので，空所には副詞が入る。したがって，正解は③。

(7) 「学校は学生にコンピューター活用能力を伸ばす講座を提供することが求められている。そうしなければ，現代の職場に対して学生は準備が十分にできないことになる」 空所直前にあるセミコロンに注目。これは，前後の文に深い関係がある場合に，ピリオドの代わりに使う区切り記号。したがって，空所に続くのは単文なので，空所には接続詞ではなく，副詞を入れなければならない。副詞は③ therefore「それゆえに」か④ otherwise「もしそうでなければ」なので，文意が通る④が正解。

⑻ 「ABC美術館のチケットを2枚買って，午後2時前に入場すれば，無料でもう1枚もらえます」 他動詞 get の目的語となる代名詞 one が続いているので，空所にはそれを修飾する形容詞の働きをする語を入れる。① another は「(前述のものとは) 別の」，④ the other は「(2つあるうちの) もう片方の」の意。すでに購入したチケット2枚を使って入場したあとに，その片方が無料になるというのでは話が通じない。正解は①。one が形容詞を伴う場合には，a〔an〕+形容詞+one とせねばならないので，②は不適切。③ others には形容詞の働きはない。

⑼ 「彼は少し不安なようだ，というのも，彼は多くのことを気にかけているからだ」 on *one's* mind は「(心配事などが) ～の頭から離れない」の意なので，正解は②。

⑽ 「ご両親の意見についてどうお考えですか」 make *A* of *B* で「*B* について *A* だと思う」の意なので，正解は③。この文は，*A* が疑問代名詞 what になったもの。

⑾ 「夏の計画をもう一度よく検討したほうがいい」 go through ～ で「～を詳しく検討する」の意なので，正解は④。

⑿ 「その列車は暴風雨のため，予定に遅れて到着した」 owing to ～ で「～のために，～が原因で」の意なので，正解は②。

⒀ 「私の弟は，何でもないことによく怒る」 get angry at〔about / over〕～ で「～(事) に対して腹を立てる」の意なので，正解は①。

Ⅳ **解答**　35―③　36―⑦　37―①　38―④　39―②　40―⑥

◆全　訳◆

≪劇場でのチケット売り場にて≫

A：次の方，どうぞ。

B：こんにちは。今晩の劇のチケットを買いたいのですが。

A：「ロミオとジュリエット」のことですか？　申し訳ありません。チケットは完売しました。来週水曜日と木曜日のチケットはまだありますが。

B：その両日の夜ということですか？　木曜日に東京へ飛行機で戻る予定なので，水曜日のチケットを買いましょう。

A：かしこまりました。お調べします。何席お求めですか？

B：2席お願いします。

A：S席とB席がまだ残っていますが。

B：おいくらですか？

A：お待ちください。S席が80ポンド，B席が30ポンドです。

B：合計で160ポンドか60ポンド支払う必要がありますね。わぁ，ずいぶん違うのですね！

A：木曜日に東京にお帰りになるとおっしゃいましたか？

B：はい。

A：それなら，日本にお戻りになる前に，このシェイクスピアの劇を鑑賞するのに最高の座席でお楽しみになりませんか？

B：そうですね。水曜日夜のS席を2枚いただきます。カードで支払えますか？

A：もちろんです。合計で160ポンドです。

B：はいどうぞ。

A：ありがとうございます。こちらがお客様のチケットです。ロイヤルオペラハウスで劇をお楽しみください。

◀解　説▶

35. 演劇のチケットを求める相手に対し，空所直前でSorry.と相手の意に添わないことを予期させる発言をしていることから，正解は③「チケットは完売しました」。

36. 空所直後で，Twoと返答していることから，空所は数を尋ねる疑問文だと判断できる。したがって，正解は⑦「何席お求めですか」。

37. 空所直前で値段を尋ねていることから，正解はその返答となる①「お待ちください。S席が80ポンド，B席が30ポンドです」。

38. 空所直前で，160ポンドか60ポンドのどちらかが支払金額になると発言していることから，続く部分には④「わぁ，ずいぶん違うのですね」

がふさわしい。

39. 空所直前（why don't you…）で「日本へ帰る前に，シェイクスピアのこの劇を最高の席で見てはどうか」と提案がなされている。Bは空所直後で「S席を2枚」と頼んでおり，Aの提案を受け入れたことがわかる。よって，②「そうですね」が正解。make sense は「(説明などの) 筋が通る，つじつまが合う」の意。

40. Bは空所ひとつ前の発言内（Can I pay by card?）でクレジットカードでの支払いの可否を尋ねている。それが可能だとわかって，⑥「はいどうぞ」とカードを差し出す場面である。

V　解答　(1)―②　(2)―⑤　(3)―⑤　(4)―⑤　(5)―①　(6)―⑦

◀解　説▶

(1)（This morning the mist）was so heavy that we could barely（see what was there in front of us.）「とても～なので…」は so ～ that … で表す。～の部分には形容詞や副詞が，…の部分には SV が入る。副詞 barely（ほとんど～ない）は修飾する語の直前に置く。

(2)（The school will continue to support）students no matter how long it takes（for them to get their target score.）まずは他動詞 support の目的語として名詞 students を置き「生徒を支援する」とする。「どれだけ～でも」は no matter how＋形容詞/副詞で表すことができる。この文では「どれだけ長くかかったとしても」と読みかえて，no matter how long とする。it takes *A* for *B* to *do*「*B* が～するのに *A*（時間）かかる」

(3)（The）famous actor sat with his arms folded（, looking away from the camera.）with O C は付帯状況を表し「OがCの状態で」の意。名詞がOに，主に形容詞，分詞，前置詞句がCになる。それが過去分詞の場合，Oの名詞とは受動（arms were folded）の関係。

(4)（The new technology will）allow airline passengers to use their smartphones（and tablets throughout the flight.）allow *A* to *do* には「*A* に～するのを許す」に加えて，「*A* が～できるようにする」の意がある。

⑸　(A recent study found) that cancer causes twice as many deaths (as heart disease in both men and women.)　他動詞 find の目的語は名詞節なので，that 節内を完全な文とする。また，倍数表現は，等倍表現（as＋形容詞・副詞）の直前に twice（２倍），three times（３倍）などを置く。

⑹　(I) used to take it for granted that (children can go to school and receive a quality education.)　「以前はよく～した」は used to *do*。類似表現は〔Ⅰ〕問１の解説参照。「*A* を当たり前と思う」は take *A* for granted だが，本問のように，*A* が仮目的語の it，真目的語が that 節になり，take it for granted that … となることがある。

日本史

I 解答

問1．⑤　問2．①　問3．①　問4．③　問5．⑤
問6．①　問7．②　問8．④　問9．②　問10．①
問11．⑤　問12．③　問13．④　問14．①　問15．⑧

◀解　説▶

≪古代・中世の政治・文化・経済≫

問1．⑤誤文。法隆寺金堂釈迦三尊像は飛鳥文化の時代の作品で，天平文化には該当しない。

問2．①が正文。②誤文。藤原広嗣の乱は九州で起きており，中国地方は誤り。

③・④・⑤誤文。蘇我入鹿・大友皇子・物部守屋は，藤原広嗣が排除を求めた人物ではない。

問3．X・Y・Z．ともに正文。

問4．③が正文。①誤文。大仏開眼は752年，743年の大仏造立の詔の9年後であり，12年以上後は誤り。

②誤文。大仏開眼の大仏は東大寺の大仏であり，方広寺は誤り。

④誤文。大仏開眼は東大寺で行われ，唐招提寺ではない。鑑真はまだ来日しておらず，開眼供養には参列していない。

⑤誤文。聖武天皇が太上天皇，光明皇后が皇太后になったのは，大仏開眼前であり，後ではない。

問5．⑤誤文。京都御所は現在の京都御苑内にあり，平安京遷都当初の内裏の位置にはない。

問6．①が正解。関白の政治的地位確立（阿衡の紛議・887～888年）→藤原氏を抑える動き（延喜・天暦の治・9世紀末～10世紀中頃）→摂関の常置へ（安和の変・969年）。摂関政治への展開を理解しておく。

問7．②誤文。朱子学は，鎌倉時代中期に日本に伝えられており，平安時代の貴族が教養として学ぶことはない。

問8．④誤文。国風文化は10～11世紀の文化である。平安遷都から9世紀末までの文化は弘仁・貞観文化である。

問 9．X・Yは正文。Z．誤文。院政は承久の乱後も続き，形式的には江戸時代の光格上皇まで継続した。院政が停止されたとするのは誤り。

問 10．X・Y・Z．ともに正文。

問 11．⑤誤文。撰銭令では，特定の悪銭の流通を禁じたが，良銭と悪銭の混入比率を定めるなど，悪銭の使用は認めている。悪銭の流通を制限したが，一切禁じたわけではない。

問 12．③誤文。禅宗寺院の建築様式は唐様（禅宗様）といい，大仏様は誤りである。

問 13．④誤文。建武式目は足利尊氏が発表したもので，義満によるものではない。

問 14．①誤文。応永の乱は 1399 年のことで，1392 年に実現した南北朝合体の交渉とは関係ない。

問 15．X．誤文。『神皇正統記』は北畠親房の著作であり，足利尊氏は誤り。

Y．誤文。金閣は足利義満が建立したもので，足利義政は誤り。

Z．誤文。東求堂同仁斎は足利義政が設けたもので，足利義満は誤り。

Ⅱ 解答

問 1．A―③　B―④　C―②　D―⑤

問 2．①　問 3．④　問 4．⑤

問 5．E―②　F―⑤　G―④　問 6．①　問 7．⑤　問 8．③

◀解　説▶

≪大御所時代，天保の改革，元禄文化≫

問 1．B．歌舞伎三座とは，幕府から興行を許された中村座・市村座・森田座のことで，別々の町にあったものが統制のため強制的に浅草に移転させられた。

D．印旛沼は田沼時代の干拓工事が知られているが，天保の改革でも試みられている。

問 2．①が正文。②誤文。上方からの酒は，19 世紀になると酒荷専用の樽廻船で江戸へ運ばれた。菱垣廻船は誤り。

③誤文。西陣から技術を移転された桐生で展開されたのは，木綿織物ではなく絹織物である。

④誤文。最上川を通じて京都に送られた染料は出羽の紅花で，藍の産地は

阿波である。

⑤誤文。越前の高級和紙は鳥の子紙で檀紙は誤り。檀紙は讃岐の名産品である。また，美濃の高級和紙は美濃紙で鳥の子紙ではない。

問3．④が正文。①誤文。長州藩の財政改革に登用されたのは村田清風。調所広郷は薩摩藩で登用された人物である。

②誤文。江戸における大打ちこわしは，享保・天明の飢饉のときで天保の飢饉のときにはみられない。

③誤文。大塩平八郎の私塾は洗心洞であり，懐徳堂は誤り。

⑤誤文。国訴は合法的な訴訟闘争であり，打ちこわしには発展していないので誤り。

問4．やや難。⑤が正文。①誤文。1842 年の天保の薪水給与令は，アヘン戦争（1840~42 年）の影響を受けて発令されたもので，アロー号事件は誤り。

②誤文。異国船打払令は，清・オランダの船は長崎以外でも打ち払いから除外しており，打ち払いの対象ではない。

③誤文。異国船打払令は，異国船への退去勧告は行わず，二念なく（迷うことなく）直ちに打ち払うことを命じている。

④誤文。渡辺崋山・高野長英らへの弾圧は蛮社の獄といわれ，安政の大獄ではない。

問5．G．『塵劫記』を著した吉田光由と，『発微算法』を著した関孝和の区別をつけておくこと。

問6．①が正文。②誤文。林羅山がはじめに仕えたのは徳川家康であり，秀忠は誤り。

③誤文。林羅山の私塾の移転先は神田ではなく湯島で，移転したのは徳川家光ではなく綱吉である。

④誤文。林家が大学頭に任じられたのは林鳳岡のときで，林鵞峰は誤り。

⑤誤文。幕府が異学の禁を出したのは寛政の改革のときで，天保の改革は誤り。

問7．X．誤文。武士の土着を主張して『政談』を著したのは荻生徂徠，太宰春台は誤り。Y・Zはともに正文。

問8．X・Zは正文。Y．誤文。大坂で適々斎塾を開いたのは緒方洪庵で，広瀬淡窓は誤り。また，広瀬淡窓は蘭学者ではなく，儒学者である。

Ⅲ　解答

問1．④　問2．②　問3．A―③　B―②　C―①
問4．③　問5．⑥　問6．③　問7．④　問8．⑦
問9．G―④　H―⑤　問10．④　問11．④

◀解　説▶

≪近代国家の形成≫

問1．④が正文。①誤文。和親条約の締結国はアメリカ・イギリス・ロシア・オランダの4カ国であり，フランスとは和親条約は結ばれていない。

②誤文。通商条約の締結を求めた初代アメリカ総領事はハリスであり，ペリーではない。

③誤文。日米修好通商条約では，神奈川・長崎・新潟・兵庫の開港が定められた。大坂は誤りである。

⑤誤文。1894年の日英通商航海条約では，関税自主権の部分回復が実現したが，完全回復は達成できていない。

問2．a・cが正文。b．誤文。地租は，当初地価の3％で豊凶による増減は認められず，現物納ではなく金納であった。

d．誤文。入会地は官有となり，農民の自由な使用は認められなくなった。

問3．C．徴兵告諭で，欧米では兵役義務を血税というと説明したため，徴兵反対一揆は血税一揆とよばれるようになった。

問4．③誤文。鉄道建設・鉱山の運営を担ったのは工部省であり，内務省ではない。

問5．X．誤文。国立銀行条例により発行されるのは国立銀行券であり，1882年に設立された日本銀行が発行する日本銀行券ではない。

Y．正文。Z．誤文。新貨条例の公布後も，政府は不換紙幣を発行するなど兌換制度は確立していない。兌換制度の確立は，日本銀行が1885年に銀兌換銀行券を発行してからである。

問6．やや難。③が正文。①誤文。足尾銅山は1877年に古河市兵衛の所有となる。明治期を通して官営事業として引き継がれたとするのは誤りである。

②誤文。三池炭鉱は三井に払い下げられており，三菱は誤り。

④誤文。富岡製糸場に招かれたのはフランス人技師であり，イギリス人技師ではない。

⑤誤文。高島炭鉱は後藤象二郎（のち三菱）に払い下げられており，古河

市兵衛ではない。

問 8．X．誤文。1900 年代に入っても生糸が輸出品目の第 1 位を占めており，綿糸に取ってかわられることはなかった。

Y．誤文。生糸の輸出高は，1909 年に清を追い抜き世界最大となった。清を追い越すことはできなかったとするのは誤り。Z．正文。

問 9．G．やや難。鉄道建設はイギリスの資金を導入して始まり，新橋～横浜間の鉄道はイギリス人技師モレルの指導で敷設された。

問 10．やや難。X．正文。Y．誤文。1886 年におきた日本最初のストライキは，甲府・雨宮製糸場の女工ストであり，大阪天満紡績ストではない。

Z．誤文。工場法は 1911 年に公布されたが，工場主らの抵抗で施行は 1916 年となった。1911 年に施行されたとするのは誤り。

問 11．自由民権運動の高揚と弾圧法の関係でおさえておく。愛国社の結成（1875 年）・讒謗律→国会期成同盟の結成（1880 年）・集会条例→三大事件建白運動（1887 年）・保安条例→集会及政社法（1890 年）

世界史

I 解答

問1．A―③　B―④　問2．⑥　問3．②
問4．②　問5．④　問6．②　問7．②
問8．(か)―③　(き)―②　(く)―①　(け)―④
問9．④　問10．③　問11．①・④・⑤　問12．③

◀解　説▶

≪秦～漢の中国史≫

問3．②誤文。始皇帝により統一された貨幣は半両銭。五銖銭は前漢の武帝時代に鋳造された青銅銭。

問4．①誤文。仏教が中国に伝わったのは紀元前後。

③誤文。始皇帝は医薬・占い・農業関係の書物以外をすべて焼いた（焚書）。

④誤文。党錮の禁は後漢の出来事。

⑤誤文。神仙思想を特徴とする道教を国教化したのは北魏の太武帝。

問5．①誤文。匈奴の冒頓単于と戦ったのは前漢の高祖（劉邦）。

②誤文。始皇帝は戦国時代の長城を修築した。

③誤文。安南都護府が設置されたのは唐代。

問6．東方6国での反感(お)は陳勝・呉広の乱（(う)：前209～前208年）となって現れ，これに呼応した劉邦は郷里で蜂起(え)し，咸陽を占領(あ)している。その後，同様に中国南部で蜂起していた項羽は，垓下の戦い（前202年）で劉邦に敗れた(い)。よって年代順は(お)→(う)→(え)→(あ)→(い)の②。

問7．①誤文。商鞅の改革で国力をつけたのは秦。

③誤文。哀帝の限田策が発布されるも実施されないなど，豪族の土地所有を制限する政策は効果が出なかった。

④誤文。中正官が人材を9等にわけて評価し推薦したのは魏で始まった九品中正。

⑤誤文。氏族制度にもとづく大家族が維持されたのは周の卿，大夫，士であり，農民ではない。

問9．①誤文。黄巣の乱（875～884年）は唐末の反乱。

②誤文。紅巾の乱（1351～1366 年）は元末の反乱。

③誤文。安史の乱（755～763 年）は唐中期の反乱。

問 10．③誤文。班超や甘英は後漢（25～220 年）の人物。

問 11．②誤文。大運河を建設したのは隋代（581～618 年）。

③誤文。両税法が実施（780 年）されたのは唐代。

⑥誤文。青苗法は北宋（960～1127 年）の王安石が実施した新法の一つ。

問 12．③誤文。建文帝は明（1368～1644 年）の第 2 代皇帝。後漢の献帝から禅譲を受けたのは曹操の子の曹丕。

II 解答

問 1．⑤　問 2．A―⑨　B―①　C―④　D―⑦

問 3．②　問 4．③　問 5．②・⑤　問 6．②

問 7．③　問 8．①　問 9．⑥　問 10．②　問 11．G―④　H―⑥

問 12．⑤

◀解　説▶

≪疾病の流行からみた古代～近世初頭の世界≫

問 1．(う)のペルシア戦争（前 500～前 449 年），(お)のペロポネソス戦争（前 431～前 404 年），(い)のアレクサンドロスの東方遠征（前 334～前 324 年）は，古代ギリシアおよびヘレニズム時代の出来事。また，(あ)のハンニバルのイタリア侵入はポエニ戦争（前 264～前 146 年）中の前 3 世紀の，(え)のカエサルのガリア遠征は前 1 世紀中頃の，古代ローマにおける出来事。よって年代順は(う)→(お)→(い)→(あ)→(え)の⑤が正答。

問 3．X．誤文。分裂後に成立したのは北がイスラエル王国，南がユダ王国。

Y・Z．ともに正文。

問 4．③誤文。聖像崇拝は 9 世紀半ばに復活している。

問 5．①不適。ノルマンディー公国はフランス北西部に建てられた。

③不適。カルマル同盟（1397～1523 年）はデンマーク・ノルウェー・スウェーデンによる北欧諸国の同盟。

④不適。皇帝派（ギベリン）と教皇派（ゲルフ）の抗争で分裂状態となったのはイタリア。

問 7．(か)・(け)正文。

(き)誤文。授時暦をつくったのは郭守敬。

(く)誤文。色目人は中央アジアや西アジア出身者が多く，主にイスラーム教徒。

問 8．①誤文。クシャーナ朝（1～3世紀）にはローマ帝国から大量の金がもたらされた。

問 11．Gはフィレンツェなので地図中の④。Hはローマなので地図中の⑥。なお，①はヴェネツィア，②はミラノ，③はジェノヴァ，⑤はピサ，⑦はナポリ。

III 解答

問 1．⑤　問 2．B―③　C―②　問 3．③　問 4．①
問 5．②　問 6．2番目―④　5番目―①　8番目―②
問 7．③　問 8．②
問 9．(j)―⑧　(k)―①　(l)―①　(m)―⑥　問 10．③　問 11．②

◀解　説▶

≪近現代における反ユダヤ主義とパレスチナ問題≫

問 1．イスラエルの建国は 1948 年なので，2018 年は 70 年目。

問 3．③誤文。ソロモン王（前 10 世紀の人物）はイスラエル王国（前 922 頃～前 722 年）成立前の人物。また，バビロン捕囚（前 586～前 538 年）はイスラエル王国滅亡後の出来事。

問 4．②誤文。ローマ教会がビザンツ皇帝への従属から独立するきっかけはカールの戴冠（800 年）。

③誤文。叙任権闘争を終結させたのはヴォルムス協約（1122 年）。

④誤文。第 4 回十字軍が建国したのはラテン帝国。

問 5．①誤文。ムハンマドはメッカからメディナに移住した。

③誤文。ムスタファ=ケマルがカリフ制を廃止したのはトルコ共和国樹立（1923 年）後の 1924 年。スルタン制の廃止は 1922 年。

④誤文。ウマイヤ朝の首都はダマスクス。

問 6．難問。出来事が起こった年だけではなく月まで把握しておく必要がある。第一次世界大戦（1914～1918 年）はオーストリア皇位継承者夫妻暗殺（1914 年 6 月：③）に端を発し，東部戦線のタンネンベルクの戦い（1914 年 8 月：④），西部戦線のマルヌの戦い（1914 年 9 月：⑨），アメリカの参戦（1917 年 4 月：①），ブルガリアの降伏（1918 年 9 月：②）と推移し，終結した翌年にパリ講和会議が開催（1919 年 1 月：⑧）された。

一方，大戦に関連する出来事としては，中国への二十一カ条要求（1915年１月：⑦），ロシアの十一月革命における「平和に関する布告」採択（1917 年 11 月：⑤），ウィルソン大統領の十四カ条発表（1918 年１月：⑥）がある。これらを年代順に組み合わせると，③→④→⑨→⑦→①→⑤→⑥→②→⑧となるので，２番目は④，５番目は①，８番目は②となる。

問７．イギリスの委任統治領となったのはイラク・トランスヨルダン・パレスチナなので地図中の③である。

問８．②誤文。ウラディミル１世はキエフ公国（９～13 世紀）の大公。

問９．㈣誤り。グラスノスチはソ連のゴルバチョフ書記長が提唱した情報公開。ユダヤ人のパレスチナ復帰運動はシオニズム。

問 10. ①誤文。チェコスロヴァキアの東半分がスロヴァキア，西半分がベーメン・メーレン。

②誤文。スウェーデンは中立国だったので，ドイツが侵攻した北欧諸国はデンマークとノルウェー。

④誤文。ダンツィヒはヴェルサイユ条約で国際連盟管理下の自由市となっていた。

問 11. ②誤文。第二次中東戦争（1956～57 年）で軍事行動を起こしたのは，フランス，イスラエルとイギリス。

地理

I 解答

問1．③ 問2．② 問3．①
問4．写真1－④ 写真2－⑥
問5．写真3－③ 写真4－① 問6．① 問7．⑤

◀解 説▶

≪東海～南海地域の災害・地形と農水産業≫

問1．①不適切。死者数は32万人超とされている。
②不適切。海岸部では震度7が予想されている。
③適切。マグニチュードは8～9とされている。
④不適切。津波の波高は最大で30mを超えるとされている。
⑤不適切。被害額は220兆円超とされている。

問2．黒潮にのって回遊する魚と考え，カツオと判断する。漁獲量1位は静岡県で，2位東京都，3位三重県，4位高知県の順である（2016年）。

問3．内水面養殖での収穫量が多いのはウナギである。かつて静岡県浜名湖周辺が主産地であったが，近年は1位鹿児島県，2位愛知県，3位宮崎県，4位静岡県，5位三重県と，九州2県で約6割を占める（2016年）。

問4．三重県沿岸部で養殖されており，イワシ，カレイ，サンマ，タラの養殖は盛んでないことから考える。「運動特性を考慮」とあるので養殖いけすの形状に注目すると，写真1のいけすは四角く，写真2のいけすは丸い。丸いいけすはマグロのような回遊魚に適し，タイは沿岸魚，ハマチ（ブリの幼魚）は回遊魚であるので，写真1がタイ，写真2がハマチと考える。

問5．写真3は「収穫量第1位が広島県」であるからカキとなる。写真4は，三重県で「外洋に面した湾口部」ではない湾内と考え，真珠養殖のためのアコヤ貝と判断する。

問6．①適切。いずれも海岸線の出入りが多い。
②不適切。砂丘，海底火山とも認められない。
③不適切。一般に沈水して形成される地形である。
④不適切。陸地部分が平らであることから，海食台が隆起した地形と判断

する。その台地を河川が浸食した河谷が沈水した地形である。
⑤不適切。隆起海食台は海岸段丘の一種である。
問7．高知県で生産が多い野菜は，みょうが，しょうが，なす，ししとう，にら，ピーマンなどが有名である。トマトは多くない。

Ⅱ 解答

問1．②　問2．③　問3．⑤　問4．⑤　問5．⑤
問6．④　問7．④　問8．⑥　問9．②

◀解　説▶

≪日本の製造業≫

問1．①適切。1位愛知県，2位神奈川県，3位静岡県はいずれも太平洋ベルトに位置している。
②不適切。四日市ぜんそくが発生した三重県のみ10位以内であるが，イタイイタイ病（富山県），水俣病（熊本県），第二水俣病（新潟県）の発生県は，10位以内ではない。
③適切。中国・ロシア（旧ソ連）との関係は希薄となった。
④適切。日本の施政権がなく，自由な経済活動もできなかった。
問2．わかりやすいものから判断していく。図6は金額が最多であり愛知県が突出していることから輸送用機械器具製造業，図5は金額が少なく高付加価値の製品ではないことと，東京都・埼玉県が非常に多いことから印刷・同関連業と判断する。図7は太平洋ベルトに集中しているが，東京都・神奈川県の大都市域で少ないことから鉄鋼業と判断する。鉄鋼一貫工場の所在地からも判断できる。図3は太平洋ベルトと富山県も上位にあることから化学工業，図4は三重県（シャープ亀山工場）や長野県（エプソン）の他，九州（シリコンアイランド）・東北（シリコンロード）での生産が多いことから電子部品・デバイス・電子回路製造業となる。
問4．輸送用機械器具製造業とは，主に自動車産業を考えるとよい。
①不適切。製品の消費地は，所得水準の高く消費者の多い大都市域である。
②不適切。造船業が立地する要因で，晴天が多いことが屋外作業に適することになる。
③不適切。宮城県は3大都市圏からは離れている。
④不適切。輸送用機械器具製造業は，交通条件が大きな立地条件ではない。
⑤適切。

問 5．①不適切。レアメタルなど日本では産出しない原料が多い。
②不適切。製品価格に占める輸送費が低く，都心に集積することはない。
③不適切。電子部品などは，当初は京浜や阪神工業地帯で生産されていた。
④不適切。シリコンロードやシリコンアイランドに立地が集中したのは，1990 年より前のことである。
⑤適切。1970 年代までは京浜や阪神の工業地帯で生産されていた。
問 6．①適切。東京都内から埼玉県への工場移転の例がある。
②適切。オフィスのOA化などデジタル化が進み，需要が減少している。
③適切。加えて都心部は官公庁や大企業が立地し，情報を入手しやすい。
④不適切。一般に農村部は労働賃金が安いが，工場の大幅な増加はない。
⑤適切。敷地が広ければ，高層住宅の建設にも適する。
問 7．①不適切。日本において，石油など化学工業の原材料が採掘できる場所は非常に少ない。
②不適切。化学工業製品の多くは，繊維工業など他の産業に供給される。
③不適切。原料の輸送の関係から臨海部に立地する。
④適切。原料の石油等の輸入に便利であるからである。
⑤不適切。装置型工業であまり労働力を要しない。
問 8．上位 6 府県の出荷額に大きな差がないので，人口が少ない府県を選ぶ。山口県の人口は約 138 万人しかなく，次に少ない静岡県の 366 万人と比較しても，人口 1 人当たりの出荷額は山口県が最も高くなる（2017 年）。
問 9．出荷額上位 3 都府県は東京都・埼玉県・大阪府で，人口は東京約 1382 万人，埼玉約 733 万人，大阪約 881 万人より，合計約 2900 万人（2018 年）。

III 解答

問 1．③　問 2．①　問 3．C・D—①　E・F—⑩
問 4．②　問 5．G—③　H—④　I—②
問 6．⑤　問 7．②

◀解　説▶

≪日本の人口問題≫

問 1．①不適切。高度経済成長期の地方から大都市圏への人口移動による。
②不適切。1970 年代の 2 度の石油危機で，経済が停滞したことが主因。
③適切。バブル経済の崩壊があった。

④不適切。1970 年代後半に転出超過が生じている。

⑤不適切。1990 年代に転出超過が生じている。

問２．①不適切。フランスは中央集権型国家で，多くの管理機能がパリに集中している。

②適切。人口最大都市はサンパウロである。

③適切。フランクフルトにある。

④適切。バンコクやマニラが相当する。

⑤適切。全国 287.4 万人に対し東京都には 74.6 万人が在学している。

問３．Ｃは老年人口割合が低く合計特殊出生率が高いことと，高卒者の県外就職率が非常に高いことから沖縄県となる。Ｄは老年人口割合が最も高いことから島根県となる。Ｅ・Ｆについては高卒者の県外就職率が低いことに注目する。Ｅは老年人口割合が比較的低く合計特殊出生率が最も低いことから東京都となる。Ｆは高卒者の県外就職率が最も低いことから社会的減少の少ない北海道と判断する。

問４．ソチは黒海沿岸に位置するロシアの保養都市で，2014 年に冬季オリンピックが開催された。ソルトレイクシティーはアメリカ合衆国ユタ州の州都で，モルモン教の本部がある。デトロイトは自動車工業が発達した都市として知られるが，近年は財政破綻など都市問題が深刻である。

問５．Ｇは日本に次いで老年人口比率が高いことからドイツである。

Ｈは 30 代女性の労働力率が最も高いことから，女性の社会進出が進んでいるスウェーデンである。

Ｉは老年人口比率が低く合計特殊出生率がやや高いことから，アメリカ合衆国である。

Ｊは合計特殊出生率が日本より低いことから，韓国である。

問６．①不適切。第１回ブラジル移民は 1908 年に行われた。

②不適切。印僑が多いのは，旧イギリス植民地である。

③不適切。難民支援の組織は UNHCR。UNEP は国連環境計画のこと。

④不適切。2015 年時点で，１位中国，２位ベトナム，３位フィリピン，４位ブラジル，５位韓国であった。

⑤適切。2018 年の出入国管理法改正により，介護分野などへの外国人労働者の受け入れが拡大された。

問７．関東地方１都６県の人口は約 4260 万人で，日本の人口約 12800 万人の約3分の1を占める。過疎地域は国土の約6割の，約22万 km^2（2010年）。

Ⅳ 解答

問1．④ 問2．① 問3．③ 問4．④ 問5．②
問6．① 問7．③ 問8．⑥ 問9．② 問10．⑤

◀解 説▶

≪アフリカ・南アメリカ地誌≫

問1．マグマが上昇し，新しいプレートが作られる中央海嶺にあたる。

問2．ケッペンは気候学者である。フォッサマグナは日本の大地溝帯名，他は古大陸名である。

問4．亜熱帯高圧帯から熱帯収束帯に向かう恒常風は，貿易風である。

問5．かつて奴隷海岸の名称が使われたことがあった。

問6．Ⅰは年中高温多雨であるのでマナウス，Ⅱは気温がやや低いので高山気候のアディスアベバ，Ⅲは年中高温で明瞭な乾季があるのでダルエスサラームである。

問7．B国（コロンビア）はコーヒー，C国（エクアドル）はバナナで知られている。D国（ケニア）はイギリス植民地であったため，高原地域で茶の栽培が盛んである。

問8．Eは旧スペイン領の西サハラで，大部分をモロッコが実効支配する。

問9．Ⅳはメキシコが1位であることから銀鉱，Ⅴはチリが1位であることから銅鉱，Ⅵはボツワナ・コンゴ・アンゴラのアフリカ南部諸国での産出が多いのでダイヤモンドと判断できる。

問10．BRICSは工業化による経済成長著しい国家群で，Bはブラジル，Rはロシア，Iはインド，Cは中国，Sは南アフリカ共和国を示す。

政治・経済

I 解答

問 1．② 問 2．② 問 3．③ 問 4．① 問 5．②
問 6．② 問 7．④ 問 8．⑥ 問 9．① 問 10．①
問 11．① 問 12．① 問 13．②

◀解　説▶

≪日本の参議院議員選挙と衆議院議員選挙の比較≫

問 1．②適切。一般的に参議院議員選挙は通常選挙，衆議院議員選挙は総選挙という。

問 3．③適切。アメリカの上院議員は直接選挙で選ばれる。イギリスの上院は貴族院である。ドイツの上院は各州政府から任命された者で構成される。フランスの上院議員は上院議員選挙人団によって選ばれる。

問 5．②不適切。衆議院議員選挙の選挙期間は 12 日間，参議院議員選挙は 17 日間である。

問 6．②不適切。一票の格差は平等選挙と相反する。

問 9．①適切。衆議院議員選挙では全国 11 区，参議院議員選挙では全国 1 区となる。

問 10．①不適切。1995 年の参議院議員選挙での投票率は 44.52％であった。

問 13．②適切。あらかじめ政党が決めた順位に従って当選者が決まる仕組みである特定枠が導入された。

II 解答

問 1．A―⑥　B―②　C―⑤　問 2．③　問 3．①
問 4．④　問 5．⑤　問 6．①　問 7．②　問 8．⑤
問 9．③　問 10．④

◀解　説▶

≪オリンピックと国際政治≫

問 2．③適切。核実験に成功したフランスは，1966 年ド=ゴール大統領政権時に NATO を脱退したが，2009 年サルコジ大統領政権時に復帰した。

問 4．難。④適切。

①不適切。包括的核実験禁止条約は発効していない（2020年8月現在）。

②不適切。もんじゅは運転期間24年で廃炉が決まった。

③不適切。中国とフランスは，1992年に加盟した。

⑤不適切。日本は核兵器禁止条約を批准していない（2020年8月現在）。

問5．⑤適切。インドは1974年に核実験を行い，パキスタンとの対立を深めた後1998年にふたたび核実験を行った。

問7．難。②適切。外国人入店拒否訴訟では違法であると認められた。

①不適切。デクラーク大統領により廃止された。

③不適切。1954年に連邦最高裁判所は公立学校における人種分離教育を違憲と判断した。

④不適切。ヘイトスピーチ解消法が2016年に制定された。

⑤不適切。オーストラリアは1970年代に白豪主義から多文化主義へと転換した。

問8．難。⑤適切。

①不適切。起訴前はアメリカが身柄を拘束する。

②不適切。在日米軍専用施設の面積は沖縄本島の面積の15％程度である一方で，沖縄県民所得に占める基地関係収入の割合は5％程度である。

③不適切。日本の負担額はドイツや韓国の負担額よりも多い。

④不適切。玉城デニーは翁長雄志同様に名護市辺野古における新基地建設に反対の立場であった。

問10．やや難。④適切。

①不適切。世界最悪の人道危機と呼ばれるのは「アラブの春」後に台頭したイエメンのホーシ派とサウジアラビアとの間で発生したイエメン戦争である。

②不適切。ジャマル=カショギは，トルコのイスタンブールにあるサウジアラビア総領事館で殺害された。

③不適切。イランの大統領は選挙で選ばれる。

⑤不適切。サウジアラビアではなくトルコに関する記述である。

III　解答

問1．⑤　問2．②　問3．②　問4．⑤　問5．①
問6．①・③　問7．③　問8．⑤　問9．⑤
問10．④　問11．①・⑤　問12．②

◀解　説▶

≪金融政策≫

問 2．②適切。生産，賃金，残業時間のグラフでは網掛け部分の時期に低下していることから順，失業率のグラフでは網掛け部分の時期に上昇していることから逆である。

問 5．①適切。金融緩和政策である買いオペが行われた場合，資金供給量は増え，金利は下がるため，景気の回復が見込まれる。

問 6．①・③適切。

②不適切。正の相関関係である。

④不適切。マイナス金利政策が導入されたのは 2016 年からである。

⑤不適切。景気や株価に関する指標は図 2 にない。

問 7．③適切。図 3 においてマネーストック伸び率と名目 GDP 成長率には基本的に正の相関があるため，散布図ではプロットされた点はいくつかの例外を除いて右肩上がりに連続する。

問 9．⑤適切。下線部(d)はマネーストック＝マネタリーベース×貨幣乗数の関係を述べているため，94×8.0＝752（兆円）となる。

問 11．①・⑤適切。本文第 6 段落より，貨幣乗数の低下は，信用創造のプロセスを構成する市中銀行による企業への資金の貸し出し，企業の資金利用，個人の市中銀行への預金のいずれかが不全である場合に発生する。①は個人の市中銀行への預金が，⑤は市中銀行による企業への資金貸し出しが，それぞれ不全である場合を意味している。

問 12．②適切。マネタリーベースの金額が前年比で減少した年では，その伸び率は前年比マイナスとなる。図 4 より，マネタリーベースは 92 年に 91 年と同等かやや減少し，06 年と 07 年において大きく減少している。マネタリーベースの伸び率が 92 年と 06・07 年において 0％以下であり，その他の年は 0％以上となっているグラフは②である。

Ⅳ 解答

問1．③ 問2．② 問3．① 問4．⑤ 問5．④
問6．① 問7．② 問8．⑤

◀解 説▶

≪消費者の権利≫

問1．③不適切。情報の非対称は一般に買い手が売り手と比べて十分な情報を持たないことを意味し，消費者が不当に高い商品や品質に問題のある商品を購入してしまう原因となる。

問3．①適切。

②不適切。国際消費者機構が提唱する，消費者の8つの権利の一つである「健全な環境の中で生活する権利」である。

③不適切。「知らされる権利」である。

④不適切。消費者の8つの権利の一つである「補償を受ける権利」である。

⑤不適切。1975 年にフォード大統領が追加した「消費者教育を受ける権利」である。

問5．④適切。

①不適切。製造者が無償で回収・修理・交換に応じる制度である。

②不適切。近年の自動車関係のリコールの増加の背景には自動車産業各社による世界規模での複数の車種における部品共通化があるとみられている。共通部品に不具合があると車種や国境を越えて大量にリコールが発生する。

③不適切。2000 年と 2004 年に立て続けに発生した三菱自動車工業によるリコール隠し事件は有名である。

⑤不適切。リコールによって企業のイメージは一般的に損なわれる。

問6．①適切。

②不適切。1995 年に施行された。

③不適切。無過失責任の原則に基づく。

④不適切。消費者は製造物に欠陥があったことを立証すればよい。

⑤不適切。救済を受けられるのは製造者ではなく消費者である。

問7．②不適切。消費者庁は内閣府の外局として設置された。

数学

I 解答

(1)ア．7　イ．5　ウ．2　エオカ．105

(2)キク．10　ケ．4　(3)コサシスセソ．151200

◀解　説▶

≪小問3問≫

(1)
$$\frac{1}{\sqrt{5}+\sqrt{7}-2\sqrt{3}}=\frac{\sqrt{5}+\sqrt{7}+2\sqrt{3}}{(\sqrt{5}+\sqrt{7}-2\sqrt{3})(\sqrt{5}+\sqrt{7}+2\sqrt{3})}$$
$$=\frac{\sqrt{5}+\sqrt{7}+2\sqrt{3}}{(\sqrt{5}+\sqrt{7})^2-(2\sqrt{3})^2}=\frac{\sqrt{5}+\sqrt{7}+2\sqrt{3}}{5+2\sqrt{5}\cdot\sqrt{7}+7-12}$$
$$=\frac{\sqrt{5}+\sqrt{7}+2\sqrt{3}}{2\sqrt{35}}=\frac{(\sqrt{5}+\sqrt{7}+2\sqrt{3})\cdot\sqrt{35}}{2\sqrt{35}\cdot\sqrt{35}}$$
$$=\frac{7\sqrt{5}+5\sqrt{7}+2\sqrt{105}}{70}\quad\to \text{ア〜カ}$$

(2)　$f(x)=3x^2-2x+1$ とおくと，平均変化率は
$$\frac{f(3)-f(1)}{3-1}=\frac{(3\cdot3^2-2\cdot3+1)-(3\cdot1^2-2\cdot1+1)}{2}=10\quad\to \text{キク}$$

$f'(x)=6x-2$ であるから，微分係数は
$$f'(1)=6\cdot1-2=4\quad\to \text{ケ}$$

別解　微分係数の定義より
$$f'(1)=\lim_{h\to0}\frac{f(1+h)-f(1)}{h}$$
$$=\lim_{h\to0}\frac{3(1+h)^2-2(1+h)+1-(3\cdot1^2-2\cdot1+1)}{h}$$
$$=\lim_{h\to0}\frac{4h+3h^2}{h}=\lim_{h\to0}(4+3h)=4$$

(3)　□J□P□N□T□K□Y□　において，子音 6 文字 J，P，N，T，K，Y の並べ方と 7 カ所の□から 4 カ所選んで母音 A，A，O，O を入れて並べる方法であるから
$$6!\times{}_7C_4\times\frac{4!}{2!\times2!}=6!\times\frac{7\times6\times5\times4}{4!}\times\frac{4!}{4}=151200\quad\to \text{コ〜ソ}$$

II　解答

(1)ア．2　イ．3　ウ．2　(2)エ．8　オ．9　カ．1
(3)キ．3　ク．2

◀解　説▶

≪２次方程式の解と係数の関係，対称式の計算，２数を解とする２次方程式≫

(1)　２次方程式 $2x^2-4x+3=0$ の２つの解が α，β であることより，解と係数の関係から

$$\alpha+\beta=-\frac{-4}{2}=2,\ \alpha\beta=\frac{3}{2}\quad \to ア〜ウ$$

(2)

$$\left(\frac{1}{\alpha}-\frac{1}{\beta}\right)^2=\left(\frac{1}{\alpha}+\frac{1}{\beta}\right)^2-\frac{4}{\alpha\beta}=\left(\frac{\alpha+\beta}{\alpha\beta}\right)^2-\frac{4}{\alpha\beta}$$

$$=\frac{16}{9}-\frac{8}{3}=-\frac{8}{9}\quad \to エ，オ$$

$$\alpha^3+\beta^3=(\alpha+\beta)^3-3\alpha\beta(\alpha+\beta)$$

$$=2^3-3\cdot\frac{3}{2}\cdot 2=-1\quad \to カ$$

(3)　２つの数 $\frac{\beta}{\alpha}$，$\frac{\alpha}{\beta}$ を解とする２次方程式は

$$x^2-\left(\frac{\beta}{\alpha}+\frac{\alpha}{\beta}\right)x+\frac{\beta}{\alpha}\cdot\frac{\alpha}{\beta}=0\qquad x^2-\left(\frac{\alpha^2+\beta^2}{\alpha\beta}\right)x+1=0$$

ここで　$\alpha^2+\beta^2=(\alpha+\beta)^2-2\alpha\beta=2^2-2\cdot\frac{3}{2}=1$

よって，求める２次方程式は

$$x^2-\left(\frac{2}{3}\right)x+1=0$$

ゆえに　$3x^2-2x+3=0$　→キ，ク

III　解答

(1)ア．1　イ．4　(2)ウ．3　エ．8　(3)オカキ．125

◀解　説▶

≪接線の方程式，２直線の垂直条件，放物線と２本の接線で囲まれた図形の面積≫

(1)　放物線：$y=x^2$ 上の２点 $(a,\ a^2)$，$(b,\ b^2)$ における接線の傾きは

$y' = 2x$ より，$2a$，$2b$ であり，２本の接線は垂直に交わるから

$$2a \cdot 2b = -1$$

ゆえに　　$ab = -\dfrac{1}{4}$　→ア，イ

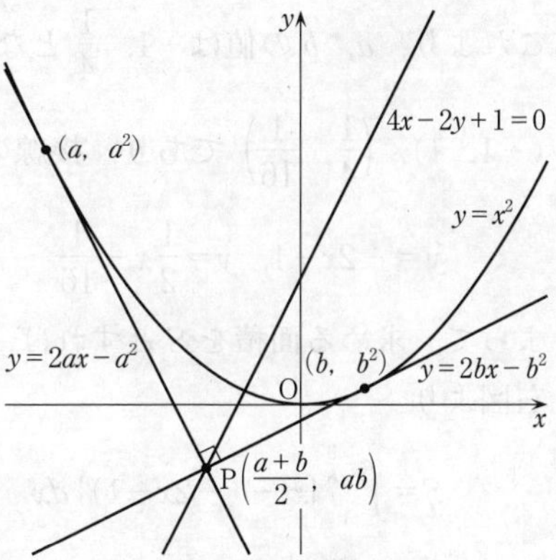

(2)　２本の接線の方程式は

$$y - a^2 = 2a(x - a)$$

$$y = 2ax - a^2 \quad \cdots\cdots①$$

$$y - b^2 = 2b(x - b)$$

$$y = 2bx - b^2 \quad \cdots\cdots②$$

①，②より

$$2ax - a^2 = 2bx - b^2 \qquad 2(a - b)x = a^2 - b^2$$

$a \neq b$ であるから

$$x = \frac{a + b}{2}$$

①より

$$y = 2a \cdot \frac{a + b}{2} - a^2 = ab = -\frac{1}{4}$$

２本の接線の交点Pは直線 $4x - 2y + 1 = 0$ 上にあり，Pの y 座標が $-\dfrac{1}{4}$ であるから

$$4x - 2 \cdot \left(-\frac{1}{4}\right) + 1 = 0 \qquad x = -\frac{3}{8}$$

ゆえに，点Pの x 座標は　　$-\dfrac{3}{8}$　→ウ，エ

(3)　(1)，(2)より

$$\frac{a + b}{2} = -\frac{3}{8},\ ab = -\frac{1}{4}$$

よって，$a + b = -\dfrac{3}{4}$，$ab = -\dfrac{1}{4}$ より，a，b は２次方程式 $t^2 + \dfrac{3}{4}t - \dfrac{1}{4} = 0$ の２つの解である。

$$4t^2 + 3t - 1 = 0 \qquad (t + 1)(4t - 1) = 0$$

$$t = -1,\ \frac{1}{4}$$

これより，a，b の値は -1，$\dfrac{1}{4}$ となるから，２つの接点の座標は

$(-1,\ 1)$，$\left(\dfrac{1}{4},\ \dfrac{1}{16}\right)$ であり，接線の方程式はそれぞれ

$$y=-2x-1,\quad y=\frac{1}{2}x-\frac{1}{16}$$

よって，求める面積を S とすれば，
右図より

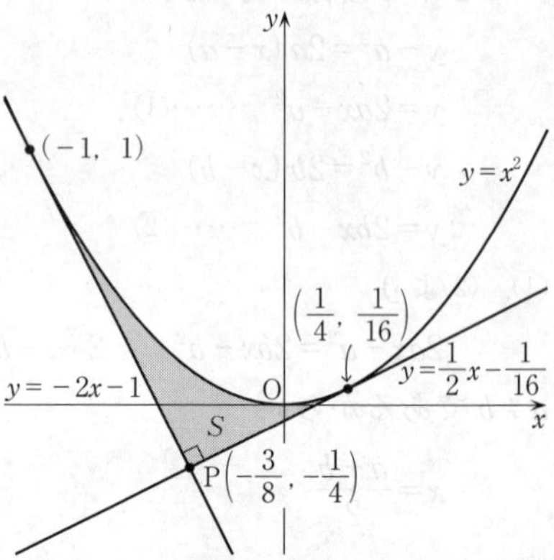

$$S=\int_{-1}^{-\frac{3}{8}}\{x^2-(-2x-1)\}dx$$

$$+\int_{-\frac{3}{8}}^{\frac{1}{4}}\left\{x^2-\left(\frac{1}{2}x-\frac{1}{16}\right)\right\}dx$$

$$=\int_{-1}^{-\frac{3}{8}}(x+1)^2dx$$

$$+\int_{-\frac{3}{8}}^{\frac{1}{4}}\left(x-\frac{1}{4}\right)^2dx$$

$$=\left[\frac{(x+1)^3}{3}\right]_{-1}^{-\frac{3}{8}}+\left[\frac{\left(x-\frac{1}{4}\right)^3}{3}\right]_{-\frac{3}{8}}^{\frac{1}{4}}$$

$$=\frac{1}{3}\cdot\left(\frac{5}{8}\right)^3-\frac{1}{3}\cdot\left(-\frac{5}{8}\right)^3=\frac{2}{3}\cdot\left(\frac{5}{8}\right)^3=\frac{125}{768}\quad\rightarrow オ〜キ$$

（注）　積分では，$a\neq0$ のとき，$\displaystyle\int(ax+b)^2dx=\frac{1}{a}\cdot\frac{(ax+b)^3}{3}+C$（$C$ は積分定数）を用いるとよい。

Ⅳ　解答

(1)ア―⑧　(2)イ―⓪　ウ―⑧　エ．３
(3)オ―⑦　カ―⑧　キ．１　ク．７　ケ．４

◀解　説▶

≪放物線の軸，２次方程式の重解と負の解の条件，三角関数の方程式・不等式≫

(1)　$f(x)=(\sin\theta)x^2-2(\cos\theta)x+\sin\theta+1$

$$=(\sin\theta)\left(x^2-2\cdot\frac{\cos\theta}{\sin\theta}x\right)+\sin\theta+1$$

$$=(\sin\theta)\left(x-\frac{\cos\theta}{\sin\theta}\right)^2-\frac{\cos^2\theta}{\sin\theta}+\sin\theta+1$$

$$=(\sin\theta)\left(x-\frac{\cos\theta}{\sin\theta}\right)^2-\frac{1-\sin^2\theta}{\sin\theta}+\sin\theta+1$$

$$=(\sin\theta)\left(x-\frac{\cos\theta}{\sin\theta}\right)^2-\frac{1}{\sin\theta}+2\sin\theta+1$$

よって，頂点の座標が $\left(\dfrac{\cos\theta}{\sin\theta},\ -\dfrac{1}{\sin\theta}+2\sin\theta+1\right)$ となり，軸の方程式は

$x=\dfrac{\cos\theta}{\sin\theta}$　→ア

(2)　2 次方程式 $f(x)=0$ が重解をもつから

$-\dfrac{1}{\sin\theta}+2\sin\theta+1=0$　　$2\sin^2\theta+\sin\theta-1=0$

$(\sin\theta+1)(2\sin\theta-1)=0$　　$\sin\theta=-1,\ \dfrac{1}{2}$

$0^\circ<\theta<180^\circ$ であるから，$\sin\theta=-1$ は不適。

よって，$\sin\theta=\dfrac{1}{2}$ より　　$\theta=30^\circ,\ 150^\circ$　→イ，ウ

$f(x)=0$ の重解は $x=\dfrac{\cos\theta}{\sin\theta}$ であるから，$\theta=30^\circ$ のとき

$$x=\frac{\cos30^\circ}{\sin30^\circ}=\frac{\frac{\sqrt{3}}{2}}{\frac{1}{2}}=\sqrt{3}\quad\text{→エ}$$

参考　$f(x)=0$ の判別式を D とすると，重解をもつ条件

$\dfrac{D}{4}=\cos^2\theta-\sin\theta(\sin\theta+1)=0$ より，$2\sin^2\theta+\sin\theta-1=0$ を導いて解いてもよい。

(3)　$0^\circ<\theta<180^\circ$ で $\sin\theta>0$ であるから，$y=f(x)$ のグラフは下に凸であり，2 次方程式 $f(x)=0$ が異なる 2 つの負の解をもつ条件は

$$\begin{cases} -\dfrac{1}{\sin\theta}+2\sin\theta+1<0 & \cdots\cdots① \\ 軸：\dfrac{\cos\theta}{\sin\theta}<0 & \cdots\cdots② \\ f(0)=\sin\theta+1>0 & \cdots\cdots③ \end{cases}$$

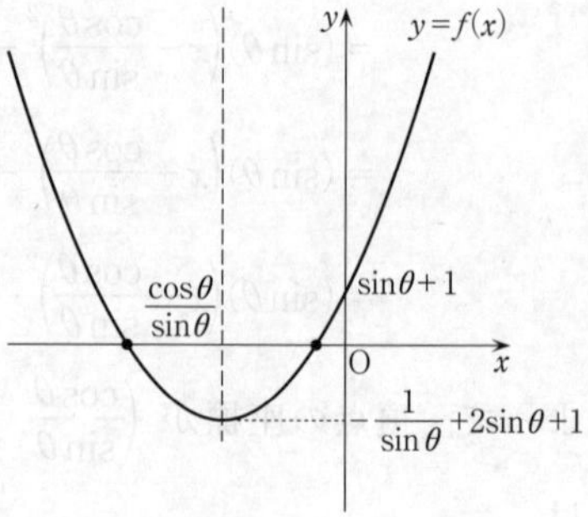

である。

$\sin\theta>0$ に注意して，①より

$$2\sin^2\theta+\sin\theta-1<0$$

$$(\sin\theta+1)(2\sin\theta-1)<0$$

$$0<\sin\theta<\frac{1}{2}$$

よって　　$0<\theta<30°$，$150°<\theta<180°$

②より　　$\cos\theta<0$

よって　　$90°<\theta<180°$

③より，$\sin\theta+1>0$ で，これは常に成り立つ。

これらの共通の範囲より　　$150°<\theta<180°$　→オ，カ

$f(-1)=0$ であるから

$$\sin\theta+2\cos\theta+\sin\theta+1=0 \qquad \cos\theta=-\frac{2\sin\theta+1}{2}$$

$\sin^2\theta+\cos^2\theta=1$ に代入して

$$\sin^2\theta+\left(-\frac{2\sin\theta+1}{2}\right)^2=1$$

$$8\sin^2\theta+4\sin\theta-3=0 \qquad \sin\theta=\frac{-1\pm\sqrt{7}}{4}$$

$0<\sin\theta<\dfrac{1}{2}$ であるから

$$\sin\theta=\frac{-1+\sqrt{7}}{4}$$　→キ～ケ

このとき，放物線の軸 $x=\dfrac{\cos\theta}{\sin\theta}=-\dfrac{2\sin\theta+1}{2\sin\theta}=-1-\dfrac{1}{2\sin\theta}<-1$ であるから，$x=-1$ は大きい方の解である。

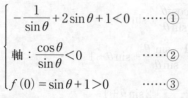

B、「おぼしめす」は「思ふ」の尊敬語。主語である法皇への敬意。

C、北面の者が馬を走らせて北野天神にお参りしたのである。受け手である「天神」への敬意。

問六「あめしづく」は、さめざめと泣く（涙を流して静かに泣く）さまのたとえ。したがって⑤が適切。

問七　直前の「かかるもんかうを負ふも心わろき者におぼしめすやうのあればこそ」に着目。「おぼしめす」は尊敬語「おぼす」に「めす」がついて敬意を強めたもので、帝・上皇・中宮に限って用いられた。したがって③が適切。

問八　ア、「しるし」は〝神仏の霊験〟。小大進が北野天神にこもったのはその御利益を期待したからである。「しるし」には〝証拠・前兆〟の意もあるが、ここは文脈より〝霊験〟。

イ、「おどろかす」は〝起こす〟。二重傍線部B直後の「うちおどろかせ給ひて」と対応している。

ウ、「見ゆ」には、〝見える・見られる・結婚する〟のほか〝姿を現す〟という意味がある。ここは法皇の夢の中に天神が出てきたことを意味している。

エ、「めで」は〝ほめる・称賛する〟という意味の「めづ」。「あらた」は、新しいだけでなく〝はっきり〟という意味がある。

問九　②本文の「われは北野右近の…御使給はりて見せ候はん」と合致する。⑤最後の「『力をもいれずして』と古今集の序に書かれたるは、これらのたぐひにや侍らん」と（注12）に着目。「和歌の徳」とは、歌の持つすぐれた力のことであり、小大進の歌が北野天神を動かしたのである。他の選択肢の誤りを記す。①本文では「さきをば法師、あとをば敷島…かづきて」とあり、先後が逆である。③は波線アの直前「今三日のいとまをたべ」に着目。〝北野にこもり続ける三日の猶予をくれ〟と言っており「外出」など求めていない。④は波線アの直後「うち泣きて申しければ」に着目。検非違使が同情した理由は小大進が願った内容である。「麗しい女性だった」とは記されていない。⑥は「天神様を祭るように」が不適。⑦「私的に天神様を祭った」は自分で祭文を書いたのだからよいとしても、それが原因で「神水をこぼした」とは記されていない。

問七　③

問八　ア―②　イ―①　ウ―④　エ―④

問九　②・⑤

◀解　説▶

問一　O、直前に係助詞「や」があるので連体形。

P、「のぶ」は〝延びる〟なら上二段、〝延ばす〟なら下二段。ここは検非違使が「いとま」を延ばしたので下二段。

Q、直後の「ぬ」は、打消の助動詞「ず」の連体形で、未然形接続。

R、波線エの直前に係助詞「こそ」があるので已然形。

問二　a、体言の直前だから連体形。連体形が「し」なのは過去の「き」。

b、「翁」が「見せ」の動作主。一人称主語なので意志。

c、法皇自身が「おどろく」(=〝目覚める〟)のだから尊敬であって使役ではない。

d、「にやあらむ・にやはべらむ」の場合「に」は断定「なり」の連用形。

問三　Ⅰ、直前の「御衣一重失せたりける」に着目。「小大進」が負ったのは、御衣を盗んだ疑い。

Ⅱ、ここでは盗みの疑いを掛けられている身だから「まもられる」は〝監視される〟という悪い意味。

Ⅲ、何を「おした」のか考えると、直前の「紅の薄様一重」である。「薄様」は紙の種類。書いた紙を御宝殿に張ったのである。

問四　「うかりき」に着目。〝つらい〟という意味だから①か③。「なき名」は〝身に覚えのない噂・ぬれぎぬ〟。したがって①が適切。「無名」とした③は不適。(注7)に「道真は…中傷によって…左遷され、死後に天神として祭られた」とあるのに着目する。

問五　A、夢に現れた翁が法皇に「申し」たのである。受け手の法皇への敬意。

ないので、合致しない。②第⒁段落四・五文目に着目。「人称代名詞は、西洋小説の翻訳を通して変わった。例えば、『かれ』という言葉は…ジェンダーとは無関係に使われていたのだが、もっぱら男性を意味するものとし」とあり、合致する。③第⑼段落一文目に「デカルトが主観（思惟主体）をもってきたのは、フランス語で…考えたからである」とあり、合致する。④第⒁段落一〜三文目に「そもそも日本語では、主語というべきものはない。主語と見えても、…英文法にもとづいて考案されたのである」とあり、合致する。⑤第⑽段落一文目「デカルトがいう主観（主体）は、われ（自己）とは別」とあり、合致しない。⑥第⑾段落二・三文目に「デカルトのコギトは、むしろフランス語とラテン語の間の視差（パララックス）から生じた…『われ疑う』とは、複数のシステムの『間』にあることにほかならない」とあり、合致する。⑦第⑷段落末文に「疑うがゆえに、『われ』が存在する、といっても不適切ではない」とあり、合致しない。⑧第⑷段落一・二文目に「デカルトが主観から出発する思想家だという批判がどこから来るのか…『われ思う』に変えたことである」とあり、合致する。⑨本文の最終文に「つぎのように関西弁に訳し直すことを提案したい。《思うわ、ゆえに、あるわ》」とあり、合致する。

二

出典　橘成季『古今著聞集』〈巻五　和歌「鳥羽法皇の女房小大進、歌によりて北野の神助を蒙る事」〉

解答

問一　O—③　P—④　Q—②　R—④

問二　a—④　b—②　c—⑦　d—⑧

問三　Ⅰ—②　Ⅱ—④　Ⅲ—③

問四　①

問五　A—①　B—①　C—⑤

問六　⑤

逆」としている。③の「明証性を疑い続けていた」が適切。①と②では何と「逆」なのかが不適切である。④と⑤では「逆」にならずそのままである。

問六　第⑼段落四文目「主観（思惟主体）の存在を強調しようとすると、フランス語でなければならない」に着目。④が適切。

問七　第⑽段落一・二文目「デカルトがいう主観（主体）は、われ（自己）とは別であり、一人称で指示されるようなものではない。ところが、フランス語でいうと、あたかも主観が経験的に存在するかのような誤解が生じる」に着目。「一人称」で明示するのを避けるには第⑼段落二文目のように「それをラテン語でいうと、je は動詞の語尾変化の中に隠れてしまう」という性質を利用すればよいことになる。①が適切。

問八　波線部後半は「『彼女』などという表現を持ちこむのはおかしい」となっている。第⒁段落に「人称代名詞は、西洋小説の翻訳を通して変わった」と述べられており、第⒂段落に「『彼女』などという奇態な表現」とある。翻訳小説を通して慣れるまでは「彼女」という表現はなじまなかったのである。表現が問題なのであり、①「『彼女』と表現できるような女性は元来住んでいな」かったという存在問題ではない。⑤「『彼女』という人称代名詞は…前近代的な村の世界の表現にはそぐわない」が適切。

問九　②の柳田が「主語の在り方を問い直した」は第⑾・⑿段落の記述に照らして適切。デカルトが「主観の明証性を疑った」は第⑸段落より適切。①デカルトは「主観（主体）の存在を否定」していない。柳田は、第⒅段落五文目に「柳田以前に『わ』を一人称代名詞として見た国語学者はなく」とあり不適。③デカルトが批判の標的となったのは活躍した後のことである。④デカルトは「主観の明証性」を立証していない。柳田は「外国語かぶれ」という言い方はしたが「外国語と日本語の違いを明らかにした」わけではない。⑤デカルトは『方法序説』をフランス語で書いたが最後はラテン語で結んでいる。

問十　①第⒅段落に着目。橋本、時枝、三上は確かに主語を重要視しなかったが、「柳田国男の主張をとり入れて」では

B、直後の「もう一つの」に着目。〝すぐあとに続いて〟という意味の④が適切。

C、「フランス語の文章」について「Cかつ判明」と述べているから、「判明」と似た意味の語が入るとわかる。④の「明晰」が適切。二文前に「フランス語は哲学を論じられるような言語となった」とあり、そのためには「明晰かつ判明」が必要だという文脈。

D、筆者は文末の「わ」についての柳田の扱いを評価している。第⒅段落三文目に「もし主語が修飾語のようなものであるならば、それが文末に置かれていても構わないはず」に着目すれば③となる。本文にはない文法知識によって「主語」=⑤「名詞」とするべきではない。

問二　X、二重傍線部を含む部分は、レヴィ=ストロースの「コギトの明証性から出発したデカルト」という見方を示している。これに対して筆者は第⑶段落で「デカルトは自己あるいは主観の明証性から出発する…みえない」としている。第⑸段落四文目「デカルトがコギトと呼ぶものは、自己意識あるいは主観のようなものではない」、五文目「後者の自明性を『疑いつつある』」に着目する。「明証性」と「自明性」が似た意味だと見抜ける。

Y、「たそかれ」は「誰《た》そかれ」で、〝誰だ、あれは〟といぶかる意であり、転じて〝ゆうがた薄暗くなって向こうにいる人が識別しにくくなった頃〟の意を表すので、③「よいやみ」が適切。「宵闇」と表記し、〝宵（夜になってまだ間もない頃）の薄暗さ〟の意。①「ひたたれ」は「直垂」と表記。〝男性用和服の一種〟。②「あまだれ」は「雨垂」と表記。〝軒先などから滴り落ちる雨水〟。④「うしみつ」は「丑三つ」と表記。〝丑の刻を四つに分けた三番目の時刻〟。⑤「あさやけ」は「朝焼け」と表記。〝日の出のときに東の空が紅黄色に染まる現象〟。

問四　脱落文の「人称が明示される」に着目。「ところが」で始まっているのだから直前には「人称が明示されない」言語のことがこなければならない。第⑻段落二文目に「例えば、一人称の主格は…一般に省略される」とあり、第⑻段落末尾に入れるのが適切と判断される。

問五　波線部は、前文の「デカルトは自己あるいは主観の明証性から出発する近代哲学の祖」という見方に対して「その

国語

一

出典 柄谷行人『世界史の実験』〈第二部 山人から見る世界史〉（岩波新書）

解答

問一 A—① B—④ C—④ D—③
問二 X—⑤ Y—③
問三 a—④ b—① c—⑤ d—②
問四 ③
問五 ③
問六 ④
問七 ①
問八 ⑤
問九 ②
問十 ①・⑤・⑦

◀解 説▶

問一 A、直後の「二元論」に着目。〝世界や事物の根本的な原理として背反する二つの原理や基本的要素から構成されるとする考え方〟という意味であり、例としては善と悪、精神と物質などがあてはまる。選択肢の中で背反する二つをセットにしているのは①「精神と身体」のみである。

■一般入試前期：2 月 10 日実施分

文（東洋思想文化・日本文学文化・英米文・史・教育〈人間発達〉・国際文化コミュニケーション）・経済（経済・総合政策）・経営・法・社会・国際・国際観光学部

問題編

▶試験科目・配点（第一部の 3 教科型のみ掲載）

学部等		教　科	科　　　目	配 点
文（東洋思想文化・日本文学文化・英米文・教育〈人間発達〉・国際文化コミュニケーション）・経営（経営・マーケティング）・法（法律）・社会・国際・国際観光	★〈均等配点〉	外 国 語	コミュニケーション英語Ⅰ・Ⅱ・Ⅲ，英語表現Ⅰ・Ⅱ（リスニングを除く）	100 点
		地歴・公民・数学	日本史Ｂ，世界史Ｂ，地理Ｂ，政治・経済，「数学Ⅰ・Ⅱ・A」から１科目選択	100 点
		国　　語	国語総合（漢文を除く）	100 点
文（史）	〈均等配点〉	外 国 語	コミュニケーション英語Ⅰ・Ⅱ・Ⅲ，英語表現Ⅰ・Ⅱ（リスニングを除く）	100 点
		地歴・公民	日本史Ｂ，世界史Ｂ，地理Ｂ，政治・経済から１科目選択	100 点
		国　　語	国語総合（漢文を除く）	100 点
文（教育〈人間発達〉・国際文化コミュニケーション）・経済（総合政策）・経営（会計ファイナンス）・国際（国際地域）	★〈英語重視〉	外 国 語	コミュニケーション英語Ⅰ・Ⅱ・Ⅲ，英語表現Ⅰ・Ⅱ（リスニングを除く）	*
		地歴・公民・数学	日本史Ｂ，世界史Ｂ，地理Ｂ，政治・経済，「数学Ⅰ・Ⅱ・A」から１科目選択	100 点
		国　　語	国語総合（漢文を除く）	100 点

経済（経済）	〈均等配点（英・国・数）〉	外国語	コミュニケーション英語Ⅰ・Ⅱ・Ⅲ，英語表現Ⅰ・Ⅱ（リスニングを除く）	100点
		数学	数学Ⅰ・Ⅱ・A	100点
		国語	国語総合（漢文を除く）	100点
	〈均等配点（英・国・地公）〉	外国語	コミュニケーション英語Ⅰ・Ⅱ・Ⅲ，英語表現Ⅰ・Ⅱ（リスニングを除く）	100点
		地歴・公民	日本史B，世界史B，地理B，政治・経済から１科目選択	100点
		国語	国語総合（漢文を除く）	100点
経済（経済）・経営（マーケティング）	★〈最高得点重視〉	外国語	コミュニケーション英語Ⅰ・Ⅱ・Ⅲ，英語表現Ⅰ・Ⅱ（リスニングを除く）	100点
		地歴・公民・数学	日本史B，世界史B，地理B，政治・経済，「数学Ⅰ・Ⅱ・A」から１科目選択	100点
		国語	国語総合（漢文を除く）	100点
経済（総合政策）・経営（会計ファイナンス）	〈数学重視〉	外国語	コミュニケーション英語Ⅰ・Ⅱ・Ⅲ，英語表現Ⅰ・Ⅱ（リスニングを除く）	100点
		数学	数学Ⅰ・Ⅱ・A	150点
		国語	国語総合（漢文を除く）	100点
経営（会計ファイナンス）	〈地公重視〉	外国語	コミュニケーション英語Ⅰ・Ⅱ・Ⅲ，英語表現Ⅰ・Ⅱ（リスニングを除く）	100点
		地歴・公民	日本史B，世界史B，地理B，政治・経済から１科目選択	150点
		国語	国語総合（漢文を除く）	100点
法（企業法）	★〈国語重視〉	外国語	コミュニケーション英語Ⅰ・Ⅱ・Ⅲ，英語表現Ⅰ・Ⅱ（リスニングを除く）	100点
		地歴・公民・数学	日本史B，世界史B，地理B，政治・経済，「数学Ⅰ・Ⅱ・A」から１科目選択	100点
		国語	国語総合（漢文を除く）	200点

＊ 経済（総合政策）・経営（会計ファイナンス）：150点
その他：200点

▶備　考

• 最高得点重視方式では，受験科目のうち，偏差値換算点の最も高い科目を２倍にする。また，英語重視方式・数学重視方式・地公重視方式・国語重視方式では，重視する科目の偏差値換算点を，経済・経営学部は 1.5 倍，文・法・国際学部は２倍にする。

• ★印の方式は４科目受験を選択することができる。４科目を受験する場合は，選択科目から「数学Ⅰ・Ⅱ・A」とその他１科目を受験し，そのうち高得点の１科目を判定に使用する。

• 外国語については，英語外部試験のスコアを英語の得点として利用することができる。なお，利用を申請した場合でも英語科目を受験することができる。その場合は，どちらか高得点のものを判定に採用する。利用可能な英語外部試験は以下の通り。

対象学部		全学部			
入試日程・方式		一般入試 前期日程の全入試方式			
試験名		GTEC(４技能版) CBT タイプ	TEAP(４技能)	IELTS™	実用英語技能検定(英検) ※英検 CBT 含む
本学の英語科目みなし得点	100 点換算	1,190	309	6.0	2,304
	90 点換算	1,063	253	5.5	2,150
	80 点換算	999	225	5.0	1,980

ただしスコアは受験年の２年前の４月以降に取得したもののみとする。

英語

(60分)

〔I〕 次の英文を読み，問いに答えよ。

In modern America, we have access to clean, fresh water every day. (　ア　) we turn on the tap, plumbing* systems bring this important resource into our homes. (　A　) its importance for life, though, fresh water is extremely rare. Less than one-thirtieth of all the water found on Earth is fresh water. The remaining water is salt water, such as what is found in the ocean.

Most of the world's fresh water is not easily accessible to humans. About seven-tenths of Earth's fresh water is locked away in the form of ice in glaciers* and polar ice caps. About three-tenths of Earth's fresh water is under the surface in the form of groundwater. Only a tiny fraction of Earth's fresh water is available for human use.

Unfortunately, (a) the available fresh water is not equally distributed throughout the world. Brazil, Russia, Canada, Indonesia, China, Colombia and the United States (　B　) most of the world's surface freshwater resources. As a result, about one-fifth of the world's population lives in areas where water is scarce. (　イ　), each person here receives less than 35,315 cubic feet* of water a year. This lack of water affects the economic development and politics of different areas.

Many human populations do not have access to safe drinking water. According to the United Nations, 2.1 billion people around the globe lacked access to safe drinking water in 2017. (　ウ　), they had access only to contaminated* water. Populations (　C　) dirty water are at increased risk of various diseases. Lack of access to clean water leads to more than 3 million deaths every year.

Providing clean water sources to developing countries is an important goal for international organizations. These groups have had (　D　) success. Between 1990 and 2015, 2.6 billion people worldwide gained access to improved water resources. The remaining human populations still without access to clean water are found mostly in Africa and Asia. They represent (　E　) 1 billion people.

Access to fresh water is also important for economic development. For example, freshwater sources enable the development of (b) fisheries. People around the world harvest fish from these habitats*, providing enough food to feed 158 million people worldwide. These fisheries are both a source of food and a source of income.

Fresh water is also an important resource in other economic activities, such as agriculture. About seven-tenths of the world's fresh water is used for agriculture. Farmers around the world use irrigation* to transport water to their fields. These agricultural activities involve over 1 billion people and generate* over $2.4 trillion every year. In the future, demand for agricultural fresh water will only increase as global populations grow. (c)This will put further strain on Earth's limited freshwater supplies. It will make access to fresh water even more important.

The fight over fresh water can already be seen today in international politics. For example, Ethiopia and Egypt have long fought over Nile water resources in Africa. The Nile River is an important waterway* that supplies nearly nine-tenths of Egypt's water. However, almost nine-tenths of the Nile's water originates in Ethiopia. Ethiopia is planning to dam part of the river to generate electricity. As a result, Egypt is concerned that it might lose access to some of the Nile's waters. The disagreement has not yet turned into open conflict. However, it is clear that securing this important resource will define Ethiopian-Egyptian relations for many years to come.

Conflicts over water resources are common throughout the world. (d)This is true even in the United States, where fresh water is relatively abundant*. One major debate concerns the Colorado River system. It supplies water to Arizona, California, Nevada, Colorado, New Mexico, Utah and Wyoming. Because of a drought* that has reduced water flow in this river system, these seven states need to decide how to reduce water usage* in order to preserve the river. Population growth and climate change will create additional challenges. These conflicts over water will continue to occur, and with greater frequency, in the future.

(Adapted from "Dwindling freshwater resources"
https://newsela.com/read/natgeo-freshwater-resources/id/50454/)

［注］ plumbing：配管　　glacier：氷河
cubic foot：立方フィート。体積の単位で，1 立方フィートは約 28 リットル。
contaminated：汚染された　　habitat：生息地　　irrigation：灌漑（かんがい），注水
generate：生み出す　　waterway：水路　　abundant：豊富な
drought：干ばつ　　usage：使用量

問1　本文中の空欄（ A ）～（ E ）に入る語句として最も適切なものを，次の中から一つずつ選べ。

(A) ① But　② Despite　③ After　④ Since　［1］
(B) ① raise　② lie　③ put　④ have　［2］
(C) ① drinking　② drink　③ drank　④ have drunk　［3］
(D) ① many　② much　③ a number of　④ most　［4］
(E) ① close　② nearby　③ near　④ nearly　［5］

問2　本文中の空欄（ ア ）～（ ウ ）に入る語句の組み合わせとして最も適切なものを，次の中から一つ選べ。［6］

① (ア) Each time　(イ) On average　(ウ) Instead
② (ア) Each time　(イ) Instead　(ウ) On average
③ (ア) On average　(イ) Each time　(ウ) Instead
④ (ア) On average　(イ) Instead　(ウ) Each time

問3　下線部(a)が示す意味として最も適切なものを，次の中から一つ選べ。[7]

① Fresh water is not available anywhere in the world.
② Every country has equal access to fresh water.
③ The availability of fresh water differs across the world.
④ No country is allowed to possess the natural resource of fresh water.

問4　下線部(b)を置き換えた場合，最も意味が近いものを，次の中から一つ選べ。[8]

① fish stores　② aquariums　③ the stock market　④ fishing areas

問5　下線部(c)が示す意味として最も適切なものを，次の中から一つ選べ。[9]

① 世界の人口の増加に伴い，農業用水の需要がますます大きくなること
② 新鮮な水が入手困難であること
③ 農業が多額の利益を生み出しているということ
④ 農業に多くの人が生活を支えられているということ

問6　下線部(d)が示す意味として最も適切なものを，次の中から一つ選べ。[10]

① アメリカ合衆国では水資源が豊かであり，他国への援助が議論されていること
② 比較的水資源の豊富なアメリカ合衆国においても，水資源をめぐる対立は起こっていること
③ アメリカ合衆国は比較的水資源に恵まれており，水資源については対立が見られないこと
④ アメリカ合衆国においては，水資源はどの地域においても安定して確保されていること

問7　本文の内容に関する(1)～(3)の問いに対する答えとして最も適切なものを，次の中から一つずつ選べ。

(1) Which of the following is true about the availability of the world's fresh water? [11]

① Compared to fresh water, salt water is rare on Earth.
② There is no fresh water found underground.
③ About 70 percent of the fresh water exists in the form of ice.
④ Of all the water found on Earth, about 50 percent is available for human use.

(2) Which of the following is true about the population statistics explained in the passage? 12

① Over 40 percent of the world's population live in areas where there is little water.

② In 2017, the number of people who lacked safe drinking water amounted to 2.1 billion.

③ Approximately 3,000 people die every year due to the shortage of water.

④ About 150 million people are involved in agriculture in the world.

(3) Which of the following is explained as the cause of the tension between Ethiopia and Egypt? 13

① Over the name of the Nile River

② Over the use of the water of the Nile River

③ Over the control of electric power along the Nile River

④ Over the origin of the Nile River

〔II〕 次の英文を読み，問いに答えよ。

As scientists extended the boundaries of knowledge, so they needed larger numerals* to talk about what they found. A million, known since the Middle Ages, wasn't enough. They needed billions, trillions and more. Popular usage* followed suit. People were already saying things like *a million to one* and *one in a million* in the 17th century. Then inflation set in. *One in a billion* sounded much more impressive.

But what did *billion* mean, exactly? The English thought of the six zeros in a million (1,000,000) as being a functional unit, so the next value up was going to be twice six zeros (1,000,000,000,000). *Billion* in Britain thus meant 'a million millions' — a (a)'long-scale system', as it later came to be called. But French mathematicians later went (A) a different direction. They thought of 1,000,000 as two groups of three zeros, so for them the next unit up was three groups of three zeros — that is, 1,000,000,000. In France, *billion* thus meant 'a thousand million' — a 'short-scale system'.

The history of usage is complicated and varies enormously from country (B) country. Britain stayed with the long-scale system, but in the 19th century the USA adopted the short-scale system. For over a century, American English dictionaries recommended 'thousand million' and British dictionaries 'million million'. Then, in 1974, Britain (b)capitulated. The prime minister of the time, Harold Wilson, made a statement to the House of Commons:

> The word 'billion' is now used internationally to mean 1,000 million and it would be confusing if British Ministers were to use it in any other sense.

However, usage doesn't take kindly to government statements. (C) officially a billion is now a thousand million in the UK, people are still aware of the older use, and uncertainty is common. So whenever I use _billion_, I gloss* it. If I say that 'English is spoken by 2 billion people', I immediately add, '2 thousand million', to be on the safe side.

It's the normal state of affairs in a language for everyday words to have more than one sense. We only have to look in a dictionary to see (c)<u>that</u>. There's usually no ambiguity*, (D) when we use the words in sentences we see which sense is involved. On its own, _bed_ is ambiguous*: it could mean (for example) a place where we sleep or a place where we plant flowers. But we have no problem interpreting _I stayed in bed until ten_ or _Look at that lovely bed of roses._

It's unusual to find a scientific term developing an ambiguity of the kind displayed by _billion._ Normally, when scientists create terms, they're accepted by the whole scientific community. There are standard definitions of such words as (d)<u>_hydrogen*, atom_ and _pterodactyl*_</u>, and we don't expect to find differences (E) American and British usage. But here's a mathematical term which is not only ambiguous but where the ambiguity doesn't disappear when we put it in a sentence. When we read, 'The disaster has lost the company a billion pounds', we can't tell how much has been lost. _Billion_ reminds us (F) the ever-present dangers of ambiguity in the history of the language.

(David Crystal, _The Story of English in 100 Words_, 2012)

［注］ numeral：数字　usage：言葉の使い方　gloss：～に注解をつける
ambiguity：２つ以上の意味にとれること　ambiguous：２つ以上の意味にとれる
hydrogen：水素　pterodactyl：翼手竜（翼竜の一種）

問１　本文中の空欄（ A ）～（ F ）に入る語句として最も適切なものを，次の中から一つずつ選べ。

(A) ① in　② on　③ thorough　④ to　14

(B) ① by　② in　③ on　④ to　15

(C) ① Although　② Because　③ But　④ If　16

(D) ① because　② even though　③ no matter　④ yet　17

(E) ① between　② both　③ from　④ out　18

(F) ① for　② from　③ of　④ to　19

問２　下線部(a)の内容を表しているものとして最も適切なものを，次の中から一つ選べ。 20

① Billion を１億とする方式

② Billion を10億とする方式

③ Billion を1000億とする方式

④　Billion を 1 兆とする方式

問 3　下線部(b)を置き換えた場合，最も意味が近いものを，次の中から一つ選べ。 21

①　resisted　　②　was confused　　③　went wrong　　④　yielded

問 4　下線部(c)の内容を表しているものとして最も適切なものを，次の中から一つ選べ。 22

①　日常使われる単語が二つ以上の意味を持つことはよくあるということ
②　単語の意味が二つ以上にとれてしまうことは普通ではないこと
③　辞書を見ると billion の意味が一つに定まらないということ
④　言葉の意味が，使われる文章によって決定するということ

問 5　下線部(d)の単語群は何の例として挙げられたものか。最も適切なものを，次の中から一つ選べ。
23

①　自然科学において使われる，定義が明確な言葉
②　自然科学において使われる，これから明確な定義が必要な単語
③　科学分野で認められ，よく使用されている単語
④　科学分野で使われるが，意味が二つ以上にとれる言葉

〔Ⅲ〕 次の英文中の空欄 [24] ～ [33] に入る語句として最も適切なものを，次の中から一つずつ選べ。

(1) George remembers [24] Nancy for the first time at his friend's wedding reception.

① a meeting　② meet with　③ meeting　④ to meet

(2) Martin is aged six, and [25] the youngest member of the family: his sister was born yesterday.

① any more　② at least　③ no longer　④ still

(3) With a beautiful strawberry cake like that within sight, who could be [26] with these thin biscuits?

① satisfy　② satisfied　③ satisfaction　④ satisfactory

(4) "Is it safe [27] these things here?" asked Kyoko.

① to be left　② place to leave　③ to leaving　④ to leave

(5) A lot of money was poured into the amusement park, Fairyland, which [28] a key role in the city's economic revival.

① lived　② made　③ played　④ worked

(6) The nearest station to Harvard University is Harvard Square, and the second [29] is Central.

① near　② nearer　③ nearest　④ nearly

(7) The tickets for the play [30] so well that the theatre decided to have additional performances.

① sell　② sold　③ was sold　④ selling

(8) Professors who teach literature often have their students [31] some texts aloud in class.

① read　② be read　③ let read　④ reads

(9) [32] minutes do I have for my presentation?

① How many　② How much　③ What about　④ How long

(10) If you come to my birthday party tomorrow, please [33] your roommate with you.

① take　② bring　③ give　④ put

〔Ⅳ〕 次の対話文を完成させるため，空欄 34 ～ 39 に入るものとして最も適切なものを，選択肢の中から一つずつ選べ。ただし，一つの選択肢は一度しか選べない。

A：Hello. I want to learn about the exchange program at California State University.

B：Sure. What course would you like to apply for?

A：Well, 34 where I can take a course in American literature, as well as courses in English.

B：I see. In that case, you need to submit an English essay to show your English ability and interest in the field of American literature. Actually, the English department is one of the most popular ones among Japanese students, so 35 .

A：Oh, 36 , but I'll do it anyway. Studying in the United States is my lifelong dream. But 37 . I am not sure if I can afford to study there.

B：I know. That is an important problem. But in fact, 38 than other programs because you don't have to pay tuition to California State University. You still must pay for our university while you study in the United States, but 39 . Instead, we accept a student from California State University under the same conditions. Literally, we "exchange" students.

A：That's wonderful. Now I see how the exchange program works.

選択肢

① that sounds tough
② the exchange program is less expensive
③ the exchange program is much more expensive
④ the problem is money
⑤ I would like to join the English department
⑥ it is very easy to get in
⑦ it is rather competitive
⑧ the point is you don't need to pay extra tuition

〔V〕次の日本文の意味を表すように［　　　］内の語句を空欄に補ったとき，空欄 [40] ～ [44] に入るものを一つずつ選べ。

(1) お客様の安全が第一です。

Nothing [　] [　] [40] [　] [　] [　] [　] our customers.

[① important　② is　③ more　④ of　⑤ safety　⑥ than　⑦ the]

(2) じゃあ，あなたは誰が次の首相になると思うのですか？

Then [　] [　] [　] [41] [　] [　] [　] prime minister?

[① be　② do　③ the next　④ think　⑤ who　⑥ will　⑦ you]

(3) あんなに食べちゃダメだってわかっていたけど，我慢できなかったんだよ。

I [　] [　] [　] [42] [　] [　] [　], but I couldn't help it.

[① eaten　② have　③ I　④ knew　⑤ that much　⑥ should　⑦ not]

(4) 個人情報のこととなれば気をつけるに越したことはない。

You [　] [　] [　] [43] [　] [　] [　] to personal data.

[① be　② can't　③ careful　④ comes　⑤ it　⑥ too　⑦ when]

(5) わかった。ぼくの同僚を送って，マーサがファイル探しをする手伝いをさせるよ。

OK. I [　] [　] [　] [　] [　] [44] [　] the file.

[① find　② help　③ Martha　④ my colleague　⑤ send　⑥ to
⑦ will]

日本史

（60 分）

〔Ⅰ〕 次の文章を読み，下記の問いに答えよ。

⑴ 次の史料を読み，下記の問いに答えよ（史料は，原文の表記を一部変更している）。

<史料>

A　(a)<u>阿麻沙只《あまがさき》村</u>に宿して日本を詠ふ

日本の農家は，秋に畓《た》①を耕して大小麦を種《ま》き，明年初夏に大小麦を刈りて苗種を種き，秋初に稲を刈りて木麦《そば》を種き，冬初に木麦を刈りて大小麦を種く。一畓に一年三たび種く。乃ち川塞がれば則ち畓と為し，川決すれば則ち田②と為す。

（「老松堂日本行録」）

①朝鮮の造字で水田のこと。

②上記①に対して，陸田のこと。

B　一　諸国の百姓，田稲を苅《か》り取るの後，其の跡に麦を蒔く。田麦と号して，領主等，件《くだん》の麦の所当を徴取すと云々。租税の法，豈《あに》然るべけんや。自今以後，田麦の所当を取るべからず。宜しく農民の依怙《えこ》③たるべし。此の旨を存じ，備後・備前両国の御家人等に下知せしむべきの状，仰せに依て執達件の如し。

文永元年四月廿六日　武蔵守判

(b)<u>相模守判</u>

因幡前司殿

（「新編追加」）

③自分の利益。私利。

C　(c)<u>阿《あ》テ河《がわ》ノ上村</u>百姓ラツツシ《（謹）》テ言上

一　ヲンサイモク《（御材木）》ノコト。アルイワ《（或）》チトウ《（地頭）》ノキヤウシヤウ《（京上）》，アルイワチカフ《（近夫）》トマウシ《（申）》，カクノコトクノ人フ《（夫）》ヲ，チトウノカタエセメ《（責）》ツカワレ候ヘハ，ヲ（テ）マヒマ候ワス候。ソノノコリ《（残）》，ワツカ《（僅）》ニモレ《（洩）》ノコリ《（残）》テ候人フ《（夫）》ヲ，サイモク《（材木）》ノヤマイタシ《（山出）》エ，イテタテ《（出立）》候エハ，テウマウ《（逃亡）》ノアト《（跡）》ノムキ《（麦）》マケト候テ，ヲイ《（追）》モトシ《（戻）》候イヌ。……

ケンチカンネン《（建治元）》十月廿八日　　百姓ラ《（等）》カ上《たてまつる》

（「(d)<u>高野山文書</u>」）

問1　史料A～Cには，土地利用として，共通の産物が表現されている。その産物として最も適切なものを，次の中から一つ選べ。 1

① そば　② 粟　③ 豆　④ ひえ　⑤ 麦

問2　史料について述べた文として最も適切なものを，次の中から一つ選べ。 2

① 史料Aについて，作者が訪れた場所では，三毛作が行われていることがわかるが，三毛作は，鎌倉時代には，畿内や西日本一帯では普及していた。

② 史料Bについて，稲を刈り取った後の所定の産物について，それは農民の収益とし，年貢を取ってはならない，ということが厳命されていることがわかる。

③ 史料Bについて，下線部(b)から，幕府の指示文書として，執権と共に，北条氏以外の評定衆の一人が署名していることがうかがえる。

④ 史料Cについて，地頭が鎌倉番役として鎌倉に赴く際の人夫や，近所での人夫役などとして負担を強制するため，領家に年貢として収めるはずの材木を収めることができないことを述べている。

⑤ 史料B，Cに見えるように，幕府の規制に関わらず，地頭は，現地支配を強める傾向にあったが，荘園・公領の領主は，幕府にそうした非法を訴え，幕府も，当事者間の取り決めによらず，地頭の非法を認めなかったことから，地頭の現地支配権が強化されることはなかった。

問3　史料Aは，日朝間に生じたある事件に関連し，翌年来日した朝鮮からの使節・宋希璟が残した記録である。宋希璟来日の前年に起こった日朝間の事件を含めて，当時の日本と朝鮮との間の事柄について，正しいものの組み合わせとして最も適切なものを，次の中から一つ選べ。 3

a　宋希璟来日の前年に起こった事件では，九州北部が襲撃されたが，大宰権帥の藤原隆家の主導で，九州の武士たちがこれを撃退した。

b　宋希璟来日の前年に起こった事件では，朝鮮軍は倭寇の根拠地と考えていた対馬を襲撃した。

c　宋希璟来日の前年に起こった事件では，富山浦・乃而浦・塩浦の三浦に住む日本人が暴動を起こして鎮圧された。

d　朝鮮は対馬の宗氏とのあいだに慶長条約を結び，これにより船の量が制限されたほか，交易港も限定されることになった。

e　朝鮮への輸出品は銅・硫黄のほか，胡椒・薬・香木などがあり，これら南方の産物は琉球の商船がもたらしたものを博多商人などが中継して運んだものである。

① a―d　② c―e　③ b―e　④ b―d　⑤ a―c

問4　下線部(a)は，尼崎を指し，当地が中世以来の港町として盛んであったことがうかがえる。中世の港町として知られる地域について，下図のア～エとあわせて，正しいものの組み合わせとして最も適切なものを，次の中から一つ選べ。 4

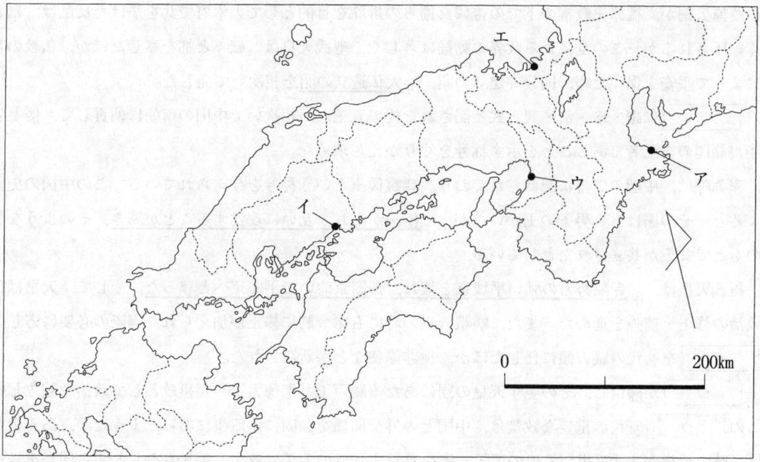

①　尾道 — ウ　　②　大湊 — イ　　③　小浜 — ア　　④　小浜 — エ　　⑤　大湊 — エ

問 5　下線部(c)の地域は，史料Ｃを伝える文書を持つ寺院と同じ国に所在した。その旧国名（ア）と，その国の該当する行政区分（イ）の組み合わせとして最も適切なものを，次の中から一つ選べ。 5

①　（ア）— 紀伊　（イ）— 南海道　　②　（ア）— 尾張　（イ）— 東海道

③　（ア）— 摂津　（イ）— 畿内　　④　（ア）— 尾張　（イ）— 東山道

⑤　（ア）— 紀伊　（イ）— 東海道

問 6　下線部(d)の文書を伝える高野山に関連して述べた文Ｘ～Ｚについて，その正誤の組み合わせとして最も適切なものを，次の中から一つ選べ。 6

Ｘ　8 世紀に空海がこの地に真言宗金剛峯寺を創建し，以後，天台宗延暦寺と並ぶ山岳仏教の中心地として現在に至っている。

Ｙ　中世を通じて，幕府や武士をはじめ，貴族，商人，庶民各階層の広い信仰に支えられて発展し，奥の院には，織田信長や明智光秀らの墓所も残されている。

Ｚ　2004 年に，高野山は，吉野・大峯や熊野三山とともに，「紀伊山地の霊場と参詣道」として，ユネスコ世界遺産委員会での審議を経て登録される，世界遺産に認定された。

①　Ｘ　正　Ｙ　正　Ｚ　正　　②　Ｘ　正　Ｙ　正　Ｚ　誤

③　Ｘ　正　Ｙ　誤　Ｚ　正　　④　Ｘ　正　Ｙ　誤　Ｚ　誤

⑤　Ｘ　誤　Ｙ　正　Ｚ　正　　⑥　Ｘ　誤　Ｙ　正　Ｚ　誤

⑦　Ｘ　誤　Ｙ　誤　Ｚ　正　　⑧　Ｘ　誤　Ｙ　誤　Ｚ　誤

(2)　次の文章を読み，下記の問いに答えよ。

A　藤原広嗣が，橘諸兄政権の下での吉備真備らの排除を目的として大宰府で兵を挙げた反乱は，ほどなく鎮圧されるが，この乱による政界の動揺は著しく，聖武天皇は，転々と都を移したほか，仏教の功徳によって平安を保つため，国分寺建立の詔，(e)大仏造立の詔を相次いで発した。

B　[ア]に讃・珍・済・興・武と記された倭の五王が，相次いで中国の南朝に朝貢して，倭と朝鮮半島諸国の支配者であることを示す称号をくりかえし求めた。

C　卑弥呼は，中国の史書に記載されており，親魏倭王という称号を与えられている。この中国の史書によると，その国はもと男子の王がいたが，(f)倭国が乱れ，互いに攻伐することが続き，そのような状況のもとで女王が共立されたとしている。

D　桓武天皇は，(g)寺院勢力の強い平城京を離れ，長岡京ついで平安京へと移った。そして，天皇は律令政治の修正・補強を進めた。また，嵯峨天皇の時にも律令制に修正が加えられ，実際の必要に応じて，[イ]を初代の蔵人頭に任じたほか，検非違使などが新設された。

E　[ウ]が即位し，その翌年天皇の甥にあたる厩戸王（聖徳太子）が摂政として政治を補佐した。この[ウ]時代の重要な政策は，中国との外交関係を強固にする事にあったようだが，ある史書には，時の政権が(h)「日出づる処の天子，書を日没する処の天子に致す。恙無きや」とする国書を送ったと伝えられている。

問7　文章A～Eを年代の早いものから順に並べたものとして最も適切なものを，次の中から一つ選べ。[7]

①　B→C→E→D→A　　②　B→C→A→D→E　　③　C→B→E→D→A

④　C→B→E→A→D　　⑤　C→B→A→E→D

問8　空欄[ア]～[ウ]に入る語句の組み合わせとして最も適切なものを，次の中から一つ選べ。[8]

①　ア：『後漢書』東夷伝　　イ：藤原冬嗣　　ウ：推古天皇

②　ア：『宋書』倭国伝　　イ：藤原冬嗣　　ウ：推古天皇

③　ア：『後漢書』東夷伝　　イ：藤原良房　　ウ：崇峻天皇

④　ア：『宋書』倭国伝　　イ：藤原冬嗣　　ウ：崇峻天皇

⑤　ア：『宋書』倭国伝　　イ：藤原良房　　ウ：推古天皇

問9　下線部(e)について，752年の東大寺大仏開眼供養会後まもなく来日した中国出身の僧侶について述べた文として最も適切なものを，次の中から一つ選べ。[9]

①　橘諸兄の政権に参画したが，藤原仲麻呂の台頭で失脚した。

②　『往生要集』を著して，念仏往生の教えを説いた。

③　天皇の信任を得て法王となったが，後に下野国に左遷された。

④　東大寺において僧侶らに戒律を授け，また唐招提寺を創建した。

⑤　高向玄理とともに国博士に任ぜられ，国政の改革につとめた。

問10　下線部(f)に関連して，他の地域からの侵略を恐れてムラの周囲を堀で囲んだ環濠集落や，山上に集落を形成した高地性集落など，軍事・防衛的な小集落が確認されている。そうした集落として，**最も**

不適切なものを次の中から一つ選べ。[10]

① 池上曽根遺跡　② 紫雲出山遺跡　③ 唐古・鍵遺跡

④ 板付遺跡　⑤ 荒神谷遺跡

問11 下線部(g)に関連して，こうした政権の推移の中で，貴族勢力の状況も様変わりしていった。古代の貴族について述べた文として最も適切なものを，次の中から一つ選べ。[11]

① 院政期には，藤原氏一族内の内部対立も絡みながら，藤原忠通や藤原通憲（信西）と結ぶ後白河天皇方が，藤原頼長と結ぶ崇徳上皇方を攻撃して破る保元の乱が起こった。

② 大伴氏は，ヤマト政権の軍事を担当してきた氏で，奈良時代には著名な歌人もでたが，承和の変を契機に一族は政界から没落してしまった。

③ 橘氏は，皇族の出身で，奈良時代には藤原氏と拮抗する勢力を持っていたが，橘逸勢が薬子の変で失脚して以後，ふるわなくなった。

④ 藤原氏は，大化改新に功績のあった中臣鎌足に，藤原朝臣の氏姓が与えられて成立し，その子藤原仲麻呂は律令編さんなどに大きな役割を果たした。

⑤ 源氏は，皇族に氏姓が与えられて新しく成立した氏であるが，のちには，源高明のように武士の棟梁として活躍する者もでた。

問12 下線部(h)について，この国書は中国との対等外交を求めるものであったことから，当初は，この使節は受け入れられなかったものの，当時の中国皇帝は，結果的に交渉要求を受け入れた。その理由とされる事柄について述べた次の文について，空欄 [X]・[Y] に入る語句の組み合わせとして最も適切なものを，次の中から一つ選べ。[12]

> 当時の皇帝 [X] が，[Y] との戦争を優位に進めるため，倭国との友好関係を保つことを優先したから。

① X：武帝　Y：新羅

② X：煬帝　Y：新羅

③ X：煬帝　Y：高句麗

④ X：武帝　Y：渤海

⑤ X：武帝　Y：高句麗

(3) 次の人物は，室町幕府において，政治の画期をなしたともいえる将軍で，また，a～dは，それぞれの将軍に関わる出来事である。下記の問いに答えよ。

足利尊氏	足利義満	足利義教	足利義政

a　全国的な統一政権を確立するため，11カ国を領していたことから六分の一衆といわれていた一族で，丹波・和泉両国ほかの守護であった［　エ　］を，その一族の内紛を利用して討ち，さらに，翌年には(i)南北朝の合一を実現させた。

b　はじめ実子がなく弟を後嗣としたが，翌年，妻の日野富子が［　オ　］を生んだことから，将軍継嗣問題がおこり，これに(j)幕府内部の対立もあり，東西両軍に分かれ，戦乱が起こった。この戦乱のさなかこの将軍は将軍職を実子［　オ　］に譲り，(k)京都の東山にある山荘に銀閣を造って移り住み，当時の文化の興隆を支えた。

c　北朝の［　カ　］を擁立し征夷大将軍に任ぜられたが，南朝方との争いのさなかに，執事の高師直とこの将軍の弟直義との争いに端を発した擾乱に関与することとなる。そのなかで，この将軍は，軍費調達のために，(l)地方支配に関する一定の権限を守護に与えた。

d　くじ引きで将軍となったとされる人物だが，幕府に反抗的であった(m)鎌倉公方足利持氏を討ち滅ぼすなど，将軍の権威回復をはかった。しかし，その後，将軍の強引な専制政治に危機感をいだいた(n)守護大名によって謀殺された。

問13　先に挙げた将軍と，その人物に関わる出来事a～dの組み合わせとして最も適切なものを，次の中から一つ選べ。［13］

①　足利尊氏 — c　　足利義満 — d　　足利義教 — a　　足利義政 — b
②　足利尊氏 — c　　足利義満 — a　　足利義教 — d　　足利義政 — b
③　足利尊氏　a　　足利義満 — c　　足利義教 — d　　足利義政 — b
④　足利尊氏 — a　　足利義満 — c　　足利義教 — b　　足利義政 — d
⑤　足利尊氏 — c　　足利義満 — a　　足利義教 — b　　足利義政 — d

問14　空欄［　エ　］～［　カ　］に入る語句の組み合わせとして最も適切なものを，次の中から一つ選べ。［14］

①　エ：山名氏清　　オ：足利義尚　　カ：光厳天皇
②　エ：大内義弘　　オ：足利義尚　　カ：光厳天皇
③　エ：山名氏清　　オ：足利義視　　カ：光明天皇
④　エ：山名氏清　　オ：足利義尚　　カ：光明天皇
⑤　エ：大内義弘　　オ：足利義視　　カ：光厳天皇

問15　下線部(i)に関連して述べた文として最も適切なものを，次の中から一つ選べ。［15］

①　南朝と北朝を形成したのは，それぞれ，荘園群としての八条院領を保持した持明院統と，長講堂領を保持した大覚寺統の系統である。

②　南朝側についていた北畠親房は，常陸国小田城で北朝側と交戦しながら，南朝の正統性を主張する『愚管抄』を執筆した。

③　南北朝の動乱が長引いて全国化した背景として，分割相続から，嫡子による単独相続が一般化していく中での惣領制の解体も要因の一つとして挙げられる。

④　南朝の後亀山天皇が京都に帰り，北朝の後小松天皇に神器を伝えて南北朝の合体は実現し，その

後，両朝の系統は，交互に皇位についた。

⑤　南北朝時代には，茶寄合や闘茶が流行し，こうした流行を主導した新興武士らは，派手・ぜいたくを意味する「かぶき者」と呼ばれた。

問16　下線部(j)の争乱について述べた文X～Zについて，その正誤の組み合わせとして最も適切なものを，次の中から一つ選べ。 16

X　争乱の契機として，管領の斯波・畠山両氏の家督相続をめぐる同族内の争いに，幕府の実力者であった細川勝元と山名持豊の対立が結びついたことが挙げられる。

Y　足軽は，徒歩で軍役に服する機動力に富む雑兵で，この争乱の形勢にも影響力を持ち，統率の取れた行動で，放火や物盗りなどの行為はいっさい行わなかった。

Z　この争乱終結後も，両派にわかれて争っていた斯波氏の軍勢に対して，山城国一揆は，軍勢を国外に退去させ，８年間にわたって一揆の自治的支配を実現した。

①　X 正　Y 正　Z 正　　②　X 正　Y 正　Z 誤
③　X 正　Y 誤　Z 正　　④　X 正　Y 誤　Z 誤
⑤　X 誤　Y 正　Z 正　　⑥　X 誤　Y 正　Z 誤
⑦　X 誤　Y 誤　Z 正　　⑧　X 誤　Y 誤　Z 誤

問17　下線部(k)に関連して，室町時代の文化について述べた文として，**最も不適切なものを次の中から一つ選べ。** 17

①　雪舟は，水墨画の作画技術を集大成するとともに，日本の自然を描いて，日本的な山水画を創造した。彼の代表作には「天橋立図」がある。

②　京都五山の一つである天龍寺は，足利尊氏・直義が建立した。京都五山にはその他，別格として位置づけられた南禅寺のほか，相国寺・建仁寺・東福寺・万寿寺がある。

③　南北朝時代に二条良基が編纂した連歌集『菟玖波集』によって連歌の方式と地位が確立され，連歌は室町時代に全盛期を迎えた。

④　興福寺を本所とした大和猿楽四座のうち，観世座から出た観阿弥・世阿弥父子は，芸術性の高い猿楽能を完成し，世阿弥は，能の真髄を述べた『風姿花伝』などの理論書を残した。

⑤　地方でも武士の子弟を寺院に預けて教育を受けさせる習慣が形成され，『庭訓往来』や『御成敗式目』などが教科書として用いられたほか，奈良の商人の饅頭屋宗二は，国語辞書の『閑吟集』を刊行した。

問18　下線部(l)～(n)に関連して述べた文について，正しいものの組み合わせとして最も適切なものを，次の中から一つ選べ。 18

a　幕府が守護に一国内の荘園や公領の年貢の半分を徴収する権限を認めた半済令は，当初は近江・美濃・三河の３ヶ国に限定されていたが，やがて全国に拡大した。

b　守護の権限拡大の方策として，刈田狼藉を取り締まる権限や，幕府の裁判の判決を強制執行する権限などが新たに与えられた。

c　足利持氏が討ち滅ぼされた永享の乱のきっかけをつくることともなった上杉憲実は，上野国の足利学校を再興し，この場所では，全国から集まった禅僧・武士らに高度な教育がほどこされた。

d　鎌倉公方の足利成氏が上杉憲忠を謀殺したことを発端とした享徳の乱がおこり，成氏は，下総国古河に移り，幕府から派遣された足利政知は伊豆国堀越に拠点を置いて対抗した。

e　嘉吉の変と呼ばれる守護大名による将軍の謀殺は，当該将軍による有力守護の弾圧が続く中で，紀伊国守護の赤松満祐によってひき起こされ，この出来事から，将軍の権威は大きくゆらいでいった。

①　a — d　②　c — e　③　b — e　④　b — d　⑤　a — c

〔Ⅱ〕 次の文章を読み，下記の問いに答えよ。

(1)　15 世紀末からヨーロッパ人の海外進出が活発になり，大航海時代が幕をあける。日本にも 1543 年ポルトガル人を乗せた中国船が種子島に漂着した。領主の種子島時堯はポルトガル人から鉄砲を買い求め，家臣はその使用法と製造法を学んだ。以後，(a)鉄砲は国内でも製造されるようになり，戦国の世の中に瞬く間に普及した。その後ポルトガル船やスペイン船が九州を中心に来航するようになり，貿易を行なった。この貿易は(b)南蛮貿易と呼ばれた。

1549 年には(c)イエズス会の(d)宣教師フランシスコ＝ザビエルが来日した。ザビエルはまず［　A　］に到着し，九州や山口などで布教したのち離日した。その後も多くの宣教師が来日した。そして［　B　］の勧めにより，九州の大名たちは(e)4 人の少年をローマ教皇のもとに派遣した。この少年たちは天正遣欧使節と呼ばれ，1582 年に出発し 1590 年に帰国した。イエズス会の活動を通じてキリスト教が広まり，信徒も増えた。キリスト教を信仰する大名も生まれ，彼らは(f)キリシタン大名と呼ばれた。

問 1　空欄［　A　］・［　B　］に入る語句として最も適切なものを，次の中から一つずつ選べ。

［　A　］＝［ 19 ］　①　長崎　②　大分　③　鹿児島　④　高知　⑤　神奈川

［　B　］＝［ 20 ］　①　ヴァリニャーニ　②　アンジロー　③　ヤン＝ヨーステン　④　ガスパル＝ヴィレラ　⑤　ウィリアム＝アダムズ

問 2　下線部(a)に関連して，織田信長が鉄砲を使って武田勝頼をやぶった戦いとして最も適切なものを，次の中から一つ選べ。［ 21 ］

①　桶狭間の戦い　②　賤ヶ岳の戦い　③　山崎の戦い

④　姉川の戦い　⑤　長篠の戦い

問 3　下線部(b)に関連して，南蛮貿易において日本から輸出されたことで特に知られるものとして最も適切なものを，次の中から一つ選べ。［ 22 ］

①　絹織物　②　火薬　③　生糸　④　銀　⑤　毛織物

問 4　下線部(c)に関連して述べた文X～Zについて，その正誤の組み合わせとして最も適切なものを，次の中から一つ選べ。[23]

X　イエズス会は，イグナティウス＝ロヨラを中心に設立された。

Y　イエズス会は，プロテスタント（新教）の一会派で，カトリック（旧教）に対抗していた会派である。

Z　16 世紀から 17 世紀にかけて来日した宣教師は，すべてイエズス会に所属していた。

① X 正　Y 正　Z 正　　② X 正　Y 正　Z 誤
③ X 正　Y 誤　Z 正　　④ X 正　Y 誤　Z 誤
⑤ X 誤　Y 正　Z 正　　⑥ X 誤　Y 正　Z 誤
⑦ X 誤　Y 誤　Z 正　　⑧ X 誤　Y 誤　Z 誤

問 5　下線部(d)に関連して，16 世紀，17 世紀の日本におけるキリスト教の宣教師たちについて述べた文として**最も不適切なもの**を，次の中から一つ選べ。[24]

① 印刷機を使って古典や辞書などを印刷した。
② セミナリオとよばれる神学校を設立し，日本人にキリスト教を教えた。
③ 南蛮寺と呼ばれる教会堂を建て，布教を行なった。
④ 織田信長はキリスト教の宣教師たちと敵対し，領土内の教会堂を破壊した。
⑤ 病院や育児院を設けて，布教だけでなく慈善事業も行なった。

問 6　下線部(e)に関連して，この 4 人の少年の人名として**最も不適切なもの**を，次の中から一つ選べ。
[25]

① ジョン万次郎　② 千々石ミゲル　③ 中浦ジュリアン
④ 伊東マンショ　⑤ 原マルチノ

問 7　下線部(f)に関連して，キリシタン大名として知られる大名として**最も不適切なもの**を，次の中から一つ選べ。[26]

① 有馬晴信　② 高山右近　③ 小西行長　④ 大村純忠　⑤ 加藤清正

(2)　江戸幕府は当初キリスト教の布教を黙認していたが，徐々に禁教策を厳しくした。1637 年島原・天草地方の農民が厳しい年貢の取り立てやキリスト教弾圧に対抗し，[C] を総大将として一揆を起こした。これを島原の乱と呼ぶ。島原の乱のあと，幕府はキリスト教への警戒を一層強め，1639 年にポルトガル船の来航を禁止し，1641 年には長崎出島にオランダ商館を移した。こうして(g)のちに鎖国と呼ばれる外交体制が完成した。

鎖国下では西洋に関する情報や西洋文化が流入することは制限されていたが，その中でも(h)新井白石は，囚われたイタリア人宣教師 [D] を尋問して，そこで得た情報をもとに『采覧異言』や『西洋紀聞』を記して，ヨーロッパの地理や歴史を紹介した。8 代将軍吉宗の代になると，洋書の輸入制限がゆるめられ，(i)蘭学とよばれる，オランダ語によって西洋の知識や技術を学ぶ学問が始まった。例えば，[E] と杉田玄白らによってオランダ語の解剖書『ターヘル＝アナトミア』の訳書『解体新書』が刊行された。医学を中心に蘭学は発展し，そこに大きな貢献をしたのがオランダ商館付医師のドイツ人 F である。彼は長崎の鳴滝塾で医学や博物学の教育を行い，高野長英などの弟子たちを育てた。

こうして始まった西洋学術に関する研究は，(j)欧米列強の日本接近や，開国という情勢の変化にともない発展した。

問 8　空欄 C ～ F に入る語句として最も適切なものを，次の中から一つずつ選べ。

C ＝ 27　①　松平信綱　②　益田時貞　③　山田長政　④　支倉常長　⑤　俵屋宗達

D ＝ 28　①　ロエスレル　②　シャクシャイン　③　ドン＝ロドリゴ　④　ルイス＝フロイス　⑤　シドッチ

E ＝ 29　①　前野良沢　②　渡辺崋山　③　間宮林蔵　④　二宮尊徳　⑤　西川如見

F ＝ 30　①　ベルツ　②　モース　③　シーボルト　④　フェノロサ　⑤　コンドル

問 9　下線部(g)に関連して述べた文Ｘ～Ｚについて，その正誤の組み合わせとして最も適切なものを，次の中から一つ選べ。 31

Ｘ　幕府はキリスト教徒を根絶するために，日本全土で全ての民を対象に毎年絵踏をさせて，キリスト教信者の発見につとめた。

Ｙ　幕府は，オランダ船が出島に来航するたびに，海外の事情を記したオランダ風説書をオランダ商館長から提出させた。

Ｚ　鎖国体制が完成したのちも日本人の海外渡航は許可されていた。

①　Ｘ 正　Ｙ 正　Ｚ 正　②　Ｘ 正　Ｙ 正　Ｚ 誤
③　Ｘ 正　Ｙ 誤　Ｚ 正　④　Ｘ 正　Ｙ 誤　Ｚ 誤
⑤　Ｘ 誤　Ｙ 正　Ｚ 正　⑥　Ｘ 誤　Ｙ 正　Ｚ 誤
⑦　Ｘ 誤　Ｙ 誤　Ｚ 正　⑧　Ｘ 誤　Ｙ 誤　Ｚ 誤

問10　下線部(h)に関連して，新井白石が中心になって行った政治改革として最も適切なものを，次の中から一つ選べ。 32

①　享保の改革　②　寛政の改革　③　天保の改革　④　正徳の治　⑤　安政の改革

問11　下線部(i)に関連して，蘭学者・蘭医の人名として**最も不適切なもの**を，次の中から一つ選べ。 33

①　大槻玄沢　②　青木昆陽　③　賀茂真淵　④　志筑忠雄　⑤　宇田川玄随

問12　下線部(j)に関連して，欧米列強の日本への接近と，それに対応する日本の情勢について述べた文として**最も不適切なもの**を，次の中から一つ選べ。 34

①　ロシア使節ラックスマンが漂流民をつれて横浜に来航し，通商を求めた。

② ロシア使節レザノフが長崎に来航し，通商を求めた。

③ イギリス軍艦フェートン号がオランダ商船を追って長崎湾に侵入した。

④ 国後島に上陸したロシア人ゴローウニンが捕らえられた。

⑤ 浦賀に来航したアメリカ合衆国の商船モリソン号が砲撃を受けた。

〔Ⅲ〕 次の文章を読み，下記の問いに答えよ。

欧米列強に対抗し独立を維持していくことを最大の課題とした明治政府は，富国強兵をスローガンとして掲げ，強力な経済力と軍事力を備えた近代国家の建設をめざした。

「富国」については，関所の撤廃，職業選択の自由化など資本主義経済の発展の妨げとなる社会制度を改めると同時に，1870年に工部省，1873年に　A　がそれぞれ設立され，(a)産業の近代化に着手された。軍事力に関しては，(b)1873年に徴兵令が公布され，国民皆兵による近代的な軍隊の創設がすすめられた。ただ，工部省がたちあげた官営事業の多くは赤字で，財政の重荷となった。

軍事費もまた，財政の重い負担となることが少なくなかった。次ページのグラフは1880年度から1940年度までの軍事費とその政府支出に占める比率（対政府支出比）の推移を示したものである。軍事費の対政府支出比は，(c)1880～1893年度にはほぼ21%以下と比較的低い水準で推移していた。しかし，(d)日清戦争が始まった1894年度に急上昇して60%となった。戦争終結後はいったん下落したものの，(e)日露戦争時に対政府支出比はさらに大きく上昇し，1904年度には実に80%近くとなる。戦後は再び急落して(f)1910年度には14%と，日清戦争前の水準にまで落ち込んでいる。

(g)第一次世界大戦下でも軍事費は急増したものの，対政府支出比は日清・日露両戦争の時期ほど高くはなく，ピーク時の1918年度でも33%程度である。それ以上に注目されるのは，(h)大戦後に軍事費が圧縮され，対政府支出比も1923年度から1930年度にかけて低水準で推移していたことである。(i)1930年代に入ると一転して軍事費は増加し始めるとともに，その対政府支出比も急上昇し，第二次世界大戦に突入していくことになる。

敗戦後は，連合国軍による占領下で(j)日本の非軍事化・民主化がすすめられたのち，日本は，1951年に(k)サンフランシスコ平和条約を結び独立を回復した。同時に，(l)日米安全保障条約を締結してアメリカ軍の駐留を認める一方，1954年に自衛隊を発足させている。また，1954年に発足した　B　のように，自衛力の増強や憲法改正を表明する内閣もあらわれたが，戦前に比べると軍事費の対政府支出比は，かなり低い水準に抑えられ続けた。たとえば1960年度は5.5%にすぎない。軍事費が財政や経済の重荷となることが多かった富国強兵の路線が，戦後は「強兵なき富国」に転換されたのである。

軍事費とその対政府支出比の推移

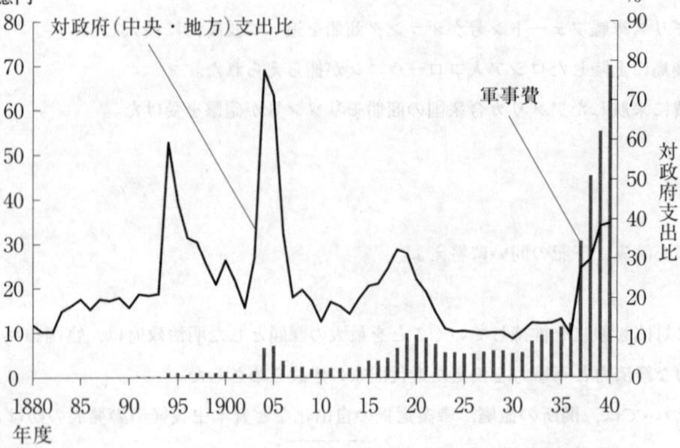

出典：江見康一・塩野谷祐一『財政支出』長期経済統計7，東洋経済新報社，pp.186-189より作成。

問1　空欄［　A　］・［　B　］に入る語句として最も適切なものを，次の中から一つずつ選べ。

［　A　］＝［35］　①　大蔵省　　②　商工省　　③　農商務省　　④　外務省　　⑤　内務省

［　B　］＝［36］　①　片山哲内閣　　②　芦田均内閣　　③　佐藤栄作内閣
④　鳩山一郎内閣　　⑤　池田勇人内閣

問2　下線部(a)に関連した政策の説明として**最も不適切なもの**を，次の中から一つ選べ。［37］

①　富岡製糸場を開設して，イタリアの最新の製糸技術の導入をはかった。

②　旧幕府から長崎造船所や横須賀製鉄所（横須賀造船所）を引き継ぎ，近代造船業を育成しようとした。

③　郵便制度の整備や電信線の拡張など，通信の発達に力を入れた。

④　東京深川に開設した工場においてセメントの生産を始めた。

⑤　高島炭鉱や三池炭鉱など旧幕府・諸藩から接収した鉱山の経営にあたった。

問3　下線部(b)に関連して述べた文X～Zについて，その正誤の組み合わせとして最も適切なものを，次の中から一つ選べ。［38］

X　徴兵制は平民にとってはあらたな負担となるため，反発した農民による一揆がおきた地域もある。

Y　20歳以上の男子は，士族・平民の別なく兵役の義務を課されたが，官吏や戸主などは免除されたため，実際に兵役を負担したのは貧農の次男以下となることが多かった。

Z　徴兵制の確立や陸軍の創設に尽力した薩摩藩出身の山県有朋は，のちに首相，元老として強い政治力をもった。

①　X　正　Y　正　Z　正　　②　X　正　Y　正　Z　誤
③　X　正　Y　誤　Z　正　　④　X　正　Y　誤　Z　誤
⑤　X　誤　Y　正　Z　正　　⑥　X　誤　Y　正　Z　誤
⑦　X　誤　Y　誤　Z　正　　⑧　X　誤　Y　誤　Z　誤

問4　下線部(c)に関連して，1880～1893年度の財政政策に関して述べた文X～Zについて，その正誤の組み合わせとして最も適切なものを，次の中から一つ選べ。 39

X　初期議会においては，減税を求める民党が政府に激しく対立したため，軍事力の増強をはかろうとする政府の予算案は容易に成立しなかった。

Y　財政赤字の対策として，赤字となっていた官営の鉱山や軍事工場の払い下げを断行した。

Z　デフレや貿易赤字への対策として，政府は増税により歳入を増やす一方，財政整理をすすめ，軍事費も大幅に削減された。

①　X　正　Y　正　Z　正　　②　X　正　Y　正　Z　誤
③　X　正　Y　誤　Z　正　　④　X　正　Y　誤　Z　誤
⑤　X　誤　Y　正　Z　正　　⑥　X　誤　Y　正　Z　誤
⑦　X　誤　Y　誤　Z　正　　⑧　X　誤　Y　誤　Z　誤

問5　下線部(d)の開戦時の首相であった人物名として最も適切なものを，次の中から一つ選べ。 40

①　陸奥宗光　②　松方正義　③　大隈重信　④　黒田清隆　⑤　伊藤博文

問6　下線部(e)の前後の時期の日本の対外政策に関する説明文として最も適切なものを，次の中から一つ選べ。 41

①　ロシアと協商を結びロシアとの衝突を回避しようという意見もあったが，山県有朋内閣は1902年に日英同盟協約を結び，ロシアの南下を防ごうとした。

②　日本は3次にわたって日韓協約を結び，韓国の外交権や内政権を掌握した後，1910年に韓国併合条約を成立させた。

③　日露戦争の戦費の大部分は増税でまかなわれ，一部をアメリカやイギリスで募集した外債に依存した。

④　アメリカの南満州鉄道共同経営の提案を受け入れざるをえなかった日本は，アメリカへの警戒心を強めてロシアに接近し，日露協約を結んだ。

⑤　第2次桂太郎内閣の外相小村寿太郎は，対米関係の緊張緩和に尽力して石井・ランシング協定を実現させたのち，関税自主権の回復にこぎ着けた。

問7　下線部(f)に関連して，日露戦争後の軍備の拡張問題に関して述べた文X～Zについて，その正誤の組み合わせとして最も適切なものを，次の中から一つ選べ。 42

X　日露戦争後，第1次西園寺公望内閣は帝国国防方針に基づいて大規模な軍備拡張をすすめようとしたが，景気の後退もあって財政は逼迫し，同内閣はゆきづまった。

Y　財政の悪化が続くなかで第2次西園寺公望内閣は，陸軍の2個師団増設を拒否した。反発した陸軍は陸軍大臣の上原勇作を辞任させて，同内閣を総辞職に追い込んだ。

Z　第2次西園寺公望内閣が総辞職したのち，第3次桂太郎内閣，第1次山本権兵衛内閣のいずれも懸案の陸軍の2個師団増設を実現できず，第2次大隈重信内閣が1915年にようやく増設案を成立させた。

①　X　正　Y　正　Z　正　　②　X　正　Y　正　Z　誤
③　X　正　Y　誤　Z　正　　④　X　正　Y　誤　Z　誤

⑤ X 誤　Y 正　Z 正　⑥ X 誤　Y 正　Z 誤
⑦ X 誤　Y 誤　Z 正　⑧ X 誤　Y 誤　Z 誤

問8　下線部(g)に関連して，第一次世界大戦がおきた1910年代から1920年代にかけて登場した文学・美術作品とその作者名の組み合わせとして**最も不適切なものを**，次の中から一つ選べ。 43

① 『黒船屋』— 竹久夢二　② 『羅生門』— 芥川龍之介　③ 『恩讐の彼方に』— 中里介山
④ 『暗夜行路』— 志賀直哉　⑤ 『伊豆の踊子』— 川端康成

問9　下線部(h)に関して述べた文X～Zについて，その正誤の組み合わせとして最も適切なものを，次の中から一つ選べ。 44

X　第一次世界大戦後，ワシントン会議で加藤高明は日本の全権として，海軍軍令部の反対をおしきって，主力艦保有比率を米・英5に対し日本を3に制限する海軍軍縮条約に調印した。

Y　1927年のジュネーヴ軍縮会議において，米・英・日の補助艦の制限に関する条約，翌1928年にはパリで戦争放棄についてそれぞれ協議された。いずれも参加国間の対立により決裂し条約の調印には至らなかった。

Z　1930年に浜口雄幸内閣は，ロンドン海軍軍縮会議で補助艦保有トン数を対英米約7割（大型巡洋艦6割）に制限する条約に調印した。大型巡洋艦が7割を下回ったことに反発した海軍軍令部や立憲政友会などは，統帥権の干犯として政府を激しく攻撃した。

① X 正　Y 正　Z 正　② X 正　Y 正　Z 誤
③ X 正　Y 誤　Z 正　④ X 正　Y 誤　Z 誤
⑤ X 誤　Y 正　Z 正　⑥ X 誤　Y 正　Z 誤
⑦ X 誤　Y 誤　Z 正　⑧ X 誤　Y 誤　Z 誤

問10　下線部(i)は，中国における日本の軍事行動が深く関わっている。そうした1931年度以降の日本の軍事行動として最も適切なものを，次の中から一つ選べ。 45

① 山東出兵　② 満州某重大事件　③ 上海事変　④ 済南事件　⑤ 三・一五事件

問11　下線部(j)に関する政策として**最も不適切なものを**，次の中から一つ選べ。 46

① 過度経済力集中排除法　② 農地改革　③ 労働関係調整法　④ 教育基本法
⑤ 経済安定九原則

問12　下線部(k)により，日本の領土はほぼ日清戦争前の状態にもどされたが，復帰が遅れた地域も存在した。1972年に復帰した地域を次の中から一つ選べ。 47

① 小笠原諸島　② 琉球諸島　③ 伊豆諸島　④ 奄美諸島（群島）　⑤ 硫黄諸島

問13　下線部(l)に関して述べた文X～Zについて，その正誤の組み合わせとして最も適切なものを，次の中から一つ選べ。 48

X　1951年に締結された日米安全保障条約は，アメリカの日本防衛義務が明確にされていなかったため，1960 年の新安保条約ではそれが明文化された。

Y　朝鮮戦争の勃発にともない，日本において軍事的空白が生じたため，ＧＨＱの指示により 1950 年に保安隊が新設された。これが戦後の再軍備の始まりであり自衛隊の起点ともなった。

Z　1954 年に結ばれた日米行政協定により，アメリカから経済・軍事援助を受けるかわりに防衛力を強化する義務を負った日本は，陸・海・空の自衛隊を発足させた。

① X 正　Y 正　Z 正　② X 正　Y 正　Z 誤

③ X 正　Y 誤　Z 正　④ X 正　Y 誤　Z 誤

⑤ X 誤　Y 正　Z 正　⑥ X 誤　Y 正　Z 誤

⑦ X 誤　Y 誤　Z 正　⑧ X 誤　Y 誤　Z 誤

世界史

(60 分)

〔Ⅰ〕 次の文章を読み，後の問いに答えよ。

(a)ペロポネソス戦争後の古代ギリシア世界は，(b)哲学者プラトンが平和とは戦争と戦争の合間に過ぎない，と述べたように安定しない状況が続いた。一方でそのころ，北方のマケドニアはフィリッポス 2 世が王に即位すると急速に勢力を増大させ，ついに(c)前 338 年にアテネを中心とするギリシア連合軍を撃破した。そしてギリシアにおける指導的な地位を得ると，コリントスに全ギリシアの代表を招集してコリントス同盟を結成し，(d)ペルシア遠征の実施を決定するが遠征直前に暗殺されてしまう。

父を継いだアレクサンドロス大王は前 334 年にペルシア遠征を始め，ダーダネルス海峡を越えて(e)アナトリア（小アジア）地方に上陸して初戦を飾ると，シリアでも決戦を制した（イッソスの戦い）。さらに(f)フェニキア人の都市ティルスで頑強な抵抗に遭うが，当地を占領した後に(g)エジプトを無血で従えた。その後，(h)ティグリス河畔のアルベラ（ガウガメラ）の戦いで勝利して(i)バビロンに入城してから，古都ペルセポリスを焼いた。前 330 年，(j)ペルシア王が暗殺され，ここに(k)アケメネス朝は滅亡した。しかしアレクサンドロスの東征はこれで終わらず，その後も現在のアフガニスタンの征服に成功した。さらに(l)インダス川に到達するとガンジス川方面へ進もうとするが，そこで部下にそれ以上の進軍を拒否されたため，(m)さらなるインドでの領土拡大はかなわなかった。そして前 323 年に彼はバビロンで 32 歳の若さで急逝した。

(n)アレクサンドロスの死後，征服した広大な領土は彼の部将たちの激しい戦いにより分割された。これらの国々も最終的にはローマに征服されてしまうが，彼の遠征はローマ人にも大きな影響を与えることになった。そしてローマ人を通じて(o)中世の西欧や(p)イスラーム世界においても彼の伝説は広く流布し，多くの人を魅了していった。

問 1　下線部(a)の世紀のアテネの様子を述べた文として**最も不適切なもの**を，次の中から一つ選べ。
1

① 喜劇作者のアリストファネスが活躍した。

② デロス同盟の盟主として他のポリスのギリシア人への支配を行った。

③ 将軍などの公職者を抽選で選んだ。

④ 貧富の差を問わず平等の参政権を市民は有した。

問 2　下線部(b)の哲学の特徴について述べた文として最も適切なものを，次の中から一つ選べ。 2

① 万物の根源を水と考えた。

② 中世ヨーロッパのスコラ哲学に大きな影響を与えた。

③　イデアこそ永遠不滅の実在とした。

④「万物の尺度は人間」と主張した。

問 3　下線部(c)の戦いの名称として最も適切なものを，次の中から一つ選べ。[3]

①　カイロネイアの戦い

②　サラミスの戦い

③　プラタイアの戦い

④　マラトンの戦い

問 4　下線部(d)の歴史について述べた文として**最も不適切なもの**を，次の中から一つ選べ。[4]

①　サファヴィー朝滅亡の直後に成立したのはパフレヴィー朝である。

②　イスラーム教徒がササン朝ペルシアを滅ぼしたのは正統カリフの時代である。

③　前 2 世紀半ばにパルティアがメソポタミアを征服した。

④　ササン朝ペルシアのシャープール 1 世はローマ軍を破り，皇帝を捕虜にした。

問 5　下線部(e)に関連して，のちにこの地を支配した国の歴史について述べた文として**最も不適切なもの**を，次の中から一つ選べ。[5]

①　メフメト 2 世がコンスタンティノープルを陥落させてビザンツ帝国を滅ぼした。

②　スレイマン 1 世の時にウィーンを包囲して，ヨーロッパ諸国に脅威を与えた。

③　セルジューク朝がアナトリアなどに進出したために十字軍が起こった。

④　ケマル＝アタテュルクが大規模な西欧化政策（タンジマート）を開始した。

問 6　下線部(f)について述べた文として最も適切なものを，次の中から一つ選べ。[6]

①　多神教で霊魂の不滅と死後の世界を信じ，『死者の書』を残した。

②　ミケーネ文明の頃，シドンなどを中心に地中海貿易を独占した。

③　アッシリアの勢力が衰えて活動を開始したセム系語族である。

④　カナーン人の使用した表音文字から線状の文字をつくった。

問 7　下線部(g)の歴史について述べた文として最も適切なものを，次の中から一つ選べ。[7]

①　古代の中王国時代の末期に「海の民」により混乱した。

②　サダトが 1952 年にエジプト革命で王政を倒して，大統領になった。

③　ローマ帝政期にキリスト教の五本山の一つが置かれた。

④　マムルーク朝のサラディンは十字軍を破りイェルサレムを奪還した。

問 8　下線部(h)の地域で最も古い都市文明を発展させた民族として最も適切なものを，次の中から一つ選べ。[8]

①　アッカド人

②　カッシート人

③ シュメール人

④ ヒッタイト人

問9 下線部(i)に関連して，この都市を中心とした国について述べた文として**最も不適切なもの**を，次の中から一つ選べ。[9]

① バビロン第一王朝（古バビロニア王国）の時にヘブライ人を征服した。

② 新バビロニア（カルデア）はアッシリア崩壊後に分立した4王国の一つである。

③ バビロン第一王朝（古バビロニア王国）はアムル人が建てた。

④ 新バビロニア（カルデア）はアケメネス朝に滅ぼされた。

問10 下線部(j)のペルシア王の名前として最も適切なものを，次の中から一つ選べ。[10]

① アルダシール1世

② キュロス2世

③ ダレイオス3世

④ ホスロー1世

問11 下線部(k)の状況について述べた文として最も適切なものを，次の中から一つ選べ。[11]

① 鉄製武器などを用いて前7世紀前半に全オリエントを征服した。

② 統治のために各州に知事がおかれ，「王の道」が整備された。

③ ソロモン王の時に最盛期であったが，後に住民の多くがバビロンに連れ去られた。

④ 「目には目を，歯には歯を」という復讐法の原則に立った法典が有名である。

問12 下線部(l)に関連して，インダス文明について述べた文として最も適切なものを，次の中から一つ選べ。[12]

① 菩薩の原型の像が見つかっている。

② 沐浴場などのレンガ造りの都市を広域にわたって建てた。

③ 『リグ＝ヴェーダ』という賛歌集がつくられた。

④ 文字が使われ，すでに解読されている。

問13 下線部(m)に関連して，古代インドの状況を述べた文として最も適切なものを，次の中から一つ選べ。[13]

① アショーカ王が前4世紀の終わりにマウリヤ朝を建てた。

② マウリヤ朝が衰退すると，ギリシア人勢力がバクトリアから進出した。

③ マウリヤ朝の最盛期の王チャンドラグプタは仏典の結集を行った。

④ ガウタマ＝シッダールタを始祖とするジャイナ教が成立した。

問14 下線部(n)に関連して，分割された領土と王朝名の組み合わせとして最も適切なものを，次の中から一つ選べ。[14]

① アンティゴノス朝シリア —— プトレマイオス朝マケドニア —— セレウコス朝エジプト

② アンティゴノス朝マケドニア —— プトレマイオス朝シリア —— セレウコス朝エジプト

③ アンティゴノス朝マケドニア —— プトレマイオス朝エジプト —— セレウコス朝シリア

④ アンティゴノス朝エジプト —— プトレマイオス朝シリア —— セレウコス朝マケドニア

問15　下線部(o)の文化について述べた文として最も適切なものを，次の中から一つ選べ。 15

① 『ニーベルンゲンの歌』はカール大帝時代の騎士の武勇を題材としている。

② 実験を重視するトマス＝アクィナスの自然科学は近代科学を準備した。

③ 11世紀に厚い石壁と小さな窓をもつゴシック様式がうまれた。

④ アベラールはスコラ学の普遍論争で唯名論を主張した中心人物の一人である。

問16　下線部(p)のイスラーム世界について述べた文として**最も不適切なもの**を，次の中から一つ選べ。
16

① モンゴル軍にアッバース朝を滅ぼされたあと，カリフ制度がいったん消滅した。

② サーマーン朝が東トルキスタンに成立するとトルコ人のイスラーム化が進んだ。

③ ムスリム商人がモンスーンを利用して「海の道」の交易に進出した。

④ 神秘主義を容認したガザーリーはギリシア哲学も学んだ神学者の代表である。

〔Ⅱ〕　次の文章を読み，後の問いに答えよ。

近代以前の東アジアとその周辺地域における国家体制は，様々な面で最も早くに成立した中国王朝の体制をモデルとしていった。

中国最古の王朝としては(a)殷が知られるが，王朝体制の理念的なモデルとしては，続く周が儒教思想の形成とともに理想化されて，後の時代に伝えられた。(b)「礼」による統治がなされたとされる周では，王や諸侯などの君主に対して，その行跡に応じて死後に「武王」「桓公」といった諡号《しごう》をつけ，本名の代わりに用いるという制度が存在した。こうした制度は，漢以後の中国の各王朝に継承され，さらに(c)「文帝」「明帝」といった諡号と，「太祖」「高宗」といった廟号《びょうごう》の２種類の尊称により歴代の皇帝が称されるようになった。こうした制度は，朝鮮半島や(d)ベトナムなどの周辺地域の王朝においても基本的に用いられていった。

一方，君主の称号としては，(e)秦の統一とともに，王に代わり新たに「皇帝」の称号が定められた。本来，地上世界における唯一至高の君主たるべきものとして創出された皇帝の称号は，まさに中国全体に君臨する存在として，以後の歴代王朝に継承された。(f)周辺地域の王朝では，一歩序列の下がる称号となった王を用いる場合が多かったが，中国王朝と同様に皇帝を使用したり，あるいはそのほかの皇帝と同格と位置付けられる称号を使用する事例も存在した。古代の日本における「天皇」という称号の採用も，その一例である。

続く(g)前漢では，新たに(h)年号（元号）による紀年法が用いられるようになった。中国では，古代より君主の在位年数を基準にする紀年法が各王朝，さらに各諸侯国で用いられていた。前漢も，当初はこれを踏襲していたが，(i)武帝の即位後に年号を定めることが開始され，即位をはじめ，めでたい出来事を節目に新たな年号へと変更するようになった。ただ明清時代は，原則として皇帝の在位中は年号を変更しない「一世一元の制」が確立され，これに伴い(j)皇帝も年号で称する慣習が定着した。こうした制度も日本やベトナムなどの周辺地域に伝わり，それぞれ独自に年号を制定したが，中国王朝の影響の強い地域では，中国の年号を使用する事例も少なくなかった。

こうした制度は，(k)多くの地域で近代にあいついで王朝体制が終わりを迎えたことで，現在はほとんど見られなくなったが，その中で日本の天皇をめぐる諸制度は，こうした伝統に由来し，今なおそれを継承していることが理解できる。

問1　下線部(a)について述べた文として**最も不適切なもの**を，次の中から一つ選べ。 17

①　その前に夏王朝が存在したとされるが，その実在はなお証明されていない。

②　殷王のもとに多数の氏族集団が連合して形成された。

③　王は神への祭祀と神意の占卜《せんぼく》によって宗教的権威を有した。

④　漢字の原形にあたる楔形文字が用いられた。

⑤　20世紀に至って殷墟の発掘により実在が証明された。

問2　下線部(b)について述べた文として**最も不適切なもの**を，次の中から一つ選べ。 18

①　周王は天命を受けた天子として諸侯に君臨した。

②　周の一族や旧来からの家臣のみが封土を与えられて諸侯となった。

③　諸侯の家臣は卿・大夫・士として封土を与えられた。

④　親族間の秩序や祭祀の方法を定めた宗法がつくられた。

⑤　封土の分与による周王朝の統治のありかたは，「封建」とよばれた。

問3　下線部(c)に関連して，以下の呼称の皇帝について述べた文として最も適切なものを，次の中から一つ選べ。 19

①　後漢の光武帝は，黄巾の乱などの王莽に対する各地の反乱のなかで勢力をのばし，漢を復興した。

②　北魏の孝文帝は，里甲制を施行するとともに，積極的な漢化政策を進めた。

③　隋の文帝は，陳を滅ぼして中国を統一し，また南北を結ぶ大運河を完成させた。

④　唐の玄宗は，節度使を辺境防衛にあたらせたが，安史の乱を招いた。

⑤　北宋の神宗は，張居正を宰相に起用して改革を推進させた。

問4　下線部(d)の歴史について述べた文として**最も不適切なもの**を，次の中から一つ選べ。 20

①　1世紀末にメコン川下流域に扶南が成立した。

②　2世紀末に中部にチャンパー（林邑）が成立した。

③　北部地域では中国王朝の支配を経て，11世紀に李朝大越国が成立した。

④　19世紀初頭には，阮朝の成立により南北が統一された。

⑤　アロー戦争の結果，阮朝はフランスの保護下に入り，その植民地となった。

問 5　下線部(e)が実現した年として最も適切なものを，次の中から一つ選べ。 21

① 前256年　② 前221年　③ 前206年　④ 前202年

問 6　下線部(f)に関連して，成立より王を称していた朝鮮王朝が，近代に入り皇帝を称するようになるまでの過程を述べた次の文章の空欄 A ～ C に入る語句として最も適切なものを，次の中から一つずつ選べ。ただし，一つの選択肢は一度しか選べない。

A = 22　B = 23　C = 24

朝鮮王朝は， A を契機として，日本との間で1876年に日朝修好条規を結び，釜山などを開港した。一方で，1880年代には，急進改革派による B など，クーデタが相次いだ。こうした事態に朝鮮への影響力を維持しようとする清と，進出を試みる日本が介入することで対立が深まり， C を契機とした双方の出兵から日清戦争へと発展した。その結果，清は朝鮮の完全な独立を承認し，1897年に大韓帝国と国名が改められて皇帝の称号が使用されるようになった。

① 義和団事件　② 江華島事件　③ 甲午農民戦争　④ 甲申政変　⑤ 壬午軍乱
⑥ 戊戌の政変

問 7　下線部(g)の都として最も適切なものを，次の中から一つ選べ。 25

① 開封　② 咸陽　③ 長安　④ 洛陽　⑤ 臨安

問 8　下線部(h)に関連して述べた次の文(あ)～(え)について，空欄 D ～ G に入る年号として最も適切なものを，次の中から一つずつ選べ。ただし，一つの選択肢は一度しか選べない。

D = 26　E = 27　F = 28　G = 29

(あ) 唐の太宗による治世は，「 D の治」として理想化された。

(い) 1126年に金の侵攻により北宋の徽宗上皇と欽宗皇帝がとらえられた事件は，「 E の変」と称される。

(う) 清による大規模な編纂事業の成果の一つが『 F 字典』である。

(え) 清は太平天国などの反乱を鎮定したあと，「 G の中興」と称される政治的安定を迎えた。

① 康熙　② 貞観　③ 靖康　④ 宣統　⑤ 同治

問 9　下線部(i)の治世の出来事について述べた文として**最も不適切なもの**を，次の中から一つ選べ。

30

① 班超を西域に派遣した。
② 衛氏朝鮮を滅ぼし，朝鮮半島の北部などに楽浪郡など4つの郡を設置した。
③ 塩などの専売や均輸・平準による経済統制策により財政難に対処した。
④ 董仲舒の提案で，儒学が官学とされた。
⑤ 司馬遷が『史記』を著した。

問10　下線部(j)に該当する皇帝の説明として最も適切なものを，次の中から一つ選べ。[31]

①　明の洪武帝は，内閣を廃止して六部を皇帝に直属させた。

②　明の永楽帝は，南京へ遷都した。

③　清の雍正帝は，軍機処を設置した。

④　清の乾隆帝は，突厥を滅ぼして現在の新疆を領有した。

⑤　清の光緒帝は，陳独秀らの提言を受けて政治改革を試みたが，西太后らのクーデタにより失敗に終わった。

問11　下線部(k)について述べた文として**最も不適切なもの**を，次の中から一つ選べ。[32]

①　琉球王国は，明治維新後にそれまでの日清両属の状況から日本が領有化を進めたことで，最終的に1879年に沖縄県の設置によって滅亡した。

②　大韓帝国は，日本による植民地化によって滅亡したが，義兵などの抵抗運動も根強く展開された。

③　清は，義和団事件後に立憲制導入を目指して改革を進めたが，辛亥革命の結果，1912年に滅亡した。

④　ベトナムの阮朝は，フランスの保護下に存続したが，第一次世界大戦の終結とともに，独立を宣言したベトナム民主共和国にとってかわられる形で滅亡した。

〔Ⅲ〕　次の文章を読み，後の問いに答えよ。

マルクスはユダヤ系のドイツ人であり，(a)ウィーン体制の反動政治の下，イギリスへ亡命した。三月革命の時には，[A]と協力して『共産党宣言』を発表し，万国の労働者の団結を唱えた。マルクスが亡命先のイギリスで見たのは，(b)産業革命後「世界の工場」となりながらも，少数の産業資本家が多数の労働者に劣悪な条件下，長時間労働や低賃金を強いている実態であった。当時のイギリスでは，産業資本家の有利になるよう，[B]政策が取られていた。資本主義社会の弊害はイギリスに留まるものではなかった。1864年には各国の社会主義者がロンドンに集まり(c)第1インターナショナルが結成された。マルクスの史的唯物論は(d)20世紀に幾多の共産主義国家が成立する際，その思想的な支柱となった。

19世紀から20世紀初期にかけて，(e)ヨーロッパでは市民層が文化の主たる担い手となった。そのような中，ヨーロッパでは近代文明の優越を誇る一方，非ヨーロッパ地域の文化を軽視する意識が一般化した。こうした意識や圧倒的な軍事力に裏打ちされて，イギリスやフランスをはじめとする欧米先進諸国は(f)ヨーロッパ外に植民地・従属地域を拡大した。この動きは帝国主義とよばれる。後にロシア革命の指導者となる[C]はマルクスの思想を継承し，帝国主義を批判した。(g)列強間の帝国主義的対立は，第一次世界大戦が勃発する大きな要因となった。

すでに19世紀後期，[D]はヨーロッパの市民文化への批判を通して神不在の時代におけるニヒリズムの哲学を構想していた。(h)野蛮な様相を呈した第一次世界大戦は，多くのヨーロッパ人に反省を強いた。同大戦後，[E]『西洋の没落』が広く読まれたのは，その一つのあらわれである。

第二次世界大戦は第一次世界大戦に勝る荒廃をもたらしたものの，かつての帝国主義や植民地体制の矛盾は完全に解決されたわけではなかった。その例として，(i)パレスチナ問題が挙げられる。第一次世界大戦後，イギリスはアラブ民族と(j)ユダヤ人国家建設運動の双方に，パレスチナを含む地域での独立支援を約束した。にもかかわらず1948年のイスラエル建国宣言後，多くのアラブ人がパレスチナを追われ難民となった。こうした経緯を背景にサイードは，(k)第三世界に対する西洋の偏見を批判している。

問1　空欄 A ・ C に入る語句として最も適切なものを，次の中から一つずつ選べ。ただし，一つの選択肢は一度しか選べない。

A ＝ 33　C ＝ 34

①　エンゲルス　②　オーウェン　③　ケレンスキー　④　サン＝シモン
⑤　ベルンシュタイン　⑥　リープクネヒト　⑦　レーニン

問2　空欄 B に入る語句として最も適切なものを，次の中から一つ選べ。 35

①　自由貿易　②　東方植民　③　保護貿易　④　宥和

問3　空欄 D ・ E に入る語句として最も適切なものを，次の中から一つずつ選べ。ただし，一つの選択肢は一度しか選べない。

D ＝ 36　E ＝ 37

①　シケイロス　②　シュペングラー　③　ダーウィン　④　デューイ
⑤　ニーチェ　⑥　フロイト　⑦　マックス＝ヴェーバー

問4　下線部(a)について述べた文として**最も不適切なものを**，次の中から一つ選べ。 38

①　フランス革命以前の体制への復帰を目指した。
②　自由主義と国民主義は抑圧された。
③　列強諸国の協議による勢力均衡と平和を維持するしくみが定着した。
④　イギリスとオーストリアが列強体制の柱となった。

問5　下線部(b)について述べた文として最も適切なものを，次の中から一つ選べ。 39

①　アークライトによる蒸気機関の改良は，生産の効率をさらに高めた。
②　技術革新は，まず綿工業の分野でロンドンを中心に始まった。
③　大規模なギルド制手工業が出現し，大量生産で安価な商品を供給した。
④　これに先行する条件として，豊かな市場と有利な投資先を求める資本の存在などが挙げられる。

問6　下線部(c)について述べた文として最も適切なものを，次の中から一つ選べ。 40

①　1878年に解散した。
②　ラサールがその指導者となった。
③　バクーニンら無政府主義者と社会主義者との対立が起きた。
④　解散の理由として，三月革命後の弾圧の激化などが挙げられる。

問7　下線部(d)について20世紀に共産主義政権が存在した国家として**最も不適切なものを**，次の中から一つ選べ。[41]

① カンボジア　② キューバ　③ 大韓民国　④ ベトナム

問８　下線部(e)について，その代表的な作品として最も適切なものを，次の中から一つ選べ。[42]

① 『失楽園』　② 『ドン＝キホーテ』　③ 『ファウスト』　④ 『ローランの歌』

問９　下線部(f)について述べた文として**最も不適切なもの**を，次の中から一つ選べ。[43]

① フランスはユエ条約によりベトナムの北部と中部を支配下に置いた。

② ミュンヘン会議で，ベルギー国王の所有地としてコンゴ自由国の設立が認められた。

③ イギリスは東インド会社を解散し，インドの直接統治に乗り出した。

④ ドイツはカメルーン・南西アフリカなどの植民地を得た。

問10　下線部(g)について述べた文(あ)～(え)について，年代の早いものから順に並べたものとして最も適切なものを，次の中から一つ選べ。[44]

(あ) ドイツが砲艦をアガディールに派遣して，フランスを牽制した。

(い) フランスのモロッコ進出に抗議して，ヴィルヘルム２世が列国会議を要求した。

(う) アフリカの植民地建設についてフランスとイギリスが衝突するファショダ事件が起きた。

(え) イギリスとフランスは英仏協商を結び，ドイツに対抗した。

① (あ) → (え) → (う) → (い)

② (え) → (う) → (あ) → (い)

③ (い) → (あ) → (え) → (う)

④ (う) → (え) → (い) → (あ)

問11　下線部(h)について，当時使われた新兵器として**最も不適切なもの**を，次の中から一つ選べ。[45]

① 航空機　② 戦車　③ 大砲　④ 毒ガス

問12　下線部(i)に関連して，中東戦争に関する出来事を年代の早いものから順に並べたとき，**後から２番目**にくるものとして最も適切なものを，次の中から一つ選べ。[46]

① エジプトのサダト大統領はシリアとともにイスラエルに反撃し，まもなく停戦になった。

② アラブ連盟はイスラエルの建国に反対して，戦争になった。

③ エジプトのスエズ運河国有化に反対して，イギリス・フランス・イスラエルはエジプトに軍事行動を起こした。

④ パレスチナ解放機構の設置から３年後，エジプト・シリアなどとイスラエルのあいだに戦争が起きた。

問13　下線部(j)についてこれを別名で何というか。最も適切なものを，次の中から一つ選べ。[47]

① サンディカリズム　② シオニズム　③ ダダイズム　④ ポピュリズム

問14　下線部(k)について述べたものとして最も適切なものを，次の中から一つ選べ。 48

①　プラグマティズム　　②　ポスト＝コロニアル研究

③　ニヒリズム　　④　リアリズム

地理

(60 分)

〔I〕 次の図を見て、以下の問いに答えよ。

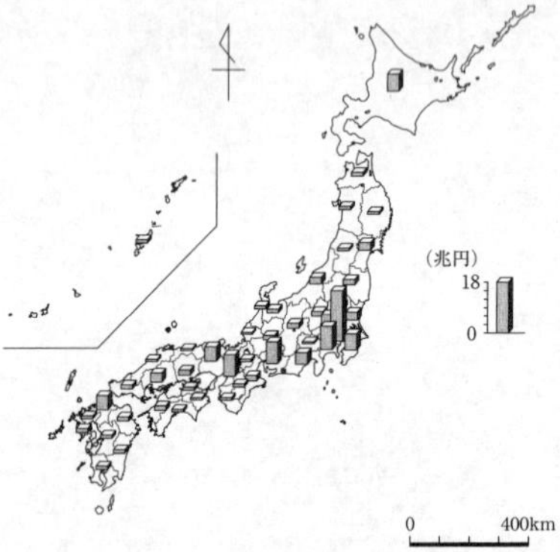

図 1 小売年間商品販売額 (2016 年)

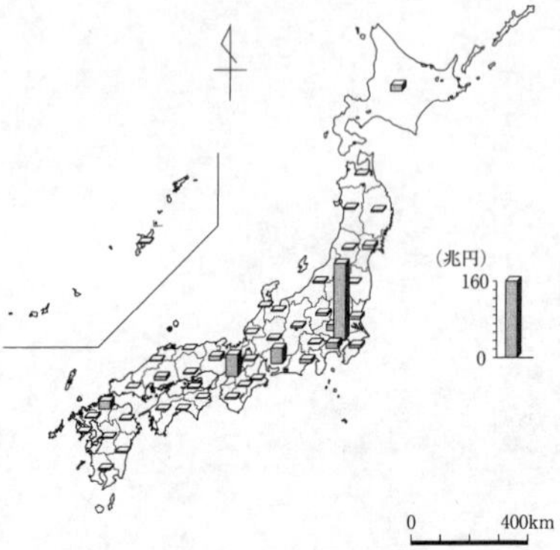

図 2 卸売年間商品販売額 (2016 年)

注：販売額は、法人組織の事業所と個人経営の事業所の合計である。

出典：「平成 28 年経済センサス - 活動調査結果 (卸売業、小売業)」

(編集の都合上，65％に縮小ー編集部)

問 1 図 1 は、都道府県ごとの小売年間商品販売額を示したものである。この数値の大きさと関連が深いと考えられる各都道府県の指標として最も適切なものを、次の中から一つ選べ。 1

① 面積 ② 製造品出荷額等 ③ 人口 ④ 農用地面積 ⑤ 弁護士数

問 2 図 1 を見て、小売年間商品販売額について述べた文として最も適切なものを、次の中から一つ選べ。

2

① 東京都、愛知県、大阪府、福岡県で販売額が多いのは、製造業の主力工場が多く、そこに向けて、通勤で、多数の人が集まるためである。

② 青森県、岩手県、秋田県などの北東北地方は、北海道への通勤者が多く、その結果、販売額は域外に流出する。

③ 鹿児島県、宮崎県、熊本県などの九州南部は、農家の所得水準が高いために、販売額も多い。

④ 神奈川県は、東京都への通学・通勤者が多く、その結果、販売額が東京に流出している。

⑤ 沖縄県、北海道など、観光地を多く抱える道県は、外国に近接するため、観光客が大幅に増加し、販売額も多い。

問3　小売業について、1990年から2018年に至る期間の傾向として、販売額を増加させた業態と、低下させた業態の組み合わせとして最も適切なものを、次の中から一つ選べ。 3

	百貨店	スーパーマーケット	コンビニエンスストア
①	増加	増加	増加
②	増加	減少	増加
③	減少	増加	増加
④	減少	減少	増加
⑤	減少	減少	減少

問4　図2は、都道府県ごとの卸売年間商品販売額を示したものである。この数値の大きさと関連が深いと考えられる各都道府県の指標として最も適切なものを、次の中から一つ選べ。 4

①　アウトレットモールの販売額　　②　大企業の本社・支所数　　③　人口
④　コンビニエンスストアの販売額　　⑤　スーパーマーケットの販売額

問5　図2をみて、卸売年間商品販売額について述べたものとして最も適切なものを、次の中から一つ選べ。 5

①　北海道、福岡県、広島県、宮城県は、東京都、愛知県、大阪府と、ほぼ同じ額が示されている。
②　東京都の額は大阪府の額の約2倍である。
③　東京都の額が最も高く、大阪府、愛知県がこれに続いている。
④　日本海側の都道府県の額が高い。
⑤　小売年間商品販売額と比べて東京都の額が、全国に占める割合が低い。

問6　次の表1は、卸売商品販売額と小売商品販売額の比率を比べ、その比率が高い上位10位の都道府県を表している。空欄 A ～ D に入る道県名の組み合わせとして最も適切なものを、選択肢の中から一つ選べ。 6

表1

順位	都道府県	卸売商品販売額／小売商品販売額の比率	小売年間商品販売額（兆円）	卸売年間商品販売額（兆円）	都道府県人口（万人）
1	東京都	8.71	20.5	179.1	1,363
2	大阪府	4.81	10.3	49.7	885
3	愛知県	3.93	8.8	34.8	755
4	A	3.19	2.9	9.2	231
5	B	2.89	5.8	16.9	513
6	C	2.77	3.3	9.1	284
7	群馬県	2.24	2.2	5.0	199
8	香川県	2.24	1.1	2.6	99
9	(a)石川県	2.10	1.3	2.8	115
10	D	1.87	6.5	12.3	533

注：人口のみ2017年の数値で、「住民基本台帳」による。それ以外は、2016年の数値である。
なお、都道府県人口について千以下は切り捨て。

選択肢	A	B	C	D
①	北海道	広島県	福岡県	宮城県
②	広島県	北海道	宮城県	福岡県
③	宮城県	福岡県	広島県	北海道
④	福岡県	宮城県	北海道	広島県
⑤	宮城県	広島県	福岡県	北海道

問7　問6の表1から読み取れることとして最も適切なものを、次の中から一つ選べ。 7

① 東京都、大阪府、愛知県は、卸売販売額のみが上位になっている。

② A は、 B ・ C ・ D よりも、小売業、卸売業とも、額が大きい。

③ 小売販売額は各都道府県の人口に概ね比例しているが、卸売販売額はそれに比較すると人口への比例は弱くなる。

④ 1位から10位までの都道府県は、全て政令指定都市を有している。

⑤ 1位から10位までの都道府県は、全て太平洋ベルトに位置している。

問8　問6の表1内の下線部(a)の気候の特色として最も適切なものを、次の中から一つ選べ。 8

① 1年中温暖で降水量が多く、台風が接近する回数も多い。

② 冬が長く寒さが厳しく積雪はあるが、梅雨はないために、年間降水量は少ない。

③ 夏に晴れの日が多いが、冬は雪や雨が多く降るために、年間降水量は多くなる。

④ 夏は蒸し暑く、冬に晴れの日が多いが、台風が接近する時期には降水量が多くなる。

⑤ 温暖な気候で、年間を通して降水量は少ない。

〔Ⅱ〕 インドに関する次の文章と表を見て、以下の問いに答えよ。

(a)インドの人口は世界第２位であり、(b)13 億を超える人々が暮らしている。インドではICT関連産業が急成長しており、これには主に３つの背景がある。

１つ目は、英語が堪能な人が多いことである。インドは1947 年まで D の植民地であった。また(c)最も多く話されているヒンディー語以外にも多数の言語があり、英語が広く共通言語として使用されている。

２つ目は、カースト制度である。インド人の７割を超える人々が信仰する E に基づく身分制度の一種で、所属するカーストによって職業が限定されることもあるが、ICT 関連産業はそのような限定を受けない傾向があると言われている。

３つ目は、インドとアメリカ合衆国との時差である。インドと(d)アメリカ合衆国西海岸の間には、およそ F の時差がある。そのため、両国のICT 関連企業が提携すれば、一方が昼の時は一方が夜という状況を利用して、24 時間を通してソフトウェアの開発ができる。

問１　下線部(a)に関して、次の表２は、世界の人口上位 11 か国を示したものである。空欄 A ～ C に入る国名として最も適切なものを、次の中から一つずつ選べ。ただし、一つの選択肢は一度しか選べない。

A ＝ 9　　B ＝ 10　　C ＝ 11

表２

順位	国	人口（千人）
1	A	1,415,046
2	インド	1,354,052
3	B	326,767
4	インドネシア	266,795
5	ブラジル	210,868
6	パキスタン	200,814
7	ナイジェリア	195,875
8	バングラデシュ	166,368
9	ロシア	143,965
10	メキシコ	130,759
11	C	125,210

出典：「データブック　オブ・ザ・ワールド 2019」

①　ドイツ　　②　ベトナム　　③　日本　　④　フィリピン
⑤　アメリカ合衆国　　⑥　エチオピア　　⑦　中国　　⑧　エジプト

問２　下線部(b)に関して、次の図はブラジル、アメリカ合衆国、スウェーデン、インド、エチオピア、日本における年齢３区分別人口割合を示したものである。インドと日本の年齢３区分別人口割合を示した図として最も適切なものを、次の中から一つずつ選べ。ただし、一つの選択肢は一度しか選べない。

インド＝ [12]　　日本＝ [13]

年齢3区分別人口割合（%、2015年）

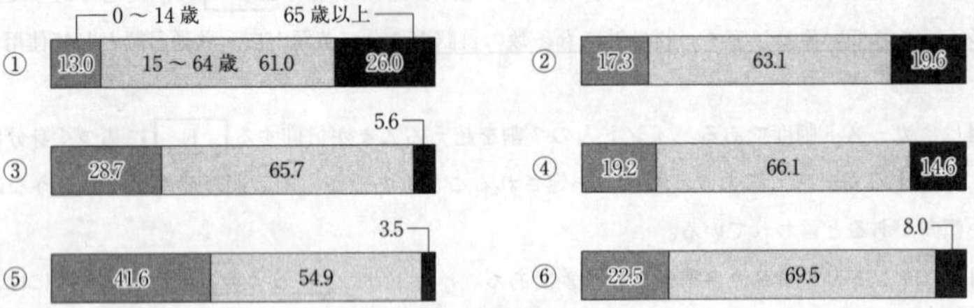

出典：「データブック　オブ・ザ・ワールド2019」

問3　下線部(c)に関する説明として**最も不適切なもの**を、次の中から一つ選べ。[14]

① インドでは憲法に22の言語が記載されている。

② 北部と中部ではインド・ヨーロッパ系言語、南部ではドラヴィダ（ドラビダ）系言語が主に話されている。

③ インドの紙幣には、主要な10以上の言語が表示されている。

④ インドでは、ヒンディー語を話す人が最も多いが、南部での使用に限られている。

問4　空欄 [D] に入る国名として最も適切なものを、次の中から一つ選べ。[15]

① アメリカ合衆国　② イギリス　③ スペイン

④ オーストラリア　⑤ フランス

問5　空欄 [E] に入る宗教として最も適切なものを、次の中から一つ選べ。[16]

① イスラム教　② キリスト教　③ ヒンドゥー教　④ 儒教　⑤ 仏教

問6　下線部(d)に関連して、カリフォルニア州にある、ICT関連産業が集中している場所の名称として最も適切なものを、次の中から一つ選べ。[17]

① スノーベルト　② ウォール街　③ シリコンヴァレー

④ タイムズスクエア　⑤ ホワイトハウス

問7　空欄 [F] に入る時間として最も適切なものを、次の中から一つ選べ。[18]

① 3時間　② 8時間　③ 13時間　④ 18時間　⑤ 23時間

〔Ⅲ〕 次の文章を読み、以下の問いに答えよ。

地図が「表現」であるということは、それがつねに表現する当の対象である地球表面よりも「まばら」にされ、単純化されたものであるということだ。地図は地球表面上の諸現象すべてを描きだすものではない。（中略）けれども、記号表現としての地図が表現される当の世界に対してもつこの「まばらさ＝稀少性」こそが、地図を通じて世界を可視化し、読解することを可能にするのである。私たちは(a)航空写真や衛星写真さえも、地図をてがかりにして理解する。実際、航空写真や衛星写真には、地名も(b)等高線も書かれていないのだから、結局は地図をたよりにするしかないのである。（中略）人は地図を見ることを通じて、自らの肉体的な視点を超える広がりをもった世界を見る。けれども、その時人が見る地図は、(c)世界そのものをそっくり写し取ったものではない。(d)地図に表現された「世界」は、現実の多様さの中から(e)特定の視点に基づいて選択された一定の要素だけから成り立っており、地図を作成する人間や社会による選択の主題や(f)表記の手法に沿って秩序付けられた世界の像である。

出典：若林幹夫、1995、『地図の想像力』講談社、pp.47-8

問１　下線部(a)に関連して述べた文として**最も不適切なもの**を、次の中から一つ選べ。[19]

①　GPS は GNSS の一例である。

②　同一地域を異なる角度から撮影した航空写真を用いると、地形を立体視することができる。

③　GIS とは、地理情報システムのことである。

④　鳥瞰図とは、真上から撮影した航空写真をつなげて作った地図で、山岳地形の景観図や観光地図などに用いられる。

⑤　衛星画像は天気予報などで活用されてきたが、現在はインターネットを通じて個人でも利用できる。

問２　下線部(b)に関連して述べた文として**最も不適切なもの**を、次の中から一つ選べ。[20]

①　等高線の間隔が密なところは傾斜が急で、まばらなところはゆるやかである。

②　三角点は三角測量を用いて経緯度を測量するための基準点であり、一等から四等まである。

③　地形図では、尾根を示す等高線は標高の高い方に張り出す形で描かれ、各等高線の張り出しの最先端部を結んで描いたものが尾根線である。

④　日本の地形図では計曲線・主曲線・補助曲線の３種類の等高線を用いて地表の起伏を表現している。

⑤　水準点はその地点の標高を求める水準測量を行う際の基準点で、日本では主要道路沿いにほぼ２km ごとに設置されている。

問３　下線部(c)に関連して、球体である地球を平面図で表すことで生じるひずみに対応した、さまざまな地図投影法について述べた文として最も適切なものを、次の中から一つ選べ。[21]

①　正距方位図法では、中心部で形や面積にひずみが大きくなる。

②　等角航路は常に２地点間の最短経路を示す。

③　分布図を作成するには、正角図法で描かれた地図を利用するのが望ましい。

④　国際連合の旗は、北極中心の正積図の南緯60度以北を図案化したものである。

⑤　正距方位図法の世界全図の外周上の円は、中心点の対蹠《たいせき》点を示している。

問4　下線部(d)に関連して、中世キリスト教の世界観が表現されている地図として最も適切なものを、次の中から一つ選べ。 22

①　プトレマイオスの世界地図　②　カルトグラム　③　TOマップ

④　メルカトルの世界地図　⑤　メンタルマップ　⑥　マルティン＝ベハイムの地球儀

問5　下線部(e)のようにある一定の要素にもとづいて地図を作る際、地域を区分する方法は多数あるが、機能地域（結節地域）による区分の例として最も適切なものを、次の中から一つ選べ。 23

①　通勤圏　②　言語圏　③　気候区分　④　農牧業地域区分　⑤　宗教圏

問6　下線部(f)に関連して、地図の表現手法のうち、相対分布図に当たるものとして最も適切なものを、次の中から一つ選べ。 24

①　ドットマップ　②　等値線図　③　流線図　④　メッシュマップ　⑤　地形図

問7　地図の活用について述べた文として**最も不適切なもの**を次の中から**二つ**選べ。ただし、三つ以上マークした場合はすべて無効とする（解答欄 25 に二つマークせよ）。

①　国土地理院発行の5万分の1地形図はユニバーサル横メルカトル図法で表現される。

②　地域調査の予備調査として行う文献調査には、地図を用いて対象地域の概要を把握することは含まれない。

③　2万5千分の1地形図上での10cmは、実際の25kmに当たる。

④　あるテーマに関連する場所を訪れて、地図を見ながら現地を観察することは、野外調査に当たる。

⑤　地図記号は、新しく追加されたり、廃止されたり、色が変更されたりすることがある。

⑥　住宅地図とは、1軒1軒の住宅が分かるように、地番、表札の名前、道路と敷地の区画などを記した地図である。

問8　例えば東北地方太平洋沖地震やそれにともなう被害とその後の状況について、岩手県・宮城県・福島県内の情報を調べるとする。その際に、地図を用いる方法として**最も不適切なもの**を、次の中から一つ選べ。 26

①　津波が浸水した範囲をデジタル地形図上に示す。

②　東北地方太平洋沖地震以前に市町村が発行していたハザードマップを集めて、実際の浸水域と比較する。

③　建設された応急仮設住宅を地図上に点で示して、分布を把握する。

④　GISと国勢調査データを利用して、町丁目ごとの地震前後の人口変化率を地図で表す。

⑤　人口一人当たりの被災建物戸数を、ドットマップを用いて示す。

〔Ⅳ〕 環境問題に関する次の文章を読み、以下の問いに答えよ。

地球は全体的に温暖化に向かっているが、その大きな要因は(a)大気中の温室効果ガス（二酸化炭素、メタンなど）の増加である。国際的な地球温暖化対策として、1997 年に開催された国際会議では、温室効果ガスの削減を目指す［A］が締結された。［A］では(b)先進国には削減が義務づけられたが、発展途上国には削減目標は課されなかった。2015 年には［B］が締結され、途上国を含むすべての国が協調して温室効果ガスの削減に取り組むことが義務づけられた。大気汚染も深刻化している。大気汚染は偏西風や季節風などにのって発生源以外の国にも広がるため、(c)越境大気汚染が問題になっている。

世界では砂漠化が進んでいる地域も多い。砂漠化が進み植生が失われると、［C］が発生しやすくなり、より広い範囲に被害を拡大させる。砂漠化に対処するために、国連環境計画（［D］）や先進国が国際協力を行うほか、各国の非政府組織（［E］）が現地の人々を援助している。

日本では、工場から排出された汚染物質で土や水、大気が汚染され、深刻な公害が発生した。特に、化学工場から海に排出されたメチル水銀による［F］、1965 年に確認された有機水銀による第二［F］、石油化学コンビナートの大気汚染による［G］、鉱山から排出されたカドミウムによる［H］は四大公害病と呼ばれている。

問 1　下線部(a)に関連し、次の表は、アメリカ合衆国、EU、中国、日本、ロシア、インド、その他について、1990 年と 2016 年の二酸化炭素排出量の世界全体に占める割合を示したものである。このうち、日本とインドに該当するものとして最も適切なものを、次の中から一つずつ選べ。ただし、一つの選択肢は一度しか選べない。

日本＝［27］　　インド＝［28］

	1990 年	2016 年
①	10.3 %	28.2 %
②	23.4 %	15.0 %
③	19.6 %	9.9 %
④	2.6 %	6.4 %
⑤	10.5 %	4.5 %
⑥	5.1 %	3.5 %
その他	28.5 %	32.5 %

出典：「日本国勢図会 2019/20 年版」

問 2　空欄［A］・［B］に入る語句として最も適切なものを、次の中から一つずつ選べ。ただし、一つの選択肢は一度しか選べない。

［A］＝［29］　　［B］＝［30］

① 気候変動枠組条約　② モントリオール議定書　③ パリ協定
④ 生物多様性条約　⑤ バーゼル条約　⑥ ワシントン条約
⑦ ウィーン条約　⑧ 京都議定書

問 3　下線部(b)に関連して、 A において 1990 年を基準として、日本に義務付けられた温室効果ガスの削減目標として最も適切なものを、次の中から一つ選べ。 31

① 1.5 %　② 2 %　③ 6 %　④ 10%　⑤ 15%

問 4　下線部(c)に関して述べた文Ｘ・Ｙについて、その正誤の組み合わせとして最も適切なものを、次の中から一つ選べ。 32

X　現在の日本では、中国から飛来するものを含む微小な浮遊粒子状物質（PM2.5）の濃度が上昇し、健康への影響が懸念されている。

Y　1970 年代に長距離越境大気汚染条約が採択され、ヨーロッパ諸国とアメリカ合衆国、カナダなどが加盟した。

① X 正　Y 正
② X 正　Y 誤
③ X 誤　Y 正
④ X 誤　Y 誤

問 5　空欄 C に入る語句として最も適切なものを、次の中から一つ選べ。 33

① 噴火　② 過放牧　③ ダストストーム　④ 水害　⑤ はん濫

問 6　空欄 D ・ E に入る語句として最も適切なものを、次の中から一つずつ選べ。ただし、一つの選択肢は一度しか選べない。

D = 34　　E = 35

① NPO　② UNEP　③ FAO　④ COP　⑤ NGO

問 7　空欄 F ・ G ・ H に入る語句の組み合わせとして最も適切なものを、次の中から一つ選べ。 36

	F	G	H
①	水俣病	四日市ぜんそく	イタイイタイ病
②	四日市ぜんそく	イタイイタイ病	水俣病
③	イタイイタイ病	水俣病	四日市ぜんそく
④	水俣病	イタイイタイ病	四日市ぜんそく
⑤	四日市ぜんそく	水俣病	イタイイタイ病
⑥	イタイイタイ病	四日市ぜんそく	水俣病

政治・経済

(60分)

〔Ⅰ〕 次の文章を読み，後の問いに答えよ。

日本国憲法では，基本的人権の保障として，様々な人権が定められている。例えば，憲法13条では，生命，自由及び[A]に対する国民の権利が保障されているし，憲法14条ではすべて国民は，(a)法の下に平等であって，人種，信条，性別，社会的身分又は門地により，政治的，経済的，社会的関係において差別されないと定めている。

もっとも，憲法11条では，基本的人権が侵すことのできない永久の権利と言及する一方で，憲法12条では，基本的人権につき国民は常に[B]のためにこれを利用する責任についても定めている。

自由権に属する人権には，精神の自由，身体の自由，経済の自由がある。精神の自由は，(b)集会・結社の自由や表現の自由などが挙げられる。[C]も精神の自由の一環として考えられている。また信教の自由との関連で，(c)政教分離の原則が問題となる。

身体の自由は，国家権力により国民の身体が拘束されない自由である。この自由の一環として，[D]などがある。経済の自由に関連しては，営業の自由とともに，(d)財産権の保障も問題となる。

自由権を補う人権として社会権がある。健康で文化的な最低限度の生活を営む権利として言及される(e)生存権のほか，[E]もこの社会権に属する。さらに近年，憲法のなかでは明確に規定されていない(f)新しい人権についても論じられてきている。

加えて憲法には，人権のみならず，(g)国民の義務に関する規定もある。

問1　空欄[A]～[E]に入る語句として最も適切なものを，次の中から一つずつ選べ。

[A] = [1]　① 立憲主義　② 幸福追求　③ 憲政の常道　④ 法の支配

[B] = [2]　① 硬性憲法　② 国民主権　③ 法律の留保　④ 公共の福祉

[C] = [3]　① 遡及処罰の禁止　② 検閲の禁止　③ 団体交渉権　④ 環境権

[D] = [4]　① 罪刑法定主義　② 職業を選択する自由　③ 平和的生存権　④ 知る権利

[E] = [5]　① 黙秘権　② 請願権　③ 裁判を受ける権利　④ 教育を受ける権利

問2 下線部(a)に関連して，男女平等や男女差別をめぐる問題に関する記述として最も適切なものを，次の中から一つ選べ。[6]

① 憲法は，法の下の平等に関する規定に加えて，家族生活における男女の平等について特に明確に定めている。

② 1999年に男女共同参画社会基本法が制定されたことにより，結婚をしても両者の自由意思によって別姓を名乗ることができる夫婦別姓制度が導入されることとなった。

③ 1985年に男女雇用機会均等法が制定されたが，2019年4月1日現在においても，この法律には募集や採用などの場面での男女差別の禁止規定が設けられていない。

④ 女性であることから一定の役職以上に昇進できないことについて，日本において裁判を通じて争われたことはない。

問3 下線部(b)に関連して，第2次世界大戦前の日本において，集会・結社の自由が蹂躙《じゅうりん》される根拠となった法律として最も適切なものを，次の中から一つ選べ。[7]

① 通信傍受法
② 治安維持法
③ 組織犯罪処罰法
④ テロ対策特別措置法

問4 下線部(c)に関連して，憲法の定める政教分離の原則の内容として**最も不適切なもの**を，次の中から一つ選べ。[8]

① いかなる宗教団体も国から特権を受けてはならない。
② いかなる宗教団体も政治上の権力を行使してはならない。
③ 公立私立を問わず教育機関はいかなる宗教教育もしてはならない。
④ 国はいかなる宗教的活動もしてはならない。

問5 下線部(d)に関連して，知的財産権には**当たらないもの**を，次の中から一つ選べ。[9]

① 自然権 ② 特許権 ③ 著作権 ④ 商標権

問6 下線部(e)に関連して，生存権に関する説明として最も適切なものを，次の中から一つ選べ。
[10]

① 生存権を定める憲法第25条は，国に政治的，道義的義務を課していることから，国の施策がこの規定に違反する場合には法的判断を裁判で争うことができる，というのがプログラム規定説である。

② 生存権は，法的権利であるとは言うものの，権利の具体的な内容がまったく明らかではないので，政府として生存権の実現に関して積極的施策を講ずる必要も当然にない，というのが法的権利説である。

③ 生存権は，生活保護法や児童福祉法，老人福祉法などの法律によって具体化されているものの，これらをめぐっては朝日訴訟などの訴訟が提起され，生存権の保障の具体的なあり方が裁判を通

じて争われてきた。

④　生存権の前提とする健康で文化的な最低限度の生活とは何であるのかについては，国会の広い立法裁量によって判断されるべき問題ではなく，客観的，科学的に決定されるべき問題であるというのが，堀木訴訟における最高裁判所の考え方である。

問7　下線部(f)に関連して，新しい人権として**最も不適切なもの**を，次の中から一つ選べ。［11］

①　アクセス権

②　プライバシーの権利

③　自己決定権

④　労働基本権

問8　下線部(g)に関連して，憲法で定められている国民の義務として最も適切なものを，次の中から一つ選べ。［12］

①　憲法を尊重し擁護する義務

②　普通教育を受ける義務

③　納税の義務

④　兵役の義務

〔Ⅱ〕　次の文章を読み，後の問いに答えよ。

2020年は(a)国際連盟が創設された1920年から100周年にあたる。勢力均衡外交の破綻が第一次世界大戦につながったという反省から，アメリカのウッドロー・ウィルソン大統領を中心にして，集団安全保障のための国際組織を結成すべきだという議論が進められた。発足当初の国際連盟の理事会の常任理事国は，イギリス，フランス，イタリア，(b)日本の4カ国であった。その後，第一次世界大戦の敗戦国である(c)ドイツが，1926年に加盟と同時に常任理事国入りしたことで5カ国となった。

だが1933年には，［ A ］からの撤兵を勧告したリットン報告書が連盟総会で採択されたことに抗議して，日本が国際連盟を脱退したほか，［ B ］率いる国民社会主義ドイツ労働者党（ナチス）政権下のドイツも離脱したため，常任理事国は3カ国にまで減少した。翌年の1934年に(d)ソビエト社会主義共和国連邦（ソ連）が加盟して常任理事国は4カ国に戻った。だが，ドイツおよび日本と関係を深めていた(e)イタリアが1937年に脱退し，1939年には［ C ］に侵攻したことを理由にソ連が除名されたため，遂に常任理事国は(f)イギリスとフランスの2カ国だけとなった。

国際平和維持機構という国際連盟の役割は，1945年に設立された(g)国際連合に受け継がれ，国際連盟の歴史は1946年4月に幕を閉じた。この間，政治・経済大国であるにもかかわらず，(h)アメリカが国際連盟に加わることは一度もなく，常任理事国としての役割を果たすことも当然なかった。国際連盟の常任理事国数が頻繁に増減したのと対照的に，国際連合で安全保障問題を担当する(i)安全保障理事会（安保理）の常任理事国数は，これまで5カ国から変化していない。

問1　空欄 A ～ C に入る語句として最も適切なものを，次の中から一つずつ選べ。

A = 13　① 満州　② 樺太　③ 北方領土　④ 朝鮮　⑤ 沖縄　⑥ 台湾

B = 14　① スターリン　② ムッソリーニ　③ チャーチル　④ ヒトラー　⑤ メルケル　⑥ ワルトハイム

C = 15　① アフガニスタン　② フィンランド　③ エストニア　④ ポーランド　⑤ ウクライナ　⑥ ハンガリー

問2　下線部(a)に関連して，国際平和機構を構想した『永遠平和のために』(『永久平和論』) を著し，国際連盟の成立に影響を与えたドイツの哲学者として最も適切なものを，次の中から一つ選べ。

16

① グロティウス　② ルソー　③ ロック
④ マルサス　⑤ カント　⑥ ホッブズ

問3　下線部(b)に関連して，日本の領土についての記述として最も適切なものを，次の中から一つ選べ。

17

① サンフランシスコ平和条約で日本が施政権を失った琉球諸島と小笠原諸島は，2019 年 12 月時点でまだ日本に返還されていない。
② 1956 年の日ソ共同宣言により日本は，択捉島と国後島に対する主権を放棄する代わりに，ソ連との平和条約の締結に成功し，国際連合への加盟を実現した。
③ 尖閣諸島に関して，中華人民共和国（中国）は帰属問題を棚上げにすることを 1978 年の日中平和友好条約の締結時に提案した一方で，実効支配を続ける日本は，領土問題は存在しないという立場をとっている。
④ 沖ノ鳥島はかつて日本領の南端であったが，波による侵食で 1987 年に水没したため，日本は約 40 万平方キロメートルの排他的経済水域（ＥＥＺ）を失った。
⑤ 韓国が実効支配している竹島（韓国名：独島）の帰属をめぐって，日本と韓国は 2012 年から国際司法裁判所（ＩＣＪ）で争っているが，2019 年 12 月時点でまだ判決は出ていない。

問4　下線部(c)に関連して，ドイツについての記述として最も適切なものを，次の中から一つ選べ。

18

① 連邦参議院の議員は，比例代表制と小選挙区制を併用した選挙制度により選ばれるのに対して，各州政府の代表者で構成される連邦議会には選挙がない。
② 2003 年のイラク戦争において，ドイツ，フランス，ロシアの 3 カ国は，アメリカとイギリスによるイラクへの軍事攻撃に反対した。
③ 2017 年の総選挙において，移民排斥を唱える極右政党の自由党が第三党に躍進し，第一党の国民党との連立政権を樹立した。

④　冷戦期にバルト海のシュチェチンからアドリア海のトリエステまで大陸を縦断して建築され，東西両陣営を隔てる境界となった壁は，ベルリンを通過することから「ベルリンの壁」と呼ばれた。

⑤　1880年代のドイツでは，生存権の保障と福祉国家の確立を図る宰相ビスマルクが，世界初の社会保険制度を創設するとともに，労働者に団結権，団体交渉権，争議権の労働三権を認め，上からの近代化を推し進めた。

問5　下線部(d)に関連して，ソ連についての記述として最も適切なものを，次の中から一つ選べ。 19

①　1955年にソ連は，ドイツ民主共和国（東ドイツ）やポーランド，ユーゴスラビア，ハンガリーなど東欧諸国とワルシャワ条約機構を結成した。

②　国内では言論の自由化や情報公開，複数政党制の導入といった民主化を進め，対外的にはデタント（緊張緩和）と軍縮政策の新思考外交を展開したフルシチョフ共産党書記長の改革政策をペレストロイカと呼ぶ。

③　アメリカ主導のマーシャル・プランに対抗するため，ソ連と東欧諸国を中心とする経済協力機構であるコミンフォルムが1949年に結成された。

④　1962年のキューバ危機をきっかけに，偶発的な核戦争を回避するため，アメリカとソ連の両首脳執務室の間を直接結ぶホットライン（直通電話）が翌63年に設置された。

⑤　社会主義経済に市場経済システムを導入し，市場経済を基礎に行政指導で経済調節を行う社会主義市場経済を1978年に導入した。

問6　下線部(e)に関連して，イタリアについての記述として最も適切なものを，次の中から一つ選べ。 20

①　1967年に発足した欧州共同体（ＥＣ）の原加盟国は，フランス，西ドイツ，イタリア，ベルギー，オランダ，ルクセンブルクの6カ国である。

②　民主主義（democracy）の語源は，古代イタリア語のdemos（人民）とkratia（支配，権力）であり，ローマなどのポリス（都市国家）では直接民主制により政治が運営されていた。

③　1947年の議会演説においてアメリカのトルーマン大統領は，共産主義を封じ込めるため，イタリアとトルコへの援助を要請した。

④　国際刑事裁判所（ＩＣＣ）は，2003年にＩＣＣローマ規程を根拠法として設立され，イタリアのローマに本部を置いている。

⑤　アメリカのドル高を是正して貿易収支を改善するため，為替市場に協調介入するというプラザ合意に，イタリアはアメリカや日本とともに参加した。

問7　下線部(f)に関連して，2019年8月時点でイギリスが参加しているか否かの組み合わせとして最も適切なものを，次の中から一つ選べ。なお，ＮＡＴＯは北大西洋条約機構を，○は参加を，×は不参加を意味している。 21

①　ＮＡＴＯ：○　　ユーロ：○　　シェンゲン協定：○

②　ＮＡＴＯ：○　　ユーロ：○　　シェンゲン協定：×

③　NATO：○　ユーロ：×　シェンゲン協定：○
④　NATO：×　ユーロ：○　シェンゲン協定：○
⑤　NATO：○　ユーロ：×　シェンゲン協定：×
⑥　NATO：×　ユーロ：○　シェンゲン協定：×
⑦　NATO：×　ユーロ：×　シェンゲン協定：○
⑧　NATO：×　ユーロ：×　シェンゲン協定：×

問8　下線部(g)に関連して，国際連合の**専門機関ではないもの**を，次の中から一つ選べ。 22

①　国際労働機関（ＩＬＯ）　②　国際復興開発銀行（ＩＢＲＤ）
③　世界保健機関（WHO）　④　万国郵便連合（ＵＰＵ）
⑤　国連食糧農業機関（ＦＡＯ）　⑥　国際通貨基金（ＩＭＦ）
⑦　国際原子力機関（ＩＡＥＡ）　⑧　国連教育科学文化機関（ＵＮＥＳＣＯ）

問9　下線部(h)に関連して，2018年10月にアメリカのトランプ政権が破棄を表明した軍縮条約として最も適切なものを，次の中から一つ選べ。 23

①　第二次戦略兵器制限条約（ＳＡＬＴⅡ）　②　戦略攻撃能力削減条約（モスクワ条約）
③　第二次戦略兵器削減条約（ＳＴＡＲＴⅡ）　④　第一次戦略兵器制限条約（ＳＡＬＴＩ）
⑤　新戦略兵器削減条約（新ＳＴＡＲＴ）　⑥　弾道弾迎撃ミサイル（ＡＢＭ）制限条約
⑦　第一次戦略兵器削減条約（ＳＴＡＲＴＩ）　⑧　中距離核戦力（ＩＮＦ）全廃条約

問10　下線部(i)に関連して，国連安保理常任理事国についての記述として最も適切なものを，次の中から一つ選べ。 24

①　国連の2016年から2018年の予算分担率の上位5カ国はすべて常任理事国である。
②　拒否権発動により安保理が機能不全に陥ったため，加盟国の3分の2以上の多数決により，軍事的行動を含む集団的措置を総会が勧告できるという「平和のための結集」決議が1950年に採択された。
③　1946年から2018年までの期間に安保理における拒否権発動回数が最も多いのはアメリカである。
④　常任理事国のうち，中国代表権は1971年に中華人民共和国から中華民国に移り，1991年に崩壊したソ連の議席はロシアが受け継いだ。
⑤　国連創立60周年にあたる2005年に日本，ドイツ，インド，ブラジル，トルコ，カナダ，南アフリカ，インドネシアの8カ国が，常任理事国入りを求めて安保理改革案を提出したが，実現しなかった。

〔Ⅲ〕 次の文章を読み，後の問いに答えよ。

経済のグローバル化が進み，経済活動が国家の枠を超えて相互依存関係を強めている。モノだけでなく，ヒトも資金も情報も国境を越えて行き交っており，技術の取引も拡大している。われわれの生活は国境を越えた経済取引のうえになりたっているといっても過言ではない。

貿易による利益を理論的に解明したイギリスの経済学者(a)リカードは，(b)比較生産費説を提唱し，各国が比較優位をもつ生産に特化し，貿易に対する国家の干渉をやめて自由貿易をおこなうことを主張した。リカードの主張は，現在も貿易自由化の根拠となっている。

第二次世界大戦後の世界経済における貿易自由化の流れにおいては，(c)関税及び貿易に関する一般協定（ＧＡＴＴ）や(d)世界貿易機関（ＷＴＯ）が大きな役割を担ってきたが，多国間の交渉は難航することも多く，近年では(e)経済連携協定（ＥＰＡ）・自由貿易協定（ＦＴＡ）などの協定が重視されるようになってきている。

国境を越えた経済取引の結果を金額であらわしたものを(f)国際収支という。国際収支は，(g)貿易収支・サービス収支・第一次所得収支・第二次所得収支からなる経常収支，資金の流出入を示す金融収支，資本移転等収支，誤差脱漏から構成される。経常収支は，貨幣が国内に流入する場合をプラス，国外に流出する場合をマイナスとして計上する。金融収支は，対外純資産が増加する場合にプラス，減少する場合にマイナスとなる。近年では世界的にみて，経常収支が不均衡となる(h)グローバル＝インバランスが慢性化している。

また，通貨の交換をともなう経済取引を決済する手段として外国為替がある。(i)第二次世界大戦後の為替市場では，アメリカ合衆国のドル（以下，ドル）を基軸通貨とする固定為替相場制が確立されたが，ニクソン＝ショックを経て，変動為替相場制に移行した。主要各国は通貨の交換比率である(j)為替レートの安定を図ってきたが，(k)通貨危機が繰り返されていることは否めない。近年では新興国の台頭もあり，主要国のみで経済問題を解決することが難しくなりつつある。

問１ 下線部(a)に関連して，リカードの主著として最も適切なものを，次の中から一つ選べ。 25

① 『諸国民の富』
② 『経済学及び課税の原理』
③ 『政治経済学の国民的体系』
④ 『外国貿易によるイギリスの財宝』
⑤ 『雇用・利子および貨幣の一般理論』

問２ 下線部(b)に関連して，次の表を，Ａ国がＢ国に対して商品Ｘの生産に絶対優位はもたないが比較優位性をもつ様子を示すものにするために，ア～ウに入る数値の組み合わせとして最も適切なものを，次の中から一つ選べ。 26

	Ａ国	Ｂ国
商品Ｘを１単位生産するためにかかる費用	ア	イ
商品Ｙを１単位生産するためにかかる費用	100	ウ

① ア： 80　イ： 90　ウ：110
② ア： 80　イ：110　ウ： 90
③ ア： 90　イ： 80　ウ：110
④ ア： 90　イ：110　ウ： 80
⑤ ア：110　イ： 80　ウ： 90
⑥ ア：110　イ： 90　ウ： 80

問３　下線部(c)について述べた文として最も適切なものを，次の中から二つ選べ。ただし，三つ以上マークした場合はすべて無効とする（解答欄 27 に二つマークせよ）。

① 第１回交渉は，その提唱者の名前からケネディ＝ラウンドと呼ばれている。
② 東京＝ラウンドでは，鉱工業品の関税を平均 35％引き下げることで合意が得られた。
③ ウルグアイ＝ラウンドでは，知的財産権に関する協定が成立した。
④ ドーハ＝ラウンドでは，ＷＴＯの設立が決定された。
⑤ セーフガード（緊急輸入制限）が認められていた。

問４　下線部(d)について述べた文として最も適切なものを，次の中から一つ選べ。 28

① 中国は加盟していない。
② 農業分野は扱われていない。
③ ダンピングの認定基準が明確になっていない。
④ 発展途上国は，先進国と比べてサービス貿易の自由化に積極的ではない。
⑤ 違反国への報復措置については，全会一致でなければ実施されない。

問５　下線部(e)に関連して，日本が締結した協定について，発効年代の早いものから順に正しく配列されたものとして最も適切なものを，次の中から一つ選べ。 29

① 日・シンガポールＥＰＡ → ＴＰＰ11 → 日ＥＵ・ＥＰＡ
② 日・シンガポールＥＰＡ → 日ＥＵ・ＥＰＡ → ＴＰＰ11
③ ＴＰＰ11 → 日・シンガポールＥＰＡ → 日ＥＵ・ＥＰＡ
④ ＴＰＰ11 → 日ＥＵ・ＥＰＡ → 日・シンガポールＥＰＡ
⑤ 日ＥＵ・ＥＰＡ → 日・シンガポールＥＰＡ → ＴＰＰ11
⑥ 日ＥＵ・ＥＰＡ → ＴＰＰ11 → 日・シンガポールＥＰＡ

問６　下線部(f)の構成要素について成り立つ関係として最も適切なものを，次の中から一つ選べ。 30

① 経常収支＋資本移転等収支＋金融収支＋誤差脱漏＝0
② 経常収支＋資本移転等収支－金融収支＋誤差脱漏＝0
③ 経常収支－資本移転等収支＋金融収支＋誤差脱漏＝0
④ 経常収支－資本移転等収支－金融収支＋誤差脱漏＝0
⑤ －経常収支＋資本移転等収支＋金融収支＋誤差脱漏＝0
⑥ －経常収支＋資本移転等収支－金融収支＋誤差脱漏＝0

問 7　下線部(f)に関連して，国際収支の発展段階のイメージを示す次の図のア～ウに入る語句の組み合わせとして最も適切なものを，次の中から一つ選べ。 31

図　国際収支の発展段階のイメージ

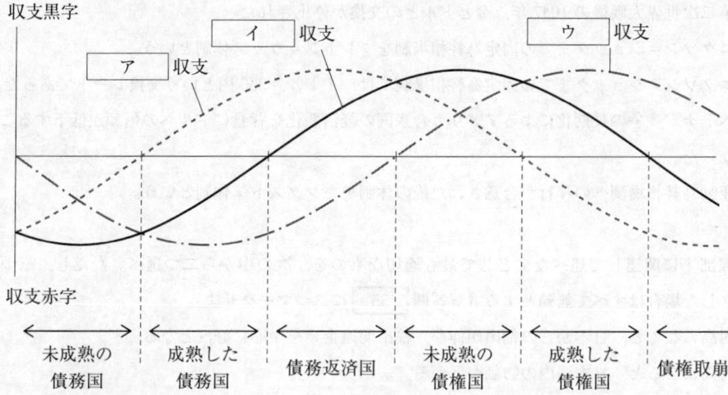

出典：内閣府（2014）

① ア：第一次所得　イ：経常　ウ：貿易

② ア：第一次所得　イ：貿易　ウ：経常

③ ア：経常　イ：第一次所得　ウ：貿易

④ ア：経常　イ：貿易　ウ：第一次所得

⑤ ア：貿易　イ：第一次所得　ウ：経常

⑥ ア：貿易　イ：経常　ウ：第一次所得

問 8　下線部(g)に関連して，日本の経常収支について述べた文として**最も不適切なもの**を，次の中から一つ選べ。 32

① 高度経済成長前期（1955 年－64 年）には，輸入の拡大などにより貿易収支が赤字になることもあった。

② 2 度の石油危機（1973 年，1979 年）の直後には，経常収支が赤字になった。

③ 1980 年代，海外旅行の増加などにより，サービス収支の赤字が拡大した。

④ 1990 年代，バブル崩壊などにより，経常収支が赤字になった。

⑤ 2011 年－15 年，東日本大震災の影響などにより，貿易収支が赤字であった。

問 9　下線部(h)に関連して，近年のグローバル＝インバランスについて述べた文として最も適切なものを，次の中から一つ選べ。 33

① アメリカ合衆国，中国，ドイツ，産油国がいずれも経常収支黒字国である。

② アメリカ合衆国が経常収支赤字国で，中国，ドイツ，産油国が経常収支黒字国である。

③ アメリカ合衆国と中国が経常収支赤字国で，ドイツと産油国が経常収支黒字国である。

④ アメリカ合衆国，中国，ドイツが経常収支赤字国で，産油国が経常収支黒字国である。

⑤ アメリカ合衆国，中国，ドイツ，産油国がいずれも経常収支赤字国である。

問10　下線部(i)に関連して述べた文として**最も不適切なもの**を，次の中から一つ選べ。 34

① 第二次世界大戦後の 1947 年，金とドルとの交換が停止された。

② ニクソン＝ショックまでの固定為替相場制をブレトン＝ウッズ体制という。

③ ニクソン＝ショックまでの固定為替相場制では，1ドル＝360 円という交換レートであった。

④ ベトナム戦争の長期化によるアメリカ合衆国の経済悪化を背景にドルへの信頼が低下することとなった。

⑤ 変動為替相場制への移行が合意された後の体制をキングストン体制という。

問11　下線部(j)に関連して述べた文として最も適切なものを，次の中から二つ選べ。ただし，三つ以上マークした場合はすべて無効とする（解答欄 35 に二つマークせよ）。

① 円高になると，日本からの輸出が伸び，輸出関連企業を中心に好況となる。

② 円高になると，日本国内の物価が下がる。

③ 円高になると，訪日外国人観光客数が減少する。

④ 円安になると，ドル預金を円に換金すると為替差損が発生する。

⑤ 円安になると，円の価値の下落により日本への投資が減少する。

⑥ 円安になると，日本において輸入製品が値下がりし，国内製品の競争力が高まる。

問12　下線部(k)に関連して，次の ア ～ ウ に入る語句の組み合わせとして最も適切なものを，次の中から一つ選べ。 36

1997 年： ア 通貨危機，1998 年： イ 通貨危機，1999 年： ウ 通貨危機

① ア：ロシア　イ：アジア　ウ：ブラジル

② ア：ロシア　イ：ブラジル　ウ：アジア

③ ア：アジア　イ：ロシア　ウ：ブラジル

④ ア：アジア　イ：ブラジル　ウ：ロシア

⑤ ア：ブラジル　イ：ロシア　ウ：アジア

⑥ ア：ブラジル　イ：アジア　ウ：ロシア

〔Ⅳ〕　次の文章を読み，後の問いに答えよ。

私たちが健康で安心して生活を営むために，国や(a)地方自治体は様々な公共サービスを提供している。こうした公共サービスにかかる費用を賄うとともに，様々な政策を推進するために，国や地方自治体は(b)租税を徴収し，その財源を調達している。

だが，日本における財政運営は深刻な状況にある。国の一般会計をみると，2018 年度では年間［ A ］兆円規模の歳出となったのに対し，租税収入は［ B ］兆円規模に留まっており，その不足は(c)国債発行によって得た収入などにより賄われている。政府は巨額の債務を抱えており，プライマリーバランスの黒字化に向けて，歳出削減や歳入確保に向けた取組みが求められている。

(d)国の一般会計歳出を見ると，もっとも支出割合が高いのは(e)社会保障にかかる支出である。社会保障とは，本人や家族の病気・けが・出産・障害・死亡・老化・失業などによる貧困を予防し，貧困者を救い，生活を安定させるために国家または社会が所得移転によって所得を保障するとともに，(f)医療や介護などのサービスを給付する制度である。

日本では少子高齢化により社会保障給付にかかる全体の費用は増大している。年金や医療などの社会保険を含め，全体でみた社会保障給付費の水準は，2017 年度の時点で［ C ］兆円程度にまで膨らんでいる。それに要する財源は，(g)租税のほか社会保険料によって調達されているが，今後ますます増大する支出に対し，その財源をどのように調達するかが課題とされている。

問 1　下線部(a)に関連して，日本の地方自治体の税財源について述べた文として最も適切なものを，次の中から一つ選べ。［ 37 ］

① 地方税法で定められた法定税以外に，地方自治体が条例を制定して独自に課税する例があり，産業廃棄物税，入湯税などがこれにあたる。

② 資産課税のうち，地方自治体が賦課徴収する地方税として，固定資産税や都市計画税がある。

③ 国税のうち，所得税・消費税・法人税・たばこ税の 4 税の一定割合を地方自治体に交付する地方交付税制度がある。

④ 地方自治体は，地方債を発行して借入により財源調達を図ることができるが，地方債を発行するには国から許可を受けなくてはならない。

⑤ 地方自治体は，歳入の多くを国からの依存財源に頼っており，地方自治体全体でみると，歳入のうち国庫支出金の占める割合は，2018 年度の時点で約 3 割に達している。

問 2　下線部(b)に関連して，現代日本の租税制度について述べた文として最も適切なものを，次の中から一つ選べ。［ 38 ］

① 直接税として所得税・法人税・相続税などがあり，間接税として消費税・酒税・固定資産税などがある。

② 2018 年度に国税収入額が最も多い税目は所得税であり，消費税の収入額を上回っている。

③ 所得税には，所得格差を是正するため，累進課税により税負担の水平的公平を図ることが期待されている。

④ 消費税の税率は 10％に引き上げられたが，それと同時に，食料品，新聞，嗜好品などの税率を

低くする軽減税率が導入された。

⑤　2019 年より，日本に入国する際に 1 人当たり 3,000 円を徴収する国際観光旅客税が導入されている。

問 3　空欄 A ～ C に入る数値として最も適切なものを，次の中から一つずつ選べ。

A = 39　①10　②30　③50　④100　⑤120

B = 40　①6　②25　③40　④60　⑤80

C = 41　①15　②40　③70　④120　⑤140

問 4　下線部(c)に関連して，日本の国債について述べた文として最も適切なものを，次の中から一つ選べ。 42

①　財政法では，国債発行により財源を調達することを原則として禁止しているが，公共事業などの目的により発行される建設国債については，特例法により発行が認められている。

②　建設国債を発行するには，国会で 3 分の 2 以上の賛成が必要とされている。

③　2018 年 4 月の時点で，国債残高はＧＤＰの 250％の水準を超えている。

④　日本では日本銀行による国債の引き受けは認められていないため，日本銀行は国債を保有しておらず，主に国債を保有しているのは，市中銀行や海外投資家である。

⑤　2000 年度以降の政府一般会計歳入をみると，その総額に占める国債発行額の割合は，毎年 30％を超えている。

問 5　下線部(d)に関連して，主要経費別分類でみた 2018 年度の国の一般会計歳出について，次の費目のうち，社会保障関係費に次いで **2 番目**に規模が大きいものを，次の中から一つ選べ。 43

①　防衛費

②　国債費

③　公共事業費

④　文教および科学振興費

⑤　地方交付税交付金

問 6　下線部(e)に関連して，社会保障制度について述べた文として**最も不適切なもの**を，次の中から一つ選べ。 44

①　世界で初めて貧民救済の法制度が整備されたのは 18 世紀のイギリスである。

②　20 世紀半ばに，国際労働機関（ＩＬＯ）がフィラデルフィア宣言を発表し，社会保障の最低基準を示した。

③　イギリスでは，ベバリッジ報告が出され，「ゆりかごから墓場まで」をスローガンとした社会保障制度の基礎が築かれた。

④　アメリカ合衆国では，ローズヴェルト大統領の時代に連邦社会保障法が成立し，公的社会保険制

度が創設された。

⑤　日本では，19世紀後半に，最初の公的扶助制度として，恤救規則が制定された。

問7　下線部(f)に関連して，現在の日本の公的な医療・介護の制度や現状について述べた文として最も適切なものを，次の中から一つ選べ。 45

①　75歳以上の高齢者を対象とした後期高齢者医療制度が整備されているが，その給付費を賄う財源は，公費5割，75歳以上の高齢者の保険料が5割である。

②　医療保険制度のもとでは，疾病や負傷による治療のほか，出産についても一定の保険給付が行われる。

③　介護保険料は65歳以上の高齢者が負担することとされており，保険料を支払った高齢者は保険証の提示により，介護保険によるサービスを利用することができる。

④　介護保険料は全国一律とされているが，利用できるサービスは地域によって異なることから，給付サービスの地域間格差が問題とされている。

⑤　高齢化率の上昇により，国民医療費に占める後期高齢者の医療費割合は年々上昇しており，2016年の時点で5割を超えている。

問8　下線部(g)に関連して，表は，アメリカ合衆国，イギリス，スウェーデン，ドイツ，フランスの租税負担率と社会保障負担率を示したものである。アメリカ合衆国，スウェーデン，フランスにあてはまる記号の組み合わせとして最も適切なものを，次の中から一つ選べ。 46

表　国民負担率の国際比較（2015年）

国	租税負担率（%）	社会保障負担率（%）
A	25.0	8.3
B	31.1	22.1
C	36.1	10.4
D	51.8	5.1
E	40.5	26.6

『日本国勢図会（2018／19）』より

①　A：アメリカ合衆国　B：スウェーデン　C：フランス
②　A：アメリカ合衆国　C：スウェーデン　B：フランス
③　A：アメリカ合衆国　D：スウェーデン　E：フランス
④　B：アメリカ合衆国　C：スウェーデン　D：フランス
⑤　B：アメリカ合衆国　D：スウェーデン　C：フランス
⑥　B：アメリカ合衆国　C：スウェーデン　E：フランス
⑦　C：アメリカ合衆国　B：スウェーデン　D：フランス
⑧　C：アメリカ合衆国　E：スウェーデン　B：フランス

数学

（60 分）

〔解答欄記入上の注意〕

解答欄記入にあたっては以下のことに注意して解答してください。

(1)　解答欄に，［アイ］という指定があって，解答が 1 桁の場合には，ア の欄を空白にすること。

例えば，［アイ］に 5 と答えたいときは，下記のようにマークする。

ア	⓪	①	②	③	④	⑤	⑥	⑦	⑧	⑨
イ	⓪	①	②	③	④	●	⑥	⑦	⑧	⑨

(2)　分数形で解答が求められているときは，既約分数（それ以上約分できない分数）で答えること。

(3)　根号を含む形で解答が求められているときは，根号の中に現れる自然数が最小となる形で答えること。

例えば，［キ］$\sqrt{［ク］}$ に $4\sqrt{2}$ と答えるところを，$2\sqrt{8}$ のように答えてはならない。

〔Ⅰ〕　以下の問いに答えよ。

(1)　a を定数とし，実数 x についての条件 p，q を

$$p : 2a < x < 3a$$

$$q : 3 < x < 4$$

と定めるとき，p が，q であるための必要条件となるような a の値の範囲は $\dfrac{［ア］}{［イ］} \leqq a \leqq \dfrac{［ウ］}{［エ］}$ である。

(2)　縦 1027 cm，横 1738 cm の長方形の床に，1 辺の長さ x cm の正方形のカーペットを敷き詰めて，すき間がないようにしたい。ただし，x は整数とする。1 枚のカーペットをできるだけ大きくしたとき，

$x=\boxed{\text{オカ}}$ である。

(3)　$x^4+3x^3+27x+81$ を因数分解すると，

$\left(x+\boxed{\text{キ}}\right)^2\left(x^2-\boxed{\text{ク}}\,x+\boxed{\text{ケ}}\right)$ である。

(4)　方程式 $\log_{\sqrt{2}}(5-x)-\log_2(x+5)=3$ の解は，

$x=\boxed{\text{コ}}-\boxed{\text{サ}}\sqrt{\boxed{\text{シ}}}$ である。

(5)　x，y が実数のとき，

$$\sqrt{(x+4)^2+(y-2)^2}+\sqrt{(x-8)^2+(y+3)^2}$$

の最小値は $\boxed{\text{スセ}}$ である。

〔Ⅱ〕　あるチームが別のチームと１回試合をしたときの対戦結果は，勝ち，負け，引き分けの３通りであるとする。

(1)　３つのチーム A，B，C がリーグ戦を行う。すなわち，各チームは他のすべてのチームとそれぞれ１回ずつ対戦する。このとき試合の回数は $\boxed{\text{ア}}$ 回で，全試合の対戦結果は $\boxed{\text{イウ}}$ 通りある。

(2)　４つのチーム A，B，C，D がリーグ戦を行う。このとき試合の回数は $\boxed{\text{エ}}$ 回で，全試合の対戦結果は $\boxed{\text{オカキ}}$ 通りある。

(3)　４つのチーム A，B，C，D がリーグ戦を行うとき，どの２チームの試合でも，それぞれのチームが勝つ確率は $\dfrac{1}{3}$，引き分けの確率も $\dfrac{1}{3}$ で，各試合の結果は独立に決まるものとする。また，試合に勝ったチームには３点を与え，引き分けならば両方のチームに１点を与えて，全試合が終わったときの合計得点で優勝を決めるものとする。

　このとき，A が合計得点９点で優勝する確率は $\dfrac{\boxed{\text{ク}}}{\boxed{\text{ケコ}}}$ である。また，A と B それぞれの合計得点がどちらも７点になり，この２チームが同点優勝する確率は $\dfrac{\boxed{\text{サ}}}{\boxed{\text{シスセ}}}$ である。

〔Ⅲ〕 図のように，点Oを中心とする半径 $\sqrt{2}$ の円周上に点A，B，Cがあり，$\mathrm{AB}=\sqrt{2}$，$\mathrm{AC}=\mathrm{BC}$ である。また，OからABに下ろした垂線をODとする。このとき，以下の問いに答えよ。

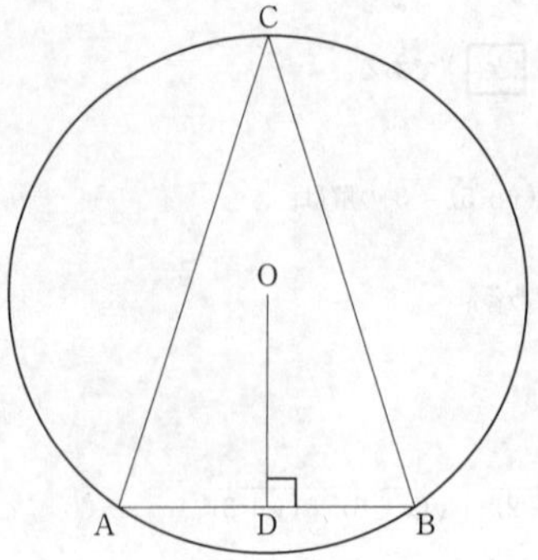

(1) $\mathrm{OD}=\dfrac{\sqrt{\boxed{\text{ア}}}}{\boxed{\text{イ}}}$ である。

(2) △ABCに正弦定理を用いると，$\dfrac{\mathrm{AC}}{\sin\boxed{\text{ウエ}}^\circ}=\dfrac{\mathrm{AB}}{\sin\boxed{\text{オカ}}^\circ}$ である。

(3) $\mathrm{AC}=\boxed{\text{キ}}+\sqrt{\boxed{\text{ク}}}$ である。

〔Ⅳ〕 x，y，z は $x+y=2$，$x^2+y^2+z^2=3$ を満たす実数とする。このとき，以下の問いに答えよ。

(1) xy を z で表すと，$xy=\dfrac{z^2+\boxed{\text{ア}}}{\boxed{\text{イ}}}$ である。

(2) z のとりうる値の範囲は，$-\boxed{\text{ウ}}\leqq z\leqq\boxed{\text{エ}}$ である。

(3) $x^3+y^3+z^3$ を z の関数 $f(z)$ として表すと，$f(z)$ は，$z=\boxed{\text{オ}}$ で最大値 $\boxed{\text{カ}}$，$z=-\boxed{\text{キ}}$ で最小値 $\boxed{\text{ク}}$ をとる。

③　宮様、お飲みになりますか。すでにご用意しました
④　宮様、お聞きですか。上手にお作りしました
⑤　宮様の前の若宮様はお聞きだろうか。きちんと申し上げました

ウ　聞きにくしとおぼすにや　41

①　聞きづらいと思われたことだ
②　聞きづらいとお思いになるからだろうか
③　聞いていて憎いとお思いになったからだろうか
④　騒がしくて聞き取りにくいと思われるからだろうか
⑤　聞きづらいと思われたからだろうか、けっしてそうではないが

問八 傍線部Ⅳ「さることもなければ」とはどのような状態をいうのか。最も適切なものを、次の中から一つ選べ。 37

① 若宮から離れず人に任せようとしない状態
② 冗談を言うだけでたいしたこともない状態
③ 悪態をついても平気で何も謝罪しない状態
④ 本来いるべき人が避けて周囲にいない状態
⑤ 宮様が不快に思いながらも反論しない状態

問九 傍線部Ⅴ「人々笑ひきこゆ」とあるが、なぜか。最も適切なものを、次の中から一つ選べ。 38

① 殿が酔った勢いで、何の断りもなく中宮の御帳の中を通ったことが予想外だったから
② 殿がひどく慌てて殿の上（北の方）を追いかけるようすがいかにも滑稽に見えたから
③ 酩酊して大胆に振る舞う殿の姿に、孫を得て喜ぶ祖父らしいほほえましさが感じられたから
④ 酔いから覚めた殿が、中宮たちに酔態をあれこれと叱責される様子が容易に想像されたから
⑤ 殿が中宮への無作法を口にしながら、一方でこの親があるから子も立派とおどけてつぶやいたから

問十 波線部ア・イ・ウの解釈として最も適切なものを、次の中から一つずつ選べ。

ア あはれ、仕うまつれるかな 39

① 気の毒に、無理矢理作ったんだね
② やあ、うまくお詠み申し上げたなあ
③ ああ、どうして作ってくれたんですか
④ さて、これからどうお仕えしていくのかな
⑤ 本当に見事だ、私の気持ちを詠んでくれたんだね

イ 宮の御前、聞こしめすや。仕うまつれり 40

① 宮様、皆がお聞きしましたよ。これからもお仕え申し上げます
② 宮様、お聞き入れいただけますか。歌を差し上げます

③ 第三句・第四句「八千歳のあまり久しき」は「八千歳余り」の意と「あまりにも久しい」の意が掛けられている。

④ 初句の「いかに」「いかが」はともに疑問の意で、上二句では若宮の長寿を世間に伝え広める手段に関心が向けられている。

⑤ 一首全体では、倒置法を用いて、若宮の御代があまりにも久しく、数えようとしても数え切れないことが歌われている。

問四　Yの歌「あしたづのよはひしあらば君が代の千歳の数もかぞへとりてむ」はどのような内容の歌か。最も適切なものを、次の中から一つ選べ。 29

① 若宮に長寿の鶴のような寿命があるならば、その寿命を一部わけていただいて長生きしたいと念じた歌

② 千年も生きるという鶴の寿命にあやかって、若宮が千歳の命を得て末永く繁栄するようにと祝福した歌

③ 鶴が千年の寿命を保つならば、その羽で若宮を包んで差し上げて千歳に渡って守ってほしいと祈った歌

④ 千年も生きるという鶴のような寿命を得て、若宮の将来を長生きして見届けたいという思いを述べた歌

⑤ 鶴の年齢は千年だから、千年も続く若宮の年齢を鶴は年ごとに数えられるはずだとおもしろく詠んだ歌

問五　傍線部Ⅰ「千代もあくまじき御行末」の説明として最も適切なものを、次の中から一つ選べ。 30

① 千年でも満足できないほどの若宮の将来の繁栄

② 千代に変わることがない殿による若宮の引き立て

③ 千代に変わるはずがない若宮を慈しむ中宮の将来

④ 千年続いても満足しないであろう殿の将来の繁栄

⑤ 千年でも物足りないにちがいない藤原氏一門の繁栄

問六　二重傍線部A「きこえ」・B「たまふ」・C「たまふ」・D「たまひ」の敬意の対象として最も適切なものを、次の中から一つずつ選べ。同じ選択肢を繰り返し選んでもよい。

A 31　B 32　C 33　D 34

① 宰相の君　② 殿　③ 殿の君達・宰相の中将　④ 君（若宮）　⑤ 宮　⑥ 殿の上

問七　傍線部Ⅱ「母」、傍線部Ⅲ「よいをとこ」とは誰のことか。最も適切なものを、次の中から一つずつ選べ。ただし、一つの選択肢は一度しか選べない。

Ⅱ 母 35　Ⅲ よいをとこ 36

① 宰相の君　② 殿　③ 殿の君達　④ 宰相の中将　⑤ 君（若宮）　⑥ 宮　⑦ 殿の上

6　あしたづ……鶴の異名。

7　かざり……栄光。

8　宮……中宮彰子。

9　殿の上……道長の妻の倫子。北の方。

問一　空欄O・P・Q・Rには、それぞれO「とらへ据う」・P「のたまはす」・Q「めり」・R「思ふ」の活用語が入る。最も適切なものを、次の中から一つずつ選べ。

O [19]　P [20]　Q [21]　R [22]

O　とらへ据う　①　とらへ据う　②　とらへ据え　③　とらへ据ゑ　④　とらへ据うる　⑤　とらへ据うれ

P　のたまはす　①　のたまはす　②　のたまはさ　③　のたまはし　④　のたまはする　⑤　のたまはせ

Q　めり　①　めり　②　めら　③　める　④　めるれ　⑤　めれ

R　思ふ　①　思ふ　②　思は　③　思ひ　④　思へ　⑤　思ふる

問二　二重傍線部a「る」・b「む」・c「させ」・d「る」・e「らる」の文法的説明として最も適切なものを、次の中から一つずつ選べ。

a [23]　b [24]　c [25]　d [26]　e [27]

a　る　①　受身の助動詞　②　自発の助動詞　③　完了の助動詞　④　尊敬の助動詞　⑤　動詞の一部

b　む　①　推量の助動詞　②　意志の助動詞　③　適当の助動詞　④　婉曲の助動詞　⑤　仮定の助動詞

c　させ　①　使役の助動詞　②　尊敬の助動詞　③　過去の助動詞　④　意志の助動詞　⑤　動詞

d　る　①　受身の助動詞　②　自発の助動詞　③　完了の助動詞　④　尊敬の助動詞　⑤　動詞の一部

e　らる　①　受身の助動詞　②　可能の助動詞　③　自発の助動詞　④　尊敬の助動詞　⑤　動詞の一部

問三　Xの歌「いかにいかがかぞへやるべき八千歳のあまり久しき君が御代をば」の説明として**最も不適切なもの**を、次の中から一つ選べ。[28]

①　初句の「いかに」には疑問の意の「いかに」と「五十日《いか》の祝い」の「五十日」とが掛け合わされている。

②　第二句「かぞへやるべき」の「べき」は助動詞で、初句と呼応して連体形で結ばれている。

問題二　次の文章は『紫式部日記』の寛弘五（一〇〇八）年十一月一日の記事の一節である。この年の九月、中宮彰子は父藤原道長の邸宅で敦成《あつひら》親王を出産し、この日、生後五十日の「五十日《いか》の祝い」が行われた。この文章はその祝宴の様子を記したものである。全体を読んで、あとの問いに答えよ。

おそろしかるべき夜の（注1）御酔《ゑ》ひなめりと見て、ことはつ a るままに、（注2）宰相の君にいひあはせて、隠れな b むとするに、東面《ひむがしおもて》に、（注3）殿の君達、（注4）宰相の中将など入りて、さわがしければ、二人御帳《みちやう》のうしろに居かくれたるを、とりはらはせたまひて、二人ながら O させたまへり。「和歌ひとつづつ仕うまつれ。さらば許さむ」とのたまはす。いとはしくおそろしければ聞こゆ。

X　いかにいかがかぞへやるべき八千歳《やちとせ》のあまり久しき（注5）君が御代をば

ア「あはれ、仕うまつれるかな」と、ふたたびばかり誦《ず》せ c させたまひて、いと疾《と》う P たる、

（注6）Y　あしたづのよはひしあらば君が代の千歳の数もかぞへとりてむ

さばかり酔ひたまへ d る御心地にも、おぼしけることのさまなれば、いとあはれに、ことわりなり。げにかくもてはやし A きこえ B たまふにこそは、よろづの（注7）かざりもまさらせたまふ Q 。I 千代もあくまじき御行末《ゆくすゑ》の、数ならぬ心地にだに、思ひつづけ e らる。（注8）イ「宮の御前、聞こしめすや。仕うまつれり」と、われぼめしたまひて、「宮の御ててにてまろわろからず、まろがむすめにて宮わろくおはしまさず。II 母もまた幸ひありと思ひて、笑ひたまふめり。III よいをとこは持たりかし、と R たんめり」と、たはぶれきこえ C たまふも、こよなき御酔ひのまぎれなりと見ゆ。IV さることもなければ、さわがしき心地はしながら、めでたくのみ。聞きゐさせたまふ（注9）殿の上、ウ聞きにくしとおぼすにや、わたらせ D たまひぬるけしきなれば、「おくりせずとて、母うらみたまはむものぞ」とて、いそぎて御帳のうちを通らせたまふ。「宮なめしとおぼすらむ。親のあればこそ子もかしこけれ」と、うちつぶやきたまふを、V 人々笑ひきこゆ。

（『紫式部日記』）

（注）
1　御酔ひ……道長の酩酊《めいてい》ぶり。
2　宰相の君……中宮の女房の一人。
3　殿の君達……「殿」は道長。「君達」は道長の子息たち（頼通・教通など）。
4　宰相の中将……道長の甥《おい》の藤原兼隆。
5　君……誕生した若宮。

具体的にどのようなことが必要であると述べているか。その説明として適切なものを、次の中から**二つ**選べ（解答欄 16 に二つマークせよ）。

① 普遍性の力強い芯を生物の多様な表現型に関わるものとして再認識すること
② 普遍性と多様性を進化という同じ作用の二つの段階としてとらえること
③ 普遍性の行きすぎを反省し、生物進化と普遍性を分けて考えること
④ 普遍性を結果でなくプロセスに関するものとしてとらえること
⑤ 生物学的多様性と普遍性を文化的遺伝子の観点からとらえなおすこと
⑥ 普遍性の力強い作用が生物多様性を生む原動力となっていると理解すること

問十　波線部Ⅳ「誤用や不適切な適用の事例」とあるが、それについて述べた本文の内容と**合致しないもの**を、次の中から一つ選べ。17

① 人間と他の種を、同等の価値を持つものとして扱うこと
② 原生林を切り開き、商品作物の単一栽培を行うこと
③ 他者をみずからの価値観のみで判断すること
④ 他者の文化や宗教に対して不寛容であること
⑤ 世界をグローバル化し、統一的な言語や社会システムを適用すること

問十一　本文の内容と一致するものを、次の中から**二つ**選べ（解答欄 18 に二つマークせよ）。

① モノカルチャー主義は、多様性の崩壊の結果生み出されたものである。
② 地球上のあらゆる生き物は、創造主の意思を反映して多様である。
③ 持続可能性は、地球上のもろもろの事象に手を加えず現状維持することだととらえるべきである。
④ ディープ・エコロジーは人間に対する自然の優位を説く理念である。
⑤ 「突然変異」と「自然淘汰」は、生物の種の多様性を生む原動力となってきた普遍的概念である。
⑥ 生物の生態と同様に、ある社会に適した制度が他の社会にも適しているとは限らない。
⑦ 生物の種の進化を司る原理は、それぞれの生物が生きる環境により変化する。

③　世界を渡り歩いて得られた見聞
④　社会生活をしていく上で役立つ教え
⑤　社会のシステムの維持のために必要とされる知識

Q　涵養　13

①　栄養を吸収すること
②　許し与えること
③　広く行き渡らせること
④　だんだんに養い育てること
⑤　皆に勧めること

問七　波線部Ⅰ「皮肉なことに」とあるが、筆者はなぜそのように考えるのか。その理由として最も適切なものを、次の中から一つ選べ。　14

①　人類は、自らを自然から切り離したはずが、あいかわらず生態系の多様性の中に埋没してしまっているから
②　人類は、自らを自然から切り離すという特権を持ったはずが、あいかわらず意識なき実在と競い合い自然淘汰にさらされているから
③　人類は、宇宙の成り立ちを理解する知恵を持ったが、かえってそのために生態系の乱れをもたらすことになったから
④　人類は、意識なき実在たちを突き放す特権を持ったはずが、かえってその多様性を育む結果になってしまったから
⑤　人類は、自らを自然から切り離したはずが、かえって自然の法則を理解する努力を重ねながら未来を自ら律せざるを得なくなったから

問八　波線部Ⅱ「知性を麻痺させる」とは具体的にどのようなことか。その説明として最も適切なものを、次の中から一つ選べ。　15

①　多様性が手に負えないものだという事実から目をそむけさせる
②　あらゆるものを単一原理で説明できると考えさせる
③　普遍性原理と多様性を混同させる
④　多様な事象の間にある普遍的な原理への探求心を失わせる
⑤　人類は万能だと思い込ませる

問九　波線部Ⅲ「「普遍性」という概念自体を変えなければならない。とりわけ、その現実における作用の様式を改めなければならない」とあるが、筆者は

熱帯雨林の中のさまざまな生きものの奏でる鳴き声は、そこには響かない。

① 第(8)段落　② 第(10)段落　③ 第(12)段落　④ 第(14)段落　⑤ 第(16)段落

問五　傍線部a・b・c・d・eを漢字に改めた場合、これと同じ漢字を用いるものを、次の中から一つずつ選べ。

a　レイチョウ　[7]

① レイセツを重んじる　② 友をゲキレイする　③ レイコンの不滅
④ 絶対レイド　⑤ 美辞レイクを並べる

b　ケッペキ　[8]

① シンケツを注いだ事業　② 天下に聞こえたゴウケツ　③ ガンペキをのぼる
④ カンペキな出来栄え　⑤ 飲酒のアクヘキ

c　ケイキ　[9]

① 文学芸術に対するゾウケイ　② 環境意識のケイハツ　③ 番組のチュウケイ
④ 賃貸ケイヤク　⑤ 飛距離のケイソク

d　タイダ　[10]

① タイクツな話　② 梅雨前線がテイタイする　③ ダミンをむさぼる
④ ダラクした生活　⑤ ダガシ屋の店先

e　コウソク　[11]

① コウガン無恥　② ギコウ的な詩　③ ジンソクな対応
④ 仲間のケッソク　⑤ 当意ソクミョウ

問六　二重傍線部P「処世訓」・Q「涵養」のことばの意味として最も適切なものを、次の中から一つずつ選べ。

P　処世訓　[12]

① 世界を統治する人間が守ってきた忠告
② 世界がたどった歴史から導かれた真理

2　アンチテーゼ……反対の意見、対立する意見。

3　チャールズ・ダーウィン……（一八〇九〜一八八二）イギリスの博物学者。著書『種の起原』で生物進化の理論を確立した。

4　生態学的地位（ニッチ）……ある生物が生態系の中で占める位置。

5　シーラカンス……古生代デヴォン紀から中生代白亜紀までの海に栄えた魚。

6　ラジカル……過激なさま、極端なさま、急進的なさま。

7　ミーム……模倣によって人から人へと伝達し、増殖していく文化情報、文化の遺伝子。

8　アナロジー……ある事柄をもとに他の事柄をおしはかって考えること。

問一　空欄A・Bに入ることばとして最も適切なものを、次の中から一つずつ選べ。

A　[1]

①　必須の養分　②　直接の果実　③　偶然のきっかけ　④　不変の母体　⑤　類似の現象

B　[2]

①　ディープ・エコロジー　②　多神教　③　モノカルチャー　④　ダーウィン　⑤　環境保護

問二　空欄X・Yに入ることばとして最も適切なものを、次の中から一つずつ選べ。

X　[3]

①　そのうえ　②　もっとも　③　とはいえ　④　むしろ　⑤　ちなみに

Y　[4]

①　あるいは　②　たとえば　③　しかし　④　むしろ　⑤　さもなければ

問三　空欄Ⅰ・Ⅱに入ることばの組み合わせとして最も適切なものを、次の中から一つ選べ。[5]

①　Ⅰ　混乱　Ⅱ　神の摂理　②　Ⅰ　問題　Ⅱ　日常的想像力　③　Ⅰ　プロセス　Ⅱ　知的探求

④　Ⅰ　突然変異　Ⅱ　自然淘汰　⑤　Ⅰ　多様性　Ⅱ　普遍的な原理

問四　本文中のある段落の末尾から、次の文が脱落している。この文の入るべき最も適切な段落を、次の中から一つ選べ。[6]

地球上のさまざまな生物の種の多様性を生み出す原動力となってきた「突然変異」や「自然淘汰」といった普遍的概念と、世界をモノカルチャー化しかねない「普遍性」の押しつけは、明らかにその成り立ちが違う。両者を混同したままでは、私たちは生きるための道筋を失ってしまうことだろう。(19)

　人間と他の種は、同等の価値を持つという「ディープ・エコロジー」の思想に基づけば、自らの都合のみによって都市空間を構成している人間の行為は、最悪のエゴの表明に他ならない。(20)

　化石燃料の枯渇と、地球温暖化の進行、水などの天然資源の不足といった事態は、私たちが、従来はラジカル(注6)だと見なされてきた思想をも日常の糧にしなければ、持続可能な生活を営むことができないことを意味している。(21)

　もし、これからの人類が「多様性」やそれを育む「持続可能性」に自らの未来を託したいのであれば、また地球が成り立ってきた原理にもう一度寄り添いたいのであれば、私たちは、つまりは、Ⅲ「普遍性」という概念自体を変えなければならない。とりわけ、その現実における作用の様式を改めなければならない。(22)

　私たちは、「普遍性」概念を精査しなければならない。Ⅳ誤用や不適切な適用の事例に目をとられて、多様性と普遍性を二項対立的な図式の下にとらえることで満足していてはいけない。多様性を生み出す「普遍性」の力強い作用の芯をしっかりと把握しなければならないのである。(23)

　「普遍性」が多様性を生み出すのは、それが、結果ではなくプロセスに作用する時である。ダーウィンが明らかにしたように、生物の生存、子孫の繁栄にかかわる普遍的なeコウソク条件は、実際、驚くべき生物多様性を生み出す原動力になっている。生物の種の進化を司《つかさど》る原理は、地球上のどの場所でも同じであった。それでも、今日のような生物多様性が生じた。文化の側面においては、「ミーム」(注7)（文化的遺伝子）の進化が、生物進化とのアナロジー(注8)において議論されてきた。ミームもまた、生物の「表現型」の一部であり、その多様性を促したのも生物進化と同一の原理であるというのが、進化生物学、進化心理学の研究者の考え方である。(24)

　「普遍性」は、動的プロセスの結果として生まれる表現型自体にかかわると見なされるべきではない。ただ一つの「美」の規範があり、唯一の「正義」があると誤信してしまう時に、「普遍性」は多様性を刈り込む鎌の役割を担ってしまう。主体にとって何が「美」か、何が「正義」かということを決定する普遍的な動的プロセスが存在するのであって、その結果生み出されるものはさまざまであるという視点が、より大切である。(25)

（茂木健一郎『疾走する精神』、ただし表現の一部を改変した。）

（注）　1　モーツァルト……（一七五六～一七九一）オーストリアの作曲家。

に資するためには、一筋縄ではいかない多様性の中に飛び込み、それでもなお、普遍性への志向を失ってはならないのである。(11)

注意深い読者は、ここに、一神教的世界観と日本の「八百万《やおよろず》の神」のような多神教的世界観を融合させる論理的可能性を見ることだろう。(12)

「多様性」と「普遍性」は必ずしも相容れない概念ではない。とはいうものの、過去において、「普遍性」を標榜《ひょうぼう》することが時に多様性を破壊し、[B]的な世界の実現に力を貸す結果を招いてきたことも事実である。(13)

「普遍性」という概念の用法を誤ると、多様性を育む自然の中の傾向とは異なる方向に世界を導いてしまう。「人間にとっての効用」という単一の原理で割り切って形成された地上の様子がどのようなものになるかは、大都会の中で自分の周囲を眺めればわかることである。ガラスや金属といった表面的な輝きを剝いでみれば、そこにあるのは灰色に塗り込められた単調さである。(14)

多様性を刈り込み、この世界を単一の価値観で塗り込めるかに見える「普遍性」概念の作用がある。[Y]、有用な商品作物を世界中で大量に生産し、単調な生態系を形成してきた人類の営為がある。異なる文化、思想を持つ人々に対する不寛容の歴史も、「普遍性」概念の暴走である。昨今の「グローバリズム」の嵐の中で、単一の価値観、社会システムが地球上のさまざまな地域を覆うかに見える動きもまた、世界の多様性を減少させる「普遍性」の過剰作用の結果である。世界中に数千の異なる言語があるという現状の中で、そのような言語多様性をないがしろにするかに見える英語への一極化も同様に、「普遍性」概念の行きすぎた適用である。(15)

自然界における生物のありさまを見ればわかるように、ある場所に適した表現形質は、他の場所でも適しているとは限らない。約四億年前のデヴォン紀にすでに化石が見いだされるシーラカンス(注5)は、池や川などの淡水域では繁栄できない。生きものたちは、それぞれに適した生態学的地位の中で、他の生きものたちと肩を寄せ合って生きている。(16)

「ある場所で成立する命題は、他の場所でも成立する」あるいは「成立すべきだ」と見なされる時、「普遍性」の概念は劇薬的副作用をもたらす。ある社会では有効に機能する制度が、他の社会でも効果を上げるとは限らない。「普遍性」を標榜するということは、ある単一の世界観、価値観を異なる文化背景を持つ人たちに押しつけることを意味するのではない。「普遍性」概念の誤用は、国際政治においては常に軋轢《あつれき》を生んできた。ある国で成功した「改革」が別の国でも成功裡《せいこうり》に適用できるとは限らない。全ての場所である原理が成り立つと考えることは、多様性の破壊へと結びつく。(17)

歴史的背景も、文化的な伝統も異なり、すなわち容易には理解できない他者を自らの価値観で判断してしまうことは、典型的な「普遍性」概念の誤用である。「普遍性」を標榜した他者の異質性に対する不寛容が、時には大量虐殺や民族抹殺といった悲劇に結びつくということを、人類は二十世紀において嫌というほど経験してきた。(18)

いう発言が、しばしば一般原理による単純な割り切りを戒める P処世訓としても作用する。(5)

　地球環境の保護にかかわる意識が高まる中で、還元主義的世界観に対するアンチテーゼ(注2)として「多様性」が登場してきたという歴史的経緯は、無視するべきではない。世の中を単純に割り切り、コントロール可能な対象へと変えようとする人類の衝動は、豊かな生物多様性を内包する原生林を切り倒し、人間にとって価値の高い作物の単一耕作（モノカルチャー）を行うという形で地球上の生物多様性を破壊してきた。その衝動は、自らが管理可能なように都市空間をコンクリートや鉄やガラスで固めるという徹底した bケッペキ主義を導いてきた。人類は今、そのような愚行のしっぺ返しを受けつつある。(6)

　ここで、注意しなければならないことがある。確かに、容易には見通せない事態が進行していることは、多様性の Q涵養《かんよう》に資するように思われる。複数の相容《あいい》れない要素が絡み合い、さまざまな変化を遂げていくプロセスは多様性を育む大切な cケイキとなる。しかし、だからといって、多様性の存在自体が、「普遍性」を否定するのではない。「多様性」は、「普遍性」の対立概念ではない。［X］、容易には見通せないような「多様性」を貫き、それを生み出す普遍的な原理を見いだすことこそが、人類にとっての最大の知的探究の課題なのである。(7)

　「進化論」を唱えた(注3)チャールズ・ダーウィンの偉大さは、この地球上の眩惑《げんわく》されるほどに多様な生物の種という一見手に負えない［Ⅰ］を、進化を特徴づけ、推進する［Ⅱ］の下に説明することに成功した点にあった。目に見えないバクテリア、多種多様な昆虫、地面を這《は》いずり回るミミズ、空を飛ぶ鳥、海を泳ぐ魚。人間の日常的想像力をはるかに超えるさまざまな姿を見せる地球上の生きものたちは、決して、気まぐれな創造主によって一つひとつ手作りされたものではない。ダーウィンが明らかにしたように、「突然変異」と「自然淘汰《とうた》」(注4)という原理の組み合わせによって、単純で原始的な生命のフォームから長い年月をかけて進化してきたのである。そこに働いていたのは、どのような生物種にも、生態学的地位（ニッチ）にも通底する一つの普遍的原理であった。ダーウィンは、「普遍性」と「多様性」を、史上初めて論理的に整合性のある形で結びつけたのである。(8)

　生物の多様性の背後にDNAという普遍的遺伝原理が作用していることが明らかになったのは、ダーウィンが『種の起原』を出版してから約一〇〇年後のことである。(9)

　多様性は、ともすれば人を酔わせ、Ⅱ知性を麻痺《まひ》させる。現代社会における価値観の分裂を言うことはたやすい。しかし、だからといって、人間の社会の多様性を、「人それぞれさ」とひと言で片付けてしまうのは知的な dタイダである。科学者は、より一般に学者というものは、たとえ目の前に一見手に負えないような多様性がある場合にも、決して諦めずに、その中を貫く普遍性を追い求めなければならない。そうでなければ、学問をする甲斐《かい》はない。(10)

　この宇宙の中の多様性を全て包み込む普遍性などないと諦めてしまったら、人類の歴史が誇るべき多くの知的な成果は存在しなかっただろう。自然の強《きょう》靭《じん》な「持続可能性」が育んできた多様性に対抗するためには、人間の側にも「持続可能」な粘り強い知性が必要となる。そして、叡智《えいち》が私たちが生きること

国語

（六〇分）

問題一　次の文章を読んで、あとの問いに答えよ（段落末尾の番号は段落番号を示す）。

　これからの人類の知的探究の方向性を特徴づける重要な概念として「多様性」があることは疑いない。多様性は、何十億年もかけて地球上で育まれてきた自然の生態系自体が持っている性質でもある。「万物の a レイチョウ」として自らを自然から切り離した人類の歴史は、しかし、 I 皮肉なことに、突き放したはずの自然の奥深さに「追いつく」果てしなき過程でもあった。(1)

　自らを乖離《かいり》しなければ、追いつく必要もなかった。自然の中に埋没しているのであれば、その因果的法則を理解するという努力を積み重ねるまでもなかった。ただ包まれて、生き、死んでいくだけでよかったのである。人間は、この宇宙の成り立ちを理解する「知性」を持ってしまったがために、未来を自ら律するという、意識なき実在たちからは浮遊した「特権」と「悩み」を抱えるに至った。(2)

　「多様性」は、これからの時代を特徴付けるもう一つの大切な概念である「持続可能性」と深く結びついている。システムが持続可能でなければ、その中に多様性が育まれることもない。短い時間で更新され、リセットされてしまうようなシステムの中では、多様性は育まれ得ない。多様性は「持続可能性」の［ A ］である。「持続可能性」は、単なる現状の維持ではなく、むしろ、多様なる未来への積極的な企図なのである。(3)

　脳の中に蓄積される経験の多様性も、人生が「持続可能」であればこそである。「天才は夭逝《ようせい》する」という伝説は喧伝《けんでん》されすぎた感がある。ある程度の年月の間積み重なり、熟成していく経験の連なりがなければ、すぐれた文化的事象は起こりようがない。たとえ常人に比べれば短かったとしても、ほとんど「白紙」の状態で生まれ落ちて始まる密度の濃い「助走」の期間があってこそ、モーツァルト(注1)はモーツァルトたり得たのだ。(4)

　世の中が多様で複雑であるということは、容易には普遍的な原理を打ち立てられないことを意味するようにも思われる。実際、多種多様な生物の棲《す》まうジャングルの生態系を前にすると、それらを一つの普遍的な原理で把握することは至難の業であるようにも感じられる。だからこそ、「世の中は多様だ」と

解答編

英語

I 解答

問1．(A)―② (B)―④ (C)―① (D)―② (E)―④

問2．① 問3．③ 問4．④ 問5．①

問6．② 問7．(1)―③ (2)―② (3)―②

◆全　訳◆

≪限られた真水資源とその利用≫

現代のアメリカでは，毎日きれいな真水が手に入る。蛇口を開けるたびに配管設備がこの重要な資源を私たちの家庭に運んでくる。しかし，暮らしに対するその重要性にもかかわらず，真水は非常に希少価値がある。地球で手に入るすべての水の30分の1以下が真水だ。その残りは塩水で，海に見られるようなものだ。

世界の真水のほとんどを，人間は簡単に使えない。地球の真水の約10分の7が氷河や極地の氷冠に氷の形態で閉じ込められている。地球の真水の約10分の3が地下水の形態で地面の下にある。地球の真水のほんのごくわずかしか人間の用途には利用できない。

残念ながら，利用可能な真水は世界の至るところに等しく分配されているわけではない。ブラジル，ロシア，カナダ，インドネシア，中国，コロンビア，そしてアメリカ合衆国に，世界の地表の真水資源のほとんどがある。その結果，世界人口の約5分の1が，水が十分にない地域に住んでいる。平均して，そこでは1人当たり年間に35,315立方フィート以下の水しか得られない。この水不足がさまざまな地域の経済発展と政治に影響している。

多くの人々は安全な飲料水が手に入らない。国連によれば，世界中の21億人が2017年に安全な飲料水が手に入らなかった。それどころか，その人たちは汚染された水しか手に入らなかったのだ。汚い水を飲んでいる人々はいろいろな病気の危険が増している。きれいな水を利用できないことで，毎年 300 万人以上が亡くなっている。

開発途上国にきれいな水資源を供給することは国際組織にとって重要な目標だ。これらの団体は大きな成功を収めてきた。1990 年から 2015 年の間に，世界の 26 億人が改善された水資源を利用できた。今もなおきれいな水を利用できない残りの人々は，ほとんどがアフリカとアジアにいる。その人たちはほぼ 10 億人である。

真水を利用できることは経済発展にとっても重要だ。例えば，淡水資源は漁場の発展を可能にする。世界の人々が魚をその生息地から捕り，世界中の 1 億 5800 万人を養うに十分な食料を供給している。これらの漁場は食料源でもあり，収入源でもあるのだ。

真水は，農業のような他の経済活動においても重要な資源である。世界の真水の 10 分の 7 が農業に使われている。世界の農業従事者は水を自分の畑に運ぶために灌漑を使っている。このような農業活動に 10 億人以上が携わっており，毎年 2.4 兆ドル以上を生み出している。世界人口が増えるにつれて，将来，農業用の真水に対する需要は増加する一方だろう。このことが地球の限られた真水供給にさらなる負担をかけることとなるだろう。そして，真水を利用できることがずっと重要になるだろう。

真水をめぐる争いは今日すでに国際政治に見られる。例えば，エチオピアとエジプトは，アフリカのナイルの水資源をめぐって長い間争ってきた。ナイル川はエジプトの水の 10 分の 9 近くを供給する重要な水路だ。しかし，ナイル川の水のほぼ 10 分の 9 は，エチオピアに水源がある。エチオピアは発電のためにその川の一部をせき止める計画をしている。その結果，エジプトはナイル川の水の一部を入手できなくなるのではないかと懸念している。意見の相違はまだあからさまな対立にはなっていない。しかし，この重要な資源を確保することがエチオピア人とエジプト人のこれから先の長い間の関係を決定づけるだろうということは明らかだ。

水資源をめぐる対立は世界中でよくあることだ。このことは，真水が比較的豊富なアメリカ合衆国でさえ当てはまる。ある深刻な論争が，コロラド川水系に関係している。その川は，アリゾナ州，カリフォルニア州，ネバダ州，コロラド州，ニューメキシコ州，ユタ州，それにワイオミング州に水を供給している。この川の水系の流水量を減らした干ばつが原因で，これら 7 州は，川を守るために水の使用量をどのようにして減らすかを決めなければならない。人口増加と気候変動がさらなる難題を生み出すだろう。水をめぐるこれらの対立は将来発生し続け，より頻度を増していくだろう。

◀解　説▶

問１．(A)　この文の主語は fresh water，述語動詞が is なので，主語よりも前の部分は修飾語にしなければならない。its importance は名詞なので，空所に入るのは前置詞だと判断する。its importance と is rare をうまくつなぐ「～にもかかわらず」の意の②が正解。① But は接続詞であって，前置詞ではない。③，④には前置詞のはたらきはあるものの，意味が通らない。

(B)　空所に続く名詞は目的語なので，空所には他動詞が入る。国が主語になり，真水資源が目的語になって意味が通るのは④。have には「～がある」の意がある。② lie にも「ある」の意があるものの，自動詞なので，この文には不適切。

(C)　Populations が主語，are が述語動詞の構造で，その間には修飾語が入るので，①が正解。現在分詞として直前の名詞を修飾している。②は原形または現在形，③は過去形，④は現在完了形なので，いずれも修飾語にはならない。

(D)　不可算名詞である success を修飾できるのは形容詞 much か most。前者だと「大成功」，後者だと「大部分の成功」となり，文意が通る②が正解。なお，①も③も可算名詞の複数形が続くので，この空所には不適切。

(E)　1 billion は数詞で形容詞のはたらき。それを修飾するのは副詞なので，正解は④で，1 billion と共に「ほとんど10億の」の意。

問２．主語 we，動詞 turn が続き，コンマの後にも主語 plumbing systems，動詞 bring があるので，（ア）には接続詞が入る。Each time は元々名詞であるが，接続詞的なはたらきもする。On average は前置詞句なので，接続詞のはたらきはない。（イ）の前文で世界人口の５分の１が水不足の地域に住んでいると述べているので，（イ）に On average「平均して」を入れると，続く部分で１人当たりの水の量を示す流れに合う。

（ウ）の前文では多くの人が安全な飲料水が入手できないと述べ，（ウ）に続く部分では汚染水しか入手できないと述べていることから，（ウ）に「そうではなく，それどころか」の意の Instead を入れると前後の文意が通る。したがって正解は①。

問３．下線部の「利用可能な真水は世界の至るところに等しく分配されているわけではない」は，真水の偏在を意味するので，正解は③「真水を得ることのできる可能性は世界じゅうで異なる」。他はそれぞれ，①「真水は世界のどこででも得ることができるわけではない」，②「どの国も真水を平等に得る権利を持っている」，④「天然の真水資源の所有を許されている国はひとつもない」の意。

問４．fishery は「漁場」の意で，正解は④。他の選択肢はそれぞれ，①「魚屋」，②「水族館」，③「株式市場」の意。

問５．This は直前の文の内容，「世界人口が増えるにつれて，将来，農業用の真水に対する需要は増加する一方だろう」を指しているので，正解は①となる。

問６．この文は「このことは，真水が比較的豊富なアメリカ合衆国でさえ当てはまる」の意であり，「このこと」とは，直前の文の内容「水資源をめぐる対立は世界中でよくあることだ」を指していることから，正解は②である。

問７．⑴「次のどれが世界の真水を得ることのできる可能性について当てはまるか」 第２段第２文（About seven-tenths …）に「地球の真水の約10分の７が氷河や極地の氷冠に氷の形態で閉じ込められている」と述べられていることから，正解は③「真水の約70パーセントが氷の形態で存在している」。他の選択肢はそれぞれ，①「真水に比べて，海水は地球では珍しい」，②「地下には真水がない」，④「地球にあるすべての水の中で，約50パーセントが人間の用途に利用できる」の意。

⑵「次のどれがこの文章で説明された人口統計について当てはまるか」 第４段第２文（According to …）に「国連によれば，世界中の21億人が2017年に安全な飲料水が手に入らなかった」と述べられていることから，正解は②「2017年には，安全な飲料水がない人の数は21億人に達した」。他の選択肢はそれぞれ，①「世界人口の40パーセント以上が，水がほとんどない地域に住んでいる」，③「おおよそ3,000人が水不足で毎年亡くなっている」，④「約１億5,000万人が世界で農業に携わっている」の意。

⑶「次のどれがエチオピアとエジプトの間の緊迫状態の原因として説明されているか」 第８段第２文（For example, …）に両国がナイル川の水

資源をめぐって争ってきたことが述べられており，続く第 3 文（The Nile River is …）以降で追加的な説明がなされていることから，正解は②「ナイル川の水の利用について」。他の選択肢はそれぞれ，①「ナイル川の名称について」，③「ナイル川沿いの電力の管理について」，④「ナイル川の水源について」の意。

II　解答

問 1．(A)―①　(B)―④　(C)―①　(D)―①　(E)―①　(F)―③

問 2．④　問 3．④　問 4．①　問 5．①

◆全　訳◆

≪国や歴史によって異なる，billion が表す数字≫

科学者が知識の範囲を広げるにつれて，自分が発見したことについて語るために，彼らはより大きな数字を必要とした。中世から知られている million は十分ではなかった。彼らには billion，trillion，それ以上が必要だった。一般的な言葉の使い方は先例にならった。17 世紀に人々はすでに a million to one（十中八九）や one in a million（百万にひとりの，百万にひとつの）のようなことを言っていた。それからインフレが始まった。one in a billion のほうがずっと印象的に響いた。

しかし，正確には billion は何を表していたのだろうか。イギリス人は 100 万（1,000,000）の中にある 6 つのゼロが便利な単位をなしていると思っていたので，次の大きな値は 6 のゼロが 2 倍（1,000,000,000,000）になることになっていた。それゆえにイギリスでの billion は，のちにそう呼ばれるようになった「long-scale 方式」では「1 兆」を表していた。しかし，フランスの数学者たちはのちに別のほうへ向かった。彼らは 1,000,000 をゼロ 3 つが 2 つあるものとみなしたので，彼らにとって，つぎの大きな値はゼロ 3 つが 3 つあるもの，つまり 1,000,000,000 だった。それゆえに，フランスでは，billion は「short-scale 方式」では「10 億」を意味していた。

言葉の使い方の歴史は複雑で，国によって途方もなく異なる。イギリスは long-scale 方式を使い続けたが，19 世紀にアメリカ合衆国は short-scale 方式を採用した。1 世紀以上にわたって，アメリカの英語辞書は「10 億」，イギリスの辞書は「1 兆」を推奨した。それから，1974 年，イギリスは抵抗をやめた。当時の首相，ハロルド=ウィルソンが下院に声明を出した。

「『billion』という語は今や国際的には10億を表すために使われているので，イギリスの大臣が何か他の意味でそれを使うと紛らわしくなる」

しかし，言葉の使い方は政府声明を進んで受け入れはしない。現在，公式にはイギリスでは billion は10億だが，人々は古い用法を今でも意識しており，不確実な状態が普通である。だから，私は billion を使うときはいつでも，それに注解をつけている。もし私が「英語は2 billion の人々に話されている」と言えば，念のため私は「20億」とすぐに言い添えている。

日常の言葉が2つ以上の意味を持つことは，ひとつの言語においてはよくあることだ。私たちは辞書を見さえすれば，そのことがわかる。普通は2つ以上の意味にとれることはない。というのも，文の中で単語を使うとき，どの意味が含まれているのかわかるからだ。単独だと，bed は2つ以上の意味にとれる。（例えば）それは，ひょっとしたら私たちが寝る場所，あるいは，私たちが花を植える場所を表すことがありえる。しかし，I stayed in bed until ten も，Look at that lovely bed of roses も，私たちは解釈するのに何の問題もない。

billion で示されるたぐいの2つ以上の意味にとれることを生じる科学用語を見つけることは珍しい。普通は，科学者が専門用語を生み出すとき，それらは科学界全体に受け入れられている。hydrogen（水素），atom（原子），pterodactyl（翼手竜）のような単語の一般的な定義があり，私たちはアメリカとイギリスの言葉の使い方に違いを見つけることはない。しかし，ここに，2つ以上の意味にとれるだけでなく，文の中で言い表しても2つ以上の意味にとれることが消えない数学用語がある。「その災害でその企業は1 billion ポンドを失った」と読むとき，私たちはいくら失われたのかがわからない。言語の歴史の中で絶えず存在する，2つ以上の意味にとれる危険性を billion が私たちに気づかせてくれる。

◀解　説▶

問1．(A)　名詞 direction は，前置詞 in と共に in a [the] ～ direction で「～の方向に」の意なので，正解は①。

(B)　from *A* to *B* で *A* と *B* に無冠詞の同じ名詞を用いると多様性を示す

ことができることから，正解は④。

(C)　この文の空所に続く構造は，〈S V, S V.〉なので，空所には従属接続詞が入る。前方のSVにあるnow「今では」，後方のSVにあるstill「それでもなお」に注目すると，空所には「～にもかかわらず，～だが」の意のAlthoughがふさわしいと判断できるので，正解は①。

(D)　空所より前の「普通は2つ以上の意味にとれることはない」は原因，後の「文の中で単語を使うとき，どの意味が含まれているのかわかる」はその理由の関係になっていることから，正解は①。

(E)　空所直前の名詞differenceはbetween *A* and *B*という前置詞句を伴い「*A*と*B*の違い」を表す。したがって，正解は①。

(F)　remindは，remind *A* of *B*で「*A*（人）に*B*（事）を思い出させる」の意。したがって，正解は③。

問2．ダッシュ（—）は，説明を付加するはたらきのある記号。ダッシュの前方にある「イギリスでのbillionは『1兆』を表していた」より，正解は④。

問3．前文には，billionはアメリカの辞書は10億，イギリスの辞書は1兆を推奨したとあるが，次文のコロンの後にある引用文（The word 'billion' is …）で，イギリスがbillionは10億だとする声明を出したと述べられていることから，capitulateはyield「屈する」とほぼ同意と考えることができる。よって，正解は④。他はそれぞれ①「抵抗した」，②「戸惑った」，③「間違った」の意。

問4．thatには前文中の語や内容を指すはたらきがある。前文（It's the normal …）の内容が，「日常の言葉が2つ以上の意味を持つことは，ひとつの言語においては普通の状態である」なので，正解は①。④は，辞書に例文が載っていたらわかるかもしれないがすべての単語に例文があるわけではないので，「最も適切なもの」は①となる。

問5．「hydrogen，atom，pterodactylのような単語の一般的な定義があり，アメリカとイギリスの言葉の使い方に違いを見つけることはない」と述べられていることから，定義が明確であることがわかるので，正解は①。

III　解答

(1)—③　(2)—③　(3)—②　(4)—④　(5)—③　(6)—③
(7)—②　(8)—①　(9)—①　(10)—②

◀解　説▶

(1)「ジョージは友人の結婚披露宴で初めてナンシーに会ったのを覚えている」 他動詞 remember に準動詞が続く場合は，remember to *do* で「(これから)～することを忘れずにいる」か，remember *doing* で「(以前)～したことを覚えている」である。空所に続く部分の意味を考えると，後者の③が正解。なお①は，remember *A B* の文型はないため不適切。②は，meet with ～ は「～と約束して会う，～と（正式に）会談する」という意味なので，この文では不適切。

(2)「マーティンは6歳だが，もう家族で一番幼くはない。というのも，妹が昨日生まれたのだ」 空所後方にあるコロンに注目。これは，追加説明を表す記号で，その内容が「妹が生まれた」となっていることから，前方の意味は「一番幼い」を否定する，つまり「一番幼くはない」となるはず。選択肢の中から否定的な意味を持つ語は③のみ。

(3)「あのような見事なストロベリーケーキが目に見えるところにあれば，このような薄っぺらいビスケットに誰が満足しようか」 satisfy は他動詞で「～を満足させる」の意。それが過去分詞になると人を主語とした文の補語として用いることができる。空所前方の who が人を表すので，正解は②である。なお，この文は反語表現で，「誰が満足しようか（いや，誰もしない)」の意。

(4)「『これらのものをここに残しておいても大丈夫ですか』とキョウコが尋ねた」 空所前方の it は仮主語で，空所には真主語になる to 不定詞がふさわしい。また，leave は「～を残す，置いていく」の意なので，正解は④である。①は，leave を受身にすると後にはOが続かないので不適切。②は，place は可算名詞なので，無冠詞で safe place とはできないため不適切。

(5)「多額のお金がフェアリーランド遊園地につぎ込まれたが，それが市の経済復興に重要な役割を果たした」 play a ～ role で「～な役割を果たす」の意なので，③が正解。

(6)「ハーバード大学の最寄り駅はハーバードスクエアで，2番目に近いのがセントラルだ」 the＋序数＋最上級＋名詞で「～番目に…な名詞」の意。空所直後には名詞 station が省略されている。③が正解。

(7)「その演劇のチケットはとても売れ行きがよかったので，その劇場は追加公演をすることに決めた」 接続詞 that がひとつあるので，この文にはVになる２つの動詞が必要。空所以外の動詞は decided ひとつだけなので空所にはVになる動詞を入れる。②の能動態の過去形か，③の受動態の過去形のどちらかだが，空所前方にある主語は The tickets で複数形となっているので，③の was は不適切。したがって，正解は②。

(8)「文学を教える教授は，講義中，学生に文章の一部を音読させることが多い」 空所前方の have はＳＶＯ *do* 文型をとる他動詞。空所に入るのは他動詞 read であり，some texts がその目的語になっているので，受身の必要はない。それらの条件を満たすのが①。let はＳＶＯ *do* 文型であって，ＳＶ *do* 文型ではないので③は不適切。

(9)「発表するのに私には何分ありますか」 空所直後にある可算名詞の複数形につながるのは many なので，正解は①。much に続くのは不可算名詞。What about には名詞のみが続いて提案や勧誘を表し「～はいかがですか」，意見を求めて「～についてはどうですか」の意。long には名詞で「長時間」の意があるので，How long do I have …？だと正しい文で，正解と同様の意味になる。

(10)「明日の私の誕生日パーティーに来るなら，あなたのルームメートを一緒に連れてきてください」 話題の中心から出ていく動きを表すのが take で，中心へ入ってくる動きを表すのが bring である。この文の話者は自分の誕生日パーティーを念頭に，そこに人を連れてくる話をしているので，正解は②。

Ⅳ **解答**　34―⑤　35―⑦　36―①　37―④　38―②　39―⑧

◆全　訳◆

≪アメリカ留学の相談≫

A：こんにちは。カリフォルニア州立大学での交換留学プログラムについて知りたいのですが。

B：わかりました。どのコースに応募しようと思っていますか。

A：そうですね，英語の講座はもちろん，アメリカ文学の講座を取ることのできる英語学部に入りたいと思っています。

B：わかりました。その場合には，英語の能力とアメリカ文学の分野での興味を示す英語の作文を提出する必要があります。実は，英語学部は日本人学生に最も人気のある学部のひとつですから，そこはかなり競争率が高いのです。

A：ああ，それは厳しそうですね。でもとにかくやってみます。アメリカ合衆国で勉強することが私の一生の夢なのです。でも，問題はお金なのです。そこで勉強するだけのお金の余裕があるか自信がありません。

B：わかります。それは重要な問題です。しかし実際，カリフォルニア州立大学へ授業料を払う必要はありませんので，交換留学プログラムは他のプログラムよりもお金がかかりません。それでも，アメリカ合衆国で勉強する間はこちらの大学へはお金を払わなければなりませんが，要は追加の学費を支払う必要がないということです。その代わりに，同じ条件のもと，私たちがカリフォルニア州立大学から学生を受け入れるのです。文字通り，私たちは学生を「交換」しています。

A：それはすばらしいですね。交換留学プログラムがどのように機能しているのかが今はもうわかりました。

◀解　説▶

34. 空所直前でBが，What course …？と質問しているので，その返答としては⑤「英語学部に入りたいと思っている」が正解。

35. 直前の so は結論を導く接続詞。so の前文は，「英語学部は日本人学生に最も人気のある学部のひとつだ」の意なので，その結論としては⑦「そこはかなり競争率が高い」が正解。

36. 空所の後で逆接の but「でも」に続けて「とにかくやってみます」と述べていることから，空所は①「それは厳しそうですね」が正解。

37・38. まず 37 は，続くBの発言の第2文（That is an important problem.）の That が指すものが，④「問題はお金なのです」の中にある money と考えられる。しかし，③も「お金がかかる」という話で，これも当てはまる可能性があるので，先に読み進めてみる。38 は，直後に than があるので，空所には比較級を含む表現を選ぶ。②か③だが，because 以下で，「授業料を払う必要はない」と述べているので，正解は②「交換留学プログラムはよりお金がかかりません」。この内容から，37 に③は不適切だとわかる。

39. 逆接の but の前で「それでも，こちらの大学へはお金を払わなければなりません」と述べているので，「だが，しかし」に続く⑧「要は追加の学費を支払う必要がないということです」が正解。

V　解答　(1)—①　(2)—④　(3)—⑦　(4)—③　(5)—③

◀解　説▶

⑴　(Nothing) is more important than the safety of (our customers.)　文頭の名詞 Nothing に続く述語動詞は is で，さらに形容詞の important が補語として続く。than の前方には比較級 more important が位置することを考え合わせる。「お客様の安全よりも大切なものはない」が直訳。

⑵　(Then) who do you think will be the next (prime minister ?)　この疑問文は元々，you think S will be the next prime minister. で，will be の主語である S が疑問詞 who になり文頭に移動し，you think の部分が疑問文になり，who do you think will be … となったもの。

⑶　(I) knew I should not have eaten that much(, but I couldn't help it.)　should not have＋過去分詞で「〜すべきでなかった（のにした）」の意で，過去の出来事の後悔を表す。この表現が，I knew に続いたもの。that much の that は副詞で「そんなに，あんなに」の意。

⑷　(You) can't be too careful when it comes (to personal data.)　can't be too〜は「いくら〜しても〜しすぎることはない」，また，when it comes to *A* は「*A* のこととなると」の意。

⑸　(OK. I) will send my colleague to help Martha find (the file.)　send *A* to *do* は「*A* を行かせて〜させる」の意。その *do* の部分が，help *A do*「*A* が〜するのを助ける」となっている。

日本史

I　解答

問1．⑤　問2．②　問3．③　問4．④　問5．①
問6．⑤　問7．④　問8．②　問9．④　問10．⑤
問11．①　問12．③　問13．②　問14．④　問15．③
問16．④　問17．⑤　問18．④

◀解　説▶

≪原始～中世の政治・外交・産業・文化≫

問1．史料A「大小麦を種き」，史料B「其の跡に麦を蒔く」，史料C「テウマウノアトノムキマケト候テ」から「麦」が正解となる。

問2．②が正文。①誤文。鎌倉時代に畿内や西日本一帯に普及していたのは二毛作であり，三毛作ではない。

③誤文。執権と共に署名しているのは連署であり，評定衆ではない。

④誤文。史料Cの「キヤウシヤウ（京上）」とは，大番役などで京都へ上ることを述べており，鎌倉番役で鎌倉へ行くことではない。

⑤誤文。幕府の規制にかかわらず，地頭は現地支配を強化し地頭請，下地中分などがおこなわれた。地頭の現地支配が強化されなかったとするのは誤りである。

問3．「宋希璟来日の前年に起こった」事件とは，1419 年の応永の外寇である。b・eが正文。

a．誤文。大宰権帥の藤原隆家らが撃退したのは 1019 年の刀伊の入寇であり，応永の外寇ではない。

c．誤文。富山浦・乃而浦・塩浦に住む日本人の暴動事件は，1510 年の三浦の乱である。

d．誤文。朝鮮と対馬の宗氏による慶長条約の調印は 1609 年で，己酉約条ともよばれる。応永の外寇とは関係ない。

問4．地図中の記号と地名の組合せは以下の通り。アが大湊，イが尾道，ウが堺，エが小浜。

問5．史料Cは「阿氏河荘民の訴状」（1275 年）。出典の「高野山文書」は，高野山金剛峰寺に関係する寺院に所在する文書のことであるから，阿氏河荘の所在地は金剛峰寺とともに現在の和歌山県で旧国名は紀伊国となる。南海道には四国のみでなく，紀伊国も含まれていることに注意する。

問６．やや難。X．誤文。金剛峰寺の創建は819 年で９世紀であり，８世紀は誤り。８世紀がほぼ奈良時代であることを思い出せばヒントになる。

問７．④が正解。A．聖武天皇・奈良時代，B．倭の五王・古墳時代，C．卑弥呼・弥生時代，D．桓武天皇・平安時代，E．厩戸王・飛鳥時代。以上からC→B→E→A→D。

問９．④が正解。「752 年の東大寺大仏開眼供養会後まもなく来日した中国出身の僧侶」は鑑真。他の選択肢は以下の通り。①吉備真備・玄昉，②源信，③道鏡，⑤旻。

問 10．荒神谷遺跡からは，358 本の銅剣のほかに，銅矛・銅鐸が発見されているが，環濠集落・高地性集落には該当しない。

問 11．やや難。①が正文。②誤文。大伴氏（のち伴氏）は，伴善男のときに応天門の変（866 年）で失脚する。承和の変（842 年）は誤り。
③誤文。橘逸勢の失脚は承和の変のときで，薬子の変は誤り。
④誤文。藤原仲麻呂は武智麻呂の子である。中臣鎌足の子は藤原不比等。
⑤誤文。源高明は安和の変のときに左大臣であったが失脚した。武家の棟梁にはなっていない。

問 12．「日出づる処の天子，…」のある国書は，607 年に遣隋使が持参したもので隋の皇帝は煬帝である。煬帝は高句麗遠征を計画していた。

問 13．②正解。a．南北朝の合一を実現させたのは足利義満。
b．銀閣を造って移り住んだのは足利義政。
c．足利直義を弟にもつ将軍は尊氏。
d．くじ引きで将軍になったとされる人物は足利義教。

問 15．③が正文。①誤文。八条院領を保持したのは大覚寺統，長講堂領を保持したのは持明院統。大覚寺統と持明院統が逆になっている。
②誤文。北畠親房が南朝の正当性を主張した著書は『神皇正統記』。『愚管抄』は慈円の著作で誤り。
④誤文。南北朝の合体後は北朝の天皇が皇位につき，両朝から交互に即位したとするのは誤り。
⑤誤文。派手・ぜいたくな新興武士らを意味する語句は「バサラ」であり，「かぶき者」は誤りである。

問16．東西両軍に分かれた戦乱は応仁の乱。X．正文。

Y．誤文。足軽の統率は取れず，足軽は略奪をおこなった。放火や物盗りなどをしなかったとするのは誤りである。

Z．誤文。山城国一揆が退去させたのは畠山氏の軍勢であり，斯波氏ではない。

問17．⑤誤文。饅頭屋宗二の国語辞書は『節用集』。『閑吟集』は室町時代の小歌の歌集であり誤りである。

問18．bが正文。幕府の裁判の判決を強制執行する権限とは，使節遵《じゅん》行《ぎょう》である。

a．誤文。半済令は，当初近江・美濃・尾張に限定されていた。三河は尾張の誤りである。

c．誤文。上杉憲実が再興した足利学校は下野国にあり，上野国は誤り。

e．誤文。嘉吉の変で将軍義教を謀殺した赤松満祐は，播磨国守護であり紀伊国守護ではない。

Ⅱ 解答

問1．A―③　B―①　問2．⑤　問3．④
問4．④　問5．④　問6．①　問7．⑤
問8．C―②　D―⑤　E―①　F―③　問9．⑥　問10．④
問11．③　問12．①

◀解　説▶

≪近世の対外交渉≫

問3．南蛮貿易における日本からの輸出品は銀で，絹織物・火薬・生糸（中国産）はいずれも輸入品である。

問4．X．正文。Y．誤文。イエズス会はカトリックの会派であり，プロテスタントではない。

Z．誤文。豊臣秀吉の時，サン=フェリペ号事件により起きた26聖人殉教（1596年）は，フランシスコ会の宣教師と信者であり，16世紀から17世紀にかけて来日した宣教師がすべてイエズス会に所属していたわけではない。

問5．④誤文。織田信長はキリスト教を保護し，京都に南蛮寺の建立，安土にセミナリオの設立を許可している。宣教師たちと敵対し教会堂を破壊したとするのは誤り。

問６．ジョン万次郎は，江戸時代の終わりに漂流中のところ米国の捕鯨船に救助され，米国で教育を受け帰国した人物。４人の少年（天正遣欧使節）とは無関係である。

問８．C．益田時貞は，天草四郎時貞，益田四郎ともよばれる。

F．シーボルト以外はすべて明治政府が招いた御雇い外国人である。ベルツ（医学），モース（動物学・考古学），フェノロサ（哲学・東洋美術），コンドル（建築）。

問９．X．誤文。絵踏はおもに九州など信者の多い地域で実施されており，日本全土で実施されていたわけではない。

Y．正文。

Z．誤文。1635 年の鎖国令（寛永十二年令）で，日本人の海外渡航と海外在住の日本人の帰国は全面禁止された。鎖国体制完成後も日本人の海外渡航が許可されていたとするのは誤り。

問 11．賀茂真淵は国学者であり，蘭学者ではない。

問 12．①誤文。ラックスマンが来航したのは根室であり，横浜は誤り。

III　解答

問１．A―⑤　B―④　問２．①　問３．②
問４．②　問５．⑤　問６．②　問７．①　問８．③
問９．⑦　問 10．③　問 11．⑤　問 12．②　問 13．④

◀解　説▶

≪近現代の軍事史≫

問１．B．鳩山一郎首相は憲法改正・再軍備を主張し，憲法改正を審議するための憲法調査会を設置した。

問２．①誤文。富岡製糸場ではフランスの製糸技術の導入がはかられたのであり，イタリアの技術ではない。

問３．Z．誤文。山県有朋は長州藩出身であり，薩摩藩出身は誤りである。

問４．Z．誤文。松方財政（1881～1892 年）では，日清戦争を控えており軍事費は削減されていない。軍事費の大幅削減は誤りである。

問６．やや難。②が正文。①誤文。日英同盟協約（1902 年）の締結は桂太郎内閣のときであり，山県有朋内閣は誤り。

③誤文。日露戦争の戦費約 17 億円のうち，約 13 億円は内外の国債に依存し国内の増税で約３億円がまかなわれた。戦費の大部分を増税でまかなっ

たとするのは誤りである。

④誤文。日本はアメリカの満鉄共同経営案を拒否しており，提案を受け入れたとするのは誤りである。

⑤誤文。関税自主権の回復は日米通商航海条約の改正（1911 年）によるものであり，石井・ランシング協定（1917 年）によるものではない。

問 7．やや難。X・Y・Z．ともに正文。

問 8．『恩讐の彼方に』は菊池寛の作品であり，中里介山の作品ではない。

問 9．X．誤文。ワシントン会議の日本全権代表は加藤友三郎であり，加藤高明は誤り。

Y．誤文。1928 年のパリ不戦条約は調印され成立した。参加国が対立し条約の調印に至らなかったとするのは誤りである。

問 10．1931 年の柳条湖事件から満州事変がはじまると，1932 年には上海で日中両軍が衝突する上海事変が勃発した。

問 11．経済安定九原則は，GHQ による対日占領政策の転換のもとで，日本の経済復興を目指して 1948 年に指令されたもので，日本の非軍事化・民主化とは異なる。

問 13．X．正文。Y．誤文。1950 年の朝鮮戦争勃発にともない新設されたのは警察予備隊であり，保安隊は誤り。保安隊は 1952 年に発足。

Z．誤文。1954 年に結ばれ，日本が防衛力増強義務を負ったのは MSA 協定であり，日米行政協定ではない。日米行政協定（1952 年）で，日本は駐留軍に基地を提供し，駐留費用を分担することになった。

世界史

I 解答

問1．③　問2．③　問3．①　問4．①　問5．④
問6．④　問7．③　問8．③　問9．①　問10．③
問11．②　問12．②　問13．②　問14．③　問15．④　問16．②

◀解　説▶

≪アレクサンドロス大王の東方遠征とその関連史≫

問1．ペロポネソス戦争（前431～前404年）は前5世紀の出来事。③が誤文。将軍は民会による選挙で選ばれた。

問2．①誤文。万物の根源を水と考えたのはタレス。

②誤文。スコラ哲学に大きな影響を与えたのは，プラトンの弟子のアリストテレス。

④誤文。「万物の尺度は人間」と主張したのはプロタゴラス。

問4．①誤文。パフレヴィー朝（1925～79年）直前の王朝はカージャール朝（1796～1925年）。

問5．問題文の「この地を支配した国」とはオスマン帝国（1299～1922年）。④誤文。西欧化政策（タンジマート）を開始（1839年）したのはアブデュルメジト1世。

問6．①誤文。「死者の書」を遺したのは古代エジプト。

②・③はともに誤文。フェニキア人はクレタ・ミケーネ文明（前3000年頃～前1200年頃）が衰えた後に活動を開始した。

問7．①誤文。中王国時代末期に侵入したのはヒクソス。

②誤文。エジプト革命後に大統領となったのはナギブ。

④誤文。サラディンはアイユーブ朝の人物。

問9．①誤文。ヘブライ人を征服したのは新バビロニア（カルデア）。

問11．①誤文。アケメネス朝（前550～前330年）が全オリエントを統一したのはカンビュセス2世下の前525年なので，前6世紀後半の出来事。

③誤文。ソロモン王の時に最盛期だったのはヘブライ人の王国。

④誤文。復讐法で有名なのはバビロン第一王朝（古バビロニア王国）のハンムラビ王。

問 12. ①誤文。菩薩の原型の像が造られたのはガンダーラ仏が生まれたクシャーナ朝期（1～3 世紀）。

③誤文。『リグ=ヴェーダ』が作られたのはインダス文明（前 2600～前 1800 年頃）後の前 1200～前 1000 年頃。

④誤文。インダス文字は未解読。

問 13. ①・③はともに誤文。マウリヤ朝（前 317 頃～前 180 年頃）を建てたのはチャンドラグプタ王であり，最盛期の王がアショーカ王。

④誤文。ジャイナ教の始祖はヴァルダマーナ。

問 15. ①誤文。カール大帝時代の騎士の武勇を題材としたのは『ローランの歌』。

②誤文。実験を重視した自然科学者はロジャー=ベーコン。

③誤文。厚い石壁と小さな窓を特徴とするのはロマネスク様式。

問 16. ②誤文。サーマーン朝（875～999 年）が成立したのは西トルキスタン。

II 解答

問 1．④　問 2．②　問 3．④　問 4．⑤　問 5．②

問 6．A―②　B―④　C―③

問 7．③　問 8．D―②　E―③　F―①　G―⑤

問 9．①　問 10．③　問 11．④

◀解　説▶

≪殷～清の中国と周辺諸国≫

問 1．④誤文。漢字の原型にあたるのは甲骨文字。

問 2．②誤文。諸侯には功臣も含まれるので，旧来からの家臣のみではない。

問 3．①誤文。王莽に対する反乱は赤眉の乱。

②誤文。北魏の孝文帝が施行した村落制度は三長制。里甲制は明の洪武帝が実施した村落制度。

③誤文。大運河を完成させたのは煬帝。

⑤誤文。北宋の神宗が起用したのは王安石。

問 4．⑤誤文。阮朝は清仏戦争（1884～85 年）の結果，保護国となった。

問 9．①誤文。武帝が西域に派遣したのは張騫。班超は後漢時代の人物。

問 10．①誤文。洪武帝が廃止したのは中書省。

②誤文。永楽帝は南京から北京に遷都した。

④誤文。乾隆帝が滅ぼしたのはジュンガル。

⑤誤文。光緒帝に提言したのは康有為。

問11．④誤文。ベトナム民主共和国が独立を宣言したのは第二次世界大戦終結時。

III　解答

問1．A―①　C―⑦　問2．①
問3．D―⑤　E―②　問4．④　問5．④　問6．③
問7．③　問8．③　問9．②　問10．④　問11．③　問12．④
問13．②　問14．②

◀解　説▶

≪資本主義社会の矛盾から見た近現代史≫

問4．④誤文。ウィーン体制による列強体制の柱となったのはイギリスとロシアである。

問5．①誤文。蒸気機関を改良したのはワット。

②誤文。最初に技術革新の中心となったのはマンチェスター。

③誤文。大量生産による安価な商品の供給を実現させたのは，大規模な機械制工業。

問6．①・④はともに誤文。第1インターナショナルが解散したのは，パリ=コミューン後の弾圧の激化による1876年。

②誤文。指導者はマルクス。

問8．『ファウスト』はドイツ古典主義文学の大成者として知られるゲーテの代表的戯曲。

問9．②誤文。コンゴ自由国の設立が認められたのはベルリン会議（1884～85年）。

問10．(あ)ドイツがアガディールに砲艦を派遣したのは第2次モロッコ事件なので，1911年の出来事。(い)ヴィルヘルム2世が列国会議を要求したのは第1次モロッコ事件なので，1905年の事件。(う)ファショダ事件が起こったのは1898年。(え)英仏協商成立は1904年。

よって年代順は(う)→(え)→(い)→(あ)となり，正答は④。

問12．4次にわたる中東戦争は，イスラエルの建国②に伴う第1次（1948～49年），エジプトのスエズ運河国有化③に伴う第2次（1956～57

年）と推移し，パレスチナ解放機構の設立（1964 年）の 3 年後④に第 3 次（1967 年）が勃発している。そして 1973 年には，エジプトのサダト大統領がシリアとともにイスラエルに反撃①した第 4 次が起こった。年代順にすると②→③→④→①となるので，後から 2 番目は④。

問 14. やや難。サイードはパレスチナ出身のアメリカ人。その著書『オリエンタリズム』（1978 年）で西洋思想を批判し，この本は，ポスト=コロニアル研究の起点となった。

地理

I　解答

問1．③　問2．④　問3．③　問4．②　問5．③
問6．③　問7．③　問8．③

◀解　説▶

≪日本の小売・卸売販売≫

問1．小売品は直接消費者に販売されるため，販売額と人口の相関が強い。

問2．①不適切。東京都に製造業の主力工場が多いとはいえず，むしろ第3次産業の発達で人口が集中することで小売販売額が多くなる。

②不適切。本州から北海道への通勤は，ほとんど考えられない。

③不適切。農業が発達する地域の所得水準は，大都市地域より低い。

④適切。神奈川県は東京に次ぐ大都市の横浜市を有するが，東京都内への通勤・通学者が多いため，東京での購買比率が高くなっている。

⑤不適切。図1を見ても，販売額がさほど多いとはいえない。

問3．百貨店はバブル経済の崩壊後，販売額が減少傾向にあるのに対し，スーパーマーケットやコンビニエンスストアは，販売額が増加している。ただし，スーパーマーケットは2000年代に入ると停滞傾向を示している。

問4．卸売業はその商圏が広く，都市機能の集積した都市に立地する。東京への立地が最も顕著となり，各地方の中心都市（仙台・名古屋・大阪・福岡など）が立地する道府県において発達する。

問5．①不適切。いずれも大きく額が下回っている。

②不適切。約3倍と読み取れる。

③適切。

④不適切。日本海側の都道府県は，総じて額が低い。

⑤不適切。東京都の卸売年間商品販売額は，全国的に突出している。

問6．Bは卸売年間商品販売額が愛知県の約2分の1であることに着目し，図2から判断すると福岡県となる。次にDは卸売年間商品販売額がBに次いで多く，人口も533万人で卸売／小売の販売比率が小さいことから北海道と判断する。A・Cはよく似た統計数値であるが，Aの方が卸売／小売の販売比率がやや高いので広域中心都市としての性格が強い仙台市のある宮城県と考える。Cは広島県で，中国地方では岡山市も政令指定都市であり一定規模の都市機能を有しているため，卸売／小売の販売比率がやや低くなる。

問７．①不適切。卸売販売額だけでなく，小売販売額も上位となっている。

②不適切。小売販売額ではＢ・Ｃ・Ｄ，卸売販売額ではＢ・Ｄの販売額が多い。

③適切。

④不適切。群馬県・香川県・石川県には政令指定都市はない。

⑤不適切。石川県やＤの北海道は位置していない。

問８．①不適切。冬季は寒くなる。

②不適切。梅雨は北海道以外には存在する。

③適切。

④不適切。冬は北西季節風の影響で曇天や降雪日が多く晴天は少ない。

⑤不適切。降水量は夏冬とも多い。

Ⅱ　解答

問１．Ａ―⑦　Ｂ―⑤　Ｃ―③

問２．インド―③　日本―①

問３．④　問４．②　問５．③　問６．③　問７．③

◀解　説▶

≪インド地誌≫

問１．Ａは世界１位の人口であるので，中国である。Ｂは人口が３位で３億人超あることからアメリカ合衆国である。Ｃは人口数が約１億 2500 万人であるので日本となる。選択肢の残りの国も，約１億の人口を有する。

問２．先進国は老年人口率が高くなるので，①・②・④が先進国となる。日本は老年人口（65 歳以上）率が世界的に高いことから①と判断する。②は早くから高齢化が進んだスウェーデン，④がアメリカ合衆国である。発展途上国は老年人口率が低く，年少人口（０～14 歳）率が高い。その中で経済発展が進んだ国では老年人口率が高まり年少人口率が低下するので，BRICS であるブラジルが⑥，インドが③となる。⑤はエチオピア。

問３．④不適切。ヒンディー語は首都デリーを中心とする北部地域で使用されており，南部はドラヴィダ系言語地域である。

問６．スノーベルトはアメリカ合衆国北東部の工業地域，ウォール街はニューヨークの金融地区，タイムズスクエアはニューヨークの繁華街，ホワイトハウスはワシントンの大統領官邸である。

問７．インド半島の中心付近は東経 75 度，アメリカ合衆国西海岸は西経 120 度であるので，その経度差は 195 度となり，時差は 13時間となる。

III 解答

問１．④　問２．③　問３．⑤　問４．③　問５．①
問６．④　問７．②・③　問８．⑤

◀解　説▶

≪地図の特徴と活用≫

問１．①適切。GNSS は Global Navigation Satellite System の略称で，GPS 等の衛星測位システムの総称である，全球測位衛星システムの意味。
②適切。
③適切。GIS は Geographic Information System の略称である。
④不適切。鳥瞰図は，斜め上方から鳥の視点で見下ろしたように描く。
⑤適切。Google Earth は一般的である。

問２．③不適切。尾根を示す等高線は，標高の低い方に張り出す。

問３．①不適切。ひずみが大きくなるのは図の周辺部である。
②不適切。メルカトル図における等角航路は直線で示されるが，赤道上や同一経線上を除き最短経路とはならない。
③不適切。分布図は正積図法を使用する。
④不適切。国連旗は正距方位図法を使用している。
⑤適切。

問４．アジア大陸を上，その下にヨーロッパとアフリカを配置し，周囲をオケアノスとよばれる大洋が囲む円盤状の世界を示したものである。

問５．機能地域とは，性格の異なる地域どうしが何らかの機能によって結びついた範囲である。通勤圏の他，通学圏・通院圏・商圏などがある。

問６．相対分布図は割合や指数，平均値などを地図化したもので，メッシュマップと階級区分図が代表的である。

問７．②不適切。地図を用いた土地利用の調査などは，予備調査に当たる。
③不適切。実際には 2.5km に当たる。

問８．⑤不適切。人口１人当たりの被災戸数は相対分布を示すことになるので，絶対分布を示すドットマップの使用は不適切である。

Ⅳ

解答　問１．日本―⑥　インド―④　問２．A―⑧　B―③
問３．③　問４．①　問５．③　問６．D―②　E―⑤
問７．①

◀解　説▶

≪環境問題≫

問１．①は1990年から急増し2016年に世界１位となっているので中国，②は1990年に世界１位であったのが世界２位となっているのでアメリカ合衆国，③は1990年に世界２位であったものが2016年にはほぼ半減していることから環境意識の高いEUと判断する。④は1990年にはあまり大きな割合ではなかったものが急増していることからインド，⑤はソ連崩壊後経済停滞が続いたために排出量が減少したロシア，⑥が日本となる。

問２．A．1997年に京都市で開催された会議で採択された。

B．2015年に地球温暖化対策の新しい枠組みとしてパリ協定が結ばれた。気候変動枠組条約と生物多様性条約は，1992年にリオデジャネイロで開催された地球サミット後に採択された。ウィーン条約は1985年採択のオゾン層保護のための条約，モントリオール議定書は1987年採択のオゾン層破壊物質に関する内容（フロンガスの規制）である。バーゼル条約は1989年採択の有害廃棄物の越境を規制する条約，ワシントン条約は1973年採択の絶滅危機にある野生生物を保護する条約である。

問３．2008年から2012年までに1990年水準と比較して日本は６%，アメリカ合衆国７%，EU８%の削減をめざした。

問４．Xは正文。偏西風に乗って日本へもたらされている。

Yは正文。長距離越境大気汚染条約は1979年に採択され，ヨーロッパ諸国・アメリカ合衆国・カナダなど49か国が加盟。日本は加盟していない。

問５．植生が失われると裸地化して低気圧などにともなう激しい砂嵐が発生する。この砂塵嵐をダストストームという。

問６．D．UNEPはUnited Nations Environment Programmeの略称。

E．NGOはnon-governmental organizationsの略称である。

政治・経済

I 解答　問1．A―②　B―④　C―②　D―①　E―④
問2．①　問3．②　問4．③　問5．①　問6．③
問7．④　問8．③

◀解　説▶

≪日本国憲法における基本的人権の保障≫

問1．B．④適切。憲法第 12 条では，憲法が保障する自由と権利を国民は「濫用してはならないのであって，常に公共の福祉のためにこれを利用する責任を負う」と定められている。

E．④適切。教育を受ける権利は社会権に属する。黙秘権は自由権，請願権と裁判を受ける権利は請求権に属する。

問2．①適切。憲法第 24 条では，「婚姻は，両性の合意のみに基いて成立し，夫婦が同等の権利を有することを基本として，相互の協力により維持されなければならない」と定められている。

問4．③不適切。私立の教育機関は宗教教育を行うことができる。

問5．①不適切。自然権は，宇宙の秩序や人間本性に内在する自然法の存在を前提として，その自然法によって認められる人間の生来的権利である。財産権は自然権の一部とされ，知的財産権は財産権の一部であるため，自然権は知的財産権には当たらず，むしろ知的財産権を包括する権利である。

問6．③適切。

①不適切。プログラム規定説とは，生存権を定める憲法第 25 条は国の方針や努力義務を規定するだけであり，法的拘束力を持たないとする考えである。

②不適切。法的権利説とは，プログラム規定説とは反対に，憲法第 25 条は生存権を国民の法的な権利として認めており，生存権の保障は国の義務であるとする考えである。

④不適切。生存権の前提とする健康で文化的な最低限度の生活とは何であるかについては，国会の広い立法裁量によって判断されるべき問題であるというのが堀木訴訟における最高裁判所の考え方である。

Ⅱ 解答 問1．A―①　B―④　C―②　問2．⑤　問3．③
問4．②　問5．④　問6．①　問7．⑤　問8．⑦
問9．⑧　問10．②

◀解　説▶

≪国際連盟から国際連合へ≫

問3．③適切。

①不適切。小笠原諸島は1968年，琉球諸島は1972年にアメリカ合衆国から返還された。

②不適切。日ソ共同宣言は日本とソ連との間の平和条約締結後に歯舞群島及び色丹島を日本に引き渡すことを定めたものの，その後平和条約は締結されず，これらの諸島ではロシア連邦の実効支配が続いている。

④不適切。沖ノ鳥島は水没しておらず，日本の南端である。

⑤不適切。2020年5月時点で，日本と韓国の間では国際司法裁判所において竹島の帰属をめぐる裁判は行われていない。

問4．やや難。②適切。

①不適切。各州政府の代表者で構成されるのは連邦参議院である。

③不適切。オーストリアに関する記述である。

④不適切。1946年，イギリスの前首相チャーチルは演説の中で，東西両陣営の緊張関係を「バルト海のシュチェチンからアドリア海のトリエステまで，大陸を縦断する鉄のカーテンが降ろされた」と比喩的に表現した。

⑤不適切。ビスマルクは労働者の運動を徹底して鎮圧した。

問6．①適切。欧州共同体（EC）の原加盟国は6カ国である。

②不適切。demos と kratia はギリシャ語であり，ポリスはアテナイやスパルタなど古代ギリシャの都市国家を指す。

③不適切。ギリシャとトルコへの援助を要請した。

④不適切。国際刑事裁判所の本部はオランダのハーグに置かれている。

⑤不適切。プラザ合意にイタリアは参加していない。

問10．②適切。1950年に「平和のための結集」決議が採択された。

①不適切。2016年から2018年の国連予算分担率第2位と第4位は常任理事国ではない日本とドイツであった。

③不適切。拒否権発動が最も多いのはソ連である。

④不適切。1971年に中国代表権は中華民国から中華人民共和国に移った。

⑤不適切。安保理改革案を提出したのは，日本，ドイツ，インド，ブラジルである。

III **解答** 問1．② 問2．⑥ 問3．③・⑤ 問4．④
問5．① 問6．② 問7．⑥ 問8．④ 問9．②
問10．① 問11．②・③ 問12．③

◀解　説▶

≪国際経済≫

問2．⑥適切。絶対優位とは，ある商品の生産費用を実数で国際比較したとき，より小さい値で生産できる国が持つ優位性を指す。A国は商品Xの生産でB国に対して絶対優位を持たないので，ア≧イでなければならない。この条件を満たすのは③・⑤・⑥である。比較優位とは，ある商品の生産費用を別の商品の同一国内での生産費用で計った数値で国際比較したとき，より小さい値で生産できる国が持つ優位性を指す。A国は商品Xの生産でB国に対して比較優位を持つので，$\frac{ア}{100}<\frac{イ}{ウ}$でなければならない。③・⑤・⑥のうち，この条件を満たすのは⑥のみである。よって，正解は⑥である。

問3．③適切。ウルグアイ=ラウンドでは知的所有権の貿易関連の側面に関する協定（TRIPS）が成立した。

⑤適切。WTO同様，GATTにおいても特定の産品の輸入に対する緊急措置としてセーフガード（緊急輸入制限）は認められていた。

問5．①適切。日・シンガポールEPAは2002年，TPP11は2018年，日EU・EPAは2019年に発効した。

問6．②適切。国際収支表は2014年から新形式に移行し，旧形式では経常収支＋資本収支＋外貨準備残高＋誤差脱漏＝0であったが，新形式では経常収支＋資本移転等収支－金融収支＋誤差脱漏＝0となっている。

問8．④不適切。1990年代を通じて日本の経常収支は黒字であった。

問10．①不適切。金とドルの交換が停止されたニクソン=ショックは1971年のことである。

問11．②適切。円高になると，日本からの輸出が減少し輸入が活発になることから，物価は下がる傾向にある。

③適切。円高になると，訪日外国人観光客が減少し，日本から海外への観光客が増加する。

Ⅳ 解答

問1．②　問2．②　問3．A－④　B－④　C－④
問4．⑤　問5．②　問6．①　問7．②　問8．③

◀解　説▶

≪日本の財政≫

問2．②適切。所得税としての税収は，消費税のそれを上回る。

①不適切。固定資産税は直接税である。

③不適切。所得税には，所得格差を是正するため，累進課税により税負担の垂直公平性を図ることが期待されている。

④不適切。嗜好品のうちタバコ・酒類は軽減税率の対象外である。

⑤不適切。国際観光旅客税は日本から出国する際に徴収される。

問4．⑤適切。1998年以降継続して日本の歳入の総額の30％以上を国債発行額が占めている。

問6．①不適切。イギリスの救貧法は1601年に制定された。

問7．②適切。出産手当金や出産育児一時金などの制度がある。

①不適切。後期高齢者医療制度において，一般の75歳以上の高齢者は保険料の1割を，現役並み所得者は3割を負担する。

③不適切。介護保険料は40歳以上の健康保険加入者全員が負担する。

④不適切。介護保険料は市町村ごとに異なる。

⑤不適切。国民医療費に占める後期高齢者の医療費割合は2016年時点で33.6％と3割程度である。

数学

I　解答

(1)ア．4　イ．3　ウ．3　エ．2　(2)オカ．79
(3)キ．3　ク．3　ケ．9　(4)コ．9　サ．4　シ．6
(5)スセ．13

◀解　説▶

≪小問5問≫

(1)　$p：2a<x<3a$, $q：3<x<4$ において，

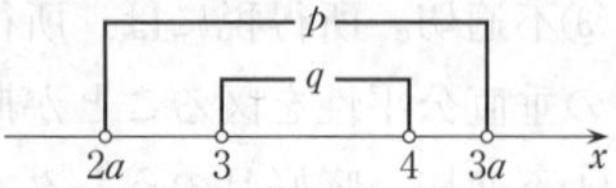

p が q であるための必要条件であるためには，$q \Longrightarrow p$ が成り立てばよい。

よって，$2a \leqq 3$ かつ $3a \geqq 4$ であればよい。

ゆえに

$$\frac{4}{3} \leqq a \leqq \frac{3}{2} \quad \to ア〜エ$$

(2)　1辺の長さ x〔cm〕の正方形を縦に a 枚，横に b 枚敷き詰めて，すき間がないようにすると

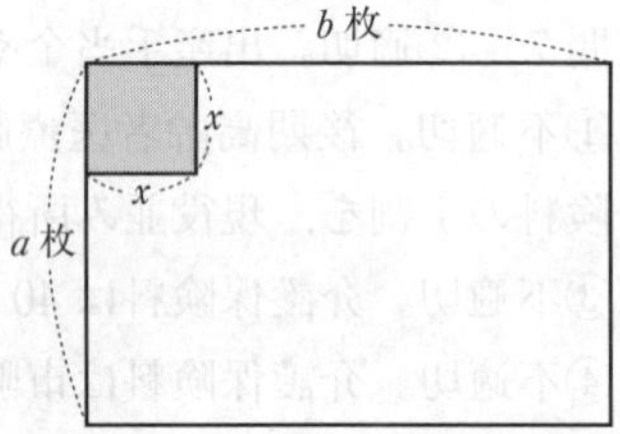

$$ax = 1027 = 13 \times 79$$
$$bx = 1738 = 2 \times 11 \times 79$$

が成り立つ。これより，x の値は 1 か 79 である。x の値をできるだけ大きくするから

$$x = 79 \quad \to オカ$$

(3)
$$\begin{aligned} x^4 + 3x^3 + 27x + 81 &= x^3(x+3) + 27(x+3) \\ &= (x+3)(x^3+27) \\ &= (x+3)^2(x^2-3x+9) \quad \to キ〜ケ \end{aligned}$$

別解　$f(x) = x^4 + 3x^3 + 27x + 81$ とおいて

$$f(-3) = (-3)^4 + 3(-3)^3 + 27(-3) + 81 = 81 - 81 - 81 + 81 = 0$$

より，$f(x)$ は $x+3$ で割り切れる。$f(x)$ を $x+3$ で割ると商が x^3+27 であるから

$$f(x) = (x+3)(x^3+27) = (x+3)^2(x^2-3x+9)$$

(4)　$\log_{\sqrt{2}}(5-x)-\log_2(x+5)=3$　……①

真数は正であるから，$5-x>0$，$x+5>0$ より

$-5<x<5$　………②

①より

$$\frac{\log_2(5-x)}{\log_2\sqrt{2}}-\log_2(x+5)=3$$

$$2\log_2(5-x)-\log_2(x+5)=3 \qquad \log_2\frac{(5-x)^2}{x+5}=3$$

したがって，$\dfrac{(5-x)^2}{x+5}=2^3$ より

$$(5-x)^2=8(x+5) \qquad x^2-18x-15=0 \qquad x=9\pm4\sqrt{6}$$

よって，②より

$x=9-4\sqrt{6}$　→コ〜シ

(5)　A$(-4,\ 2)$，B$(8,\ -3)$，P$(x,\ y)$ とおくと

$$\mathrm{PA}+\mathrm{PB}=\sqrt{(x+4)^2+(y-2)^2}+\sqrt{(x-8)^2+(y+3)^2}$$

であるから，PA＋PBの最小値を求めればよい。

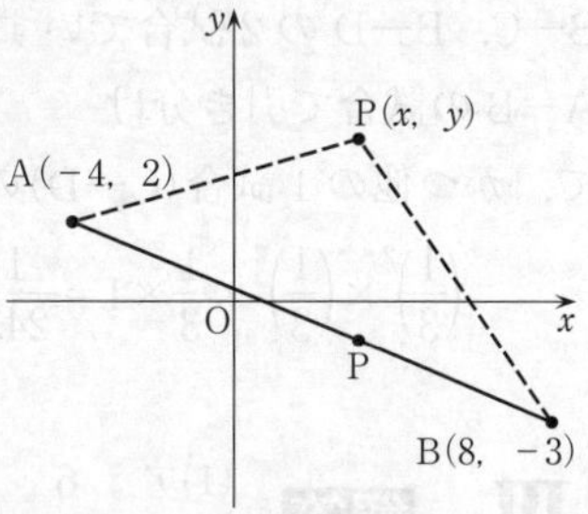

右図より，PA＋PB≧ABであるから，点Pが線分 AB 上にあるとき，PA＋PB は最小になる。

ゆえに，最小値は

$\mathrm{AB}=\sqrt{12^2+5^2}=\sqrt{169}=13$　→スセ

II　解答

(1)ア．3　イウ．27　(2)エ．6　オカキ．729

(3)ク．1　ケコ．27　サ．1　シスセ．243

◀解　説▶

≪場合の数，リーグ戦の試合の回数と優勝する確率≫

(1)　3チームA，B，Cについて，試合の回数は3チームから対戦する2チームを選ぶ場合の数であるから

${}_3C_2=3$　→ア

対戦結果は，3試合それぞれについて，勝ち，負け，引き分けの3通りの場合があるから

$3\times3\times3=27$ 通り　→イウ

(2)　4チームA，B，C，Dについて，試合の回数は(1)と同様に

$_4C_2=6$　→エ

対戦結果は，6試合それぞれについて，勝ち，負け，引き分けの3通りの場合があるから

$3\times3\times3\times3\times3\times3=729$ 通り　→オ～キ

参考　n チームのリーグ戦での試合の回数は $\dfrac{n(n-1)}{2}$ 回である。

(3)　Aが合計得点9点で優勝するのは，Aが対戦するA—B，A—C，A—Dの3試合でいずれもAが勝ち，その他の3試合の結果にはよらない場合であるから，求める確率は

$\left(\dfrac{1}{3}\right)^3\times1^3=\dfrac{1}{27}$　→ク～コ

AとBのそれぞれの合計得点がどちらも7点になり，同点優勝するのは

A—C，A—Dの2試合でいずれもAが勝ち

B—C，B—Dの2試合でいずれもBが勝ち

A—Bの試合で引き分け

で，かつ他の1試合(C—D)の結果にはよらない場合だから

$\left(\dfrac{1}{3}\right)^2\times\left(\dfrac{1}{3}\right)^2\times\dfrac{1}{3}\times1=\dfrac{1}{243}$　→サ～セ

III　解答

(1)ア．6　イ．2　(2)ウエ．75　オカ．30

(3)キ．1　ク．3

◀解　説▶

≪中心角と円周角，正弦定理，加法定理≫

(1)　$OA=OB=AB=\sqrt{2}$ より，三角形 OAB は正三角形。

よって

$\angle OAB=60°$

ゆえに，直角三角形 OAD において

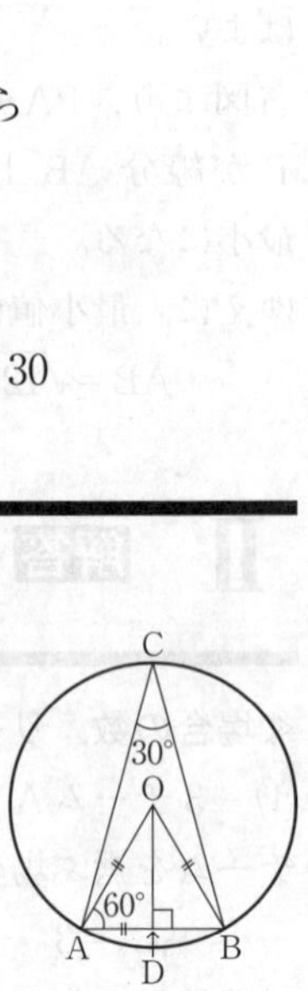

$OD=OA\sin60°=\sqrt{2}\times\dfrac{\sqrt{3}}{2}=\dfrac{\sqrt{6}}{2}$　→ア，イ

別解　三平方の定理から

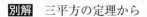

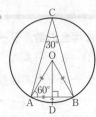

$$\mathrm{OD}=\sqrt{\mathrm{OA}^2-\mathrm{AD}^2}$$
$$=\sqrt{(\sqrt{2})^2-\left(\frac{\sqrt{2}}{2}\right)^2}=\sqrt{2-\frac{1}{2}}=\sqrt{\frac{3}{2}}=\frac{\sqrt{6}}{2}$$

(2)　$\angle\mathrm{AOB}=60^\circ$ であるから

$$\angle\mathrm{ACB}=\frac{1}{2}\angle\mathrm{AOB}=\frac{1}{2}\times 60^\circ=30^\circ$$

よって

$$\angle\mathrm{CAB}=\angle\mathrm{CBA}=\frac{1}{2}(180^\circ-30^\circ)=75^\circ$$

$\triangle\mathrm{ABC}$ に正弦定理を用いて，$\dfrac{\mathrm{AC}}{\sin\angle\mathrm{CBA}}=\dfrac{\mathrm{AB}}{\sin\angle\mathrm{ACB}}$ より

$$\frac{\mathrm{AC}}{\sin 75^\circ}=\frac{\mathrm{AB}}{\sin 30^\circ}\quad\to ウ〜カ$$

(3)　(2)より　$\dfrac{\mathrm{AC}}{\sin 75^\circ}=\dfrac{\sqrt{2}}{\sin 30^\circ}$

よって

$$\mathrm{AC}=\frac{\sqrt{2}}{\sin 30^\circ}\cdot\sin 75^\circ=\frac{\sqrt{2}}{\sin 30^\circ}\cdot\sin(30^\circ+45^\circ)$$
$$=\frac{\sqrt{2}}{\frac{1}{2}}(\sin 30^\circ\cos 45^\circ+\cos 30^\circ\sin 45^\circ)$$
$$=2\sqrt{2}\left(\frac{1}{2}\cdot\frac{1}{\sqrt{2}}+\frac{\sqrt{3}}{2}\cdot\frac{1}{\sqrt{2}}\right)$$
$$=1+\sqrt{3}\quad\to キ，ク$$

別解　直角三角形 CAD において

$$\mathrm{AC}^2=\mathrm{CD}^2+\mathrm{AD}^2=\left(\sqrt{2}+\frac{\sqrt{6}}{2}\right)^2+\left(\frac{\sqrt{2}}{2}\right)^2=2+\sqrt{12}+\frac{6}{4}+\frac{2}{4}$$
$$=4+2\sqrt{3}=(\sqrt{3}+\sqrt{1})^2$$

ゆえに

$$\mathrm{AC}=\sqrt{(\sqrt{3}+\sqrt{1})^2}=\sqrt{3}+1$$

(注)　$a>0$，$b>0$ のとき，$a+b\pm 2\sqrt{ab}=(\sqrt{a}\pm\sqrt{b})^2$ であることを用いるとよい。

Ⅳ 解答

(1)ア．1　イ．2　(2)ウ．1　エ．1
(3)オ．0　カ．5　キ．1　ク．1

◀解　説▶

≪２次方程式の実数解条件，３次関数の増減，極値，最大・最小値≫

$x+y=2$ ……①
$x^2+y^2+z^2=3$ ……②

(1) ①の両辺を平方して

$(x+y)^2=2^2 \qquad x^2+2xy+y^2=4$

②より，$x^2+y^2=3-z^2$ を代入して

$2xy=4-(x^2+y^2)=4-(3-z^2)=z^2+1$

ゆえに

$xy=\dfrac{z^2+1}{2}$ →ア，イ

(2) $x+y=2$，$xy=\dfrac{z^2+1}{2}$ より，x，y は２次方程式 $t^2-2t+\dfrac{z^2+1}{2}=0$ の２つの解である。この方程式の判別式を D とすると，x，y は実数だから，実数解条件より

$\dfrac{D}{4}=1-\dfrac{z^2+1}{2}\geqq 0 \qquad z^2-1\leqq 0 \qquad (z+1)(z-1)\leqq 0$

ゆえに

$-1\leqq z\leqq 1$ →ウ，エ

別解 ＜その１＞ $y=2-x$ を $xy=\dfrac{z^2+1}{2}$ に代入して

$x(2-x)=\dfrac{z^2+1}{2} \qquad 2x^2-4x+z^2+1=0$

x は実数であるから，判別式を D とすると

$\dfrac{D}{4}=4-2(z^2+1)\geqq 0 \qquad z^2-1\leqq 0 \qquad (z+1)(z-1)\leqq 0$

ゆえに

$-1\leqq z\leqq 1$

＜その２＞ $y=2-x$ であるから

$xy=x(2-x)=-x^2+2x$
$\quad =-(x-1)^2+1\leqq 1$

よって，(1)の結果から

$$\frac{z^2+1}{2} \leqq 1 \qquad z^2-1 \leqq 0 \qquad (z+1)(z-1) \leqq 0$$

ゆえに

$$-1 \leqq z \leqq 1$$

(3)　$f(z)=x^3+y^3+z^3=(x+y)^3-3xy(x+y)+z^3$

$$=2^3-3\times\frac{z^2+1}{2}\times 2+z^3=z^3-3z^2+5 \quad (-1 \leqq z \leqq 1)$$

$$f'(z)=3z^2-6z=3z(z-2)$$

$f'(z)=0$ とすると　　$z=0,\ 2$

$-1 \leqq z \leqq 1$ における増減表は下のようになる。

z	-1	$\cdots$	0	$\cdots$	1
$f'(z)$		$+$	0	$-$	
$f(z)$	1	↗	5	↘	3

ゆえに，$f(z)$ の最大値は $5\ (z=0)$，最小値は $1\ (z=-1)$　→オ～ク

問八　直前の「たはぶれきこえたまふも、こよなき御酔ひのまぎれなり」に着目。〝ふざけたことを申しなさるのも、ひどい酩酊によるもの〟ということである。「たはぶれ」は「宮の御てにて…［R］たんめり」という発言。「さること」は「然ること」で〝そのとおりのこと〟の意。つまり、言葉でふざけているだけで実際の態度としてそのようなひどいことはしていないというのであるから②が適切。①は「去る」、④は「避る」の漢字表記を利用したもの。③は「悪態」、⑤は「不快」「反論」が不適。

問九　直前の「殿」の独り言を聞いて女房たちが笑っている。「宮なめしとおぼすらむ。親のあればこそ子もかしこけれ」は〝中宮は私を無作法だと思っていらっしゃるだろう。（しかし）親がしっかりしているから子も立派に見えるのだ〟の意。「なめし」は〝無礼だ〟、「かしこし」は〝立派だ・優れている〟。

問十　ア、Xの歌を詠んだことに対する発言である。「仕うまつる」は謙譲語で、〝お仕えする・差し上げる〟のほかに、「作る」「する」「歌を詠む」の謙譲表現としても使われる。ここは〝お詠み申し上げる〟。①・③・⑤は謙譲語がない。④は歌の直後であることが反映されていない。

イ、「聞こしめす」は「聞く」の尊敬語。①は謙譲の訳、③は「飲む」が不適。「仕うまつる」はアで記したように謙譲語。「殿」が自分がYの歌をうまくお詠み申し上げましたよ、と言っている。（歌を）「お作りしました」と考えて④を選ぶ。なお①・②は完了「り」が訳出されていない。

ウ、「にや」の後に「あらむ」が省略されており、断定「なり」の連用形＋疑問の係助詞「や」＋判断の「あり」＋推量「む」で〝～のであろうか・～のだろうか〟の意になる。「にくし」は接尾語で〝～しづらい〟。したがって、②が適切。③は「にくし」と形容詞として解釈している。また①と③は「思われた」「お思いになった」と過去で訳している点が不適。④の「騒がしくて」は傍線部Ⅳの直後の「さわがしき」を使ったのだろうが、ここは音響的に〝騒がしい〟のではなくて心理的に〝不安だ〟ということ。ここは「殿」の言った「よいをとこは持たりかし」が自分にかかわることなので「殿の上」は聞きづらく思ったのだろうということである。

P、直後の「たる」は連用形接続。サ行下二段「のたまはす」の連用形は「のたまはせ」。

Q、空欄を含む文の前半に係助詞「こそ」があるので已然形「めれ」が入る。

R、直後の「たん」は「たる」の撥音便であり、連用形接続。ハ行四段「思ふ」の連用形は「思ひ」。

問二　a、タ行下二段「はつ」の連体形活用語尾。

b、「むとす」の場合の「む」の多くは意志。

c、「誦《ず》す」は歌などを声に出して読むこと。「誦せさせたまひ」の主語は「殿」（道長）で、「させたまふ」で最高尊敬。

d、「たまへ」＋「ら・り・る・れ」の場合は尊敬＋完了。

e、「思ひつづく」は心の働きに関わる。この場合「自発」が原則。

問三　「いかに」「いかが」はどちらも〝どのようにして〟と方法を問うが「いかが」には反語の意味が含まれる。

問四　「あしたづのよはひ」は「鶴は千年」と言われる長寿のこと。自分にそれだけの寿命があったら若宮の長い御代を数えとりたいと詠んでいる。「てむ」は強意＋意志。①「わけて」、②「あやかって」、③「守ってほしい」、⑤「鶴は年ごとに」が不適。

問五　「あくまじき」は〝満足しない〟なので②③は不適。「御行末」は「若宮の」であるから④⑤は不適。①が残る。

問六　大問冒頭のリード文に着目。「殿」（道長）が「若宮」（敦成親王）の「五十日の祝い」を主宰している。よってA・B直前の「もてはやし」は「殿」が「若宮」を引き立てていると読み取れる。Aの「きこえ」は謙譲語なので敬意の対象は受け手の「若宮」である。Bの「たまふ」は尊敬語で、主体の「殿」が敬意の対象である。Cは直前の会話文の発話者である「殿」が、Dは直前に明示されているように「殿の上」（道長の妻）が敬意の対象である。

問七　Ⅱは前文の「宮の御てて（＝父）にてまろわろからず」に着目。これに続く「母」であるから「宮の母」＝「殿の上」である。Ⅲは波線イの後の「われぼめ」に着目。「殿」が「宮の母からみてよい夫」だと自賛しているのである。

は『普遍性』概念」の「誤用や不適切な適用の事例」としてあげられてはいない。

問十一 第⒆段落一文目に「地球上のさまざまな生物の種の多様性を生み出す原動力となってきた『突然変異』や『自然淘汰』といった普遍的概念」とあり、⑤が一致する。第⒃段落に「ある場所に適した表現形質は、他の場所でも適しているとは限らない」、第⒄段落に「ある社会では有効に機能する制度が、他の社会でも効果を上げるとは限らない」とあり、⑥も一致する。

二

出典 『紫式部日記』

解答

問一 O―③ P―⑤ Q―⑤ R―③

問二 a―⑤ b―② c―② d―③ e―③

問三 ④

問四 ④

問五 ①

問六 A―④ B―② C―② D―⑥

問七 Ⅱ―⑦ Ⅲ―②

問八 ②

問九 ⑤

問十 ア―② イ―④ ウ―②

◀解 説▶

問一 O、直後の「させ」は未然形接続。ワ行下二段「据う」の未然形は「据ゑ」。

B、直前の「多様性を破壊」に着目。「多様性」が破壊された結果は第(6)段落二文目で「モノカルチャー」と呼ばれている。

問二　X、「多様性」と「普遍性」を対立概念ととらえるよりも、よりよいとらえかたを提示した箇所。〝あれよりもこれを選ぶ〟という気持ちを表す④「むしろ」が適切。

Y、空欄以降の内容が、直前の「多様性を刈り込み、この世界を単一の価値観で塗り込める」ことの具体例となっているので②「たとえば」が適切。

問三　Ⅰは直前に「多様な生物の種という」とあることにより「多様性」が適切。Ⅱは同段落四文目の「『突然変異』と『自然淘汰』という原理」をまとめた表現である「普遍的な原理」が適切。したがって⑤を選ぶ。

問四　脱落文中の「そこ」に着目。熱帯雨林の生きものの鳴き声が響かない場所としては第(14)段落二文目の「大都会」が適切である。

問六　P、「処世訓」は〝世間と交わってうまく生活していくために役に立つ教え〟だから④。

Q、「涵養」は〝無理をしないでゆっくりと養い育てること〟だから④。

問七　まず直前に「自らを自然から切り離した」とあるので①・②・⑤に絞れる。次に直後の「自然の奥深さに『追いつく』」に着目。これは次段落二文目「因果的法則を理解するという努力を積み重ねる」、四文目「未来を自ら律する」に当たる。したがって⑤が適切。

問八　次段落一文目「この宇宙の中の多様性を全て包み込む普遍性などないと諦めて」に着目。これに沿った④が適切。

問九　傍線部eの前「『普遍性』が多様性を生み出すのは、それが、結果ではなくプロセスに作用する時である」より④。その後の「普遍的なコウソク条件は、実際、驚くべき生物多様性を生み出す原動力になっている」により⑥。①は最終段落に「『普遍性』は…表現型自体にかかわると見なされるべきではない」とあるので、不適。

問十　①は第(20)段落の「人間と他の種は、同等の価値を持つという『ディープ・エコロジー』の思想」のことだが、これ

国語

一

出典　茂木健一郎『疾走する精神―「今、ここ」から始まる思想』〈普遍性〉（中公新書）

解答

問一　A―②　B―③

問二　X―④　Y―②

問三　⑤

問四　④

問五　a―③　b―⑤　c―④　d―③　e―④

問六　P―④　Q―④

問七　⑤

問八　④

問九　④・⑥

問十　①

問十一　⑤・⑥

▲解　説▼

問一　A、第⑶段落二文目「システムが持続可能でなければ、その中に多様性が育まれることもない」に着目。「持続可能性」から「多様性」が生まれるというのだから「果実」がふさわしい。②「直接の果実」が適切。

教学社　刊行一覧

2023年版 大学入試シリーズ（赤本）

380大学551点
全都道府県を網羅

国公立大学（都道府県順）

1 北海道大学(文系－前期日程)
2 北海道大学(理系－前期日程) 医
3 北海道大学(後期日程)
4 旭川医科大学(医学部〈医学科〉) 医
5 小樽商科大学
6 帯広畜産大学
7 北海道教育大学
8 室蘭工業大学／北見工業大学
9 釧路公立大学
10 公立千歳科学技術大学 新
11 公立はこだて未来大学 総推
12 札幌医科大学(医学部) 医
13 弘前大学 医
14 岩手大学
15 岩手県立大学・盛岡短期大学部・宮古短期大学部
16 東北大学(文系－前期日程)
17 東北大学(理系－前期日程) 医
18 東北大学(後期日程)
19 宮城教育大学
20 宮城大学
21 秋田大学 医
22 秋田県立大学
23 国際教養大学 総推
24 山形大学 医
25 福島大学
26 会津大学
27 福島県立医科大学(医・保健科学部) 医
28 茨城大学(文系)
29 茨城大学(理系)
30 筑波大学(推薦入試) 医 総推
31 筑波大学(前期日程) 医
32 筑波大学(後期日程)
33 宇都宮大学
34 群馬大学 医
35 群馬県立女子大学
36 高崎経済大学
37 前橋工科大学
38 埼玉大学(文系)
39 埼玉大学(理系)
40 千葉大学(文系－前期日程)
41 千葉大学(理系－前期日程) 医
42 千葉大学(後期日程) 医
43 東京大学(文科) CD
44 東京大学(理科) CD 医
45 お茶の水女子大学
46 電気通信大学
47 東京医科歯科大学 医
48 東京外国語大学 CD
49 東京海洋大学
50 東京学芸大学
51 東京藝術大学
52 東京工業大学(総合型選抜) 新 総推
53 東京工業大学(一般選抜)
54 東京農工大学
55 一橋大学(前期日程) CD
56 一橋大学(後期日程)
57 東京都立大学(文系)
58 東京都立大学(理系)
59 横浜国立大学(文系)
60 横浜国立大学(理系)
61 横浜市立大学（国際教養・国際商・理・データサイエンス・医〈看護〉学部）
62 横浜市立大学(医学部〈医学科〉) 医
63 新潟大学（人文・教育〈文系〉・法・経済科・医〈看護〉・創生学部）
64 新潟大学（教育〈理系〉・理・医〈看護を除く〉・歯・工・農学部） 医
65 新潟県立大学
66 富山大学(文系)
67 富山大学(理系) 医
68 富山県立大学
69 金沢大学(文系)
70 金沢大学(理系) 医
71 福井大学（教育・医〈看護〉・工・国際地域学部）
72 福井大学(医学部〈医学科〉) 医
73 福井県立大学
74 山梨大学（教育・医〈看護〉・工・生命環境学部）
75 山梨大学(医学部〈医学科〉) 医
76 都留文科大学
77 信州大学(文系－前期日程)
78 信州大学(理系－前期日程) 医
79 信州大学(後期日程)
80 公立諏訪東京理科大学 総推
81 岐阜大学(前期日程) 医
82 岐阜大学(後期日程)
83 岐阜薬科大学
84 静岡大学(前期日程)
85 静岡大学(後期日程)
86 浜松医科大学(医学部〈医学科〉) 医
87 静岡県立大学
88 静岡文化芸術大学
89 名古屋大学(文系)
90 名古屋大学(理系) 医
91 愛知教育大学
92 名古屋工業大学
93 愛知県立大学
94 名古屋市立大学（経済・人文社会・芸術工・看護・総合生命理学部）
95 名古屋市立大学(医学部) 医
96 名古屋市立大学(薬学部)
97 三重大学(人文・教育・医〈看護〉学部)
98 三重大学(医〈医〉・工・生物資源学部) 医
99 滋賀大学
100 滋賀医科大学(医学部〈医学科〉) 医
101 滋賀県立大学
102 京都大学(文系)
103 京都大学(理系) 医
104 京都教育大学
105 京都工芸繊維大学
106 京都府立大学
107 京都府立医科大学(医学部〈医学科〉) 医
108 大阪大学(文系) CD
109 大阪大学(理系) 医
110 大阪教育大学
111 大阪公立大学(現代システム科学域〈文系〉・文・法・経済・商・看護・生活科〈居住環境・人間福祉〉学部－前期日程)
112 大阪公立大学（現代システム科学域〈理系〉・理・工・農・獣医・医・生活科〈食栄養〉学部－前期日程） 医
113 大阪公立大学(中期日程)
114 大阪公立大学(後期日程)
115 神戸大学(文系－前期日程)
116 神戸大学(理系－前期日程) 医
117 神戸大学(後期日程)
118 神戸市外国語大学 CD
119 兵庫県立大学（国際商経・社会情報科・看護学部）
120 兵庫県立大学(工・理・環境人間学部)
121 奈良教育大学／奈良県立大学
122 奈良女子大学
123 奈良県立医科大学(医学部〈医学科〉) 医
124 和歌山大学
125 和歌山県立医科大学(医・薬学部) 医
126 鳥取大学 医
127 公立鳥取環境大学
128 島根大学 医
129 岡山大学(文系)
130 岡山大学(理系) 医
131 岡山県立大学
132 広島大学(文系－前期日程)
133 広島大学(理系－前期日程) 医
134 広島大学(後期日程)
135 尾道市立大学 総推
136 県立広島大学
137 広島市立大学
138 福山市立大学 総推
139 山口大学（人文・教育〈文系〉・経済・医〈看護〉・国際総合科学部）
140 山口大学（教育〈理系〉・理・医〈看護を除く〉・工・農・共同獣医学部） 医
141 山陽小野田市立山口東京理科大学 総推
142 下関市立大学／山口県立大学
143 徳島大学 医
144 香川大学 医
145 愛媛大学 医
146 高知大学 医
147 高知工科大学
148 九州大学(文系－前期日程)
149 九州大学(理系－前期日程) 医
150 九州大学(後期日程)
151 九州工業大学
152 福岡教育大学
153 北九州市立大学
154 九州歯科大学
155 福岡県立大学／福岡女子大学
156 佐賀大学 医
157 長崎大学（多文化社会・教育〈文系〉・経済・医〈保健〉・環境科〈文系〉学部）
158 長崎大学(教育〈理系〉・医〈医〉・歯・薬・情報データ科・工・環境科〈理系〉・水産学部) 医
159 長崎県立大学 総推
160 熊本大学(文・教育・法・医〈看護〉学部)
161 熊本大学（理・医〈看護を除く〉・薬・工学部） 医
162 熊本県立大学
163 大分大学（教育・経済・医〈看護〉・理工・福祉健康科学部）
164 大分大学(医学部〈医学科〉) 医
165 宮崎大学（教育・医〈看護〉・工・農・地域資源創成学部）
166 宮崎大学(医学部〈医学科〉) 医
167 鹿児島大学(文系)
168 鹿児島大学(理系) 医
169 琉球大学 医

2023年版 大学入試シリーズ（赤本）

国公立大学 その他

国公立大学 その他

- 170 〔国公立大〕医学部医学科 総合型選抜・学校推薦型選抜 医 総推
- 171 看護・医療系大学〈国公立 東日本〉
- 172 看護・医療系大学〈国公立 中日本〉
- 173 看護・医療系大学〈国公立 西日本〉
- 174 海上保安大学校／気象大学校
- 175 航空保安大学校
- 176 国立看護大学校
- 177 防衛大学校 総推
- 178 防衛医科大学校（医学科） 医
- 179 防衛医科大学校（看護学科）

※No.170〜173の収載大学は赤本ウェブサイト（http://akahon.net/）でご確認ください。

私立大学①

北海道の大学（50音順）

- 201 札幌大学
- 202 札幌学院大学
- 203 北星学園大学・短期大学部
- 204 北海学園大学
- 205 北海道医療大学
- 206 北海道科学大学
- 207 北海道武蔵女子短期大学
- 208 酪農学園大学（獣医学群〈獣医学類〉）

東北の大学（50音順）

- 209 岩手医科大学（医・歯・薬学部） 医
- 210 仙台大学 総推
- 211 東北医科薬科大学（医・薬学部） 医
- 212 東北学院大学
- 213 東北工業大学
- 214 東北福祉大学
- 215 宮城学院女子大学 総推

関東の大学（50音順）

あ行（関東の大学）

- 216 青山学院大学（法・国際政治経済学部－個別学部日程）
- 217 青山学院大学（経済学部－個別学部日程）
- 218 青山学院大学（経営学部－個別学部日程）
- 219 青山学院大学（文・教育人間科学部－個別学部日程）
- 220 青山学院大学（総合文化政策・社会情報・地球社会共生・コミュニティ人間科学部－個別学部日程）
- 221 青山学院大学（理工学部－個別学部日程）
- 222 青山学院大学（全学部日程）
- 223 麻布大学（獣医、生命・環境科学部）
- 224 亜細亜大学
- 225 跡見学園女子大学
- 226 桜美林大学
- 227 大妻女子大学・短期大学部

か行（関東の大学）

- 228 学習院大学（法学部－コア試験）
- 229 学習院大学（経済学部－コア試験）
- 230 学習院大学（文学部－コア試験）
- 231 学習院大学（国際社会科学部－コア試験）
- 232 学習院大学（理学部－コア試験）
- 233 学習院女子大学
- 234 神奈川大学（給費生試験）
- 235 神奈川大学（一般入試）
- 236 神奈川工科大学
- 237 鎌倉女子大学・短期大学部
- 238 川村学園女子大学
- 239 神田外語大学
- 240 関東学院大学
- 241 北里大学（理学部）
- 242 北里大学（医学部） 医
- 243 北里大学（薬学部）
- 244 北里大学（看護・医療衛生学部）
- 245 北里大学（獣医・海洋生命科学部）
- 246 共立女子大学・短期大学
- 247 杏林大学（医学部） 医
- 248 杏林大学（保健学部）
- 249 群馬パース大学 総推
- 250 慶應義塾大学（法学部）
- 251 慶應義塾大学（経済学部）
- 252 慶應義塾大学（商学部）
- 253 慶應義塾大学（文学部） 総推
- 254 慶應義塾大学（総合政策学部）
- 255 慶應義塾大学（環境情報学部）
- 256 慶應義塾大学（理工学部）
- 257 慶應義塾大学（医学部） 医
- 258 慶應義塾大学（薬学部）
- 259 慶應義塾大学（看護医療学部）
- 260 工学院大学
- 261 國學院大學
- 262 国際医療福祉大学 医
- 263 国際基督教大学
- 264 国士舘大学
- 265 駒澤大学（一般選抜T方式・S方式）
- 266 駒澤大学（全学部統一日程選抜）

さ行（関東の大学）

- 267 埼玉医科大学（医学部） 医
- 268 相模女子大学・短期大学部
- 269 産業能率大学
- 270 自治医科大学（医学部） 医
- 271 自治医科大学（看護学部）／東京慈恵会医科大学（医学部〈看護学科〉）
- 272 実践女子大学・短期大学部 総推
- 273 芝浦工業大学（前期日程、英語資格・検定試験利用方式）
- 274 芝浦工業大学（全学統一日程・後期日程）
- 275 十文字学園女子大学
- 276 淑徳大学
- 277 順天堂大学（医学部） 医
- 278 順天堂大学（スポーツ健康科・医療看護・保健看護・国際教養・保健医療・医療科学部） 総推
- 279 上智大学（神・文・総合人間科学部） 総推
- 280 上智大学（法・経済学部） 総推
- 281 上智大学（外国語・総合グローバル学部） 総推
- 282 上智大学（理工学部） 総推
- 283 上智大学（TEAPスコア利用型）
- 570 湘南医療大学 新
- 284 湘南工科大学
- 285 昭和大学（医学部） 医
- 286 昭和大学（歯・薬・保健医療学部）
- 287 昭和女子大学
- 288 昭和薬科大学
- 289 女子栄養大学・短期大学部
- 290 白百合女子大学
- 291 成蹊大学（法学部－A方式）
- 292 成蹊大学（経済・経営学部－A方式）
- 293 成蹊大学（文学部－A方式）
- 294 成蹊大学（理工学部－A方式）
- 295 成蹊大学（E方式・G方式・P方式）
- 296 成城大学（経済・法学部－A方式）
- 297 成城大学（文芸・社会イノベーション学部－A方式）
- 298 成城大学（S方式〈全学部統一選抜〉）
- 299 聖心女子大学
- 300 清泉女子大学
- 301 聖徳大学・短期大学部
- 302 聖マリアンナ医科大学 医
- 303 聖路加国際大学（看護学部）
- 304 専修大学（スカラシップ・全国入試）
- 305 専修大学（学部個別入試）
- 306 専修大学（全学部統一入試）

た行（関東の大学）

- 307 大正大学
- 308 大東文化大学
- 309 高崎健康福祉大学 総推
- 310 高千穂大学
- 311 拓殖大学
- 312 玉川大学
- 313 多摩美術大学
- 314 千葉工業大学
- 315 千葉商科大学
- 316 中央大学（法学部－学部別選抜）
- 317 中央大学（経済学部－学部別選抜）
- 318 中央大学（商学部－学部別選抜）
- 319 中央大学（文学部－学部別選抜）
- 320 中央大学（総合政策学部－学部別選抜）
- 321 中央大学（国際経営・国際情報学部－学部別選抜）
- 322 中央大学（理工学部－学部別選抜）
- 323 中央大学（6学部共通選抜）
- 324 中央学院大学
- 325 津田塾大学
- 326 帝京大学（薬・経済・法・文・外国語・教育・理工・医療技術・福岡医療技術学部）
- 327 帝京大学（医学部） 医
- 328 帝京科学大学 総推
- 329 帝京平成大学 総推
- 330 東海大学（医〈医〉学部を除く－一般選抜）
- 331 東海大学（文系・理系学部統一選抜）
- 332 東海大学（医学部〈医学科〉） 医
- 333 東京医科大学（医学部〈医学科〉） 医
- 334 東京家政大学・短期大学部
- 335 東京経済大学
- 336 東京工科大学
- 337 東京工芸大学
- 338 東京国際大学
- 339 東京歯科大学
- 340 東京慈恵会医科大学（医学部〈医学科〉） 医
- 341 東京情報大学
- 342 東京女子大学
- 343 東京女子医科大学（医学部） 医
- 344 東京電機大学
- 345 東京都市大学
- 346 東京農業大学
- 347 東京薬科大学（薬学部） 総推
- 348 東京薬科大学（生命科学部） 総推
- 349 東京理科大学（理学部〈第一部〉－B方式）
- 350 東京理科大学（理工学部－B方式）
- 351 東京理科大学（工学部－B方式）
- 352 東京理科大学（先進工学部－B方式）

2023年版 大学入試シリーズ（赤本）

私立大学②

353 東京理科大学（薬学部－Ｂ方式）
354 東京理科大学（経営学部－Ｂ方式）
355 東京理科大学（Ｃ方式、グローバル方式、理学部〈第二部〉－Ｂ方式）
356 東邦大学（医学部） 医
357 東邦大学（薬学部）
358 東邦大学（理・看護・健康科学部）
359 東洋大学（文・経済・経営・法・社会・国際・国際観光学部）
360 東洋大学（情報連携・ライフデザイン・理工・総合情報・生命科・食環境科学部）
361 東洋英和女学院大学 総推
362 常磐大学・短期大学 総推
363 獨協大学
364 獨協医科大学（医学部） 医

な行（関東の大学）

365 二松學舍大学
366 日本大学（法学部）
367 日本大学（経済学部）
368 日本大学（商学部）
369 日本大学（文理学部〈文系〉）
370 日本大学（文理学部〈理系〉）
371 日本大学（芸術学部）
372 日本大学（国際関係学部）
373 日本大学（危機管理・スポーツ科学部）
374 日本大学（理工学部）
375 日本大学（生産工・工学部）
376 日本大学（生物資源科学部）
377 日本大学（医学部） 医
378 日本大学（歯・松戸歯学部）
379 日本大学（薬学部）
380 日本大学（医学部を除く－N全学統一方式）
381 日本医科大学 医
382 日本工業大学
383 日本歯科大学
384 日本獣医生命科学大学
385 日本女子大学
386 日本体育大学

は行（関東の大学）

387 白鷗大学（学業特待選抜・一般選抜）
388 フェリス女学院大学
389 文教大学
390 法政大学（法〈法律・政治〉・国際文化・キャリアデザイン学部－Ａ方式）
391 法政大学（法〈国際政治〉・文・経営・人間環境・グローバル教養学部－Ａ方式）
392 法政大学（経済・社会・現代福祉・スポーツ健康学部－Ａ方式）
393 法政大学（情報科・デザイン工・理工・生命科学部－Ａ方式）
394 法政大学（Ｔ日程〈統一日程〉・英語外部試験利用入試）
395 星薬科大学 総推

ま行（関東の大学）

396 武蔵大学
397 武蔵野大学
398 武蔵野美術大学
399 明海大学
400 明治大学（法学部－学部別入試）
401 明治大学（政治経済学部－学部別入試）
402 明治大学（商学部－学部別入試）
403 明治大学（経営学部－学部別入試）
404 明治大学（文学部－学部別入試）
405 明治大学（国際日本学部－学部別入試）
406 明治大学（情報コミュニケーション学部－学部別入試）
407 明治大学（理工学部－学部別入試）
408 明治大学（総合数理学部－学部別入試）
409 明治大学（農学部－学部別入試）
410 明治大学（全学部統一入試）
411 明治学院大学（Ａ日程）
412 明治学院大学（全学部日程）
413 明治薬科大学 総推
414 明星大学
415 目白大学・短期大学部

ら・わ行（関東の大学）

416 立教大学（文系学部－一般入試〈大学独自の英語を課さない日程〉）
417 立教大学（文学部－一般入試〈大学独自の英語を課す日程〉）
418 立教大学（理学部－一般入試）
419 立教大学（国語〈３日程×３カ年〉） 新
420 立教大学（日本史・世界史〈２日程×３カ年〉） 新
421 立正大学
422 早稲田大学（法学部）
423 早稲田大学（政治経済学部）
424 早稲田大学（商学部）
425 早稲田大学（社会科学部）
426 早稲田大学（文学部）
427 早稲田大学（文化構想学部）
428 早稲田大学（教育学部〈文科系〉）
429 早稲田大学（教育学部〈理科系〉）
430 早稲田大学（人間科・スポーツ科学部）
431 早稲田大学（国際教養学部）
432 早稲田大学（基幹理工・創造理工・先進理工学部）
433 和洋女子大学 総推

中部の大学（50音順）

434 愛知大学
435 愛知医科大学（医学部） 医
436 愛知学院大学・短期大学部
437 愛知工業大学 総推
438 愛知淑徳大学
439 朝日大学 総推
440 金沢医科大学（医学部） 医
441 金沢工業大学
442 岐阜聖徳学園大学・短期大学部 総推
443 金城学院大学
444 至学館大学 総推
445 静岡理工科大学
446 椙山女学園大学
447 大同大学
448 中京大学
449 中部大学
450 名古屋外国語大学 総推
451 名古屋学院大学 総推
452 名古屋学芸大学 総推
453 名古屋女子大学・短期大学部 総推
454 南山大学（外国語〈英米〉・法・総合政策・国際教養学部）
455 南山大学（人文・外国語〈英米を除く〉・経済・経営・理工学部）
456 新潟国際情報大学
457 日本福祉大学
458 福井工業大学
459 藤田医科大学（医学部） 医
460 藤田医科大学（医療科・保健衛生学部）
461 名城大学（法・経営・経済・外国語・人間・都市情報学部）
462 名城大学（情報工・理工・農・薬学部）
463 山梨学院大学

近畿の大学（50音順）

464 追手門学院大学 総推
465 大阪医科薬科大学（医学部） 医
466 大阪医科薬科大学（薬学部） 総推
467 大阪学院大学 総推
468 大阪経済大学 総推
469 大阪経済法科大学 総推
470 大阪工業大学 総推
471 大阪国際大学・短期大学部 総推
572 大阪産業大学 新 総推
472 大阪歯科大学（歯学部）
473 大阪商業大学 総推
474 大阪女学院大学・短期大学 総推
475 大阪成蹊大学・短期大学 総推
476 大谷大学 新 総推
477 大手前大学・短期大学 総推
478 関西大学（文系）
479 関西大学（理系）
480 関西大学（英語〈３日程×３カ年〉）
481 関西大学（国語〈３日程×３カ年〉）
482 関西大学（文系選択科目〈２日程×３カ年〉）
483 関西医科大学（医学部） 医
484 関西医療大学 総推
485 関西外国語大学・短期大学部 総推
486 関西学院大学（文・社会・法学部－学部個別日程）
487 関西学院大学（経済・人間福祉・国際学部－学部個別日程）
488 関西学院大学（神・商・教育・総合政策学部－学部個別日程）
489 関西学院大学（全学部日程〈文系型〉）
490 関西学院大学（全学部日程〈理系型〉）
491 関西学院大学（共通テスト併用／英数日程）
492 畿央大学 総推
493 京都外国語大学・短期大学 総推
494 京都光華女子大学・短期大学部 総推
495 京都産業大学（公募推薦入試） 総推
496 京都産業大学（一般選抜入試〈前期日程〉）
497 京都女子大学 総推
498 京都先端科学大学 総推
499 京都橘大学 総推
500 京都ノートルダム女子大学 総推
501 京都薬科大学 総推
502 近畿大学・短期大学部（医学部を除く－推薦入試） 総推
503 近畿大学・短期大学部（医学部を除く－一般入試前期）
504 近畿大学（医学部－推薦入試・一般入試前期） 医 総推
505 近畿大学・短期大学部（一般入試後期） 医
506 皇學館大学 総推
507 甲南大学 総推
508 神戸学院大学 総推
509 神戸国際大学 総推
510 神戸松蔭女子学院大学 総推
511 神戸女学院大学 総推
512 神戸女子大学・短期大学 総推
513 神戸薬科大学 総推
514 四天王寺大学・短期大学部 総推
515 摂南大学（公募制推薦入試） 総推
516 摂南大学（一般選抜前期日程）
517 同志社大学（法、グローバル・コミュニケーション学部－学部個別日程）
518 同志社大学（文・経済学部－学部個別日程）
519 同志社大学（神・商・心理・グローバル地域文化学部－学部個別日程）
520 同志社大学（社会学部－学部個別日程）
521 同志社大学（政策・文化情報〈文系型〉・スポーツ健康科〈文系型〉学部－学部個別日程）

いつも受験生のそばに──赤本

大学入試シリーズ＋α
入試対策も共通テスト対策も赤本で

入試対策

赤本プラス

赤本プラスとは、過去問演習の効果を最大にするためのシリーズです。「赤本」であぶり出された弱点を、赤本プラスで克服しましょう。

大学入試 すぐわかる英文法 DL
大学入試 ひと目でわかる英文読解
大学入試 絶対できる英語リスニング DL
大学入試 すぐ書ける自由英作文
大学入試 ぐんぐん読める英語長文〔BASIC〕 新
大学入試 ぐんぐん読める英語長文〔STANDARD〕 新

入試対策

英検®赤本シリーズ

英検®（実用英語技能検定）の対策書。過去問と参考書で万全の対策ができます。

▶過去問集（2022年度版）
英検® 準1級過去問集 DL
英検® 2級過去問集 DL
英検® 準2級過去問集 DL
英検® 3・4級過去問集 DL 新

▶参考書
竹岡の英検® 準1級マスター DL
竹岡の英検® 2級マスター CD DL
竹岡の英検® 準2級マスター CD DL
竹岡の英検® 3級マスター CD DL

入試対策

赤本プレミアム

「これぞ京大!」という問題・テーマのみで構成したベストセレクションの決定版!

京大数学プレミアム〔改訂版〕
京大古典プレミアム

入試対策

赤本メディカルシリーズ

過去問を徹底的に研究し，独自の出題傾向をもつメディカル系の入試に役立つ内容を精選した実戦的なシリーズ。

〔国公立大〕医学部の英語〔改訂版〕
私立医大の英語〔長文読解編〕〔改訂版〕
私立医大の英語〔文法・語法編〕〔改訂版〕
医学部の実戦小論文〔3訂版〕 新
〔国公立大〕医学部の数学
私立医大の数学
医歯薬系の英単語〔3訂版〕
医系小論文 最頻出論点20〔3訂版〕
医学部の面接〔4訂版〕 新

入試対策

体系シリーズ

国公立大二次・難関私大突破へ，自学自習に適したハイレベル問題集。

体系英語長文
体系英作文
体系数学Ⅰ・A
体系数学Ⅱ・B
体系現代文
体系古文
体系日本史
体系世界史
体系物理〔第6版〕
体系化学〔第2版〕
体系生物

入試対策

単行本

▶英語
Q&A 即決英語勉強法
TEAP 攻略問題集 CD
東大の英単語〔新装版〕
早慶上智の英単語〔改訂版〕

▶数学
稲荷の独習数学

▶国語・小論文
著者に注目! 現代文問題集
ブレない小論文の書き方 樋口式ワークノート

▶理科
折戸の独習物理

▶レシピ
奥薗壽子の赤本合格レシピ

入試対策　共通テスト対策

赤本手帳

赤本手帳（2023年度受験用）プラムレッド
赤本手帳（2023年度受験用）インディゴブルー
赤本手帳（2023年度受験用）プラチナホワイト

入試対策

風呂で覚えるシリーズ

水をはじく特殊な紙を使用。いつでもどこでも読めるから，ちょっとした時間を有効に使える!

風呂で覚える英単語〔4訂新装版〕
風呂で覚える英熟語〔改訂新装版〕
風呂で覚える古文単語〔改訂新装版〕
風呂で覚える古文文法〔改訂新装版〕
風呂で覚える漢文〔改訂新装版〕
風呂で覚える日本史〔年代〕〔改訂新装版〕
風呂で覚える世界史〔年代〕〔改訂新装版〕
風呂で覚える倫理〔改訂版〕
風呂で覚える化学〔3訂新装版〕
風呂で覚える百人一首〔改訂版〕

共通テスト対策

満点のコツシリーズ

共通テストで満点を狙うための実戦的参考書。重要度の増したリスニング対策書は「カリスマ講師」竹岡広信が一回読みにも対応できるコツを伝授!

共通テスト英語〔リスニング〕 満点のコツ CD DL
共通テスト古文 満点のコツ
共通テスト漢文 満点のコツ
共通テスト化学基礎 満点のコツ
共通テスト生物基礎 満点のコツ

入試対策　共通テスト対策

赤本ポケットシリーズ

▶共通テスト対策
共通テスト日本史〔文化史〕

▶系統別進路ガイド
デザイン系学科をめざすあなたへ

CD リスニングCDつき　DL 音声無料配信
新 2022年刊行